传播学研究方法

主编　王晓华　郭良文

高等教育出版社·北京

内容简介

本书是传播学研究方法的入门教材，内容丰富、实践指导性强，全面涵盖了传播学研究的量化研究、质化研究、量化与质化相结合等各类方法及其操作步骤、注意事项、经典案例，还以两个独立章节系统讲解了质化和量化资料的分析和结果呈现，并对大数据的挖掘、分析与可视化技术，计算机辅助在线内容分析等技术做了简洁而系统的介绍。

本书是传播学界一批优秀学者集体智慧的结晶，各章作者在不同研究领域不仅有出色的成果，而且对各自擅长采用的研究方法有深刻的理解和丰富的运用经验，在本书中对如何理解和运用特定研究方法解决问题做了详细的讲解。本书还配有丰富的二维码链接资源，如概念释义、疑难详解、扩展阅读篇目等，还配有量化、质化研究方法的精彩讲座视频。

本书可作为新闻学、传播学、广告学、广播电视、网络与新媒体等专业本科生、研究生教材，也可作为汉语言文学、艺术学、社会学、历史学、政治学、管理学等专业本科生、研究生教材，还可作为其他研究者的研究方法书、工具书。

图书在版编目（CIP）数据

传播学研究方法 / 王晓华，郭良文主编. -- 北京 : 高等教育出版社，2022.1（2024.8重印）
ISBN 978-7-04-057593-4

Ⅰ. ①传… Ⅱ. ①王… ②郭… Ⅲ. ①传播学-研究方法 Ⅳ. ①G206-3

中国版本图书馆CIP数据核字(2021)第267181号

Chuanboxue Yanjiu Fangfa

策划编辑 黄子祺　责任编辑 黄子祺　封面设计 洪千惠 于 博　版式设计 张 杰
插图绘制 于 博　责任校对 刘娟娟　责任印制 刁 毅

出版发行 高等教育出版社
社　　址 北京市西城区德外大街4号
邮政编码 100120
印　　刷 河北鑫彩博图印刷有限公司
开　　本 787 mm× 1092 mm 1/16
印　　张 26.5
字　　数 620 千字
购书热线 010-58581118
咨询电话 400-810-0598
网　　址 http://www.hep.edu.cn
　　　　 http://www.hep.com.cn
网上订购 http://www.hepmall.com.cn
　　　　 http://www.hepmall.com
　　　　 http://www.hepmall.cn
版　　次 2022 年 1 月第 1 版
印　　次 2024 年 8 月第 4 次印刷
定　　价 58.00 元

物 料 号 57593-00

前 言

国内新闻传播学研究水平的提高,在相当程度上得益于研究方法的逐步规范。融文学与艺术、科学与技术于一体的新闻传播学,包含了几个学科的“基因”,其研究内容也兼具几个学科内容的特质,这使得社会科学研究方法工具箱中已有的工具不足以解决新闻传播学学科领域的所有问题——对植根于本学科体系的研究方法教材提出了急迫需求。因此,撰写一本切合学科特征的《传播学研究方法》是一项极为重要但颇具挑战性的任务。

本教材的编写团队由传播学研究方法领域的 18 位优秀学者组成,老中青三代专家汇聚一堂,他们在各自的研究领域不仅有出色的研究成果,而且对各自擅长的研究方法有深刻的理解和丰富的教学经验。本书是他们结合自己的研究经验撰写的方法课教材,它不仅简洁清晰地讲解了各种研究方法是什么,而且注重在应用层结合不同方法的研究案例进行务实的探索和总结,特别注重引领和指导使用者正确地理解和科学地运用各种研究方法来解决研究中的问题,从而科学、规范、高效地开展研究。

本教材共有 18 章,分为 4 个板块。

板块一:研究方法基础。第 1—4 章系统介绍了研究方法发展的历史脉络,以及如何开始一项研究,如何做基本的研究准备,如何收集资料、撰写研究计划书等,这是任何一个想做研究的人都需要了解和学习的内容。

板块二:量化研究的逻辑与方法。第 5—11 章系统讲解了如何运用量化的各种方法开展研究。量化研究在社会科学领域被广泛应用,本教材从研究设计到资料收集、分析与解读一一给予了清晰的指导。面对烦琐而复杂的统计分析环节,学生往往因缺乏充足的学时和系统的训练,在运用统计分析方法时存在各种各样的误用误读。针对这种现状,本教材摆脱了统计学的逻辑思路,将统计分析技术视为工具来解决传播学研究中的基本问题,以简明的方式在用什么统计指标、怎么操作统计分析软件、怎么整理和解读统计分析报表这三个层次上进行指导,为教师提供了讲授统计分析的新视角,以此帮助学生快速掌握正确使用统计分析工具的方法。

板块三:质化研究的逻辑与方法。第 12—16 章全面讲述了质化取向的各种方法在研究中的应用。这个板块针对看似简单的研究方法如观察、访谈等做了深刻而系统的内在逻辑分析和操作指引,并且对扎根理论等在探索性研究中极有价值的方法做了系统的梳理和清晰的介绍。

板块四:数据挖掘与分析方法。第 17—18 章简明扼要地讲解了大数据时代的数据抓取、分析和可视化。

本教材通过 4 个板块的内容,系统讲解了新闻传播学研究可用的各种研究方法,每一章都配有实例,以加深学生对各种方法的理解,提升应用能力。

本教材既适合作为本科生的传播学研究方法、社会科学研究方法、市场调查方法、受众研究方法及统计分析方法等相关课程的教材使用,也适合作为研究生的方法类课程教材,亦是本科生及研究生开展论文主题研究的指导手册;同时也为新闻传播学领域的从业人员提供了很清晰的方法指引。

主编:王晓华、郭良文

目　录

第一章

导　论

——传播学研究方法的发展历程

学习目标

1. 了解社会科学、传播学研究方法的总体发展历程，建立对研究方法的宏观认识。
2. 理解本体论、知识论与方法论的基本意义，奠定研究方法的学习基础。
3. 有能力辨识不同研究范式的研究取向，并比较其异同。
4. 学习量化研究方法的基本概念，了解其演绎逻辑。
5. 学习质化研究方法的基本概念，了解其归纳逻辑。

引　言

"工欲善其事，必先利其器"，方法得当，事半功倍。不同学科会运用不同的研究方法来探索其学科领域。传播学研究亦有其独特的目的和价值，传播学研究方法可以帮助我们了解传播现象、发现问题与寻找答案、建构事实与勾勒真相，还能指导我们更贴切地进行研究、分析与提出建议。

本章是学习研究方法的基础，从介绍最抽象的哲学基础开始，即本体论、知识论、方法论(见图 1–1)，到研究设计中最常使用的量化与质化研究方法的概念，对运用研究方法所创造出来的知识体系提供整体性的了解。也许对初学者而言，本章的内容比较艰深，但本章的目的在

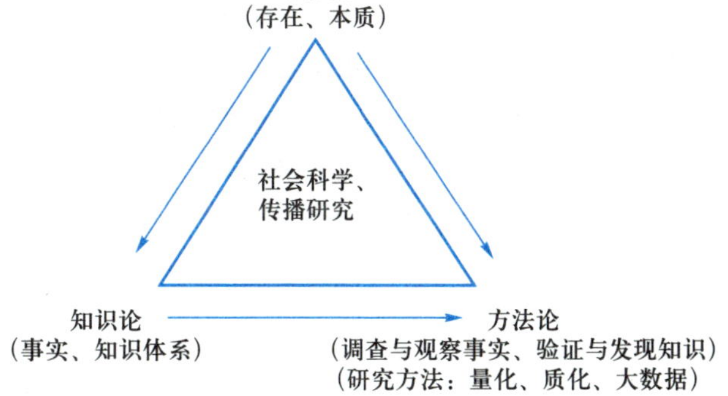

图 1–1　传播研究的本体论、知识论与方法论

于纲举目张,引导后续章节的学习。

第一节 社会科学研究方法的哲学基础

一、本体论

在哲学体系当中,本体论(或称存在论)是“形而上学”的一支,探索“存在”与“本质”的概念。很多价值、信仰与观念都是从不同的本体论中衍生出来的,知识论、方法论、研究方法与理论的发展也是如此。

(一) 本体论与社会科学

本体论探讨存在的本质与特性,是研究方法的哲学思维基础。运用到社会科学领域,本体论关注社会现象与自然现象在本质上的异同,思考这个由人类组成的世界,是否也如自然科学所言存在一种“客观”事实? 或者认为事实不是一成不变的,都是“相对”的? 研究者从本体论出发,关注“社会事实”的存在形式与本质,且探讨人类如何理解真理与社会事实。本体论思考这个世界究竟只有一个客观而独立存在的真理与事实,还是没有唯一的真理、有多重的事实存在。比如,有的宗教信仰者相信只有一个真神(真理),而另一些宗教信仰者却相信这个世界有众神的存在,还有很多人是无神论者。只相信唯一真神的社会,所认识的社会事实、发展出来的宇宙观与世界观,以及人的主体性位置等,与相信众神的社会、无神论的社会截然不同。了解本体论上的差异,是比较不同社会(或群体、个人)的起点,也是运用不同研究方法的基础。

(二) 唯实论与唯心论

根据里奇等学者的分析,针对社会世界本质的假设可以大致分为“唯实论”与“唯心论”两种立场。① 唯实论认为“外在的事实”(External Reality)独立于人们的信仰与理解,可以直接且精准地被观察,或通过人类的心智与感知来观察,同时这种外在事实并不是由人们自行随意创造的。“唯物论”广义上也属于唯实论的一种类型,只是唯物论特别关注经济关系与物质基础等面向。

相反的,唯心论则认为没有任何社会事实或外在事实独立于人们的信仰与理解。也就是说,社会世界是由人们在特定语境下所共同分享与建构的。或者,即使没有一个足以让所有人共同分享的社会事实,至少存在着不同人群各自建构出来的社会事实。②

无论是一个社会事实还是多重社会事实,是唯实论或唯心论,或者另有其他层面上的不同,对本体论的理解、分析与掌握,有助于研究者了解所选择研究方法的奠基观点,以及在诠释研究结果时的大方向。

---

①② Ritchie, J., Lewis, J., Nicholls, C., & Ormsto, R. (2014). *Qualitative research practice: A guide for social science students and researchers*, pp.4–5. London: SAGE.

二、知识论

(一) 了解与学习这个世界

基于前述本体论的差异,人们认识世界的角度并不一样。在本体论的基础上相信事物的存在、不存在,或存而不论,这些对于人们如何认识这个世界会产生不同影响。

里奇等学者对知识论(或称认识论)的说明是:我们了解与学习这个世界的方式,所关心的议题则包括如何认识事实以及如何掌握知识的基础形式。[①] 什么是事实? 知识的本质与形式为何? 如何理解知识? 事实与知识如何被建构? 对这些问题的回答与处理,是我们认识这个世界的第一步。在不同发展时期,人类一直在找寻知识建构的答案。启蒙运动之后,神学的迷思逐渐被打破,知识的创造不再完全由神学的教条来律定,取而代之的,以人为本的思想与理性主义渐渐抬头。自然科学研究者,以数学和物理的理性与计算原则为基础,发展出一套对后世知识建构影响极大的"科学实证主义"(Scientific Positivism)。这套探求知识、界定知识的范式,不但主宰了自然科学界,对人文与社会领域在知识方面的积累也产生了相当深远的影响。

(二) 库恩的科学范式转移说

不过学者们对于如何认识世界、建构知识的权威性的认识,不是一成不变的。库恩在《科学革命的结构》一书中指出,科学范式(Paradigm)即人们所相信的科学定律与知识默认,会随着新的命题、新的发现而改变,形成所谓的"科学革命"与"范式转移"(Paradigm Shift)。就知识内涵与形成知识的假设而言,科学实证主义长久以来都是建构知识的共同基础,所有的自然科学家毫无疑问地将之视为准则,以数理、统计与实验为基础,发展出一套共通的科学研究方法。相对的,人文与社会领域的研究所面临的方法选择,以及来自他人的挑战是多方面的,虽名为"人文科学"或"社会科学",但是对"科学"的定义却没有一套准则,没有发展出一个为大家所共同接受的研究范式,不同学者对知识探索与知识建构的本质、过程与方法的理解存在着很大的不同。

(三) 曼海姆的知识社会学

无论是师法自然学科的实证科学范式,还是各种质化观点与研究范式,人文与社会领域的研究者一直不断地寻求其建构知识的立足点以及方法运用上的说服力与正当性。在美国,尤其是在20世纪五六十年代,效仿自然科学,以实证科学为范式的"行为科学学派"(Behavioral Science School)全面主导了美国社会科学界的发展,使所谓"量化(定量)"(Quantitative)方法成为学术研究的主流方法,时至今日依然如此。这个趋势当然也对同时期欧洲的人文社会科学界产生了影响,不过影响力比较有限。欧洲、澳洲等地国家的人文社会科

---

① Ritchie, J., Lewis, J., Nicholls, C., & Ormsto, R. (2014). *Qualitative research practice: A guide for social science students and researchers*, p.6. London: SAGE.

学领域，至今仍以“质化（定性）”（Qualitative）方法作为其学术研究的主流方法，与现今的美国学术界迥然不同。

要怎么解释这种差异呢？借用曼海姆在《意识形态与乌托邦》一书中对知识社会学的论述，这是因为有一些团体建构了个别学派的正统性，且引导了一种制度化的过程。换句话说，无论是自然科学相对于人文社会、美国学术相对于欧洲学术，或者是量化研究相对于质化研究的分野，不能纯粹从较优性的角度分析。曼海姆给予我们的启示是，研究者必须要思考不同团体的博弈与权力竞逐及其与学术知识正当性之间的复杂关系。有句话说：没有任何一种客观是不带有主观的（There is no objectivity without subjectivity）。量化研究方法在美国传播学界成为主流，以及质化研究在英国传播学界（通常是媒体文化研究）成为主流，其实是异曲同工的。这两个国家都有一些学术精英，分别建构其学派正统性，通过掌握研究资源、制定学科方向与课程规定、刊物出版审查，以及评职称等权力，建立了一套制度化的意识形态系统，各自左右了社会科学研究与知识建立的定义权。在我国，传播学界则以思辨性研究与量化研究为主流，近年来质化研究也逐渐受到重视。

三、方法论

（一）系统地研究与运用工具

方法论，简而言之，就是探究方法（或使用工具）的学问。

依据《牛津大词典》的解释，方法论是指探究方法的学问，或是研究特定学科与领域方法的知识范畴。探究方法的学问往往针对研究方法基本概念加以探讨（如客观性、比较性、测量与观察等等），或对某一个特定方法进行系统性的分析和解释。如传播研究者探究如何客观地分析社会事实、如何更贴近地观察生活世界，以及运用什么样的有效工具进行研究资料的搜集。调查或实验、访问或观察、强调验证或发现，都与不同的研究方法或研究工具相对应，目的在于通过系统的研究过程，建立与传播相关的知识体系。

（二）演绎与归纳的循环

在自然科学的研究过程中，演绎法与归纳法是观察与研究自然界现象、寻找真相、形成知识，以及建立理论体系的两种方法。虽然这两种方法有各自强调的重点与具体做法，但在科学研究当中，两者是一体两面，彼此相互关联而形成的一种循环式的研究过程。社会科学与传播学研究，也是基于科学研究逻辑而开展的。其中，量化研究（定量研究）的方法以演绎法为重点，而质化研究（定性研究）则以归纳法为其主要依据。

如图 1–2 所示，量化研究所运用的演绎逻辑以理论为出发点，从现有的理论与文献中形成命题，经过假设（Hypotheses）的提出、变量（Variables）与测量（Measurement）的设计，以及经验资料的搜集（通常是通过调查问卷法或实验法），进行假设检验，以确定研究假设是否成立，这是一种由上而下的设计：先设计好命题与假设，再寻找可以量化的数据与证据来进行研究分析。

质化研究运用归纳逻辑，以观察为出发点，搜集生活世界中的信息与记录（通常是通过

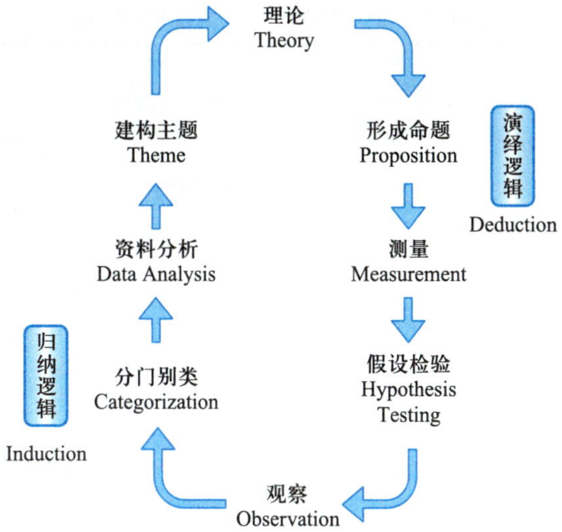

图 1-2 社会科学研究的演绎与归纳过程循环图

观察法与访谈法),并对零散、庞杂的资料进行简化与分类:先通过编码(Coding)的过程对资料进行分类(Categorization)并处理分析,归纳出核心的议题与主题,进而建立分析性的架构(Analytical Framework)与理论。质化研究从观察出发,经过资料分析进而建构主题与理论,是一种由下而上的研究过程。

从理论到观察(演绎法)、从观察到理论(归纳法),是一个不断循环的过程,有关演绎法与归纳法在量化与质化研究方法上的运用在本书第二章中会提供更深入的举例与说明。

第二节 研究范式的比较

在本体论与知识论的引导下,研究方法的使用往往与理论的发展有密切关联,也就是说某一理论取向或传统,会倾向于使用某些特定的研究方法。理论与方法一体两面,方法论与理论的结合形成了各种研究范式,本节内容旨在说明研究范式的几大类型,同时比较其在本体论、知识论与方法论上的异同。

传统学术研究中常见的范式,大致可以分为以下三种:实证主义(Positivism)与行为主义(Behaviorism)、解释主义(Interpretivism)与建构主义(Constructivism)、批判学派(Critical School)与冲突理论(Conflict Theory)。在不同的本体论、知识论的影响之下,这些范式与理论取向对于真实的认定与知识建构的观点不同,拥有属于自己的特定预设(Presumption)与观点,对于唯心或唯物、存在与本质、演绎与归纳等方面的见解各异,这些都影响到不同范式在方法论上的运用。此外,由于新媒体、网络与智能手机的发展方兴未艾,大数据的研究方法也渐渐成为一种新的范式,本节亦将其纳入分析(见表 1-1)。

一、实证主义与行为主义

量化研究方法(包括调查法、实验法、内容分析等)以实证主义哲学为依托,认为社会世界

表 1-1 本体论、知识论与方法论的比较

研究范式 / 理论传统	本体论	知识论	方法论
实证主义 / 功能论	客观主义（真实是规律与客观的）	否证、律则性	量化：科学演绎与统计推论（假设检验、客观证明）
行为主义 / 功能论		控制、预测	量化：科学演绎与统计推论（实验、在控制环境中）
大数据分析 / 功能论	客观主义（真实是多面向的、规律与客观的）	数据衍生、算法	资料科学：大数据归纳（采集、挖掘、呈现）
解释主义 / 建构主义	相对主义（真实是变动的、多元建构的）	主体论、个例性、浮现性（在特定语境中共同创造理解）	质化：自然归纳（在自然世界中）
批判学派 / 冲突理论（女性主义、族群研究、马克思主义、文化研究）	唯物论 – 唯心论（真实由性别、种族、阶级与认同的差异所创造）		质化：自然归纳（通常是民族志，具有“解放”的含义）

资料来源：有关建构主义、女性主义、族群研究、马克思主义与文化研究的内容来源于 Denzin and Lincoln (1998). *Strategies of qualitative inquiries*, pp. 26–28. London: SAGE，其余为研究者自行整理。

跟自然界一样，根据自然法则运行，因此唯有通过近似于自然科学的严谨的研究方法进行研究，才能找出社会事实，进而对人类知识的发展有所贡献。行为主义是实证主义的一支，在经验心理学（Empirical Psychology）界被广泛使用，认为人类行为如生物有机体，只能从人行为本身的特质去了解。实证主义、行为主义与功能论的理论传统密切相关，功能论强调社会是由各组成部分相互依赖而达成平衡的有机体，在功能论指导下的研究，强调实证与经验、影响与效果。

实证主义、行为主义相信研究者所观察的事实是规律且客观的，必须与研究者的主观性做明确的切割，就本体论而言是一种“客观主义”。而从知识论的角度，要采用“证伪”（Falsification）的科学发现逻辑，以建立客观的分析依据。波普尔在 1934 年提出“证伪”的概念，也就是说，如果要证明一个事物的存在，要先假设“这个事物不存在”，接着要进行求证，如果无法推翻“这个事物不存在”，那就要接受“这个事物是存在的”。这就是所谓的“证伪”，研究要通过一种“证伪”的思维方式来确认我们所提出的研究假设成立，这个想法成为量化与实证研究的基本逻辑。例如，如果要证明“天鹅都是白色的”（研究假设），研究者要提出一个“虚无假设”，那就是“天鹅并非都是白色的”。然后去找证据推翻、否定这个假设，如果四处寻找都无法找到非白色的天鹅，那么“天鹅并非都是白色的”这个虚无假设就无法成立，也就需要接受“天鹅都是白色的”这个研究假设。

同时，从观察到的事实（如白天鹅）就可以建立一种“正态的”（Nomothetic）的数据分布来解释结论（如天鹅都是白色的），即通过研究发现来建立放诸四海皆准的概括性定论

(Generalization),用来解释其他的社会事实。行为主义学派则常使用实验研究法,通过分析可能对人类行为(或效果)产生影响的“变量”,进行对人类行为(或效果)的控制与预测研究。在方法论部分,实证主义、行为主义都强调科学演绎与统计推论的量化研究法,通过假设检验、客观证明等方式进行研究。

二、大数据分析

在互联网将计算机、网络平台、移动通信、社交媒体、消费行为汇流的背景下,大数据(Big Data)改变了舆论学、政治学、统计学以及营销学等领域的研究与应用,也提供了传播学研究的新方向,如有关网络上的新闻传播内容、社交媒体中的网民行为、手机消费与用户、新媒体数据库与智能传播发展,以及具有实时性的社群讨论话题与内容等方面的研究。

大数据分析的出现,挑战了传统量化研究的统计学基础,特别是推论统计学上的许多预设。统计学常使用的总体与样本、概率与代表性等概念,是从有限、局部的样本研究推论总体。大数据研究强调实证与经验、影响与效果、操作与控制等方面,本质上与功能论的理论传统一致。不过,大数据分析的研究对象虽然也是客观、可量化的数据,跟实证哲学中客观主义的本体相仿,不过其所搜集的数据是“极大量”且不设数量限制的,通常采用多种途径收集资料,通过“交互归纳”得出结论,而非通过单一特定来源的样本推论总体。因此,大数据分析所描述的“真实”源于多维度的数据,具有普遍性与客观性。

就知识论的层次来看,大数据的研究者是以“数据驱动”(Data Driven)与“算法”(Algorism)的逻辑来认识世界的。在方法论上,大数据分析通过采集、挖掘与呈现工具来处理数据,包括使用“爬虫”来抓取文档,采用高级编程语言来分析文档等,从互联网相互链接的URL和网页的HTML字符串中,爬取有价值的自然语言或文档内容。这种以“大数据归纳”为逻辑的数据科学方法是2010年之后新兴的研究方法,可以分析网络传播中的许多议题。

如微信、微博等社交媒体都拥有大量的开放资料可供采集与挖掘,经过严谨的“内容分析”(Content Analysis),可以“可视化”(Data Visualization)、“信息图表”(Infographics)等方式呈现,供进一步研究使用。将网络大数据运用于新闻传播领域是一个新的趋势,开拓先河的学者祝建华积极提倡发展这一“计算传播学”(Computational Communication)的新领域。

三、解释主义与建构主义

上述实证主义、行为主义与大数据的功能论分析的研究取向,主要是仿照自然科学的研究程序,或者以客观的量化资料分析为主。而持不同观点的解释主义与建构主义传统,强调研究者要在没有经过设计(如实验或变量设计)的自然情境中,探索人们在生活世界中的经验与行动意义,并解读人们如何通过互动来建立社会事实。解释主义与建构主义采取一种“相对主义”(Relativism)的本体论预设,认为社会事实并非是绝对的,而是多元建构的,也就是会随着不同群体及其所处“语境”(Context)与情境的差异、变化而有所不同。同时,量化与大数据导向的研究,将社会事实视为客观存在的,且完全独立于个人的主观理念、信念与感觉，有如“东西”（Things）一般可以被观察与分析。但解释主义与建构主义者认为，社会是由人构成的，绝对无法像东西一样被研究，必须要将人作为一个“主体”而非“客体”来了解，持有一种强调“主体性”的知识论观点。解释主义与建构主义认为，研究者需要立足于主观性与经验，通过对人们日常生活的了解、亲身的互动参与，以及与研究对象的共同经验与价值分享，也就是以一种“共同主观性”（Co-subjectivity）或“相互主观性”（主体间性，Inter-subjectivity）的立场，来理解所研究的对象，理解在特定的语境中被建构的多元真相。

解释主义与建构主义者无意建立一套法则性的研究解释，相反的，他们采取“个案性”（Ideographic）的知识论立场，也就是强调对特殊对象的深入探索，相信好的案例可以更有效地描绘出社会行动的真实性、呈现出社会事实的不同面貌，增进对“独特性”知识的了解。同时，解释主义与建构主义者强调研究时不采用事先预设好的理论或概念架构，因为很多重要的发现或概念，往往是从所搜集到的资料，以及研究者与被研究者之间不断互动的过程中浮现出来的。[①] 这种发现取向的研究途径强调“浮现性”（Emergence）的重要，因为这些在研究过程中才浮现出来的事物，经常是形成概念架构或开展分析的主要依据。解释主义与建构主义者所使用的方法论是一种典型的质化研究方法，在自然世界中观察、搜集资料，并通过归纳的逻辑进行资料的分析与论证。

四、批判学派与冲突理论：批判性质化研究

前述的解释主义与建构主义观点，虽然强调主体性的分析，但其目的是从参与者的观点出发，了解被研究者生活经验与社会行动的意义，以更贴近社会事实。因此，研究者通常抱持“价值中立”的态度，并不会特别针对观察到的社会不平等、权力矛盾或群体冲突等议题提出反省或批评。而批判学派与冲突理论，广义上也属于质化研究的范畴，也强调“主体性”、个案性、浮现性的知识论观点，但研究者的观点渗入“价值判断”的部分较多。

这个理论传统的本体论可以是唯心的，亦可是唯物的，唯心论角度预设了这些冲突的社会事实，是由人们（不同权力群体）的参与所建构出来的权力关系或文化冲突导致的；唯物论则特别关注经济关系与物质基础的不平等所导致的问题。批判学派与冲突理论认为真实是在特定语境中，由性别、种族、阶层与认同的差异所创造出来的。这些研究传统包括女性主义、族群研究、马克思主义以及文化研究等，在方法论上通常结合质化研究（偶尔也会与量化研究结合），重视在自然情境中搜集资料、进行归纳。这个传统最常结合民族志（Ethnography）研究，创造如女性主义民族志、马克思主义民族志、后现代民族志等不同的研究范式。在研究目的与结论方面，往往会提出对冲突的解释与批判，分析霸权的形成与原因，提出具有解放意涵的行动策略之建议等，常用概念有意识觉醒（Consciousness Raising）、赋权（Empowerment）、社会运动（Social Movements）或参与式发展（Participatory Development）等，目的在于通过研究发现和改善不平等的结构。

---

① Bryman, A. (1988). *Quantity and quality in social research*. London: Routledge.

第三节　量化与质化研究方法的比较

上一节比较分析了四种不同研究范式在本体论、知识论与方法论上的差异。本节将进一步针对量化与质化研究的方法进行比较。

一、研究目的与方式的比较

（一）研究目的与解释

无论哪一种研究方法，研究的目的都是正确地了解所研究的对象，并掌握社会事实的面貌。量化研究者的目标重在对社会客观事实的测量，回答"什么"的问题，即"发生了什么事"。量化研究通过所得到的调查或实验数据描述事件，进行变量与变量之间关系的统计分析，了解哪些变量具有最大的影响力，据此提出操作方案，以进行有效的控制与预测。如果某一变量（如网络暴力电玩的使用强度）的变化会对某一行为（如霸凌）产生正向的影响，由此推论出若"控制"这个变量（如减少网络暴力电玩的使用）即可"预测"相关行为会减少（即霸凌行为减弱）。换句话说，量化研究着重于描述研究发现，说明变量之间的相关程度，测试变量之间的因果关系，依统计方法检证、说明显著性（Significance）为何，并据此得出研究结论。

质化研究的目的，更多的是了解、分析与解释。质化研究者关注事件的发生过程与社会现象的来龙去脉，回答"如何"的问题，即"是怎么发生的"。质化研究者还挖掘深层的动态关系与文化意义，寻求理论性的解释来说明前因后果，回答"为何"（Why）的问题，即"为什么会这样"。通过田野调查或深度访谈取得研究资料之后，研究者首先要"描述"所看到的社会现象（如某城市"相亲角"征婚活动的参加者状况）。民族志学者强调要"厚描"（Thick Description）——深入描述所看到的动态与语境（如说明参加者类型以及家长如何变成相亲角的主角）；其他的质化研究学者则强调"分析"所描述现象背后的意义（如为子女征婚的家长如何运用策略吸引对象），进而针对研究对象的生活经验给出"解释"（Interpretation），即一种对社会文化意涵的深层解释（如解释性别意识与人口结构失衡是根本原因）。简言之，质化研究者针对现象进行解释，观察经验并加以分析，探讨语境的深层意义。

（二）与研究对象的关系

就研究者的角色扮演而言，量化研究者采取局外人的立场，尽量不涉入研究对象的社会世界之中，减少主观偏见、表达局外人的观点，旨在"建立超越个人主观经验及信仰的客观知识，所谓的客观包括无价值判断，不涉及规范议题，以及不受个人因素（如心理、态度、信仰、主观状况）的影响。[①] 因此量化研究者与研究对象通常维持短期的关系，较少互动沟通。布莱曼指出：在量化研究之中，研究者与被研究者之间的接触非常少，甚至没有接触。

① 刘仲冬：《量与质社会研究的争议及社会研究未来的走向与出路》，选自胡幼慧主编：《质性研究：理论、方法及本土女性研究实例》，巨流出版社 1996 年版，第 123—125 页。

换句话说，研究者与被研究的客体之间的关系是疏远且各自独立的。虽然有时研究采用的研究工具，如结构化问卷访谈，要求研究者与被研究者之间有所接触，但此类的接触都十分短暂。[①]

质化研究者强调研究者本身就是资料搜集与分析的主要工具，所以力求与研究对象产生较紧密的接触与互动、发展长期的信赖关系，采取局内人的观点进行分析。布莱曼指出，质化研究大多要求研究者与被研究者之间有更多实质的接触，特别是以参与观察作为主要研究方法时。这类接触通常是较为长期的，且研究者与被研究者之间需建立起信任、亲密的关系，以便研究者可以从被研究者的角度与观点出发，来观察他们所处的世界。[②] 在这种"主客交融"的过程中，必须通过"同理心"（共情，Empathy）的实践来获取局内人的观点。

量化研究者通过标准、严谨的程序取得资料，所撰写的研究结果也有统计学上的依据，通常不会被质疑有客观性的问题。质化研究者因为有主观性的涉入，往往容易产生个人偏见，因此受到的质疑比较多。质化研究者必须"时时小心反省、处理与表达可能的偏见与错误……对于所要发掘的事实要保持中立立场"[③]。虽然要扮演局内人的角色，质化研究者同时也要避免"被同化"（Going Native），唯有如此，才能有效地从被研究者的视角来看待他们所处的世界。另外，质化研究者要善于运用"三角测量法"（Triangulation）来减少偏见，即在研究时采用多种角度或观点、运用多种方法、选择多个场域与资料来源、涵盖更多类型的参与者 / 受访者，[④] 以便于资料的交叉比对与相互检验，增加研究的可靠性与客观性。

（三）研究方式与分析

量化研究倾向于使用结构化的方法进行研究，研究之前已有假设与严密的设计，如调查法或实验法，均在事前设计好一定的程序与步骤，来规范资料的收集、文献的梳理与假设的提出，采取一种结构化、线性、拥有固定模式的操作程序。而质化的研究设计会根据研究场域中的变化不断调整，也会因为研究过程中意外发现有趣的议题，而改变研究焦点或访谈对象。因此，这是一种非结构化、开放性的研究方法，没有单一固定的研究流程，取而代之的是一种弹性的、螺旋式、不断循环的过程。[⑤]

量化研究强调研究命题与假设的"可验证性"——所有的假设都可以通过资料的统计分析来证明是否成立，强调研究过程的"可重复性"——研究流程可供复制与参考，以及研究结果的"概括化"——结论可适用于解释其他相似的社会现象，也就是建立普遍性的解释。而质化研究则强调每一个现象或研究案例都有其独特而不可重复之处，研究分析的内容必须考虑到不同时空语境的发展与影响，研究不是为了验证，而是为了发现，特别是在独特的现象中进行探索。虽然研究发现与结论并不能如量化研究般建立普遍性解释，但是仍然可以进行"分

---

① Bryman, A. (1988). *Quantity and quality in social research*. London: Routledge.

② 刘仲冬：《量与质社会研究的争议及社会研究未来的走向与出路》，选自胡幼慧主编：《质性研究：理论、方法及本土女性研究实例》，巨流出版社 1996 年版，第 123—125 页。

③ 江明修：《社会科学多重典范的争辩：试论质与量研究方法的整合》，1992 年发表于《政治大学学报》第 64 期。

④ Given, L. M. (2016). *100 questions (and answers) about qualitative research*. London: SAGE.

⑤ 郭良文、林素甘：《质化与量化研究方法之比较分析》，2001 年发表于《资讯传播与图书馆学》第 7 卷第 4 期。

析性概括化”(Analytical Generalization)——将针对在特定语境下的研究关系与发现,应用于解释其他类似的案例或现象。

量化与质化研究目的与方式的比较见表1–2。

表1–2 量化与质化比较——研究目的与方式

比较维度	量化研究	质化研究
研究目的与解释	强调“什么”(What)的问题	强调“如何”(How)与“为何”(Why)的问题
	了解、控制与预测	了解、分析与解释
	进行描述,说明相关或因果关系在统计上的显著性	进行解释,分析经验与语境的深层意义
与研究对象的关系	保持疏远、短期关系、沟通少、局外人的观点	紧密接触、长期关系、互动多、局内人的观点
	客观、中立、减少主观偏见	主客交融、同理心、通过三角测量法减少偏见
研究方式与分析	结构化、线性、固定模式	非结构化、螺旋式循环、弹性调整
	可验证、可重复、概括化	独特不可重复、分析性概括化

二、研究设计与概念的比较

(一) 样本与资料

量化的研究样本通常是具有代表性和可复制性的样本,样本规模通常比较大,如问卷调查的对象往往多达数百人甚至数千人。抽样方式包括随机(Random)抽样、分层(Stratified)抽样、整群(Cluster)抽样、系统(System)抽样等。质化研究的对象通常是小规模的样本,通过“目的性抽样”找出研究价值高的对象。通常一个质化研究的受访者从几人到几十人不等,异质性(Variation)是抽样的一个重要考虑,研究对象涵盖的类型愈多,就有愈大的解释力。

在量化研究中,调查法(Survey)(含结构化访谈)、实验法(Experiment)、内容分析法(Content Analysis)为最常用的资料搜集方法,所搜集的资料多以标准化、结构化的数据来呈现。质化研究则以观察法(Observation Method)、深度访谈法(In-depth Interviews)(含焦点团体访问)、文本分析法(Textual Analysis)为最常用的方法,田野笔记、访谈记录、文件、各类有意义的资料是质化研究所分析的内容。

(二) 概念与文字表述

量化研究与质化研究源于不同的知识论传统,所使用的概念或专有名词差异甚大。虽然有部分质化研究学者偶尔会使用少数量化研究的概念,但质化研究里面其实也有一些相对应的概念存在。如“变量”与质化的“类别”、“代表性”与质化的“异质性”都是对应的概念。此外，学者邓津与林肯也提出了一些质化研究常用的替代名词[①]，包括："内在效度"(Internal Validity)与质化的"可信度"(Credibility)、"信度"(Reliability)与质化的"可依赖度"(Dependability)、"外在效度"(External Validity)与质化的"可转移性"(Transferability)，以及"客观性"与质化的"确认性"(Confirmability)等。

就修辞性语言与写作方面而言，量化研究以非个人化(如第三人称)来表达。由于量化资料被认为是经由一个系统的或较为科学的程序收集而来的，因此被认为是比较可靠与严谨的资料，量化研究者以统计结果、演绎逻辑、证明的方式叙述研究过程，以科学报告的撰写模式呈现研究结果。而质化研究则经常运用丰富且深入的资料，常常以个人化的用语或第一人称来表达。质化研究追求解释力、说服力、真实性和可信度，往往利用生动的叙事、受访者的原音重现，再通过归纳法逐渐衍生出结论。有些研究者会适当运用文学的表达方式撰写质化报告，融入科学客观的证据，既有文学作品的笔触与想象，又有科学作品的严谨性与说服力。

量化与质化研究设计与概念的比较见表1-3。

表1-3 量化与质化比较——研究设计与概念

面向	量化研究	质化研究
样本与抽样	大规模、随机抽样、代表性、可复制	小规模、目的性抽样、异质性、独特性、难复制
资料搜集方法	实验、调查(含结构化访谈)、内容分析	参与观察、深度访谈(含焦点团体)、文本分析
资料内容	数字、统计、可测量、可操作化	田野笔记、访谈记录、文件、有意义的各类资料
概念对照	变量	类别
	代表性	异质性
	内在效度	可信度
	外在效度	可转移性
	信度	可依赖度
	客观性	确认性
书写方式	非个人化、统计结果、演绎、证明	个人化、受访者原音重现、归纳、叙事

三、小结

(一)量化与质化研究的不足

不论是量化研究还是质化研究，都有不同的研究目的、适用范围以及优缺点，两种研究取向都有其局限。

量化研究者认为，质化研究所获得的系统知识过于复杂而无法用于对行为的预测，研究者的个人经验涉入太多使得研究结果难以相信，分析耗时且困难，程序未标准化而很难适用于大规模团体分析，研究对象有限使研究结果很难呈现出社会现象的一般性，容易发生特殊

---

① Denzin, N., & Lincoln, Y. (1998). Introduction: Entering the field of qualitative research. *Collecting and interpreting qualitative materials*, p.27. London: SAGE.

案例被认为是社会普遍现象的问题，研究工具较为粗糙而影响研究质量。[①]

这些质疑对质化研究方法的运用提出了警示，采用质化方法开展研究时需要了解这类研究方法的局限性，积极寻求改善，如在得出结论时避免以偏概全、对资料的分析更加细致与系统化、运用三角测量法以增加可信度与客观性等。

质化研究者对量化研究提出的质疑集中在：量化研究无法有效控制所有干扰变量，研究者很难保持价值中立，很多人文社会科学的研究实验无法重复，控制实验易伤及人性尊严，研究成果模型过于抽象而易流于表面描述而无法深入解释，将社会活动与人类行为之间的互动视为一个黑箱等。[②] 可见，采用量化研究方法时，要避免研究陷入过于琐碎的信息分析，或过于注重统计模型的建立而忽略了“人”才是构成社会、传播的主体。此外，量化研究应更重视理论的分析，以深入解释所研究的现象。

（二）混合研究与大数据分析的整合

量化研究者通常认为质化方法在研究计划的准备阶段是非常有用的，故质化研究常被量化研究者视为进行社会调查的一种发现方法，拥有“探索性研究”（Exploratory Study）的价值。由于质化研究具有探索性与非结构性，它往往可以引发研究的灵感，有助于研究设计的创新。量化研究中针对许多案例进一步深入访谈也有助于对样本有更深入的了解。

质化研究者也渐渐开始重视数字的辅助效果，运用质化的内容分析方法或使用计算机软件处理庞杂的质化资料，以提高研究效率，增加分析的精确性。[③] 量化研究与质化研究之间的鸿沟一向很深，上述互补是跨越鸿沟的第一步，也是混合研究方法的开端。

有一些研究问题已经不是单独的量化研究或质化研究方法可以回答的。混合研究方法结合两者的强项，根据实际研究的需要，将量化研究与质化研究相结合，取长补短，在社会科学研究中已经被广泛使用。艾莉森与史密斯将混合研究方法设计的类型分为四种[④]：(1) 解释性为优先类型（Explanatory Sequential），先搜集与分析量化资料，再搜集质化资料来辅助量化分析；(2) 探索性为优先类型（Exploratory Sequential），先搜集与分析质化资料，再搜集量化资料来验证质化研究的发现；(3) 同步进行类型（Parallel），同步搜集与分析量化与质化资料；(4) 嵌入式类型（Nested），以量化或质化其中一种作为主要设计，在此研究中嵌入另一方法范式，以辅助回答问题。

大数据分析研究方法的出现，给传统的量化与质化研究方法创造了新的融合机会。大数据分析以多样化的文档为分析对象，与量化研究中推论统计的逻辑与方法论不同。大数据分析自成一体，结合人工智能，可以对文档进行更多角度的质化内容分析，如社交媒体上的讨论内容、音视频内容等。妥善运用大数据分析，结合量化研究或质化研究，成为新形态的混合研究方法，可为传统的量化和质化研究提供更多的资料来源、客观证据与新的分析视角，创造出更大的应用价值。

---

① 李秉正：《世纪之交：人文社会科学典范的移转》，2000 年发表于《淡江人文社会科学刊五十周年校庆特刊》。

② 江明修：《社会科学多重典范的争辩：试论质与量研究方法的整合》，1992 年发表于《政治大学学报》第 64 期。

③ 郭良文、林素甘：《质化与量化研究方法之比较分析》，2001 年发表于《资讯传播与图书馆学》第 7 卷第 4 期。

④ Allison, S., Smith, J. (2017). Mixed methods research: Expanding the evidence base, *Evid Based Nurs*, 20(3): 74.

练习与作业

1. 从2020年出版的《新闻大学》《新闻与传播研究》《国际新闻界》《现代传播》四份学术期刊中选出一本,分析所有论文使用的研究方法,并分析其代表的研究范式。

2. 选取《新闻与传播研究》期刊近年所发表的一篇“量化研究”文章,简述该文章体现的样本、抽样方法、资料搜集方法以及写作方式。

3. 选取《新闻大学》期刊近年所发表的一篇“质化研究”文章,简述这篇文章的研究者与研究对象的关系,以及研究者如何分析研究对象的经验。

4. 尝试以“人性”为主题,从本体论、知识论、方法论三个层面来比较分析孟子“人性本善”与荀子“人性本恶”这两种学说的观点差异。

问题与解答

Q1:了解传播现象为什么需要学习“研究方法”?研究方法可以帮助我了解什么?

Q2:为什么需要了解本体论与知识论这些哲学概念,对研究有什么帮助?

Q3:我要怎么选择研究方法?哪一种方法才是最好的?

第一章 问题解答

词汇与定义

1. 本体论。探索“存在”与“本质”的概念。所探讨的内容包括解释存在的本质与主要特征、了解事物的存在现象、分析主体和世界观、探索被视为存在的一些概念与物质。社会科学研究者从本体论出发,关注“社会事实”的存在形式与本质,且探讨人类如何理解真理与社会真实。

2. 知识论。是指人类了解与学习这个世界的方式,所关心的议题包括如何认识真实与如何掌握知识的基础形式。真实是什么、知识本质与形式为何、认知如何成为可能、真实与知识如何被建构,这些问题是我们认识这个世界的第一步。不过如何认识世界、知识权威性的建构不是一成不变的。随着科学范式的转移,人们所相信的科学定律与知识默认,会随着新的命题、新的发现而被改变,新的范式于此产生。

3. 方法论。是指探究方法的学问,或研究特定学科与领域方法的知识范畴。如何客观地分析社会现象、如何更贴近地观察生活世界,以及运用什么样的有效工具进行研究资料的搜集等,都是属于方法论层次上的问题。调查或实验、访问或观察、强调验证或发现,都与不同的研究方法或研究工具对应，目的在于通过系统的研究过程，包括演绎（量化研究的主要取向）或归纳（质化研究与大数据分析的主要取向）等逻辑推理，建立相关的知识体系。

4. 研究方法。狭义的研究方法（如果与方法论区分开来探讨）是指搜集和处理资料的具体方法，以及其他研究工具的运用方法。量化研究方法主要包括调查法、实验法、内容分析法、统计资料分析等。质化研究方法主要包括观察法、访谈法、文本分析法、质化资料分析等。大数据分析方法则通过采集、挖掘、呈现等研究工具进行资料的研究。

5. 研究范式。在本体论与知识论的引导下，研究方法的使用往往与理论的发展有密切关联，某一理论传统会倾向于使用某些特定的研究方法。理论与方法一体两面，方法论与理论的结合形成了各种研究范式。传统学术研究上常见的范式可以分为：实证主义与行为主义、解释主义与建构主义、批判学派与冲突理论。

第一章　阅读文献

第二章

科学研究的目的、流程与方法

——万丈高楼平地起

学习目标

1. 认识科学研究的三个基本概念：研究目的、研究流程与研究方法。
2. 了解研究目的、流程与方法在整体科学研究中的功能与意义。
3. 理解在阅读一篇研究报告时，如何经由其研究目的、流程与方法，掌握研究者的目标、研究性质以及预期的研究成果。
4. 思考在自己的研究中如何清楚地表达研究目的、流程与方法。

引　　言

要进行一项研究，研究目的、研究流程和研究方法这三个基本概念，可以称为“研究三宝”。这三项内容是研究伊始就应该确定的。

当我们在构思一个研究主题时，研究三宝就犹如指南针，可以引导我们规划研究的方向和步骤。当我们实际开始执行研究时，研究三宝便成为我们的检核表，是帮助我们自我审视、调整进度的参考依据。而当我们在阅读别人写的研究报告时，研究三宝就是我们的快捷键，让我们迅速掌握研究者的研究目标、研究性质以及预期的研究成果。

不仅如此，当我们跳出个别研究的层次，更宏观地看待整体科学研究时，研究三宝也深具指导意义，三者看似各司其职、互不隶属，其实彼此牵连、密切相关。简单地说，某些科学研究的目的适合经由某种科学研究的思维（流程）去探索与厘清，而某种思维又最明显地体现在某个研究方法中。

第一节　科学研究的目的

一、什么是研究目的

顾名思义，研究目的是研究者解释自己做一个研究想得到什么。科学研究许多时候是在试图了解一个还没有为大众所熟悉的现象，或是尝试抽丝剥茧地发掘这个现象更深层的面向或意涵。换句话说,研究者对于这个现象有些好奇或疑问,进而对这个现象进行研究,目的是在回应、回答或解决那些好奇或疑问。

在一篇研究报告里,研究目的往往出现在“绪论”这个章节内。由此可知,研究者在呈现研究时,要尽快说明这个研究的目的。对读者而言,阅读一篇研究报告中的研究目的可以很快速地了解这个研究主要在回应、回答或解决哪些问题,甚至对于整个研究的大致方向、执行方式,以及研究发现等也能够勾勒出一个大致的轮廓。对作者来说,说明研究目的除了帮助读者领略这个研究的意义外,更是要帮助自己阐述这个研究可能的价值,在报告的字里行间反映出研究主题的重要性、进行研究的必要性,以及研究发现可能带给学术社群、专业领域和普罗大众什么样的影响和启发。

和研究目的密不可分的是研究动机。阐述研究目的时要呼应研究动机。研究动机是在解释研究者为什么要进行这个研究,比方说身为一个研究者,你发现身旁有越来越多的朋友会选择在网络上“追剧”,而不是在固定时段收看电视台播放的同一剧集,于是你想要探讨观众在网络上追剧的原因有哪些,这就是你的研究动机。至于相应的研究目的,最简单、直接的便是了解电视剧观众在网络上追剧的理由,并通过比较得出网络观剧和电视观剧之间的差异。

当然,为了更进一步对应上述提到的“重要性”“必要性”和“启发性”,阐述研究目的时可以再接着说明:越来越多的人网络追剧,已经形成了一种新兴的、流行的观剧方式,加上如今网速大幅提升、电视剧种类日益多元,网络追剧更为方便可行,因此你的研究探讨这个主题,有其重要性。同时,如果你根据就相关议题文献的初步整理结果,发现着眼于电视剧观众网络追剧动机的研究资料非常有限,那么为了增进对这种非传统观剧形态的认识,你的这篇研究便更加有其必要性。除此之外,了解观众网络追剧的动机也有助于网络影视平台设计出更符合用户需求的观剧功能,有助于影视剧制作方规划剧情的节奏与时长,有助于传播学术社群认知到新兴媒体如何影响与满足观众不同于传统电视观剧的需求,同时有助于一般观众反思自己追剧的原因。

二、科学研究目的的内涵

不同的研究类型有不同的目的,日常生活里的“研究”往往以实用为导向,例如通过大众点评网挑餐馆、看视频学修理水管等;政策研究则是为政府部门等评估、拟订、完善施政方针服务的;市场研究(或称市场调查)是为了了解消费者对产品或服务的使用经验和意向;而学术研究、科学研究的目的则是探求知识与真理。

科学研究的目的可细分为描述、解释、挖掘现象背后的影响因素、预测和控制等[①②]。

1. 描述

描述是对已经发生的事实进行系统性的整理,研究的结果能够帮助大众更充分地认识现实状况。以网络追剧这个研究主题为例,其研究目的可以是勾勒时下观众上网追看剧集这个

① Gall, M. D., Borg, W. R., & Gall, J. P. (1996). *Educational research: An introduction* (6th *ed.*). White Plains, NY: Longman.

② Sparks, G. G. (2015). *Media effects Research: A basic overview* (5th *ed.*). Boston: Cengage.

新兴观剧行为的整体面貌，因此你可能会去调查观众都在追什么剧、每天花多少时间追剧、通常在一天里的什么时间段追剧、多久看完一部剧、看剧时采用的终端和平台，以及观众的人口特质等。经过资料分析和梳理，研究结果也许就能呈现出经常网络追剧的观众的性别比例、年龄层、职业和教育程度等情况，以及追看剧集的种类排行、每日追剧的高峰时段、追剧的周期、使用的终端和平台等情况。以描述为目的的科学研究，能够奠定大众对一个议题或现象的基础认知。如果这个议题或现象在社会上相当普遍，或是对个人和社会整体有强烈影响，那么便会吸引更多的研究者投入和钻研。学术社群的成长靠的正是这样的知识积累和深化，可以说以描述为目的的研究犹如基础的扎根工作。

2. 解释

解释也是科学研究的主要目的之一。探求原因是人的求知本能，水为什么会蒸发？海市蜃楼的成因是什么？全球变暖又是怎么发生的？以上种种，都属于自然科学问题。而以“人”为研究主体的社会科学，则会试图解释人的思想、态度和行为是受到哪些人、事、时、地、物所影响的。例如观众上网追剧的动机研究，便是在尝试解答令人一集接一集不眠不休把整部剧看完的原因；而实际研究发现，网络追剧的主要动机可能包括“迫不及待想要知道剧情的发展”“不想被广告打断”“为了赶上先前落下的进度”“储备谈资融入朋友圈”等。① 这些都为观众上网追剧提供了解释，而科学研究甚至还能更进一步地探讨究竟哪一个或哪几个动机最能够解释为什么人们看剧欲罢不能。换言之，科学研究不仅为时下流行的追剧现象提供可能的解释，还能在多个可能的解释当中，找出“比较好”的解释。

3. 挖掘现象背后的影响因素

描述是在了解现状，解释则是在了解原因。由于社会科学的研究对象多数是人，人类的任何一个行为举止，其影响因素深究起来都会相当复杂，因此，科学研究另一个很重要的目的在于挖掘现象背后的影响因素，更深一层地探讨事情发生的来龙去脉、因果关联。② 以网络追剧的例子来说，假如“迫不及待想要知道剧情的发展”是主要的动机，那么剧情引人入胜可能是它的前因，观众感同身受可能是引人入胜的前因，观众有过相似遭遇可能是感同身受的前因……如此一来，网络追剧这个行为的发生动机可概括为个人经验影响个体对媒介信息的主观感受、主观感受影响个体对媒介信息的评价、评价影响个体的媒介使用的动机，而动机影响个体的媒介使用行为。深挖出这样的媒介使用历程，对于观众上网追剧的行为也就有了更深一层的了解。

4. 预测

科学研究的再一主要目的是预测。对某一现象的深入理解有时候也能够帮助推论类似的情况是否会反复发生，进而预测当相似的征兆发生时，可能的结果是什么。利用科学研究的结果进行预测最典型的例子就是天气预报。此外，医学研究中对疾病的诊断、治疗和用药的效果，也反映出以预测为目的的研究是多么重要。仍以看电视剧为例，早在网络追剧的热潮兴起之前，传播学者便对“收看电视”这个行为做了许多科学研究，并且证实了不少负面效果，比

① Steiner, E., & Xu, K. (2020). Binge-watching motivates change: Uses and gratifications of streaming video viewers challenge traditional TV research. *Convergence: The International Journal of Research into New Media Technologies*, 26(1): 82-101.

② Sparks, G. G. (2015). *Media effects Research: A basic overview* (5th *ed.*). Boston: Cengage.

如电视看得越多的女性，其过胖的情形也越多见；[①] 又如每周观看电视超过 10 小时以上的中学生，其学业表现普遍较差。以上研究发现的立论基础是媒介取代假说（Media Displacement Hypothesis），主要是指人的一天只有 24 小时，使用媒介的时间越多，那么做其他事情的时间便会越少。[②] 应用在网络追剧行为上，可以推知用于追剧的时间越多，原本运动和学习的时间必然减少。根据媒介取代假说，以及上述电视收看的相关研究，你也可以大胆预测：女性观众网络追剧的频率越高，其过胖的情形也越多见；而中学生网络追剧若每周超过 10 小时，其学业表现则可能较差。

5. 控制

既然通过科学方法能够对事物的发生进行推断和预测，那么也就能够相对控制其发展的过程；尤其对于会产生负面影响的事物，以控制为目的的科学研究便是在尝试避免或减轻负面结果的产生。例如，天气观测能够预估台风前进的方向，因此政府可以事先警示可能受灾的区域，令其及早做好准备。就网络追剧这个研究主题来说，研究的目的可以是呼吁家长关注中学生子女上网追看电视剧的情况，以避免追剧占用太多学习时间，影响课业表现。研究目的也可以是提醒观众在追剧的同时不可忽视运动，以避免肥胖。此外，以控制为目的的科学研究也有助于延续、强化正面影响。例如网络追剧的研究可以给影视制作方带来启发，从热播剧中发掘成功的元素，用于正在制作的其他剧集，以吸引观众追剧。

第二节　科学研究的流程与思维

研究流程指的是执行研究的程序，对研究者来说，是拟定和执行研究计划时的重要依据；对读者而言，写在绪论结尾的研究流程，对了解整个研究也有帮助。超越个别研究的层次，整体科学研究也有既定的流程，可以指导学术社群辨别知识、获取知识、积累知识、应用知识。这一过程反映出科学研究的思维，而主要的科学研究思维有演绎思维和归纳思维。[③]

一、科学研究的流程

外界通常期待科学研究高度严谨，因此除了研究动机和目的应当明确，研究流程也应该清晰、具体。在一篇学位论文中，研究流程通常在绪论末尾呈现，意思是在整个研究执行之前，研究者便应该拟定清楚研究的步骤。一个社会科学研究的研究流程通常包含以下步骤：探讨文献、提出研究假设与研究问题、拟定研究方法和研究对象、设计资料搜集工具、搜集资料、分析结果、撰写研究发现与讨论等。当然，根据个别研究的需要，上述流程也可能有所调整。

研讨会论文、期刊论文里则较少完整介绍研究流程，但并不代表这些研究不讲究程序，而是由于论文篇幅有限，以及制定流程早已成为科学研究的基本要求，因此在内文中省略不提。

---

① Tucker, L. A., & Bagwell, M. (1991). Television viewing and obesity in adult females. *American Journal of Public Health*, 81(7): 908-911.

② Kayany, J. M., & Yelsma, P. (2000). Displacement effects of online media in the socio-technical contexts of households. *Journal of Broadcasting & Electronic Media*, 44(2): 215-229.

③ Miller, K. (2005). *Communication theories: Perspectives, processes, and contexts.* New York: McGraw Hill.

此外，值得注意的是，虽然确定研究流程是研究时的早期工作，不过在执行研究的过程中，遵循研究流程同样重要。具体、明确的研究流程能够帮助研究者规划、追踪，以及审视自己的进度，保证科学研究的严谨性。比方说，网络追剧研究想要以在校本科生为研究对象，因此最方便、理想的访谈时机是在学期当中。同时研究者也应意识到，期中、期末考前两周会是同学们最忙碌的时候，届时可能无暇参与研究，所以最好是在期中考结束到期末考前两周这段时间规划访谈。订好了访谈的时间，你便能往前规划探讨文献、提出研究问题、选定受访对象、拟定访谈提纲（资料搜集工具）的进度，以及往后预估分析访谈内容，撰写研究发现与讨论等的时间。

尽管研究流程越早拟定越能让研究者按部就班地执行各个步骤，研究流程也必须保有一定的弹性，因为做研究就像做日常生活中的任何事，有可能“计划赶不上变化”，因此研究者也要懂得适时、适度地调整研究流程。仍以网络追剧访谈研究为例，也许当你访谈了几位同学后，发现同学们在网上追剧的动机似乎因为不同剧种而有不小的差别。这时候，你就有必要根据不同剧种寻求额外的受访对象、增加访谈大纲中的问题、扩充你的研究问题，甚至是补足相关的文献探讨。虽然这样的调整可能会令人焦虑不安，并且也会推迟访谈之后的各项研究步骤，不过所梳理出的研究发现可能会比原本的规划更有深度，所以仍然值得一试。从这个例子中可以看出，研究流程其实在实际执行研究的各个阶段里都不容忽视，并且应视研究进展随时修改与调整。

研究流程在字面上是指研究者进行研究的过程，其实反映的是研究者做研究的逻辑，包括拟定研究问题的逻辑、开展文献探讨的逻辑、解答研究问题的逻辑、搜集研究资料的逻辑等。从这个角度来看，研究流程不仅是执行研究的步骤，更体现着引导研究的思维。

二、科学研究的思维

（一）演绎思维

夏洛克·福尔摩斯是在全球读者心中占有一席之地的侦探人物，在“博斯科姆比溪谷秘案”[①]中，福尔摩斯对命案现场进行了地毯式搜索，最后他向警方形容，凶手是高个子，脚着狩猎靴，左腿瘸，是个左撇子，抽印度雪茄等。福尔摩斯是怎么判断出来的呢？他可以根据犯罪嫌疑人的脚印判断靴子的类型，根据步伐距离判断身高，根据左右脚印深浅不一判断走路施力的轻重，根据案发现场的烟灰判断雪茄产地，以及根据死者左后脑的致命伤判断凶手惯常使用左手。福尔摩斯的上述判断便是推理的过程，而“推理”就是演绎思维的中文俗称。

福尔摩斯推理的依据是已知的知识，如步伐距离和身高的关系、脚步轻重与脚印深浅的关系等。在科学研究中，已知的知识可被称为理论；社会科学中的理论因人而起，很难放诸四海皆准，但至少也经过了多次验证，具有普遍性。根据理论，研究者对一个新兴的、特定的情况提出推测，这便是研究假设。从理论推导出假设，是一个纸上谈兵的过程，而在有了假设之后再进行实际的观察，便是验证假设是否成立的过程。在福尔摩斯的案例中，他根据死者伤痕位置推理出疑犯是个左撇子的假设，然后循线索找到了符合特征的凶手，证实了自己的假设。

---

① Doyle, A. C. (1994). *The adventures of Sherlock Holmes*. London: Penguin.

演绎思维是由理论、假设到观察,一步步从抽象至具体的科学研究思维,研究者基于人类思想、行为的共通性(尽管例外其实很多),能够从“已知”向更多的“未知”进行推理,加快知识积累的速度。回顾科学研究的几种目的,演绎思维特别有助于解释、了解、预测和控制。例如网络追剧是一个新兴的现象,长时间看剧这个行为是否会令观众上瘾,进而对其生理或心理产生负面的影响,还有待探索与厘清。不过,“媒介使用成瘾”在传播研究中已非新的议题,电视使用成瘾①、电子游戏成瘾②、网络成瘾③等,都已有实证研究证明了过度使用媒介和成瘾症状的关联性。另外,根据过往的理论和研究,媒介使用成瘾也与冲动型人格特质有关,这种性格冲动的使用者在行事上往往不会深思熟虑,自我控制力较低,容易过度使用媒介、过度投入媒介内容。因此,根据这些已知的科学知识便可以提出假设:冲动型人格特质越明显的人,越容易上网追剧,进而也越有可能出现追剧成瘾的症状。④经由具体观察或了解受访者的人格特质、追剧的频率和是否成瘾的情况,研究者便能解释追剧成瘾的部分原因,了解不同因素如何彼此影响而造成追剧成瘾,预测什么人格特质或什么样的追剧行为容易导致成瘾,最后提出预防成瘾这一不良后果的可能办法。

(二) 归纳思维

另一种科学研究思维是归纳思维。仍以破案为例,另外一位大侦探赫尔里克·波洛在办案时的手法便偏向归纳法。在“东方快车谋杀案”⑤中,列车上的死者身中多刀,暴毙在自己的包厢里。在检视了凶案现场、推估死者死亡的大致时间后,波洛对同车厢内的另外 13 名乘客展开轮流讯问,了解他们从上车到最后一次见到死者之间与死者曾有的互动,在案发前后是否察觉任何可疑的事情,案发当时他们各人的作息,以及他们对于死者生前的观感与印象。接着,他汇整众人的证词,试图还原、拼凑出东方快车启程后车上发生的种种事件,从中梳理每个人是否有杀人的动机、不在场证明,或其他可疑之处,据以推测凶手是谁。波洛探案的故事之所以引人入胜,很重要的原因之一便是让读者在对案件一头雾水的情况下,跟着大侦探提出问题、找寻线索、分类事实,对事件的发生与发展进行梳理,这样的步骤就体现了归纳思维。

很多时候,研究者对所要研究的对象或主题一开始并没有太深的认识。上述“东方快车谋杀案”也是如此,死者、命案现场、谋杀手法都独一无二,令波洛没有前例可循;他对同车厢的乘客们全然陌生,无法就众人的成长背景、人格特质或行事风格推敲谁最可疑,因此他只能向每个人反复提问,搜集线索,一点一滴累积已知。这样的做法,从广义来说便是观察;而经由

---

① McIlwraith, R. D. (1998). “I'm addicted to television”: The personality, imagination, and TV watching patterns of self-identified TV addicts. *Journal of Broadcasting & Electronic Media*, 42(3): 371–386.

② Chiu, S. I., Lee, J. Z., & Huang, D. H. (2004). Video game addiction in children and teenagers in Taiwan. *CyberPsychology & Behavior*, 7(5): 571–581.

③ Widyanto, L., Griffiths, M. (2006). “Internet addiction”: A critical review. *International Journal of Mental Health and Addiction*, 4(1): 31–51.

④ Riddle, K., Peebles, A., Davis, C., Xu, F., & Schroeder, E. (2018). The addictive potential of television binge watching: Comparing intentional and unintentional binges. *Psychology of Popular Media Culture*, 7(4), 589–604.

⑤ Christie, A. (2000). *Murder on the orient express: A hercule poirot mystery*. New York: Berkley Books.

充分而深入的观察，研究者能够对已知进一步分门别类，系统地整理事实，提出合理假设，最终证实自己的判断。

由此可见，归纳思维是从观察、假设到理论，一步步由具体至抽象的科学研究思维；其优点除了有利于深入、详细地了解所研究的对象或议题，更关键的是有利于将看似庞杂纠结又互不相干的知识化繁为简，整理出有意义的重点，归纳思维因此特别有助于描述、解释和了解。仍以网络追剧研究为例，研究者除了想知道观众们网络追剧的动机，也可能想了解剧集具有哪些特质最容易令观众上网追看。按照归纳的科学研究思维，研究者可以访问多个有上网追剧经验的观众，搜集包括"供片、更新速度快""随时可以观赏""剧集量多""剧情复杂""题材新颖""故事性强""角色吸引人"等个人意见，再从中归纳出"剧集易得性"（前三点）、"剧情饱满度"（第四、五、六点）和"角色吸引力"（最后一点）三个方面，接着进一步提出电视剧集在"制作"（剧情、角色）和"播出"（供应）两阶段中，吸引观众上网追剧的特质。① 经由层层归纳和厘析，研究者能够具体描述网络热播剧集的各种特质，解释构成热播剧集的不同要素，并且深入了解剧集从制作到播出的过程中，如何提高对观众的吸引力。

由于个别的研究在人力、物力、时间、经费等方面都有规模限制，研究者在提出问题和实际执行时所依循的科学研究思维，往往是从演绎和归纳当中择一。不过，这两种思维看似背道而驰，但是演绎思维里第一步的先验知识并非无中生有，归纳思维里经层层梳理而成的理论也不是科学研究的终点。因此，比较好的理解是将归纳和演绎视为一个整体的循环，从观察、假设到理论（归纳），再从理论、假设到观察（演绎），如此反复，才会积累、扩充更多更有意义的知识。

第三节 科学研究的方法

一、什么是研究方法

研究方法是研究者达成研究目的所采用的方法。如果说研究动机是在阐述作者为什么（Why）要进行一个研究，研究目的是在指出作者希望通过研究获得或回答些什么（What），那么研究方法便是在说明作者如何（How）研究。在一篇研究报告里，研究方法往往有其独立的章节，并且通常被安排在"绪论""文献探讨"之后，"研究结果"（或称研究发现、研究分析等）、"讨论"之前。尽管这并不表示研究者要检阅完相关文献才能开始拟定研究方法，但实际的分析、发现和讨论，确实是研究者先选定了研究方法，才能开展的研究过程。

在进行科学研究时，研究者必须思考要采用哪种或哪几种研究方法作为探讨议题、解答问题的途径。由于社会科学研究的对象很多时候是人，因此研究什么人、如何研究人，往往是研究方法的决定性因素。有些研究的目的是想要了解特定群体的特质，例如你经常听到朋友在讨论目前追看的某网络剧，基于好奇，你想知道令他们入迷的原因是什么，因此你找来这些朋友们好好聊一聊，听他们畅所欲言，从不同的人身上得出了一些相同或不同的动机。这样整

① Flayelle, M., Maurage, P., & Billieux, J. (2017). Toward a qualitative understanding of binge-watching behaviors: A focus group approach. *Journal of Behavioral Addictions*, 6(4): 457–471.

理起来,可能就包括了“迫不及待想要知道剧情的发展”“不想被广告打断”“为了赶上先前落下的进度”,以及“储备谈资融入朋友圈”这几项动机。[①]

另外有些时候,研究者更想了解的是一个较大群体中多数人的共通点,比如普遍而言本科生上网追剧最主要的动机是什么,那么研究对象从理论上来说便是全国所有目前在追剧的本科生了。然而,符合这样条件的人成千上万,研究者根本不可能找到每一位进行调查或访问,所以替代的方法便是经由抽样的程序,寻找到一定数量的本科生作为代表,进行调查研究。不过,即使只有五六百个样本,作为研究者的你也无法像前例当中与朋友聊天一样地逐个与之见面、访谈,所以为了节省问答所需的时间和经济成本,你还要把想问的问题再简化,比如拟制一份简短的网络问卷,列出上述 5 项动机,然后在每项动机之后设定同意、不同意的选项,请受访者直接勾选,最后再统计同意哪个动机的人数最多,这便可以粗略得出全国本科生上网追剧最主要的动机了。

当然,还有一些时候,社会科学研究探讨的对象不直接是人,而是人为的产物,又称内容或文本,比如聊天记录、网络购物的消费者评价、新闻视频、电视剧集等。分析这些不同的内容可以采用的研究方法和前述案例其实大同小异:假如你想要了解一个目前网上热播的剧集究竟为什么使人看了欲罢不能,可以将整部剧仔细看过、做成笔记,然后分析、归纳出吸引人的元素有哪些;或者是你可以先抽出几集来看,找出一些共通的吸引人的元素,然后记录每一集中这些元素出现的频率,最后统计出哪种或哪几种元素出现得最频繁。

论文的研究方法章节除了要详细说明研究对象(人或内容)的特质、研究者如何找到或挑选研究对象(抽样),也要具体描述研究所采用的工具或指引,如访谈朋友追剧动机时使用的访谈大纲;而网络问卷上有待勾选的动机相关问题,则称为量表。当研究者选定了研究方法之后,对于研究对象是谁、如何选定,以及采用什么样的工具向研究对象搜集资料,就要依据研究方法贯彻执行,因此研究方法也可以被理解为实际执行研究时的准则与规范。有了研究方法作为依据,研究者便能够更确切地实现所拟定的研究目的。

二、量化和质化的科学研究方法

不同的学科领域,或多或少会有其专用、特殊的研究方法,但是学科之间共通使用的研究方法也不少,加上传播学又是一门交叉学科,因此进行传播研究所能采用的研究方法五花八门,本书将择要逐一详细介绍。但在学习之前,须先了解社会科学的研究方法。总的来说,社会科学的研究方法可分为量化(Quantitative,或称定量)和质化(Qualitative,或称定性、质性等)两大类别。上文所述的访谈、问卷就分属于质化和量化研究,下文将更详细地说明质化和量化研究的特色与区别。

(一) 量化研究方法

量化研究方法指的是将研究资料以数字的方式诠释和整理,之后再通过统计来分析资料

---

① Steiner, E., & Xu, K. (2018). Binge-watching motivates change: Uses and gratifications of streaming video viewers challenge traditional TV research. *Convergence: The International Journal of Research into New Media Technologies*, 26(1): 82–101.

的方法。比如说，社会科学的研究对象通常是人，询问受访者的意见，再将意见的内容用数字来表达，便是一种采取量化途径的研究方式。以传播研究中经常运用的问卷调查法为例，研究者可以就一项问题提供“非常不同意”“不同意”“无所谓”“同意”“非常同意”5个选项让受访者勾选，并且设定1代表“非常不同意”、2代表“不同意”、3代表“无所谓”、4代表“同意”、5代表“非常同意”，这样便可将意见内容转换为数字。以网络追剧这个主题为例，问卷可以列出多个追剧的动机让受访者勾选最符合自身的情况；倘若有位受访者在“迫不及待想要知道剧情的发展”这一项勾选“非常同意”，那么此项他的意见就以5代表，之后再进行深入的统计分析。

量化研究方法的特点是结合统计分析，而统计分析最常发挥的优势是判断不同群体之间的差异程度以及各因素之间的关联程度。比方说，你可能会好奇在有追剧经验的本科生当中，男性观众和女性观众最主要的追剧动机是否不同，量化统计方法便可以用来分析这个可能的性别差异。此外，你也许会想知道，本科生网络追剧的动机越强烈，他们看剧时是否也会感觉更快乐、更享受，[①]这个有关“追剧动机”和“观剧时的正向情绪”两个因素（或称概念、变量）之间的关联性，也能经由统计分析进行验证。量化研究方法固然是“看数字说话”，但切记它不是由表面上的数字多寡下定论，统计学上的显著水平判别才是关键。

除了问卷调查法，传播研究中常见的量化研究方法还包括实验法和内容分析法。实验法是由研究者设计、控制不同的实验情境，再将受试者分组安排在不同的情境中，之后测量受试者是否由于身处不同的情境而在后续认知、情感或行为上产生差异。实验法的测量与问卷调查法的测量相仿，多是由受试者自行填写量表，少部分由研究者观察记录，资料搜集完毕后再转换为数字进行统计分析。仍以网络追剧为例，如果想验证看剧时所使用的终端是否影响使用者追剧的投入程度，可以设计三种不同的实验情境：为受试者随机分派笔记本电脑、平板电脑和手机看同一部剧集，然后观察、记录他们在看剧过程中全神贯注的程度，或是在观剧结束后让他们自行评估投入的程度，再经由统计分析，比较三组受试者的投入程度是否有显著差异。

至于内容分析法，顾名思义，旨在研究媒介内容而不是媒介的使用者。内容分析的涵盖范畴相当广泛，凡是针对媒介内容的研究，如文本分析、修辞分析、符号学分析等，都算是广义的内容分析。不过，量化的内容分析法是指研究者将媒介内容依照感兴趣的议题和概念先编码为数字，再对编码的结果进行统计分析。举例来说，有网络追剧研究结果显示，观众追剧的主要理由之一是因为角色吸引力，[②]为了验证实情是否真的如此，可以先找到当年年度排行前20名的网络热播剧集，然后设计有关角色吸引力的编码规则，再让两三位编码员对这些剧集进行编码，之后通过统计分析，了解角色吸引力和热播排行之间是否确实有正向的关联性。

---

① Flayelle, M., Canale, N., Vögele, C., Karila, L., Maurage, P., & Billieux, J. (2019). Assessing binge-watching behaviors: Development and validation of the “watching TV series motives” and “binge-watching engagement and symptoms” questionnaires. *Computers in Human Behavior*, 90: 26–36.

② Flayelle, M., Maurage, P., & Billieux, J. (2017). Toward a qualitative understanding of binge-watching behaviors: A focus group approach. *Journal of Behavioral Addictions*, 6(4): 457–471.

（二）质化研究方法

质化研究方法是将受访者的意见主要以文字的形式进行记录、整理和诠释。随着科技的进步、研究议题的多元，用图画、照片、音频、视频，或其他符号作为记录方式也有可能。简言之，质化研究即是不以数字、统计去分析资料的方法。仍以网络追剧动机研究为例，请朋友们好好聊一聊他们各自追剧的原因，将他们的说法仔细记录下来，然后从这些言谈内容中深入剖析每个人追剧的动机，再从不同受访者的经验中整理、归纳出几项共通的动机，这便是一个采用质化方法的研究，而这样的方法被称为深度访谈法。

质化研究方法共同的特点是对资料由表及里一层一层地深入分析，因此既要理解言下之意，更要能够诠释和推敲言外之意，才能从稀松平常的言说、有目共睹的媒介文本中厘析出更具意义的内容，增加学术社群乃至社会大众的相关知识。此类知识的增长较难、也不必用数字去衡量其幅度与强度，而更看重整体质量。不过，千万不要误解质化研究是全然“重质不重量”，质化研究只是不以数字为论断的凭据和结果，并非看轻“数量”在研究中的价值。没有充分的资料，便难有翔实的内容；没有充足的时间，便难有扎实的探讨；没有充分的咀嚼，也就难有厚实的结论。

常用的质化研究方法除了访谈法，还有观察法、文本分析法等。观察法源自人类学的田野调查法，是一种鼓励研究者实际走入研究场域，亲身、近身、长期观察研究对象的方法。“参与观察”是访谈法的一支，要求研究者不只是客观的第三人，还要与研究对象开展互动、体验研究对象的生活，进而对研究主题产生更深入的了解和体会。以网络追剧成瘾这个研究主题为例，使用观察法的研究者会以目前正在追剧的观众为对象，用一段时间观察他们追剧中和追剧以外的生活情况，了解追剧是否排挤了他们生活中的其他事务（包括工作或课业、家事、社交、睡眠等），以及停止追剧后是否感到空虚或缺乏精力等。①

文本分析法则类似量化的内容分析法，研究者同样是对媒介内容而不是阅听人进行分析，不过分析的方式是深入探讨内容的元素，试图发掘表象背后的意识形态，而非利用统计运算探讨不同概念（或称变量）之间的差异或相关性。举例而言，量化的内容分析法探讨剧集中的角色吸引力和热播排行之间的关系时，其中的角色吸引力可能被定义为从“毫无吸引力”到“非常具有吸引力”共5个等距的数值，由编码员按照编码规则对每集剧的主、配角评分。文本分析法则由研究者根据过往文献对戏剧角色吸引力的探讨与分类，对热播剧集中的主要人物进行分析，可能是从外貌、气质、谈吐、行事等角度探讨，再深究不同剧集中的主角以上方面的吸引力是否有相同或相异的风格塑造，接着论说当代大众娱乐中这些方面的吸引力和追剧这个行为可能反映的价值观以及价值观背后的社会、文化、政治等意涵。

回顾科学研究的两种思维，既然演绎和归纳各自有其指导研究者辨别、获取、积累和应用知识的方式，当然也会对研究者执行研究的方法有所影响。演绎思维是由理论、假设到观察，一步步从抽象至具体的思维，在研究方法的类别上较适合搭配量化研究方法。量化研究方法擅长以数据方式呈现研究者观察、搜集的资料，并且经由统计分析客观地验证研究假设成立

---

① Horvath, C. W. (2004). Measuring television addiction. *Journal of Broadcasting & Electronic Media*, 48 (3): 378-398.

与否，间接反映一个通用的理论在一个特定情境中的适用程度。归纳思维是从观察、假设到理论，一步步由具体至抽象的科学研究思维，与质化研究方法较为吻合。质化研究方法着重广泛搜集与研究对象或议题情境相关的资料，再将庞杂烦琐的资料一步步分门别类。如此反复萃炼，进而准确把握所研究的对象或议题的共通点，有助于研究者提出较为可靠的假设（或称为假说），最后甚至发展成为理论。

考虑到科学研究有描述、解释、挖掘现象背后的影响因素、预测和控制等不同目的，而且演绎思维和归纳思维各有所长，因此研究者应该恰当地选择量化或质化研究方法以达成研究目的。例如，当研究目的是描述现象时，具体、丰富、翔实的描写很有必要，这便有赖归纳思维所引导的观察法和访谈法，大量搜集研究对象和情境的有关资料。此外，研究者也能通过演绎思维指导下的量化研究方法，将过往已知的知识应用在目前观察的对象或情境上，并以统计结果为依据，验证想要解释、了解的事物，以及彼此之间的关联性是否符合自己的推论。如果研究目的是预测与控制，由于是借过去发生的“已知”推论尚未发生的“未知”，已知的知识因此扮演重要的角色，而量化研究方法中统计分析可由小规模的样本推估大规模群体（甚至是总体）的能力，也使其更为适合用来预测影响（如网络追剧频率对观剧投入程度的影响），甚至提出可能有效的控制方式（如加强剧情和角色的吸引力，以提高观众欲罢不能的概率）。

第四节 研究目的、流程和方法之间的关系

研究目的、流程和方法在一篇研究报告里有其各自的位置和功能，研究目的通常是“绪论”的重点，解释作者做这个研究想要解决的问题；研究流程通常也在“绪论”中，交代作者进行研究的步骤；而研究方法则通常自成一个章节，介绍作者采用什么方式搜集资料、进行分析。

上述架构安排是许多社会科学研究文章的惯例，需要特别提醒的是，在撰写研究报告之前，也就是研究者实际进行研究的过程中，往往并不是完全按照绪论、文献探讨、研究方法、研究分析、讨论与结论的顺序依次单向线性进行。比如说，起初的研究发端可能是研究者想要探讨两个概念之间的关系，然后在文献探讨的过程中，发现了第三、第四、第五个概念是同时影响原本那两个概念的因素，于是研究的范畴可能扩大了，或是焦点转移了，影响了最初的研究目的。在资料搜集的过程中，研究者也有可能因为遭遇了某些困难，不得不增加或修改既定的研究方法；又或者受访者提出了研究者意料之外的意见和观点，促使研究者回过头去调整研究问题。

讨论这些研究过程“真实面貌”的主要用意，是要说明无论是学生的学位论文，还是享誉国际学术界的期刊论文，各个章节的内容都是最后定稿的模样，但是这些看似顺理成章的论述，在实际的研究过程中都是牵一发而动全身、来来回回一改再改而成的。研究目的、研究方法和研究流程之间，因为其中一项的改动而影响另外两者的情况时有发生。一种常见的情况是，为了达成某些研究目的，依循某种研究思维逻辑会较为合适，因此研究者会倾向采用某种研究方法。而一旦原本的研究目的改变了，研究者的思考逻辑和探究方式也必须有所调整，才能继续完成研究。

练习与作业

1. 找一篇较高等级的传播研究期刊(如 CSSCI)中的论文,从绪论中分析作者的研究目的具体有哪些,属于描述、解释、挖掘、预测或控制中的哪一种或几种。

2. 找一篇传播研究的论文,试就摘要中作者对分析资料的描述,分辨该论文采用的是量化研究方法还是质化研究方法。

3. 找一篇传播研究的论文,试根据作者所采用的具体研究方法(如深度访谈法、问卷调查法、文本分析法等),推断该论文采用的是演绎法还是归纳法。再尝试将该论文的章节组织结构与作者的科学研究思维步骤进行对应。例如,演绎是从理论、假设到观察的科学思维,该论文的哪个部分是理论?假设应该写在理论之前或之后?观察应该写在假设与理论之前、之后或之中?

4. 尝试自己拟订一个传播研究的主题,思考如果你的研究目的是预测,可以采用何种研究方法?属于何种科学研究方法?属于哪种科学研究思维?

5. 基于上述研究主题,思考假如你要使用深度访谈法,研究的目的可能是什么?属于哪种科学研究的思维?

问题与解答

Q1:传播学属于社会科学吗?传播学研究是否是社会科学研究的一种?

Q2:如果选定了一种研究方法做研究(比如量化的问卷调查法),在执行过程中是否就不能够调整或改变了(比如改用质化的访谈法)?

第二章　问题解答

词汇与定义

1. 研究目的。研究者解释自己做一个研究是为了回应、回答或解决哪些好奇或疑问。

2. 研究动机。研究者解释自己做一个研究的原因。

3. 研究流程。研究者进行研究的过程与步骤,通常包括探讨文献、提出研究假设与研究问题、拟定研究方法和研究对象、设计资料搜集工具、搜集资料、分析结果、撰写研究发现与讨论等。

4. 研究方法。研究者探讨议题、解答问题所采取的特定途径。

5. 演绎思维。科学研究的一种思维,由理论、假设到观察,一步步从抽象至具体的探索过程；优点是研究者基于人类思想、行为的共通性，能够从“已知”向更多的“未知”进行推理，加快知识积累的速度。

6. 归纳思维。科学研究的一种思维，从观察、假设到理论，一步步由具体至抽象的探索过程；优点是有利于深入、详细地了解所研究的对象或议题，将看似庞杂纠结又互不相干的知识化繁为简，整理出有意义的重点。

7. 量化研究方法。将研究资料以数字的方式进行诠释和整理，之后再通过统计来分析资料的方法。常见的量化研究方法包括问卷调查法、实验法、内容分析法等。

质化研究方法。将研究资料主要以文字的形式进行记录、整理和诠释的资料分析方法。常见的质化研究方法包括访谈法、观察法、文本分析法等。

第二章 阅读文献

第三章

文献搜集与管理

——成为寻找文献的高手

学习目标

1. 了解不同的文献类型及其特点。
2. 了解文献检索步骤，具备查询文献的能力。
3. 了解检索工具，掌握各类文献查询路径，培养获取所需文献的能力。
4. 掌握找到原件/全文的路径，确实获取真正需要的文献。
5. 善用文献管理工具整理文献。

引　　言

英国著名的物理学家牛顿曾说，如果说我比别人看得更远些，那是因为我站在巨人的肩膀上。这句名言几乎无人不知。其实，做研究也是如此。研究者要迅速找到正确方向，使研究真正落地，就要取经于前人，借助别人已有的成果来帮助自己——也就是寻找文献。

研究者在进行研究之前必须先在学术地图中找到自己研究的定位，知道自己感兴趣的研究课题已经有多少人做过什么样的研究。这样可以避免重复别人已经做过的研究，了解该课题还有什么缺口值得研究，借此发现新的研究题目。此外，我们也可以从前人的研究中学习相关理论观点和研究方法，从中得到启发，让自己的研究成果更有贡献。因此，掌握前人相关研究是做研究的第一步，也是很重要的一步。

本章将介绍前人的研究成果以哪些文献类型呈现，要以哪些工具和检索技巧才能找到与自己研究最相关的文献。最终就是要通过寻找文献为自己的研究找到最适当的定位，让前人的努力成为我们更上一层楼的台阶。

第一节　文献类型

无论是撰写读书报告还是进行课题研究，都应以掌握相关信息和既有的研究成果为基础。而这些相关信息和既有研究成果会以各种不同的文献类型呈现，本节对此做简要介绍，以帮助研究者进行各种文献的检索和搜集。

一、依载体形式分[①②]

（一）印刷型文献

这是将知识信息记录在纸张等载体上的文献。因其方便阅读，适合大量生产，仍为现代文献的主要类型。

（二）缩微型文献

这是利用缩微技术把知识信息记录在感光材料上的文献，主要有缩微胶卷、缩微胶片和缩微平片等。其体积小，储存密度高，便于保存，但需专门的缩微阅读机才能使用。

（三）音像型文献

又称声像文献或音像制品，指用录音录像技术，以磁性和感光材料为载体，直接记录声音和图像的文献。如幻灯片、唱片、录音带、录像带和电影胶片等。

（四）电子 / 数字型文献

指采用磁性或激光储存技术，以数字代码将图文声像等信息储存在磁、光、电介质上，并通过计算机或类似设备阅读使用的文献，主要有电子书、电子期刊、电子报刊、光盘数据库、网络数据库和因特网数据资源等。因其储存量大，可将多种符号系统转换为电磁符号，形成多媒体文献，且可远距离传播，便于检索，是目前发展最快的文献类型。

二、依出版形式分[③④]

（一）图书

联合国教科文组织对图书的定义是：凡由出版社（商）出版的不包括封面和封底在内 49 页以上的印刷品，具有特定的书名和著者名，编有国际标准书号，并有定价并取得版权保护的出版物称为图书。其种类繁多、内容完整、论述全面深入，至今仍是最常见和最重要的文献类型。现今最普遍的图书形式为纸本图书和电子书（Electronic Book 或 E-book），其中因电子书具有体积小、容量大、多媒体化和便于检索等特点，越来越多的图书会同时出版纸本和电子版，或首先出版电子版。

（二）期刊

期刊指有固定名称，定期或不定期出版的连续性出版物，出版周期较短。各个学科专业

---

① 洪全：《信息检索与利用教程》，清华大学出版社 2009 年版，第 5—6 页。

② 张永忠：《信息检索与利用》，复旦大学出版社 2010 年版，第 6—7 页。

③ 陈萍秀：《文献信息检索实用教程》（第 2 版），机械工业出版社 2012 年版，第 4—8 页。

④ 杨云川、杨晶、王清晨、孙蔚：《信息元素养与信息检索》，电子工业出版社 2018 年版，第 5—6 页。

都有其核心期刊和大量相关期刊，具有信息量大和内容新颖等特性。由于国内外的最新科研成果一般会先发表在期刊上，50% 的会议论文也会发表在期刊上，因此，学术期刊（Journal）是获取最新科研成果的重要途径。

（三）学位论文

学位论文是一种特殊类型的学术信息资源，指高校和科研院所的学生为获得学位资格而撰写的学术研究论文，分为学士论文、硕士论文与博士论文。学位论文因具独创、新颖、论题前沿和研究专深等特点，是搜集研究资料时不可忽略的文献资源。

（四）会议论文

会议论文指在学术会议上宣读或交流的论文、报告、讨论记录及会议纪要等。国际性和全国性学术会议大都会研讨某一个学科或专业的重大学术问题，往往涉及该学科或专业的新课题、新成果和新趋势，因此能及时反映国内外科技、学术发展的最高水平和最新动态。

（五）报纸

报纸是以刊载新闻和时事评论为主，定期向公众发行的出版物。报纸出版周期最短，传递信息快，时效性强，能及时报道各方面的最新消息、成果和动态，是了解国内外最新事物的较好渠道。此外，报纸内容广泛，除刊登新闻类和生活类文章外，亦会刊登大量重要信息，如统计数据、学术动态、科学发现等，因而也具有较高的学术价值。

（六）政府与国际组织出版物

此类出版物是指各国各级政府机关与国际组织制作出版或授权指定出版商出版的文献，可分为行政性文件和技术性文献，具有信息及时、资料可靠权威等特点，对了解各国政治、经济、文化和科技等方面的现状和未来发展具有重要参考价值。

（七）科技报告

科技报告又称为研究报告，是记录科学技术研究进程和最终成果的文献，内容专深具体，资料严谨可靠，是了解某一领域科研进展状况和发展动态的重要信息源，具有特殊的信息价值。

（八）专利与标准

专利是指记录相关发明创造信息的文献，包含该创造物相关技术、法律和经济权益等方面的信息。在申请专利时须符合新颖性、先进性和实用性，因此专利文献内容有其独特之处，能提供实用的信息。标准则是由专业组织制定，经过权威机构或国家行政主管部门批准的具有法定约束力的规范化文献。标准的内容明确，具有很强的针对性、时效性和法律约束力，能反映一个国家的生产水平和工艺水平。

第二节 文献检索步骤

上述各文献类型现今大都以电子 / 数字形式呈现，因此本节将以电子 / 数字文献（如数据库、电子书、电子期刊和电子报）的检索为例，说明文献检索步骤。文献检索又称为信息检索，可分为以下几个步骤（见图 3-1）：[①②]

图 3-1 文献检索步骤

一、信息需求分析

文献检索首先要明确信息和检索需求，这是确定检索策略的依据。一般而言，信息需求分析包括以下三个部分：[③]

（一）分析检索目的

一般而言，检索目的主要有：(1)需关于某课题的详尽信息来撰写学位论文，申请研究课题，进行科技成果查新和鉴定专利；(2)需某课题的最新信息，持续追踪某课题研究的进展或作为管理决策的参考；(3)了解片段信息，解决某些具体问题，如针对某个问题查找相关参考资料、查找某人传记或某个字词解释等。不同的目的会产生不同的信息需求，因此要分析检索目的来明确信息需求。

（二）分析所需信息的学科属性和主题概念

分析学科属性的目的在于确认研究课题的学科范围，学科范围越具体明确，越有利于检索。若研究课题属于多学科或跨学科，则要分别列出多学科或跨学科的相关部分，以确认所需信息在复杂学科体系中的位置，以便在检索文献时扩大或缩小检索范围。而主题概念分析着重在分析信息内容属性，对选用适当的主题，并将其转换成检索词进行检索有所帮助。

（三）确定文献类型和信息时间范围

所需信息可能分散在各种类型的文献中或集中于某几种特定类型的文献中，因此先确定要找的文献类型，以提高检索针对性。而在确定文献的信息时间范围方面，可根据课题的历史背景和检索要求，检索最为恰当的年代，避免浪费时间与精力。

---

① 大学生报告撰写：文献搜集与写作伦理 PPT，2017 年发布于政治大学图书馆网。

② 杨云川、杨晶、王清晨、孙蔚：《信息元素养与信息检索》，电子工业出版社 2018 年版，第 34—36 页。

③ 舒炎祥、方胜华：《数字文献检索》，科学出版社 2010 年版，第 16—19 页。

二、确定检索策略

（一）确定检索词

确定检索策略的第一步是确定检索词。检索词是表达信息需求和检索主题内容的基本单元，亦是数据库进行匹配运算的基本单元。研究者可利用既有的专业知识或文献，将研究课题的主要概念转换成对应的词汇，并搜集该词汇的相关词（包括同义词、广义词和狭义词等）作为检索词。例如若研究课题与“传播媒体的发展”有关，其主要概念对应的词汇为“传播媒体”，而与其相关的词汇包括“传媒”“媒体”“媒介”等。

此外，在选取检索词时应选用意义明确的词汇，不要使用意义模糊或过于宽泛的词汇，如“媒体素养”一词比“传播”一词更为明确。此外，若要获取某学科更专业的信息，应选用学科专业用语来查询该学科数据库。

（二）选择数据库

现今数据库的数量急遽增加，种类繁多，收录的学科多样且内容广泛，而各数据库提供的检索功能也各不相同，因而选择适当的数据库对优化检索结果十分重要。

许多数据库会提供使用手册或说明，研究者可先行阅读，增加对数据库的了解，以便选择最适用的数据库。但更重要的是，要依据自己的研究课题考虑以下几点因素：

1. 收录的学科主题

数据库按收录的学科主题可大致分为：(1) 综合性数据库。即不分学科领域，涵盖所有的学科范围，如中国期刊全文数据库和 WOS 核心合集（Web of Science Core Collection）涉及所有的学科主题。(2) 专门性数据库。即以特定学科主题为收录范围，如以传播为收录主题的大众传播暨应用外语全文数据库（Communication Source）、以电影为主题的电影学全集数据库（Screen Studies Collection）。

2. 收录的文献类型

有些数据库只收录单一类型文献，如中国学术期刊数据库只收录期刊论文，中国博/硕士论文全文数据库以博硕士学位论文为收录对象。而有些数据库则是跨文献类型收录，如中文期刊服务平台同时收录期刊、学位论文、会议论文、专利、专著、科技成果和科技报告等。

3. 收录的内容类型

数据库按收录的内容类型可分为书目型、摘要型和全文型。研究者通常会优先选择全文型数据库，如中国期刊全文数据库、开放获取期刊目录（Directory of Open Access Journals）、ScienceDirect 等，以减少再找寻全文的时间。

4. 收录的时间范围

数据库收录的时间跨度越长，数据量越大，研究者越可能从中检索到较多的信息。

5. 内容为学术性或通俗性

若为写作学术报告，研究者可能需要查询以收录学术性文献为主的数据库。若是报告或论文的对象是一般大众，研究者就可能偏向搜寻以收录通俗性内容为主的数据库，如报纸数据库。

6. 了解注意事项

每个数据库的使用方法或提供的检索方式不尽相同,使用前应先阅读使用手册,了解使用时的注意事项。

7. 收费与否

许多数据库是付费的,在使用前要先了解数据库是否收费和收费标准,以免事后必须支付大笔检索费用。若想要免费使用某些付费数据库,研究者可询问所在高校图书馆是否订购了这些数据库。

(三) 检索技巧

将检索词作为关键词(Keywords)进行检索是最常用的检索技巧,亦是数据库预设的检索方式。此外,各数据库亦会提供处理多个检索词之间的关系或词汇变化的检索功能,以提升检索结果的完整性与准确性。但因这些检索功能在各数据库中的应用方式与时机不尽相同,因此应先了解各数据库的相关规定。常见的检索技巧有:①②

1. 布尔逻辑算符

在检索词之间使用布尔逻辑算符来限定各检索词间的逻辑关系,是提高检索精确度的有效方法,亦是最常用的一种检索方法。布尔逻辑算符有(见图 3-2):

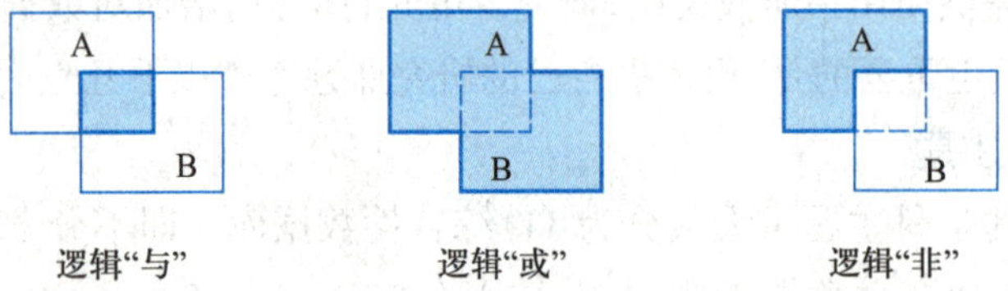

图 3-2 布尔逻辑算符关系图

(1) 逻辑"与"。算符以"and"或"*"表示,检索式为"A and B"或"A*B",为A与B的交集(见图 3-2 左),表示 A 和 B 两个检索词必须同时出现在结果中才满足检索条件。此算符可用于增加限制条件或连接有限定关系或交叉关系的词汇,以缩小检索范围,提高检索查准率。如想要找有关"电视对体育产业的影响"方面的文献,则可利用逻辑"与",如"电视 and 体育产业",将检索结果限定在同时出现"电视"和"体育产业"这两个检索词的文献中。

(2) 逻辑"或"。算符以"or"或"+"表示,检索式为"A or B"或"A+B",为 A 与 B 的并集(见图 3-2 中),表示 A 和 B 两个检索词中的任何一个出现在结果中即满足检索条件。此算符可用于连接同义词或相关词,以扩大检索范围,提高检索查全率。再以"电视对体育产业的影响"为例,如果找到的文献不多,可以利用逻辑"或",如"体育 or 运动",将检索结果范围扩大到主题概念包括"体育"和"运动"任意一个词汇的文献。

(3) 逻辑"非"。算符以"not"或"-"表示,检索式为"A not B"或"A-B",为A与B的差集(见图 3-2 右),表示在检索词 A 的结果中排除有检索词 B 的结果。此算符会缩小检索结果范围,

---

① 袁曦临:《信息检索——从学习到研究》(第 5 版),东南大学出版社 2011 年版,第 60—63 页。
② 杨云川、杨晶、王清晨、孙蔚:《信息元素养与信息检索》,电子工业出版社 2018 年版,第 31—33 页。

排除包含特定词汇的信息，提高检索查准率。如要在“电视对体育产业的影响”的检索结果中，排除包含“新闻”概念的文献，可以利用逻辑“非”，如“电视 not 新闻”，将检索结果范围缩小到不包括“新闻”的“电视对体育产业的影响”的文献。

2. 截词检索

截词检索是一种常见的检索技巧，在检索式中用截词符号如“?”或“*”，表示检索词的某一部分允许有一定的词形变化，较常用于检索英文文献。为了不遗漏相关词，提高检索效率和扩大检索范围，一般数据库都有截词检索功能，以截词符号来表示未输入的字符。如输入“teach*”或“teach?”，会查询到包含“teaching，teacher，teachers”等词的文献；若输入“电视媒*”或“电视媒?”，会查询到包括“电视媒体”和“电视媒介”等词的文献。不同数据库会使用不同的截词符号，因此在检索前应先确认该数据库使用的截词符号。

3. 位置检索

不同的词汇位置反映不同的语义关系，如“传播教育”和“教育传播”，词序不同概念也不同。因此，在检索时可用位置算符限制检索词之间的位置关系，以获得精确的检索结果。常用的位置算符有：

(1) Near 算符“(N)”。界定检索词是否有前后关系，检索式为“(N)”或“n(N)”，n 为最大相隔字数。该算符主要是查找包含间隔指定数量字的两个检索词但词序可颠倒的信息，如“媒体 2(N)教育”的检索结果包括“媒体人员教育”“教育大众媒体知识”等。

(2) With 算符“(W)”。该算符连接的检索词需按指定顺序紧密相连，词序不可改变。如“媒体(W)教育”，检索结果仅为出现“媒体教育”一词的文献。

4. 限制检索

又称字段检索或限定检索，是将检索词限定在数据库特定的字段位置进行检索的方法，可缩小检索范围，减少检索到不相关信息的概率，提高检索精确度。常见的限制检索方式有：

(1) 字段检索。这是最主要的限制检索方式，将检索词限定在某个或某些字段中，如作者、题名(书刊名)、主题或文摘等，进行检索。

(2) 使用限制符。以语种、文献类型、出版国家或出版年等来限制检索范围。限制检索的各字段和使用限制符都以代码指称，如作者——AU、题名——TI 和出版年代——PY 等。

三、试查与修正检索策略①②

检索结果可能会出现过少或过多的情况，研究者可再依据检索结果数量和检索结果相关性修正检索策略，以获得满意的精确结果。

(一) 数量过少

若是检索结果数量太少，可采取以下方法来增加检索结果的数量：放宽限制条件；改变检索词的布尔逻辑关系(如 and → or)或不用布尔逻辑的 and/not；删除一些非主题性的字段限

---

① 大学生报告撰写：文献搜集与写作伦理 PPT，2017 年发布于政治大学图书馆网。

② 杨云川、杨晶、王清晨、孙蔚：《信息元素养与信息检索》，电子工业出版社 2018 年版，第 36 页。

制，如年代或文献类型；增加同义词或相关词；使用广义词检索；确认是否有拼字或选字错误；确认是否使用了符合检索主题的数据库等。

（二）数量过多

在检索结果数量过多的情况下，可采用以下方法增加检索结果的精确度：准确描述检索需求；缩小主题检索范围；严格限定检索范围，如限定学科领域、年代、文章类型或关键词等字段；选择与检索主题密切相关的词汇和专业术语；修改检索词的字段设定，如全文→摘要→关键词→题名；在检索结果的基础上进行二次检索等。

四、结束检索

经过多次调整与修正检索策略，获得满意的检索结果并勾选符合需求的信息后，利用数据库提供的输出功能，如打印、发送电子邮件、储存或直接导入书目管理软件等输出检索结果，完成检索过程。

第三节 文献检索工具

了解文献检索步骤后，要学会依据信息需求和检索目的选择适当的检索工具，才能有效地获取、记录最适当和最需要的各类文献。

一、针对图书的检索工具

查询图书各项信息的检索工具大致可分为馆藏目录检索系统、联合目录和电子书检索系统（电子书平台）三类。

（一）馆藏目录检索系统

馆藏目录检索系统反映的是一个特定图书馆的文献收藏情况，适用于获知该馆的馆藏目录、在馆情况和借阅情况等信息。现今绝大多数图书馆均以联机公共目录查询系统（Online Public Access Catalog，OPAC）提供馆藏查询。不论图书出版形式和载体形式为何，通过 OPAC 均可查询某一特定图书馆馆藏的书目信息、馆藏地、索书号、处理状况、电子资源链接等信息。检索馆藏目录时可先使用本校或本地图书馆，若本地没有收录，再考虑馆藏丰富的大型图书馆。

以中国国家图书馆为例，在打开该馆主页后，在简单检索框后的下拉式菜单中选择馆藏目录，或直接点选右边的馆藏目录检索，打开该馆的 OPAC 页面，可使用所有字段或正题名、其他题名、著者、主题词和中图分类号等 18 个特定检索字段进行检索。

（二）联合目录

限于经费与空间，没有任何一个图书馆能够尽收所有文献资源，而解决之法即是在图书馆间建立合作机制，实现各馆的资源共享。研究者可通过检索多馆馆藏联合目录清楚掌握哪些图书馆收藏了所需文献。常见的联合目录有：

名称	简介
CALIS 联合目录公共检索系统	由中国高等教育文献保障系统(China Academic Library and Information System,CALIS)创建,集合了国内 100 余所高校图书馆的馆藏信息。
粤港澳书目统一检索系统	提供深圳图书馆、香港公共图书馆、澳门公共图书馆、中山图书馆和澳门大学图书馆等馆藏目录查询。
WorldCat(联机联合目录数据库)	由联机计算机图书馆中心(Online Computer Library Center,OCLC)建立,是世界上最大的书目记录数据库,收录全世界各国图书馆的馆藏信息,涵盖各类学科、各种文献类型,包括图书、手稿、地图、网址与网络资源、乐谱、视频资料、期刊、档案等。

(三) 电子书检索系统(电子书平台)

现今电子书越来越普遍,研究者除了可从网上书店,如亚马逊网上书店、当当网上书店、中国图书网(中图网)购买电子书外,亦可从免费电子书网站,如云海电子图书馆、e 书联盟、epubBooks 和 Free-eBooks.net 等获得书籍内容。此外,另有仅提供电子版的收费电子书,通过数字化的图书检索和阅读系统供研究者使用,但通常需要相对应的阅读器才能下载和阅读。由于此类电子书较为专业,具有学科种类齐全和数量庞大的特点,因此很多图书馆也会购买符合馆藏政策的电子书数据库或检索系统提供使用。[①] 常见的付费电子书平台有:

名称	简介
CNKI 电子图书库	由中国知网(China National Knowledge Infrastructure,CNKI)与超过 50 个国内出版社合作,提供自 1905 年以来出版的超过 8 700 种各类中英文图书。
方正阿帕比电子书	由北京方正阿帕比技术公司与全国 500 多家出版社合作,提供超过 220 万种电子书供阅读。
中华数字书苑	由北京方正阿帕比技术公司提供,收录新中国成立以来大部分图书全文资源、全国各级各类报纸、年鉴、工具书及图片等。
超星数字图书馆	北京世纪超星信息技术发展有限责任公司创建的综合性中文在线数字文献资源库,由出版社、图书馆和其他文献资源单位提供书源。该平台亦整合了“读秀电子书”和“汇雅书世界”等平台的电子书内容。
书生之家电子图书	北京书生数字技术有限公司创办,提供 10 多万种图书全文在线阅读。图书内容涉及各学科领域,侧重于教材教参与考试类、文学艺术类、经济金融与工商管理类图书。

二、针对期刊论文的检索工具

学术期刊是获取最新科研成果的重要途径,而刊登在学术期刊上的文章(期刊论文)是探讨某特定学术议题,并通过同行评审程序,正式发表的文献。期刊论文具有新颖性与时效性,在学术传播中扮演相当重要的角色。查询期刊论文的工具主要有收录期刊论文书目和摘要的书目型 / 摘要型数据库和提供全文的全文型索摘数据库。现今,书目型 / 摘要数据库收录内

① 张永忠:《信息检索与利用》,复旦大学出版社 2010 年版,第 106—107 页。

容多由书目信息转向文摘或全文，而全文型数据库则转向综合型，收录更多的文献类型，不限于期刊全文。①

（一）中国知网（CNKI）

属清华同方知网集团，收录文献类型包括期刊论文、博士论文、硕士论文、会议论文、报纸、工具书、年鉴、专利、标准等。中国知网在期刊论文方面的主要数据库有：

名称	简介
中国学术期刊网络出版总库（CAJD）	英文全称为 China Academic Journal Network Publishing Database，完整收录 1915 年至今出版的期刊，以学术、技术、政策指导、高等科普及教育类期刊为主。
中国学术辑刊全文数据库	以 1979 年至今国内出版的重要学术辑刊为收录对象。学术辑刊是指由学术机构定期或不定期出版的成套论文集，编辑单位多为高等院校和科研院所。
中国期刊全文数据库（世纪期刊）	收录年限为 1915 年至 1993 年，依据期刊、学位论文、会议论文和图书等引文信息，选出 4 100 多种引文量较高的过刊，完整收录其自创刊以来的全文。

此外，中国知网亦提供多种专题期刊数据库，如中国精品科普期刊文献库、中国精品文化期刊文献库、中国精品文艺作品期刊文献库、中国高等教育期刊文献总库（高教期刊总库）、中国基础教育期刊全文数据库以及中国党建期刊文献总库（党建库）等。

（二）万方数据知识服务平台

北京万方数据股份有限公司开发的综合性信息平台，收录主题涵盖所有学科，收录的文献类型包括期刊论文、学位论文、会议论文、科技报告、专利、标准、法规、视频等 10 余种。各类文献的主要数据库有：

名称	简介
中国学术期刊数据库	收录 1998 年至今的 8 000 多种期刊论文。
中国学位论文全文数据库	论文由国内法定学位论文收藏机构——中国科技信息研究所提供，收录始于 1980 年，涵盖各学科领域的高等院校、研究生院及研究所的硕士、博士及博士后论文全文。
中国学术会议文献数据库	英文全称为 China Conference Proceedings Database，其中中文论文收录始于 1982 年，每年收集约 3 000 个重要学术会议的论文。外文会议论文主要来源为 NSTL 外文文献数据库，收录始于 1985 年，以世界各主要学科协会、出版机构出版的学术会议论文为收录范围。
中外专利数据库	收录国内外的发明、实用新型及外观设计等专利 2 400 余万项。
中外科技报告数据库	收录中文科技报告和外文科技报告，中文科技报告源于国家科学技术部，而外文科技报告涵盖美国政府四大科技报告（AD、DE、NASA、PB）。

① 端木艺：《实用信息资源检索与利用（人文社科）》，南京大学出版社 2009 年版，第 86 页。

续表

名称	简介
中国法律法规数据库	收录自 1949 年至今的我国法律法规、行政法规、地方法规、国际条约与惯例、司法解释、合同范本等。
中外标准数据库	收录所有中国国家标准、中国行业标准及中外标准题录摘要数据等。

（三）中文期刊服务平台

由重庆维普资讯有限公司创建，以先前的中文科技期刊数据库为基础发展而来，是维普核心资源库。除了可通过此平台检索文献外，亦可通过维普网检索。此外，该公司亦推出智立方知识资源服务平台，整合了期刊、学位论文、会议论文、专利、专著、科技成果和科技报告等 10 种类型的文献。

（四）中国人民大学复印报刊资料

由中国人民大学书报资料中心编辑出版的大型社科和人文专题文献数据库，按学科和专题收录了在全国几千种在报刊上公开发表的人文社科学术研究成果。

（五）爱思唯尔（Elsevier）

爱思唯尔出版集团位于荷兰阿姆斯特丹，是商业性学术出版商和信息供应商，主要出版科学技术和医学信息产品。其两个核心数据库为：(1)ScienceDirect。世界著名的科学文献全文数据库，可检索爱思唯尔出版的各种电子资源，包括期刊全文、单行本电子书、参考工具书、手册及图书系列等，主题涵盖所有学科。(2)Scopus。全球最大的索引摘要暨引用文献数据库，汇集研究文献、专利信息及网络文献资源，共收录超过 5 000 家国际出版商提供的 22 000 多种同行评审期刊。其学科范围涵盖生命科学、社会科学与人文艺术、自然科学、医学四大类。

（六）EBSCO host

EBSCO Information Services 公司于 1994 年创立的大型数据库平台，涉及综合 / 商业管理 / 生物农业 / 人文艺术等领域。除涵盖综合性的全文期刊数据库外，亦兼具各学科领域的专门索引摘要数据库。通过 SmartLinks，可链接超过 12 000 种电子期刊的 1 400 万篇全文文献。其主要的综合性期刊全文数据库有学术期刊全文数据库（Academic Search Elite）、学术期刊集成全文数据库（Academic Search Premier）和综合学科学术文献大全（Academic Search Complete）等，传播方面的数据库有大众传播全文数据库（Communication Source）。

（七）ProQuest

ProQuest 数据库检索系统提供多种索摘、全文及全文影像数据库，涵盖众多学科主题，可依据不同学科，如文学与语言、社会科学、科学与技术、健康与医疗、商业、新闻与报纸、学术论文、历史、艺术等进行浏览与检索。其主要的综合性期刊全文数据库有学术期刊图书馆(Proquest Research Library);传播领域的数据库则有电影学全集数据库(Screen Studies Collection),包括美国电影学会电影目录数据库(American Film Institute Catalog)、国际电影期刊索引数据库(Film Index International)和国际电影资料协会—国际电影期刊索引与全文数据库(FIAF International Index to Film Periodicals Database)三个电影研究专题数据库。

(八) 引文索引数据库

引文索引(Citation Index)是以文后参考文献为索引对象,从被引论文检索引用论文的索引。此类索引可呈现当前文献引用其他文献的情况,说明文献之间的相关性及其他文献对当前文献的影响力。常见的引文索引数据库有:

名称	简介
中文社会科学引文索引(CSSCI)	英文全称为 Chinese Social Sciences Citation Index,由南京大学中国社会科学研究评价中心开发,用来搜寻中文人文社会科学领域的论文和被引用情况。从全国 2 700 余种中文人文社会科学学术期刊中精选出学术性强、编辑合乎规范的 500 多种作为来源期刊。
中国引文数据库(CCD)	英文全称为 Chinese Citation Database,由中国知网建立,是揭示各类文献之间相互引证关系的引文检索平台和统计分析平台,可用于综合判断分析对象的学术综合表现。文献来源为中国学术期刊(光盘版)电子杂志社出版的所有资源数据库的参考文献。
中国科学引文数据库(CSCD)	英文全称为 Chinese Science Citation Database,由中国科学院文献情报中心创建,通过中国科学文献服务系统提供检索。收录科学领域的中英文科技核心期刊和优秀期刊,提供期刊论文题录、文摘及全部引文数据。
Science Citation Index Expanded(SCIE)	科学引文索引,属于汤森路透(Thomson Reuters)的 Web of Science 核心合集,是相当知名的引文数据库,收录 8 600 多种自然科学领域期刊,提供每篇论文的引用文献及被引用情况。
Social Science Citation Index(SSCI)	社会科学引文索引,属于汤森路透的 Web of Science 核心合集,亦是相当知名的引文数据库,收录 3 000 多种社会科学领域的期刊,提供每篇论文的引用文献及被引用情况。
Arts & Humanities Citation Index(A & HCI)	艺术与人文引文索引,属于美国汤森路透的 Web of Science 核心合集,收录 1 500 多种艺术和人文学领域的期刊,提供每篇论文的引用文献及被引用情况。

(九) 开放获取(Open Access,OA)资源

OA 是指作者将自己的学术论文通过互联网直接传播,而不是通过传统出版方式进行发表。OA 在当前全球学术出版界已成为一种趋势,采取"发表付费、阅读免费"的出版模式。常见的开放获取数据库有:

名称	简介
国家哲学社会科学学术期刊数据库(NSSD)	由中国社会科学院图书馆维护,旨在成为国内最大的公益性社会科学精品期刊数据库和最大的社会科学 OA 平台。收录 2 000 多种精品学术期刊,其中 700 多种可回溯到创刊号。
Socolar	由中国教育图书进出口公司开发,收录大量 OA 期刊、OA 机构仓储库等学术资源。收录的期刊有 90% 以上通过同侪评审,而收录的 OA 机构仓储库亦非常具有影响力,如 arXiv、PMC 和 RePEc 等。
Directory of Open Access Journals(DOAJ)	开放获取期刊目录,由瑞典隆德大学(Lund University)创建,提供经过同侪评审,以 OA 形式出版的学术期刊全文,所有的服务和资料都可免费获取。至 2020 年 3 月已收录 133 国的 14 468 种 OA 期刊。

三、针对学位论文的检索工具

各高校大多会建立学位论文系统,如上海交通大学学位论文数据库,收录 1980 年以来上海交通大学的博硕士学位论文,而中国传媒大学则有"中国传媒大学学位论文——2006 年至今"和"中国传媒大学学位论文——2005 年以前"两个学位论文数据库。此外,研究机构如中国科学院提供的中国科学院学位论文数据库和学位论文知识发现系统,可查询 1983 年以来该院博硕士学位论文及博士后出站报告,提供学位论文检索及引用情况等信息。

通过各校学位论文数据库,能够了解各校学位论文产出情况及相关信息。研究者还可选用下列常见的学位论文数据库:

名称	简介
CALIS 学位论文中心服务系统	为全国高校师生提供中外文学位论文检索和获取服务,通过多种途径的分面和排序方式进行检索结果的过滤、聚合与导引,建立与其他类型资源的关联。
中国博 / 硕士学位论文全文数据库(CDMD)	英文全称为 Chinese Doctoral Dissertations/Masters' Theses Full-text Database,由中国知网建立,收录国内正式全文出版的国家级博硕士学位论文。
中国博士学位论文全文数据库(CDFD)	英文全称为 China Doctoral Dissertations Full-text Database,由中国知网建立,收录全国"985""211"工程重点高校和中国科学院、社会科学院等研究院所的博士学位论文。
中国优秀硕士学位论文全文数据库(CMFD)	英文全称为 China Master's Theses Full-text Database,由中国知网建立,收录全国重点院校的优秀硕士论文,重要或特色学科如通信、军事学、中医药等学科的优秀硕士论文。
国家图书馆博士学位论文资源库(亦称馆藏博士论文与博士后研究报告数字化资源库)	以中国国家图书馆收藏的博士论文为基础的学位论文全文影像数据库。除博士论文外,还收藏部分院校的硕士学位论文、台湾地区博士学位论文和部分海外华人华侨学位论文。

续表

名称	简介
Networked Digital Library of Theses and Dissertations (NDLTD)	网络数字图书馆学位论文数据库,收录全球 100 多所大学 / 学会及网络免费博硕士论文相关信息及部分全文,是免费的国际电子学位论文资源库。
ProQuest Dissertation & Theses (PQDT)	ProQuest 博硕士论文全文数据库是权威的博硕士学位论文数据库,亦是目前国内唯一提供国外高质量学位论文全文的数据库,收录 1981 年以来欧美国家(以美国、加拿大为主) 2 000 余所知名大学的优秀博硕士论文。ProQuest Dissertation & Theses A & I 为文摘库,收录全球 1 000 余所大学 240 多万篇学位论文。此外,ProQuest 于 2012 年 6 月起与中国高等教育文献保障系统合作,收录中国近 100 所高校学位论文英文索引摘要。

四、针对会议论文的检索工具

会议论文是在学术会议上公开宣读并首次发表的文章,正式的学术交流会议通常会出版论文集。由于会议论文涉及学科或专业领域的新课题、新成果和趋势,因此许多学术数据库会提供会议论文及论文集的查询。常见的会议论文数据库有:

名称	简介
国际会议论文全文数据库 / 国内外重要会议论文全文数据库	属于中国知网,收录由国内外会议主办单位或论文汇编单位书面授权并推荐出版的重要会议论文集内的会议论文。以中国科协及国家二级以上的学会、协会、研究会,高校、科研院所和政府机关举办的重要会议,以及在国内召开的国际会议上发表的论文为主。
中国重要会议论文全文数据库	属中国知网,收录 1999 年至今的会议论文,收录范围包括重要连续性会议产出的系列会议论文集,以及中国科协及国家二级以上学会、协会、研究会,高校、科研院所和政府机关举办的重要会议,以及在国内召开的国际会议上发表的论文。
PaperFIRST	会议论文索引数据库,为 OCLC FirstSearch 的基本数据库。收录在世界各地召开的大会、座谈会、博览会、研讨会、专业会和学术报告会上发表的单篇论文。
ProceedingsFirst	世界各地会议索引数据库,为 OCLC FirstSearch 的基本数据库,PapersFIRST 的相关库。收录在世界各地召开的大会、座谈会、博览会、研讨会、专业会、学术报告会编制的会议论文。

五、针对报纸的检索工具

若要掌握报纸上刊登的新闻报道、生活类文章或具有较高学术价值的统计数据、学术动态和科学发现等信息,可利用下列报纸资源数据库:

名称	简介
人民数据	人民网以《人民日报》及人民网有关内容为基础，并与中共中央办公厅、中央党校、中央文献研究室及中央各部委合作建立的大型党政时政数据平台，包括中国共产党文献信息、党报党刊、中国政府文献信息、全国人民代表大会文献信息等9个一级数据库，50多个二级数据库。
九星时代在线读报数据库	北京九星时代科技股份有限公司制作的在线电子报刊阅读系统，提供综合报、晨报、日报、晚报、都市报、经济报、生活报、法制报、农业报、军事报、体育报、青少年和保健报等超过230种主流电子报纸及1 000多种实时更新的电子期刊。
中国重要报纸全文数据库	属于中国知网，收录中国公开发行的600多种重要报纸刊载的学术文章和新闻评论性文章。收录对象为中央与地市以上各级政府及其直属单位主办的重要党报和专业报，各大报业集团创办的具有广泛社会影响力的综合性报纸，特定行业和专业中具有重大影响力的行业性报纸。
全国报刊索引	上海图书馆主办的信息服务平台，是国内最早的中文报刊文献检索工具，同时也是收录社科文献时间跨度最长的数据库，提供5万余种报刊索引。此外，另有晚清期刊全文数据库（1833—1911）、民国时期期刊全文数据库（1911—1949）、字林洋行中英文报全文纸数据库（1850—1951）等信息服务。
读览天下数字报纸	目前拥有300多种电子报纸，包括日报、周报、早报、晚报等，涵盖全国31个省、区、市，其中有《时代周报》《福布斯》《足球周刊》《三联生活周刊》《体坛周报》等。
AB报（ABBAO）	免费的网络资源，收录近千种报纸的全版彩色影像扫描。网站本身仅能按报刊名称、日期浏览内文，无法以关键词查询文章。在中国重要报纸全文数据库查到某篇报道，欲进一步阅读时，可按书目信息中的报名、日期、版号信息，进一步至ABBAO查看有无线上全文。

六、搜索引擎

搜索引擎通常是指在因特网上专门提供查询服务的网站，用于搜索万维网（www）或文件服务器（FTP）的信息，并将搜寻到的由网页、图像和声音等文件组成的结果以列表方式显示。搜索引擎作为网络之门，是因特网的导航工具，通过采集、标引众多网上资源来提供全面的网络资源控制与检索功能，以整合因特网信息资源，方便用户查找所需信息为目标。①

（一）国内

百度（Baidu）搜索引擎是获取中文信息的主要入口之一，亦是全球最大的中文搜索引擎。其中，免费的学术资源搜索平台——百度学术索引有超过12亿学术资源页面，涵盖学术期刊、会议论文、学位论文、专利、图书等类型的4亿多篇学术文献，是全球文献覆盖量最大的学术平台。而百度文库是由用户上传、在线分享文档的教育开放平台，文档内容涵盖资格考试、人文社科、经营管理、工程技术、IT计算机、医药卫生和农林渔牧等53个行业。②

① 魏保志：《利用搜索引擎检索现有技术》，知识产权出版社2011年版，第1页。

② 杨云川、杨晶、王清晨、孙蔚：《信息元素养与信息检索》，电子工业出版社2018年版，第142—143页。

国内其他主要的搜索引擎还有:(1)神马。专业的手机移动搜索,专注于移动因特网。(2)搜狗。搜狐公司推出的互动式搜索引擎,2013 年将腾讯的搜搜并入,强调能够支持微信公众号和知乎的搜索。(3)360 搜索。2012 年上线,2016 年推出全新口号:“360 搜索,So 靠谱”。

(二) 国外

国外较为著名的搜寻引擎有[①]:

(1) 谷歌(Google)。被认为是全球最大的搜索引擎,用户遍及全球各国。谷歌的服务十分多元,如图书搜索(Google Books)提供图书内文的查询;而谷歌学术搜索(Google Scholar)则可用于检索广泛的学术文献,是免费获取学术文章全文的渠道。

(2) 必应(Bing)。前身为 Live Search,是微软公司于 2009 年推出的搜索引擎。

(3) 雅虎(Yahoo)。2004 年雅虎公司宣布放弃使用谷歌搜索引擎而决定独立开发的搜索引擎。

第四节 取得文献原件的方法

通过检索工具查询到所需文献的书目信息后,若需进行深度阅读,则需取得原件 / 原文。除了向作者索取或从出版社购买外,取得原件 / 原文的主要方法有检索电子资源、查找图书馆馆藏纸本和利用馆际合作服务等。

一、检索电子资源

越来越多的电子资源,如电子书、电子期刊和全文数据库会收录原文全文,因此可依据相关规定使用这类电子资源直接阅读或下载全文。这类电子资源若为开放获取资源,可利用搜索引擎直接查询资源名称,大多可免费取得全文;若为付费资源,则可查询研究者所在高校的图书馆电子资源或馆藏目录,确认图书馆是否有订购,并进一步获得该馆提供的权限(如账号密码)。

二、查找图书馆馆藏纸本

若该文献没有电子全文,则可利用手边的文献书目信息查询各馆 OPAC 系统,确认图书馆是否有典藏该文献的纸本资源。若该馆有收藏,拥有该馆借阅证的合法用户可依照 OPAC 提供的索书号及馆藏地,取得原件后进行借阅或影印。

三、利用馆际合作服务

当所需文献不在研究者所在高校图书馆,要从他馆取得时,可先查检前述联合目录或他馆 OPAC,确认所需文献的收藏单位后,利用所在图书馆提供的馆际合作服务取得所需文献的原件 / 原文。图书馆协助用户取得原件 / 原文的馆际合作服务方式主要有馆际互借和文献传

① 袁曦临:《信息检索——从学习到研究》(第 5 版),东南大学出版社 2011 年版,第 83—86 页。

递。使用这两个服务可能需依照拥有文献的图书馆的收费标准付费。

(一) 服务方式

1. 馆际互借

主要适用于图书,可分为:

(1) 亲自借阅。用户在取得所在高校图书馆提供的馆际互借借书证后,自行至典藏该文献的图书馆借阅。如北京大学图书馆用户在取得馆际互借借书证后,亲自到清华大学图书馆或中国人民大学图书馆等借阅所需图书。

(2) 图书馆代借代还。用户通过所在高校图书馆提供的馆际互借系统提出申请,由图书馆代为借书。书籍送到后,通知用户前来取书;图书阅毕归还后,再由图书馆代还给出借馆。如北京大学图书馆用户可通过馆际互借系统提交借书申请,向国家图书馆、香港大学图书馆或大英图书馆等借阅图书。

2. 文献传递

主要适用于期刊论文,由用户通过所在高校图书馆提供的文献传递系统向收藏该文献的图书馆提出申请。该馆收到申请后,将该文献复印或扫描,完成后依据用户选择的方式直接寄给用户。

(二) 主要的馆际互借和文献传递系统

1. 中国高等教育文献保障系统(CALIS)

CALIS 通过“e 得(易得)文献获取”门户网站为成员馆用户提供电子全文下载、文献传递、馆际借书、单篇订购和电子书租借等多种全文获取服务。用户可先利用“开元知海·e 读”或个别检索 CALIS 联合目录公共检索系统、外文期刊网和学位论文中心服务系统等查得所需文献,再通过“e 得(易得)文献获取”向全国 1 300 多所高校图书馆、中国国家图书馆、国家科技图书文献中心、香港 JULAC 联盟、哈佛大学图书馆等提出申请,获取所需文献的原文。

2. 中国高校人文社会科学文献中心

中国高校人文社会科学文献中心(China Academic Social Sciences and Humanities Library, CASHL),收录超过 125 万种高校人文社会科学外文图书及上海图书馆馆藏的人文社科类外文图书,向成员馆提供馆际互借服务。各成员馆用户可通过“高校人文社科外文图书联合目录”系统提交馆际借书申请,由典藏馆以邮寄方式将书送达申请馆,再由该馆通知用户借阅。在文献传递方面,CASHL 收录 2 万多种国外人文社会科学领域的重要期刊,提供目次的分类浏览和检索查询。各成员馆用户可在查询“高校人文社科外文期刊目次数据库”找到所需文献后,直接在系统上提交原文传递服务申请,文献会通过电子邮件发送给用户。

3. 国家科技图书文献中心

国家科技图书文献中心(National Science and Technology Library, NSTL),依托国家科技数字图书馆提供服务。注册用户可使用各类文献的全文委托复制服务和代查代借服务,工作人员会依据用户申请表,在各成员单位、国内其他文献信息机构和国外文献信息机构中查找。找到文献后,按照用户请求的方式发送原文。此外,用户亦可通过 CALIS 的“e 得(易得)文献获取”

查找 NSTL 拥有的文献资源。

4. 北京地区高校图书馆文献资源保障体系(BALIS)

提供各成员馆收藏的期刊论文、学位论文、会议论文、科技报告、专利文献等文献复制(扫描)传递和可利用的电子全文数据库的原文传递服务。此外,亦接受用户的委托服务请求,提供查询国内外文献信息机构的文献和代索取文献的服务。

第五节 文献管理工具

用户在完成检索并获得所需文献的书目信息和全文后,可通过检索工具提供的功能,如打印、电子信箱、下载或储存来输出检索结果。在结果输出时除可选择不同的参考文献格式外,亦可输出至不同的参考文献管理软件,做好文献管理。若是善用文献管理软件,协助记录与整理各种文献,就可以随时管理和检索手边既有的研究资料,节省日后查找各文献书目信息的时间。

一、NoteExpress

NoteExpress 是北京爱琴海乐之技术有限公司开发的一款软件,与国外类似软件相比,NoteExpress 对中文文献管理及中文写作有较好的支持。[①] 该软件支持多屏幕和跨平台的协同工作,可让用户在科研流程中有效地检索和管理获得的文献摘要或全文。此外,用户在使用 Word 或 WPS 撰写专著、论文或报告时,可在文内指定位置加注释,并按照各类文献格式要求自动生成参考文献,实现边写作边引用参考文献。[②]

二、NoteFirst

NoteFirst 是一款免费的网络版文献管理软件,只需下载安装到个人计算机,并申请个人账号后即可使用。主要功能有:(1)知识获取。包括实现期刊 RSS 订阅、主题订阅,将整个网页、网页选中文字,屏幕选中区域一键保存为知识卡片等。(2)团队科研协作。提供各类知识资源在团队内的分享、阅读,实验任务管理,团队物品、实验耗材的管理和自动构建机构知识库。(3)知识管理。可管理各类资源,如文献、笔记、实验记录等,亦有知识卡片的分类、标签、快速检索和随文笔记等功能。(4)论文写作助手。论文写作时自动生成参考文献,提供常见论文模板和范例,引文样式、实验记录模板与样式。[③]

三、EndNote

EndNote 是一款由科睿唯安信息服务(北京)有限公司推出的付费文献管理软件,旨在提升从文献采集、管理到论文写作整个过程的效率。该软件可汇整从多种数据库收集到的信息,亦能分类管理文献,串联书目、全文、图表和个人阅读笔记等各种相关档案。在论文撰写时,可

---

① 袁曦临:《信息检索——从学习到研究》(第 5 版),东南大学出版社 2011 年版,第 219 页。

② NoteExpress 北京爱琴海乐之技术有限公司主页。

③ NoteFirst 知识管理主页。

用来简化撰写引用与参考文献的流程,加快撰写研究报告的速度。[①②]

四、RefWorks

RefWorks 是一款 ProQuest 提供的云端 Web 版线上个人文献管理及参考文献创建工具,为用户提供 50 多种在线数据库直接汇入的服务,无须安装任何程序,可以帮助用户有效管理和利用文献信息。该软件也支持在移动端上使用,便于用户随时随地掌握研究信息。此外,用户可通过 RefShare 与他人分享文献书目信息,亦可使用 Write-N-Cite 功能自动产生内文引注和参考文献。[③]

练习与作业

1. 用 CALIS 查找自己专业的图书,了解各馆的馆藏情况。

2. 可用来查找跟自己研究课题有关的期刊论文的检索工具有哪些?

3. 利用 SSCI、A&HCI、CSSCI、CSCD、CCD 等引文数据库对自己的研究课题进行国内外研究现状和趋势分析。

4. 列举 EndNote 和 NoteExpress 在管理研究文献上的共同点和差异点。

问题与解答

Q1:布尔逻辑算符通常是在什么时候使用?

Q2:要怎样才能找出检索要用的适当检索词?

Q3:如果已经有一篇期刊论文的相关书目信息,要如何取得该篇文章的全文?

Q4:如何更有效地找到相关文献?

Q5:使用检索工具找不到想要找的文献时怎么办?

第三章　问题解答

词汇与定义

1. 数据库。以机读方式(Machine-readable Form)储存大量数据文件于计算机内存,以供读者或建构数据库单位检索使用。典型的数据库是一庞大且随时更新的档案,档案内的资料

---

① 《EndNote 第一站》,2010 年 11 月 17 日发布于台湾大学图书馆参考部落格。

② Clarivate™ EndNote™ 主页。

③ 《RefWorks——个人文献管理及参考文献创建工具》,2021 年 4 月 12 日发布于清华大学图书馆网。

是依据特定的主题搜集并整理而成的，信息形式可以是数据、词汇、摘要、书目及全文等。

2. 检索策略。指搜集相关文献时避免找到不相关文献的方法或是处理找到过多或过少相关文献时的可能对策。在检索策略中最重要的是确定检索词和善用检索技巧。

3. 检索技巧。是指使用特定方法缩小或扩大检索结果的方法。最常用的检索技巧为布尔逻辑算符和截词检索。

第三章 阅读文献

第四章

研究计划书与研究论文

——研究构思与结果呈现

学习目标

1. 了解研究计划书撰写的基本原则与内容，学习撰写研究计划书。
2. 熟悉论文写作格式，学会用正确的格式撰写论文。
3. 理解学术道德要求和研究学术规范，了解研究中的不当行为，避免发生学术不端行为。
4. 了解引用的意义和形式，提升尊重他人知识产权的认知与能力。
5. 了解各项文献著录规则与格式，提高正确编制参考文献的能力。

引　言

了解了研究步骤，搜集了所需的研究文献，终于可以开始起草研究计划书了。不过，所谓“道有道法，行有行规”，研究计划书该怎么写，有一定的规范。各种图书、报刊与网络资源让学习者得以参考前人的作品，但是这并不代表我们可以毫无限制地运用别人的成果或观点，因为如稍有不慎就会触犯研究伦理或犯下抄袭的重大错误。

做任何事情之前如果有详细合宜的规划，就容易事半功倍。就像要盖房子之前，一定要先绘制蓝图，规划出房子的样貌；之后，再依照这个蓝图逐步施工，最终打造出梦想中的房子。对学生的毕业论文来说，研究计划书就是这个论文的蓝图，为完成论文提供明确的执行方向和步骤指导。因此，了解研究计划书的基本原则与内容，掌握撰写要点，将有助于毕业论文的完成。如果说研究计划书为毕业论文提供前导架构，那么遵守编写格式和学术规范则是论文质量的保证。

本章首先介绍研究计划书的目的与撰写方法、基本原则和核心内容，让同学们能够将研究构思具体落实到研究计划书中。其次，介绍论文的编写格式和学术规范，便于同学们产制出合乎格式与规范的论文。

第一节 研究计划书的撰写

一、撰写研究计划书的目的

撰写研究计划书要根据各类研究的需要，目的不同，研究计划书的撰写格式等也有所差异。

（一）完成期末报告

专业性强或是比较重要的课程，老师可能会要求学生以分组方式，共同完成一份期末报告，这就需要先撰写一份研究计划书，计划书的篇幅大小或字数多寡，视老师的要求而定。

（二）学位论文开题

几乎每位学生都必须在毕业前完成一份自己的毕业论文。撰写毕业论文之前的开题报告就是研究计划书。所以必须知道如何撰写计划书，了解计划书应该包括哪些主要内容，这样才能顺利通过开题，进入毕业论文的正式写作阶段。

（三）项目申请或其他用途

研究计划书通常也是申请各种大小项目的必需内容，除提案竞赛外，学生通常不太需要单独申请项目。不过，了解如何撰写研究计划书可以协助老师进行项目申请，或与同学们合作竞标学校提供给学生的相关项目或活动。

二、撰写研究计划书的方法

（一）充分准备

所谓研究计划书，是我们打算要执行的研究方案。原则上在撰写研究计划书时，我们并没有开始真正进行此项研究。研究计划书只是一个蓝图，提示我们下一步要如何开展研究。就像绘制建筑蓝图必须先了解房子坐落的位置、地质与环境，想要盖的房子造型、大小、材料与房间分配、总造价等，撰写研究计划书也必须先了解想要研究的主题、内容、对象、可行性、细节及其他重要因素。

（二）力求详尽与可行

撰写研究计划书或开题报告要依照老师的要求与研究所需的规格，不同目的的计划书通常会有很大的差异。就像盖房子一样，在农村盖一栋二层农舍，或许不需要规划得太周到，但是在都市繁华地段，蓝图必须十分详尽。一般而言，建筑蓝图愈精准，建造时则愈容易依步骤、按规划进行，成功率也就愈高。研究计划书也是一样，一份完善的研究计划书务必详尽与可行。除研究问题要明确外，研究对象的设定、研究方法与执行细节的说明，都是不可或缺的内容。在撰写研究计划书或开题报告之前,也就是在规划阶段,为了能充分掌握研究对象,更具体地了解研究内容,除了相关资料的搜集与文献查阅外,我们还可以进行前导性研究(Pilot Study),就研究计划询问相关专家、针对研究对象进行调查访问,甚至进行一项小规模的测试(如问卷调查、实验或访谈等),这样既可以了解所欲研究的主题,也可以修正原先的研究设想或初步拟定的问题与假设,让最后完成的研究计划书具备更高的可行性和精确性。

(三) 依据不同目的而撰写

研究计划书的撰写方向与内容要视目的与需要的不同而做相对应的调整。如果是毕业论文的开题报告,就必须与学习内容相关联,从完成学术研究的角度来规划,如强调研究主题的选择理由、理论与观点的运用、研究方法与执行方式的交代、指出研究的学术价值等。如果是向政府或企业单位申请项目,除了遵循各单位的要求外,撰写重点应转向社会问题或企业议题的寻找与调查,以及提出政策或实务建议、拟定问题解决策略,而研究贡献则会偏向效益分析等。如果研究计划书是为了申请学校提供给学生的项目,那么自然会偏向活动企划书等类型。

三、撰写研究计划书的基本原则

(一) 研究目标正确

通常在研究计划书或开题报告中,第一个要交代的重点就是研究目标(Aims)或称研究目的(Purposes)。正确的研究目标可以让我们有焦点,朝着一个明确的方向进行,不至于迷失在研究资料的茫茫大海中。依据研究所需,我们可以制订不同的研究目标,也可以依重要程度或先后顺序对目标进行分类。研究计划书通常会在开头陈述核心的研究目标,同时说明此研究目标的意义(Significance);接着再提出所欲研究的问题(Problem),并说明此研究问题的意义。

(二) 研究主题的价值

确定研究计划书或开题报告的主题时应当考虑该主题值不值得花时间来研究,如果能够增进对现象的了解,在知识上有所创新或在实务上能提出解决问题之道,自然是重要性显著,值得一做的主题。反之,一些琐碎的议题、反复被研究的题目或毫无研究价值的题目,则不值得做研究。因此,选择研究主题,除考虑目标的正确性外,还必须强调研究价值。应该避免一项研究在完成之后,想不出、看不到任何意义,而要朝研究成果具有较高学术价值、应用价值、实践价值及创新价值等方向来选题。

(三) 研究主题的创新性

最好的研究主题永远是还没有人做过的研究,或者是前人曾经研究过,但是做得不够好、问题很多或甚至是错误重重的议题。通过重新检视上述做得不够好的研究,提出新的见解,也是创新性的重要表现。有创新性的研究往往能产生较大的研究价值,当评审委员或答辩组委员在询问时,研究者较容易说出与众不同之处;而拾人牙慧、重复旧题材、炒冷饭是最没有创新性的表现,必须避免。另外一种比较容易的创新是模仿前人的研究,在研究对象、时代、地区或研究方法上进行适当的调整。

(四)研究要有可行性

研究计划书或开题报告必须要有可行性,因为再好、再有意义与创新性的题材都比不上“能做到”来得重要。有些学生往往不切实际,野心太大或拥有过多“天马行空”的想象力,把研究计划书或开题报告的范围定得很大,想要完成宏伟的“梦想”,实际上却遥不可及。研究计划书或开题报告的目标与题目要限定在非常具体的范围内,要做到小而美且深入。可行的研究计划书或开题报告必须要考虑时间限制、个人能力及既有的人力与物力等因素。

四、研究计划书的核心内容

(一)研究题目与研究问题

研究题目必须设定清楚,因为题目的明确与否关系到研究的范围与重点。题目必须符合需要,且具有可行性,不宜过大、也不宜过小。题目过大容易导致研究目标无法达成,研究成果的分析流于表面;而题目太小又容易使研究价值受限,流于琐碎无味,或使研究成果缺乏意义与重要性。由于学生用于课堂报告或毕业论文的研究规模都比较小,选择的题目宜特定、具体,且能进行深入分析。

如前节所述,研究目标或研究目的必须有焦点,能引导研究者朝着一个明确的方向进行研究。而研究问题则是在研究目标确立之后所定的一系列具体问题。这些研究问题可分为:(1)总体问题。通常可以用一句话或一段话将主要的研究问题加以统合陈述,是最精练的问题。(2)理论性问题。围绕研究计划中预计要运用的理论性观点所提出的问题。(3)经验性问题。该研究预计要问哪些特定、具体或实操性的问题。这些问题能够被问得出来,涉及的是可被观察的现象,或是可以进行测量的现象。经验性问题的提出能指导我们了解传播现象及其发展规律,最后跟理论性问题结合在一起分析。

(二)文献与研究议题

在设计具体的研究问题之后,要阅读与梳理前人曾进行过的相关研究与已经发表的相关文献。首先要了解别人做过哪些东西,有何重点发现及可借鉴与引用的内容。文献综述部分除“综合”前人所言,同时也要进行“评述”(Review)。进行评述时,通常会选择与研究计划最有关联的文献,说明其研究价值、贡献或者提出这些文献有哪些缺点与不足之处,有哪些内容可以供自己的研究计划参考之用。其次,要针对研究计划中提到的理论家、要采用的理论(Theories)、观点(Perspectives)或重要概念(Concepts)进行理论文献的综述。理论是学术报告必须要有的部分,最简单的方式是单纯引用一位学者的观点或一种理论(与研究主题相关的部分)进行分析,也可以整合两位学者的观点或两种理论来进行整合性的分析,不过这样的做法难度较高。注意,当研究计划说明要运用某种理论时,研究者必须对这个理论及代表这个理论的相关核心概念有充分的认识与正确的运用。

从文献综述、个人累积的观察心得、所进行的前导性研究中进一步发展出属于自己的研究议题，包括提出研究命题（Propositions）与假设（Hypotheses）。研究命题是在陈述所研究的现象与所使用概念之间的关联性，而研究假设则将概念与概念之间、概念与现象之间，或者变量与变量之间的关系具体化。定量研究方法相当重视命题与假设如何从文献评述中产生，以及自变量与因变量的界定。而在定性研究方法中，假设的提出虽然也可以来自文献，但是更多的是来自经验与观察。

（三）研究方法

除理论与假设外，在研究计划书或开题报告中另外一项不可或缺的重点是对研究方法的交代。这个部分大致可以分为方法论（Methodology）、研究方法（Research Methods）与研究设计（Research Designs）三大方面。方法论说明方法的存在基础，属于理论层次。量化研究以实证主义、行为主义与经验主义为其理论基础。质化研究则以自然主义、建构主义与解释主义为其理论基础。

在这一理论层次之下，所有计划书必须说明其研究方法，亦即预计要采用什么具体的方法进行研究，并说明采用这些方法的理由。定量研究通常以调查法（Survey）、实验法（Experiment）、内容分析法（Content Analysis）及近年兴起的大数据分析法（Big Data Analysis）为主要方法。定性研究常用的方法则包括深度访谈法（In-depth Interviews）、参与观察（Participant Observation）、田野调查（Field Survey）、焦点小组访谈（Focus Group Interview）及扎根理论（Grounded Theory）研究法等。学生可以使用其中一种方法，也可以有创意地运用以上多种方法进行研究。

最后一项是研究设计，其内容要说明执行研究的细节，包括操作流程、研究资料的搜集与分析方式等。这个部分的说明越具体、越详细越好。通常在这里会交代研究对象的总体与样本人数、抽样方式、实验设计的分组与受测者的招募，定性研究的受访者特性与人数(以及选择的原因)，甚至还可以包括该研究的问卷设计内容、样本的轮廓、访谈题目大纲等。此外，资料的分析方式通常也应简要说明，如使用 SPSS/PC 分析所取得的数据，进行回归分析（Regression Analysis）或方差分析（Analysis of Variance，又称“异变数分析”）、建立编码表（Coding Table）、定性资料编码（Coding）、建立类目（Categorization）或质化资料分析（Qualitative Data Analysis）等做法。研究设计中有时还会加入研究流程图、时间表或经费概算等，其目的是让计划书清楚呈现具体内容，便于审查者评估其适切性与可行性。

（四）研究价值、创新与难点

好的研究势必有较大的研究价值，能增进对重要传播现象的了解，提出重大研究发现，有助于建立新的知识体系，或提供实践层面的有效方法等。因此，在研究计划书的最后部分必须说明研究的重要性与研究价值，这样才能解释为什么需要投入那么多时间进行这项研究。此部分通常会针对学术价值、理论价值、应用价值、实践价值或创新价值等方面进行说明。其中，若能阐述该研究与众不同或创新之处，将会得到更高的肯定。此外，有些研究计划书也会说明在执行时可能面临的难题，如研究对象不易寻找、问卷质量较难预测、实验情境不易控制、提出的假设与实际情况可能有较大差距等，若能在研究计划书中提出这些难点，可帮助自己检视研究中可能遭遇的问题，以便谋求应对之策。同时，提出这些问题与难点也可说明研究计划谨慎周密，能发现可能的研究限制。

第二节 研究论文的撰写

在撰写论文时，要遵守相关格式规定。若所属高校对论文编写有相关规定，则应遵照规定；若无相关规定，可依据 1987 年全国文献工作标准化技术委员会提出的《科学技术报告、学位论文和学术论文的编写格式》(GB/T 7713–1987)，来统一论文的撰写和编辑格式。该标准规定论文的组成部分包括：

一、前置部分

（一）封面

封面是论文的外表面，如果学术论文作为学术期刊、书籍或其他出版物的一部分则无需封面。封面内容可包括分类号（中国图书馆分类法），单位编号，密级，题名和副题名或分册题名，卷、分册、篇的序号和名称，版本，责任者姓名，申请学位级别、专业名称，完成日期和出版项等。

（二）封二

封二可标示送发方式、版权规定或其他应注明事项，若无则可省略。

（三）题名页

题名页应提供撰写者单位名称和地址，在封面上未列出的责任者职务、职称、学位、单位名称和地址，参加部分工作的合作者姓名等。学术论文无需题名页。

（四）变异本

除正式正本外，若为某种变异本，如节本、摘录本或摘取所需内容的改写本等，在封面须标明“节本、摘录本或改写本”等字样。

（五）题名

题名以最恰当、最简明的词语反映论文中最重要的特定内容的逻辑组合。如果题名语意未尽，可用副题名补充说明报告论文中的特定内容。

（六）序或前言

序并非必要。论文的序，一般是著者或他人对本篇论文基本特征的简介；也可以是评述和对相关问题的阐发，这些内容亦可在主体部分的引言中说明。

（七）摘要

摘要为对论文内容的重点摘录，但不包括诠释和评论的简短陈述。其内容应包含与论文同等量的主要信息，供读者确定有无必要阅读全文。中文摘要一般为 200~300 字，外文摘要不宜超过 250 个实词。

（八）关键词

为了便于文献标引，要从论文中选取能表示全文主题内容的单词或术语。每篇论文可选取 3~8 个词作为关键词，以显著字符另起一行。

（九）目录

长篇报告、论文可以有目录，短文无需目录。目录由论文的篇、章、条、附录、题录等的序号、名称和页码组成，另页排在序之后。

（十）插图和附表清单

若论文中的图表较多，可分别列出清单置于目录之后。图与表的清单都应有序号、题名和页码。

（十一）符号、标志、缩略词、首字母缩写、计量单位、名词、术语等的注释表

二、主体部分

该部分的编写格式可以自定，但一般由引言或绪论开始，以结论或讨论结束。

（一）引言或绪论

简要说明研究的目的、范围、相关领域的已有成果和知识空白、理论基础和分析、研究设想、研究方法和实验设计、预期结果和意义等。比较短的论文可只用小段文字发挥导引的作用；而学位论文则需反映著者确已掌握的坚实基础理论和系统的专门知识，以及对研究方案的充分论证，因此，这部分内容可单独成章，用足够的文字叙述。

（二）正文

正文是论文的核心，占主要篇幅，可以陈述调查对象、实验和观测方法、仪器设备、材料原料、实验和观测结果、计算方法和编程原理、数据资料、经过加工整理的图表、形成的论点和得出的结论等。由于研究涉及的学科、选题、研究方法、工作进程和结果表达方式等有很大差异，因此无法以一个统一的格式框架来规范正文的内容，但撰写内容的原则应该是实事求是、客观准确、合乎逻辑、层次分明、语言简练。

（三）结论

结论是整篇论文最终的总论点，而不是正文中各段小结的简单重复。可在结论或讨论中提出建议、进一步的研究设想、对仪器设备改进意见、尚待解决的问题等。

（四）致谢

可在文末对资助、支持协助完成研究，为研究提供便利条件或对研究提出建议的单位机构、企业、组织或个人表达感谢之意。

三、参考文献

论文的参考文献应依据《信息与文献　参考文献著录规则》（GB/T 7714-2015）著录。

四、附录

附录是论文主体的补充项目，并不是必需的，依英文大写字母编号。

五、结尾部分（必要时列出）

为了将论文迅速存储入电子计算机，可以提供有关的输入数据。

第三节　学术规范

学术规范（学术伦理）常与研究诚信相关联，前者泛指学术研究者在整个研究过程中必须遵守的行为规范和基本工作伦理，对学术研究的严谨度和公信力、学术的发展与创新有非常重要的影响。[①] 而研究诚信是指在科学研究方面的共同价值观，包括诚实、准确、高效和客观。学术规范（学术伦理）与研究诚信规范的对象包括大学生、硕博士研究生、博士后研究员、高校教师和学术研究机构的研究人员等。

一、研究不当行为

经济合作与发展组织（OECD）曾在2007发表的呼吁文件中将研究不当行为分为6大类，分别为[②③]：(1)研究的不当行为，包括捏造、编造、剽窃；(2)和研究执行有关的不当行为，包括使用不当研究方法、不良研究设计、实验或分析错误、违背人体试验相关规定、虐待实验动物；(3)和资料有关的不当行为，包括未保留原始数据、不良数据管理、数据未对科学社群公开；(4)和发表有关的不当行为，包括不当挂名（将没有研究贡献的研究人员列名于著者群中，或是未将有贡献的研究人员列名于著者群中）、拆分发表（将研究成果拆为数份论文或研究报告发表）、未更正发表记录（未说明之前的发表情形）；(5)和个人行为有关的不当行为，包括个人行为

①② 何峰、贾爱英、郭蕾：《研究生学术道德规范教育体系的探索与实践——以北京大学为例》，发表于《学位与研究生教育》2012年第5期。

③ OECD (2007). *Best practices for ensuring scientific integrity and preventing misconduct.*

不检或骚扰、未提供给学生足够的指导或咨询、对社会规范不敏感;(6)和经费有关的不当行为及其他,包括违反同行审查原则、扭曲出版记录、研究经费不当利用、做未经证实的或恶意的不当行为指控。

在上述研究不当行为中,较常见的行为有①:

(一) 欺骗行为

欺骗行为涉及研究正确性,即在研究过程中或撰写研究结果时,有影响研究正确性的不诚实行为,如:(1)窜改。窜改原始研究材料或窜改对设备、研究过程数据、结果的记录,包括将不完整的实验记录修改成完整的,保留符合期望的试验结果、隐藏不合期望的部分及美化资料或隐藏数据等。(2)捏造。制造不存在的研究结果或数据,呈现虚构的研究,包括论文内容和实验数据。

(二) 剽窃行为

剽窃行为涉及研究原创性,若将他人论述、观点或研究成果等占为己有,便会使研究丧失原创性。这方面的行为可分为:(1)剽窃(概念上)。常指研究构想的剽窃,例如引用文句的写作用语若导致读者将其误解为非原著者所做出的贡献,即是剽窃行为。(2)抄袭(形式上)。引用他人研究的概念、程序或结果,但不符合引用规范。在论文写作中,常见的抄袭行为有:(a)未标示文献来源或无任何脚注,仅于参考文献处交代出处;(b)虽有出处,但全篇引用他人文句极多,没有己见或诠释;(c)直接翻译他人文章章节,虽转换语言,但未注明原文出处;(d)在自己的报告中直接贴上来自网络的图表或他人创作的图表;(e)对整段他人文章只稍微修改就放在自己的文章中,或将整段外文论文翻译成中文,却用引用方式书写,造成疑似抄袭的状况;(f)虽遵守引用规范且合理引用,但字词或内容结构与他人文章几乎相同或只替换关键词而已。

二、研究学术规范

近年来国内外违反学术道德规范(学术不端)的事件屡见不鲜,被揭发的人均受到轻重不一的惩处。事实上,任何学术不端行为,无论情节轻重,除伤害个人学术声誉外,亦会重创整体学术/研究诚信,更对所属国家的学术生产与传播产生负面影响。若要避免学术不端,研究者必须严格遵守研究学术规范,坚持研究论文或成果诚实客观。

目前哲学社会科学的研究学术规范以2004年教育部发布的《高等学校哲学社会科学研究学术规范(试行)》(以下简称《规范》)为主,内容分为总则、基本规范、学术引文规范、学术成果规范、学术评价规范、学术批评规范和附则七个部分。教育部要求各高校以此为基础,制订相对应的学术规范及实施办法来管理侵犯知识产权和违反学术道德规范的学术不端行为。

《规范》中明确规定高校哲学社会科学研究工作者应遵守《中华人民共和国著作权法》《中华人民共和国专利法》和《中华人民共和国国家通用语言文字法》等相关法律和法规。其中学术引文规范规定:

---

① 大学生报告撰写:文献搜集与写作伦理PPT,2017年发布于政治大学图书馆网。

(1)引文原则上应使用原始文献和第一手资料。凡引用他人观点、方案、资料、数据等,无论曾否发表,无论是纸质还是电子版均应详加注释;凡转引文献资料应如实说明。(2)学术论著应合理使用引文。对已有学术成果的介绍、评论、引用和注释,应力求客观、公允、准确。伪注,伪造、篡改文献和数据等,均属学术不端行为。

在学术成果规范上,《规范》要求研究者:

(1)不得以任何方式抄袭、剽窃或侵吞他人学术成果。(2)注重学术质量,反对粗制滥造和低水平重复,避免片面追求数量的倾向。(3)充分尊重和借鉴已有的学术成果,注重调查研究,在全面掌握相关研究资料和学术信息的基础上,精心设计研究方案,讲究科学方法,力求论证缜密,表达准确。(4)学术成果文本应规范使用中国语言文字、标点符号、数字及外国语言文字。(5)学术成果不应重复发表,另有约定再次发表时,应注明出处。(6)学术成果的署名应实事求是。署名者应对该项成果承担相应的学术责任、道义责任和法律责任。(7)凡接受合法资助的研究项目,其最终成果应与资助申请和立项通知相一致;若需修改,应事先与资助方协商,并征得其同意。(8)研究成果发表时,应以适当方式向提供指导、建议、帮助或资助的个人或机构致谢。

三、论文查重系统

许多论文查重系统或文献检测系统可帮助著者减少论文抄袭、剽窃的发生。目前国内比较主流的论文查重系统有:

(一)(CNKI)学术不端文献检测系统

学术不端文献检测系统(Academic Misconduct Literature Check,AMLC),是由中国知网、《中国学术期刊(光盘版)》电子杂志社有限公司于2008年推出的数字图书馆平台建设产品,提供博硕士论文、本科论文和期刊论文等文献检测服务。该系统的比对来源主要是同公司出品的各个文献或资源数据库,因其最为规范和严谨,目前大部分高校都使用该系统。另有"学术不端网"。除提供学术不端、查重、学术快讯等服务外,还提供自助论文检测服务,即从提交论文到下载查重报告,全程均由学生自行完成。

(二)维普论文检测系统

维普论文检测系统(VIP Paper Check System,VPCS),由重庆维普资讯有限公司开发,以其自身建立的各种数据库为主要比对来源,再加上外文数据库和互联网页面等比对来源。该系统提供大学生版、研究生版、职称版等一站式服务,可进行学位论文检测、职称论文检测和报告真伪验证等。

(三)万方数据文献相似性检测服务

由北京万方数据股份有限公司提供,侧重期刊和论文的检测,包括个人文献版、硕博论文版、本科论文版、学术预审版、职称论文版、课程作业版和软件成果版等多项服务,适用于初稿或中期检测查重。

（四）PaperPass

PaperPass 是由北京智齿数汇科技有限公司于 2007 年推出的，综合大量论文、报道、期刊数据和互联网网页等资源，侧重中文原创性检查和预防剽窃的在线网站，分为个人版与机构版两种。

（五）Turnitin

Turnitin 是 1997 年面世的一个多语言论文原创性比对系统，适用于国外留学毕业论文或投稿国外学术期刊的论文。该系统包括学位论文、期刊论文及网页资源等数据库，支持 30 种语言。系统功能有论文和作业原创性审查、联机操作评分和同侪评论，提供国际版和 UK 版两种检测版本。

（六）高校学术不端 – 论文检测系统

常用的论文查重入口，结合中国知网、维普、PaperPass、CopyCheck、Turnitin 和 Grammarly 等多个国内外论文检测系统，是一个综合检测平台，用户可依据自身需求，选择适当的检测系统。

上述检测系统各有其特点，因各采用不同的比对来源、比对技术与计算方法，各系统的检测结果会有所不同。由于现在许多高校要求学生在提交毕业论文（包括本科与硕博士论文）前要先通过论文查重系统的检测，学生在检测论文之前一定要知道自己的学校采用哪个论文查重系统及该系统的相关规则，才能顺利通过学校查重。

四、引用

（一）引用的作用

若要在报告或论文中展现对上述学术研究规范的遵守，研究者在撰写内文时必须合理使用取得的文献信息，即在文中使用正确的引用（Quotation），来告知读者对既有学术成果的合理使用。基本上，只要在文中采用他人撰写的资料，而非自己的原创观点，都需要注明出处，以表明引用，避免读者产生该论文有剽窃或抄袭他人成果的怀疑。引用通过在报告或论文中注明哪些段落使用了他人文章，并在论文的最后列举参考文献，作为内容论证的证据，表示对他人作品的尊重。

（二）引用的时机

研究是学术社群体不断对话的成果，新研究是以之前的研究为根基而不断积累的过程。引用就是在证明这件事，读者在阅读时可借此了解作者运用了哪些文献或资料来得出结论，以及去哪里找到这些文献。[①] 作为学术社群的一分子，研究者应诚实研究，并在撰写报告时做

① ［美］麦特·厄普森、迈克·霍尔、凯文·坎农：《找查王：看漫画写出好报告》，方祖芳译，远流出版社 2017 年版，第 104 页。

好引用。

避免发生剽窃或抄袭的基本原则是，凡是借用别人意见或想法，无论是完全采用别人的说法或用自己的话语改述别人想法，都要诚实交代出处，表示尊重他人的知识产权。① 然而，并不是所有的资料都需要引用，若陈述众所皆知的观点、基本常识、事实或公论等，就不需出现引用资料，因为这些内容并非出于特定文章或原创研究。

下列三种具体情况需要使用引用：②

1. 援引他人说法，加强自身论点的说服力。为强化自身论点的合理性与正当性，引用更多同类的意见来增强论证力。

2. 提出反论。援引不同意见的论文作为讨论基础，让读者更清楚地知道论证的焦点。

3. 征引原始文献作为论证基础。在文中适当地嵌入一段古代诗词、报纸杂志文章、口述访谈或日记等资料，以夹叙夹议的方式进行讨论。此类引用较常出现在文史哲、社会学等学科的论文中。

（三）引用方式

在写作时，可以通过下列三种方式来呈现对他人观点的引用：③④

1. 摘要

摘要指将他人文章理解消化、融会贯通后，以自己的话语概括他人原文的主要论点。通常摘要不会有引用者对被引用内容的诠释，而以呈现原文的重点为主，并要确认自己的理解无误。

2. 改写（间接引用）

改写即"换句话说"，引用者用自己的话语来诠释或叙述他人原文的文意，但要忠于原始文意，不能与被引用的原文意思有出入或扭曲原意。

3. 引述（直接引用）

引述是指一字不漏地直接将他人文章中的文句放到自己的论文中，但引用的文句必须前后以引号、括号、斜体字或独立段落等方式标示，让读者能够清楚区分引文与文章著者自己所写的文句。

这三种引用方式在使用场合和使用方法上略有差异，可依撰写时的需要采用不同方式，但都必须在引文处以正确格式标注来源或出处，以免产生剽窃或抄袭之嫌。

五、参考文献

当在自己的文章中引用他人观点或研究成果时，除以正确格式标注来源与出处外，亦需在文后建立参考文献，列举在文中引用的各篇文献出处。注明引用的文献出处须依照参考文献著录规则，参考文献著录规则的目的是规范论文中引用他人文献的标注方式及文后参考文

① 王若叶：《如何写好报告》，商周出版社 2015 年版，第 167 页。

②③ [美]麦特·厄普森、迈克·霍尔、凯文·坎农：《找查王：看漫画写出好报告》，方祖芳译，远流出版社 2017 年版，第 166、172—173 页。

④ 大学生报告撰写：文献搜集与写作伦理 PPT，2017 年发布于政治大学图书馆网。

献标示各种文献类型、出处的方式。

(一) 著录规则

1. 国内

(1)《信息与文献 参考文献著录规则》(GB/T 7714-2015)。由国家质量监督检验检疫总局和中国标准化管理委员会发布于2015年,取代《文后参考文献著录规则》(GB/T 7714-1987)。该规则用于学术文章文后著录参考文献的国家标准,规定了各个学科、各种类型信息资源的参考文献的著录项目、著录顺序、著录用的符号、著录用文字,以及各个著录项目的著录方法及参考文献在正文中的标注法等。许多期刊编辑部在制定适合该学科和期刊风格的参考文献著录规则时,或者高校在规范该校学位论文参考文献的著录时都会以此规则为标准。①

(2)《中国学术期刊(光盘版)检索与评价数据规范》(2006年修订版)。为CNKI中国知网制定的规范,对科学技术类和社会科学类期刊提出具体的要求,相关学科期刊论文的参考文献著录大都遵循此规范。基本上,该规范与《信息与文献参考文献著录规则》(GB/T 7714-2015)在参考文献的规定上有很大的兼容性。

2. 国外

若要向国外的期刊或会议投稿,参考文献的体例就要符合国外的著录规范。不同的学科领域通常会有其偏好的著录规则,对参考文献的编制和著录方式的要求各有其特点和侧重。国外较为著名且广为中外学术论著和期刊编辑采用的三种著录规则为:

(1) 美国心理学会体例(APA Style)。美国心理学会出版的《美国心理学会出版手册》(*Publication Manual of the American Psychological Association*)对该体例规范有详细说明,2020年已出版第7版。该体例除适用于心理学外,社会和行为科学、传播、教育、商业和工程等学科也常使用该体例。

(2) 芝加哥体例(Chicago Style)。由美国芝加哥大学制定,其出版的《芝加哥格式手册》(*The Chicago Manual of Style*)对参考文献的著录规则有详细说明。2006年推出在线版(The Chicago Manual of Style Online),2017年已出版第17版。该体例在历史学、地理学、政治学等社会科学期刊和学术著作中使用较为普遍。

(3) 美国现代语言学会体例(MLA Style)。该体例的来源是美国现代语言学会(Modern Language Association)出版的《MLA手册》(*MLA Handbook*),2016年已出版第8版。除语言学外,在文学和艺术等人文领域的应用也很广泛。

(二) 文中引用的标注方法

在正文中引用他人文献时要标注引用的文献来源。该方法在《信息与文献 参考文献著录规则》(GB/T 7714-2015)中称为参考文献标注法,可分为以下两种具体方法:②

---

① 袁曦临:《信息检索——从学习到研究》(第5版),东南大学出版社2011年版,第279页。

② 部分参考了端木艺:《实用信息资源检索与利用(人文社科)》,南京大学出版社2009年版,第249页。

1. 顺序编码制

按文中引用文献出现的先后顺序，以阿拉伯数字连续编码，并将序号置于方括号中，以角标形式著录。在同一处引用多篇文献时，将各篇文献的序号在方括号中全部列出，各序号间用“,”；如遇连续序号，可标注起讫号“-”。

【示例】
张三[1]□□□□；李四[2-3]□□□□□□□□□□□□□[7,9,11-13]。

若多次引用同一著者的同一文献时，则标示文中首次引用的序号，引文页码放在“[ ]”外，以角标形式著录，文后的参考文献不再重复著录页码。

【示例】
张三[4]15-17 □□□□；张三[4]55 □□□□；张三[4]101-105 □□□□□。
□□□□□□□[1]25。□□□□□□□□，□□□□□□□□□□□□[2-5]。

若在文中采用顺序编码制文献标注法，文后参考文献表也应采取顺序编码制，将各篇文献按照文中标注序号依次列出。

2. 著者－出版年制

标注格式由著者姓氏和出版年组成，并置于“( )”内，而引文页码放在“( )”后，以角标形式著录。中文著者标示全名，外文著者只标示姓。若在文中已提及著者姓名，其后的“( )”中只标示出版年。

【示例】
□□□(张三，2005)15-17；□□□□。Smith (2015)11-15 □□□□□。

若文中引用文献的著者超过 2 人时，在中文著者的全名后加注“等”字，外文著者只标示第一著者的姓，并在之后附上“et al.”。若要著录同一著者同一年的多篇文献，要在出版年后加上小写英文字母 a，b，c…以示区别。若多次引用同一著者的同一文献，则在文中标示著者与出版年，并在“( )”后以角标形式著录引文页码。

【示例】
□□□(李四，2005a)15-17；李四 (2005b)55 □□□；□□□□□□□
□□□□□□□□□□□□□□(Fisher，2015)。
□□□(张三 等，2005)15-17；张三 等 (2005)55 □□□；□□□□□□□
□□□□□□□□□□□□□□(Smith et al.，2015)11-15。

如文中采用著者－出版年制标注参考文献，在编制参考文献表时就要先按文种分为中文、日文、英文、俄文和其他5部分，每一部分再按著者姓氏笔画和出版年排序，中文文献亦可按照著者姓名的汉语拼音或笔顺排序。

（三）文后参考文献的编排与格式

参考文献（Reference）是著者在撰写论文的过程中，真正深读且对其研究观点和论证有实质作用，且在文中有具体引用的文献集合。提供参考文献的目的在于：展现著者对研究领域文献的掌握能力及论文的可信程度；告知读者文献的出处，便于读者检索和核对文献，扩大了解研究课题的范围；表示对他人知识产权的尊重。①

1. 编排方式

对应上述文中引用文献的标注方法，文后参考文献的编排方式可以分为顺序编码制和著者－出版年制两种方式。《中国学术期刊（光盘版）检索与评价数据规范》的文后参考文献编排格式采用顺序编码制，因此国内出版物大多以顺序编码制来编排文后参考文献。而参考文献的位置可集中放于文后或书后，亦可分散著录在出现引用的各页下端。

2. 著录项目与格式

参考文献的著录项目与格式用于编制文后参考文献，以便对文中引用的每一个文献提供正确和完整的来源信息。上述《信息与文献　参考文献著录规则》（GB/T 7714—2015）对专著、专著中的析出文献，连续出版物、连续出版物中的析出文献，专利文献及电子资源等类文献的著录项目与格式均有所规范，说明如下：

（1）专著。指以单行本或多卷册（在限定的期限内出齐）形式出版的印刷型或非印刷形式出版物，包括普通图书、古籍、学位论文、会议文集、汇编、标准、报告、多卷书、丛书。

【著录项目与格式】

主要责任者．题名：其他题名信息[文献类型标识/文献载体标识]．其他责任者．版本项．出版地：出版者，出版年：引文页码[引用日期]．获取和访问路径．数字对象唯一标识符．

【示例】

① 顾炎武．昌平山水记：京东考古录[M]．北京：北京古籍出版社，1992.

② 牛志明，斯温兰德，雷光春．综合湿地管理国际研讨会论文集[C]．北京：海洋出版社，2012.

③ PEEBLES P Z，Jr. Probability，random variable，and random signal principles [M]. 4th ed. New York：McGraw Hill，2001.

（2）专著中的析出文献。指从专著中析出具有独立篇名的文献，包括书中章节、会议文集中的论文。

---

① 杨云川、杨晶、王清晨、孙蔚：《信息元素养与信息检索》，电子工业出版社2018年版。

【著录项目与格式】

析出文献主要责任者．析出文献题名[文献类型标识/文献载体标识]．析出文献其他责任者//专著主要责任者．专著题名：其他题名信息．版本项．出版地：出版者，出版年：析出文献的页码[引用日期]．获取和访问路径．数字对象唯一标识符．

【示例】

① 程根伟．1998年长江洪水的成因与减灾对策[M]．//许厚泽，赵其国．长江流域洪涝灾害与科技对策．北京：科学出版社，1999：32-36.

② WEINSTEIN L，SWERTZ M N. Pathogenic properties of invading microorganism [M]. //SODEMAN W A，Jr，SODEMAN W A. Pathologic physiology：mechanisms of disease. Philadelphia：Saunders，1974：745-772.

(3) 连续出版物。通常载有年卷期号或年月日顺序号，并计划无限期连续出版发行的印刷或非印刷形式的出版物，如期刊、杂志、报纸、年鉴等。

【著录项目与格式】

主要责任者．题名：其他题名信息[文献类型标识/文献载体标识]．年，卷(期)-年，卷(期)．出版地：出版者，出版年[引用日期]．获取和访问路径．数字对象唯一标识符．

【示例】

① 中华医学会湖北分会．临床内科杂志[J]．1984，1(1)-．武汉：中华医学会湖北分会，1984-.

② American Association for the Advancement of Science. Science [J]. 1883，1(1)-. Washington，D.C.：American Association for the Advancement of Science，1883-.

(4) 连续出版物中的析出文献。指从连续出版物中析出具有独立篇名的文献，包括期刊论文和报纸文章等。

【著录项目与格式】

析出文献主要责任者．析出文献题名[文献类型标识/文献载体标识]．连续出版物题名：其他题名信息，年，卷(期)：页码[引用日期]．获取和访问路径．数字对象唯一标识符．

【示例】

① 李昕．关于企业单位会计集中核算问题的思考[J]．经营管理者，2010(20)，219-211.

② 余建斌．我们的科技一直在追赶：访中国工程院院长周济[N/OL]．人民日报，2013-01-12(2)[2019-03-20]. http://paper.people.com.cn/rmrb/html/2013-01/12nw.D110000renmrb_20130112_5-02.htm.

(5) 专利文献

【著录项目与格式】

专利申请者或所有者. 专利题名:专利号[文献类型标识/文献载体标识]. 公告日期或公开日期[引用日期]. 获取和访问路径. 数字对象唯一标识符.

【示例】

邓一刚. 全智能节电器:200610171314.3[P]. 2016-12-13.

(6) 电子资源。指以数字方式将图、文、声、像等信息存储在磁、光、电介质上,通过计算机、网络或相关设备使用的记录有知识内容或艺术内容的信息资源,包括电子公告、电子图书、电子期刊、数据库等。

【著录项目与格式】

电子专著、电子专著中的析出文献、电子连续出版物、电子连续出版物中的析出文献以及电子专利的著录项目与著录格式分别按照专著、专著中的析出文献,电子连续出版物、连续出版物中的析出文献及专利的著录规则处理。除此以外的电子资源根据下列格式著录。

主要责任者. 题名:其他题名信息[文献类型标识/文献载体标识]. 出版地:出版者,出版年:引文页码(更新或修改日期)[引用日期]. 获取和访问路径. 数字对象唯一标识符.

【示例】

中国互联网络信息中心. 第39次中国互联网络发展现状统计报告[R/OL]. (2018-01-16)[2019-03-26]. http://www.cnnic.net.cn/hlwfzyj/hlwxzbg/201201/P120120709345264469.pdf.

在各项著录项目中,文献类型标识/文献载体标识为任选项目,非必备项目,而获取和访问路径、数字对象唯一标识符则是电子资源的必备著录项目。在《信息与文献 参考文献著录规则》(GB/T 7714-2015)中各类文献类型的标识代码分别为:

文献类型	标识代码	文献类型	标识代码	文献类型	标识代码
普通图书	M	会议录	C	汇编	G
报纸	N	期刊	J	学位论文	D
报告	R	标准	S	专利	P
数据库	DB	计算器程序	CP	电子公告	EB
档案	A	舆图	CM	数据集	DS
其他	Z				

电子资源载体类型和标识代码为:

电子资源的载体类型	载体类型标识代码
磁带(Magnetic Tape)	MT
磁盘(Disk)	DK
光盘(CD-ROM)	CD
联机网络(Online)	OL

练习与作业

1. 简述何谓学术不端,如何避免发生学术不端的行为。

2. 依据研究课题,找出所需的书籍、期刊论文、学位论文和电子资源等各类文献,依据《信息与文献 参考文献著录规则》(GB/T 7714-2015)的规范,写出正确的著录格式。

问题与解答

Q1:如何避免抄袭?

Q2:引用参考文献时要注意什么?

Q3:编写参考文献时通常会出现哪些问题?

第四章 问题解答

词汇与定义

1. 引用。以部分或全部抄录的方式利用他人著作,或加以重点整理后供自己著作参证、注释或评论之用,可分为摘要、直接引用和间接引用。在引用时需注明文献来源,此为最基本的学术伦理。

2. 抄袭。如果是将别人的想法或创作的文字当作自己的,或使用他人资料却没有注明出处会被视为抄袭。

3. 参考文献。在著者撰写论文的过程中,真正深读且对其研究观点和论证有实质作用,在文中有具体引用的文献集合。《信息与文献 参考文献著录规则》(GB/T 7714-2015)中将其定义为:为撰写或编辑论文和著作而引用的有关文献信息资源。

第四章 阅读文献

第五章

量化研究问题与概念操作化
——从掌握与定义现象开始

学习目标

1. 了解研究问题和研究假设在量化研究中的功能、种类和拟定的流程步骤。
2. 了解概念操作化的定义，并能区分概念、构念的差异。
3. 熟悉各种变量的作用和特性，学会如何提出假设。
4. 区分研究信度和效度，学会信度、效度的检验方式。
5. 通过实际论文案例，了解不同形式的研究问题和操作型定义。

引　言

本书前四章的内容针对的是传播研究方法的共同基础，而从本章开始，各章将针对不同的研究方法提供进一步的介绍。

一个研究就好比一段旅程，是人们对于好奇且未知的人、事、地、物的探索过程。就像旅人启程之前要先确定目的地和方向，研究者则须在学术文献、社会趋势、个人兴趣中找到一个值得探讨的课题，进而使其转化为可以被实际研究的题目。换言之，必须要让研究的题目具体可行，所包含的概念清楚明了，并且要让概念转换成能被测量的变量。这整个过程就是概念操作化，也是研究者必备的基本功。本章将详细介绍研究问题的拟定和概念操作化流程。

开始研究时，初学者常面临很多疑惑：我该去哪儿找研究问题？似乎所有研究问题都已经被前人研究过了？我感兴趣的这个题目能不能作为研究问题？事实上，这些疑惑或许可以从社会科学研究最开始的好奇和怀疑原则中寻求解答。不妨这样设想，一个人对某个特定事物产生浓厚的好奇、怀疑，而企图找出背后的原因，这就是好研究的开始。因此，研究问题的寻找，首先一定从研究者本身开始，也就是以研究者个人所处的现实世界为核心，比如从研究者自身的生活体验、所属的社会群体、兴趣偏好等入手开启对特定议题的研究。研究问题与研究者本身的关联性强，代表着研究者对该领域已经有比较充分的背景知识和研究动机，这一点对后续的研究设计过程很重要。一个缺乏最初的好奇和怀疑的研究，很容易沦为研究方法的简单演练或是仿效其他论文的复制品。好的研究问题就在研究者真实生活的环境中，只是我们容易因习以为常而忽视看似平凡无奇的事物。

研究题目必须承担拉动一连串后续研究设计的火车头的责任,因此研究者从现实生活或是理论文献中找到一个值得研究的重要题目之后,需要对其谨慎评估。

本章第一节讨论何谓“好”的量化研究问题,第二节从概念、构念、变量与测量入手讨论研究问题的操作化过程,第三节介绍量化研究的信度、效度及其影响因素,最后一节则以实际研究案例讲解量化研究方法中常见的调查法、实验法、内容分析法分别如何呈现研究问题和操作型定义。

第一节 “好”的量化研究问题

量化研究的典型流程通常包含界定研究问题、阐述理论模型、提出假设和变量、收集资料、统计分析验证、理论更新重构(见图 5-1)。经典研究方法著作《社会科学中的研究设计》中也提到设计研究的框架仿如一个循环,一开始从界定研究问题出发,接着是厘清理论、选择个案、描述推论、因果关系推论、理论检验与重构,最后绕回一个新的研究问题进行下一次的研究历程。研究问题不仅是研究的开端,也是后续的理论应用、假设提出、资料收集、结果验证等各环节必须紧紧扣住的依据和聚焦点。简单来说,一个优质的研究,就是找到好的研究问题,然后运用适切的研究方法,让过去的理论和模型更加完备、时新。

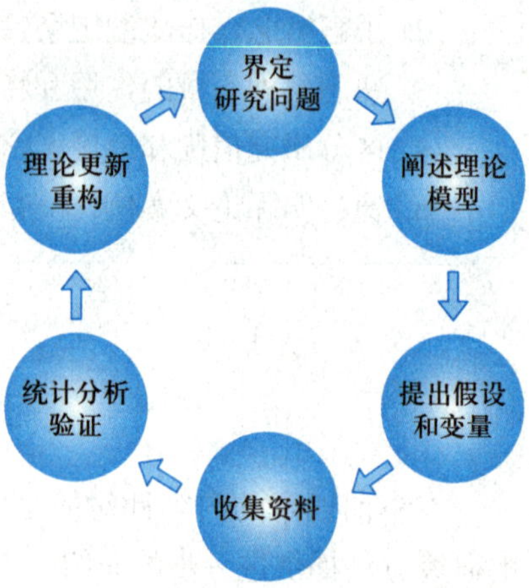

图 5-1 量化研究流程

研究问题就像是一份旅行计划中设定的行程目的地,旅途中的种种路线安排都是为了到达目的地。好的研究问题是研究框架的基础,指明研究者前进的方向。

人们常说,问对了问题,就知道了一半的答案。杰出的研究论文通常有很多优点,比如严谨的实验设计、精确的统计分析、有创见的研究发现等,其中好的研究问题是最关键的成功因素,因为好的研究问题意味着研究有重大价值,在学术领域甚至整个社会中会有许多人对这个问题感到好奇,期待看到研究成果。

一、研究问题的来源

研究问题主要有两大来源:

其一是现实生活中的重要议题,它们可能发展成具有潜力的好研究问题。而研究者也容易对这些问题产生较大的研究动机,并且具有较多的相关知识、信息以供研究设计与执行。其二是从过去积累的理论文献中探寻研究问题,比如过去研究资料所未能解决、存有争议、被长期忽视或是被错误解释的议题。通常在学术论文的最后一章节中会有对该研究的限制的分析与对未来相关研究的建议,新手研究者可以从这部分的讨论中找到许多可以发展的好题目。

对比这两大来源，从现实世界中发展出的研究问题，通常会有较高的实用性；相对的，从理论文献中推导出的研究问题，则通常会有较高的科学与学术价值。总体来看，一个好的研究问题，理想上是在实用性和科学与学术价值之间取得平衡。

二、适合量化研究的研究问题：问什么？怎么问？

研究问题是整个研究的主轴和导引，正所谓问对了问题，等于知道了一半的答案。当我们思考研究问题要问什么、该怎么问时，事实上也就是预计该研究能给出什么答案。

多数研究通常会从描述、相关、解释三个层次开展（见表 5-1），也有的研究仅以一个层次为主。①

表 5-1 三个层次量化研究问题的比较

研究问题的层次	研究目的	主要对应的研究方法	优点	缺点	适合的量化资料分析方法②
描述性问题	了解这些研究问题可被观察的特征和普遍呈现的样貌	调查（普查）、内容分析	能提供对现象整体的观察	研究结果缺乏深入的解释能力	描述统计（频数分布、集中趋势、离散趋势等）
相关性问题	分析不同研究变量间的相关性	调查	能了解变量间的相关性	变量间的相关性并非等于因果关系	交叉分析 相关分析
解释性问题	深入探讨变量间的因果关系，或影响过程中的中介、调节作用	实验	能提出明确的因果关系，建立过程模型	可能有生态效度的问题	T 检验（独立样本、配对样本）、方差分析（单因素、双因素） 回归分析（线性回归、逻辑回归）

首先，以描述为主的量化研究，可以是针对一个地理区域、人口族群、社会现象、内容资讯、事件议题的数据资料收集，用以了解这些研究问题可被观察的特征和普遍呈现的样貌。描述性研究问题的资料必须清楚、完整和具体，统计上常会使用百分比、次数、平均数等方式呈现。举例来说，研究者可以问：在 65 岁以上的高龄族群中，网络使用行为的样貌是什么？可以分成哪些种类？哪一种类占比最大？

① ［澳］Ranjit Kumar：《研究方法：步骤化学习指南》（第二版），潘中道、胡龙腾译，学富文化事业有限公司 2014 年版，第 13—14 页。

② 对于解释性问题的因果分析统计模型，牵涉到许多较为复杂的高等统计方法，至少包括了：结构方程模型、通径模型、典型相关分析、多元方差分析、多元线性回归、泊松回归、逻辑回归、鉴别分析等。而对于相关性问题的相依统计模型包括因子分析、聚类分析、对数线性模型、对应分析等。详见：郭志刚：《社会统计分析方法：SPSS 软件应用》（第二版），中国人民大学出版社 2015 年版，第 6 页。

描述性研究问题常出现在人口普查或是市场调查中,研究资料所呈现的是针对某一研究对象和范围的现象描述。除此之外,量化研究中以文本为研究对象的内容分析,也常用以回答描述性的研究问题,比如在过去五年上映的电影中,哪些电影类型较为常见？对应的上映时间分布和票房收益如何？描述性研究问题的优点是能提供对现象整体的观察,通常在初探性的研究中会被使用,同时也可以作为后续研究设计的基础。其缺点则是研究结果缺乏深入的解释能力。

其次,以相关性为主的量化研究则可以进一步分析不同变量间的相关性,比如传播研究中的经典的涵化研究(Cultivation Analysis)就是探讨看电视行为与阅听人的感知世界观(Cognitive Worldview)的相关性。研究发现看电视越多的人,他们的感知世界观会倾向于和电视上呈现的世界观一致。多数以调查法为主的研究属于相关性研究,先通过问卷收集多个变量资料,比如性别、年龄、受教育程度、线上媒体使用行为、线下人际网络情况、个人对议题的态度和认知等,再以统计方式检验变量间是否具有显著的相关性。

相关性研究的优点是能探索变量之间的相互关联程度,比描述性研究更能提供深入的诠释,同时也可以讨论多个变量间的相互影响。然而必须注意的是,变量间的相关性不等于因果关系。

最后是以解释性为主的研究。基于变量间的相关性,很多研究会再深入探讨变量间的因果关系或影响过程中的中介、调节作用。通常实验法适用于回答解释性的研究问题,比如具有暴力内容的电玩游戏是否会使得玩家的侵略感知提升？卷入度是否为暴力电玩和侵略感知的中介变量？解释性的研究问题常会以过去文献提出的既有理论模型为基础进行验证或增修。

在量化研究中,要回答解释性的研究问题通常必须有严谨的前测、对照组设计、实验操纵、操纵测量、后测的过程,才能确定变量间的因果关系成立。解释性研究的优点固然是能对研究现象提出明确的因果关系与过程模型,尤其对变量间影响机制的探讨通常是学者们所关注的。但解释性的研究也有着生态效度(Ecology Validity)的问题,也就是严谨控制下的实验和因果关系检验,有时和生活环境中的真实现象未必相符。毕竟不同于自然科学,社会科学研究与真实世界关联密切,如果研究发现只有在实验中才能发生和被观察,该研究成果的价值也可能被质疑。

三、拟定量化研究问题的基础:理论、实证研究资料

前文提到研究问题可以来自研究者对现实世界的观察或是梳理理论文献得到值得再次探索的议题。实际上,不管哪一条路径,拟定量化研究问题最重要的前备功课就是文献探讨。一个好的研究不可能横空出世,进行文献探讨就仿如站在巨人的肩膀上往前看。

有些研究新手在找到感兴趣的议题之后,常会困惑于要怎么往下发展出研究问题,开展后续的研究设计,也常困惑于如何寻找能应用于此议题的理论、模型。这些疑惑都可以通过文献梳理得到解答。关于如何进行文献收集和整理,本书的第二章已经有详细介绍,而本章再次强调从形成研究问题、拟订研究计划、使用研究工具、选定研究对象、收集实证资料、分析资料到最后的撰写研究报告,研究者都可以从文献中找到有用的参考、引导。多数量化研究论文都

有清楚的研究问题、研究假设与推论,新手研究者可以参考相关论文对研究问题的界定,尤其应该注意论文中这些研究问题是如何被推导并得到研究假设的。

传播研究其实和新闻写作,尤其是专题报道的写作过程相当类似。一个新闻专题,通常会包含“5 W”(Who,What,When,Where,Why)和“1 H”(How),其中前四个 W 和描述性研究问题类似,而 Why 和 How 则是属于相关性和解释性研究问题的范畴。当然,单一研究不要企图过大,希望能一网打尽地回答所有问题。在社会科学领域,尤其是传播领域中,许多杰出而经典的研究,其实都是尽可能清楚地解答一个重要问题。同时,同一个主题下的研究也可能聚焦于不同的层面,或应用不同脉络的学术观点,发展出具有独特贡献的不同成果。举例来说,研究具有暴力内容的电玩对玩家的可能影响,具体的研究可以探讨玩家人格特质(Who)对其侵略感知的影响(What)、不同年龄时期的电玩使用情况(When)、城市或乡村青少年在电玩行为上的差异(Where)、游戏成瘾的防治办法(How)、游戏内容暴力影响的心理原因(Why)等。

上述不同方面也可以分别从不同的学术观点切入,比如:五大人格特质理论、社会学习理论、涵化理论、使用满足理论、自我决定理论。理论当然必须从文献阅读中获得,当研究者从文献中找到一个适当的理论参考架构,就仿如拿到一串开启知识宝库的钥匙,可以开始尝试提出有理论基础的研究问题和进行后续研究设计。尽管对于新手研究者来说,一开始寻找到的文献可能看似纷杂,但研究者可以从众多相关论文中依据自己的兴趣、知识背景和可以运用的资源(时间、经费、研究人力),逐渐聚焦而整理出可供参考的研究问题和假设。

大量阅读并整理文献、理论、相关实证报告资料是发展研究问题的重要基础工作,研究者可以参考以下步骤,让研究问题更具体和聚焦:

1. 寻找可能的研究主题。观察现实世界、梳理理论文献。
2. 界定研究意图。所进行的研究属于描述、相关还是解释性研究?
3. 评估可行性。从研究者兴趣、所学专长、资料易得性、时间、经费等角度对研究问题进行评估。
4. 确认主要的理论架构和研究方向。
5. 提出具体、聚焦的研究问题。
6. 从研究问题发展出研究假设、操作型定义、变量、测量方法。

四、发展出明确的研究假设

量化研究中,确认研究问题之后的下一个重要步骤是提出研究假设。或许有些新手研究者会产生一些困惑:研究问题和研究假设有什么不同?仍以旅行计划为例子,研究问题像是一开始设定去某个国家或城市旅行的大目标,研究假设则是详细的各景点行程规划,需要考虑更具体的交通工具、时间安排、门票购买等环节。一般情况下,社会科学学术论文假设会在文献探讨之后提出,因为研究者必须了解其他学者对特定研究问题的理论观点后才能提出更具体、聚焦的假设。

传播效果研究的学者斯帕克斯认为,假设是对特定情境下的事物发展的预测。[①] 前文提到,从文献探讨中找到合适的应用理论观点之后,研究者必须依据理论对研究现象进行推论和预测,也就是假设。事实上,理论也有预测的功能,但理论的预测只是逻辑层面上的推测,而假设的预测则牵涉变量、测量等,我们将在下文陆续予以讨论。简单来说,假设具有聚焦、具体、可验证三个特性。

(一) 聚焦

研究假设可以帮助研究问题进一步聚焦。通常研究问题所包含的人、事、时、地、物等方面仅是广泛的指称,比如前述关于暴力电玩的研究,玩家的人格特质对效果的影响可以是一个研究问题。但研究者有必要进一步说明玩家人格特质的定义,当研究者将此视为一个研究变量时,这个变量与其他变量,比如侵略感知,有着什么样的关联性也是假设中要说明的重点。

(二) 具体

研究假设也是研究问题的具体化陈述,换句话说,研究假设中涉及的概念必须能被定义、操作和测量。比如电玩中的暴力内容,是以何种指标或规则予以判断的?研究假设必须清楚而具体地说明暴力内容指的是以肢体或武器攻击他人身体的画面。此外,研究问题常概括性地提到影响效果,但研究假设则必须更具体地说明是单向还是双向的关联性,又或者是直接或是间接的影响。

(三) 可验证

研究假设最重要的本质就是可用于验证某预测是否成立。量化研究中,统计分析常用来检验和判断假设是否为真,当假设验证为真,则代表该研究的结果符合研究者的预测。如果假设无法验证为真,也并非代表该研究结果没有价值,有时候反而值得研究者深入探讨原因,分析此结果与过去研究的不同之处。

一般来说,假设检验失败可能是因为理论模型推论错误、研究设计错误、抽样过程偏误、资料收集的信效度不高、测量方式失准、统计分析方式不适切等。

必须加以说明的是,假设虽然在多数量化研究中是很重要的部分,但仍有一些描述性的量化研究,因为主要研究目的是对现有的现象做出完整的观察,因此仅有研究问题而没有依据理论提出的假设。

此外,假设通常具有明确的方向性,比如,男性的游戏使用时数比女性多。但也有些假设没有明确的方向性,比如,性别变量是否会对游戏使用的时数有影响?此时,该类型的假设也会被称为研究问题以和有方向性的假设有所区别。本章主要讨论的研究问题是属于较抽象层次、导引整个研究过程的提问。

在第一节,我们已经介绍了研究问题该问什么,怎么问,也提到文献和理论的梳理是重要

---

① Sparks, G. G. (2015). *Media effects research: A basic overview* (5th ed.). Boston: Cengage.

的基础工作，最后提到从研究问题出发，逐步发展出聚焦、具体和可验证的研究假设。新手研究者在提出研究问题，并形成初步的研究假设之后，就可以往下进入概念操作化的过程。

第二节　操作化过程：概念、构念、变量与测量

量化研究着重收集并验证分析实证研究资料，在这一过程中将抽象的概念转换成具体可测量的变量就是概念操作化过程。本节将进一步探讨概念、构念、变量与测量这些研究的重要元素。

一、操作化及概念、构念与变量

要了解量化研究如何进行操作化过程，必须先了解概念、构念、变量这些名词的区别和含义。首先，概念（Concept）通常是指我们心里对某一事物的感知，概念是抽象的。举例来说，一幅油画是实体存在的事物，这幅画所呈现的美感是一个概念。又比如，一道菜是事物，但这道菜所代表的美食经验是一个概念。研究者从经验观察中逐渐发展出一个抽象的概念，用以指称特定的事物或现象，是一种概念化过程。概念化是建立在经验、语言的能相互沟通基础上的，人们必须相互了解、取得共识，才能用某一个概念来代表一个特定的事物或现象。

然而概念本身不容易测量。比如研究者要进行艺术作品的美学研究，必须将美学从概念发展为色彩、形状、构图等可测量的具体指标。

操作化过程（Operationlization）就是指让抽象的概念可以被具体地测量，并且能与已有理论架构产生联结的过程。换言之，概念必须转化为更抽象的构念（Construct）与已有的理论相联结，并转化为更具体的变量（Variable）来进行测量。而概念要转化为变量，需要由操作化过程给予概念的内涵与外延更明确、具体的定义，称为操作型定义（Operational Definition）。

研究者在进行操作化过程时可以先将初步的概念与理论的构念进行联结。如前文所述，理论文献可以帮助研究者发展研究问题，因为以往的理论对于类似议题通常已经有了清楚的构念。构念是在一定的理论架构中，由用以描述特定问题的一组概念及其关系所构成的更抽象的概念。构念本身具有抽象的特性，通常无法直接测量，需要通过可测量的、更具体的一组概念来测量。

新手研究者可以从经验或理论中的现象入手，先列出相关的概念。此时的概念，其实和日常生活中使用的语汇并没有太大的差异。举例来说，一个人坐在电视机前观看节目，在传播研究中，我们可以说他是在“看电视”。此时，“看电视”还属于一般常用语汇的概念层次，研究者用“看电视”这个词来描述一种特定的行为和情境。对量化的社会科学研究来说，概念必须能被测量，能转化为数据资料。但是，测量要怎么进行呢？是不是就把计时器放在电视机旁边，这算完成测量了？

这似乎是个很简单的问题，计时器显示看电视的时间，这当然是一种测量。但是，对于传播研究者来说，研究“看电视”这件事可能需要考虑很多因素，比如认知资源是否投入，也就是观看者是否真的将注意力放在电视屏幕上；或者考虑到选择行为，比如虽然他坐在电视机

前但电视节目是由其他人所选择的，也就是这个观看电视的行为并非意味着个人对节目的偏好。甚至，观看过程中观看者是否切换了不同电视频道，是否同时还在使用手机，是否看得懂内容等，都可以影响到“看电视”这个概念的定义和相关的讨论。所以，研究者必须将概念进一步联结构念。

当研究者阅读过去的理论和实证研究时，会发现“看电视”这件事情已经被不少学者研究过了，甚至有相关理论和模型存在。这些理论中有对“看电视”明确的定义和说明，比如学者可能会用媒介消费（Media Consumption）来指称这样的行为，意指阅听人主动选择且将认知资源投入媒体的使用行为。此时的媒介消费就属于理论中的构念。若研究者能找到一个适用的理论，并参考过往理论中的构念，逐步把自己所观察到的抽象概念与之联结，也形成自己研究的构念，再进一步在某一构念之下找到可供实际测量的变量，这样的研究过程就是概念操作化的过程（见图 5-2）。

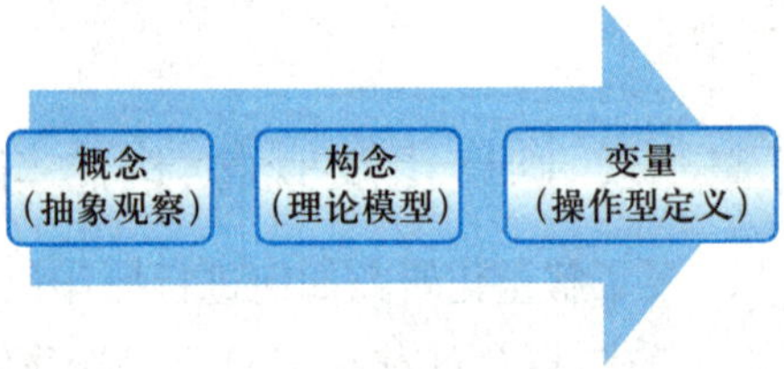

图 5-2 概念操作化过程

为什么构念对于量化研究相当重要？社会科学的学者们对构念有过许多讨论①②，归纳来说构念具有三个特质：

1. 构念是当前研究与过往研究的联结。任何量化研究都必须与过往的研究基础扣连，研究者必须说明当前的研究构念与过往的理论构念是一致的，如此才有对话基础，也避免错误解读和应用过往的理论。

2. 构念并不是一个单一的概念，其背后有一套完整的理论框架。构念通常具有严谨的定义和测量标准，过往的文献中也会提到相关研究的限制和受到的批评。构念和理论模型有着密切的关系。

3. 在任何科学研究中，持续对同一个构念进行创新研究甚至是争论是非常重要的。研究者只有在相同构念的基础上持续累积研究成果，才能推进学术研究。

如果一个新进行的研究，无法将所关注的现象和概念联结到任何理论文献所发展的构念上，这意味着新的研究无法与整个学术社群进行对话，可能导致自说自话，或是仅得到前人已经得知的知识。

具体来说，新手研究者可以通过下列问题帮助概念转化为构念：

1. 使用的概念是否能准确描述所观察的现象、事物？
2. 哪些理论提及的构念是与本研究近似或相同的？
3. 概念可以如何在已有的构念基础上加以增修？
4. 构念如何落实到测量层面？有无相关量表？
5. 该构念与理论架构中提到的其他构念的可能关联为何？

此外，评估量化研究的优劣与价值，常会提到构念效度（Construct Validity），即讨论某一研

---

① Cronbach, L.J., & Meehl, P.E. (1955). Construct validity in psychological tests. *Psychological Bulletin*, 52(4): 281–302.

② MacCorquodale, K., & Meehl, P.E. (1948). On a distinction between hypothetical constructs and intervening variables. *Psychological Review*, 55(2): 95–107.

究的实验物设计、问卷设计或测量变量是否符合理论中所定义的构念，也就是评估研究设计所涵盖的内容或操作过程是否准确、有效，比如，研究互动广告对品牌形象的影响，研究者可能仅将一项最新互动科技的使用与否作为互动性高低的实验操纵，但忽略了回馈性、使用者感知等其他互动性构念。批评者就可能质疑使用最新科技未必代表着高互动性，这便是关于构念效度的批评。

研究者将初步关注的现象或事物与文献进行联结，就是将概念转化为构念的过程。

构念是理论或模型中的不同要素，而这些不同构念间存在相互影响和关联。当研究实际进行时，这些构念必须要能被测量，而构念间的关联性要能被验证。构念因此需要转化成能被测量的变量，而关联性要被转化成能被检验的假设。假设中的变量之间预期会有不同的关联性，变量也会区分为不同类型，因此研究者在提出假设的同时，必须界定变量的类型。

二、变量的种类与测量

量化研究的变量可以区分为自变量、因变量、外在变量、中介变量、调节变量。研究者可以在理论或模型中了解不同变量的彼此关系。以下介绍这五种常见的变量性质。

1. 自变量。所欲研究现象的改变原因，也称为解释变量（Explanatory Variable）或预测变量（Predictor Variable）。

2. 因变量。受到自变量变化影响的结果，也称为结果变量（Outcome Variable）。

3. 外在变量。某些外在环境中的因素能影响自变量与因变量间的关系，而这些外在变量通常独立于自变量。外在变量也可以视为调节变量（Moderated Variable）。

4. 中介变量。中介变量（Mediated Variable）的作用发生于自变量与因变量之间。自变量通过中介变量才能影响因变量。举例来说，若研究者预计观看有暴力内容的电视节目会对观众的暴力感知产生影响，则观看暴力内容是自变量，而观众的暴力感知是因变量。中介变量则可能是卷入度，即观众对节目的投入程度。换句话说，如果观看暴力内容必须通过高卷入度（专注收看）才能影响观众的暴力感知，则这个过程涉及自变量、中介变量与因变量三者的关系。

5. 调节变量。调节作用是指某些特定变量能影响自变量与因变量之间的关系，使其强化或弱化。但是与中介变量不同，自变量对于调节变量没有影响。举例来说，性别是观看暴力内容与观众暴力感知的常见调节变量，暴力内容对男性观众的效果通常较为明显，对女性则较弱。然而，观看暴力内容并不会使性别发生变化。

变量是一个能以数值呈现和分析的概念，可以呈现所研究对象的某项特征。变量比构念更为具体和详细，包含不同方面或类型的陈述。比如，内容暴力可以区分为行为和言语暴力，或者高中低程度的暴力，这些细分有助于后续测量时信度与效度的提升，让不同研究在进行测量时能有一致和准确的变量资料。

在社会科学研究方法中，除了从理论模型角度区分变量为自变量、因变量等，也会从测量的层面，区分变量为类别变量和连续变量。[①]

---

① ［澳］Ranjit Kumar：《研究方法：步骤化学习指南》（第二版），潘中道、胡龙腾译，学富文化事业有限公司 2010 年版，第 76—81 页。

以下依照定类变量、定序变量、定距变量、定比变量的顺序介绍变量在测量上的特性(见表 5–2)。

表 5–2 测量层面的四种变量特性

变量	特性	范例
定类变量	不连续变量 类别由研究者自行界定,类别间通常互斥,类别内则相对同质	性别、种族
定序变量	连续变量 具有定类变量的特性,变量的某种程度渐增或渐减	受教育程度:小学、初中、高中、大学 电影的暴力程度:低、中、高
定距变量	连续变量,具有定序变量的特性,且值间差异程度相同	温度:度数 智商:IQ 指数
定比变量	连续变量,具有定距变量的特性,且在测量上包含绝对零点	年龄、体重、电视收看时间:每天 / 周的收看分钟数

定类变量主要是以类别尺度为测量方式的变量,比如个人基本资料中属性资料的性别、种族、居住地,或者是电影内容分析中常见的喜剧片、悲剧片、历史片、动作片等。类别变量之间没有特别的数量关系,也没有次序大小之分,而仅是依据研究对象的集体特性而区分。

连续变量则进一步可以区分为定序、定距、定比三种有统计层级差异的测量变量。首先,定序变量的值可以依据研究对象的特性程度排序,可以从低到高、从小到大,或是相反。虽然有次序,但两个相邻值的间距并不是固定的。比如英语会话程度作为一个研究变量,测量上可以用不佳、普通、良好、专精等分级来表示差异,层级越高代表英语会话水平越高。但是,不佳与普通的差距,和良好与专精的差距,却未必相同。

定距变量同样具备定序变量的排序特性,但不同值的差距是固定的。比如温度是常见的定距变量,温度数值越低代表越冷,越高代表越热,同时摄氏 1~10 度、11~20 度、21~30 度的间距都相等。在社会科学研究中,李克特量表(Likert Scale)是一个较特殊的应用情况,常用五点或七点量表来测量研究变量内部的差异程度,比如非常不同意(1)、不同意(2)、中立(3)、同意(4)、非常同意(5)。严格来说,李克特量表的测量方式只具有定序变量的特性,因为态度上的"非常不同意"与"不同意"之间的差距并不等于"不同意"到"中立"的差距,尽管表面上数值差距都是 1。

定比变量则是变量在定距变量的特性之外,在测量上还包含绝对零点的概念,也就是可从零点开始测量,因此变量的程度差异比例可以计算。以年龄为例,30 岁是 15 岁的两倍,45 岁是 15 岁的三倍,而零岁则意味着刚出生。定比变量在统计处理上可以进行加减乘除的运算。

三、假设:探讨变量间的关系

弗雷、波坦和克雷普丝撰写的传播研究方法经典著作《调查传播:研究方法介绍》[①] 一书

① Frey, L.R., Botan, C. H., & Kreps, G L.. (2000). *Investigating communication: An introduction to research methods* (2nd ed.), pp.39–47. Boston: Allyn & Bacon.

提到变量的类型并不是只在测量层面上有差异,事实上,自变量的类型是影响假设和研究问题形式的关键因素,当自变量属于不连续的类别变量时,假设与研究问题就是预设该类别变量中的子类别会引起因变量的差异。比如若性别是影响暴力内容偏好的自变量,则单向的假设表达形式为:男性对暴力内容的偏好显著高于女性。若研究者无法确定方向,则也可提出双向的研究问题(Two-tailed Research Question):不同性别的人对暴力内容偏好是否有显著差异?

若自变量为连续性的定序、定距或定比变量,假设形式则为预测自变量与因变量间有显著的相关性。若此关联性是正相关,自变量增加时,因变量也增加;反之,关联性为负相关,因变量则减少。举例而言,若自变量是收看暴力节目的时数,假设可为:暴力节目的收看时数与暴力内容偏好呈正相关。需要注意的是,就严谨定义来说,若研究方法属于调查法,则不管相关性是正是负都不能说是因果关系,因为多数的调查资料无法验证自变量的优先时序,也无法排除其他影响因素(缺乏控制组与对照组)(见表 5-3)。

表 5-3 自变量类型与假设形式

自变量类型	自变量(IV1,有 ab 两个子类别),不连续变量	自变量(IV2),连续变量
假设表达形式	相较于 IV1 的 a 类别,b 类别有较高(低)的因变量呈现	IV2 与因变量呈现正向(负向)相关性
范例	若性别为自变量: 男性对暴力内容的偏好显著高于女性	若观看时间为自变量: 暴力节目的收看时数与暴力内容偏好呈正相关。

另外,如果有着两个或两个以上自变量,则必须考量是否要提出关于交互作用的假设,亦即多个自变量间的相互影响也会成为预测因变量的变量。比如,若第一个自变量是性别,第二个自变量是内外向人格特质,交互作用则是探讨四种交互组合(男 × 外向人格,男 × 内向人格,女 × 外向人格,女 × 内向人格)所对应的因变量是否有显著差异。假设表达形式为:性别与内外人格特质的交互作用对暴力内容偏好有显著影响效果。而此时,单独验证关于性别的假设,则称为主效应(Main Effect)假设。

常见的假设形式还有关于调节效果或中介效果的假设。调节效果是指除了主要的自变量之外,还存在着其他变量会对自变量与因变量的相关性造成方向、强度上的影响。举例来说,前述的性别变量与暴力内容偏好的相关性,可能会因为家长是否陪伴收看而有所不同。如当家长陪伴时,此自变量与因变量的相关性减弱,而无家长陪伴时,相关性则会增强。此时,家长陪伴收看则为自变量与因变量之间的调节变量。

要特别说明的是,关于交互作用与调节效果这两种类型的假设很容易让新手研究者混淆。从理论模型和逻辑推导而言,这两种类型的假设解释意义完全不同,交互作用假设的是两个自变量之间相互影响也会对因变量造成显著效果,而调节效果假设是指原本自变量与因变量的相关性会受到第三者变量的影响。但若从统计原理和实际资料分析的角度而言,交互作用和调节效果的分析步骤确实依循相同的程序。建议研究者思考主要自变量之外的变量究竟是应该作为第二个自变量而提出交互作用的假设,还是将其作为调节变量假设处理？最好的判断标准仍是已有的文献理论架构和实证研究。

中介效果则是指自变量对因变量的影响作用，需要通过居中的第三个变量才能实现。当中介变量存在时，自变量对因变量的影响属于间接效果。中介变量的假设形式为提出某一变量对自变量与因变量的关系有显著的中介作用。完全中介效果指的是自变量的影响作用必须通过中介变量才能影响到因变量；不完全中介效果，则意味着仍有部分自变量直接影响效果，并非全部需要通过中介变量。

关于假设中的变量间关系探讨，有三点是必须特别注意的：

1. 相关关系不等于因果关系

因果关系（Causal Relationship）与相关关系（Correlational Relationship）并不相同。因果关系的建立需要确认自变量发生于因变量之前，两变量间没有其他影响因素，两变量有相关性。实验法的前后测、对照组、随机分派等设计是验证因果关系的较佳研究方法设计。

2. 允许开放性探讨

有时，研究者无法从过去的文献中获取明确或是一致的关系预测，则会提出双向的相关性假设。亦即自变量增加时，预测因变量可能会出现正向或是负向的显著变化。有时双向的相关性假设也会以研究问题的形式出现，比如：不同性别的观众对暴力内容的偏好程度是否不同？然而，就统计而言，证明双向的相关性比较困难，要达成显著的 p 值要求更高。所以，多数研究者会尽可能寻找文献支持的特定方向性，进而提出单一方向的相关性假设。

3. 关于虚无假设

新手研究者有时会混淆统计中的虚无假设（Null Hypothesis，又称零假设或原假设）与研究假设。

虚无假设是统计分析为了验证显著性而预先提出研究变量间无差异、无相关性的假设。虚无假设被推翻，则证明变量间有显著的相关性。量化研究的假设验证是通过资料分析和统计检验进行的。研究者会先提出一个与研究假设相反的虚无假设，再进行虚无假设的证伪，结果会出现拒绝或是接受虚无假设。比如若假设（H_1）是自变量 A 对因变量有影响效果，虚无假设（H_0）则是自变量 A 对因变量没有影响效果。若统计结果拒绝此虚无假设（H_0），代表假设（H_1）成立。反之，若接受虚无假设，则研究假设的预测是失败的。但上述程序属于统计层面的讨论，在研究论文写作中的资料分析部分，研究者不需要提出虚无假设。

第三节 量化研究的信度与效度

量化研究以实证资料收集和分析为主，特别重视研究资料的信度和效度。本节将介绍信度与效度的概念以及提升信效度的方法。

一、信度

测量的信度（Reliability）是指实际测量中出现的数据错误的程度，信度高，代表对某一研究对象的多次重复测量都能有相同、稳定的结果。关于测量和测量错误，学者们有着相当多的讨论,基本观念是任何研究测量都包含真实值和错误值两部分,[①] 真实值是理想上能测量的正确数据,而错误值又可以分为两种,一是随机错误,二是测量错误。随机错误(Random Error)并非研究者可以控制,它来自真实测量情境中出现的干扰。虽然随机错误也是一种影响测量的错误,但是由于它在反复测量中会平均出现,有如录音时会收录到的背景环境音,因此,随机错误并不会影响信度。但测量错误则是由研究者、研究工具或研究过程产生的测量偏差,是可以控制的。信度越高代表测量错误越少,则测量结果更接近真实情况。

举例来说,如果一位受测者在一段时间内多次站上体重计都能得到一致的体重数据,则体重计就是人体重量的高信度测量工具。在量化研究中,多数构念都可以从文献和以往的实证研究中找到通过信度检验的测量量表。但有时候,针对新兴的研究议题,研究者必须自创量表,此时该量表的信度检验就十分重要。传播研究当中,对个人的态度、情感等变量的测量相较于生理信号和行为更为困难。因为对人的态度、情感的测量结果常会不一致,也就是测量信度较低。低信度的测量工具会造成研究结果不稳定,或者研究结果无法被重复验证,从而影响研究价值与贡献。信度指标介于 0% 到 100%之间,也可用 0 到 1 表示,社会科学研究中,信度多以 0.7 为标准,表示 100 次重复测量之中,有 70 次及以上会得到一致的结果。

量化研究中常用的检测信度的方法为多重施测法和折半信度法。[②]

多重施测法是指使用同一个测量工具对同一群人在不同时间点进行测量,若数个测量结果有高度一致性,如有 0.7 以上的相关系数,则可证明该测量工具有足够信度。需要注意的是,测量的时间间隔不宜过长,比如实验法会在两个小时内完成多次测量,或在数天到一周内完成后测。若测量时间间隔过长,外在环境的变化或研究对象的自身变化就容易影响测量结果的稳定性和一致性。另外必须注意的是,一份原本信度高的量表,若在短时间内对同样的受测者进行多次重复的测量,也可能造成受测者厌烦,或给予习惯性的回答,而影响应有的真实回应。

折半信度法是将测量同一个构念的量表拆成两部分,第一部分放置在整体问卷前段,用以对比后段的第二部分。若两个折半的量表测量结果一致或高度相关,则此量表具有高信度。折半信度法在单次研究中就可以实行,可以避免前述的重复测量的缺点。

除了以研究设计方式来检测信度,多数研究者会用统计软件分析单一量表的信度,如以 Cronbach's Alpha Coefficient 方式进行检测,计算各问项间的相关性和整体一致性,Alpha 值超过 0.7 可视为高信度量表。

二、效度

信度能够评估的是测量质量的稳定性和重复测量结果的一致性,但信度仅是评估测量质量的一个维度,另一维度是效度。

---

① [美]Gary King、Robert O Keohane、Sidney Verba:《好研究如何设计》,盛智明、韩佳译,群学出版社 2012 年版,第 221—231 页。

② [澳]Ranjit Kumar:《研究方法:步骤化学习指南》(第二版),潘中道、胡龙腾译,学富文化事业有限公司 2010 年版,第 182—183 页。

测量的效度(Validity)是指测量是否检测到真正的构念。高信度的测量工具未必代表研究者所测量的结果能精确呈现原本研究所欲检验之标的、现象或构念。举例来说,一个功能正常的体重计可以在一段时间内多次测量受测者的体重,并得到稳定一致的结果。但体重计所测量的数值未必代表胖瘦,更难以衡量健康与否。毕竟胖瘦牵涉许多因素,如身高、肌肉、脂肪、骨骼等比例,甚或个人观感的差异。如果研究者用体重计测量的数值来作为肥胖或健康构念的呈现,则测量的效度会受到质疑。

研究效度的高低和测量工具本身的稳定与否无关,而是取决于研究者构念操作化的过程是否合理,效度低意味着研究情境与真实情境有差异。以下探讨量化研究中常提到的内在效度的三种形式:内容效度、效标相关效度、构念效度。①

(一) 内容效度

意指一份量表的问项应该包含所欲研究构念的所有相关内容属性,而不相关者则不应在量表之中。在形成操作型定义的过程中,必须尽可能地列举所欲研究构念的各个子面向类型,而每一面向再发展出可以具体观察的问项。研究者先自行就表面观察列举相关内容,使量表具有初步的表面效度(Face Validity),但为了提升内容效度(Content Validity),可以邀请相关议题的专家基于自己的专业知识和逻辑推理来判断量表是否已经具备完整的测量问项。比如意图发展测量手机互动性的量表,研究者可以先广泛收集描述手机互动行为的字词,接着邀请一群游戏设计师针对所有的相关字词进行讨论,最后确认手机互动性构念的问项。

(二) 效标相关效度(Criterion Related Validity)

意指研究所使用的量表与其他相关量表的相关性。如果测量同一个构念的量表彼此间的相关性很高,则代表效标相关效度高。当研究者要发展新量表时必须注意与已有研究中被建立且使用的其他量表的相关性,也就是新量表所测量的数值必须和已经有信效度的其他量表达成程度上的一致性。假若某研究发展出一个关于幽默的量表,但实际使用时,此量表得到的测量结果与过去关于幽默的量表很不一致,这说明新量表的效标相关效度不足,也意味着新量表所测量的构念并非幽默。

(三) 构念效度

意指量表的测量结果是否符合理论、模型中的各构念间的关系。举例来说,娱乐媒介研究中对观看电影的享乐感测量,理论上应该与对电影的正向评价和喜好程度有显著正向相关性,若享乐感变量的测量结果确实符合理论预期,则该量表具有构念效度。要注意的是,构念效度虽然基于测量工具与理论之间的关系,而实际上,仅凭单一的研究成果很难提升一个变量测量的构念效度,毕竟理论中预期的构念间的关系未必能完美地在实证研究中被验证。

---

① Frey, L. R., Botan, C. H., & Kreps, G. L. (2000). *Investigating communication: An introduction to research methods* (2nd ed.), pp.116–117. Boston: Allyn & Bacon.

三、如何提升研究信效度

很多研究方法著作中都有对信效度的丰富讨论，但新手研究者往往很难在研究设计的过程中考虑到所有影响信效度的因素。本章提出三个层面的信效度提升建议：研究内部执行层面、研究外部环境层面、研究者／参与者层面。

（一）研究内部执行层面

在实验法中，为了验证自变量的影响，研究者会设计出不同实验情境，以测试自变量的有无或是程度高低对因变量的不同影响。而实验刺激物的操纵是否有效和正确是研究信效度的关键，因此实验法需要经过操纵检定（Manipulation Check）的环节来验证实验刺激物能否达成预期的自变量（刺激物）差异影响。举例来说，有一个探讨电影中产品置入广告效果的研究，两个实验情境（两段影片）使用不同的实验刺激物，第一段影片包含产品置入的画面，第二段影片则没有包含产品置入的画面。理论上，这两段影片的对比能达成产品置入有无的实验操纵。然而，在实际执行时，第一段影片的产品置入画面有可能因为置入产品的大小、位置、时间不合适，而影响到受测者对产品置入的注意，则预期的自变量差异影响也无法产生。实验法的操纵检定程序就是为了避免此类操作失败的情况，也为了确保后续研究成果的信效度。

（二）研究外部环境层面

在量化研究进行的过程中，受测者所处生活环境、时间、空间的改变也会影响研究结果。比如一项为期两周的调查研究，旨在了解受访者对一般电玩游戏呈现暴力内容的态度和意见，若在调查期间发生了校园暴力意外事件并引起媒体报道暴力游戏的负面议题，则该项研究就会受到外部因素的干扰。因为真实世界中的意外事件可能影响受测者对电玩游戏的态度，造成研究结果与之前的研究资料不相符。

一种常见的外在环境干扰是睡眠效应（Sleeper Effect），意指研究者预期的影响需要一段时间之后才会出现，无法立刻被测量和观察。举例来说，研究某个饮料产品广告对购买意愿和品牌态度的影响，在受测者观看广告后立刻以量表测量可能无法得到显著的结果，但他们也有可能在数天后的实际生活中会因为印象而选择购买该产品。

另一种环境干扰是来自研究设计的前测程序，前测阶段会让受测者熟悉研究议题或是厌倦测量，造成后测不准确。这一类型的信效度干扰称为敏感（Sensitization）威胁，在多次重复测量的实验设计中可能会出现。一种解决的方式是增设一个没有多次前测的对照组，即可以了解前测是否对后测产生干扰。

（三）研究者／参与者层面

许多社会科学研究以人为研究对象，但人类本身的生理和心理状态容易变动，因此研究参与者也是信效度的威胁来源。

著名的霍桑效应（Hawthorne Effect）就是指当研究参与者意识到自己在被研究时，会特别表现出与真实状态不同的行为。换言之，受测者的态度行为并非纯然受到研究中的自变量影响，研究者所观察测量的资料也非真实。为了避免霍桑效应，可以给受测者一段时间习惯研究情境，避免不自然的举止。或者在进行问卷调查或是实验时，研究者告知符合学术伦理要求的基本研究信息，但不要过度详细地告知该研究的目的、假设等。有时候研究者也会采取事后告知方式，等受测者填答完问卷、完成实验后，才对其详细解说真正的研究设计。

另外一种和受测者相关的信效度问题来自天花板效应（Ceiling Effect），指在测量某些变量时，因为受测者本身因素造成的上限限制，无法真正测量到预期应有的影响。比如说要研究恐怖电影造成的恐惧情绪，实验设计了高中低三种恐怖内容程度，预期将引起不同的情绪反应。但若受测者对中度恐怖内容已经反应非常强烈，则高度恐怖内容就可能出现天花板效应而无法显示出组间差异。相对地，有些变量测量也可能出现地板效应，也就是测量存在下限限制。

如果想进行长期研究，还要注意受测者流失的问题。长期研究的受测者可能因为参与意愿改变或时间空间等限制而退出研究，所带来的影响不仅是样本数目的减少，更须注意退出研究的受测者是否和仍留在样本内的受测者分属不同群族。举例来说，若一项关于宣传吸烟危害健康的长期研究，陆续有受测者退出，则应注意退出者是否抗拒此类宣传内容，甚至本身有吸烟习惯但不愿戒除。

事实上，量化研究的抽样过程、样本选择等，也都与信效度问题相关，限于本章篇幅，相关内容会在本书的其他章节进行讨论。

第四节 案例分析

本节选取近年发表于国际期刊的传播研究论文，实际分析调查法、实验法、内容分析法的研究问题呈现，以及研究中关于测量的操作化。

一、调查法的案例分析

关于调查情境下的研究问题形式与操作型定义，我们以梅西和哈马里的一篇研究为例[①]，该文旨在验证电玩游戏、电竞观赏和赌博之间的正向关系。该研究的自变量是电玩游戏和电竞观赏，因变量是赌博行为，包括线下赌博、线上赌博和其他与游戏相关的赌博行为。

(1) 自变量设计。“电玩游戏使用”和“电竞观赏”两个自变量均以受测者自评的使用频率为操作型定义。频率范围包含从未、一个月少于一次、一个月一次、一个月二到三次、一周一次、一周二到六次、每天等 7 个选项。

(2) 因变量设计。“赌博行为”操作化为三个类型，也是以自评的方式选择：过去一年中有/无参与线下赌博、线上赌博、游戏相关赌博。“游戏成瘾”变量采用简化版的7题游戏成瘾量表，该量表已经被过去许多研究验证过信效度与原本 21 题的游戏成瘾量表版本相同。7 个问项包括与玩游戏相关的警觉、容忍、情绪调节、复发、放弃、冲突和问题产生等，自评采取李克特五级量表。

---

① Macey, J., & Hamari, J. (2018). Investigating relationships between video gaming, spectating esports, and gambling. *Computers in Human Behavior*, 80(3): 344–353.

(3) 研究假设。针对两个自变量与赌博行为的关系,第一组假设:电玩游戏使用分别与线下赌博、线上赌博、游戏相关赌博呈正相关;第二组假设:电竞观赏与三种赌博行为呈正相关;第三组假设:三种赌博行为分别与游戏成瘾呈正相关。

整体来看,本研究以调查法进行资料收集,自变量和因变量测量都由受测者自评填答数据。使用频率是电玩游戏与电竞观赏的具体操作型定义,但频率的问项没有设计成定距或定比等级,仅以定序等级呈现,推测研究者可能考量受测者在填答上的便利。频率问项事实上也可以用定比等级进行测量,比如先询问每周使用几天,再询问每天使用几小时几分钟。之后经过统计数据计算,就可以得到从 0 到 168(7×24)小时为范围的定比等级使用时间变量。但这样的设计或许会给受测者带来填答不便,因此研究者有时会加以权衡改用定序变量予以测量。同样的考量也出现在游戏成瘾的量表使用中,该研究使用了问项较少但仍有高信效度的量表版本,也是为了避免问卷过长的问题。

二、实验法的案例分析

关于实验情境下的研究问题形式与操作型定义,以何、汉考克和麦那的一项有意思的研究为例。[①] 美国斯坦福大学研究团队意图探讨聊天机器人(Chatbot)或真人是否会给网络聊天使用者带来不同的自我揭露(Self-disclosure)效果。

该研究有两个自变量,第一个自变量的构念是同伴认同(Partner Identity),检验方法是:人们在网上聊天时,在不同对话情境下,对话的表达方式是否有差异。“不同的对话情景”操作化为“与聊天机器人对话或与真人对话两种情景”。作者进一步解释说,聊天机器人是由真人假扮的,只是告知受测者聊天对象是机器人。

该研究的第二个自变量是关于不同的对话内容,受测者对自我披露程度的感知是否有差异。“不同的对话内容”操作化定义为“情感类或事实类”。情感类的对话会要求受测者谈论目前在生活中面临的困难和内心想法,而事实类的对话则是要求讨论当天活动行程和下周行程,但不需要提到情感。

该研究的因变量有三个,分别是情感、关系和心理效果。情感测量有五个问项,分别是从安慰回应量表(Comforting Response Scale)[②] 中选取的有关正向情感的两个问项,和从正负项情感量表(PANAS)[③] 中选取的有关沮丧、失望、恐惧的三个涉及负面情绪的问项,用这五个问项进行对谈。关系测量则有友善、温暖、喜欢、享受四个问项。心理效果测量则是测量受测者的心理防卫性。研究者要求受测者阅读一篇文章,内含警告大学生若睡眠少于 9 小时会有健康问题的素材,随后以三个关于评估此威胁信息的问项来测量受测者的心理防卫性。

在以上变量设计的基础上,该研究提出三个假设,期待通过实验进行检验。

---

① Ho, A., Hancock, J., & Miner, A. S. (2018). Psychological, relational, and emotional effects of self-disclosure after conversations with a chatbot. *Journal of Communication*, 68(4): 712–733.

② Clark, R. A., Pierce, A. J., Finn, K., Hsu, K., Toosley, A., & Williams, L. (1998). The impact of alternative approaches to comforting, closeness of relationship, and gender on multiple measures of effectiveness. *Communication Studies*, 49(3): 224–239.

③ Watson, D., Clark, L. A., & Tellegen, A. (1988). Development and validation of brief measures of positive and negative affect: the PANAS scales. *Journal of personality and social psychology*, 54(6): 1063.

第一个假设，“预期理解观点假设”。受测者一般认为聊天机器人的预期理解性较低，因此假设受测者在“与真人对话”情境中的情感、关系和心理效果三方面的效果会更显著。

第二个假设，“自我披露观点假设”。受测者有时会更愿意对聊天机器人揭露自己，与之建立较高的亲密性和重新认知评价，因此受测者在“与机器人对话”情境中的情感、关系和心理效果三方面的效果会更显著。

第三个假设，“近似观点假设”。若整体考虑理解观点差异与披露亲密性、重新认知评价两方面的相对立影响，受测者在真人情境与聊天机器人情境下的情感、关系和心理效果会有相近的效果。

此研究的三个假设是基于不同理论流派的观点推论得出的，因此预测的自变量与因变量间的关系皆不同。最后的实验结果支持第三个研究假设。

实验结果还显示了关于同伴认同的现象。通过对谈内容分析可知，在聊天机器人情境下，受测者会明显较少使用连接词和不流畅的语言。换言之，受测者面对不同聊天情境时的文字使用有明显不同。

整体来说，上述研究在进行构念的操作化过程中，基于理论层面上的同伴认同，设计了与聊天机器人或是真人在网上进行对谈这两种情境。而为了避免聊天机器人的技术限制影响实际对谈，研究者巧妙采取心理学实验的技巧，在将受测者随机分派到机器人组后，使其自以为是和聊天机器人对谈而实际上却是和真人对谈。更有趣的是操纵检定部分，研究者并未直接询问受测者是否知道对谈对象为机器人，而是依据过去理论提到的，当人们以为自己在和非真人对话时会倾向使用简单的对话模式来证实两个情境的差异。良好的操纵检定提升了研究的效度，而相关变量测量也采用过去实证研究已经广泛使用的量表和足够的问项，以提升研究的信度。

三、内容分析法的案例分析

内容分析的研究对象是文本，由研究者从文本中选择特定的内容进行分析，因此操作型定义十分关键。有时即使是真实世界中相当常用的概念，在文本中仍需要严谨界定才能确保信效度。辛克和马斯特罗发表过一篇关于探讨性别如何在电视节目中呈现的内容分析研究[①]，该论文分析了 89 个电视节目，共 1 254 个剧中角色。为了探讨性别呈现，该研究首先以男女角色出现的比例作为性别呈现的指标，并将文本呈现的性别比例与真实世界的性别比例进行对比，提出了一个基本假设：电视节目中，男性角色会比女性角色多，而且文本的女性角色呈现会与真实生活中的女性有显著不同。

除了将男女角色作为性别呈现的具体观察指标之外，另一个操作化的观察指标则是性别与职业的关系。编码员必须判断男女角色的职业是否属于高社会经济地位的领域（如科技产业、工程产业等），由此提出另一个基本假设：电视节目中，男性角色有比女性角色更高的社会经济地位。而且，女性角色担任显著较多的照顾、家务类工作。

---

① Sink, A., & Mastro, D. (2017). Depictions of gender on primetime television: A quantitative content analysis. *Mass Communication and Society*, 20(1): 3–22.

该研究除了将容易观察的角色性别和职务作为性别呈现的操作型定义，还分析了男女角色在主控化方面的呈现。研究要求编码员记录节目中的口语和肢体行为，将是否有霸凌行为作为主控化的操作型定义，提出了第三个研究假设：男性角色比女性角色呈现更多的主控化特征。而关于女性角色的性感化特征，则是观测角色体型胖瘦、外表吸引力、身体物化程度、性挑逗行为、年龄等，以此作为操作型定义。研究假设为：女性角色比男性角色呈现更多的性感化特征，而且女性角色的年龄远小于男性角色。

最后一部分关于性别呈现的操作型定义则是男性化风格和女性化风格的区别。男性化风格主要指角色是否表现出善于沟通、有行动力、聪明和有魅力，女性化风格则主要指讨喜、重视家庭、优雅和仁慈。每个特质又有对应的子分类并配以具体描述，让编码员实际记录时有规则可循。研究假设为：男性角色在风格呈现上更具有竞争力，女性角色则更温暖。上述特质差异在年长男性与女性身上更明显。

整体来看，该内容分析虽然是从一个简单的概念出发，探讨性别在电视节目中的差异呈现的。但该作者注意联结相关的刻板印象理论研究，将性别从概念联结到理论构念，再发展为具体的测量指标。从外在的演员角色性别、职业，到与剧情相关的男性化、女性化风格，该研究在每一个变量之下都发展出了更详细的子类目。假设部分则依据非连续自变量的分类方式，预测男女性别在因变量上有显著差异。虽然作为自变量的性别是很简单的二分名义变量，但本文的操作化过程和假设提出都有清楚的推导和理论依据支持，研究成果也十分丰富。

本章从量化研究问题在整个研究过程中扮演的重要角色谈起，建议研究者从经验层面和理论层面去寻找研究问题，进而介绍了从文献探讨推导出相关研究假设的过程。第二节的重点是操作化，介绍了如何从初始概念到理论构念，以及发展出可用于测量的变量和操作型定义，也探讨了变量的种类和相关的假设形式。第三节则介绍了信度、效度等重要概念，并探讨了如何提升量化研究的信效度。第四节就调查、实验和内容分析三种常用的量化研究方法，以近年国际期刊刊载的实际论文为例进行分析，主要阐述了这些研究如何提出好的研究问题、清楚的假设，以及如何进行概念操作化。

练习与作业

1. 请说明研究问题有哪些类型，主要对应的研究方法是什么，优缺点又有哪些。

2. 请以一款含有暴力内容的手机游戏为研究案例，说明此游戏中的暴力内容应该如何概念操作化？并依据你的操作型定义，试拟出具体的测量方式或问卷题项。

3. 根据上题，请试着发展出一个假设，包括至少一个自变量、一个因变量，并利用你所学过的学术理论（或自己的逻辑推论），预测变量之间的关系。

问题与解答

Q1：概念和构念有什么不同？

Q2:变量可以依据测量特性区分为哪四种变量?特性分别是什么?

Q3:信度和效度有何差异?如何提升信度与效度?

第五章 问题解答

词汇与定义

1. 概念。概念与实体存在的事物相对,通常是指人们心里对某一事物的感知。

2. 构念。构念是在一定的理论架构中,由用以描述特定问题的一组概念及其关系所构成的更抽象的概念。构念本身具有抽象的特性,通常无法直接测量,需要通过可测量的、更具体的一组概念来测量。

3. 操作化过程。操作化过程就是指让抽象的概念可以被具体测量,并且也能与已有的理论架构产生联结。

4. 变量。变量是一个能以数值呈现和分析的概念,并可以呈现所研究个体的某项特征。变量比构念更为具体和详细,应包含不同面向或类型的陈述。量化研究变量可以区分为自变量、因变量、外在变量、中介变量、调节变量。

5. 假设。在量化研究中,假设用以描述变量间的关系,并能通过统计方式验证真伪。

6. 信度。信度指测量中出现的数据错误的程度,信度高,代表对某一研究对象多次重复测量都能有相同、稳定的结果。

7. 效度。效度是指测量是否检测到真正的构念。

第五章 阅读文献

第六章

抽　　样

——科学地找准研究对象

学习目标

1. 理解抽样的基本概念。
2. 掌握概率抽样的四种方法。
3. 领会非概率抽样的种类和适用场合。
4. 掌握在应用研究与学术研究的不同目标下实施抽样的基本思路。
5. 了解互联网调查的抽样特征，理解用户自愿样本框架的优劣。
6. 领会确定样本规模的多种要素，理解在应用研究与学术研究两种不同的研究目标下设计样本规模时需要考虑的因素。

引　　言

研究者有办法针对数十万、上百万人口进行调查吗？听起来这几乎是不可能的事，因为没有足够的人力、物力与时间。不过，借助抽样调查，却有可能成真。量化研究中，调查法可以说是应用最广泛的研究方法，包括民意调查、市场调查、受众行为调查等。而调查法最关键的一项设计流程，就是本章所要探讨的抽样。抽样是否正确、规范影响着研究结果的可信度。学习正确的抽样方法，除了可以明确地知道需要哪些研究对象与多大样本数量，还可以使研究迈出成功的第一步。反之，如果抽样不正确、不符合规范，那么后续的研究将全部白费。

人们常用“解剖麻雀”来形容通过深入研究个案认识全体的逻辑，鉴于社会科学研究对象的复杂性和多变性，社会科学研究者总结出了通过解剖“一组麻雀”来窥探全体的逻辑，即通过观察按照一定原则和逻辑获得的一组研究对象来推断总体的特征，并针对如何能够获得可以推断总体的一组研究对象(称为样本)，发展出了抽样理论。

本章以抽样理论为基础，介绍抽取样本的基本逻辑与方法。主要内容涵盖抽样的核心概念与单位，以及抽样误差。同时针对概率抽样方法、非概率抽样方法、网上调查抽样方法的应用进行说明。

第一节 抽样的核心概念

从研究对象的总体中抽取一定数量的个案构成研究样本，通过研究样本统计值来推断总体参数，或者用样本中的变量关系来推断总体中存在同样的变量关系，这种被广泛使用的研究方法即为抽样调查。抽样调查最核心的问题是如何确保从样本的研究结果中推断总体是科学的、可信的，这就需要在抽样方法设计上遵循统计学中有关抽样调查的基本原理。而要理解和遵循抽样的基本原理，首先要对抽样的核心概念有深刻的把握。

一、总体与样本

（一）总体

总体是指具有某类特质的被研究对象的集合。根据研究主题的不同，传播学研究的总体可能是人群，也可能是信息产品或者具有某些特征的社会组织。例如某项消费者研究界定其研究对象总体是从 2021 年 1 月 1 日至 1 月 30 日期间使用过淘宝网下单购物的人群，这项研究中的研究对象总体在淘宝管理系统中可以明确地被识别出来。研究对象总体也可以是信息产品，例如某项研究界定其研究总体是《深圳特区报》和《南方都市报》两份报纸在从 2018 年 1 月 1 日至 12 月 31 日期间的有关深圳的新闻报道。

可见，界定研究总体时需要有明确的定位、时间和条件。

（二）样本

样本是按照一定的规则从总体中抽取的一定数量的单位的集合。例如要研究 2018 年全年 365 天《深圳特区报》和《南方都市报》两份报纸对深圳的新闻报道，如果受限于各种条件无法做全部报道的分析，就需要抽取部分报道组成样本进行研究。假设按照新闻重要程度抽取每天每份报纸有关深圳新闻的头版头条，那么每份报纸就抽取 365 篇报道进行对比分析。

要从总体中抽取一定规模的单位组成研究样本，可以采用不同的抽样方法抽取 N 个有显著差别的样本，但是在实际研究中，通常只能抽取由若干个案组成的一个研究样本，因此如何尽最大可能抽取在研究的核心概念上样本分布与总体分布最接近的样本，是抽样调查始终追求的目标。

二、抽样单位与抽样框

（一）抽样单位

抽样单位是指收集资料所针对的每一个具体研究对象。如在“广州市成年居民对政府某项政策支持度”的研究中，抽样单位就是“广州市的每个成年居民”。抽样单位是个相对概念，在不同层级的抽样中，会有不同的抽样单位。如某市根据全国文明城市测评内容建立的自我测评抽样体系，其中一级抽样单位是测评涉及的各类场所，然后针对各类场所逐个建立二级抽样单位清单。每类场所的抽样单位清单需要列出该类场所中全部的抽样单位,包含每一个具体场所的名称、地址、电话等详细信息。可见在同一项研究中,抽样单位在不同抽样层级上有不同的概念、内涵与外延。

(二) 抽样框

抽样框是由特定研究对象中所有抽样单位构成的清单。对于研究对象数量有限、边界清楚并且通过一定途径能够获得其清单的总体,例如从 2018 年 1 月 1 日至 12 月 31 日期间中国所有都市类报纸,或者某大学新闻系在校本科生,在抽样实施前要先建立准确的抽样框,即准确的抽样单位清单。

多数情况下,抽样框可以通过一定的途径获取,极少有研究团队自己通过调查来建立抽样框。

无论通过什么途径获得的抽样框,在抽样实施前都需要对其进行清理,即核对抽样框内每一个抽样单位在指定时间内是否符合研究要求。例如自 2018 年 1 月 1 日至 12 月 31 日某大学新闻系在校本科生,这个定义看似清晰,但是可能存在虽然在名单上,但是在指定期间出国的、毕业的或者出于各种原因休学的学生,因此在定义研究对象总体时,需要界定清楚处于哪些情况下的学生属于研究对象。高质量的抽样框要具备完整和准确两个条件。

抽样调查随着美国总统大选民意测验的兴起而逐渐普及,也在同样议题的研究中被质疑。例如广为人知的美国《文学文摘》在 1920 年、1924 年、1928 年和 1932 年四次总统大选前都运用抽样调查准确预测获胜方,但是 1936 年运用同样方法预测结果却失败了,总结原因发现问题之一出在抽样框上:1936 年调查使用的抽样框所界定的对象是电话用户和汽车拥有者,此时正值美国经济危机,这两个群体是相对富有的阶层,调查漏掉了穷人群体,这种抽样框的不完备导致了预测结果的失败。同样的失败也发生在 2016 年美国总统大选的多项民意测验中。

三、抽样误差与非抽样误差

(一) 抽样误差

抽样误差是指由样本统计值或者样本研究的结果推断总体时必然存在的误差,只要是抽样调查,抽样误差就一定存在。但是,抽取同样规模的样本,采用不同的抽样方法,抽样误差会有很大差异,在抽样调查中,抽样方案的设计要在保证具有可行性的前提下,尽最大可能减小抽样误差。这就需要在抽样前对研究对象有足够的了解和认识,利用研究对象的特征来减少抽样误差。

(二) 非抽样误差

非抽样误差是指在抽样调查实施过程中,资料收集的各环节都可能产生的误差,这是所有调查必然存在的误差。研究过程的每一个部分,尤其是抽样框的完整性和准确性、问卷设计的效度、访问员的信度、被访问者回答的质量等都可能产生误差。这种误差主要是实施研究的过程中收集到的资料与客观真实之间的差异，是社会科学研究无法摆脱的难题。非抽样误差在以下研究环节中尤其容易出现。

1. 抽样框不够完整和准确，是产生非抽样误差的重要原因

如前例文明城市测评涉及的各类场所，研究者需要准确而清晰地界定其内涵与外延，在同一个标准下列出所有抽样单位，建立完整准确的抽样框。在现实研究中各种主客观因素都可能导致抽样框不完整或者不准确。例如在针对某些部门的绩效考评调研中，被考评部门提供的抽样框中可能只包含情况好的考察点，不包含情况差的考察点，这必然导致考察结果存在偏差。有时研究人员对抽样单位的复杂性没有足够认识，抽样框建立过程中的研究和确认工作不足或者标准没有掌握好而导致抽样偏差，如前例中"公园"这类场所，如何定义"公园"是问题的核心。市政府、区政府、街道和社区定义的"公园"概念都不一样，因此研究者需要通过访问各层级相关主管部门，探讨这一体系的管理层级和不同层级的清单，详细研究其中的每一个单位，最后在同一个标准下建立抽样框，这样才能确保每个抽样单位的内涵和外延都清晰明确。研究人员对研究对象理解不足导致的抽样框偏差更是屡见不鲜，例如前文提到的美国总统大选预测性调查，《文学文摘》在1936年大选前预测结果失败，原因正出自研究人员对参与投票的选民总体结构认识不足。当时美国处于严重的经济萧条期，绝大部分穷人赞成罗斯福的新经济政策，把票投给了罗斯福，但是当时使用的抽样框中主要包含的是有汽车和电话的富人阶层，而大量的穷人没有被包含在抽样框中。同年的选前预测，乔治·盖洛普采用配额抽样法调查，就准确预测了罗斯福会击败兰登。

2. 访问员信度是抽样调查中最容易产生非抽样误差的环节

在这个环节，既可能存在访问员对调查内容理解偏颇或者多个访问员理解不一致而产生的误差，也可能存在因访问员职业操守问题，如在收集资料过程中作弊而产生的误差。后者已经成为市场调查行业最大的杀手，许多调查公司也总结发展出了各式监控访问、提高抽样质量的方法，以减小这一环节的误差。

3. 来自被访问者的非抽样误差更具有隐蔽性

被访问者回答的真实性考验着抽样调查，例如2016年美国总统大选前的各种民调预测，多数都被证明是错误的，一个很重要的原因是存在大量支持特朗普的"沉默的投票者"。他们在民调中没有表达自己的真实想法。当时各种主流媒体形成了一边倒的抨击特朗普的舆论场，为了不让自己显得与主流社会格格不入，很多支持特朗普的高学历者、女性和高科技公司的员工成了不作声的人，于是真正的投票结果显示出"沉默的螺旋效应"，但这种效应在投票前的民意测试中没有被发现。

以现场考察的方式收集资料，经常要面对临时迎检、刻意提供虚假场景等问题。数据处理过程中的错漏、内容分析研究中收集到的虚假信息等也是研究者经常要面对的产生非抽样误差的原因。

可见，调查中的非抽样误差无时不在，其危害甚至比抽样误差更大。抽样调查的方案设计既要考虑样本规模、抽样方法带来的抽样误差，更要高度关注资料收集的各环节可能产生的非抽样误差，在控制抽样误差的前提下，从各方面入手尽可能减少非抽样误差的发生。

第二节　抽样的基本原理

遵循抽样的基本原理能够从理论上控制抽样误差，尽可能减小非抽样误差。按照抽样的基本原理，抽样方法可以区分为概率抽样和非概率抽样两大类。

一、概率抽样

概率抽样需要在每一级抽样过程中都能保证每一个抽样单位有同等被抽中的机会，显然这意味着首先要能清晰地定义抽样单位，并且建立完整准确的抽样框。典型的概率抽样主要包括简单随机抽样、分层抽样、等距抽样、整群抽样等。

（一）简单随机抽样

从一个完整而准确的抽样框的 N 个抽样单位中，随机抽出 n 个单位组成一个研究样本。理论上，每个抽样单位每次被抽中的机会都应该是 1/N，即每个抽样单位都是从等规模的总体中随机抽取的。但在研究实践中，被抽入样本的单位通常不会放回总体中参与后续的抽样，原因是从样本中收集资料时，不可能针对一个抽样单位收集两次资料，因此每抽中一个单位后，抽样框的规模就减少了一个抽样单位，抽取下一个单位时，实际的抽样概率是 1/(N–1)。当总体足够大时，这种不放回的抽样实质上对等概率原则的影响非常小，可以忽略。

（二）分层抽样

将研究总体按照与研究目标相关度较高的变量分成若干层，每个层内的抽样单位在分层依据的变量上同质性高，各层之间的差异性大，然后按照每个层内最可行的方式进行抽样（见图 6–1）。每个层内的次级样本规模既可以按照各层在总体中的比例计算，也可以按照各层抽取等规模次级样本的原则计算，还可以根据各层内抽样单位之间的差异性有目标地设计次级样本规模。

分层抽样的目的是充分利用关于研究对象的已知信息和抽样可使用的资源，在同等抽样

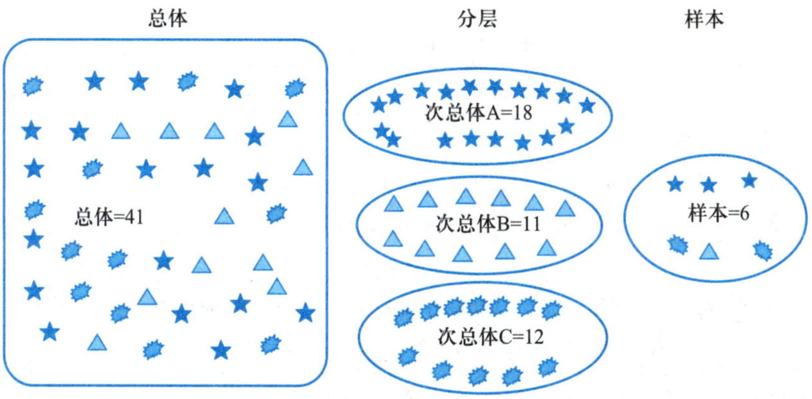

图 6–1　分层抽样示意图

误差的目标下减少收集资料所需要的人力物力，或者在同样人力物力投入的情况下缩小抽样误差。

如图 6–1 中总体包含 41 个抽样单位，根据形状和色彩可以分为三层，即 A、B、C 三个子总体。假设我们要抽取 6 个抽样单位组成一个研究样本，如果采用简单随机抽样，则抽取的样本构成单位完全不确定，如果我们按照某个研究变量如“形状”进行分层，我们就能比较容易地将总体分成三个子总体，再分别在三个子总体中按照一定规则如等比进行抽样。总体中每一个抽样单位被抽中的概率是 6 ÷ 41=0.15，如果期望样本结构与总体结构保持一致，样本推断总体的抽样误差最小，那么用总体的抽样比例计算各层应抽取的数量后发现：A 层需要抽取 3 个，B 层四舍五入抽 1 个，C 层抽 2 个，组成样本规模为 6 的研究样本。看得出这个研究样本在形状结构上最大可能地与总体保持了一致，并且基本保证了各子样本中的每一个抽样单位有同等被抽中的机会。这样获得的研究样本在同等规模的样本中在形状结构上与总体最接近，抽样误差在同等规模的若干可抽出的样本中比较小，而同等规模意味着人力物力投入等同。采用分层抽样的前提是对总体进行分层时不需要投入很大精力，比较容易获得分层子总体，如果分层比较困难，需要很大的投入才能获得子总体的抽样框，那么就需要重新评估是否适合分层抽样。

如果研究的目的不是将样本作为一个整体来分析，也不是为了用样本统计值推断总体参数，而是要比较不同群体在某些变量上是否有显著差异，也适合使用分层抽样。例如要比较三所大学的本科生在手机媒体使用上是否存在显著差异，假设计划调查的样本规模是 900 名本科生，比较好的样本分配是在每所大学平均调查专业结构和年级结构相同的 300 人，这样在相同结构和规模的子样本群之间进行比较时，各子样本推断子总体的抽样误差一样，研究的科学性也更强，可预期的各种非误差也会比较接近。当然各学校符合条件的本科生数量可能不一样，这意味着如果将三个学校符合条件的本科生放在一起，组成一个抽样框，从中抽取 900 人进行研究，可能三个学校被抽入样本的学生数量不尽相同，这样的样本虽然保证了从研究结果推断三个学校总体情况时误差会比较小，但是当需要比较三个学校学生手机媒体使用的差异性时，可能因样本规模不同、抽样误差和非抽样误差也不同，导致样本间的可比性降低。可见，分层抽样各层的子样本规模需要根据研究的目的来判断。

表 6–1 提供了一个抽样调查在传播研究中的应用案例。

表 6–1 抽样调查应用案例

题目	对互联网特征、需求、风行程度的认知：互联网在中国的采纳与使用
作者	祝建华 何舟
出版信息	2002 年发表于 *Communication Research* 第 20 卷第 4 期
研究思路	本研究围绕扩散过程中的三个核心变量——认知、动机、社会环境发展出一个综合性的研究框架。与传统的创新扩散研究不同，本研究把互联网采纳定义为包含四个可以互相转化的类别的变量，以考察人们为何中断互联网采纳；把互联网使用整合到扩散过程中来，从而研究人们对互联网进行“再创造”的过程。
研究假设	假设 1a：对互联网特征评价越高的人越有可能采纳它。 假设 1b：对互联网特征评价越高的人越有可能使用它。

续表

抽样区域选择	因研究经费所限，本研究只在北京和广州两个城市进行。北京和广州都是高度发达的大城市，选择这两个城市的原因是它们能够代表中国未来的发展趋势。正如我们在研究电视在中国的扩散时发现的，新媒体技术在中国的扩散仅仅是时间的问题，大城市要比其他地区领先几年（Zhu，1997c；1999）。因此，我们有理由相信在北京和广州两地的研究结果在不久的将来也会适用于其他地区。在许多大城市中（如上海），我们单单选择了北京和广州，因为它们分别代表北方（北京）和南方（广州），同时也是为了使中国内地调查可以和我们在香港的调查进行比较（Zhu & He，2002）。
抽样方案与执行方法	抽样原则：遵循“多阶段、先等比、后配额”的随机抽样原则。 具体方法： 第一阶段，随机抽取 250 个居委会，其中北京 100 个、广州 150 个，然后搜集抽中居委会的所有住户地址组成样本框。 第二阶段，从每一抽中的居委会中随机抽出 30 户，形成由北京的 3 000 户、广州的 4 500 户组成的初始样本。 第三阶段，从每一住户中随机抽出一名 18 至 74 岁的成年居民。 执行原则：如果抽中的住宅中无人居住或抽中的被访者不在家，访问员在不同日期与不同时间做 5 次回访。
样本代表性的数据预处理	对数据进行加权处理，以消除非随机抽样所带来的误差。 首先，把广州的样本减小 39% 使其与北京样本数等同，这样一来，两个城市各占样本总量的一半。然后根据两个城市人口的年龄和性别的交叉分布进一步对数据加权。与初始样本相比较，加权后的样本在主要统计数据上（如网民比率）更加保守。 本研究使用的所有数据，都是以加权后的样本为基础的。

（三）等距抽样

也称为系统抽样，将样本框按照一定的方式、顺序排列，用总体规模除以样本规模得到抽样距离，在第一组内随机抽取一个抽样单位，以此为起点，等距离抽取后面的单位。例如要从规模为 41 的总体中抽取 6 个单位组成研究样本，计算抽样距离为 $41 \div 6=6.83$，即每 7 个中抽取 1 个，将抽样框中所有单位编号，在第一组 1~7 号之间随机抽取 1 个，如抽取 3 号，后续被抽中的将是 10、17、24、31、38 号。需要注意的是，等距抽样不适合有循环规律特征的总体或者按照某种规律排列的总体，如报纸版面周一到周日每天有固定版，抽样需要能够随机抽到每一天，如果采用等距抽样，就要避开 7 或者任何 7 的倍数作为间隔，否则抽到的可能刚好是每周的同一天。

（四）整群抽样

针对具备一定特征的群体，逐个抽样调查成本比较高，这时可采用整群抽样。如要研究不同的专业对大学生的时尚认知是否有影响，假设选择国内不同地区的三所综合大学如中国人民大学、复旦大学和中山大学，将每所学校的各专业划分为理科、工科、社会科学、文学艺术四大类，每一类在大学一年级和四年级各抽取 100 人，即每所学校将抽取 800 人做研究。逐个学生访问成本会比较高，可利用学校高度组织化的特点，先根据每个学校已划分的四大类专业，建立包含各专业一年级和四年级的班级名称及班级学生规模的抽样框，然后根据各学校班级规模确定抽几个班。假设中山大学平均每个班有 30 名学生，即可以确定在四大类学科的一年级和四年级各抽取 4 个班，即抽中 32 个班，并对抽中班级的所有学生进行调查。预期各班需有至少 85% 的学生成功接受调查，即每个班要成功调查到 25 人以上。

整群抽样和分层抽样对抽样框的要求刚好相反。整群抽样要确保抽中的群内的抽样单位具有多样性的特点，而群间则无显著差异。例如上例中预期社会科学各专业间、同一年级各班级间学生在时尚认知方面没有显著差异，总体可能有 20 个班，随机抽取其中 4 个班学生做普查性调查，其结果能够比较好地体现这 20 个班学生的特点。

二、非概率抽样

理论上讲，概率抽样很理想，但是在现实实践中会受到很大的制约，有些研究甚至不可能采用概率抽样。而非概率抽样通常适用于没有办法建立完整的抽样框，不具备将每一个符合条件的抽样单位列出清单来的研究项目，需要根据研究的客观条件尽可能地获得有代表性的样本。

典型的非概率抽样方法包括偶遇抽样、配额抽样、判断抽样、滚雪球抽样、便利抽样等。

(一) 偶遇抽样

尽可能运用已有信息来抽取偶然遇到的研究对象的方式。这种抽样根据研究具备的可执行条件，获得的样本对总体可能有比较强的代表性。表 6-2 是深圳市阅读指数调查的抽样方案。由于深圳市人口流动性非常大，如以常住人口为调查对象建立抽样框是不可能的事情，因此其研究总体只有概念性界定，根据实际财力设计样本规模为有效调查 1 000 人。针对深圳人口具有高度阶层化居住分布的特点，在抽样方案设计上，第一步遵循区域分布均衡的原则，确定各区计划调查的人数，第二步随机抽取各区的街道，第三步选择街道的调查执行点，依据尽可能在各类执行点有机会调查到各类人口的原则，选择了 40 个调查执行点，将 1 000 人分布在 7 天内按照一定的配额执行。这样的执行虽然不是完全的随机抽样，但是已经保证了区域分布、时间分布的广泛性，可以预期在这样条件下偶遇抽样的人群能比较接近总体，对总体的代表性会比较好。从这样的样本调查结果推断总体统计值会比较接近真实情况，更重要的是每年在相同的时间段、相同的地点，以同样的抽样方法执行，可以确保每年的样本有比较好的可比性。

表 6-2 深圳市阅读指数调查抽样方案

编号	区域细分	所属区、街道	名称	计划完成量
1	宝安 1	福永街道	桥头社区（村改居）	25
2	宝安 2	沙井街道	蚝三社区（村改居）	25
3	宝安 3	新安街道	文汇社区	25
4	宝安 4	沙井街道	沙井市民广场	25
5	宝安 5	新安街道	建安一路商业街	25

续表

编号	区域细分	所属区、街道	名称	计划完成量
6	大鹏 1	大鹏街道	大鹏市场	25
7	大鹏 2	大鹏街道	水头社区	25
8	福田 1	园岭街道	百花园社区	25
9	福田 2	沙头街道	沙嘴社区(村改居)	25
10	福田 3	华富街道	莲花二村社区	25
11	福田 4	华强北街道	荔枝公园	25
12	福田 5	莲花街道	莲花山公园	25
13	福田 6	梅林街道	福田农批市场	25
14	福田 7	莲花街道	惠民街市莲花北店	25
15	光明 1	光明街道	圳美农贸市场	25
16	光明 2	光明街道	碧眼社区(村改居)	25
17	龙岗 1	平湖街道	平湖社区	25
18	龙岗 2	龙岗街道	南约社区(村改居)	25
19	龙岗 3	横岗街道	六约社区	25
20	龙岗 4	坂田街道	四季花城社区	25
21	龙岗 5	龙岗街道	龙城广场	25
22	龙华 1	观澜街道	新澜社区	25
23	龙华 2	龙华街道	荔园社区	25
24	罗湖 1	黄贝街道	文华社区	25
25	罗湖 2	东湖街道	翠鹏社区	25
26	罗湖 3	东湖街道	大望社区(村改居)	25
27	罗湖 4	莲塘街道	鹏兴社区	25
28	罗湖 5	笋岗街道	洪湖公园	25
29	罗湖 6	黄贝街道	东湖公园	25
30	罗湖 7	南湖街道	三岛综合市场	25
31	南山 1	蛇口街道	湾厦社区(村改居)	25
32	南山 2	桃源街道	桃源街道桃源社区	25
33	南山 3	沙河街道	中新街社区	25
34	南山 4	粤海街道	海雅步行街	25
35	南山 5	招商街道	沃尔玛购物广场蛇口店	25
36	南山 6	南山街道	南山市场	25
37	南山 7	南山街道	南山公园	25
38	坪山 1	坪山街道	坪环社区(村改居)	25
39	坪山 2	坑梓街道	金沙社区	25
40	盐田	盐田街道	盐田社区	25

（二）配额抽样

研究者根据掌握的信息，在符合一定条件的前提下分配各类人群的样本规模，以此来控制研究样本在某些变量上的结构。如表 6-3 所示的阅读指数调查，根据第一年对样本的研究，与核心研究的因变量关系比较密切，且可控制的因素包括性别和年龄，因此将性别和年龄两个变量作为控制历年研究样本结构的自变量，以保证历年的样本在这两个变量的结构上具有相同的特征，由此设计了历年调查执行的样本配额。根据这样的配额，在相同地点、每年的相同时间、采用相同的调查方法得到的样本，在年度比较上会更具有可比性。

表 6-3 阅读指数调查执行配额要求

类别	样式	计划有效执行数量	调查执行时间							实际合计执行
			周六	周日	周一	周二	周三	周四	周五	
性别	男	500								550
	女	500								550
年龄	18~24 岁	260								286
	25~34 岁	240								264
	35~44 岁	230								253
	45 岁以上	270								297
			175	175	150	150	150	150	150	

注：为了确保有效调查数量，调查实践中，实际合计执行数量通常会按照一定比例扩大，本研究项目扩大了 10%。

（三）判断抽样

根据研究目的和研究者的主观分析来选择和确定研究对象的方法。如前文所述的要研究不同的专业对大学生的时尚认知是否有影响，可以判断不同专业是一个重要的自变量，因此选择样本时，将大学一年级和四年级对应选择，隐含的认知是一年级还没有接受专业学习，四年级已经基本完成了专业学习，这样在分析时将重点比较：(1) 一年级内不同专业学生的时尚认知是否有差异？(2) 四年级内不同专业学生的时尚认知是否有差异？(3) 同一个专业的学生，一年级和四年级之间是否有差异？(4) 三所不同地区的学校学生在以上三个方面的结果是否一致？而每个年级各专业调查规模都是 100 人的设计，也是为了将来比较时各子样本规模一致，使得抽样误差和非抽样误差比较接近。

可见，判断抽样是在对研究目标有足够理解的基础上，设计出最符合研究目标的、切实可行的抽样方案。

（四）滚雪球抽样

这是一种基于便捷性和可行性而采取的抽样方法，多数用于研究对象比较难以接触到的情况，或者研究对象群体有高度的群体认同，但是比较排斥非群体成员，不易接触的情况。一般滚雪球抽样先要根据研究需要确定研究对象的类别，然后在每类人群中至少找 1 个种子研究对象,再要求这些种子在其熟悉的人群中帮助推荐一定数量的熟人接受调查,这样滚动起来,就能快速接触研究对象。滚雪球抽样的关键是判断哪些人可以作为种子对象。

(五) 便利抽样

以最方便能接触到研究对象的方法抽取一定数量的样本进行研究。这种抽样以方便为原则,因此样本的总体代表性和研究科学性都存在比较大的问题,通常用于学生的调查实施技能训练或者一项研究的初期探索阶段,例如学生在校园中所做的针对身边同学的小型研究或者在学校周边比较方便的地方所做的访问等。

三、网上调查抽样

随着互联网的发展,网上调查的方法逐渐进入调查领域,并在不同的研究中被采纳。国内出现了不少专门提供网上调查服务的网站,如经常被学生用到的中国调查网、腾讯问卷、问卷星、51 调查网、91 问问调查网、调查派、调研帮等,多达几十家。快速、高效、低价已经成为网上调查公认的优势,但是调查的样本代表性和回答问题的质量不高一直是网上调查无法回避的缺点,因此,对质量要求比较高的调查多数还采用传统的调查方式。但是网络调查对于一般性的描述性研究,缺少经费支持的本科生、研究生的见习性研究等,仍不失为一种可采用的资料收集方式。

(一) 网上抽样主要方式

各网站界定调查对象、实施调查的方式主要可分为以下三种:

1. 招募自愿者建立抽样框

公开招募参与者是网站建立抽样框的重要途径。有实力的专业调查网站会通过招募组建调查对象抽样框,或者几个网站共同建立共享的抽样框,有意参与者通过注册,回答一些必须填写的问题,将自己的个人信息提供给专业调查网站。以此为基础,网站建立起庞大的由自愿参与调查的人群组成的抽样框,再根据不同项目的调查需要从中抽取符合条件的调查对象,请调查对象参与网站推出的指定调查项目,通过有偿回答来吸引参与者,提高应答率。收集电子邮件信息建立电子邮件抽样框,是网上调查常用的邀请参与者的途径,网站通过电子邮件邀请目标对象参与调查,并通过电子邮件将问卷推送给目标对象。

2. 借助用户画像在网站用户中发放问卷

互联网平台以自有的用户资源为基础,基于用户画像建立符合调查需要的样本,以“腾讯问卷”为典型。这类抽样实质是判断抽样在互联网上的一种快速呈现。网站根据研究者对调查对象的需求,将问卷推送给庞大用户群中符合基本条件的对象,并以红包的形式支付填写费用,以此吸引和鼓励用户参与问卷填写。在这样的抽样中,研究者只需要定义好期望投放的人群,网站会根据用户画像标签将问卷推送给他们,由其自愿回答。

腾讯问卷的发放说明如下:①

① 《腾讯问卷回答小组介绍》,2019 年 8 月 9 日发布于腾讯问卷网操作指引栏。

在投放页可以选择希望投放的人群属性，包括年龄、性别、婚姻状况、学历状况、地域、行业职业，其所用的手机设备划分以及兴趣标签。选择好后，再设定预期回收的数量，按“点击估算奖励金”，系统自动估算需要发放给答题者的金额(仅按照回答长度评估)，可以通过红包或甜圈进行投放。

3. 按其他方式实施互联网调查

有些网站直接省略了建立抽样框的过程，“在网站、论坛以图片或文字链接方式直接放置调查表访问地址，用户点击即可参加调查”①。这样简单的寻找调查对象的方式如同传统抽样中的定点便利抽样，碰到什么样的人是基于将问卷链接放置到哪些网站。

(二) 网上抽样存在的问题

无法回避的质量问题使得多数对质量要求比较高的调查不敢使用网上抽样，常见的网上抽样质量问题包括：

1. 抽样框的完整性与科学性深受质疑

通过招募建立的抽样框显然不是自然状态下的研究对象群体，同样地，根据网站拥有的用户资源建立的抽样框也限于使用过该网站的人群。基于这两种路径建立的抽样框在完整性与科学性方面都存在瑕疵。

2. 调查对象界定基础的不确定性

绝大多数调查都有明确的研究对象界定，如果网站根据用户画像来界定子抽样框，但画像的依据是用户接受招募时填写的个人资料或者在网站注册时填写的个人资料，这类资料在不少维度上的真实性无法被验证，这种基础信息的不确定性决定了抽样框划分的可信性无法被验证。

3. 网站无法保证被访者回答的真实性，调查结果的信度深受质疑②

虽然不少网站都在研究如何提高问卷的填写质量，如腾讯问卷设置了人工审核问卷质量的机制和自动标记无效问卷(跟踪用户全程答题行为的时间分布，原理类似电话调查的时间过程跟踪)，在一定程度上能够剔除初级作弊者，但是出于经济回报参与调查者的回答很难控制质量。

总体而言，基于互联网平台的调查虽然有速度快、效率高及单个成本低等诸多优点，为抽样调查提供了新的路径，但是由于有无法解决的科学性和可信性的难题，那些对质量要求较高的调查，无论是在应用研究领域还是在学术研究领域，真正运用互联网调查的还很有限。

---

① 调查派首页。

② 例如判断被访者是否符合调查需要，网站通常采用的方法是筛选题，在招募的样本群经验交流中常见指导作弊的信息，如“广告商时常推销新事物，如果你拥有的东西越多，如新车、新家具、新玩具等，就越容易获得更多参与调查的机会，但是注意不要把所有东西都选为拥有，这是明显的作弊行为”，“前面的2~3个问题通常是甄别你是否符合本次调查的要求，当你看到你或家人是否在以下单位或机构从事 *** 工作，通常选择‘以上都不是’才能参与本次调查”。这些分享如何作弊的文字在调查网站群堂而皇之地出现，由此可见网上有不少以赚钱为目的而参与各种问卷调查的人，采用他们的调查结果将面临很大的风险。

四、确定样本规模

样本规模是指一个样本所包含的抽样单位的数量。样本规模与样本数量是完全不同的两个概念。样本数量是指在总体N中抽取样本规模为n的样本,可以抽取的数量。例如要在有10个学生的班级中抽取样本规模为3的样本进行调查,可抽取的样本数计算公式是:

$C_n^r=\frac{A_n^r}{r!}=\frac{n!}{r!(n-r)!}$,即$(10\times9\times8)\div(1\times2\times3)=120$个规模为3的样本,但是我们一次调查只能抽取1个样本。

样本规模多大合适?这是个非常复杂的问题,需要具体问题具体分析。一般而言,样本的规模应不少于30个抽样单位。如果研究需要分组对比分析,例如将总体按年龄分成四个年龄段,那么每个年龄段应有一个子样本,每个子样本至少应该有30个抽样单位,此时总体的样本规模至少要有120个抽样单位。如果需要对总体进行分析,那么样本的年龄结构需要与总体的年龄结构一致,应按照不同年龄段在总体中的比例及预估的不同年龄段应答率设计各年龄段最小调查子样本规模(见表6–4)。

表6–4 按照年龄段预估的样本规模设计

年龄段	各年龄段在总体中的比率(A)	按年龄段比例最小样本规模(S)	各年龄段应答率预估(B)	各年龄段按应答率调整的子样本规模(Y)
20~29岁	15%	30	90%	33
30~39岁	20%	40	85%	47
40~49岁	25%	50	80%	63
50~59岁	15%	30	85%	35
60岁及以上	25%	50	95%	53
合计	100%	200		231

在该设计中,按照最小样本规模计算,本次调查需要样本规模最少120人,用以对比分析各年龄段样本在某变量上的差异。但是如果考虑A因素——各年龄段在总体中的比率和B因素——各年龄段在以往同类调查中的有效应答率,在满足这两个因素的条件下设计的最小样本规模是231人。值得注意的是,此类样本规模的设计没有将总体规模作为重要因素来考虑。

影响样本规模的因素主要有以下六个方面:

1. 样本推断总体的允许误差与精确度

样本推断总体时允许有一定的误差,这是在随机抽样的方案中针对用样本推断总体的研究需要考虑的因素。但是由于随机抽样的方法不同,误差计算的方法也不一样,需要根据实际抽样方法来计算。

2. 研究者可用资源

抽样调查是投入非常大的收集资料方法,要耗费大量人力、财力、物力和其他社会资源。必须考虑资源的限制,从有限的经费预算出发设计抽样方案。

3. 研究总体的异质性程度

样本规模的大小与研究总体中各抽样单位在研究变量上的差异性大小有直接的关系，如果差异性大，就需要样本规模相对大些；如果差异性小，同质性很高，可以适度缩小样本规模，但是必须满足抽样调查最低的样本规模要求。

4. 研究变量数

样本规模与要分析的变量多少有很大关系，通常一项研究要分析的变量越多，需要的样本规模越大，以确保每一个要分析的变量都能达到抽样误差在一定可控范围内的要求。

5. 研究核心变量的有效数据获取率

一项研究通常需要关注多个变量，例如对变量关系的验证，可能涉及 X 个自变量和 Y 个因变量，那么在考虑样本规模时，必须分析每一个自变量和因变量可能获得的有效数据，应以获得有效数据最低为 30 个来设计样本规模，以确保分析每个变量时，各类子样本规模都能达到最低的样本规模要求。

6. 统计分析所需的子样本数量

研究分析的子样本数量越多，需要设计的样本规模越大。

第三节 抽样方案的设计

抽样方案的设计直接关系到研究可行性、研究经费投入、资料收集的时间安排等。

一般情况下，抽样方案的设计需要考虑如下要素。

一、界定研究对象

每一项研究都需要清楚地界定研究对象，明确研究对象的类别属性，具备这类属性的明确时间和空间范畴。

(一) 界定研究对象的类别属性

多数研究有明确的目标对象，尤其是消费者研究，往往需要从消费者的年龄、性别、兴趣爱好等多个维度对其进行界定，找出真正的目标消费者群体，或者搜集核心消费者的信息。因此在设计抽样方案时，首先要明确研究对象应该具有哪些属性。例如“深圳市阅读指数调查”界定的调查对象为：调查时年满 16 岁，在深圳市生活工作满 6 个月的人。每一年的调查都以同样的条件界定调查对象。类别属性界定得越具体，抽样方案设计的针对性越强，方案越具有可实施性。

(二) 界定研究对象所处的时间范畴

传播研究的问题是社会系统中的一部分，它的存在与社会系统的其他部分密切相关，而“时间”是社会系统的最大变量，随着时间的变化，社会系统的一切都可能发生变化。传播研究的问题通常存在于特定时空中，并且随时间和空间的变化而变化。因此每一项研究都需要明确界定研究对象跨越的时间，即在特定时间范围内具有某些特征的对象。例如在电视收视率研究中，研究对象是一定时间内（如一周或者一个月）有机会看电视的人口；在互联网用户研究中，研究对象是指定时间内有条件使用互联网的人口；在一项报纸内容分析的研究中，界定要研究的信息范围是“2006年1月1日至2015年12月31日，《深圳特区报》《深圳商报》《深圳晚报》《晶报》和《南方都市报》上发布的所有和深圳有关的信息”。无论是针对人、针对特定组织还是针对媒介信息的研究，都需要清楚地界定研究对象所处的时间范畴，这样可以将对象放在当时的时空中，参照社会系统在特定时空中的特点来解释研究结果。

（三）界定研究对象所处的空间范畴

除了要界定研究对象的时间范畴，每一项研究还需要清楚地定义对象所依存的社会系统的空间范畴。研究对象的空间范畴既可能是物理的空间，比如特定国家、一定区域、特定城市或者乡村，也可以是互联网空间。在互联网空间中界定研究对象通常需要界定其所处的平台和所具有的条件特征，如在某个时间段内淘宝不同品类商家的信息传播问题研究。

界定清楚研究对象所处的空间范畴，能够解决研究中资料获取的地理范畴问题，也能清楚研究结论适用的地理范畴，这一点在策略传播如受众研究中尤其重要，而其他研究者要借鉴研究成果时也需要考察研究结论适用的空间范畴。所以，传播研究成果首先存在于特定时空内，是否具有普遍的价值需要在不同的研究中加以检验或论证。

二、根据研究的目标设计抽样方案

（一）学术研究的抽样方案设计

在学术研究中，研究对象主要根据研究目的确定，但是在应用研究中，研究对象的主要决定因素是研究委托方的需要，两类研究设计抽样方案的思考基础不同。

在传播研究中，探索性研究的目标多是要认识研究对象的某些特征，这类研究一般是通过样本统计值推断总体参数来描述研究对象的特征。对于这类研究目标，研究方案设计需要特别关注样本推断总体的代表性，尽最大可能按照随机抽样原理设计抽样方案，按照允许误差范围确定样本规模，样本推断总体的置信度及置信区间[①]等都是不可忽视的指标。抽样方案设计需要在置信度、置信区间和样本规模三方面之间取得平衡。

还有一大类研究是以揭示或验证变量之间的关系为目标的，如传播效果研究旨在揭示信息如何影响人们的认知、情感和行为。这类研究通常是通过分析样本中变量之间的关系来推断总体中关系的存在，如要验证“老年人比青年人更喜欢阅读纸质书籍”这样的假设，其实质是验证老年人与青年人两个群体中，阅读纸质书籍的人口占两类人口中读书人口的百分比是否具有显著差异，并且老年读书群体中，阅读纸质书籍的百分比显著高于青年读书群体。抽样方案的设计需要根据这一研究目的，首先界定两类人口的年龄界限，如老年人口界定为“60岁及以上”，青年人口界定为“18~34岁”；其次要界定“老年人口”和“青年人口”中具有读书习惯这一特征的

---

① 置信度是指总体参数落在样本统计值某一区间的概率。置信区间是指在一定的置信度下，样本统计值与总体参数之间的误差范围。

人群，如将“有读书习惯的人口”定义为“调查前一个月内阅读过图书的人群（包括纸质和电子图书）”，这样根据研究假设的需要界定清楚研究对象总体。在此基础上根据研究者拥有的经费和收集资料的能力设计抽样地点，收集资料的时间、方法，样本规模等。这类研究的抽样设计多数时候不具备先建立完整的抽样框，再做概率抽样的条件，比较可行的方法是根据对研究对象的界定，对老年群体和青年群体各完成一个研究样本的资料收集，样本规模最好一致，例如分别有效调查 400 名符合条件的老年人和青年人，对比两个区域相同、规模同等的样本的统计结果。

如果要将结论推广到更大的区域范围，也可以将要推断的区域分类，在每类区域选择一对规模接近的样本进行比较研究。例如将研究对象界定为中国有影响力的城市，可按照 2019 年第一财经网站划分的一线和新一线城市[①]界定研究区域，再根据研究需要和财力设计如下样本分配方案（见表 6-5）。

表 6-5 2019 年度一线城市和新一线城市样本配额方案

城市分类	一线城市	新一线城市
总体	北京、上海 广州、深圳	成都、杭州、重庆、武汉、西安、苏州、天津、南京、长沙、郑州、东莞、青岛、沈阳、宁波、昆明
抽样城市	北京 深圳	成都 武汉 沈阳
每个城市样本规模	老年：400 人 青年：400 人	
样本总规模	老年：2 000 人 青年：2 000 人	

该案例的抽样方案旨在验证研究假设，抽样时没有过多强调每类区域样本对该区域研究对象总体的阅读率是否具有科学推断的价值，也没有过多关注可能存在的抽样误差，更没有关注不同区域老年人和青年人两个群体的总人口规模，而是关注各个区域配对样本的可比性及区域分布的代表性。这种抽样方案设计的思路在传播学术研究中适用性比较强。

表 6-6 提供了一项典型的学术研究的抽样方案，此研究的抽样方案在几个关键问题上界定非常清晰。

1. 界定的时间维度是三个不同时期

（1）50 年代中期社会主义革命即将完成时，具体时段定义为 1955 年至 1956 年。

（2）70 年代中期“文化大革命”即将结束时，具体时段定义为 1975 年至 1976 年。

（3）90 年代中期改革开放后，具体时段定义为 1995 年至 1996 年。

2. 空间（地理）范畴界定

30 家省级报纸。

3. 研究目标

（1）三个不同时期我国省际新闻流量、突出程度、内容分布等总体格局和趋势。

（2）各省市、区、市（下文称省）在跨省新闻呈现中的“得失”表现。

（3）跨省新闻反映的省区空间分布。

（4）国家网络系统的强度和结构，通过跨省新闻流建立可能的子网络。

---

① 新一线城市研究所：《2019 城市商业魅力排行榜》，2019 年 5 月 24 日发布于第一财经网。

具体研究案例见下表

表 6-6　一项典型的学术研究的抽样方案

题目	Weak links within a centralized national system: Inter-provincil ralations vis-à-vis news coverage from 1955-1996.
作者	Jonathan J. H. Zhu and Yu Huang
出版信息	The China *Review* (2)1:149-171
研究思路	中国各个省、区、市之间的关系对于了解中国的政治和社会发展十分重要。本研究是从新闻交流的角度研究跨省信息流动的初步尝试，采用一种新的方法，通过纵向研究角度审查 30 家省级报纸，为中心与地方、地方与地方、地方与个人之间不断变化的关系提供新的线索。
研究问题	问题 a：三个不同时期（50 年代中期社会主义革命即将完成时、70 年代中期“文化大革命”即将结束时和 90 年代中期改革开放后）我国省际新闻流量、突出程度、内容分布等总体格局和趋势。 问题 b：各省在跨省新闻呈现中的“得失”表现。 问题 c：跨省新闻反映的省区空间分布。 问题 d：国家网络系统的强度和结构，通过跨省新闻流建立可能的子网络。
抽样区域及时间点选择	研究目标要求对数据收集进行纵向设计。我们选择了三个时间点，间隔 20 年。为了减少特定年份内潜在特殊事件的影响，每个时间点包括两年。从 1995 年至 1996 年开始数据收集，我们回顾了近 30 年前的 1975 年至 1976 年（“文化大革命”即将结束时），又回顾了近 50 年前的 1955 年至 1956 年(社会主义改革即将完成时)。三个时间点都代表了各自的 10 年，大体上描绘了近 50 年来中国社会剧烈变革的轨迹。 本研究在研究对象的选择上基于两个方面的考虑：一是各省领导层与省报在各省内部的联系通常更紧密、更直接，二是新中国成立初期，大部分省级报纸已经存在，而大多数晚报和电视台直到 20 世纪 80 年代才出现。有鉴于此，我们将各省报选为该省媒体话语和新闻报道的代表。
抽样方案与执行方法	省报数量在这三个时期有所不同，因此，在选定的 6 年中，我们为每个省级报纸随机抽取了 4 周（28 天）作为样本。最终样本共 4 816 期，包括 1955—1956 年的 1 512 期（27 份报纸 ×28 天 ×2 年）、1975—1976 年的 1 624 期（29 份报纸 ×28 天 ×2 年）和 1995—1996 年的 1 680 期（30 份报纸 × 28 天 × 2 年）。样本量必然大于大多数其他类型的内容分析，因为经初步调查，中国大多数省级报纸很少报道跨省新闻。 本研究仅涉及跨省新闻报道，排除发表意见的文章、小说、广告等非新闻内容。对于“外省新闻”的定义，做法是使用地点而非人物作为选择标准，我们遵循这一策略，将在“外省”发生的任何新闻事件 / 问题纳入样本。 中国一所大学新闻图书馆的三名经验丰富的工作人员受委托进行了数据收集。他们首先使用上述标准来确定所有 30 家省级报纸所选期刊的相关报道，然后根据（1）事件发生地点（即每个外省的名称）；（2）涉及外省的数量（如果包含多个省份，最多 5 个）；（3）任何本省人物的参与；（4）新闻报道的类型（常规新闻或新闻简报 / 照片）；（5）新闻的位置（头版或其他）共 5 个条件对每个报道进行编码。
数据分析	（1）趋势分析。根据跨省报道总数和日平均数量、省际新闻的突出性、省际新闻的多元性，检验跨省新闻的报道趋势；（2）交互作用分析。研究各省如何通过新闻报道相互影响，即出口（发表外省报道）和进口（在其他报纸上接受自己的报道）的关系；（3）空间分析。各省省际新闻发表的空间分布；（4）网络分析。确定各省之间的联结度。

（二）应用研究的抽样方案设计

社会科学研究的另外一个重要领域是应用研究。应用研究多数是接受委托所做的专题性研究，例如全国文明城市测评项目就是典型的政府委托研究项目，根据从中央到地方各级政府对公共文明测评的区域界定，项目组在设计抽样方案时，首先定义研究对象类别，其次厘清研究对象涵盖的范畴——并非由研究项目组根据学术的概念界定，而是根据中央文明委对各类场所范畴的定义而确定。再次建立各抽样框。这类研究必须清晰地建立起测评对象准确的抽样框，测评结果要汇报给政府各主管部门，抽样框的建立也必须与各部门紧密配合。再次，要对抽样框从完整性、互斥性、可用性三个维度进行核查。因各类场所都可能增加或减少，因此每年都需要对抽样框进行核查、清理，确保其有效可用。最后，根据各类场所抽样框的容量、区域分布、可能存在的问题的严重性及可能的经费支持设计抽样方案。

无论是学术研究还是应用研究，多数情况下需要采用多级抽样的方案。在多级抽样方案设计中，可能某些层级采用概率抽样，某些层级采用非概率抽样，要根据各层级的特点和可行性来确定。

练习与作业

素材：2016 年美国总统大选前的民调结果

美国 2016 年总统候选人第一场辩论结束后，从 CNN 发布的由舆论研究公司 ORC（Opinion Research Corporation）所做的民意调查来看，希拉里以 62% 比 27% 大胜特朗普。CNN\ORC 采用电话调查的方式，从线下的登记选民中随机取样调查了 521 名受访者，也得出希拉里获胜的结果，而且给出了正负 4.5% 的误差。

然而从各种网络投票，以及其他媒体基于网络的投票来看，结果正好相反。推特在辩后的投票结果是，特朗普以 62% 比 29% 获胜。其他网站投票，如 Politico、Drudge Report、Breitbart、Slate，以及《财富》杂志、《时代》周刊、福克斯公司、哥伦比亚广播公司的在线投票结果，也都是特朗普获胜。只有《明星论坛报》（*Star Tribune*）等很少的网站投票结果显示希拉里获胜。在线投票完全开放，参与者众多，样本规模很大，但没法按照概率抽样的原理进行分层、分类，有效率和误差都说不清楚。

由于用户群体不同，网站间的投票结果差异也很大。《时代》周刊网站的投票结果是，特朗普以 56% 比 44% 胜出，另一个著名网站 Politico，则是特朗普以高达 77% 的比率获胜。

1. 请运用本章讲述的原理，分析本案例素材中 CNN\ORC 的民调结果与多数网站投票结果的差异是如何产生的。

2. 根据本案例中提到的线下抽样调查和网上调查结果差异性产生的根源，请你设计下一届美国总统大选第一次辩论后的民调抽样方案。

3. 假设要研究你的学校所在城市居民对当地政府网上政务服务的使用情况和评价，请设计科学可行的抽样方案。

4. 假设要研究在校大学男生与女生对微信各功能的认知与使用是否存在差异，请根据你所在学校特点，设计具体抽样方案和调查实施方法，并说明抽样方案设计的依据、科学性和可行性。

问题与解答

Q1：概率抽样结果是否一定比非概率抽样结果更科学？

Q2：是不是样本规模越大对总体的代表性越好？

Q3：样本规模与总体规模是否有关系？

第六章　问题解答

词汇与定义

1. 概率抽样。概率抽样的特点是有清晰的抽样框和抽样单位，并且在每一级抽样过程中都能保证每一个抽样单位有同等被抽中的机会。

2. 非概率抽样。适用于没有办法建立完整的抽样框，不具备将每一个符合条件的抽样单位列出清单来的研究项目。这种抽样没有条件遵守每个抽样单位都有均等被抽中机会的原则，而要根据研究具备的客观条件而尽可能地获取有代表性的样本。常用的抽样方法包括偶遇抽样、配额抽样、判断抽样、滚雪球抽样、便利抽样等。

3. 抽样误差。由样本统计值或者样本研究的结果推断总体时必然存在的误差，只要是抽样调查，抽样误差就一定存在。

4. 非抽样误差。抽样调查实施过程中，资料收集的各环节都可能产生的误差，这是所有调查必然存在的误差。

5. 抽样框。由特定研究对象中所有抽样单位构成的清单。一般抽样框的建立会包含所有抽样单位名称、编号等信息。抽样框最核心的特点是完整性、准确性和互斥性。

6. 简单随机抽样。将总体中的每一个抽样单位用数字来编码，建立抽样框，运用随机数表或者抽签的方式抽出若干单位组成研究样本。

7. 等距抽样（系统抽样）。将样本框按照一定的方式、顺序排列，用总体规模除以样本规模得到抽样距离，在第一组内随机抽取一个抽样单位，以此为起点，等距离抽取后面的单位。

8. 分层抽样。根据所掌握的信息，将总体按照一定的特征分成若干层，使得具有相同特质的抽样单位分在同一层内。分层后层内同质性高，层与层之间异质性高，再结合其他抽样方法在各层内抽样。这样能有效降低抽样误差，提高样本的代表性。

9. 整群抽样。针对具备一定特征的群体，逐个抽样调查成本比较高，这时可采用整群抽样。整群抽样需要具备各群之间同质性高，而群内各抽样单位之间异质性高的特点，并且具备一定的抽取整群的条件。整群抽样通常用于多级抽样的最后一个环节，对于被抽中的所有群，需要对群内所有抽样单位进行普查。

10. 判断抽样。根据研究目的和研究者的主观分析来选择和确定研究对象的方法，是在对研究目标有足够理解的基础上设计出最符合研究目标的抽样方案。

11. 配额抽样。是在符合一定条件的前提下分配各类人群样本规模的抽样，是研究者根据掌握的信息，尽可能控制样本在某些变量上的结构以减少抽样误差的方法。

12. 偶遇抽样。尽可能运用已有信息而抽取偶然遇到的研究对象的方式。这种抽样多数是在无法获得完整抽样框的情况下，根据所具备的执行条件尽可能地抽取接近总体结构的样本，使得样本对总体有尽可能强的代表性。

13. 滚雪球抽样。这是一种基于便捷性和可行性而采取的抽样方法。多数用于研究对象比较难以接触到的情况，或者研究对象群体有高度的群体认同，但是比较排斥非群体成员，不易接触的情况。

第六章　阅读文献

第七章

内容分析法

——不懂编程也可做大数据内容研究

学习目标

1. 了解大数据技术辅助在线内容分析法的发展历程和基本概念。
2. 熟悉大数据技术辅助在线内容分析法的操作流程。
3. 通过具体案例，学会运用大数据技术辅助在线内容分析法进行文本资料研究。

引　言

量化研究当中，除了调查法与实验法之外，第三种主要的研究方法就是内容分析法。内容分析法在社会科学研究中，特别是在传播研究领域使用得频率非常高。报纸新闻、电视台节目、网页信息以及社交媒体的群组对话等，都是很适合运用内容分析法的研究领域。

以往文本数据的取得、数据清理、信度计算及编码等环节皆烦琐耗时。如今，在大数据时代，即使面对海量网络信息及社交媒体数据，研究者也可以利用技术及算法获得所需数据，并且借助大数据技术更加快捷有效地完成对文本数据的编码和统计分析。然而，人文社科专业的学生可能对计算机编程和算法知识知之甚少，而且学习这些知识也比较困难。因此，除了系统地学习研究方法外，在不具备计算机编程能力的情况下，学会使用研究工具以辅助我们高效地完成研究就显得非常重要。

本章以传统内容分析法、计算机辅助内容分析法及大数据技术辅助在线内容分析法的发展为主要脉络，介绍在计算机技术、人工智能算法和大数据环境下内容分析法的应用情况。最后结合案例介绍大数据技术辅助在线内容分析法的基本操作。

第一节　内容分析法

什么是内容分析法？大数据技术辅助在线内容分析法如何由传统内容分析法演变而来？本节基于传统内容分析法的发展，重点介绍人工智能与大数据技术辅助在线内容分析法的进化历程。

一、传统内容分析法

(一) 内容分析法的用途

内容分析法主要用于挖掘内容的意义,作为一种研究方法,分为定量内容分析法(亦称量化内容分析法)和定性内容分析法(亦称质化内容分析法)。定量内容分析法是依据特定的分类标准,对文本中的显性内容进行归类、计数、统计。早期的定量内容分析法只能获取文本内容的表面意义,通过统计语言将文本归类,揭示它们所呈现的意义的异同。而对深层意义的挖掘则要通过定性内容分析实现,它基于符号学理论,对文本中的符号进行深入解读,[①] 主要关注文本的内容或情境意义,研究传播的语言特征。[②]

在社会科学研究中,研究者多是将定量分析与定性分析相结合,通过系统的方法对文本内容进行归类统计,再对统计结果进行定性解读,以获取文本所呈现的显性意义和深层的隐性意义。定量内容分析是主要针对显性内容的系统研究过程,而定性内容分析主要关注对符号的解读,且可复制性较弱,因而内容分析法的研究流程通常指定量内容分析法的研究流程。

(二) 什么是内容分析法

贝雷尔森最早对内容分析法进行系统定义,他认为"内容分析法是对传播的显性内容(Manifest Content)进行客观(Objective)、系统(Systematic)和定量(Quantifiable)的描述的一种研究技巧"[③]。在更为晚近的研究中,内容分析法被作为一种研究方法,该方法通过一整套程序,测量文本中某些变量的数值,[④] 并运用统计分析方法分析这些数值体现的关系,从而得出文本的意义。[⑤] 一套完整的传统内容分析法的步骤如图 7–1 所示。

(三) 哪些资料可以用来做内容分析

内容分析法的研究对象,可以是任意一种可被传播的信息,包括单词、意义、图像、符号、思想、主题等,可用于内容分析的资料包括书面的、视觉的或是口头表达的,[⑥] 例如书籍、文章、采访内容、讨论内容、报纸标题和报道、历史资料、演讲、谈话、广告、戏剧、非正式交谈或者任何交流性的语言。在社会科学领域,可以用来做内容分析研究的资料有新闻报道、社交媒体内

---

① Newbold, C., Boyd-Barrett, O., & Van Den Bulck, H. (2002). *The media book*, p. 84. London: Arnold (Hodder Headline).

② Lindkvist, K. (1981). *Approaches to textual analysis. In K. E. Rosengren (Ed.)*. Advances in content analysis, pp. 9–19. Beverly Hills, CA: SAGE.; McTavish, D. G., & Pirro, E. B. (1990). Contextual content analysis. *Quality and Quantity*, 24 (3): 245–265; Tesch, R. (1990). *Qualitative research: Analysis types and software tools*. Bristol, PA: Falmer.

③ Berelosn, B. (1952). *Content analysis in communication research*, p. 18. New York: Hafner.

④ Berger, A. (1991). *Media research techniques*, p. 25. Newbury Park, CA: SAGE.

⑤ [美]丹尼尔·里夫、斯蒂文·赖斯、弗雷德里克·G. 菲克:《内容分析法:媒介信息量化研究技巧》(第 2 版),嵇美云译,清华大学出版社 2010 年版。

⑥ Neuman, W. (1997). *Social research methods: Qualitative and quantitative approaches*, pp. 272–273. Needham Heights, MA: Allyn & Bacon.

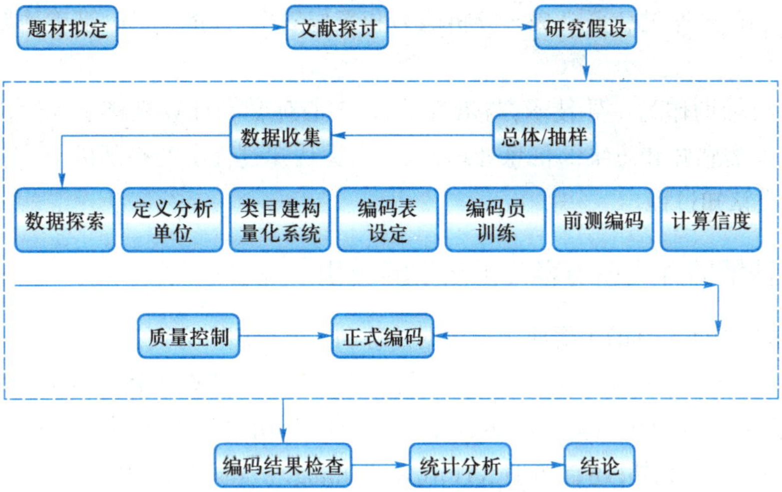

图 7-1 传统内容分析法流程图

容、文学作品、历史档案、访谈、学术文献、政策文本、发言稿、图片和视频等。

在两次世界大战期间,拉斯韦尔针对战争期间公开发行的报纸中体现的宣传技巧进行了内容分析,深入探讨了内容分析法作为一种研究方法,在研究过程中涉及的测量、抽样、类目建构、信度和效度等核心问题。随后,内容分析法逐渐成为一种独立、科学的研究方法进入学术界,该方法的运用范畴从传播学、新闻学研究扩展到社会学、政治学、经济学、心理学等其他学科领域。①

内容分析法的优势主要体现在它作为非介入性研究(Unobtrusive Research),不受变量的类型以及信息生产或呈现的背景限制,是一种总结性的、依赖科学研究过程的分析方法,② 也是一种可复制的且可进行有效推论的研究方法。③ 互联网时代,使用便利、成本低廉的数据库和搜索引擎使得内容分析法更加适合于资源匮乏而有志于实证研究的学生和青年教师。

即便内容分析法有这些优势,但烦琐的文本处理和分析过程仍会消耗大量的人力、物力和时间,因而,计算机在内容分析的过程中扮演着重要的辅助角色。

二、计算机辅助内容分析法

计算机辅助内容分析法主要借助计算机进行内容分析的相关操作,从而区别于传统内容分析法。

(一) 两种辅助方式

(1) 计算机作为辅助工具,介入传统内容分析法操作流程中的某些环节。如原本需人工

① [美]丹尼尔·里夫、斯蒂文·赖斯、弗雷德里克·G. 菲克:《内容分析法:媒介信息量化研究技巧》(第 2 版),嵇美云译,清华大学出版社 2010 年版。

② Neuendorf, K. A. (2002). *The content analysis guidebook*. Thousand Oaks, CA: SAGE.

③ Krippendorff, K. (1980). *Content analysis: An introduction to its methodology*, p. 21. Beverly Hills, CA: SAGE.

处理的编码环节，可通过计算机提升分析能力和工作效率，批量、快速、准确地处理显性文本内容。

(2) 计算机辅助作为主导技术，与语言学、认知心理学和计算机科学等学科的技术相结合，进行类似人类感知和思维的信息处理，探究人类认知过程中的心理机制、生理机制、符号表征，模拟人类认知过程。

(二) 两种辅助方式在内容分析法中的应用

计算机作为辅助工具的主要应用于数据处理和数据管理两方面。

在数据处理方面，该方法主要用于定量内容分析中的计算机辅助编码，基于词库的定义对文本内容进行自动化归类。例如 20 世纪 60 年代，由哈佛大学斯通等人研发的 General Inquirer（GI）系统。[①] 此外，还有如 TEXTPACK，Textling，Words 等类似的应用。

在数据管理方面，该方法主要用于定性内容分析中的数据存储和检索，主要软件如 MAXQDA、NVivo 以及 ATLAS.ti。这些软件的作用包括数据管理、开发编码的层次结构、注释文本片段编码、编写备忘录、数据探索、文本检索以及数据注释等。[②] 这些软件更像是一种存储系统，无法自动进行分析，"（数据的）分析还是要由人工进行"。[③]

计算机辅助作为主导技术的内容分析法主要是将语言学、认知心理学和自然语言处理技术相结合，通过语义建模（Modeling Semantics）让计算机快速处理大规模的文本，[④] 进而挖掘文本的深层意义。

此类内容分析法的软件有很多，如 Automap、C-I-SAID、EZ-Texting、HyperRESEARCH、Kwalitan、MAXQDA、PROSPERO、QCAmap、QDA Miner、quintexA 等系统。[⑤] 这些计算机辅助软件可以提升研究效率，尤其是提升编码环节的信度。但无论哪一种计算机辅助方法，在面对复杂的语境和细节时，都不能像人脑一样准确地做出判断，计算机技术只是在最大化地辅助研究者进行内容分析。在这一基础上，内容意义的挖掘逐渐开始与算法结合，换句话说，结合人工智能算法的大数据技术辅助内容分析法应运而生。

提到人工智能，我们脑海中浮现的大多是人脸识别、语音识别、自动驾驶、AlphaGo 等智能应用，这些应用都是在模仿人类的感知、认知和判断能力。我们依据机器是否具有自主意识，将人工智能区分为具有自主意识的强人工智能和不具有自主意识的弱人工智能。[⑥]

---

① General Inquirer 的主要用途包括：在文本内系统地找到属于详细说明被调查者的类目所对应的单词和短语；计算这些类目出现的次数，并详细说明共同出现的次数；打印表格和绘制图形；执行统计检验；根据句子是否包含特定类目或者类目组合，对句子进行分类和重新分组。参见：Stone, P., Dunphy, D., Smith, M., & Ogilvie, D. (1966). *The general inquirer: A computer approach to content analysis*. Cambridge: MIT Press.

② Wiedemann, G. (2016). *Text mining for qualitative data analysis in the social sciences: A study on democratic discourse in Germany*, p. 43. Germany: Springer VS.

③ Kelle, U. (1997). Theory building in qualitative research and computer programs for the management of textual data. *Sociological Research Online*, 2(2).

④ 俞士汶、朱学锋、耿立波：《自然语言处理技术与语言深度计算》，发表于《中国社会科学》2015 年第 3 期。

⑤ Content-qualitative data analysis, Text Analysis Info 2017-04-21.

⑥ Searle, J. R. (1980). Minds, brains and programs. *Behavioral and Brain Sciences*, 1980(3): 417-457.

当前，人工智能还停留在只能执行具体操作任务的弱人工智能阶段。人工智能模仿人类学习和思维的能力尚在探索过程中，如机器学习和深度学习，通过设定的训练集训练机器自主学习和判断，进而根据学习经验对其他的内容进行自动化分析。目前，人工智能在内容分析法中较多应用于计算机对数据的感知层面，如数据采集、定量数据的趋势描绘，以及自动化情绪分析等，但因人工智能对情景和语境的认知、判断能力较弱，所以靠计算机和算法自动化分析的准确度还有较大的提高空间。

大数据时代的内容分析主要利用人工智能算法进行自然语言处理，部分解决了社会科学研究中大数据研究的难题。通过智能算法进行大数据技术辅助内容分析，线上完成数据库建立、类目建构、信度计算、内容编码、质量控制、统计分析和可视化呈现。但人工智能算法和大数据技术在内容分析中扮演的仍然是辅助角色，还需要人工介入进行把关和监测，确保分析质量。

基于内容分析法的科学方法流程，辅以大数据技术中的人工智能算法，如机器学习、网络挖掘、社交网络分析、共现词关系分析等，进行文本大数据的深度挖掘，是当前能够提高内容分析效率和增加分析深度的主要路径之一。

随着技术的发展，内容分析法也在不断适应更多的数据形态，面对众多样式和庞大体量的数据，完全靠人工处理的内容分析法必然会转化成运用技术辅助的内容分析法。了解内容分析法的应用场景和研究范畴，了解计算机辅助的方式，有助于理解为何大数据技术辅助在线内容分析法可以成为当前较为前沿的研究方法。内容分析法的整体发展脉络见图 7–2。

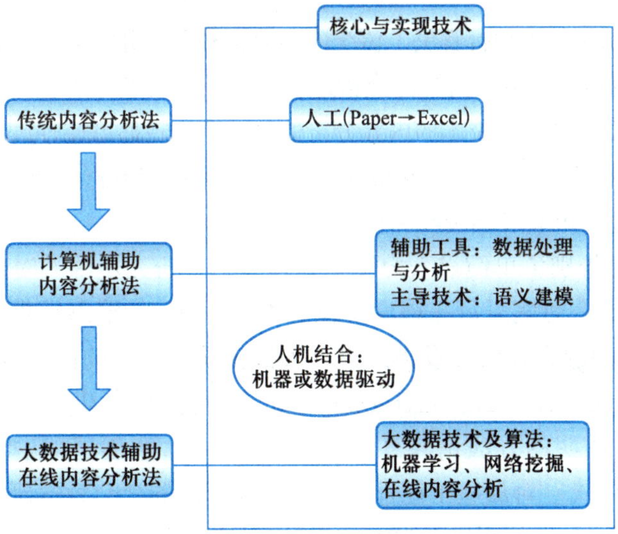

图 7–2　内容分析法的整体发展脉络

第二节　大数据技术辅助在线内容分析法

本节重点介绍大数据技术辅助在线内容分析法（Big-data-technology-assisted Online Content Analysis）的来源与机制、操作流程以及人工智能算法和大数据技术应用下的自动化数据探索。

一、大数据研究之难题及解决机制

广义的大数据技术包括储存、处理与分析大数据的技术。大数据是“一种规模大到在获取、存储、管理、分析方面大大超出了传统数据库软件工具能力范围的数据集合,具有数据规模巨大、数据流转快速、数据类型多样和价值密度低等特征”[①]。也就是说,大数据自身在体量、类型、价值以及处理技术方面都具有一定难度,传统的技术和方法已经力不从心。

数据本身或数据处理过程中产生的偏差一直是各领域研究需要注意并解决的问题。同样,大数据研究主要面临的挑战也是由数据本身或数据处理过程中产生的偏差带来的。总体来说,数据的覆盖度、测量和解释是文本大数据研究面临的主要问题,如数据源的清理、数据测量和处理过程中的把关等。而计算机辅助内容分析将结合人工智能算法和大数据技术,并体现在数据采集、数据存储、数据处理和数据分析的过程中。

大数据技术辅助在线内容分析法是在充分利用网络及机器辅助的前提下,结合社会科学的概念与方法,以覆盖度、测量和解释这三个重要的维度为核心,聚焦人工智能对文本的感知、认知和判断来处理文本大数据所面临的问题。

大数据技术辅助在线内容分析法基于传统内容分析法的研究流程,融合了人工智能算法和大数据技术,形成集网络挖掘、机器学习、内容编码、统计分析、情感分析等于一体的文本大数据挖掘与分析平台(如 DiVoMiner®)[②],可以一站式地实现研究设计、类目建构、信度测试、内容编码、质量控制、统计分析和可视化结果输出,便于社会科学研究中对文本数据的挖掘与深度分析。

文本大数据挖掘与分析平台解决了传统内容分析法无法分析大量文本的问题(内容编码、信度测试、质量控制和编码结果的统计分析过程会消耗的大量人力、物力和时间)。云端平台的一站式流程使得借助算法和技术的内容分析的每一个步骤都可控、可靠、可追踪溯源。统计分析结果与编码结果、类目更新结果同步,解决了大数据内容分析的效率和准确度的问题,也允许研究人员随时修正和优化研究类目内容。

如今,我们彻底告别了单纯靠人力手动处理每一个研究步骤的时代,那种阅读打印在纸张上的文本内容,手动填写每一篇文本内容的编码表,将编码结果统一整理录入 SPSS 或其他统计分析软件的方式已经成为过去。大数据技术辅助的内容分析摒弃了当前许多导致“垃圾进,垃圾出”(Garbage in, Garbage out)的纯依赖自动化的商业智能(BI)模式,将一套科学、严谨、透明的方法论与算法及技术相结合,开创了“数据进,价值出”(Data in, Value out)的新模式。对那些不懂计算机编程和算法的社会科学研究人员来说,从海量的文本大数据中寻找未知的规则,进而在已知中深度探索,从而发现和洞察意义,这一过程已经成为可能(见图 7–3)。

---

① Manyika, J., Chui, M., Brown, B., et al. (2011). *Big data: The next frontier for innovation, competition, and the productivity*. Analytics: McKinsey & Company.

② 张荣显、曹文鸳:《网络舆情研究新路径:大数据技术辅助网络内容挖掘与分析》,发表于《汕头大学学报(人文社会科学版)》,2016 年第 8 期。

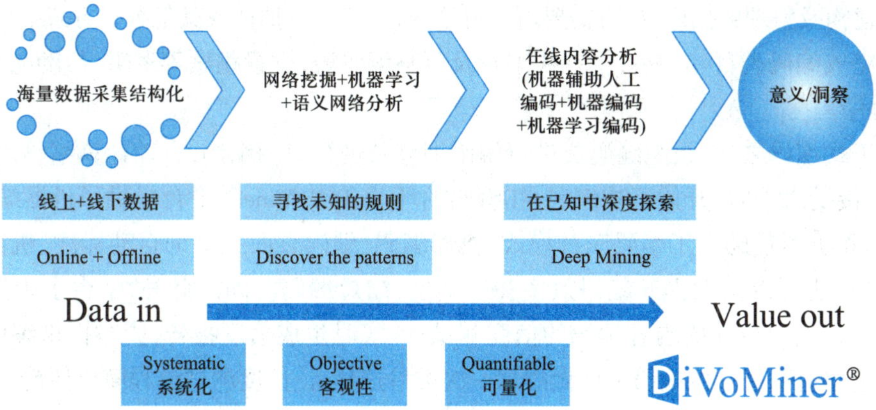

图 7-3 文本大数据挖掘与分析平台 DiVoMiner® 机制

二、操作流程及优势

在传统内容分析过程中，数据收集、整理、抽样、编码和信度测试以及质量控制等，每一个步骤的执行和操作都十分耗时耗力。区别于传统内容分析，大数据技术辅助在线内容分析结合人工智能算法、大数据技术和内容分析法的基本流程，运用网络挖掘、机器学习、自然语言文本处理、人工智能编码、实时信度测试、统计分析、社交网络分析等实现文本大数据的在线处理，按需产出文本大数据项目研究成果。它解决了海量数据的整理和处理过程中产生的难题，使得大数据的内容分析操作集中在一个平台上，方便内容分析整体流程的执行和管理，同时提升了编码、分析的效率和准确度。

这些优势体现在内容分析中的研究数据库建立、抽样、计算信度、编码、统计分析、可视化呈现等各个步骤中。具体的操作流程如图 7-4 所示：

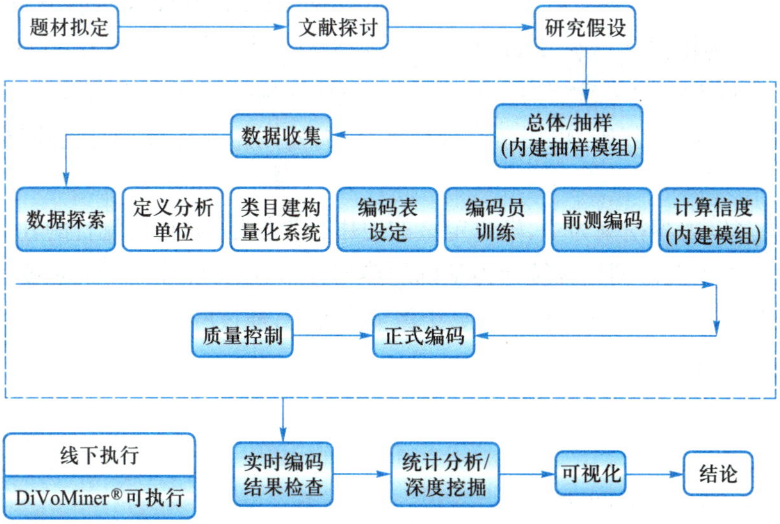

图 7-4 大数据技术辅助在线内容分析法流程图[①]

① 注：有颜色底纹填充的部分都是可以在线完成的，其中绿色底纹填充的部分是 DiVoMiner® 平台特有的。

(1) 建构及整理数据库，如有需要可执行抽样，支持随机抽样或其他抽样方式。

(2) 完成编码类目建构后，可在线编辑及调整编码表，设置跳题等逻辑，帮助完善编码表和编码程序。

(3) 正式编码之前，组织编码员进行编码训练及进行前测编码，自动计算编码信度，当信度达到可接受水平时，开始正式编码；在编码的环节，DiVoMiner® 平台提供了机器编码、机器学习编码和机器辅助人工编码三种模式，机器编码、编码页面关键词自动标注、机器自动预选类目等功能可以大大提升编码效率和准确度，缩短编码时间。此外，平台上内置的信度测试功能，在编码员完成内容编码的信度测试后，实时生成信度报告，同时提供编码追踪功能，随时定位追踪每一位编码员所做的每一次类目选择，让信度测试流程简单便捷，操作过程透明。

(4) 自动统计分析编码结果并呈现可视化效果，全过程方便管理和监控编码员的编码质量及编码数据的质量。

DiVoMiner® 平台除了串联内容分析的每一个步骤，提供提升执行各步骤的效率和准确度的功能外，其内置的人工智能算法和大数据技术在内容分析过程中还提供自动化的数据探索功能，使研究人员在构想和设计类目之前可以对编码数据有大致了解。

三、自动化数据探索

基于人工智能算法和大数据技术的自动化数据探索表现为网络挖掘、机器学习、内容编码、统计分析、情绪分析、共现词分析和社交网络分析等形式，[①] 以下择要予以介绍。

(一) 网络挖掘

网络挖掘是互联网中普遍使用的数据挖掘方式，利用数据挖掘技术从网络文档和服务中发现和提取信息。[②] 网络挖掘分为三种类型：内容挖掘（Content Mining）、结构挖掘（Structure Mining）和使用行为挖掘（Usage Mining）。[③] 内容挖掘以单个文件或网页为分析单位，以文本分析为主，用于分析半结构化或结构化处理后的信息；结构挖掘即分析网络的节点和结构，包括从网页超链接中提取规则，也用于挖掘文本结构；使用行为挖掘，即挖掘网页访问者的使用记录。[④]

内容分析多以内容挖掘为主，辅以定量的使用行为挖掘，如目前流行的社交媒体的信息声量趋势、以文本中关键词词频统计为基础的热词分布、社交媒体账号的热度值排名和发帖数量等（见图 7-5）。自动化网络挖掘多见于舆情研究中，通过网络挖掘，研究者可以快速地进行事件或话题的概貌梳理。

---

① 以上功能均可通过 DivoMiner® 内置模组实现。

② Etzioni, O. (1996). The World Wide Web: Quagmire or gold mine. *Communications of ACM*, 39 (11): 65–68.

③ 陈正明：《集成 Web 内容挖掘和 Web 使用挖掘的研究》，华中科技大学 2006 年硕士论文。

④ Herrouz, A., Khentout, C., & Djoudi, M. (2013). Overview of web content mining tools. *The International Journals of Engineering and Science*, 2 (6): 106–110.

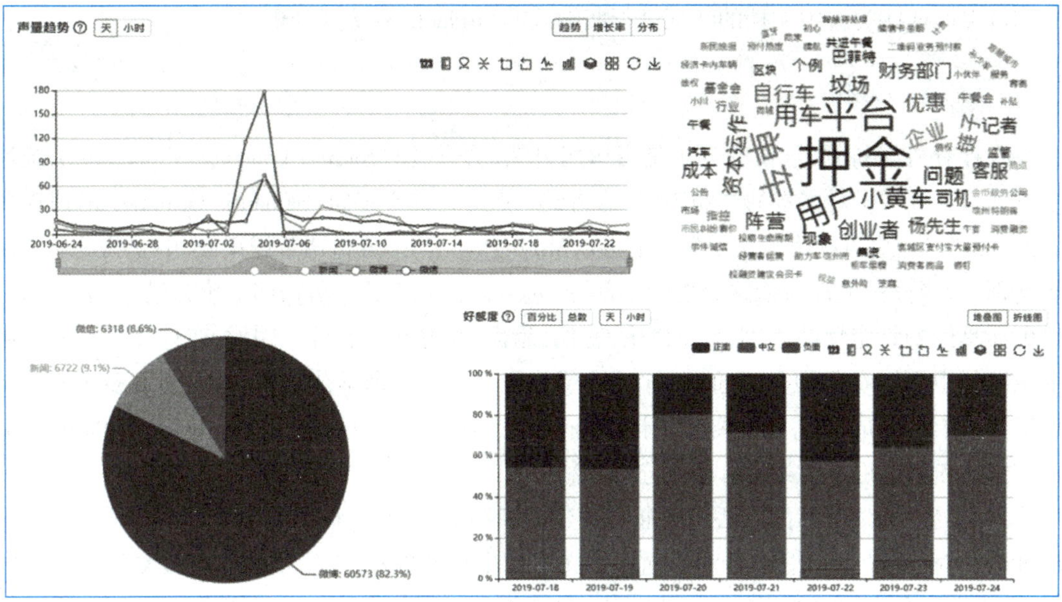

图 7-5 自动化网络挖掘示例

（二）机器学习

机器学习是文本挖掘领域中应用较为普遍的技术。计算机通过对数据或文本的持续观察生成概率模型，“学习”数据的规律，并对未知的数据结果或模式进行推断和识别，[①] 也就是机器“学习”经验，并自动分析和判断其他未知的数据。在计算机辅助内容分析法中，机器学习的应用主要有两种，一种是无监督的（Unsupervised）学习，另一种是有监督的（Supervised）学习。

无监督的机器学习是一种由数据驱动的方法。计算机通过聚类算法，根据文本的内在特征，判断它们所属的类目，并同时对符合某些相似性标准的数据进行聚类。相似性标准如文档中单词使用的相似性或上下文语境中词语的相似性等。无监督的机器学习主要适用于那些使用定性内容分析法的学者，他们“往往热衷于以开放的（无须预先设定类目）方式研究话语、新闻框架或主题”[②]。借助计算机自动聚类功能，他们可以实现对大规模未知结构文本的探索和归纳分析。

与无监督的机器学习不同，有监督的机器学习是使用外部知识对文本进行分类的方法：编码员对一定数量的文档进行人工编码和归类（提供知识），然后计算机借助分类算法，对已编码的分类文档的特征进行“学习”，最后使用“学习”后的分类算法和“学习”到的经验，对剩余未编码的文档进行分类。有监督的机器学习可被视为“传统（定量）内容分析的自然的扩展”——人工编码的类目是理论导出的（Theory-led）或是演绎式的（Deductive），在此基础上，

① Wiedemann, G. (2016). *Text mining for qualitative data analysis in the social sciences: A study on democratic discourse in Germany*, pp. 31–32. Germany: Springer VS.

② Boumans, J. W., & Trilling, D. (2015). Taking stock of the toolkit: An overview of relevant automated content analysis approaches and techniques for digital journalism scholars. *Digital Journalism*, 4 (1): 15.

计算机根据这些类目中文档的特征进行归纳式的(Inductive)统计分析。

(三) 情感分析

在计算机学科领域,情感分析是指运用自然语言处理(Natural Language Processing)、统计或机器学习等技术对文本的主观态度、情绪或观点进行语义定向(Semantic Orientation)或极性(Polarity)分析,也可称为意见挖掘(Opinion Mining)。[①] 情感分析通常以正面、中立和负面为主要类别,情绪分析可视为情感分析的一部分,它可以在笼统的正负情绪效价光谱中,继续识别出更加具体的特定情绪类别,[②] 如快乐、悲伤、恐惧、愤怒和厌恶等。因而,在计算机学科领域中笼统地识别正负面的分析通常叫作“情感分析”,而在心理学范畴中,更加细致多元的分类分析叫“情绪分析”。这里主要讨论情绪分析。目前主流的情绪分析方法是基于词库的词汇匹配方法和基于机器学习的自动化分析方法。

基于词库的词汇匹配方法主要通过构建词库和情绪词典,将文本中的词汇与词库中的词汇进行比对,统计每个情绪类别的词汇在文本中出现的数量,然后根据出现最多的那一类词汇,来确定该文本的情绪标签(见图 7–6)。使用机器学习技术的自动化情绪分析,则是借助外部知识对文本进行分类(见图 7–7)。有监督的分类依赖文本分组的外部标准,这种外部标准(知识)通常是一组类目(类别)以及这些类目所包含的一组经过训练的数据,如文档。有监督的机器学习算法可以预测未知文档的所属类别,此外,段落、句子和词语皆是可用于分类的语境单位。[③]

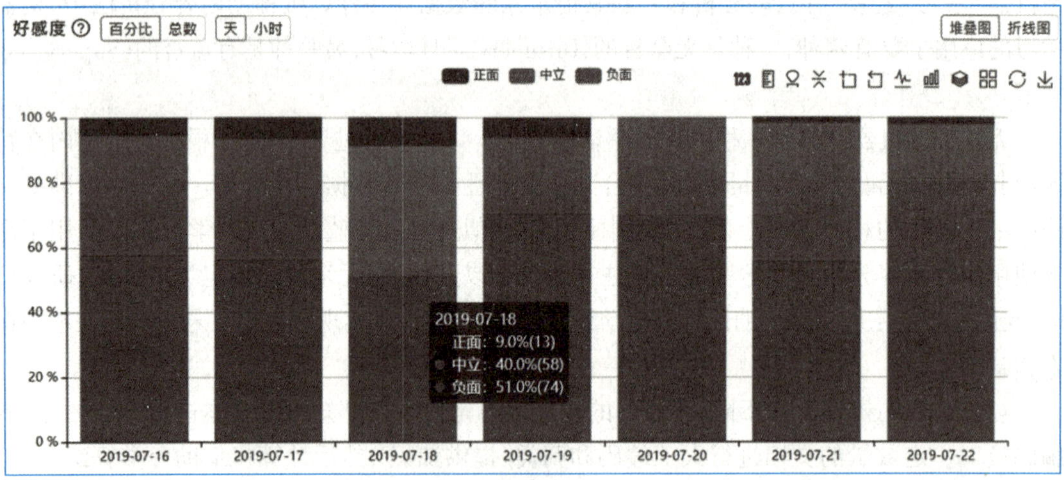

图 7–6 好感度分析示意图

---

① Das, S., & Chen, M. (2001). Yahoo! for amazon: Extracting market sentiment from stock message boards. In *Asia Pacific Finance Association Annual Conference*.

② 王玮、温世阳:《情感分析在社会化媒体效果研究中的应用——基于分类序列规则的微博文本情绪分析》,发表于《国际新闻界》2017 年第 4 期。

③ Sebastiani, F. (2001). Machine learning in automated text categorization. *ACM Computing Surveys*, 34 (1): 1–47.

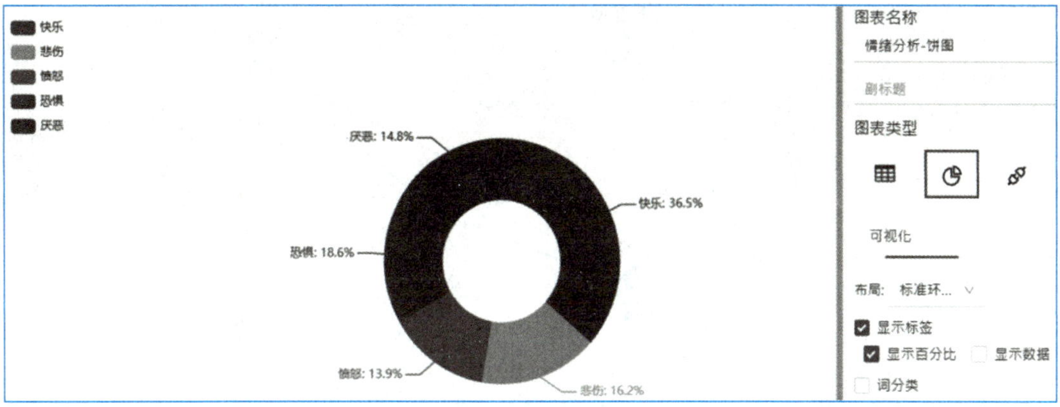

图 7-7　自动化情绪分析示意图

（四）共现词分析

共现词分析（Word Co-occurrence Analysis，亦称共词分析、词共现分析）用于“描述两个词同时出现的频率”[①]，以反映两个词的关系。也有研究者将共现词分析定义为一种通过关键词的方式，统计共同出现的词及其频率的内容分析方法，两个词之间的关系由文本中的共现频次决定。[②]

举例而言，我们对天涯社区和百度贴吧等论坛中对“一带一路”倡议的讨论文本进行内容分析，由图 7-8 可知，“一带一路”“中国”“世界”和“发展”是与其他词连接最多的词，其中“经济”和“中国”是最具影响力和核心地位的词语。其他与“一带一路”倡议相关的词语，如“全球”和“美国”均与这些核心词相关。“泰国”和“旅游”，“互联网”和“会展业”是一对共生词，且相对独立。

（五）社交网络分析

在社会行为学科中，社交网络研究关注社会实体之间的关系，研究关系的模式及内涵。[③]社交网络分析是研究一组实体之间关系的方法，包括节点和彼此之间的联系，[④]在形态较为复杂的网络中找出有影响力的节点，具有理论和实践上的意义。

度（Degree）中心性、中介（Betweeness）中心性和接近（Closeness）中心性是研究社交网络节点中心性（Centhality）最为重要，也是使用最为广泛的三个指标。[⑤]度中心性是一个点与其

---

① Chen，G.B.，& Kao，H. Y.（2017）. Word co-occurrence augmented topic model in short text. *Intelligent Data Analysis*，21：S55–S70.

② Li，F.，Li，M.，& Guan，P.，et al.（2015）. Mapping publication trends and identifying hot spots of research on internet health information seeking behavior：A quantitative and co-word blustering analysis. *Journal of Medical Internet Research*，17（3）：e81.

③ Wolfe，A. W.（2008）. Social network analysis：Methods and applications. *American Ethnologist*，24（1）：219–220.

④ Zhang，C.，Qi，Y.，& Fan，Q.，et al.（2013）. Research collaboration in health management research communities. *BMC Medical Informatics and Decision Making*，13（1）：52.

⑤ Piraveenan，M.，Prokopenko，M.，& Hossain，L.（2013）. Percolation centrality：Quantifying graph-theoretic impact of nodes during percolation in networks. *PLoS ONE*，8（1）：e53095.

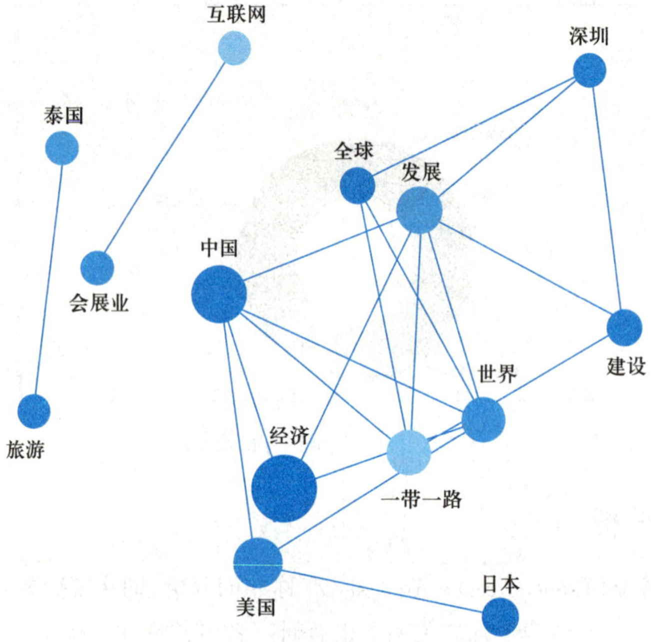

图 7-8 共现词关系示意图

他点直接连接数的总和,在某种程度上反映了这个节点在网络中的重要性。中介中心性计算的是经过一个点最短路连接的数量。接近中心性考量的是一个点到所有点的距离的总和,涉及每个节点到其他节点的最短路平均长度。

例如在微博上,对《红楼梦》这一文学作品的讨论,有研究者依据用户与用户发帖、评论的互动关系,发现了用户之间的紧密关系。某帖评论区用户之间的社交网络关系如图 7-9 所示,

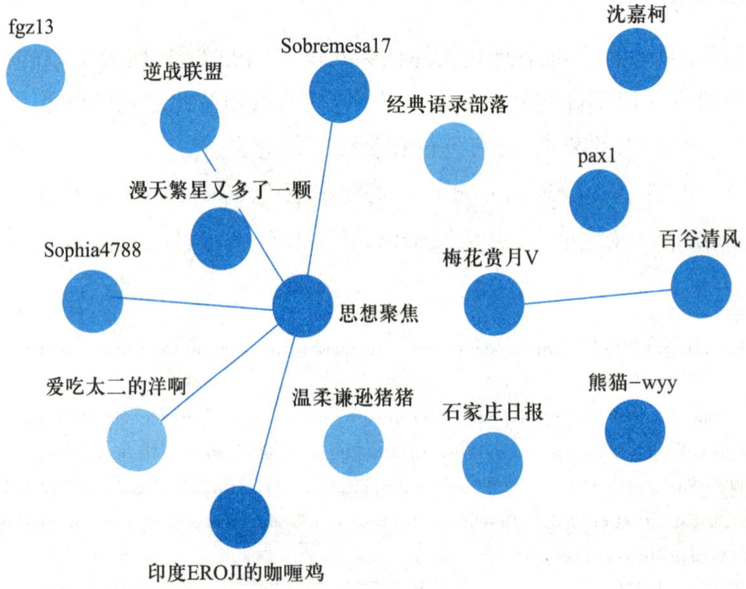

图 7-9 社交网络分析示意图

“思想聚焦”这个账号与其他账号直接连接的总量较多,与“思想聚焦”这一账号互动的用户数量较多,这个用户节点单独价值较高。另外,“梅花赏月 V”和“百谷清风”之间有连接。此外,其他用户之间均无互动。

第三节 案例分析

本节以具体案例介绍大数据技术辅助在线内容分析法的基本操作流程,帮助研究者高效率、高质量地完成研究。

首先,让我们来看一下传统内容分析法的基本步骤:确定研究问题→收集数据→确定研究样本→建构分析类目→制作编码表→内容编码→统计分析。

以《国际广告期刊》上的论文《一项内容分析——名人代言在杂志广告中的应用》① 为例,作者运用内容分析法研究了杂志广告中名人代言的情况,分析了出现在 37 种不同杂志中的广告代言人。

按照传统内容分析法的基本流程,在确定研究内容和研究问题后,就要开始收集数据、确定研究样本和建构分析类目。

在这个研究中,共有 3 位编码员分别对 37 种杂志中的 2 358 个广告进行内容编码,分析类目包括名人的性别、地位、类型和特点,如吸引力和专长。广告类别涉及 20 种产品和服务,如通信产品、金融服务、时尚、视频、媒体、家装等。编码员依据编码表完成内容编码后,整理编码结果对其进行统计分析并做出结论,即完成了传统内容分析法的基本流程。

在第一节中,我们了解到内容分析作为一种非介入性研究,不受变量和信息呈现背景的限制,它的整个操作流程都是系统化且可复制的,但在处理大量数据,或者面临有深度的复杂研究时,还存在编码过程较为耗时、耗力且难以把控等问题。虽然编码之前可以通过测量编码员间的信度来提升编码质量,但信度测试的整个过程也是比较烦琐的,尤其是为了确保编码员之间的一致程度较高,信度测试的整个环节都要严格遵守操作准则。若信度系数不达标,就需要反复培训编码员,重新进行信度测试。编码完成后,所有编码结果的整理、校对、修正以及分析同样耗时耗力,一般可能花费几个月甚至几年的时间才能完成。

与之相比,另一项研究《整合框架与解释水平:海内外报纸对“一带一路”报道的对比分析》②,运用了 DiVoMiner® 文本大数据挖掘与分析平台,进行数据处理、信度测试和内容编码的操作。总共有 8 位编码员参与了研究,分别使用了多套不同的编码表做内容编码,总样本包含 10 450 篇新闻报道。

研究人员运用 DiVoMiner® 解决数量较多的文本内容编码、多套编码表、多层级多次编码以及多位编码员可能带来的信度问题,实现了多位编码员、多套编码表的信度测试和内容编码,同时,通过质量控制对编码结果进行实时的校准和修正,以控制编码结果的质量。这个前

---

① Belch, G. E., & A. Belch, M. (2013). A content analysis study of the use of celebrity endorsers in magazine advertising. *International Journal of Advertising*, 32(3): 369-389.

② 王丹、郭中实:《整合框架与解释水平:海内外报纸对“一带一路”报道的对比分析》,发表于《新闻与传播研究》2020 年第 3 期。本案例涉及的内容和描述已获得原作者的同意,在此做出介绍。

沿性的研究以方法创新配合理论创新，实现了社会心理学和传播学研究的融合。

在信度测试环节，该研究运用 DiVoMiner® 一键随机抽样建立了测试数据库。随后，编码员进行线上信度测试，实时生成 8 位编码员的信度计算结果，以及具体到各题目的信度结果报告。平台上有 4 种内容分析法中常用的信度计算公式可选择。若其中某个题目或某位编码员的信度系数较低，可通过编码追踪查看编码员所作出的选项，方便校正。本节的第六部分将详细介绍具体的操作流程。

在内容编码环节，为了测量“整合框架”和“解释水平”，研究人员利用平台预先建立及处理好的含有一万多篇新闻报道的编码数据库，分别对多个不同的指标进行测量。首先由 DiVoMiner® 对显性的维度进行自动识别、编码，包括文章篇幅、相关文章出现的次数、新闻报道中是否附有图片等，提高了编码效率，节约了人力成本。其次，对相对隐性的维度，编码员人工介入进行判断，提高了准确性。

在完成第一层级编码的基础上，研究人员又对文章出现的频率、配图以及直接引语数量进行了二次编码。另外，在测量其他指标的过程中，研究人员分别运用了不同的编码类目，例如消息来源、新闻的抽象程度及因果关系抽象程度。

如此复杂的编码需求，运用传统内容分析法是很难实现的，而且容易出错。这种情况下，大数据技术辅助在线内容分析法可以帮助研究人员批量、快速地处理大量文本的内容编码，同时也能帮助研究人员快速建立各类数据库和样本库。更加便利的是，编码结果都是实时得出的，无须再次花时间整理，在对编码结果进行校准和修正的同时，统计分析结果也会实时更新。这些通过技术手段就可以实现的协同操作，大大缩减了研究团队的时间和人力成本，也提高了编码结果的质量，整个过程只需约一个月的时间便可以完成。

除了量化的内容分析外，大数据技术辅助在线内容分析法对质化的内容分析也有帮助。例如，扎根理论研究路径中比较常见的开放性编码（Opening Coding）需要从分析资料中识别特征以进行归类，从而形成类目范畴，就可借助这一方法。

举例而言，《国际新闻界》上有一篇名为《如何满足受众：日常化网络直播的技术与内容考察》[①] 的论文，来源于一项关于“网络直播”的研究，以日常化网络直播技术及内容为切入口，探究网络直播如何满足受众心理需求。

在处理文本数据方面，研究者利用 DiVoMiner® 线上采集数据建立数据库，针对 842 篇关于网络直播的文章和报道，运用关键词检索和设置条件筛选、排序等方式，清理无关数据，最终获得 538 篇文本。DiVoMiner® 仅需要设定关键词、媒体类型和时间范围即可完成线上数据库的建立，还具备便捷的数据清理功能，最大限度地确保研究数据更贴近研究需求。这些数据直接存储并呈现在平台上供研究者进行内容分析。

平台支持通过设置开放式题目进行开放性编码，从新闻报道内容中提炼关键内容，进行线上内容编码，编码完成后，所有编码结果自动汇总。在该研究中，研究者根据编码结果进一步归纳日常化直播的类型，最终提炼出主要的直播类型，包括生活流直播、猎奇直播和功用直

① 王建磊：《如何满足受众：日常化网络直播的技术与内容考察》，发表于《国际新闻界》2018 年第 12 期。本案例涉及的内容和描述已获得原作者的同意，在此做出介绍。

播，并结合相关理论寻找这些直播存在的"合理性"依据。相较于传统的方法，线上完成这些步骤省时省力，每一个编码结果都可以实时追溯至原文，供研究者进一步校阅。

以上是近期学者们利用 DiVoMiner® 做内容分析的成功案例，下面以笔者的研究"海峡两岸暨香港、澳门媒介融合的创新实践与发展趋势"为例，展示该平台具体的操作流程。

这个研究总计分析了 44 936 篇关于媒介融合的新闻报道和 752 篇学术文献，将传媒业界和学术界对媒介融合现状和趋势的探讨作为主线，对比分析海峡两岸暨香港、澳门的媒体对媒介融合的关注焦点，以呈现传媒业界和学术界在探讨和论述媒介融合的现状、趋势时的异同。

整体的在线内容分析研究流程包括建立总体数据库和样本库，设置类目、测试编码员信度、机器编码和人工编码，统计分析及可视化呈现。下面将按照次序逐一介绍该方法的主要步骤(见图 7-10)。

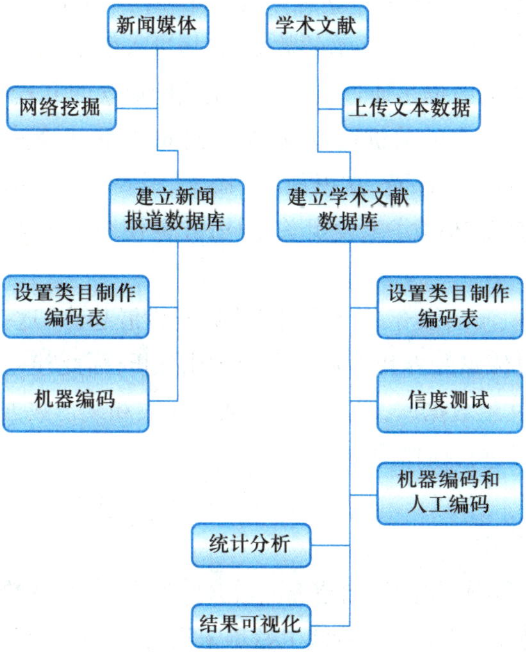

图 7-10 研究流程图

一、协同管理机制

在我们开始一个内容分析法的研究项目之前，除了确定题材、文献综述和确定研究数据范围外，还要重视操作过程中研究团队成员之间的协同合作。研究团队里不同的人负责不同的工作，使整个研究项目有序、高效地进行。例如，把控整个研究思路和框架的研究员，执行内容编码的编码员以及进行质量控制的督导员，每个环节都需要大家的协同配合，才能确保研究过程的严谨性和研究成果的质量。

然而，在传统研究中，这样的协同管理在实际操作时很难实现，编码员的编码质量如何把控？编码结果如何校对和修正？这些问题只有通过云端的网络技术辅助才能解决。只有每个步骤都可以随时把控和校验，研究过程才能透明、可控，这是执行内容分析法的研究项目不可忽略的。

在 DiVoMiner® 平台上，管理员（研究员）可以在研究项目开始之前设置研究员、编码员和督导员的角色，每个研究项目可以添加多位编码员。不同的角色有不同的权限配给，可以进行的操作范围是不同的，例如，编码员专门进行与编码相关的操作，在研究项目中每位编码员都可以进行信度测试和内容编码；而督导员专门针对编码员的信度测试、编码数量、速度、用时等绩效行为进行监测，同时可随时校对和修正编码员的编码结果；管理员一般充当研究员，掌控整个平台的设置及监督研究项目的进程。

在下面的案例介绍中，将会详细介绍每个环节中不同角色的研究者是如何协同合作的。

二、数据库的建立

在确定了研究议题后，接下来要建立总体数据库和样本数据库。从来源的角度，研究数据通常可分为两种，一种是线上实时采集的数据，直接进入数据库，一种是把线下已有的数据上载至数据库。线上采集的数据是通过关键词设定议题概念的方式进行线上挖掘得到的，以“概念”为单位，通过多重概念的关键词设置，加入逻辑关系，反复提炼和清理数据，以确保数据具有代表性和较高质量。注意，这里面的“概念”是围绕研究议题展开的，而非各自独立的关键词，只有紧紧围绕“概念”来设定关键词，才能使线上采集的数据更符合研究对象范围。

以“海峡两岸暨香港、澳门媒介融合的创新实践与发展趋势”这一研究为例，研究者在建立数据库时，考虑到要对传媒业界和学术界进行对比分析，因此建立了两个数据库，分别是：新闻报道数据库和学术文献数据库，采用了线上数据采集和线下数据上载两种方式。建立数据库这个过程是由管理员进行操作的。

（一）线上数据的采集

线上数据采集运用了逻辑关键词构建媒介融合的概念，研究者总结该概念在新闻报道中的不同说法和名称，以提升关于媒介融合线上数据采集的覆盖度。设定了共计 21 个词组概念关键词，使用“OR”（或）连接不同关键词，组成用以采集线上数据的逻辑关键词组，放入“全媒体公用关键词”中。注意各个关键词及连接词之间需要空一格，如图 7–11（上图）所示。

设定样本的媒体类型、媒体来源名称和时间范围，按照以上逻辑关键词组进行数据采集，即可完成线上新闻报道数据库的建立。但不可避免的会有一些不符合研究对象范围，但也是依据设定的关键词而被采集的文章，这类不相关的数据需要通过设定排除词的方式予以清理和筛选，确保数据库中数据的质量。

因为本次研究是针对媒介融合本身的特点展开的，在原始采集的数据中，金融报道中对于相关领域上市公司的探讨不在研究范畴之内。因此，研究者将与金融相关的关键词放入“全媒体公用排除词”中（见图 7–11 下图），进一步清理研究数据库。

最终研究者收集了 2013 年 1 月 1 日至 2018 年 12 月 31 日，为期 6 年的海峡两岸暨香港、澳门关于媒介融合的新闻报道，共计 44 936 篇（见图 7–12）。

图 7-11　线上数据采集关键词设定示意图

图 7-12　线上新闻报道数据库示意图

（二）线下数据的上载

线下（本地）数据库的建立，主要是通过上载本地资料完成的。该案例要研究学术界对媒介融合的论述，研究者选取了中国知网中国期刊全文数据库的核心期刊中，篇名含有关键词"媒介融合"的学术文献，运用这些学术文献建立数据库，可基于该数据库进行文献搜索、编码和分析。当然，本地资料的形式和内容可依据不同的研究内容和计划来确定。建立好数据库后，就可以开始研究了，如进行抽样、编码、分析等。数据库具有搜索、筛选、移除等功能，方便研究人员进行数据管理和数据清理。

该例中的研究者将来自中国知网中国期刊全文数据库的核心期刊，2013 年至 2018 年篇名中含有关键词"媒介融合"的学术文献，共计 752 篇上传至 DiVoMiner® 平台后建立了学术文献数据库，供进一步的研究使用(见图 7–13)。

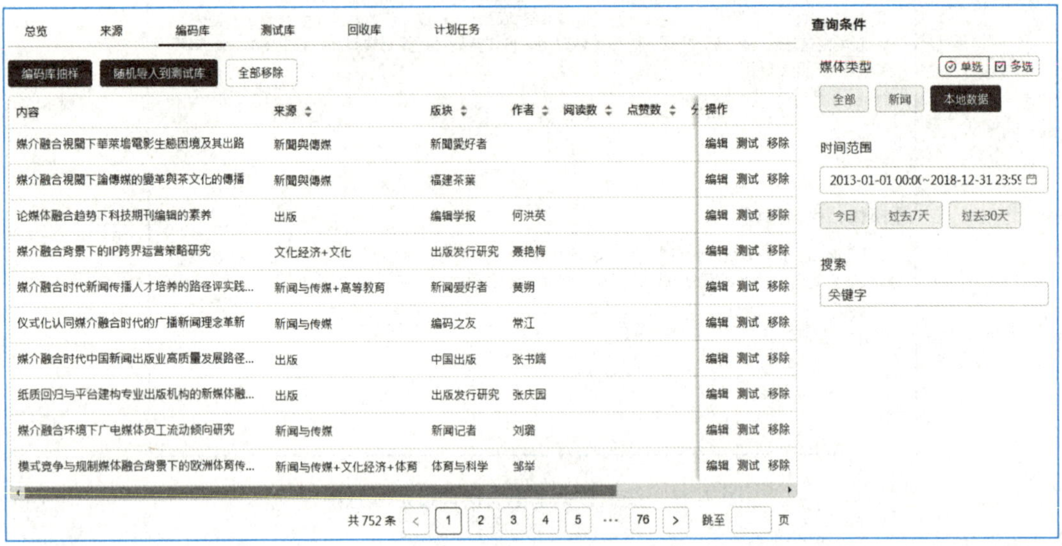

图 7–13 学术文献数据库示意图

三、抽样

(一) 选择抽样方法

在确定了研究题材和研究假设后，研究者需要界定内容分析的对象，即分析样本，可以是符合研究对象的总体，也可以是使用抽样方法选取的部分样本。

内容分析中比较常用的概率抽样方法主要是简单随机抽样、系统抽样(或称等距抽样)、分层抽样和整群抽样(详见第六章第二节)。

面对海量的数据及各媒体渠道的差异性，研究者需要把握总体数据的总体趋势，分析大数据则需要新兴的技术、完备的理论以及可操作的抽样方法。① 研究者可结合大数据特点，针对不同的研究情况确定具体的抽样方法。② 结合了技术和算法的抽样可以通过一些简单的抽样条件和方法的设置快速完成(见图 7–14)。在这个案例中，为了全面系统地了解传媒业界和学术界对媒介融合的讨论和看法，研究者选取了总体数据作为研究对象，即新闻报道数据库的总体数据和学术文献数据库的总体数据。因为可借助 DiVoMiner® 进行数据的处理和分析，所以数据量庞大对于这个研究来说不是难题。

(二) 确定分析单位

除了抽样外，在确定研究内容时首先要确定分析的是“什么”或“谁”，即分析单位，它是研究过程中被分析的主体。内容分析的首要工作是决定要观察什么、记录什么，这需要将研究对

① 崔颖安、李雪、王志晓、张德运:《社会化媒体大数据多阶段整群抽样方法》，发表于《软件学报》2014 年第 4 期。

② 米子川、聂瑞华:《大数据下非概率抽样方法的应用思考》，发表于《统计与管理》2016 年第 4 期。

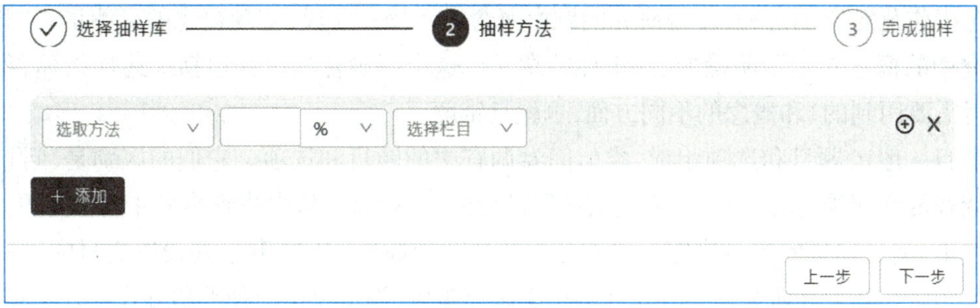

图 7-14　抽样设置示意图

象单位化后才能有所依据。单位化的过程即为分析对象赋值的过程。在内容分析中,分析单位可以是词语、句子、段落或整篇文章。在这个案例中,分析单位是每一篇关于媒介融合的新闻报道和每一篇关于媒介融合的学术论文。表 7-1 列举了一些内容分析研究中界定的分析单位。

表 7-1　分析单位示例

研究者	主题	总体	样本	分析单位
Bramlett-Solomon & Subramaninan (1999)①	杂志广告中的老年人形象	1990—1997 年《生活和乌木树》中的全部广告	除分类广告外的所有广告	65 岁以上的人,或者有灰白头发、面部多皱纹、使用拐杖的人
Mastro & Greenberg (2000)②	电视节目中的少数族裔	1996 年秋季、黄金时间段的电视节目	按星期对节目进行抽样	少数族裔人物、主要角色中有少数族裔的节目
Signorielli & Kahlenberg (2001)③	黄金时段电视节目	1990—1998 年黄金时段的电视节目	每年秋季或春季一个星期的节目	主角、配角及其他辅助角色从事的活动
Lauzen & Dozier (1999)④	1995—1996 年电视剧节目幕后的女性工作者	1995—1996 年收视率最高的 65 部连续剧和戏剧	每个剧作中的一集	从节目工作人员名单推断的幕后工作者的性别

四、编码类目的设置

确定研究对象后,要依据研究目的和研究问题设置(建构)类目。研究者可按照某种框架对文本材料的内容进行分类,进而赋值、编码,将其转化成可用于统计分析的数据,用以探索文本的意义,回答研究问题。这个概念化框架或者具体的类别就是类目,这一过程即为研究主

① Bramlett-Solomon, S., & Subramanian, G. (1999). Nowhere near picture perfect: Images of the Elderly in Life and Ebony magazine ads, 1990–1997. *Journalism and Mass Communication Quaterly*, 76(3): 565–572.

② Mastro, D. E., & Greenberg, B. S. (2000). The portrayal of racial minorities on prime time television. *Journal of Broadcasting & Electronic Media*, 44(4): 690–703.

③ Signorielli, N., & Kahlenberg, S. (2001). Television's world of work in the nineties. *Journal of Broadcasting & Electronic Media*, 45(1): 4–22.

④ Lauzen, M. M., & Dozier, D. M. (1999). Making a difference in prime time: Women on screen and behind the scenes in the 1995–96 television season. *Journal of Broadcasting & Electronic Media*, 43(1): 1–19.

题设定操作化定义的过程，使得研究问题由概念进入操作阶段，实现概念的可测量。"概念化为研究中的概念指定了明确的、共识性的意义。这个明确化的过程包括描述性指标（我们在测量时需要用到的）和概念的不同方面，也就是维度。"①

类目一般由题目和选项组成，类似问卷调查中的题目和选项。它们的区别是，问卷调查是由调查员询问受访者，而类目表是由编码员检阅文本资料，从中找到答案并填答问题。在一定程度上，类目建构的质量决定了内容分析的成败和好坏，因而，我们在设置类目的过程中要注意紧扣研究问题和研究框架。在社会科学研究领域，类目建构的种类和方式可以相应扩展，针对内容资料进行任意角度的分类和挖掘。类目设置完成后，才可以进行编码。

例如在上述媒介融合研究中，研究者基于研究问题，综合过往研究文献，从关键词、媒介融合概念、融合形式、涉及的领域、传统媒体及新媒体类型等媒介融合现状，以及媒介融合的发展趋势，包括技术、内容、应用、产业格局、政策法规等方面设置了如下类目（见表 7-2）：

表 7-2 "海峡两岸暨香港、澳门媒介融合论述及发展趋势研究"类目信息表

题目	选项
1. 提及的关键词（多选）	媒介融合、媒介转型、媒介经营融合、其他 *
2. 媒介融合概念（多选）	新闻业角度、技术角度、产业角度、社会性融合角度
3. 融合形式（多选）	媒介形式融合、内容生产方式融合、产业融合形式、社会性融合形式
4. 传媒业界中媒介融合涉及领域（多选）	传统媒体、新媒体、影视、人才教育、出版、思想政治、产业经营、教育理论、公关与行政学、广告、民商法、图书情报、文化与艺术、文学、其他 *
5. 提及的传统媒体类型（多选）	电视、广播、报纸杂志、书籍、其他 *
6. 提及的新媒体类型（多选）	脸书、推特、微信、微博、网站、论坛、App、客户端、电邮、其他 *
7. 融合趋势（多选）	技术发展趋势、内容生产发展趋势、媒介融合的应用趋势、产业格局融合发展趋势、政策法规完善趋势、其他 *
7.1 技术发展趋势（多选）	数字化 / 数位化 / 数码化、人工智能、多元化、大数据、社交化、云技术、移动化、虚拟现实（VR\ AR 等）
7.2 内容生产发展趋势（多选）	内容生产平台化、定制化内容生产、互动化生产
7.3 媒介融合的应用趋势（多选）	消费平台、内容与服务融合
7.4 产业格局融合（多选）	组织重组、组织并购
7.5 政策法规完善趋势（多选）	规制制定、管理统一化
8. 媒体来源地区（单选）	内地（大陆）、香港、澳门、台湾
9. 学术界研究的学科类别（多选）	新闻与传媒、出版、高等教育、戏剧电影与电视艺术、文化、经济、体育、教育理论与教育管理、文学、图书情报与数字图书馆、音乐舞蹈、文艺理论、贸易经济、美术书法雕塑与摄影、行政学及国家行政管理、思想政治教育、民商法、市场研究与信息、企业经济、外国语言文学、计算机软件及计算机应用、建筑科学与工程、马克思主义、民俗学、成人教育与特殊教育、社会学及统计学、职业教育、档案及博物馆、信息经济与邮政经济

① 曹文鸳、赵莹、林坤燕、张荣显：《基于大数据的公共服务研究：对海峡两岸暨香港、澳门公共自行车的新闻报道的内容分析》，发表于《新媒体与社会》2018 年第 1 期。

在大数据技术辅助在线内容分析过程中,类目设置支持本地类目上传和线上创建、修正类目(见图 7–15),同时,类目内容的更新变动也会同步至统计分析结果中。虽然 DiVoMiner® 平台省去了传统内容分析过程中,因修正类目内容而不得不重新制作编码表,重新修正编码内容,以及重新进行统计分析的环节,但我们仍建议研究者在执行内容编码之前,多花一些时间确定分析类目。若修改了类目选项中的关键词,或对题目、选项进行了增加、删除类的操作,则需要针对修改过的类目再次编码。

图 7–15　类目设置示意图

五、编码

完成类目设置后,就到了编码的环节。编码是将内容分析的文本按照类目进行归类的工作。人工编码一般按照编码说明检阅文本,填答编码表,所有文本的编码结果最终汇总到一起进行统计分析,即完成了内容分析的量化工作。

对于文本大数据研究来说,完全依靠人工编码所消耗的人力和物力成本是不可考量的,由计算机辅助进行内容编码,在人工少量介入的情况下,可在提升编码效率的同时确保编码质量。

根据人工和机器介入的程度,编码的方式可区分为机器辅助人工编码、机器学习编码。机器辅助人工编码需要人工提前预设类目中选项对应的关键词,指引机器对文本进行关键词的自动化标注并自动填答选项,以完成辅助编码。机器学习编码涉及编程建模等复杂操作,本章暂不讨论。

设置类目中选项的对应关键词可实现机器辅助人工编码和机器编码,提升编码效率和准确度。例如在这个案例中,对于文章中提及的传统媒体类型和新媒体类型都可以交给机器自动编码,快速得出文本中显性信息的分布结果。然而,有一些相对隐性的信息,例如媒介融合的趋势和概念等内容,就需要编码员人工进行判断了。

在机器辅助人工编码模式中,文本会自动标注预设的关键词,进而预设选项,协助人工编码;在机器编码的模式中,关键词则是执行机器编码的选项依据(见图 7–16)。

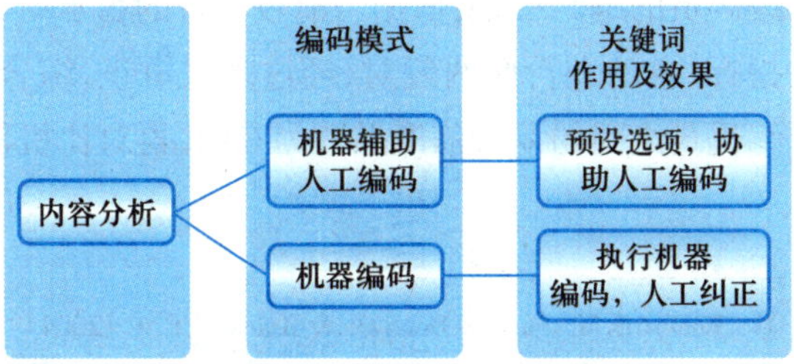

图 7–16　关键词在不同编码模式中的作用

如图 7-17 所示，在媒介融合的新闻报道文本界面，可以看到被标注的关键词“广播电视台”“多媒体”等，这些关键词就是研究者为类目的各选项设置的关键词，界面右侧的编码表中也会自动选择这些关键词所属的选项，辅助编码员快速完成内容编码。

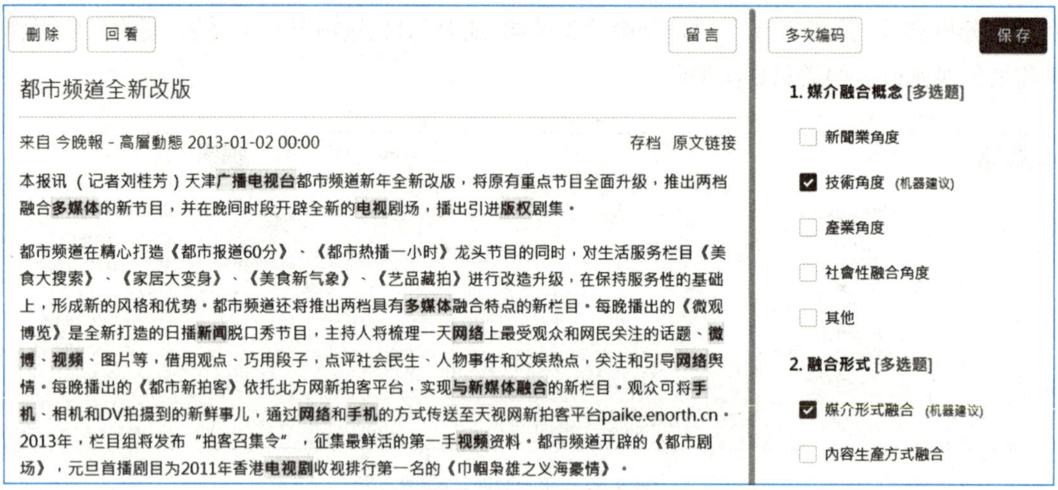

图 7-17 内容编码页面示意图

这里需要谨记，正式编码之前，需要对不同编码员进行编码信度测试，确保不同编码员对类目信息理解一致，这样才能确保内容编码的质量，使得编码结果具有可信性。

六、编码员间信度测试

信度是在研究过程中，不同研究者对同一现象重复测试，所产生结果的一致程度。信度测试可在科学抽样的基础上进一步防范研究者对数据产生影响。内容分析法的信度主要指不同编码员独立编码后其编码结果的一致程度，即编码员间信度（Inter-coder Reliability）——“独立的编码者评估一则信息的特征并达到相同结论的程度”①。此外，信度也指在编码过程中，编码员的工作符合明确的标准或者达到预定结果的程度。

在内容分析过程中，编码员间信度的测试是不可缺少的重要一步。如果执行机器编码，则需要通过对比人工编码结果来进行机器编码信度测试，只有当信度结果达到一定标准后才可以执行正式的内容编码。在这个案例中，共有三位编码员，信度测试的步骤为：首先在DiVoMiner® 上选取部分样本构建在线信度测试数据库，每位编码员进行独立编码，综合三位编码员的编码结果，依据当前较流行的霍尔斯蒂系数（Holsti's Coefficient Reliability）②作为信度指标，自动进行两两配对，经过多次矫正，综合每个变量的信度系数，由平台自动计算出三位编码员之间的复合信度系数为 0.93，再对比机器编码结果和人工编码结果，计算出机器编码与

① Lombard, M., Snyder-Duch, J., & Bracken, C. C. (2004). A call for standardization in content analysis reliability. *Human Communication Research*, 30(3): 434-437.

② Holsti, O. R. (1969). *Content Analysis for the Social Sciences and Humanities*. MA: Addison-Wesley Publishing Company.

编码员之间的复合信度系数为 0.85，显示信度已达到可信水平。[①]

由此归纳内容分析中信度测试的一般流程如下：

第一，制作编码指引，培训编码员理解编码类目和规则。

第二，随机抽取少量具有代表性的样本，建立测试数据库。

第三，各编码员独立进行编码，若有机器编码，同时执行机器编码。

第四，选取信度指标，根据测试编码结果计算信度，达标后方可进行正式内容编码。若未达标，则需对编码员重新进行培训和指导，检查并修正选项关键词。

传统内容分析一般通过专门的信度测试软件或统计学软件来计算信度系数，如运用 SPSS 和 AGREE 计算科恩 kappa 系数，运用 SimStat 可计算百分比一致性、斯科特 pi、科恩 kappa、克里彭多夫 alpha 等系数。在执行信度测试之前，需先将信度测试数据调整成各统计分析软件适应的格式，如 SPSS 中的 kappa 系数计算过程：Analyze→Descriptive Statistics→Crosstabs→Kappa 选项。此外，对于信度结果的检查，需要汇总所有用于做信度测试的内容编码结果，逐一核对检查，找出差异较大的题目，再对编码员进行重新培训。

以上烦琐的信度测试过程经常会困扰研究人员。在大数据技术辅助在线内容分析过程中，DiVoMiner® 平台大大精简了信度系数测试的烦冗流程，使信度测试与编码员的编码过程同步，即编码员每完成一篇用于信度测试的内容编码，信度的测试结果立即同步更新。同时，督导员可依据信度报告查阅不同题目、不同编码员之间的信度系数，再通过追踪编码员所做的选项，定位编码员所执行的编码结果的差异。整个信度测试过程、信度系数计算和信度结果检查一站式完成。DiVoMiner® 上目前可供使用的信度系数计算方法有四种，均常用于内容分析，包括霍尔斯蒂系数，科恩 kappa，斯科特 pi 和克里彭多夫 alpha。

信度结果报告如图 7-18 所示，包括编码员信息、信度指标以及每一道类目的测试结

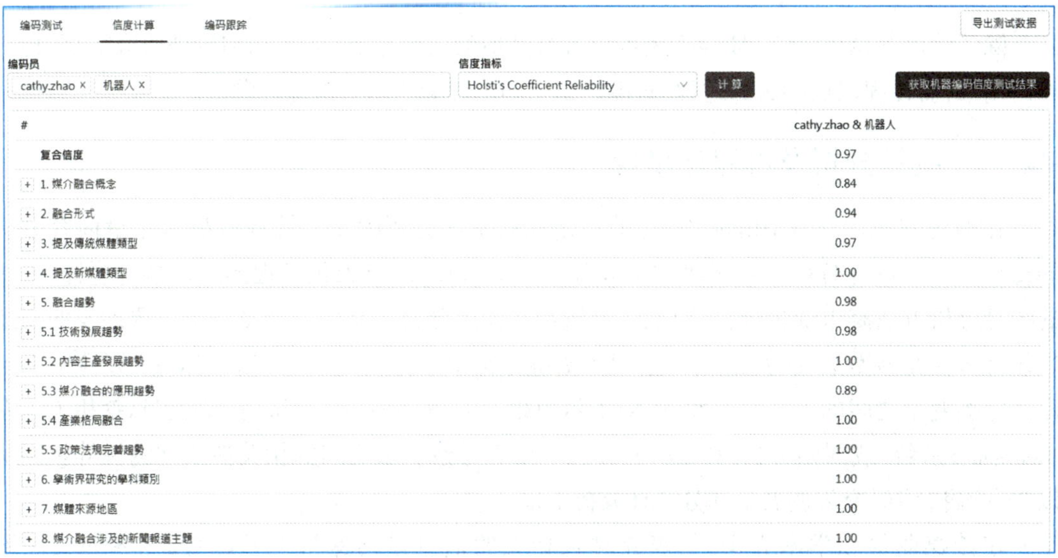

图 7-18 编码员间信度结果报告示意图

① Kassarjian.(1977). Content Analysis in Customer Research, *Journal of Consumer Research*, 4(6): 8-18.

果。以测试机器编码信度为例，督导员对比人工编码结果，进行复合信度计算。督导员可根据该报告进行具体类目的检查和优化，尤其是信度结果较低的类目，需进行有针对性的检查。

在信度结果检查的过程中，督导员可通过追踪编码结果当中的差异选项（见图 7-19），优化类目的选项关键词，重新进行机器编码信度测试，直至机器编码信度结果达标。若是人工编码，则需要督导员对编码员重新培训，提升不同编码员对于类目选项理解的一致程度，再重新进行编码员间的信度测试，直至最终的信度结果达标，方可进行正式的内容编码。

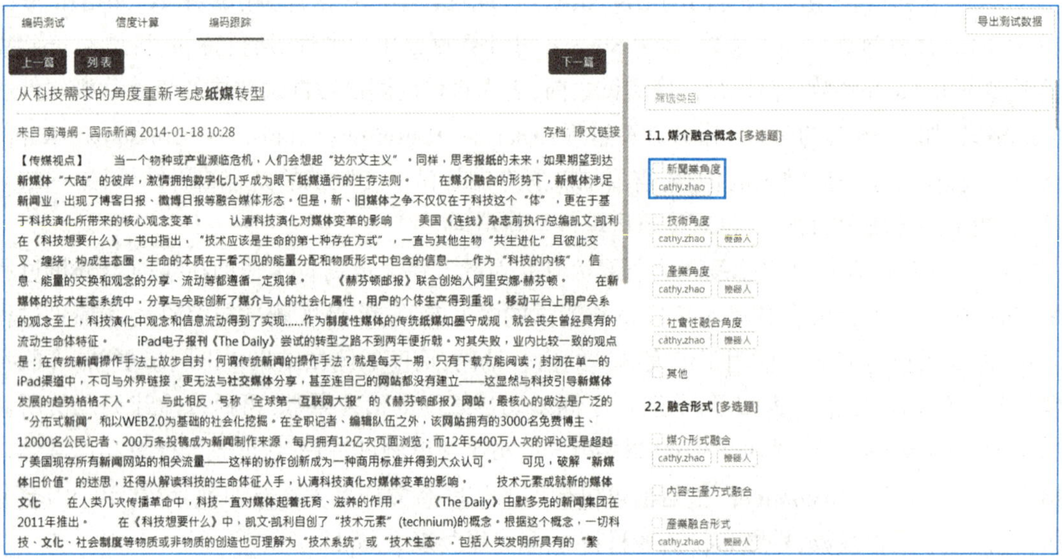

图 7-19 编码追踪页面示意图

除了信度测试外，DiVoMiner® 还可以进行其他的质量控制，如筛选和清理研究数据，检查编码结果，监控编码员的编码过程，对编码结果和统计分析结果追踪溯源等。

七、统计分析及可视化呈现

在编码完成后，DiVoMiner® 还提供一站式的统计分析模组。统计分析是定量内容分析的重要一步。内容分析中可运用的统计分析方法有很多，可视化呈现形式也多种多样，常用的统计分析方法有单变量分析、双变量分析和多变量分析。其中单变量分析主要涉及的描述性统计方法是频数和百分比，双变量和多变量分析中多运用交叉表和卡方检验，以考察未排序的定类变量之间的关联性。此外，斯皮尔曼相关关系（Spearman rho 系数）、皮尔森相关关系（Pearson r 系数）或回归分析（Regression）也可用来考察变量之间的相关性或预测性等。以下以“媒介融合”研究为例展示部分统计分析结果。

在传媒业界和学术界中，与媒介融合相关的信息量均保持上升趋势，业界的关注度 2013—2017 年呈明显的逐年上升趋势，学术界的关注程度 2013—2015 年呈逐年上升趋势，之后略有波动，但保持一年一百篇以上的平稳状态（见图 7-20）。

内地（大陆）对媒介融合的关注最多，澳门地区最少（见图 7-21）。

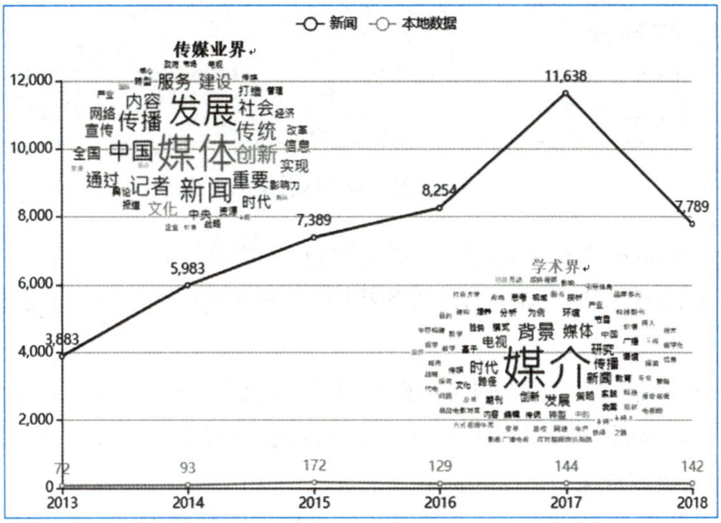

图 7-20　传媒业界和学术界对媒介融合讨论的信息量趋势

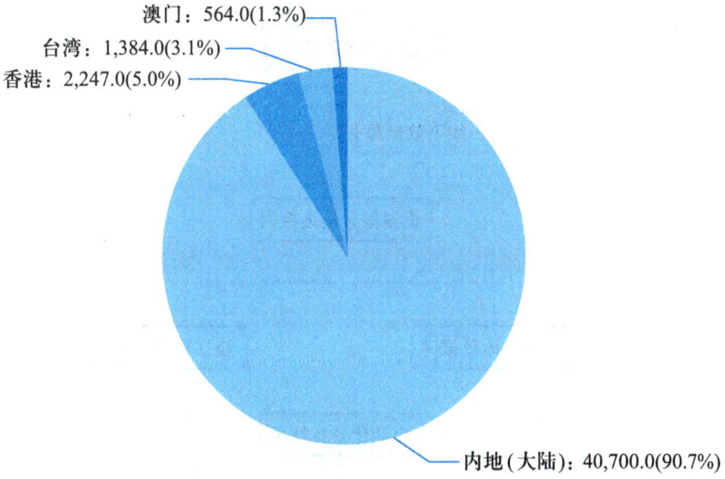

图 7-21　海峡两岸暨香港、澳门对媒介融合报道的数量分布

在 DiVoMiner® 平台上，我们可以通过几个简单的拖拉动作进行交叉分析与卡方检验，来分析业界与学术界所讨论的媒介融合形式的差异。如表 7-3 所示，自变量是业界和学术界，因变量是不同的媒介融合形式。业界提及“媒介形式融合”最多，占比超过四成，例如多种媒体形式融合推动的媒体转型；学术界提及最多的是内容生产方式的融合，例如适应各媒体类型和终端用户的定制化内容。业界与学术界对媒介融合形式的关注有显著差异（χ^2=190.010，df=4，p<.0001）（见图 7-22）。

表 7-3　业界与学术界所讨论的媒介融合形式

	媒介形式融合	产业融合	内容生产方式	社会性融合
业界	44.4%	26.6%	22.2%	6.9%
学术界	35.1%	15.8%	35.7%	13.4%

卡方检验 ⓘ

卡方值(Value)	自由度(df)	P值(Sig.)	显著性
190.010	4	0.0000	***

图 7-22 卡方检验结果示意图

总之，在 DiVoMiner® 平台上完成一个研究项目，从研究计划的设计到每一个步骤的操作执行，都需要严谨的研究流程，有了这个操作指引，我们在进行内容分析法的研究项目时就有章可循了。

在 DiVoMiner® 平台上，无论是研究团队的协作、数据库的建立、类目设置还是烦琐的编码员间信度测试、内容编码，甚至统计分析结果的可视化呈现都可以一站式完成，帮助研究者高效率产出高质量的研究成果。

图 7-23 是大数据技术辅助在线内容分析法个案研究流程图，希望大家学会运用工具来辅助研究，解决研究难题。

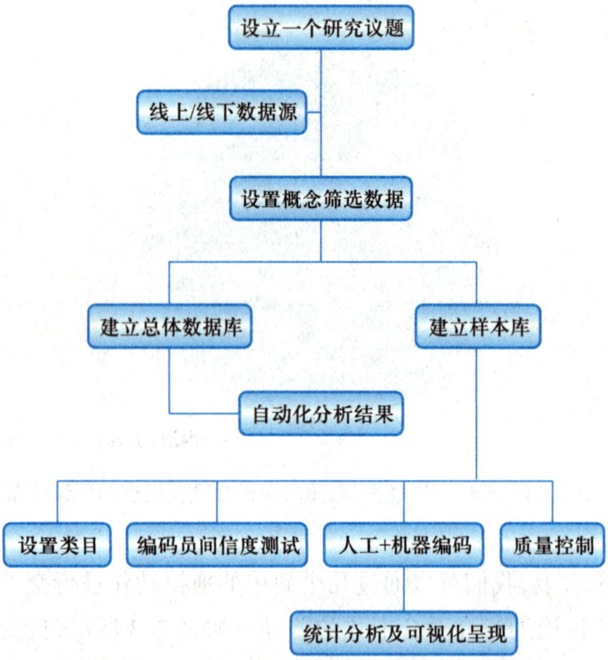

图 7-23 大数据技术辅助在线内容分析法个案研究流程

不要惧怕体量庞大的数据，勇于尝试，先从掌握研究工具开始。

练习与作业

1. 设计研究计划

请运用“大数据技术辅助在线内容分析法”设计任意选题的研究计划，包含以下部分：

（一）研究题目

（二）文献综述

（三）研究问题

（四）研究方法

（五）参考文献

2. 建立数据库

请搜索并登录 DiVoMiner® 文本大数据挖掘与分析平台[①]，任选第三方本地数据建立数据库。

从平台上的免费学习话题“总览”中下载任意一个示例数据的 Excel 文档，上传至你的数据库中。

将从中国知网下载的论文 PDF 上传至你的数据库中。

3. 类目设置

请针对以下研究问题设置类目：

（一）关于阿里巴巴集团的新闻报道主题有哪些？

（二）请对“手机品牌”这一题目的选项设置关键词：

选项 1，华为

选项 2，小米

选项 3，vivo

选项 4，OPPO

问题与解答

Q1：建构类目时需要注意的问题有哪些？

Q2：信度测试过程中对编码员的监督该注意什么？

Q3：执行编码之前的关键词设置该注意什么？

Q4：质量控制体现在哪些环节中？

第七章　问题解答

词汇与定义

1. 大数据技术辅助在线内容分析。一种基于传统内容分析法的操作流程，结合人工智能

① DiVoMiner® 文本大数据挖掘与分析平台简介和视频教程见本书第 410—411 页。

算法进行大数据的挖掘与分析的研究方法。

2. 定性分析。以研究者本人作为研究工具,在自然情境下采用多种资料收集方法对社会现象进行整体性探究,使用归纳法分析资料和形成理论,通过与研究对象互动对其行为和意义进行建构,以获得解释性的理解。

3. 定量分析。建立在实证主义和经验主义理论基础之上,通过逻辑原理和演绎推理获得科学知识。

4. 内容分析法。社会科学研究方法中对文本内容进行编码、分类、语义判断及形成可供统计分析之用的数据的研究方法。

5. 类目建构。内容分析法本质上是将原始材料转换成标准化材料的过程,即按照某种概念框架进行编码或分类。形成概念框架的过程即为类目建构,类目建构的质量在一定程度上决定了内容分析的成败与好坏。

6. 编码。在内容分析中,类目建构后的下一步是把传播内容归类,这个过程称为编码,负责编码的人员称为编码员。

7. 编码表。说明如何对内容进行归类的文档,包含用以记录编码员和编码资料的一般信息、资料的来源信息、编码的主体内容信息。

8. 编码员间信度。在内容分析法中,信度主要指编码员间的信度,即不同编码员对相同文本的编码结果的一致程度。

9. 分析单位。在研究中用来描述和解释的个体单位。

第七章 阅读文献

第八章

框架分析法

——理解知识的传播途径

学习目标

1. 了解信息传播过程中常见的叙事技巧——框架。
2. 了解框架理论与社会、政治、文化的关系。
3. 学习统计方法如何运用于框架分析。
4. 学习质化框架研究的精神和方法。
5. 通过案例分析练习框架分析法。

引　言

前章介绍了如何运用大数据辅助内容分析法对传媒、网络文本进行内容分析。本章介绍的框架分析法，同样是新闻传播领域分析文本的重要方法，主要是通过分析媒介文本中被强调、被表述的显明信息，以寻找形塑新闻报道的框架、意识形态或话语权。传统上，框架分析法主要通过量化研究与统计分析实现，近年来，质化框架研究也获得了一定发展。

我们日常生活中大量接触的新闻报道不是随兴之作，而是经过事先调查、主题讨论、多番打稿、调整篇章结构等一系列流程后制作出来的，特别是当新闻内容涉及专业知识或特定文化背景时，尤其需要进行这些步骤来提供深入浅出的报道以降低阅听人（受众）的信息接收门槛，框架正是常见的信息编排技巧之一。阅听人经常在不知不觉中依照报道框架的编排按图索骥地接收新闻机构或撰稿人希望他们吸收的信息和观点。在这个信息爆炸和真假新闻难辨的时代，了解这套框架技术如何运作显得格外重要。

本章将从理论和实例的角度介绍框架的使用，包括框架分析的概念、量化框架分析与框架使用强度、质化框架分析与文本意义解读、传播领域的框架分析实例等内容。

第一节 框架分析的概念与方法

一、框架分析的基本概念

框架理论(Framing)既是传播学的一个重要理论,也具有独特的研究逻辑与方法。在传播研究文献中,恩特曼于 1993 年发表的《框架:对一种破裂范式的澄清》[①] 可以说是打下基础的一篇论文。根据恩特曼的主张,框架通过强调传播文本中的某些信息来提高其显著性,这就意味着这些信息对受众而言会更引人注目、更有意义或更令人难忘。提升显著性会增强受众对这些信息的感知,引导其进行信息处理,而后将其储存在记忆中。框架决定了大多数人是否注意到以及如何理解和记住某些问题,甚至如何评估它们及是否采取行动。根据上述概念而产生的框架分析方法在过去二十多年间的新闻、广告、公共关系、网络新媒体等领域的文本内容分析中被广泛采用。

(一) 框架概念的由来

1955 年贝特森在其论文《一个关于游戏与幻想的理论》[②] 中最早提出了框架的概念,他将"框架"的概念定义为"个人组织事件的心理原则与主观过程",后来的研究逐步将其衍生为"选取与强调问题的某些方面同时排除与淡化其他方面的策略"[③]。社会学、心理学、文化研究、自然科学等学科都试图采用框架理论解释现实,建构人们的心理认知基模,并取得了丰富的成果。传播学领域所指的框架分析则主要源于 1974 年戈夫曼的《框架分析:经验组织论》[④] 一书。他认为,框架分析可以用来观察人们如何处置、感知、确认及命名发生的事。

在传播学领域,框架分析主要用于发掘媒介文本中被强调、被表述的内容。框架化策略强调同一文本不同部分内容的"强调框架",以及以不同方式表述相同文本信息的"同等框架"等。

(二) 框架分析在传播研究领域的应用与发展

20 世纪 90 年代初期,与"冷战"以来美、英、苏等大国对外宣传频繁的历史情境紧密相关,框架分析法被广泛运用于跨文化传播和国际传播研究中[⑤],如有关美国和欧洲传播研究的文献经常使用演绎法分析新闻中的框架。在 21 世纪初期,探讨欧盟政治过程的传播研究论文《框定欧洲政治:报纸与电视的内容分析》(*Framing European Politics:A Content Analysis of Press and Television News*)就提出了五个新闻框架,包括(1)冲突框架(Conflict Frame)。该框架强调个人、团体或机构之间的冲突,以此来吸引受众的兴趣。媒体通常将复杂的实质性政治辩论简化为冲突。(2)人情味框架(Human Interest Frame)。该框架从人性或情感角度呈

---

①③ Entman, R. M. (1993). Framing: Towards clarification of a fractured paradigm, *Journal of Communication*, 43 (4): 51–58.

② Bateson, G. (1995). A theory of play and fantasy, *Psychiatric Research Reports*, 39 (2): 39–51.

④ Goffman, E. (1974). *Frame analysis: An essay on the organization of experience.* Cambridge: Harvard University Press.

⑤ 王彦:《沉默的框架:框架理论六十年的时间脉络与空间想象》,发表于《浙江大学学报(人文社会科学版)》2016 年第 6 期。

现事件、议题或问题。随着世界各地新闻市场的竞争越来越激烈，记者和编辑们正竭尽全力生产一种能够吸引并维持受众兴趣的产品，这样的框架下的新闻呈现出个性化、戏剧化或情感化的特征。(3)经济影响框架(Economic Consequences Frame)。此框架着重于分析事件在经济上对个人、团体、机构、地区或国家产生的影响，有重大新闻价值的事件，其经济影响通常是可观的。(4)道德框架(Morality Frame)。该框架将事件、问题或议题置于宗教原则或道德规约的背景下。(5)责任框架(Responsibility Frame)。该框架聚焦于造成问题或提出解决方案的责任归属。例如媒体可以引导公众讨论谁是造成或解决关键社会问题(例如贫困)的责任者。

臧国仁①等学者指出，(新闻)框架概念中最重要的部分是了解新闻媒体为何选择某个特殊内容(值)，且报道的比重为何，关注新闻媒体如何通过选择、强调、排除与详述等手法来呈现信息，从而引导和影响人们对议题的关注和认识。

1. 框架分析在传播研究领域的应用

框架指的是信息如何被建构与组织起来并产生意义，这种方法普遍地被新闻媒体应用到他们准备传递的信息上。

框架分析在传播研究中多用于分析信息生产的“话语权”，即信息的框架由谁建立，他们如何使用这些框架再现社会现实，以影响人们提炼及整合传播文本的意义，甚至转化文本的意义再进一步与他人沟通。可见框架分析是一套整合的分析方法，它既揭示了内容分析的“框架”，也与媒介议程如何影响公众议程的研究有异曲同工之妙。学者潘忠党②将框架分析的基本逻辑概括为从概念化到具体化，先将要研究的文本作为一种话语形式进行概念化，将文本提炼为概念模型，即构建框架，进而将模型以系统性实证分析的逻辑进行操作化，即概念具体化；在此基础上建构文本分析类目，进而对研究对象文本抽样，按照类目进行文本内容的整理，以量化统计分析结果来呈现框架分析结果。

框架分析的对象是信息文本，分析的逻辑是信息生产机制、流程、从业者的专业认知等如何在相互作用与角力中建构了文本，进而分析不同的文本框架可能对受众认知框架产生的影响。在更深入的讨论中，此类研究还会关注受众认知基模可能对新信息的接受与解读产生的影响。

目前框架分析法仍处于发展期，它与符号学、认知心理学、社会学、新闻学等不同领域的研究密切相关。社交媒体的成熟造就了信息使用的新形态，也推动了传统媒体的变革。探究信息如何被生产、发布、传播、理解及对人的影响逐渐成为研究焦点。恩特曼③认为一个概念完整的框架研究，能为传播如何影响大众的集体意识、行为、权力等提供重要的考察视角。

框架分析几乎可以应用于传播学各种主题的研究，最常见的使用领域可能是政治传播，比如用来检验候选人竞选演说的传播效果，或是探讨不同立场的报纸杂志如何呈现争议性议题，如近年来极热门的难民和少数族群的形象。欧美学者也常运用框架分析解释选民的投票意向如何受其所接触之媒体的报道框架的影响。

---

① 转引自王彦：《沉默的框架：框架理论六十年的时间脉络与空间想象》，发表于《浙江大学学报（人文社会科学版）》2016年第6期。

② Pan, Z., & Kosicki, G. M. (1993). Framing analysis: An approach to news discourse. *Political Communication*, 10(1): 55–75.

③ Entman, R. M. (1993). Framing: Toward clarification of a fractured paradigm. *Journal of Communication*, 43(4): 51–58.

此外，环境传播、科学传播、风险传播、健康传播等亦大量使用框架分析。如梅策用框架分析来说明叶岩气开发在荷兰如何被媒体描述为环境威胁，[①] 迪理克斯和盖尔德斯提出受众接触的框架会影响他们对气候变迁科学论述的看法，[②] 卡拉赞戴诺格斯、马克斯和维克纳认为转基因食品的市场接受度部分取决于媒体的叙述，[③] 洛克用框架来解释北美民众如何从媒体报道上习得对糖尿病的认知[④]。整体而言，框架分析广泛用于各类主题，尤其是该主题（人物、科技、疾病、事件）可以被预期在市场上或社会上引起意见分歧时，框架分析更有机会得到丰富多元的研究成果。

2. 框架分析在新媒体时代的发展

传统的框架理论相信信息的框架多是由知识精英建立，由上而下通过媒体向普罗大众传递，研究人员则关心社会是否会出现更扁平化的沟通模式，也就是缩短阶层距离的传播模式。随着新媒体的出现，许多研究指出除了传统知识精英外，还有崛起中的新族群（如网红、大 V）和非典型族群（如黑客、机器人）逐渐对信息框架的建立产生影响。

根据恩特曼的模型[⑤]，社会阶层由最高的管理阶层（总统、首相、国家领导人）开始，往下依次分别是：(1) 次管理阶层（国会议员、官员），(2) 非管理阶层，如专家和说客，以及体制内的主流媒体（那些与社会大众接触的新闻机构，但同时也受到社会客观规范的约束），(3) 依附于主流媒体的新闻网络，(4) 最底部的大众。信息与情感容易由上往下向大众传递，但大众的信息或情感却难以往上传递，每个阶层由不同的想法、符号、族群连接成网络，简化后的模型将社会分为三个阶层：精英、媒体、大众，而大众又可分为保守、自由、中间三类族群。

新媒体有机会促使框架走向多元和民主，但也可能会强化虚假信息的散布、分化群众、弱化社会资本，进而破坏社会的稳定；此外，现行制度中的经济诱因往往鼓励媒体追求利润（如观看数、订阅数、转发数等），而非证实信息，由此放大了这些隐忧。从权力论来看，知识精英族群仍会是最有影响力的框架创建者与传播者，尽管他们开始试着把自己包装成草根族群。

二、框架分析与议程设置理论的关系

框架分析与内容分析、议程设置理论在研究方法和研究目标上有着交叉与一致性。框架分析与议程设置理论研究的目标相同，都在探讨媒体内容对受众认知的影响，但是二者探讨的方法和路径不同，框架分析是从媒体内容呈现中哪些信息被凸显、哪些被弱化入手，分析媒体信息框架的特点和意图，进而分析和判断受众的认知框架如何被建构。议程设置理论则是

---

① Metze, T. (2014). Fracking the debate: Frame shifts and boundary work in Dutch decision making on shale gas. *Journal of Environmental Policy and Planning*, 19 (1): 35–52.

② Dirikx, A., & Gelders, D. (2010). Ideologies overruled? An explorative study of the link between ideology and climate change reporting in Dutch and French newspapers. *Environmental Communication*, 2 (2), 190–205.

③ Kalaitzandonakes, N., Marks, L. A., & Vickner, S. S. (2004). Media coverage of biotech foods and influence on consumer choice. *American Journal of Agricultural Economics*, 86 (5): 1238–1246.

④ Rock, M. (2005). Diabetes portrayals in North American print media: A qualitative and quantitative analysis. *American Journal of Public Health*, 95 (10): 1832–1838.

⑤ Entman, R. M. (1993). Framing: Toward clarification of a fractured paradigm. *Journal of Communication*, 43 (4): 51–58.

通过媒体呈现信息的程度与公众关注议题的程度之间的关系，来判断媒体对公众的影响。

框架分析凸显了媒体在公共领域中的关键影响力：议程设置。媒体议程设置的基本概念由科恩于1963年提出，[①]大众媒体并不仅仅是告诉大众信息（What to think)，而是引领议题的走向并决定大众应该对这些信息抱持什么想法（What to think about)。学者们随后发展出所谓的第一面向与第二面向议程设置理论，并且证实了这个观点，大众媒体的确具备移转公众议题焦点的能力。[②]第一面向议程设置意指媒体拥有将公众注意力吸引到特定议题的能力，而第二面向议程设置则是强调大众媒体能够彰显议题中的特定环节，使舆论不仅关注到这个议题，且聚焦于议题中的这些特定环节。至今已有许多研究证明了媒体第一与第二面向的议程设置效果，比如北卡罗来纳大学教堂山分校曾进行的一项研究验证了媒体与公众议题两者间的正向关联性；[③]另有学者麦库姆斯等人请受访者们根据重要性的高低来描述州长候选人的特质，在1995年的州长选举中，他们证实了媒体报道与这些候选人特质间的正向关系；[④]而在2000年新罕布什尔州的总统初选中，戈兰和旺塔则证实了媒体与舆论间存在强烈的第二面向议程设置效果。[⑤]

根据传统的媒体议程设置的研究成果，学者们又提出了第三面向的议程设置理论，探讨“脉络”(Context)对人们心智的影响力。[⑥]该理论指出人们对事物的认知是以网状的脉络结构呈现的，数个不同的信息节点彼此串联形成网络，而非传统理论所声称的按重要性排列的直线式逻辑。[⑦]人类处理信息的模式是先搜寻记忆中针对特定事物的相关信息网络，然后刺激活化这些相关的记忆，据此，主张第三面向议程设置效果的学者们提出了网络式媒体议程设置理论，假设新闻媒体能够使新信息与阅听人记忆中的旧信息接合，建立或重建阅听人对特定事物的记忆网络。换句话说，人们脑海中最难被磨灭的信息通常是那些已经与其他信息相连形成一片记忆网络的信息，[⑧]比如当大众看到大本钟时便能轻易联想到英国伦敦，看到自由女神像时即可轻易地联想到美国纽约。针对第三面向的议程设置效果，美国已有两个州规模的大型研究以及一项全国性的调查证实了媒体与公众议题间的此类关联性，[⑨]学者瓦戈通过推特上的数据收集证明了网络式议程设置的效果。[⑩]

---

① Cheng, Y., & Chan, C. M. (2015). The third level of agenda setting in contemporary China: Tracking descriptions of moral and national education in media coverage and people's minds. *International Journal of Communication*, 9: 1090–1107.

② McCombs, M. (2014). Setting the agenda: The mass media and public opinion. NY: John Wiley & Sons.

③ Kiousis, S., & McCombs, M. (2004). Agenda-Setting effects and attitude strength political figures during the 1996 presidential election. *Communication Research*, 31 (1): 36–57.

④ McCombs, M., Llamas, J. P., Lopez-Escobar, E., & Rey, F. (1997). Candidate images in Spanish elections: Second-level agenda-setting effects. *Journalism & Mass Communication Quarterly*, 74 (4): 703–717.

⑤ Golan, G., & Wanta, W. (2001). Second-level agenda setting in the New Hampshire primary: A comparison of coverage in three newspapers and public perceptions of candidates. *Journalism & Mass Communication Quarterly*, 78 (2): 247–259.

⑥⑨ Guo, L., Vu, H. T., & McCombs, M. (2012). An expanded perspective on Agenda-Setting effects. Exploring the third level of agenda setting. *Revista de Comunicación*, 11: 51–68.

⑦ Kaplan, S. (1973). Cognitive maps in perception and thought. In Image and environment: Cognitive mapping and spatial behavior, pp. 63–78. New Brunswick, NJ: Aldine Transaction.

⑧ Lang, A. (2000). The limited capacity model of mediated message processing. *Journal of Communication*, 50 (1): 46–70.

⑩ Vargo, C. J., Guo, L., McCombs, M., & Shaw, D. L. (2014). Network issue agendas on Twitter during the 2012 US presidential election. *Journal of Communication*, 64 (2): 296–316.

虽然从传统观点来看，媒体议题与公众议题间具有强烈的正向关联性，但有些传统观点已受到一些权变因子的挑战，这些权变因子可能给媒体议题与公众议题间的关联性带来难以预料的影响。① 从宏观角度来看，有些学者提出国家特质，如媒体与政治系统即是议程设置效果中的关键权变因子，在突发事件如危机或冲突爆发时，媒体议题失控可能会直接冲击议程设置的效果。② 从微观的角度来看，厄布林、戈登堡和米勒发现媒体议题与公众议题间存在的是双向关系，③ 另有学者也指出具备媒体影响力的人也许能够收集、发布、筛选信息，影响信息的走向，④ 进而影响议题的设定。罗伯茨、旺塔和德沃则发现议题的类型或许能决定网络媒体的议程设置效果。⑤ 此外，媒体的公信力也会影响大众对媒体的信赖程度，大众若不信赖媒体，便不会接受媒体的内容，这样的相互关系亦会冲击议程设置的效果。⑥

三、量化框架研究与质化框架研究

框架分析是一种分析新闻话语的方法，研究者可用其建构框架，并用框架结构去分析文本，从而认识文本框架建构的差异可能对受众认知产生的影响。框架分析与内容分析都致力于分析具体的文本，不同点在于框架分析的过程超越文本本身，往往将文本放到更大的社会政治、经济、文化系统中建构框架，而内容分析更多聚焦于文本本身。

框架分析研究一般借由质化或量化的内容分析法来分析媒体的信息。费尔赫斯特和萨尔认为，框架质化研究的常见分析路径包括：⑦ 隐喻（将一物比喻成另一物来展现一个概念）、诠释（提炼出事物中常人难以发现的利弊，并论述其价值和意涵）、对照（通过聚焦事物所缺之处来彰显它拥有的特点）等。分析的对象包括故事（如神话、传说，通过鲜明好记的叙事来阐述某个主题）、传统（如习俗、仪式，通过文化习俗赋予日常之物或艺术品某种重要性）、标语 / 术语 / 口头禅（利用好记的语句令大众关注某一事物）、艺术品（象征意义，如文化或社会赋予一对象超出自身以外的价值）等。剧本 / 新闻节目也是常被分析的对象，如剧本 / 新闻节目是否通过主持人或类似叙事者 / 旁白的角色来推进，他们如何主导内容和带出叙事的结构（标题、开场、主干、结论），记者是否参与内容的报道，内容的呈现以实镜画面为主还是以人物互动对话为主，主持人 / 叙事者 / 旁白与观众有没有问答的过程等，这些都在剧本 / 新闻节目质化分析的关注范畴内。

量化框架研究经常从多维度对作品展开分析，在研究逻辑设计上，通常将某些维度作为

---

① Dalton, R. J., Beck, P. A., Huckfeldt, R., & Koetzle, W. (1998). A test of media-centered agenda setting: Newspaper content and public interests in a presidential election. *Political Communication*, 15 (4): 463–481.

② Schudson, M. (2007). The anarchy of events and the anxiety of story telling. *Political Communication*, 24 (3): 253 – 257.

③ Erbring, L., Goldenberg, E. N., & Miller, A. H. (1980). Front-page news and real-world cues: A new look at agenda-setting by the media. *American Journal of Political Science*, 24 (1): 16–49.

④ Brosius, H. B., & Weimann, G. (1996). Who sets the agenda: Agenda-setting as a two-step flow. *Communication Research*, 23(5): 561–580.

⑤ Roberts, M., Wanta, W., & Dzwo, T. H. D. (2002). Agenda setting and issue salience online. *Communication Research*, 29 (4): 452–465.

⑥ Jackob, N. G. E. (2010). No alternatives? The relationship between perceived media dependency, use of alternative information sources, and general trust in mass media. *International Journal of Communication*, 4: 589–606.

⑦ Fairhurst, G. T., & Sarr, R. A. (1996). *The art of framing: Managing the lanuage of leadership.* San Francisco: Jossey–Bass Publishers.

自变量，研究其对因变量的影响。例如将媒体框架视为因变量，研究社会环境中的政治、经济、文化、习俗、法规、奖惩制度等多种因素对记者、编辑及媒介组织呈现特定主题的媒体框架中某些元素的影响；也有研究偏向将媒体框架视作自变量，研究某议题的新闻框架如何改变人们对该议题的认知。①

量化框架研究除对信息框架做客观的记录外，也经常结合“情感分析”的方法，将收集来的数据内容依照它们对某议题态度属于正面还是负面来做分类，通过编码定义信息的态度取向。

金等人在研究 2011 年日本福岛核泄漏灾难的相关推特文章时，发现了将框架与情感分析方法应用到灾难新闻分析中时的四点值得注意之处。②第一，他们发现在长达 36 个月内收集来的推文，无论是在日本福岛核泄漏爆发前还是爆发后，对于核电的发展皆是抱持悲观态度，不过当核灾难或核武器议题浮现时，核电相关的推文数量会随之激增，因此“核电”“核武器”“核灾难”等类似议题的浮现影响到的是社交网站上相关文章的数量而不是立场；第二，持悲观态度的推文绝大多数都内嵌有外部链接，同样的情形在持乐观态度的推文上亦可见，且立场越极端的推文越倾向内嵌外部链接，原因可能是立场越鲜明的社交媒体用户，越希望提供更多的信息来影响他们的文章读者，因此在使用行为上经常试图将读者导向与自身立场相同且内容更详细的消息页面；第三，鉴于图像在社交媒体上的强大感染力，收集数据时也要思索如何将图像纳入分析，并关注图像的来源；第四，传统内容分析法常用的三分法类别（正面 / 乐观、负面 / 悲观、中立）在面对巨量数据时是否仍然为妥当的分类方式也值得深思，更细化的分类类别很有可能使研究者归纳出更多有意义的信息。

第二节 框架分析的实施

一、框架分析的执行步骤与注意事项

（一）框架分析的执行步骤

1. 设定大致的题目与方向

比如“电影中的东南亚国家形象”“男性与女性媒体形象角色的今与昔”“环保新闻的论述差异”等。

2. 文献回顾

回顾既有文献，了解相关题目有过哪些主要的框架分析，评估这些框架分类是否适用于目前要进行的题目。

3. 确定质化或量化方法

在充分的文献回顾后，确认目前欲进行的题目是否较趋向探索性的研究与价值观的诠

① Denner, N., Heitzler, N., & Koch, T. (2018). Presentation of CEOs in the media: A framing analysis. *European Journal of Communication*, 33 (3): 271–289.

② Kim, J., Brossard, D., Scheufele, D. A., & Xenos, M. (2016). "Shared" information in the age of big data exploring sentiment expression related to nuclear energy on Twitter. *Journalism & Mass Communication Quarterly*, 93 (2): 430–445.

释,如果是,则在研究方法选取上偏向质化(或可辅以部分的量化方法);倘若不是,则考虑量化方法。

4. 确定抽样的来源、样式和时间长度

比如样本应来自报纸、杂志、电视、网络等,而抽样的时间和形式也应该根据题目的需求来确定。

5. 编码

通常会请两位以上受过编码训练的编码员,根据此次研究欲检验的框架分类进行样本编码。许多研究会采用"试编"的制度,让编码员尝试编码总样本中约十分之一的内容,以测试编码员对编码的歧见。一般要考虑编码员间信度,如果信度小于0.7,代表编码员们对框架类别的定义或编码标准的认知存在显著歧见,则研究团队应该探讨如何减小认知的差距;假使信度高于0.7,表示编码结果整体相对一致,可以往下进行。

6. 资料分析

对编码后的样本数据按照研究所做的假设或问题进行量化分析或质化诠释。

(二) 框架分析的注意事项

框架分析值得注意的细节大多出现在抽样环节。抽样的标准应自始至终保持一致。假使目标是收集总统选举前12个月内发布的且文长500字以下的有关候选人的新闻,那么社论、专栏、名人点评等不以"报道"为主要任务的文章应该在整个抽样过程中一致地被排除。同样地,倘若抽样目标是总统选举前12个月内发布的且文长300字以下的含有候选人姓名的所有脸书公开帖子,则要考虑在多媒体环境下,脸书帖子可能夹带大量的超链接、图像、音视频等,抽样时是否只取纯文本的公开帖子?夹带报道链接的脸书帖子是否在抽样范围内?有文字也有附图的帖子是否也在抽样范围内?取样标准的确定只要切合研究需求即可,但取样标准的执行是否从头到尾保持一致会直接影响最终样本的质量和分析的质量。

二、量化框架分析案例

(一) CEO形象研究

公司的首席执行官(CEO)象征着公司的形象,在某些情况下甚至代表着公司的性格与文化,越来越多的CEO转变为媒体明星,如马克·扎克伯格和比尔·盖茨。研究显示,CEO的形象与公司的形象密切相关,一位富有亲和力和魅力的CEO可以提高公司的声誉和确立组织形象,反之若CEO行为不当,公司的声誉也会随之下滑。然而CEO的媒体形象研究数量甚少,以下研究通过2013年7月至2015年6月的两份德国报纸和一份杂志来分析CEO的媒体形象。

1. 框架分析

根据马瑟斯的理论[①],框架可以被理解为创造意义的过程,它们刻意凸显某些信息和立

① Matthes, J. (2014). *Framing*. Baden-Baden: Nomos.

场，并隐藏其他议题和意见；框架方法学着重于研究框架的建立、散播和修改。在人们的沟通过程中，诸多环节都可能出现框架，因此框架分析适用于分析和描述整个沟通过程，这就是为什么框架也被视为一种桥接概念（Bridging）。[①] 本次研究还采纳了恩特曼提出的媒体框架的定义：[②] 框架即是凸显事实感知中的某个层面，借此来彰显议题中的某个问题，引导受众进行特定的因果关系的解读、解决方案的选择和道德价值观的衡量。

2. 抽样

本次研究考察德国报纸和杂志中以 CEO 为主题的媒体报道，从全国性的报纸《法兰克福汇报》（*Frankfurter Allgemeine Zeitung*，以下简称 FAZ）和《南德意志报》（*Sueddeutsche Zeitung*，以下简称 SZ）以及杂志《明镜周刊》（*Der Spiegel*）中挑选文章。这种选择方法使保守派和左翼的意见能获得关注，其中 SZ 属中间偏左的风格，而 FAZ 主要针对商业客户。调查时间内(2013 年 7 月 1 日至 2015 年 6 月 30 日)，本研究审视了该两报一刊中关于德国指数 DAX30 中所列公司的所有报道，利用三个不同的数据库（F.A.Z.–BiblioNet，SZ LibraryNet 和 Nexis），找出了所有提及公司名称及其 CEO 的文章（只有在文章发表时已经上任或被指派的 CEO 才被纳入）。从确定的 513 篇文章中抽取 75%作为样本，从最早的文章开始编码，按时间顺序每编码三篇即排除第四篇，最终获得 386 份样本。

该 386 篇文章中，近 45 % 来自 SZ，43 % 来自 FAZ，11 % 来自 *Der Spiegel*；大多数文章（88%）发表在经济版面；事实报道是最广泛的文章形式（58% ），其后是评论或专栏（19%）和特别专题（11%）。与 CEO 有关联的主题通常是公司战略规划或财务发展（16%），而 CEO 换任的报道也达 14%之多。

3. 框架的操作

本研究归纳出六种常用于呈现 CEO 形象的媒体框架，如表 8–1 所示。“个人特色” 是最常见的框架，占 30%；其次是“策略制定者”，占 17%，继而是“企业代表” 以及“绩效表现”，分别占 16%。

表 8–1　呈现 CEO 形象的媒体框架

框架名称	n	%	框架名称	n	%
个人特色	112	30	非独立自主	43	11
策略制定者	65	17	坏人	35	9
企业代表	61	16	总计	375	100
绩效表现	59	16			

(1) 个人特色。CEO 利用个人特征和技能来塑造正面形象。在此框架中，CEO 们自己的意见或评论亦经常被媒体与大众关注和检视。

(2) 策略制定者。在这个框架中，CEO 是主要发言人，使用话语来表达自己作为理性企业领导者的立场。

① Matthes，J.，& Kohring，M.（2004）. Die empirische erfassung von medien-frames. *Medien & Kommunikationswissenschaft*，52（1）：56–75.

② Matthes，J.（2014）. *Framing*. Baden–Baden：Nomos.

(3) 企业代表。此框架中的 CEO 常代表整个公司发声，并利用媒体关注来表达他们的意见，其语言通常具有高度个人化的风格。

(4) 绩效表现。CEO 形象完全与绩效表现挂钩，认为公司的业绩和成功取决于 CEO 作为最高决策者的工作表现。此类报道通常会分析该企业从 CEO 的表现中获得了多少成功，或是达成了什么样的愿景。

(5) 非独立自主。在此类框架中，尽管 CEO 在公司中居于核心地位，但也会被多方掣肘，并非握有完整的决策权力，他们受到董事会和股东的指导与制衡。

(6) 坏人。在这种形象框架中，CEO 的形象显得非常负面。在这里道德被作为评估的重要基础，尤其是当 CEO 的职业操守被监管机构认定有重大瑕疵并产生法律上的后果时。

(二) 广告信息框架分析

1. 正 / 负面框架定义

沟通中的信息呈现至关重要，广告信息经过框架的组织后，可以说服更多消费者购买商品，因此了解框架如何影响广告信息的效果可以帮助广告人员创作出更具创意和效果的广告文案。本研究的重点是“目标框架”，意即“人类行动或行为之目标是经过框架组织的”[①]。该类型的框架中，“正面”框架涉及消费者通过购买某种产品获得收益或避免损失，而“负面”框架则涉及不购买特定产品造成损失，框架使用的最终目的则是“说服”。

2. 调节焦点理论

希金斯的调节焦点理论（The Regulatory Focus Theory）[②] 指出了两种动机取向：促进和预防。促进取向的人关注需求和成就，且在乎行动的正面成果；相比之下，预防取向的人关注责任和安全，并在乎行动是否存在负面结果。前者更加重视“渴望”，倾向于努力扩增收益，避免守成，但后者着重于预防损失，强调“警觉”。希金斯指出[③]，当一个人的目标与追求目标的方式相符合时，动机强度会增加，人们倾向于做出下列反应：(1) 对欲追求的理想有更积极的感受，对没兴趣追求的目标则显得更消极；(2) 他们更积极地评估目标；(3) 赋予他们所追求的目标更高的价值。动机取向和信息形式的适配性会增加消费者“方向正确”的感受，这种感受会增强说服力。促进取向的人在乎收获，所以以正面框架为主的比较性广告会提高他们对广告的评价和购买意愿；相较之下，预防取向的人在乎避免损失，所以避免负面结果的框架比较能提升他们对广告的评价和购买意愿。

3. 商品类型

许多研究指出商品本身存在属于享乐主义消费还是实用主义消费的区别。享乐产品主要用于情感或感官满足，而实用产品则提供更多实用的效益。此外，享乐产品多以娱乐为导向，消费主要为了获得感官体验，包括想象中的乐趣和渴望(例如“在夏威夷享受一周的日光浴”)。享乐型消费与想象力有高度关联，消费者重视自我表达、娱乐、探索等价值。然而这些商品通常被视为颓废或缺乏意义，可能导致消费者在消费之前或之后产生某种内疚感。相比之下，实

① Levin, I. P., Schneider, S. L., & Gaeth, G. J. (1998). All frames are not created equal: A typology and critical analysis of framing effects. *Organizational Behavior and Human Decision Processes*, 76 (2): 149–188.

②③ Higgins, E. T. (1997). Beyond pleasure and pain. *American Psychologist*, 52 (12): 1280–1300.

用产品诉诸人们的理性认知，它们具有功能性和实用性，提供传统认知中的益处，这种消费主要是以满足基本日常生活需求或达成功能性任务（例如购买地板清洁剂）为目的。购买此类产品很少会引起感官上的愉悦或情感上的内疚。[①]

4. 实验设计

本研究设计了四款不同的传单，并确保广告的正面和负面框架版本提供相同的信息量。除了收获和损失的明显差异，传单包括三个部分的宣传：(1)一辈子保护你的头发（或好心情）；(2)负离子吹风机的照片（或轻音乐 CD 套装）；(3)使用产品的好处（同时也是不使用产品的损失）。受试者将拿到四款广告中的一个，正面框架的版本强调购买此产品将获得的好处，负面框架的版本则凸显若不购买产品可能会遭受的损失。关于产品类型，一半受试者将会看到实用产品的广告（即负离子吹风机），另一半受试者会拿到享乐产品的广告（即轻音乐 CD 套装）。这组广告设计经三位营销专家的审视，他们一致认为这些广告元素的确符合杂志广告会采用与接触的设计。

5. 操作检查

针对信息框架，受试者将评估传单是否强调使用产品的好处或不使用产品的损失，产品类型的操作检查措施与预测试类似；此外，受试者也会评估产品的定位是享乐的还是实用的。

研究显示无论产品类型为何，针对促进取向的消费者，正面框架广告比负面框架广告更有效。针对预防取向的消费者，当广告产品的定位属于实用产品时，正面框架的广告比负面框架的广告更有效；当广告产品的定位属于享乐产品时，负面框架比正面框架更有效。广告人员可以借此调整广告信息框架与产品定位属性的匹配程度来更有效地说服消费者。

三、质化框架分析与案例

（一）质化框架分析

进行质化框架分析需要一些前测调查，以确认被研究的文本所属的文化特性，这些特性很有可能是研究者看不到的盲点。前测调查需要尽可能地了解框架以及次框架，并将它们与要研究的族群联结起来。研究者需强化自己对这些框架符号意象的敏锐度，认识这些框架随着时间如何改变，并针对框架、议题、意识形态、叙事结构等元素如何相互勾连做出假设，最后采用适合该研究脉络的方法来进行分析。

在质化框架研究中研究者必须凭借他们在文化研究上的专业能力将文本中的意涵解读出来。内容分析法经常关注的问题，如“文本里有什么应该存在却看不见的元素”，大多需要人力的判读，计算机一般难以达到这一要求。此外，由于符号意象的解读相当依赖对文化的通透理解，这部分也很难完全由计算机程序进行，换言之，在所有质化框架研究中研究者需凭己力分析文本。质化框架研究应该涵盖框架模型今昔使用的比较，研究者通常会在编码的过程

① Strahilevitz, M. (1999). The effects of product type and donation magnitude on willingness to pay more for a charity-linked brand. *Journal of Consumer Psychology*, 8(3): 215–241.

中发现新的诠释或见解。研究者所采用的框架模型只是个大纲，不宜对其过度依赖，而应该有能力阐述不同作者、编辑、媒体、阶层、意识形态、族群间的框架有何差异，这些观察都是研究者在讨论研究假设与资料成果时的有用素材。

值得注意的是，质化框架分析的确有机会产生天马行空的研究结果，我们推荐质化与量化研究并进的原因之一正是框架具备发散的特性，且有各种诠释的可能性。进行质化研究的人员应该随时确认他们的见解经得起某种标准的检验，这些标准可能来自对相关人士的访谈、利害族群的文本描述、其他研究人员的意见、相关文献的回顾、其他研究分析等，这些都是用来确认研究者的诠释是否过度出于自身信仰，而非客观现象与实情。尽管严谨且长期的自我反思是研究中必要的纪律，不过质化框架分析也有其开放性，因此在没有标准答案或标准理论的情况下，借由多重研究方法进行多元的分析是必要的。

（二）质化框架分析实例一

糖尿病已成为严重危害大众健康的问题，不过关于糖尿病的大众传媒形象却甚少被研究人员检视，尤其是新闻中如何呈现糖尿病，使糖尿病议题产生新闻价值并获得传播。

依托 InfoGlobe，Canadian Newsstand，Business Source Premier 三个数据库，洛克的研究[①]针对加拿大两家主流报纸（*The Globe and Mail* 和 *The Toronto Star*）以及美国两家主流杂志（*Time* 和 *Newsweek*）进行抽样，收集了 1998 年到 2000 年该两报两刊发表的关于第二型糖尿病的文章（类型仅限于新闻报道）共 25 篇。量化方法被用来测量框架使用的强度（Extent），而质化方法则用来探索与辨识框架的类型。本研究采用质化框架分析，目标为了解新闻如何通过框架凸显下列四个问题：(1) 糖尿病的什么特征被刻意彰显为“棘手的问题”；(2) 糖尿病问题有哪些原因与层面被刻意强调；(3) 谁（或什么东西）应该被问责；(4) 新闻报道为哪些疗法背书。

该研究发现，糖尿病报道最常见的框架分别为：“糖尿病是蛰伏难测的健康问题”，“某些特定族群最可能得糖尿病”，“糖尿病在医学上被视为疾病，需接受治疗”。报道通常将糖尿病归因于现代生活的便利性与精致食物，而相关的并发症如视力受损、四肢失去知觉、心血管疾病等也经常被报道为糖尿病难以觉察的缘由。此外，糖尿病普遍被报道描绘成非平均分布的疾病，报道经常出现下列主张：(1) 糖尿病在某些族群中特别盛行；(2) 糖尿病显现出向各个年龄层和族群扩散的迹象；(3) 糖尿病在北美地区比以往更流行；(4) 糖尿病患病率在未来会继续攀升；(5) 糖尿病会给生活带来庞大财务负担。最后，论及糖尿病的治疗，报道多会替该病的可控制性背书，并强调药物治疗、生活习惯改变、留意相关并发症征兆等方法的作用。

（三）质化框架分析实例二

有机食品是食品市场上近年来备受瞩目的新宠，有机食品受消费者重视的原因大抵出于

---

① Rock, M. (2005). Diabetes portrayals in North American print media: A qualitative and quantitative analysis. *American Journal of Public Health*, 95 (10): 1832–1838.

健康考虑、环保因素，以及它们的制造过程被认为比传统食品更加可靠，但有机食品的兴起可能威胁到传统食品厂商的商业利益。了解有机食品在媒体环境中被如何包装以凸显它们与传统食品的差异，是个值得研究的议题。

迈耶斯和艾布拉姆斯的研究[①]采用质化框架分析来探索北美的五大全国性报纸使用哪些框架来报道有机食品。他们指出质化框架分析的目标在于了解文本的编撰显露了什么特性，并且将这些特性与背后更广大的社会脉络进行联结，以弄清它们如何从社会脉络的环境中产生意义。因此质化研究并不专注于编码和统计计算，虽然这些计量技巧可以用来辅助研究过程，但质化分析的最终目的是要从文本中得到一个整体又通透的理解，以及弄清文本产生意义的过程如何呼应现有的学理概念。

该研究针对2005年3月1日到2006年9月13日的《纽约时报》《华盛顿邮报》《洛杉矶时报》《亚特兰大宪法报》《芝加哥太阳时报》五家报纸的报道文章，依托Lexis-Nexis Academic在线数据库，搜寻“有机食品”，收集任何标题内或文内含有该关键词的文章，但排除社论、餐厅推荐、书评等文章，恰好提到有机食品但并不聚焦于此的文章也会予以排除。留下来的正式样本，由受过训练的编码员先针对报纸来源、刊出日期、标题、文章性质（消息、专题、专栏等）、字数、作者等进行初步的记录与归档，继而根据每份样本的内容去检视：(1)报道有机食品的文章显示出什么一再出现的主题；(2)文内直接引用的数据源；(3)用来解释有机食品的主流框架有哪些。

研究发现关于有机食品的媒体报道一般诉诸道德框架、健康框架、生产框架和工业化框架。道德框架是宣扬有机食品对环境的益处以及生态友好的程度；健康框架是主打有机食品具备许多传统食品无法提供的营养成分；生产框架则是聚焦于“有机食品生产链”的经济价值，比如强调某款有机食品是多少座有机农场共同协作的成果，这些有机农场养活了多少农业生产人员与专家，让消费者认为购买此有机食品可以对经济生态中某个具体环节与族群作出贡献；最后的工业化框架则是针对大型卖场进行描述，通常会彰显超大卖场品牌进入有机食品产业后将对有机食品产业造成结构上的威胁（比如引发恶性竞争、过度生产造成环境负担、产品不再天然等）。

第三节　量化与质化框架分析法的优缺点与适用条件

恩特曼认为框架是一系列经过挑选后被呈现出来的元素，[②]这些元素被组织起来，通过叙事来强化元素间的关系形成论述，大众通过叙事人（如记者）提供的论述来认识事实，然而这样的“事实”可能只是主观的认知，[③]因此检视论述中的叙事技巧如何串接这些元素是有必要的。

---

① Meyers, C., & Abrams, K. (2010). Feeding the debate: A qualitative framing analysis of organic food news media coverage. *Journal of Applied Communications*, 94(3): 3–4.

② Entman, R. M. (2007). Framing bias: Media in the distribution of power. *Journal of Communication*, 57(1): 163–173.

③ Terkildsen, N., & Schnell, F. (1997). How media frames move public opinion: An analysis of the women's movement. *Political Research Quarterly*, 50(4): 879–900.

洛克归纳了使用量化框架分析的适当时机。[①] 当研究人员可以确定该议题在大众场域形成论述的过程中使用了哪些框架以及框架的类型时，量化分析是个值得考虑的方法，它的价值在于方便测量框架的强度，比如关键词出现的次数、出现的段落、出现的时间密集程度等，可以为研究提供客观的评价与测量。

弗利格和莱德斯多夫提出量化方法的使用条件还包括明确的测量单位（Units of Analysis），[②] 比如标题、次标题、段落、关键词、对象的类型(如报纸、杂志、新闻、社论、读者回复)，前提是研究人员必须确定自己的抽样对象。这是为了让量化分析更好地发挥它的优势，当测量单位明确后，统计方法中的计量指标才能发挥效用。比如信度分析，又如根据研究人员的假设或模型进一步进行卡方检验以确认框架之间是否存在差异，或是进行回归分析确认框架之间，以及框架与其他变量间是否存在关联性。此外，量化分析近年来经常搭配计算机可视化工具来呈现成果，比如文字云、SPSS 的 Pajek 网络分析、关系矩阵等，以提高研究成果的亲民程度。

量化框架分析也有招致批评之处，莱德斯多夫和海尔斯滕表示使用计算机辅助的内容分析无法辨别关键词和相连词汇在不同情境与脉络中可能产生的不同意思或语气。[③] 机器处理人类语言的含义仍然有限制，不同脉络下出现的关键词可能需要经过“诠释”，才能得出它们与框架间的关系。此外，量化成果的效度向来也颇受质疑，量化框架分析的隐含假设是“出现频率越高表示其越重要”，不过从句构与语法学的角度，一篇文章要能形成充分而清晰的意思表达必须依赖某些词句大量重复出现，但出现频率高并不代表它必定是文章的核心概念，[④⑤] 因此量化框架分析可能在抽样时便走错了方向。最后一点，也是量化框架分析日渐被诟病的一点：越来越多的量化框架分析以机器爬取的社交媒体上的文章为文本来源，但是随着媒体信息的复杂度与丰富性日益提高，信息已不限于文字传输，网络上大批的文字论述同时夹带图片和音视频文件，甚至文字沦为配角去衬托这些多媒体信息。但这些多媒体信息难以被纳入目前常见的以文字为主的量化框架分析法的研究范畴中，更不用说其他不通过网络数字化发行或传播的媒体文本了。[⑥]

不过，量化框架分析的缺点大多可以被质化分析弥补。比如一个新的议题正发酵时，既没有相关议题研究可参考，尚不确定目前媒体平台上讨论此议题的框架可能有哪些，此时就可以采用质化框架分析法来探索新议题。此外，弗利格和莱德斯多夫指出质化分析还适用于

---

① Rock, M. (2005). Diabetes portrayals in North American print media: A qualitative and quantitative analysis. *American Journal of Public Health*, 95 (10): 1832–1838.

② Vlieger, E., & Leydesdorff, L. (2011). Content analysis and the measurement of meaning: The visualization of frames in collections of messages. *Public Journal of Semiotics*, 3 (1): 28–50.

③ Leydesdorff, L., & Hellsten, I. (2005). Metaphors and diaphors in science communication: Mapping the case of stem cell research. *Science Communication*, 27 (1): 64–99.

④ Leydesdorff, L., & Welbers, K. (2011). The semantic mapping of words and co-words in contexts. *Journal of Informetrics*, 5 (3): 469–475.

⑤ Hertog, J. K., & McLeod, D. M. (2001). A multiperspectival approach to framing analysis: A field guide. In *Framing public life: Perspectives on media and our understanding of the social world*, pp. 139–161. Mahwah, NJ: Lawrence Erlbaum Associates.

⑥ Matthes, J., & Kohring, M. (2008). The content analysis of media frames: Toward improving reliability and validity. *Journal of Communication*, 58 (2): 258–279.

量化分析难以触及的意识形态讨论,[①] 换言之,质化分析可帮助研究者在已充分回顾相关文献与议题的情况下去诠释样本的核心理念。当然质化研究很可能产生无法服众的结果,这样的特性也为其招来批评,比如各家研究的诠释角度天差地别,难以汇聚成具体且一致的结论,或是不足以形成一个各方认同的说法等。因此采用质化分析时,辅以一些量化分析的技巧,能确保其结论具备一定程度的客观性。

练习与作业

请选择一个合适的研究主题,参照如下案例作出框架分析研究设计,在条件允许的情况下,实施该研究。

案例:研究“中美贸易摩擦”在中美两国报纸媒体与网络媒体上呈现的差异。研究设计步骤如下。

1. 确定样本的收集时间。比如从2018年3月22日特朗普签署备忘录将对中国商品大规模征收关税起,至2020年1月16日中美签署第一阶段贸易协议为止。

2. 确定关键词。决定通过哪些关键词去收集样本,比如“中美贸易战”“中美贸易摩擦”“中美贸易争端”“汇率操纵国”“China-United States Trade War”等。

3. 确定样本的性质和形态。若收集的目标是“500词以内的报道”,样本便要锁定那些有记者署名、有版号(如社会版、政治版),以描述事件进展为主的报道,而社论、专栏、名人投稿,以及字数多于500词的报道等应该排除在样本收集范围外。

4. 传统媒体的样本。通常以市面上的几家主流报纸为主,如中国的《人民日报》《参考消息》,美国的《纽约时报》《华盛顿邮报》等。可以在它们的官方网站中输入关键词与日期来收集规定时间内所有相关报道。

5. 网络媒体的样本。中国网络媒体可考虑微信公众号、微博等,美国可考虑脸书、推特等。由于社交媒体不同于报纸网站有完整的历史数据搜索功能,所以可以求助于第三方软件来爬取公开帖子。

6. 编码。由两位以上编码员针对每一份样本的主题进行编码,若将主题粗分为五类,可以考虑依照下列标准分类与编码:

1= 法律(知识产权争议、相关法律条文解释)

2= 经济(展望、关税现状、外贸顺差与逆差)

3= 政治(谈判代表、特朗普、美国官方、中国政府)

4= 社会(签证议题、两国交流)

5= 无明显主题

7. 成果分析。编码完成后研究人员便可根据自身设定的研究目标与模型进行需要的统计分析,在执行之前可以先进行卡方检验,以初步判断报纸媒体与网络媒体之间在报道主题

---

① Vlieger, E., & Leydesdorff, L. (2011). Content analysis and the measurement of meaning: The visualization of frames in collections of messages. *Public Journal of Semiotics*, 3(1): 28-50.

上是否存在明显差异。

问题与解答

Q1:进行框架分析时,初期最需要确定的两个步骤是什么?

Q2:框架分析与议程设置理论之间有什么关系?

Q3:量化与质化研究取向的框架分析有何差异?

第八章 问题解答

词汇与定义

1. 框架。一种叙事技巧,主要指信息被组织、建构与呈现以产生意义的方式。框架会影响受众如何吸收与解读信息。

2. 量化框架分析。通过一些统计技巧来进行的框架分析,常见的方式有叙述统计、卡方检验、回归模型等。

3. 质化框架分析。搭配其他社会科学知识(文化研究、社会学、政治学等)来解读框架在意识形态层面所具有的意涵或价值观。

4. 情感分析。将收集来的资料内容依照它们对某议题的态度进行分类,通常由两位以上的编码员为每一个类别(正面、负面、中立)做编码。

5. 议题设定。对大众生活产生影响且引发讨论的事物被视为议题,而“议题设定”意味着各方利害关系人通过媒体等渠道,对该事物从不同角度进行叙述和定义。

第八章 阅读文献

第九章

实　验　法

——因果关系研究的利器

学习目标

1. 了解实验法的定义与逻辑。
2. 理解实验法的设计与应用。
3. 掌握实验法的基本原则。
4. 学会使用实验法开展传播研究。

引　　言

实验法是物理学、生物医学、化学及其他众多自然科学领域最基本的研究方法。社会科学也有不少学者师法自然科学的实验过程与逻辑，进行心理学、社会学研究。在传播领域当中，实验法常常用于媒介效果的研究，或者借助生理心理学的方法，理解受众的认知与反应。

在日常生活中，人们经常思考各种因果关系。因果关系的确认可以帮助人们了解现象发生的原因、规划目前的行为，甚至预测未来可能发生的事。实验法在社会科学研究中扮演着重要角色。早期行为学派学者沃森（创始人，进行过动物实验）、斯金纳（小白鼠的刺激与反应），以及巴甫洛夫（铃声与狗的唾液分泌）等的研究，采用实验法了解各类刺激对行为反应的影响。班杜拉的社会学习理论（观察学习、模仿学习）的相关实证研究也采用实验设计，其研究结果至今仍为许多传播媒介效果研究所引用。实验法是社会科学中厘清概念间因果关系的重要研究方法，借由变量的操控，研究者可以厘清变量变动发生的时间顺序与产生的影响。

本章将依序介绍与实验法关系相当密切的因果关系，探讨因果关系的三大前提条件及实验研究中需要重视的研究伦理问题；接下来介绍实验法设计的要素、实验法执行步骤、实验法种类与分析方法；最后讨论在实验法中可能影响研究结果的效度问题，以及实验法在传播学研究中的经典案例。

第一节 实验法的应用及实验伦理

一、实验法的定义与应用

（一）实验法的定义

在社会科学领域，实验法是经常被使用的研究方法之一。坎贝尔和斯坦利在《教学实验与类实验的研究设计》[①] 中介绍了各类型的实验研究设计方法，并定义实验法为：通过操控一个或多个变量以观察该变量对其他观察变量影响力的一种研究方法。换句话说，研究者可以使用实验法探讨变量间的因果关系，在实验环境中排除其他因素可能的影响，观察一个或多个自变量能否显著预测一个或多个因变量。

（二）实验法在传播研究中的应用

1. 实验法在因果关系研究中被广泛运用

因果关系为许多传播媒介效果研究的重点。随着近年来传播心理学研究的拓展，许多研究者关注用户在媒介使用时的心理机制。要了解用户的心理机制就必须厘清各变量间的相互影响关系，了解何者为因，何者为果。实验法是因果关系研究中被广泛使用的研究方法。

许多媒介效果研究主张媒介信息会在认知、情绪、行为层面上影响阅听人。此类主张都以因果关系为前提，即认为暴露于媒介信息环境中为因，阅听人的认知、情绪和行为改变为果，因此许多媒介效果研究即确认因果关系的研究。即便因果关系为许多研究的重心，但要正确厘清传播沟通与媒介效果现象中的因果关系并不容易。相较于其他研究方法，实验法对检验因果关系具有相当大的优势，因此成为探讨因果关系不可或缺的重要研究工具。

2. 因果关系的定义

因果关系主要用来说明两个事件间的关系，其中先发生的事件为成因，后发生的事件为结果。换言之，当我们观察到一个变量的变动造成另一个变量的变动时，因果关系可视为成立。许多传播媒介领域中的研究，经由理论推导出来的研究假设，都涉及因果关系。

3. 因果关系必须满足三大条件

(1) 变量间必须具有相关性(Association)。若想了解 A 与 B 两个变量间的因果关系，首先要确认此两个变量间具有相关性。例如，如果研究者想要了解儿童电玩使用与学业成绩间的关系，就要厘清儿童玩电玩是否会导致沉迷以至于成绩低落。但是如果研究者发现，花较多时间玩电玩的儿童并不会比较少玩电玩的儿童学业表现差，则可以得知儿童电玩使用与学业成绩间并没有相关关系。在这种情况下，儿童电玩使用与学业成绩间的因果关系无法被确认，

---

① Campbell, D. T., & Stanley, J. C. (1963). Experimental and quasi-experimental designs for research on teaching. In *Handbook of research on teaching*, pp.171–246. Chicago: Rand McNally.

因为两个变量并未满足因果关系的第一个条件。相反，如果研究者发现，玩越多电玩的儿童，其学业表现确实比没有玩或是较少玩电玩的儿童差，则两个变量间存在相关关系，满足因果关系的第一个条件。尽管如此，此时仍未能确认两个变量间的因果关系，因为因果关系的确认还需要满足以下两个条件。

(2) 自变量发生时间应当比因变量发生时间早(Temporal Order)。当 A 与 B 两个变量满足第一个条件，即具有相关性时，仍不能确认何者为因、何者为果，有可能是 A 导致 B，也有可能是 B 导致 A。例如，当儿童玩电玩与学业成绩具有相关性时，有可能儿童因为玩电玩太久而荒废学业，也有可能学业成绩不好的儿童比较喜欢玩电玩。因此，要确认 A 与 B 变量间的因果关系，就必须确认“因”比“果”的发生时间要早。当 A 发生时间比 B 早时，就不可能有 B 导致 A 的因果关系存在。

(3) 其他可能解释两个变量间关系的因素都被排除，即不存在其他可能的假设(Possible Alternative Hypotheses)。当 A 与 B 有相关性，且 A 发生时间比 B 早，我们仍无法确认 A 导致 B 的因果关系，因为 A 与 B 可能同被另一变量 C 所影响。如果 C 影响 A 且同时影响 B，A 与 B 很可能看起来有关联，但事实上 A 与 B 的关系是不存在的。例如，父母不适当的教养方式很有可能同时导致儿童沉迷电玩和成绩低落，这种情况下玩电玩和成绩间并无直接的因果关系。当两个变量间的关系是因为第三个变量造成的，我们称此种关系为虚假关系(Spurious Relationship)。因此要确认因果关系，还需要确保没有其他可能的因素(例如管教方式)影响 A(电玩使用)与 B(成绩)之间的关系，或把可能影响解释的其他变量排除。

比起其他研究方法，实验法为检验因果关系的最佳研究方法。研究者可以在实验环境中操控变量以满足上述三个条件来确认因果关系。在实验法中，研究者可以先将自变量(因)呈现给受试者，然后再测量因变量的变化(果)，由此变量发生的时间顺序便能确认。另外，研究者也可以将可能影响变量的其他因素排除或控制住，确认自变量与因变量关系并非因其他第三变量造成。

二、实验研究的伦理问题

研究伦理指的是有关于研究的道德规范。许多传播媒介研究需要观察或操控受试者，进而观察他们的反应。不管研究目的为何，在研究过程中都须确保受试者福祉，保护受试者不受到伤害。研究者必须尽力避免受试者在实验过程中或实验结束后承担生理或心理风险，若风险不能完全去除，也应该尽量减少，并且在受试者参与研究前告知参与研究可能面临的风险。

在研究伦理规范尚未被清楚界定时，有些人类实验并未注意到减少实验风险的重要性，因此引发了一些伦理争议。其中一项有名的实验为 1961 年耶鲁大学心理学家斯坦利·米尔格兰姆在耶鲁大学地下室进行的权力服从研究(Obedience to Authority Study)。

米尔格兰姆招募了一群受试者，主要研究目的是了解受试者是否会在权威人士的命令下，做出违背本意的行为，并且那些行为可能会严重伤害另一个人。米尔格兰姆在实验之前，告知受试者他们参与的研究和体罚与学习有关(未告知实际研究目的)，避免受试者提前知晓实际实验的目的而影响实验结果。

在参与研究的过程中,受试者以为他们需扮演老师的角色,指导隔壁房间中扮演学生的受试者学习单词。但事实上,隔壁房间中的学生是研究者假扮的。扮演老师的受试者被给予一台电击器,若学生在研究过程中提供错误答案,老师应电击学生,并随着答错次数增加电击伏特数。

受试者认为他们对隔壁的学生施予了真正的电击,并听到隔壁房间传来的惨叫声。但那其实是预先录好的录音。随着电击器伏特数的增加,喊叫声越来越凄厉,最后在超过330伏特时,假扮学生的研究者会突然停止发出声音。如果在过程中,受试者因此感到不安,想要停止实验,会有穿着白袍看起来颇具权威的研究者命令受试者继续实验。研究结果发现,多数受试者会服从研究者的命令,继续实验。

此项研究引起了学界对研究伦理的质疑,因为受试者在研究过程中容易产生相当大的精神压力,以为自己严重伤害了他人。有部分受试者在研究结束后产生罪恶感,即便他们最后知道这个实验并没有实际伤害他人,但发现自己因为权威者命令就会伤害他人,这也让不少受试者产生了心理创伤。此外,实验应提供受试者在任何时间自由退出研究的机会,但是在此项研究中,研究者会持续命令受试者继续进行实验,使受试者没有自由退出的选择。

在今日,上述权力服从实验不太可能通过伦理审查。自1974年美国通过了《国家研究法》(National Research Act),人类研究的伦理规范逐渐被建立。同时成立的人类研究伦理审查委员会(Institutional Review Board,以下简称IRB)负责审查学术研究是否符合人类研究伦理规范。

目前许多国家的研究机构大多设有IRB,负责审查研究是否尽到保护实验对象利益的责任。所有牵涉人类的研究,包括使用实验法的研究,均须先通过IRB的审查才能执行。在维护受试者福祉的前提下,有几点原则需要注意。第一,需确保受试者了解研究相关的利益、风险与自身提供的资料如何被保管与处理,让受试者自由决定是否参加实验。另外,受试者需理解研究流程,并同意成为被研究的对象。研究者需要取得受试者的"知情同意书"(Consent Form),其中必须包含对研究目的和参与实验可能造成的风险的说明。受试者须自主同意参与实验,同时具备了解所提供信息及其后果的能力。第二,研究所带来的利益须大于受试者的风险,执行研究才有意义。第三,需注意保护受试者隐私,受试者可自由决定是否与他人分享个人相关信息。第四,研究者应该平等对待受试者,并公平处理实验数据。研究者同时需说明为什么研究特定的受试者族群,而不是因为资料搜集方便才找特定受试者实验。此项原则有利于保护参与高风险实验或是对于实验风险无法完全理解的特定族群,例如儿童、身心障碍者、少数族群等。当实验受试者包含上述高风险族群时,IRB会更严谨地审查以确保受试者的权益得到保障。

第二节 实验设计

实验设计虽然有许多不同形式的变化,但是传统实验通常都包含几种重要元素:自变量与因变量、前测与后测、实验组与对照组、实验对象随机分配。

一、实验设计的重要元素

(一) 实验设计中的自变量与因变量

实验法采取量化的方式检验变量间的因果关系,即检验自变量对因变量的影响。在真实实验(True Experiment)的设计中,研究者会操控(Manipulate)自变量的变化来了解自变量对因变量的影响。举例来说,现在要研究玩暴力电玩对青少年负面情绪的影响,可能有些人会觉得暴力电玩会让青少年增加负面情绪,但是也有些人会觉得暴力电玩对青少年情绪并不会有任何影响。此时,研究中的自变量为电玩暴力内容,青少年情绪是因变量。研究者可以操控自变量,如电玩中是否有暴力内容,观察暴力与非暴力电玩是否会对青少年玩家的情绪有不同的影响。要检验上述的研究问题,我们必须找受试者来测试。首先测量他们的基础情绪,然后让一半的受试者接着玩 10 分钟暴力电玩,另一半的受试者玩 10 分钟非暴力电玩,最后测量全部受试者结束电玩后的情绪。实验结束后,研究者可以比较两组受试者的情绪,看哪一组的负面情绪数值较高,如此建立变量间的关系。

在上述例子中,玩暴力电玩的受试组别称为实验组,玩非暴力内容电玩的受试组别称为控制组。在最简单的实验设计中,实验组为接受实验刺激的组别,控制组则没有接受实验刺激,研究者可通过比较实验组与控制组来了解变量间的关系。若研究结束后,实验组与控制组的因变量所测数值有差异,便可推论两组间因变量的变化是由自变量的变化造成的,如此可建立变量间的相关关系。

(二) 前测与后测

实验法可经由前测与后测的设计,确认效果的时间关系。所有实验设计中都会包含后测一环,后测为实验刺激后对因变量的测量。在上述研究中,在受试者玩电玩之后对其情绪数值进行的测量为其后测。另外,许多研究也会在接受实验刺激前测量因变量数值,称为前测。通常前测的测量方法与后测一致,只是两者测量时间不同。前测的作用,通常是确保分配到不同组别的受试者的特质类似,受试者的因变量或其他变量的起始数值并无差异,确保实验组与控制组唯一的差异来自实验的操控。

(三) 实验对象随机分配

实验设计中非常重要的研究步骤为实验对象随机分配(Random Assignment 或 Randomization)。在实验开始时,实验各组别的受试者本质上应该是近似的。如果在电玩实验中,研究者让受试者自行选择暴力电玩组(实验组)或非暴力电玩组(控制组),很可能原本就喜欢玩暴力电玩或对暴力元素很感兴趣的受试者会选择去实验组。在这种情况下,受试者的本质在实验一开始便有所不同,最后实验组与控制组的差异很有可能是两组受试者一开始的差异,而非由实验操控造成。

因此,研究者在分配受试者组别时,需要采用随机分配的方式,确保分配在特定组别的受试者没有具备某项特质。随机分配的执行方式有许多种,掷铜板、使用随机数表、抽签等都是可能的执行方式。随机分配的执行重点为,不管研究者或受试者,都不能凭自己的意愿选择组别,因为人们可能会在无意识的情况下选择自己偏好的组别。

此处要注意的是,随机分配和随机抽样(Random Sampling)的概念不同。随机抽样为调查法中重要的步骤,确保受试样本可以代表总体。但随机分配并不能保障样本具有代表性。随机分配的重点为确认不同组别的受试者于实验开始时本质类似,以保障实验后两组间的观察数值差距只来自实验操控,此处为保障研究的内部效度,而非外部效度。

除了随机分配之外,有时研究也会使用配对(Matching)的方式来确保实验组与控制组的类似性,即挑选同样特质的受试者分派到两个组别中。这些特质可以是性别、年龄、性格等。例如,从以往文献中发现不同性别的玩家对暴力电玩的反应不同,因此设计实验时,可全部选择女性或男性受试者进行实验。另外一种方式是,挑选一样数量的女性和男性到实验组和控制组中,例如实验组和控制组都各自包含 10 名女性和 10 名男性受试者。采用配对的方式需要具备相关影响变量的知识,例如只有了解性别对暴力电玩反应的影响,才能针对特别变量进行配对。此外,研究过程中可以进行配对的变量有限,研究者无法针对太多变量一一配对,因此未能配对的变量仍可能会影响实验结果。

二、实验设计与分析方法

坎贝尔和斯坦利[①]详细叙述了 16 种实验研究设计,以下择要进行介绍。

(一) 前实验设计(Pre-experimental Design)

坎贝尔和斯坦利并不推荐此三种设计方法,因为此类研究设计隐含了一些限制。

1. 单组个案研究(The One-shot Case Study)

在单组个案研究中,研究者让受试者接受实验刺激后再测量因变量。例如,在广告效果研究中,研究者想要了解一则广告对受试者的购买意愿的影响。单组个案研究实验会先让受试者观看广告,之后测量受试者购买相关产品的意愿。此类研究因为缺乏实验操控,不能提供组间的比较,因此无法对变量间是否存在因果关系作出明确的回答。例如,若实验结果显示受试者看完广告后购买意愿很高,仍不能全然代表这是受到广告的影响,很有可能这些受试者在看广告之前就已经有很高的购买意愿了。

2. 单组前-后测设计(The One-group Pretest–Posttest Design)

单组前-后测设计是在单组后测设计的基础上增加前测,分别测量受试者在接受实验刺激的前、后因变量的数值。此项设计缺乏控制组的比较,因此无法确认前测与后测的差异是否是其他因素造成的。举例来说,在广告效果研究中,研究者先测量受试者对相关产品的购买意愿,然后让受试者看广告,最后在广告结束后再次测量产品购买意愿。研究者可以比较前测与后测中的产品购买意愿是否有差异,但是这个结果无法保证前、后测的差异单纯来自广告的效果,也有可能是受试者因为重复填写产品购买意愿量表,猜到研究目的而在后测时提供符

① Campbell, D. T., & Stanley, J. C. (1963). Experimental and quasi-experimental designs for research on teaching. In *Handbook of research on teaching*, pp.171–246. Chicago: Rand McNally.

合研究者期待的答案。

3. 静态组别比较设计（The Static-group Comparison Design）

此种实验设计包含了实验组和控制组，但是没有加入前测。例如，在广告效果研究中，研究者将受试者分为两个组别，其中 A 组别受试者看完广告后测量产品购买意愿，B 组受试者直接测量产品购买意愿。若实验结束后，A 组的受试者产品购买意愿较高，研究者仍然无法确定差异源于广告效果，因为没有通过随机分配确保受试者在实验前具有类似特质。

以上三种早期实验方法都有相当大的缺点，无法帮助研究者经由实验确认自变量与因变量间的因果关系。

三组早期实验设计：

1. 单组个案后测设计		实验操控 → 后测
2. 单组前－后测设计	前测 →	实验操控 → 后测
3. 静态组别比较设计		实验操控 → 后测（实验组） 后测（控制组）

（二）真实实验设计（True Experimental Design）

现代研究经常采用真实实验设计法，主要包括以下三种。

1. 前测－后测－控制组设计（The Pretest-Posttest Control Group Design）

前测－后测－控制组设计为常见的实验设计方法之一。此类研究方法曾被用于探讨暴力内容的媒介效果，例如，观看具有暴力内容的电视节目是否会让阅听人增加与暴力有关的想法（暴力认知）。

(1) 实施前测，测量受试者与暴力有关的想法。

(2) 将受试者随机分配到实验组和控制组中。

(3) 分配到实验组的受试者接受实验操控，观看具有暴力内容的电视节目，在控制组的受试者则没有接受实验操控，观看没有暴力内容的电视节目。

(4) 对因变量即与暴力有关的想法进行后测。

(5) 结果分析。若控制组与实验组对比，后测数值有统计上的显著差异，则可以假定两组间的差异是由受试者所接受的实验操控（收看的节目是否具有暴力内容）造成的。

此项研究方法可以通过比较实验组与控制组的前测数值，了解在实验前受试者的因变量数值是否类似，确保组间差异来自实验操控。但此种方法仍可能在进行前测时让受试者察觉实验目的而给予迎合研究者期待的答案，从而影响实验结果。

2. 后测－控制组设计（The Posttest-only Control Group Design）

后测－控制组设计去除了上述实验法中前测的步骤，在随机分配受试者至实验组和控制组后，实验组受试者接受实验操控，控制组受试者没有接受实验操控，最后比较两组后测变量数值的差异。此方法可以减少受试者参与前测之后猜出后测目的，进而导致实验结果受到影响的情况。

但是，后测－控制组设计因缺乏前测，无法比较控制组与实验组受试者是否在接受实验操控前就具有显著差异，因此须确保随机分配程序能有效实施。

3. 所罗门四组设计（The Solomon Four-group Deisgn）

如果想要检测前测所造成的可能影响，可以使用所罗门四组设计法，该设计结合前面两种设计方法，共设四个组别。

(1) 将受试者随机分到四组之中，任选两组接受前测，其中第一组接受实验操控，第二组没有接受实验操控。

(2) 第三、四组为没有接受前测的组别，第三组接受实验操控，第四组没有接受实验操控。

(3) 所罗门四组设计可以针对不同组别进行比较，提供更充分的信息。以上述暴力内容效果研究为例，如果比较第一组与第二组的后测，可以了解观看暴力电视节目对暴力认知的影响。此外，第一组前、后测数值若有统计上的显著差异，也代表实验操控产生效果。若第一组与第二组的前测有显著差异，则代表随机分配没有成功。比较第一组与第三组的前测，可以让研究者了解前测所造成的差异；比较第二组与第四组的后测，可以知道单纯接受前测所造成的影响。

真实实验三种设计比较：

1. 前测－后测－控制组设计

随机分配→前测→实验操控→后测　　（实验组）

随机分配→前测→　　　　　→后测　　（控制组）

2. 后测－控制组设计

随机分配→实验操控→后测　　（实验组）

随机分配→　　　　　→后测　　（控制组）

3. 所罗门四组设计

随机分配→前测→实验操控→后测　　（第一组）

随机分配→前测→　　　　　→后测　　（第二组）

随机分配→　　　　实验操控→后测　　（第三组）

随机分配→　　　　　　　　→后测　　（第四组）

（三）因素设计（Factorial Design）

前面介绍的实验设计都只包含了一个自变量，而且自变量只有两个层次的变化：有实验操控及无实验操控。但在很多种情况下，研究者想要了解多个自变量对因变量的影响，而且每个自变量很有可能有两个以上的层次。例如，研究者想要同时了解受试者性别和电玩暴力程度对受试者情绪的影响。在这个研究中有两个自变量：性别与电玩暴力程度；一个因变量：情绪。性别可以分为两个层次：男、女。电玩暴力程度可以分为三个层次：高度暴力、中度暴力、低度暴力。在因素设计中，自变量称为因素（Factor），双因素设计包含两个自变量，三因素设计则包含三个自变量，每个因素中都可包含两个以上的层次。

1. 双因素实验设计

最简单的因素设计包含两个因素，每个因素包含两个层次。如对上述的案例作双因素实验设计，性别有男、女两个层次，电玩暴力内容分为有暴力与无暴力两个层次（见表 9-1）。通常以 2×2 因素设计来说明实验中有两个自变量，且每个自变量有两个层次。第一个 2 代表第一个自变量具有两个层次，第二个 2 代表另一个自变量具有两个层次。因此，在这个研究设计中，会有 4 组实验组别，第一组的受试者为男性，且在接受实验操控时玩有暴力内容的电玩，第二组受试者也为男性，但在接受实验操控时玩无暴力内容的电玩，第三组为女性玩暴力电玩，最后一组为女性玩无暴力电玩。

表 9-1 2×2 因素设计

		因素 2	
		层次 1 暴力电玩	层次 2 无暴力电玩
因素 1	层次 1 男	组别 1	组别 2
	层次 2 女	组别 3	组别 4

2. 多因素实验设计

除了 2×2 因素分析，研究也可以包含更多的因素。表 9-2 显示 2×2×2 因素设计，研究有三个自变量(因素)：性别、电玩暴力程度、游戏模式。游戏模式分为单人模式、和其他玩家一起玩的多人模式。在此实验设计中，共有 8 组实验组别，第一组为男性、玩暴力电玩、以单人模式进行实验，其他组别实验模式可依照表 9-2 类推。

表 9-2 2×2×2 因素设计

		因素 2			
		层次 1 单人模式		层次 2 多人模式	
		因素 3		因素 3	
		层次 1 暴力电玩	层次 2 无暴力电玩	层次 1 暴力电玩	层次 2 无暴力电玩
因素 1	层次 1 男	组别 1	组别 2	组别 5	组别 6
	层次 2 女	组别 3	组别 4	组别 7	组别 8

此外，若研究中有两个自变量，分别有两个及三个层次，则可称为 2×3 因素设计。以表 9-3 所示的设计为例，此处电玩暴力程度分为高、中、低三个层次。因此总共会有 6 个实验组别。

(四) 准实验设计

上文讨论了多种真实实验设计的方法，但有时研究者无法将受试者随机分配到实验组和控

表 9-3 2×3 因素设计

		因素 2		
		层次 1 高度暴力电玩	层次 2 中度暴力电玩	层次 3 低度暴力电玩
因素 1	层次 1 男	组别 1	组别 2	组别 3
	层次 2 女	组别 4	组别 5	组别 6

制组中,这时可以进行准实验法(Quasi-experiment)。举例来说,研究者想要研究中学生对于禁烟宣传广告的态度,真实实验设计应该从某班级中随机选取受试者,并且随机分派到实验组和控制组中。但是在和学校接洽之后,研究者只能运用课堂时间对全班同学施测,因此最后以班级为单位,让班级 A 作为实验组观赏禁烟宣传广告,班级 B 成为控制组。在这种情况下,研究者必须采用准实验法进行研究。准实验法和真实实验法一样,包含前测、后测、实验组、控制组,但无法进行受试者随机分配的程序。坎贝尔与斯坦利提出了许多准实验设计,[①] 以下介绍其中两种。

1. 非对等控制组设计(Nonequivalent Control Group Design)

非对等控制组设计将受试者分为实验组与控制组,但没有随机分配受试者的程序。两组都有前测与后测,实验组接受实验操控,控制组没有接受实验操控,具体流程如下:

前测 → 实验操控 → 后测 (实验组)

前测 → → 后测 (控制组)

2. 时间序列研究设计(Time-series Design)

受试者在时间序列研究设计中会接受实验操控,并在实验操控前后均定期接受一系列测量。例如,受试者在一周中每天测量抽烟频率,然后观看戒烟广告(实验操控),之后的一周再每天测量抽烟频率。此种设计可以排除受试者习惯测量方式造成的影响。如果测量 1 与测量 2 有差异,可推断为重复测量对受试者的影响,如果只有测量 3 与测量 4 有差异,其他测量没有差异,就可以排除重复测量对受试者的影响。具体流程如下:

测量 1 → 测量 2 → 测量 3 → 实验操控 → 测量 4 → 测量 5 → 测量 6

(五)实地实验设计

以上实验设计多数在实验室中进行,但是有些研究需要在现实生活环境中进行实验,此种研究方法称为实地实验(Field Experiment)。在实验室中进行的实验有其优点,研究者可以控制变量的变化以及排除不相干因素的干扰。但是实验室的环境也常被质疑缺乏真实性与外在效度,受试者在非自然的环境里进行实验,其研究结果可能与现实生活中人类的经验与反应有差异。例如,研究者想要了解人们如何借助社交媒体与他人互动,在实验室的环境中让受试者登录自己的社交媒体账号并尝试与他人互动,但是受试者在实验室中的媒介使

---

① Campbell, D. T., & Stanley, J. C. (1963). Experimental and quasi-experimental designs for research on teaching. In *Handbook of research on teaching*, pp. 171-246. Chicago: Rand McNally.

用行为很可能与平日不同。例如,用户日常使用社交媒体时,常会伴随多个任务——一边使用社交媒体一边从事其他工作,或是在通勤的路上一边乘车一边使用社交媒体。但在实验室中进行的社交媒体互动行为研究,便不能将这些干扰考虑进去。在实验室中进行实验,受试者会意识到自己是实验观察的对象,从而产生不自然的反应。

实地实验可以在自然的情境下进行,例如,让受试者在日常生活中自然地进行社交媒体互动,并在互动后填写测量量表;或是让受试者在家中看完电视节目后,使用问卷、日记等方式记录对节目的反应。因此实地实验在反应复杂的真实情况下较具优势。此外,实地实验没有实验空间的需求,也可以节省研究者购买仪器的费用。如实地实验若让受试者使用自己的手机进行社交媒体互动,或是使用家中的电视机观看电视节目,都不需要研究者再添购实验仪器。当然,也有研究者会添购相关仪器让受试者带回以供测量之用,例如想观察受试者平日的走路运动行为,统一购买计步器让受试者携带。实地实验比起在实验室中进行的实验,最大的缺点是不能控制其他因素的影响,因此可能影响对变量间关系的判断。

最常见的实验法研究分析方式,是运用统计分析方法中的方差分析以解释实验中自变量与因变量的关系。具体分析方法在本书第十一章有详细介绍。

第三节　实验法的效度

实验研究的效度代表研究准确的程度,分为内在效度与外在效度。内在效度是指一项研究的研究设计与流程是否能使研究者正确地由资料推论其研究结果,即自变量是否能解释因变量。外在效度是指一个研究结果能普遍推论到其他类似情况的程度。每项研究执行时都需考虑效度,实验法也需要接受效度的检验。

实验法对于建立内在效度有其优势,借由严谨的实验程序,研究者可以控制其他干扰变量的可能影响,并探讨自变量对因变量的效果。

一、影响内在效度的因素

沙迪什、库克与坎贝尔指出了实验法过程中对内在效度产生威胁的九种因素。①

1. 不明确的时间顺序(Ambiguous Temporal Precedence)

不能确定自变量与因变量何者先出现,导致因果关系不能确认。

2. 选样偏差(Selection Bias)

因系统性的误差导致受试者并非被随机分派到各个组别。例如前文提到的,研究者可能因为自己本身的偏好将具有某些特质的受试者分派到某一个组别,或是受试者本身的特质和偏好影响组别的选择。

3. 历史因素(History)

在实验过程中,除了实验操控之外还有其他外部干扰,影响了研究测量结果。例如,受

① Shadish, W. R., Cook, T. D., & Campbell, D. T. (2002). *Experimental and quasi-experimental designs for generalized causal inference*. Boston: Houghton Mifflin.

试者在看具有暴力内容的节目时，因为播放节目的屏幕太小以致无法看清，从而影响了节目效果。

4. 成熟度(Maturation)

由时间推移而产生的变化，被研究者误以为是实验操控的结果。例如，受试者在实验室中观看具有暴力内容的电视节目，但是因为看太久而觉得很累无法专心，此为时间因素的效果而非实验操控的效果。

5. 统计回归(Statistical Regression)

研究者如果刻意选择表现较极端的受试者，他们后测的结果会有回归到平均数的倾向，因此前、后测产生的差异，并非实验操控所造成，换句话说，无法推论为自变量改变的效果。

6. 实验损失(Experimental Mortality or Attrition)

实验过程中因为各种原因，有受试者退出了实验，导致实验样本太小而无法做出正确推论。

7. 施测因素(Testing)

前测的内容可能影响受试者在后测中的表现。例如，受试者在前测时填答有关暴力认知的量表，当他们在后测中填写同一份量表时可能会因为已熟悉问卷而产生不真实的填答结果。

8. 测量工具(Instrumentation)

测量工具在实验过程中被改变。例如，如果在前测问卷中，暴力认知量表有 30 题，但在后测时因为各种因素拿掉了 10 题，研究者将无法厘清题项的变化是否会导致前后测数值的差异。

9. 外加或交互作用(Additive and Interactive Effect)

一些威胁因素交互作用也会对内部效度产生威胁。选择历史威胁(Selection-history Threat)是此项代表。此处的“选择”指的是实验过程中不同组别可能接收到不同形态的受试者，“历史”意味着这些有不同背景的受试者对实验操控有不同的反应。例如，看过很多暴力电视节目的受试者若多数被分配到实验组中观看暴力节目，这些受试者对暴力节目的反应可能与平日不看暴力节目的受试者的反应有所不同。

二、影响外在效度的因素

实验方法的外在效度受到威胁时，研究者可能会将研究结果错误推论至其他情境或人群。布拉赫特和格拉斯提出实验法的外在效度威胁有两大类，一种为总体效度(Population Validity)，另一种为生态效度(Ecological Validity)。①

1. 总体效度

总体效度牵涉实验的结论是否可以推论到其他群体。例如，研究以实验法探讨阅听人对情感悲喜交杂的电影的喜好度，如果实验的受试者为东方人，实验结果是否可以同样推论

---

① Bracht, G. H., & Glass, G. V. (1968). The external validity of experiments. *American Education Research Journal*, 5(4): 437–474.

到西方人？回答这一问题需要了解并掌握两个族群的总体特质。有时，实验的结果只能用来解释受试者所属的群体，不能用来解释其他不同群体，而且实验研究结果不能做过度推论（Overgeneralization）。

2. 生态效度

生态效度指的是研究结果是否能反映实际日常生活中的情况。例如，若实验发现观看具有暴力内容的电视节目会提高儿童暴力行为的发生率，那么儿童在家中观看暴力电视节目，是否会在日常生活中产生暴力行为？受试者在实验室中观看电视节目有可能会觉得不自在，因此无法自然地投入观影情境而产生自然的反应，使实验结果无法推论至日常生活。若研究者需要在实验室中观察受试者观看节目的反应，应创造一个舒服、自然的实验环境，并且让受试者在受试前先适应实验室环境，以减少实验过程中受试者无法投入或是自然观影的情况。

第四节 案例分析

在传播媒介研究中，实验法的使用相当广泛。在早期研究中，学者已使用实验法探讨媒介信息的影响。霍夫兰、贾尼斯和凯莉等学者在第二次世界大战期间，首度使用实验法了解媒介信息如何影响人们对敌军的态度。[①] 霍夫兰著名的研究之一，就是了解战争电影对激励军人上战场的效果。霍夫兰将军人分派到实验组和控制组中，实验组的受试者观看战争电影，而控制组的受试者则没有观看，最后两组受试者接受后测，测量其上战场的意愿。结果显示，战争电影并没有成功激励军人上战场的士气。霍夫兰推论，可能因为军人在看影片前已经存有既定印象，认为战争电影就是用来做政策倡导用的，因此不能全盘接受影片内容。有趣的是，霍夫兰在几个月后再次测量，却发现看战争电影的实验组受试者有非常高的上战场的意愿。霍夫兰称此现象为“睡眠效应”，指出受试者在一段时间之后，会忘记信息来源，忘记他们对于战争的印象来自原本不信任的战争电影，最后只留下对信息内容的印象，从而增强了军人应该上战场保卫国家的认知。

其后，许多影响传播与媒介研究的社会科学理论也使用实验法以了解人们的认知与行为。例如至今仍被媒介效果领域广泛引用的社会学习理论，班杜拉以其一系列著名的不倒翁实验（Bobo Doll Experiments）来了解儿童通过观察学习，进而模仿暴力行为的过程。[②] 社会学习理论提出，人们经由观察、模仿来进行学习。儿童经常将父母或老师视为模仿的对象，这些对象又称为楷模（Model）。在 1961 年执行的不倒翁实验中，班杜拉找来 72 位平均年龄五岁的儿童进行实验，其中男女数量各占一半。受试儿童进而被平均、随机分配至“暴力楷模组”“非暴力楷模组”与“控制组”。实验进行前，研究者将儿童受试者与扮成老师的成人楷模（实验助理）带到玩具室中，室内有一个大型的充气不倒翁玩具。在离开玩具室前，研究者告诉儿童受试者，房间中的玩具只能给大人玩，儿童不能使用。在“暴力楷模组中”，成人楷模开始玩玩

---

① Hovland, C. I., Janis, I. L., & Kelly, H. H. (1953). *Communication and persuasion*. New Haven, CT: Yale University Press.

② Bandura, A. (1977). *Social learning theory*. New York: General Learning Press.

具，以暴力行为踢打、挥拳攻击不倒翁，使用玩具锤子锤打不倒翁，并伴随言语暴力，例如“打它”“把它丢到空中”。10分钟后，研究者将儿童带到另一个房间。在“非暴力楷模组”，成人楷模仅仅在房间中玩其他玩具，并不理会不倒翁。10分钟后，儿童被带到其他房间。在第二阶段的实验中，儿童被告知他们可以随意玩玩具，并被单独留在房间中，研究者则在另一间房间观察记录儿童对不倒翁施予行为暴力、言语暴力的次数。研究发现，在观察成人楷模的暴力行为后，儿童倾向于对不倒翁施予行为暴力和言语暴力。

在另一项著名的研究中，瓦拉迪斯和弗格森以 3×2 多因素实验法探讨暴露于暴力电玩内容和玩电玩时间对沮丧感、敌意、视觉空间认知的影响。[①] 瓦拉迪斯招募了100位大学生作为受试者，其中49位女性、51位男性。研究包含两个自变量：暴力电玩内容与玩电玩时间。暴力电玩内容包含三个层次：暴力、非暴力、在暴力电玩中的非暴力场景；玩电玩时间有两个层次：15分钟与45分钟。在挑选暴力与非暴力电玩内容时，针对电玩的难度、速度、动作、竞争度都进行了控制，使其相对一致。

首先，研究者使用在线随机分配软件，将受试者随机分配到各组中。研究于实验室中进行，研究者告知受试者这是一项有关学习与感知的研究，受试者在听取说明后阅读并签署知情同意书。

接下来受试者填写问卷，包含人口统计数据以及有关电玩使用习惯的题项。随后受试者填写视觉空间认知量表进行前测。接下来，受试者在计算机上执行 PASAT 测验（The Paced Auditory Serial-Addition Task）。受试者被告知 PASAT 测验是测量受试者对数字的认知程度，但实际目的是增加受试者的沮丧程度。PASAT 测验让受试者持续加总数字，在最开始时，计算机屏幕上呈现两个数字，例如1和2，受试者需要将此两个数字加总按下正确答案的对应数字——3。结束后，屏幕上会出现另一个数字，例如5，然后受试者须将上一个出现的数字（例如2）和5加总，如此持续下去。此任务将会随着时间加快而增加难度，而且受试者通常会习惯将加总后的数字（例如3）和出现的数字加总（例如5），而不是上一个出现在屏幕上的数字（例如2），因此这个任务可以引起受试者的焦虑与沮丧感。在执行 PASAT 测验10分钟后，受试者进行另一项前测，包含敌意量表（State Hostility Scale，测量与敌意有关的情绪）以及沮丧感量表（The Beck Depression Inventory-Ⅱ，测量沮丧程度）。

完成该项前测后，受试者被告知他们要玩的游戏及 X-Box 360 的操作方式，在5~10分钟的说明后，受试者根据他们被分配到的组别，分别玩游戏15分钟或45分钟。在游戏结束后，受试者填写敌意量表、沮丧感量表和视觉空间认知量表进行后测。在研究结束前，受试者被告知研究目的以及隐瞒了 PASAT 测验的目的，并询问受试者是否因此感到沮丧。研究者同时询问受试者是否察觉了实验目的或研究假设。研究发现，受试者在各种组别情况中，暴力、非暴力、在暴力电玩中的非暴力场景、15分钟或45分钟游戏时间，都没有在沮丧感、敌意、视觉空间认知上有所差异。因此，研究结论认为暴力电玩对于电玩玩家的正面或负面效果有限。

---

① Valadez, J.J., & Ferguson, C. J. (2012). Just a game after all: Violent video game exposure and time spent playing effects on hostile feelings, depression, and visuospatial cognition. *Computer in Human* Behavior, 28(2): 608-616.

林与吴研究新闻游戏中画面真实性与地理接近性的效果。[1]研究使用2(画面真实性高、低)×2(接近性高、低)因素设计实验,邀请了161位台湾地区受试者参与实验。研究结果发现画面真实性会引起人们对游戏内容的欣赏(Appreciation),进一步引起游戏过程中的正面或负面的情绪唤起(Arousal)。

近年来学界中研究生理心理学,通过脑功能或其他生理反应了解心理现象时,多使用实验法来进行研究。相关研究需配合使用生理仪器,例如肤电反应器、眼球追踪系统、生理回馈仪、fMRI等。[2]

练习与作业

1. 在网络上搜寻使用实验法的传播媒介领域研究,挑选出一篇研究并讨论实验者如何操作自变量,以及使用了哪种实验设计。

2. 如果你想要了解包含模特的广告对阅听人身体意象的影响,并使用实验法进行研究,你会使用哪一种实验方法?为什么?

3. 请列举几个与传播媒介有关的研究问题或假设,并依照本章的内容设计最适合的实验方法。

问题与解答

Q1:所罗门四组设计的方法与目的是什么?其优点何在?

Q2:人类研究伦理审查保护受试者有哪几项原则?

第九章　问题解答

词汇与定义

1. 实验组。实验方法中,接受实验操控的受试者。
2. 控制组。实验方法中,未接受实验操控的受试者。
3. 前测。实验方法中,在实验操控前对变量进行的测量。
4. 后测。实验方法中,在实验操控后对变量进行的测量。

---

① Lin, J.H.T., & Wu, D.Y. (2020). Newsgames for the greater good: The effects of graphic realism and geographic proximity on knowledge acquisition and willingness to help. *Journalism and Mass Communication Quarterly*, 97(1): 30–51.

② 相关研究超出本章讨论范围,有兴趣的读者可以参考波特与波尔斯的《生理心理学的测量与意义》一书,其中对传播相关的生理心理学研究有详细讨论。

5. 随机分配。以随机的方式,将受试者分配到不同实验组别中。

6. 所罗门四组设计。实验设计的一种,包含前测、后测、实验处理设计,共包含四个组别。

第九章 阅读文献

第十章

调查研究与问卷设计

——巧用资料收集工具

学习目标

1. 了解多种调查研究方法的特性、适用性和优缺点。
2. 掌握基本的问卷设计技巧,防范常见的设计不当。
3. 能够胜任调查研究访员和督导的任务。
4. 能够对问卷调查结果进行数据预处理。
5. 能够正确运用统计分析工具对问卷调查结果进行处理。

引　　言

本章所介绍的调查研究与问卷设计,可以说是所有传播研究方法中最重要、也是最常使用的方法。

传统媒体的受众研究,很大一部分运用了调查研究方法。面对互联网上纷繁复杂的新兴媒体内容,调查研究方法仍是有效的研究工具。

本章内容从传播调查的对象、方法和基本原则入手,第二节聚焦于如何设计科学的测量工具(问卷)将复杂的世界简化为可标准化测量的变量,并有效地实施测量工作,这一节还讨论问卷调查实施的两类场景特征、对问卷设计的不同要求。按照调查的逻辑,第三节重点讲授如何实施调查,如何在调查过程中控制各种可能的非抽样误差以确保资料收集的可信度。最后介绍在完成现场资料收集后如何进行问卷调查的数据预处理,引导读者正确使用统计分析工具来处理调查结果。

第一节　调查研究法在传播研究中的应用

记者采访、受众对各类信息的反应实验、广告目标消费者的特征描述等林林总总发生在传播领域的探索与实践都可归入调查研究的范畴。调查研究方法是社会科学研究中收集资料所采用的最广泛的方法,在各个学科领域都发挥着独特的作用。在调查研究方法的庞大体系中,问卷调查以其独特的功能深受研究者的青睐。问卷调查是指“运用问卷或访问的方法,系统地、直接地从被调查者那里收集资料,并通过分析这些资料来认识社会现象的过程或活动”[①],是以问卷为工具来收集资料的调查方法。

问卷调查方法收集的资料具有规范化、标准化的特征,辅以统计分析能够比较清晰地描述研究问题的现状,回答“是什么”的问题;能分析哪些因素与研究的问题具有显著相关性,推断“为什么”的问题;还能解释问题发生的原因,预测哪些因素的变化会引起所研究的客体发生变化,指导传播实践,回答“怎么办”的问题。

在传播研究领域,问卷调查在以“人”为资料收集对象的研究中经常被采用,在以“组织”或者“信息内容”为资料收集对象的研究中,类似问卷调查的方法也经常被采用,如定量内容分析的“类目建构”过程,其本质是针对信息内容设计调查问卷的过程。因此,学习调查研究方法首先要厘清传播研究中哪些研究对象适合采用该方法,更要清楚不同的研究对象适合采用调查研究方法中的哪些具体的资料收集方法,尤其要清楚哪些研究对象适合采用问卷调查的方法收集资料。

一、传播调查的对象与方法

各学科都有其研究的核心范畴,传播研究主要围绕信息载体、信息本身、信息生产者、信息对人的影响和信息的接触、使用者等几部分开展研究。

(一) 有关信息载体的调查

所谓信息载体即承载信息的各种介质,包括传统的大众媒体,如广播、电视、报纸、杂志及书籍,也包括各种在互联网和移动互联网上的媒体,典型的如各类电商平台、搜索平台、娱乐平台、信息类平台(包括微博、微信等社交媒体平台)。它们以不同的方式承载不同特质的信息,这些载体本身都是传播学的研究对象。典型的研究议题有媒介特征、媒介内容生产、新媒体的采纳与使用等。

有关信息载体的研究重点在于载体本身具有的各种特征,例如抖音为什么会在青少年中快速流行?要回答这个问题,自然要聚焦于抖音这种信息载体本身的哪些特征吸引了青少年,满足了青少年的哪些以往媒体无法满足的需求。这种针对信息载体本身的研究是传播学研究的一个很重要的领域,多数时候用以回答人们为什么使用或为什么抛弃某种媒体。可见,针对载体本身的研究,可以从分析载体特征及运行规律的角度展开,但更多的研究则是针对“人”为什么采纳或者不采纳该媒体,而针对“人”的研究多数可以采用问卷调查的方法收集资料。

(二) 有关信息本身的调查

针对信息本身的研究也是传播学研究的重要领域,如对信息的文本解读、对信息的内容分析、对信息生产过程的研究(新闻生产过程、广告诉求与创意设计过程)等研究的重点都是信息本身。有关信息本身的研究典型的如同一个议题在不同国家或者不同特征的媒体中呈现内容的差异性比较。媒体内容生产过程的研究也常涉及解读信息生产的社会背景和话语体

---

① 风笑天:《什么是社会调查》,发表于《青年研究》1993 年第 2 期。

系，例如在不同社会体制下，媒介组织在整个社会结构中的角色地位、媒体内容生产流程、参与内容生产各方的角色关系等。这类主题的研究可以通过质化研究，如文本解读等方式展开，更可以通过量化研究的方式进行，如对媒体内容的分析、对各类媒体的数据挖掘与呈现等，以问卷调查的方式收集资料是不可或缺的资料收集方法。除此之外，以下几种方式也常用于对媒体信息本身的调查。

1. 现场观察

研究者通过观察，以视觉接触信息的方式来记录观察结果。例如在测评城市公共文明时，文明办对“公益宣传”的指标有详细的标准要求，需要考察员通过现场观察的方式来记录各类信息载体是否承载了相关内容，包括城市公共交通工具、城市主次干道、商业大街、农贸市场、公共广场、主要商业服务场所等物体及空间是否承载了公益宣传的信息。具体的操作是考察员按照事先准备好的考察表，在指定时间、抽样地点进行逐项观察，并记录所看到的情况。这类观察需要有详细的考察表和执行记录标准。

2. 媒体监测

对于各类传统媒体和互联网媒体，通过媒体监测的方法来了解其信息承载量及所承载的信息内容。例如由深圳大学项目组协助深圳市市场监督管理局于2005年设立的广告监测中心，是国内第一个全面监测一个城市的各类媒体广告发布量、发布内容、违法广告等信息的系统。这一针对“广告”信息的监测既包含了所有发布广告的媒体，也包含了广告信息本身，重点将违法广告挑选出来进行分析并推动改进，形成包含传统媒体和网络媒体的监测体系和方法，由此建立了广告发布监测数据库（见表10–1）和广告信息数据库，后者详细记录了广告的所有内容信息。

表10–1 广告发布监测数据库

序号	媒体名称	广告名称	广告类别	建立日期	发布日期	累计发布次数	广告样本编号	违法表现
1	《南方都市报》	色色摄影集团	摄影	3月1日	3月1日	1	19897	无
2	《深圳特区报》	中国移动全球通	移动服务	3月1日	3月1日	2	28074	无
3	《晶报》	金列宁茸芪益肾口服液	药品	3月1日	3月1日	5	34476	无
4	深圳广播电台新闻频率	神州大众卡	服务类	3月1日	3月1日	1	76292	无
5	《深圳特区报》	东风汽车商用车	汽车	3月1日	3月1日	3	24754	无
6	深圳新闻网	深圳博爱医院口腔科	医疗	3月1日	3月1日	1	45209	无
7	深圳电视台电视剧频道	POLO进取汽车	轿车	3月1日	3月1日	24	66555	无

3. 数据挖掘

对信息本身的研究，使用专门的工具对媒体中呈现的各种信息进行抓取（又称爬取）。对传统媒体的媒体监测与对互联网媒体的数据挖掘具有相同的目标和功能。

(三) 有关信息生产者的调查

信息生产者可能是信息生产组织的专业人员,也可能是社会上的任何个体,甚至可能是专门从事信息生产的机器人。对信息生产者的研究经常回答的问题包括:生产者出于什么样的目的在生产信息?他/它们按照什么原则生产信息?他/它们在信息生产中受到哪些因素的影响和制约?此类研究聚焦于信息生产者个体或者群体,研究对象是"人",问卷调查是非常重要的资料收集方法。

(四) 有关信息对人的影响的调查

信息对人的影响也是传播学领域备受关注的研究重点,渗透在社会政治、经济、文化、宗教等各个环节。此类研究聚焦于信息本身和信息对人的认知、态度与行为的影响,传播学的很多经典理论,如议程设置理论、涵化理论、说服传播等都可以归入这个范畴。此类研究比较常用的方法是通过标准化的问卷调查来收集人对信息的接触和反应情况,用内容分析方法来呈现媒体的内容,借助统计分析将两种方法收集的数据进行联结,对信息与人的关系进行统计分析和验证。

(五) 有关信息接触与使用者的调查

信息接触与使用者研究主要聚焦于人,研究人如何接触、如何使用各类媒体和信息,这是标准化和商业化程度比较高的领域。具有代表性的研究如电视收视率研究、报纸杂志阅读率研究、广播收听率研究、网络接触与使用研究等,使用与满足理论常被用来解释这一领域的研究。在这一领域,调查广受各类媒体和广告主需要和关注,它涉及对媒体传播价值的判断(这是广告投放的定价依据)和广告主的媒体投放效果评估。这类研究是传播研究体系中基础的描述性研究,收集资料主要依赖对人的调查,问卷调查是最常见的方法。

由此可见,在传播研究的各类主题中,问卷调查都是广泛使用的收集资料的方法。

二、传播调查的基本逻辑

传播学针对信息载体、信息本身、信息生产者、信息对人的影响及信息接触与使用者的调查,都需要解决一个核心问题,即科学地测量调查对象。研究对象各不相同,研究的核心问题各有侧重,科学地测量需要遵守科学测量的基本准则。

传播调查中,概念、变量与测量是一整套研究体系所包含的内容,相互关联,贯穿于传播研究的不同阶段。

(一) 传播调查的概念、变量与测量

(1) 明确要研究的核心问题,这个问题可能来自学者个人的学术兴趣,也可能来自传播实践领域的需要。

(2) 将要研究的问题用一个大家都认可的概念来表达(概念化),这个概念可能是已经存在

的，也可能是根据要研究的问题的内涵创造出的新概念。

(3) 将研究的核心概念根据其内涵及外延分解到不同维度或层面，建立内涵更加具体明细、外延进一步缩小、边界进一步明确的一系列概念(操作化概念)。

(4) 将操作化概念逐个分解为具体的可以通过各种方式来测量的变量。

(5) 根据每个变量的特点设计收集该变量资料的方式并实施资料收集工作，即测量。测量需要明确变量，更需要设计清楚测量等级，变量按测量等级可分为定类变量、定序变量、定距变量和定比变量。测量等级越高，收集的资料越详细具体，适用的统计分析方法也就越多。设计测量时还需要明确测量单位。

在传播研究中，对所要研究的问题进行描述时，需要对资料、现象及头脑中形成的观念赋予一定的标签以便于表达和交流，参与交流的各方需要就标签的含义达成共识，这个达成共识的过程就是概念化。在一个学科领域，理论发展和实践研究不断积累就形成了一系列共识性的标签，进而形成一个学科的基本概念体系。每一个概念都需要明确定义其内涵和外延。在一项具体研究中，要测量一个概念，需要先对概念进行操作化(具体见本书第四章)，形成操作型定义，即可测量的变量。

变量与可测量的操作型定义(或称为一组可测量的具体概念)相互对应，可视为同一问题从不同角度的表述。量化研究借助统计学的方法将观察到的社会现象用数字或字符来表达，也借用统计学的基本概念——变量及取值来对应表述这种现象。当传播学采用统计的方法和逻辑进行假设检验时，传播研究中的概念自然转化成统计学的变量，要研究的问题转化成对变量关系的验证。例如要研究不同性别的人阅读时尚类杂志的时间是否有差异，用量化研究的方法进行验证时，要将研究的问题转化成对变量关系的表述，并用统计检验的逻辑提出研究假设：自变量的概念是“性别”，这个变量通常包括男性和女性，我们可用0代表男性，1代表女性，这时1和0就是这个变量的变量值；因变量是平均每日阅读时尚杂志的时间长度，其取值可用“分钟”或“小时”等来计量，(变量值最低为0)于是要研究的问题就转化为“不同性别的人平均每日阅读时尚类杂志的时间有统计上的显著差异”，如果有前人研究的文献显示女性可能更喜欢阅读时尚杂志，研究假设进一步描述为：女性平均每日阅读时尚类杂志的时间比男性长。此时，研究的自变量和因变量都很清楚了。

(二) 传播调查的案例

传播调查研究方法在应用研究领域和学术研究领域都得到了广泛的应用。

1. 应用研究案例——阅读指数研究

评估历年深圳市读书月活动的效果，需要通过对“市民的阅读情况”的长期监测来判断，深圳市政府作为课题委托方提出了基本要求。

深圳大学课题组根据市政府要求开展了围绕“市民的阅读情况”的专题研究。研究分为以下几个步骤。

(1) 概念化。将“市民的阅读情况”用一个大家都能理解并认可的概念来表达，此概念可能是已经有的、在长期研究和实践中被社会认可和使用的，也可能是根据研究问题的需要而创造并定义的。概念需要在历史发展的不同阶段长期使用。课题组经过讨论，将要研究的问题提炼概括为“阅读指数”概念。

(2) 操作化。根据“阅读指数”概念应该承载的信息内涵,在这项研究中,研究者将与阅读指数相关的因素划分为三个指标,分别是“阅读设施与资源”“阅读支持与保障”和“阅读行为与认知”。

(3) 测量。对三个指标各自的概念内涵与外延进行研究,将其分解为具体的测量变量。

A 针对“阅读设施与资源”共设计了 11 个具体的测量变量。这些变量指向了一个城市为市民提供的、与阅读有关的各类设施和资源,主要涵盖公共图书馆体系、报业、实体书店等主要公共文化供给资源和新闻传媒业提供的阅读资源。

B 针对“阅读支持与保障”共设计了 8 个具体的变量以衡量与阅读相关的各类社会组织的行为。围绕从政府到非政府组织为支持和保障市民实现各种阅读而提供的条件,如支持阅读的经费、人力、媒体投入,参与范围,推动阅读的各类组织数量等,这些指标能够反映一个城市在推动阅读方面的工作情况。

C 针对“阅读行为与认知”设计了 25 个变量,以衡量城市居民与阅读相关的多方面的行为和认知情况。所收集的资料既包括来自各类阅读空间的行为统计数据,也包括居民个人在各种阅读中的行为表现调查数据,既包括二手统计资料也包括一手调查资料。

(4) 设计每一个测量指标的资料收集方法。在此案例中,有 25 项数据需要从政府各相关部门、企事业单位和社会组织的年度统计数据中收集,其余需要通过年度问卷调查来收集。各项测评内容按照科学的方法和权重,通过计算机建模并进行计算,各指标的计算结果之和即阅读指数。

阅读指数模型数学计算公式:$Y=X_1\times 65\%+X_2\times 35\%$

此项研究于 2014 年建立了研究模型,到 2019 年已经进行了 6 年的连续跟踪研究,“阅读指数”的概念和研究方案被国内多个城市采用,成为国内研究市民阅读行为被广泛接受的模型。

2. 学术研究的案例

对于如何进行概念的操作化,学者祝建华认为,“一个可供科学研究的操作定义,不但要有文字和数学公式的描述,而且须经过实证数据的检验”①。下列案例是有关概念操作化在学术研究中的具体运用(见表 10-2)。

表 10-2 学术研究中的概念操作化案例

论文名称	数码沟②指数之操作定义和初步检验
论文作者	祝建华
概念来源	数码沟:最初由美国商业部电讯与信息局(NTIA)于 1995 年在其《被互联网遗忘的角落:一项有关美国城乡信息穷人的调查报告》中正式提出,用来描述社会各阶层之间在使用互联网上的差别。
操作化定义	用“数码沟指数”(Digital Divide Index, DDI)作为对数码沟概念的操作化定义。
操作化定义的文字描述	“社会各阶层之间在使用互联网上的差别”操作化定义为“社会各阶层之间互联网使用者(简称‘网民’)比例之平均差别”。

① 祝建华:《数码沟指数之操作定义和初步检验》,载于吴信训:《21 世纪新闻传播研究》,汕头大学出版社,第 203-211 页。
② 数码沟,Digital Divide,通常译为“数字鸿沟”。

续表

论文名称	数码沟指数之操作定义和初步检验
操作化定义的数学定义	“网民比例”，指网民在某个社会阶层人口中的百分比。 “平均差别”，指每一阶层的网民比例与相对应的社会阶层总体人口中网民比例之差异的累加。
操作化定义检验结果	数码沟指数的相对独立性、分析敏感性、指标综合性、成分变量的合理性，均在中国内地和香港、美国的样本实证检验中得到肯定。

三、传播调查变量测量的等级设计

对调查结果的统计分析需要根据指标设计的等级来决定，因此变量具体测量等级的设计在相当程度上决定了调查结果的分析精度。

（一）调查变量测量的四个等级

要对传播现象进行标准化测量，必须将测量变量设计成具体的测量工具。绝大多数时候传播学研究的测量等级没有现成的、标准化的测量工具，需要研究者自己来设计。如何将不同性质的、具有不同特征变量设计成科学、有效的测量工具？这就需要理解变量特征及可以测量的等级。将各类传播现象转化成可测量的变量时，变量可设计的测量等级包括定类、定序、定距和定比四个等级。原则上在可操作的前提下，要尽可能为变量设计高测量等级，这样获得的信息更具体，适用的统计方法更丰富。同时，高测量等级变量在统计分析时，如果有需要，随时可以转化成各种形式的低测量等级变量。变量按四个测量等级由低到高分别是：

(1) 定类变量。变量选项之间只有类别属性的区别，没有数量或顺序关系，用数字代表事物的类别属性。

(2) 定序变量。变量选项之间具有顺序关系，可以进行大小的比较，但是不能进行数学计算。

(3) 定距变量。变量取值之间的间距相等，具有数量关系，可以进行加、减计算，但是没有绝对零点，数值具有相对的含义。

(4) 定比变量。变量取值之间除具有定距变量的特征外，还具有绝对零点，数值具有绝对的实证含义。

（二）变量的测量等级决定了调查结果的分析精度

社会科学研究按目标可划分为描述性研究和关系性研究，相应地对变量测量等级也有不同的期待。

1. 不同测量等级变量在描述性研究中的结果呈现

在以描述为目标的研究中，所有变量设计都是为了描述研究对象的概貌，各等级的变量都有描述性统计分析的方法，不同等级的影响体现在描述的精确性上，即调查结果用于描述调查对象时，能够描述变量所测量的内容的准确度和丰富程度。例如要研究人们每天有多少时间用在微信上，需要设计“使用时间”指标，这一指标可以在不同等级上测量。常见的是在定序或者定比等级上测量，如果变量设计在定序等级上测量，或许可设计成：通常您每天使用微信多少小时？回答的选项可以是(1)不足1小时；(2)；1~3小时；(3)4~6小时(4)7~9小时；(5)9小时以上。定序变量适用于描述性统计分析，如用频数分布描述样本在各时间段的分布情况，用众数描述集中趋势，用异众比率描述离散趋势等。如果将变量设计成更精细的定比变量，变量的时间计量单位设计为“分钟”，此变量的测量可以设计为：“您昨天从早晨起床到晚上睡下，期间使用微信大概有多少分钟？”那么得到的信息将是以分钟为单位的定比变量。在统计分析时，除了可用定比变量的各种统计方法，还可以得到“平均数”和“中位数”这样的精确统计值来描述集中趋势，也可以得到方差、标准差这样的统计值来描述人们使用微信时间的差异性。显然在定比等级上的测量结果在描述研究变量的分布时，所得到的信息更加丰富，并且能用更准确的统计结果来描述客观现象的概貌。

以描述为主要目标的研究，在测量设计时，如何准确地界定测量指标的内涵非常关键，这种界定在二手统计资料的收集中尤为重要。

在二手统计资料的测量设计中，每个统计指标都需要有详细的概念内涵界定。由于二手统计资料的来源复杂，可能来自各种社会组织或政府部门，因此每个指标的内涵都需要清楚地界定。例如“阅读指数”研究中有一指标“人均拥有公共图书馆藏书册数”(见表10-3)，需要准确定义“公共图书馆藏书”的内涵。该研究根据图书馆体系的日常工作，将其定义为“累计的纸质文献总量(纸质中外文图书与报刊合订本)与电子图书总量之和”。这样每一年都按照这个定义来收集该指标的统计数值，才能保证数据的准确性和可比性。

表10-3 “阅读设施与资源”指标体系及资料搜集方法

测量指标	资料来源	搜集方法与测量
(1) 公共图书馆数量	图书馆	年度统计值
(2) 千人阅览座位数	图书馆	年度统计值
(3) 有效读者证量	图书馆	年度统计值
(4) 人均拥有公共图书馆藏书册数	图书馆	年度统计值
(5) 馆藏电子图书(含有声图书)种类	图书馆	年度统计值
(6) 全市实体书店、书吧数量	阅读联合会	年度统计值
(7) 实体书店年购书人次	出版发行集团	年度统计值
(8) 实体书店年进出人数	出版发行集团	年度统计值
(9) 深圳地区报纸销售量(万元)	市文体旅游局	年度统计值
(10) 深圳地区期刊销售量(万元)	市文体旅游局	年度统计值
(11) 深圳地区图书销售量(万元)	出版发行集团	年度统计值

2. 不同测量等级变量在关系研究中的结果呈现

探讨变量间关系的研究分为相关关系和因果关系两个层面的研究。在根据研究的基本假设设计自变量与因变量(或外在变量、中介变量)时,需要厘清研究模型中涉及的不同等级的变量。运用统计分析技术进行关系分析时,不同测量等级的变量可采用的统计分析技术也各不相同。在设计各变量的测量时就要考虑后期统计分析对变量测量等级的要求,尽可能将各类变量按照后期关系分析所需要的测量等级来设计。

如果变量属于连续变量(定距或定比变量),可采用的分析方法较深入和精细,但是如果单个变量不具有设计成高测量等级的基础,可采用复合变量设计,即通过几个变量加总的方式以汇总数据来提高测量的数据等级。① 因此,在变量设计时,需要考虑后期分析对数据特征的要求。

(三) 测量的信度与效度

测量的信度与效度是评估传播调查质量的重要指标,它们能检验问卷设计的水平,也能评估资料收集的全过程是否真实可信。理解调查研究的信度与效度,并合理使用这一分析技术,对于提高问卷设计的质量、把控问卷调查全过程而言至关重要。

如第五章所述,信度即可靠度,它指的是采取同样的方法对同一对象进行重复测量时,所得结果的一致性和稳定性的程度。信度既体现测量工具能否稳定地测量所测事物或变量,同时也体现出问卷调查执行中各种非抽样误差是否得到了有效控制。效度也称测量的有效度或准确度。它是指测量工具或测量手段能够准确测出所要研究的概念的程度,或者说能够准确、真实地度量事物属性的程度。效度是评价问卷设计质量非常重要的指标,也是检验问卷设计中概念、变量与测量的整套逻辑是否得到很好遵循的重要指标。

高信度与高效度是传播测量永远追求的目标,贯穿于从概念的操作化到变量和测量工具的设计,再到资料收集过程的每一个环节,是评估传播调查质量的核心指标。因此必须深刻理解引起信度与效度问题的各种因素,并在研究过程中加以控制。图 10-1 中 A 是传播调查追求的目标,如果测量设计不妥,即便调查执行过程得到了很好的设计与管理,可能得到的最好效果是 B 的状况,有信度而没有效度;如果在测量设计与调查执行过程中抽样误差与非抽样误差都没有得到很好的控制,出现 C 的状况,那就是一项不可用的调查结果。量化研究必须在信度与效度方面下足功夫,否则将会得出不科学、不可用的结果。

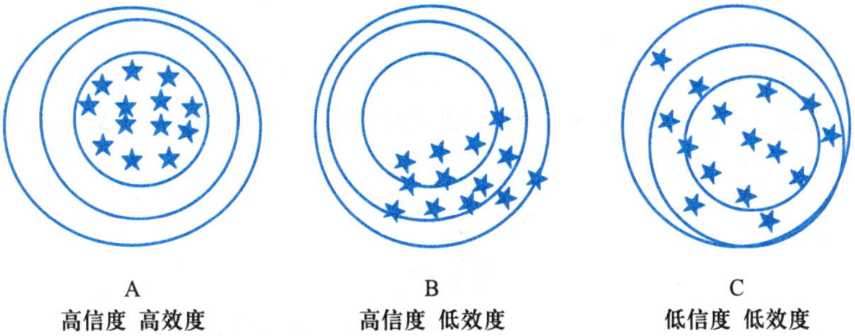

图 10-1　信度与效度的高低图示

① 董海军、朱东星:《社会调查中高质量问卷的设计》,发表于《晋阳学刊》2019 年第 5 期。

为了提高测量的信度与效度，在调查实践中研究者有时会设计一定的测谎题或通过恰当的调查方式来提高回答的真实性，通过预调查来检验问卷设计的可行性。[①]

第二节 传播调查的常用工具——问卷设计

无论是采用现场观察法、媒体监测法还是问卷调查法收集资料，都需要设计标准的信息记录工具，称为记录表或者调查问卷。

完整的问卷设计通常包含封面信设计、填写指导设计、问题与选项设计、问卷容量与问题编排顺序设计、编码设计及样本编号设计等内容。根据资料收集方式的不同，一项调查问卷可能包含其中的某些部分，也可能包含全部的内容，但无论怎样的收集资料方式，“问题与选项”都是设计的核心。自填式纸质问卷，通常会包含问卷设计的全部内容，问卷结构非常完整；访问式纸质问卷，问题与选项设计、题目编排顺序设计、编码设计及样本编号设计几个部分必不可少，有时对于选项相对复杂的题目，可以增加提示卡设计；电话调查或者网上填写的问卷，封面信设计、填写指导设计、问题与选项设计几个部分必不可少，而编码往往由程序自动设定。

一、封面信设计

封面信设计在自填式纸质问卷中非常重要，通常是印在问卷封面上的写给问卷填写者的一段话，其内容一般包括调查者(调查组织单位)、调查的目的和意义、抽样原则及资料的使用范围、匿名性及资料的保密说明。以封面信的方式明确告知问卷填写者这些信息，既是尽到社会科学研究的伦理和法律责任，也是为了消除问卷填写者的顾虑和疑惑，通过诚恳可信的封面信来说服问卷填写者真实客观地填写问卷，以提高问卷调查的信度。

以下是一则封面信的示例：

> 您好！这是深圳大学传播学院正在进行的一项“深圳人读报情况”调查，目的是了解深圳人读报的需求和目前报纸满足读者需求的状况。调查报告将提供给有关单位，作为反映读者需求和建议媒体改进工作的依据。我们在全市随机抽取一定数量的市民参与调查，期望能得到您的协助！
>
> 问卷中所有问题的选项均无对错之分，调查结果只用于学术研究。本次调查采取匿名的方式填写问卷，我们会遵守统计法的相关规定严格保密，请您不必有任何顾虑。问卷填写完成后我们将赠送一份精美的礼品，以感谢您的协助。
>
> 如果填写过程中有任何问题，请电话咨询项目负责人。
>
> 项目负责人：*** 教授，深圳大学传播学院
>
> 联系电话：138******** E-mail：******@szu.edu.cn

① 张颖、倪宗瓒等：《社会调查研究中问卷式调查质量控制的探讨》，发表于《现代预防医学》1992 年第 2 期。

二、填写指导设计

填写指导是告诉问卷填写者该如何填写这份问卷，一般包括填写方式、选择原则、意外情况处理方式，如：

> 请在每一问题的选项中选出最符合您的情况的选项，并将代码圈起来。没有特别标明“复选题”的，每个问题只选择一个最符合您情况的选项。如果所有选项都不符合您的情况，请将您的实际情况写在该题目旁边的空白处。对于需要您直接填写的问题，请在（　　　　）内填写您的回答；对于有排列顺序要求的问题，请将您选择的选项前面的代码依次填写在（　　　　）内。

三、问题与选项设计

问卷设计的核心是设计问题与回答的选项。问卷调查的宗旨是将各种复杂的社会现象以可测量的方式设计成具有明确归类的问题与答案选项。一份问卷该设计哪些问题？其路径一般有两种，其一，也是最常用的路径是概念的操作化。以这一思路设计的问题通常最符合调查目的，效度会比较好，但是需要很强的研究能力和对问题效度的科学检验；其二是来自文献，在以往研究中设计和使用过的、经过前人研究验证具有高效度的问题。但是在直接采用现有问题或量表时，需要特别注意问题或量表设计的时间、空间、适用对象及量表设计的情形与自己的研究目标是否一致，需要经过评估才能采用。[①] 如前文所述的“阅读指数”研究中的“阅读行为与认知”维度中有 21 项测量指标均以“问卷调查”的方式收集资料。该研究采用的是定点随机抽样，以“面对面访问”的方式实施调查，各指标问题设计与选项见表 10–4。

表 10–4 “阅读行为与认知”操作化指标及问卷设计

测量指标	问卷设计
每周图书阅读率	Q1. 从昨天算起的过去一周，您是否阅读过图书？（包括各种纸质图书和电子图书） 1. 读过　2. 没读过（跳过 Q2）　3. 记不清（跳过 Q2）
平均每天图书阅读时长	Q2. 过去一周，您平均每天阅读图书（包括纸质图书和电子图书）大概多少分钟？ （　　　　）分钟
每周报纸阅读率	Q3. 从昨天算起的过去一周，您是否读过报纸？（包括各种纸质报纸和电子报纸） 1. 读过　2. 没读过（跳过 Q4）　3. 记不清（跳过 Q4）
平均每天报纸阅读时长	Q4. 过去一周，您平均每天阅读报纸（包括纸质报纸和电子报纸）大概有多少分钟？ （　　　　）分钟
每周期刊阅读率	Q5. 从昨天算起的过去一周，您是否读过期刊？（包括各种纸质期刊和电子期刊） 1. 读过　2. 没读过（跳过 Q6 ）　3. 记不清（跳过 Q6）

① 董海军、朱东星：《社会调查中高质量问卷的设计》，发表于《晋阳学刊》2019 年第 5 期。

续表

测量指标	问卷设计
平均每天期刊阅读时长	Q6. 过去一周，您平均每天阅读期刊(包括纸质期刊和电子期刊)大概有多少分钟？ ( )分钟
平均每天阅读时长	Q7. 在昨天的阅读时间中，您通过电子终端(各种电脑、平板电脑、阅读器、手机等)阅读的图书、报纸、期刊和各类新闻、信息和文章等大概有多少分钟？ (不包括手机视频及各种即时通信用的时间) ( )分钟
每周数字化阅读率	Q8. 从昨天算起的过去一周，您通过电脑、平板电脑、阅读器、手机等阅读过下列哪些内容？(可选多项) 1. 图书 2. 报纸 3. 杂志 4. 网站新闻资讯 5. 通过微信分享的文章 6. 网络小说 7. 手机小说 8. 微博 9. 论坛 10. 其他文章 11. 没通过电子终端阅读过
每年阅读报纸数	Q9. 从 2014 年 9 月至 2015 年 8 月这一年的时间里，您一共阅读过多少种报纸？ ( )种
每年阅读电子图书数量	Q10. 从 2014 年 9 月至 2015 年 8 月这一年的时间里，您一共阅读过多少本电子图书？ ( )本(注：阅读过其中部分内容即可计入)
每年阅读纸质图书数量	Q11. 从 2014 年 9 月至 2015 年 8 月这一年的时间里，您一共阅读过多少本纸质图书？ ( )本(注：阅读过其中部分内容即可计入)
阅读内容广度	Q12. 从 2014 年 9 月至 2015 年 8 月这一年的时间里，您阅读的图书(包括电子和纸质)包含下列哪些类别？(可选多项) 1. 时政读物类 2. 文学艺术类 3. 思想哲学类 4. 法律军事类 5. 历史地理类 6. 文化宗教类 7. 经济管理类 8. 医药卫生类 9. 建筑科技类 10. 心理辅导类 11. 语言文字类 12. 少儿读物类 13. 教育读物类 14. 生活休闲类 15. 工业技术类 16. 实用工具类 17. 其他类图书
阅读活动参与类别	Q13. 从 2014 年 9 月至 2015 年 8 月这一年的时间里，您参加过哪些类别的阅读活动？(可选多项) 1. 讲座报告类 2. 会议论坛类 3. 座谈交流类 4. 发布签售类 5. 文化沙龙类 6. 专题书展类 7. 其他展览类 8. 诵读表演类 9. 图书交换类 10. 主题比赛类 11. 其他类活动(具体是)
阅读活动参与率	Q14. 从 2014 年 9 月至 2015 年 8 月这一年的时间里，您一共参加了多少次阅读活动？ ( )次
有藏书家庭百分比	Q15. 在深圳您家里有没有藏书？(学生课本以外的各类图书) 1. 有 2. 没有
家庭平均藏书量	Q16. 2015 年 9 月底，您家里藏书总共大概有多少本(册)？( )本
购买报纸、期刊和图书的月均消费金额	Q17. 2015 年 9 月，您自己订或买杂志、报纸等一共大概花了多少钱？(包括纸质和电子)( )元
年度图书购买量	Q18. 从 2014 年 9 月至 2015 年 8 月这一年的时间里，您一共买了多少本书？(包括各类图书的纸质版或者电子版，但是不包括课本)( )本

续表

测量指标	问卷设计
阅读资源满意度	Q19. 您对深圳各类图书馆、书屋、书城、书吧等提供的可阅读的图书、报纸、杂志的丰富性是否满意？ 1. 非常满意　2. 比较满意　3. 基本满意　4. 比较不满意　5. 非常不满意　9. 无法评价
阅读设施与环境满意度	Q20.1. 您对深圳各类图书馆、书屋、书城、书吧等的阅读环境是否满意？ 1. 非常满意　2. 比较满意　3. 基本满意　4. 比较不满意　5. 非常不满意　9. 无法评价 Q20.2. 您对深圳各类图书馆、书屋、书城、书吧等的服务设施是否满意？ 1. 非常满意　2. 比较满意　3. 基本满意　4. 比较不满意　5. 非常不满意　9. 无法评价
阅读重要性认知	Q21. 您认为阅读对您的人生是否重要？ 1. 非常重要　2. 比较重要　3. 有些重要　4. 比较不重要　5. 非常不重要　9. 无法评价

（一）问题的分类与特点

从表达形式角度分类，问题可分为两类：一类是给出明确分类和选项的问题，即封闭式问题，如上述案例中的 Q1、Q3、Q19—21 等，问题的答案都在选项内，被访者只要在给定的选项中选择最符合自己的情况即可；另一类没有给出答案选项，被访者需要自己来填写答案，如 Q2、Q4、Q6、Q9 等，这类问题属于开放式问题，被访者根据自己的实际情况直接填写数字或文字。

从涉及的内容角度分类，问题也可分为两类，一类属于客观性问题，如 Q1、Q3、Q5、Q13 等，这些问题对于被访者而言都是关于客观事实的问题，另一类属于主观评价性问题，如 Q19—21，这类问题的回答有赖于被访者的主观感受，同样的客观事实，每个被访者的主观感受可能完全不一样。

（二）封闭式问题的测量等级

封闭式问题在哪个等级测量，决定了获取的信息能够进行什么等级的统计分析。从统计的角度而言，测量等级越高，可使用的统计方法越多，得到的统计结果精确度也越高。自然，高测量等级变量更有价值。但是传播学研究的问题非常复杂，将其以量化的方式进行测量、分类并非易事，多数时候研究指标的内涵并不能用具体的数字来表达。因此，问卷设计需要权衡测量等级，在确保可实施、被调查者能够准确回答的前提下，尽可能设计出高测量等级的变量。

表 10-4 中的 Q1、Q3、Q5，选项只有“1. 读过　2. 没读过　3. 记不清”三种可能，对于每一个被访者而言，其客观情况只能是其中的一种，并且所有被访者都能够在三个选项中找到一个适合自己的选项。这种选项只有类别属性的区别，选项之间没有大小或者先后顺序关系，

选项的排列顺序完全可以颠倒或者打乱，如“1. 没读过　2. 读过　3. 记不清”或者“1. 记不清　2. 没读过　3. 读过”。这类变量被称为“定类变量”，这是测量等级最低的变量，也是在传播研究中使用最广泛的变量。这类变量的代码数据用于对个体的识别和分类，没有数量或顺序关系，因此用字母来代替也完全可以，而用数字做代码更便于在后期分析中使用，也便于数据录入。

Q19—20 的答案选项“1. 非常满意　2. 比较满意　3. 基本满意　4. 比较不满意　5. 非常不满意　9. 无法评价”这 6 项中，选项 1—5 是对问题重要性评价的五级量表，“9. 无法评价”是个逻辑完备性的选项，其含义是“如果能够评价，按照重要性的五级量表选择，如果因各种原因不能评价，则选择 9”。这种能够依操作定义所界定的明确特征或者属性来排列等级大小、高低、先后次序的变量，被称为定序变量。在定序变量中选项所使用的数据，如上题 1—5 代表相对位置，有顺序关系，可以进行先后或大小的比较，但是选项之间不能进行加减乘除等数学计算。

有一种类型的变量，如北京 3 月平均气温是 15 摄氏度，深圳同期平均气温是 23 摄氏度，我们能够判断的是深圳 3 月的平均气温比北京高(或者具体说高 8 摄氏度)，但是不能说深圳的气温是北京的 1.53 倍，原因是“气温”这个变量虽然有明确的数据，取值各点之间有标准相同的记录方式，但是没有绝对零点，即数据不是从零点出发向某个方向延展的。这种选项各点之间的间距相等，具有数量大小的关系，可以进行加减计算，但是没有绝对零点，数据具有相对的含义的变量称为定距变量。

Q6、Q11、Q16 等变量，由被访者直接填写数据，这些数据都是从绝对零点开始，例如 Q16 “2015 年 9 月底，您家里藏书总共大概有多少本(册)？”每一位被访者回答的都是具有实际意义的数据，例如甲回答“160 本”，乙回答“80 本”，我们直接可以得出甲家藏书比乙家多的结论，同时也可以描述为甲的家庭藏书是乙的 2 倍，具有这样特征的变量称为定比变量。

(三) 封闭式问题的设计方式

封闭式问题按表现形式主要可分为以下六种：

1. 直接填答式

如表 10–4 中的 Q10 等问题，这类问题多数涉及定距变量或者定比变量，虽由被访者直接填写数据，但答案内涵清晰、范畴可预期，相同答案可自动归类，具有开放式问题的形式，却有封闭式问题的本质。

2. 二项选择式

例如在人口背景问题中经常涉及“性别”，绝大多数选项会是“1. 男　2. 女”，这类问题的答案只能分为两类互斥的情况，再如“昨天您有没有读 ×× 报纸？”“您今天有没有在微信中转发信息？”等。

3. 多项单选式

在传播研究中，大多数时候问题的选项可以划分为多种情况，但是对每一位接受访问的人而言只有一个选项是最合适的，例如：

Q21. 您认为阅读对您的人生是否重要？

1. 非常重要 2. 比较重要 3. 有些重要 4. 比较不重要 5. 非常不重要 9. 无法评价

该问题使用了五级态度量表，为了选项的逻辑完备性，给出了特殊选项和代码“9. 无法评价”。期望每一位被访者能从五级态度量表中选择一个最能表达自己态度的选项。

4. 多项多选式

对于传播研究中的某些问题，人们可能有多重选择的可能，无法限选一个选项，这时研究者需准备多个备选项，以便每个人根据实际情况进行选择。例如：

Q12：从 2014 年 9 月至 2015 年 8 月这一年的时间里，您阅读的图书（包括电子和纸质）包含下列哪些类别？（可选多项）

1. 时政读物类 2. 文学艺术类 3. 思想哲学类 4. 法律军事类 5. 历史地理类
6. 文化宗教类 7. 经济管理类 8. 医药卫生类 9. 建筑科技类 10. 心理辅导类
11. 语言文字类 12. 少儿读物类 13. 教育读物类 14. 生活休闲类 15. 工业技术类
16. 实用工具类 17. 其他类图书

根据 Q12 的设计，每一位接受访问的人都可以根据自己的情况选择，没有限定选多少，这种问题是无限定的多选题。此题要测量的指标是“阅读内容广度”，这一概念无法直接用来询问被访者，所以在设计时将可阅读的图书按照标准分类，划分出 17 种，接受访问的每一个人都根据自己在指定的一年里阅读的类别进行选择。在统计分析时，需要先对变量进行加总处理，建立新变量“阅读内容广度”，其量化的取值是每一位被访者选择类别的多少，例如甲被访者选择了 2、7、11 和 14 选项，那么他的阅读内容广度值即为 4。通过这种无限定的多选题设计，既能间接计算出要测量的指标，又能最大限度地比较分析各类人群的阅读兴趣分布。这是将低测量等级变量转化为高测量等级变量，提高统计分析能力的方法。

如果我们测量的目的是要研究哪些类别的书籍更受欢迎，可将问卷填写方式设计为：2016 年您非常想阅读的图书（包括电子和纸质）可能是哪几类？（最多选三项，并按照阅读需求的程度排序）。回答方式设计为：最想读的是（　　），其次是（　　），最后是（　　）。此时，这个问题要测量的重点是预测 2016 年人们对各类图书的需求情况。这种既给一定选择数量限定，又有程度排序的设计，能够得到更丰富的信息，如最需要的图书类别分析、需求量整体情况类别分析等。

5. 矩阵式

在问卷设计中，为了便于理解和填写，同时也节省版面，有时会把一组具有相同特征的问题设计成一个矩阵，用一个问题来提问，被访者一次性回答矩阵中的所有问题。如表 10–5 的研究，如果逐个设计问题，其设计形式如下：

通常您家在哪里购买蔬菜肉类呢？

（1）菜市场 （2）超级市场 （3）百货商店 （4）大型商场 （5）专卖店 / 精品店 （6）药店
（7）副食商店 （8）粮油店 （9）摊贩 （10）自由市场 （11）其他地方 （12）没购买过

按照上述方式将 8 类商品逐个询问并给出选项，被访者要阅读 8 次问题和选项，填写速度会大大降低，还会产生厌倦感。可以将其设计成一个矩阵，被访者一目了然，阅读和回答速度会大大提高。

表 10-5 通常您家在哪里购买下列商品呢？[1]

	蔬菜肉类	其他家庭食品	药品	日用品	饮料	烟酒	耐用品	其他
代码	(1)	(2)	(3)	(4)	(5)	(6)	(7)	(8)
A 菜市场	1	1	1	1	1	1	1	1
B 超级市场	2	2	2	2	2	2	2	2
C 百货商店	3	3	3	3	3	3	3	3
D 大型商场	4	4	4	4	4	4	4	4
E 专卖店 / 精品店	5	5	5	5	5	5	5	5
F 药店	6	6	6	6	6	6	6	6
G 副食商店	7	7	7	7	7	7	7	7
H 粮油店	8	8	8	8	8	8	8	8
I 摊贩	9	9	9	9	9	9	9	9
J 自由市场	0	0	0	0	0	0	0	0
K 其他地方	X	X	X	X	X	X	X	X
L 没购买过	Y	Y	Y	Y	Y	Y	Y	Y

6. 量表式

量表在问卷设计中经常被采用，在传播学研究中广泛应用于测量态度，如广告作品测试、对广告的态度、对品牌的态度等。常用的量表包括李克特量表、语义差异量表、总加量表。

李克特量表由美国心理学家李克特于 1932 年研制提出，后来被广泛采用。它主要用于测量态度，是奇数量表，即承认人对事物的反应或者评价可以有中立的态度，从中立的态度出发向正反两边等距离设计评价等级。在态度测量中，使用比较多的是五级量表（见表 10-6），有时也使用三级量表。在广告文案测试或者作品测试中，为了了解人们对广告作品更细微的判断差异，有时也使用七级量表。

表 10-6 对于相同内容的书报杂志，您对下列各渠道阅读的态度是

	非常不喜欢	比较不喜欢	无所谓	比较喜欢	非常喜欢
Q1. 阅读纸质书报杂志	1	2	3	4	5
Q2. 用 PAD 阅读	1	2	3	4	5
Q3. 用手机阅读	1	2	3	4	5
Q4. 用电子阅读器阅读	1	2	3	4	5
Q5. 用电脑阅读	1	2	3	4	5

① 案例选编自中国市场与媒体研究问卷（CMMS'97）中品牌和生活形态部分。

（四）设计问题的原则

为了能够让被访者在完全自由、不受任何影响、没有任何困扰的环境和平稳的情绪下回答问题，并能清晰简洁地回答，问题设计时需要遵守以下五大原则：

1. 问题的概念含义单一、具体，使任何被访者都能准确清晰地理解问题，不产生异议。

2. 使用被访者习惯的用词。中文词汇非常丰富，在问卷设计时，要使用被访者在所有问题中均比较习惯使用的词语和表达，站在被访者易于阅读和理解的角度来精心挑选恰当的用词，切记谨慎使用专业词汇，除非专业词汇已经在普通人中获得广泛使用和准确理解。

3. 使用中性词汇。当问题涉及价值判断或者有多个词汇可表达时，尽可能使用中性词语，避免因为词语具有价值判断的内在含义而影响了被访者的判断，被访者可能因为问题设计使用了褒义词或者贬义词而受到暗示。

4. 使用中性语言。当表达一个问题可以用多种语言方式时，请使用中性语言做问题设计，避免被访者受到语言所暗含的价值取向的影响。

5. 不直接问敏感的问题。对于敏感问题，人们往往会受到社会普遍价值判断的影响而产生从众心理，或者因为感受到社会环境的压力而给出所谓“正确”的回答，以此规避风险，这就使研究面临收集资料的信度问题。对于敏感问题，可采用释疑法、转嫁法、假设法等进行模糊处理。①

可见，如果没有很好地遵守问卷设计的基本原则，问卷调查就会面临信度与效度的风险，影响研究的真实性和可信度。

四、设计选项的原则

问卷调查的对象千差万别，设计者需要在封闭式问题中，列出所有可能的选项，使每一个接受调查的人都能够从中找到符合自己情况的选项。

1. 完整性原则。这是选项设计的首要原则，即问题核心概念的外延边界内所有可能的情况都要包括。这是很复杂而困难的事情，需要对每一个问题可能存在哪些回答做研究，通常通过查阅资料参考前人的相关研究，通过专家访谈增加对问题的理解，通过召开典型被访者座谈会了解在研究的时空中被访者对问题的理解，并通过一定数量的预调查来确认问卷中每一个问题的选项是否完整。如果可能的选项无法一一罗列，那么将主要的能够列出的选项分类列出后，增加“其他，请注明”，作为逻辑完备性选项来应对可能出现的特别回答，也作为未来同类研究设计选项分类的参考。

2. 分类科学性原则。将选项概念包含的内容科学地进行分类，这是调查研究后续统计分析的需要，更是科学地认识问题的基础。需要特别注意选项分类设计要在同一个逻辑层面进行，各类之间可能包含的内在含义大小接近。特别需要注意的是，年龄或者收入等具有定比特征的变量在定序层面设计时，年龄段或者收入分段要采用等距离分段设计，并且根据调查区域的实际情况做科学的分段。

---

① 董海军、朱东星：《社会调查中高质量问卷的设计》，发表于《晋阳学刊》2019 年第 5 期。

3. 互斥性原则。即选项的各个分类之间需要边界清晰且不能相互包含,使每一个接受访问的人能够准确地选择符合自己情况的选项。当选项的内涵互相包含时,被访者可能发现符合自己的情况不仅有一个选项,这时如果是多选题,那么可以通过多个选择来解决答案内涵交叉的困扰,如果是单一选项题目,被访者可能不知该选择哪个。对于研究者而言,选项内涵相互包含或交叉,将导致无法清晰解释研究结果的困境。

五、问卷容量与问题编排顺序设计

(一) 不同资料收集方法的问卷容量

问卷中的问题数量要根据不同的资料收集方法和调查对象的生活习俗来确定。一般而言,入户调查或者到单位调查的问卷能够容纳的问题数量相对多些,以访问所需要的时间或者被访者自己填写问题所需要的时间来预估,这种资料收集方法一般可接受 20~30 分钟的问题;街头随机拦截访问一般需要控制在 10 分钟以内,电话调查一般在 5~10 分钟,网上问卷调查一般在 5~15 分钟。在不同的情境中,被访者能够承受的访问时间差异比较大,不同的地区、不同的人群可接受的访问时间也不一样,需要具体问题具体分析。

(二) 问题编排顺序

问卷调查中的问题一般包括三类,一类是多数问卷都会包含的一组人口背景变量问题,例如性别、年龄、收入、受教育程度等,不同研究可能包含的数量不同。这类问题是关于被访者人口特征的客观情况的指标,对被访者而言,这是比较简单的一组问题。但是不同年龄和区域的被访者对隐私问题的重视程度不同,对回答这类问题可能带来的个人信息泄露的担忧程度也不同。因此这组问题在多数问卷中会放在最前端,但是也有少数调查将这组问题放在最后端,要根据被访者的敏感情况而定。

问卷调查的核心问题一般包括客观事实性问题和主观评价性问题。这两类问题的编排顺序往往会影响被访者的填写质量(信度)。一般而言,客观事实类问题答案的稳定性比较强,研究者不希望因为被访者受到调查时的情绪、心情或者价值观判断的影响而作出虚假的回答,所以在问题顺序编排时,多数时候先问客观性问题,将相同主题的主观评价性问题放在后面。问题编排的顺序直接影响问卷调查的信度,通常遵守的原则是:先易后难,先简后繁,客观在前,主观在后,便于操作。为了尽可能消减由于问题编排顺序而带来的信度误差,在电话调查和网上调查中,往往利用电子问卷的便利性对问题顺序做一定程度的随机处理,如电话调查可能将一定数量的、没有逻辑关系的题目按随机顺序访问,在纸质问卷调查中,有时也会做 2~3 套随机编排顺序的等规模问卷。

六、编码设计

问卷调查是通过将复杂的研究问题归类,并用一定的代码呈现在数据库中进行统计分析的,因此问卷编码的设计非常重要,需要编码的内容包括问题的代码和选项的代码两部分。

问题代码最好与数据库中的变量名称保持一致,以便于后续的数据处理和统计分析。问卷调查多数采用SPSS统计分析软件进行数据处理和分析，这一分析软件要求变量名称以字符开头，因此在问题的代码设计中最好直接用字符开头。如表10-6的研究中，问题的代码为Q1—5，可以直接用在数据库设计中作为变量名。

选项的代码是将选项的各种分类用代码的方式表达出来，在数据录入时，直接录入选项的代码。选项代码的用途之一是便于被访者在问卷填写时直接选择合适的选项，用途之二是便于数据录入时直接录入代码，用途之三是便于在统计分析结果时呈现代码。选项的代码可以用字符如A、B、C，也可以用数字如1、2、3，从代码的三个用途角度看，使用数字代码远好于使用字符代码，原因是数字代码在数据录入环节的速度和准确性都高于字符代码，同时在变量测量等级设计时，使用数字代码可以根据变量的实际测量等级定义数据库中的每一个变量，这样能够一定程度地避免错用统计工具。而使用字符代码会使变量被默认为定类变量，从而导致定序变量无法正常使用应有的统计分析方法。

七、样本编号设计

所有问卷都需要设计“样本编号”，在纸质问卷中一般放在问卷的右上角，用来标识每一份问卷的被访者身份。至于其他问卷，在问卷调查执行完毕，进行数据预处理时，需要给每一份问卷一个独特的编号，而数据库设计的第一个变量往往是“样本编号”，数据录入时，每一份问卷都需要先录入其样本编号，以便查核错漏、核对数据之用。

第三节　问卷调查资料的收集与分析

一、问卷调查资料的收集方法

问卷调查法主要通过被访者自填问卷或者访问员调查两种方式来收集资料。

（一）自填式问卷收集资料

采用自填式问卷收集资料，在传统的线下调查中通常的实施场景包括在访问员指导下由被访者自己填写问卷和无指导地自填问卷两种，各种形态的网上调查多数属于被访者自己填写问卷。值得注意的是网上调查的实施过程中，相当一部分调查是以金钱或者礼物的形式吸引一批自愿参与调查的人，因此需要甄别调查实施对象是否可靠。

有访问员在场指导的自填式问卷调查，包括访问员现场讲解，被访者填写问卷的集体调查，以及访问员一对一指导被访者填写问卷的调查。

自填式问卷调查在整群抽样，对抽中群体进行集体问卷调查的方式中，通常可采用一个人从头到尾逐个讲解题目，带领大家填写的方式；同时有专门的调查员跟踪指导填写过程，每位调查员负责几个被访问者，关注每个人是否跟上了填写进度，是否遇到了问题，及时帮助解释个案问题并促使每个人都跟上进度。在问卷回收的环节，调查员需要逐个检查问卷填写的完整性（是否存在漏答）和准确性；对于具有逻辑先后关系的问题，检查被访者的答案是否符合逻辑；对于限定性多选题，回答是否符合限定要求；对于性别、年龄、收入等客观问题，回答是否符合实际情况，等等。发现疑问要及时进一步追问和确认，经过逐个检查后才可以回收问卷，这样能最大程度上确保回答真实可信。

集体填写问卷各环节现场情景见图 10-2。

(1) 集体填写前的准备　(2) 集体填写的过程指导　(3) 集体填写问卷回收前检查

图 10-2　集体填写问卷现场情景

无访问员在场指导完全由被访者自己填写的自填式问卷，典型的如传统的邮寄问卷、各种商业服务如酒店的留置问卷、互联网或者移动互联网以各种方式推送或者吸引自愿者参与的问卷调查等。

这两种资料收集方法各有优点和不足，没有任何指导完全由被访者自己填写的问卷对设计的要求最高。设计者必须考虑如何确保所有被访者都能准确无疑问地理解问卷中的每一个问题，这是保证问卷调查信度与效度的基础。同时要研究如何能吸引被访者在没有任何指导和提示的情况下能够耐心完整地填写问卷。

（二）访问式问卷调查收集资料

多数严格的调查会采用一对一访问的方式执行。用访问式问卷调查搜集资料需要受过训练的访问员用口语表达来完成访问，根据问卷内容将问题逐一说给被访者听，被访者根据对访问员语言的理解来回答，访问员根据被访者的回答来填写问卷。可见访问员如何表达、如何理解对方的回答是影响访问式问卷调查信度的重要因素。访问式问卷调查主要采用面对面访问和电话访问两种方式。

访问式调查一般要经过如下步骤：(1) 访问员培训。问卷设计者要详细讲解每一个问题的内涵、答案分类的方法、填写方式的要求等。(2) 访问员之间的试调查。访问员通过试调查熟悉问卷，同时相互磋商如何使访问效果更好。(3) 访问对象试调查。每个访问员要对一定数量的被访者进行试调查，发现在不同场景下访问可能遇到的问题，同时发现目标调查对象对问题的理解是否存在歧见。(4) 总结。问卷设计者与访问员一起开总结会，共同讨论问卷设计及访问中可能存在的理解歧见、各类访问方式的优缺点，例如是否需要给被访者一定的提示卡，如何设计提示卡等。(5) 制作访问员手册，详细讲解访问调查实施前的准备、访问过程中各环节的把控、可能有歧见的问题的解释方式等。(6) 所有访问员根据访问员手册实施访问。

面对面访问调查主要执行场景为入户访问、到工作单位访问、在公共空间访问、街头拦截访问等。无论在哪个场景，访问过程都是在访问员与被访者面对面的情境下完成的。

当问卷调查内容较复杂时，多数时候应制作专门的提示卡。在访问过程中，被访者边看着提示卡边回答，这样访问员就不需要逐一解释备选项，以提高访问速度和准确性。对于被访者能够直截了当回答的问题，则不需要提示卡，直接通过“问”与“答”即可完成。图 10–3 为有提示卡的访问，图 10–4 为无提示卡的访问。

图 10–3　有提示卡的访问

图 10–4　无提示卡的访问

电话调查也是经常使用的方法，其适用的场景为调查对象中电话普及率极高，能够建立明确的调查对象电话抽样框，在调查执行的时间内理论上有机会接触到全体样本。这种调查通常需要在电脑辅助电话调查实验室完成。电话调查实施过程与面对面访问略有不同，电话调查无法给被访者发放提示卡，比较适合被访者能够直截了当回答的问题，同时问卷的长度也会受到比较大的限制。

二、问卷调查的数据预处理与统计分析

纸质问卷调查的数据预处理与数据库设计、数据录入是问卷调查结果处理的重要环节，完成了这一环节，才能进入统计分析环节。

（一）问卷调查的数据预处理

传统的纸质问卷调查完成后，需要经过数据预处理、数据录入与检验的环节，而电话调查、电脑辅助面访调查及网上调查，由于采用的是电子问卷，调查中选择答案的过程已经直接记录在电脑中，因此不需要数据预处理、数据录入这两个环节，但是同样需要数据检验的过程。统计分析前的数据检验（亦称为数据清理）将在本书的统计分析章节介绍。本章将介绍数据录入前的数据预处理和数据录入。

传统纸质问卷的数据预处理发生在数据录入前，现场调查完成后，数据预处理主要解决几个问题。

1. 问卷回答的完整性和准确性检查

无论是自填式问卷还是访问式问卷，在完成现场调查后，都需要经过预处理来提高问卷调查的质量。首先要检验问卷填写的完整性以控制问卷的应答率（Response Rate）。尤其是在

无指导的自填式问卷调查中，问卷填写的完整性存在的问题较多，容易出现应答率低的现象，如果某些问题的应答率低，有效回答数量少，可能带来样本推断总体时抽样误差的增加。整份问卷的应答率，也在一定程度上反映出问卷调查的质量，多数时候一项严谨的调查会设定问卷有效应答率的要求，即全部问题中，实际被回答的问题数占应该被回答的问题数的百分比，如果百分比低于规定的值，可能会判断该问卷无效，即对应答率低于标准的问卷做废卷处理。应答率多少没有统一标准，由不同研究项目自行设定。

2. 问卷回答中异常情况的检查及再编码

数据预处理通常针对问卷调查中发生的异常情况，例如回答的内容不在给定的选项内，被访者在“其他”选项中“请注明”的位置具体写出回答的内容。如果预处理发现“其他”选项比例比较高，那么需要根据被访者写出的内容做事后分类编码，以补充和完善问卷选项设计。同时，问卷调查有时会有开放式的问题，这类问题也需要在数据预处理时进行事后编码，根据被访者回答的内容，建立编码框，这一过程类似内容分析研究中的类目编码过程。对于具有逻辑关系的题目，需要检查被访者的回答是否符合逻辑；此外还需要做隐含逻辑关系的判断，例如年龄与职业之间、年龄与受教育程度之间、职业与收入之间都存在隐含的逻辑关系。在一份问卷中有时为了检验信度，在答案设计时还可能埋下“不可能存在”的选项，因此还要检查被访者有没有踩到这类“地雷”等。林林总总的问题都是问卷预处理需要检查的，并在预处理中给出判断标准，确保问卷调查结果的可信度。

3. 样本编号

经过预处理检查与再编码过程的有效问卷将进入下一步骤。在数据录入前，需要对每一份有效问卷进行样本编号处理，即给每一份有效问卷一个专门的识别码，以便后续的数据检验与修订工作能顺利完成。

(二) 设计数据库及数据录入

问卷调查数据库要根据统计分析所使用的软件来建立，例如多数问卷调查会使用 SPSS 软件进行数据处理与统计分析。数据库的设计需要对每个测量变量完成 7 个方面的定义。

1. 变量名。通常使用在问卷设计时所使用的问题代码定义变量名，例如“Q1. 性别 1. 男　2. 女 ”这一变量，定义变量名可以直接用问题标签“Q1”。这样定义的好处是数据库中的变量名与问卷中的问题代码保持一致，统计分析时会比较方便，当然也可直接用中文概念如“性别”来定义。

2. 变量类型。SPSS 软件可设定的变量类型有多种，最常用的是数据型和字符型。定序、定距及定比变量必须设计成数据型变量，这样才能进行各种数学运算；对于定类变量，在问卷设计中建议采用阿拉伯数字作选项代码，在设计数据库时可以将该变量设计成数据型变量，但是如果问卷设计中已经使用了英文字母作选项分类的代码，在设计数据库时需要将该变量设计成字符型变量，才能够录入字符。

3. 变量名标签。对每个变量所指的内容进行定义，通常是指问卷设计中的问题。

4. 变量值标签。将问卷设计中每一个问题选项的代码及对应的内容设计到数据库中，这样在统计分析时能够根据问卷设计的选项呈现结果，便于阅读和使用。

5. 定义变量缺失值。问卷设计及问卷预处理时都会遇到需要将某些特别取值定义为“缺失值”的情况。例如在态度测量中,经常在选项中设置有“9. 无法判断”,而在统计分析时,需要以能够判断的人群为基数统计分类态度的百分比,在设计数据库时就需要将“无法判断”的选项代码“9”定义为缺失值,这样在统计分析时,这部分人就不会进入分母中参与统计。缺失值可以在设计数据库时定义,也可以在统计分析时定义。

6. 变量测量等级。在设计数据库时,需要依据问卷设计中每一个问题的实际情况给每一个变量设定测量等级,这样在统计分析时,统计软件会根据变量的测量等级来自动筛选可使用的统计分析工具。

7. 变量数量。在设计数据库时,对于单选题目,每个问题对应一个变量,但是对于多选题目,变量数量的设计和数据录入方式比较灵活。一般而言,对于没有限定可选数量的多选题,比较好用的数据库设计是按照“0 1”编码规则,有多少个选项,就设计多少个变量,每个选项类似一个独立的问题,数据录入遵循“选了录 1,没选录 0”的原则。

对于不仅限定选项数目,而且需要排序的题目,按照选项最大数设计变量数,变量彼此独立,每个变量的录入方法类似一个单选题。例如:

Q5. 请在下列选项中最多选出三项合适的答案,并按照重要程度排序。

Q5_1 最重要的是 (　　　　)

Q5_2 第二重要的是(　　　　)

Q5_3 第三重要的是(　　　　)

这种类型的问题需要在设计数据库时,单独设计出“Q5_1”“ Q5_2”“ Q5_3”三个变量,每个变量根据选项答案的代码录入。

而对于限定选项数目,但是没有排序要求的问题,既可采用上述“0 1”编码规则设计变量,也可以根据限定选项数设计变量数,数据录入时,按照每个变量是一个单选题的方式,直接录入选项的代码。

(三) 调查结果的统计分析

针对不同的调查目的和变量测量的不同等级,统计分析的目标与方法各不相同。问卷调查的统计分析,必须选择合适的统计分析方法,科学地使用统计技术。

1. 描述性研究的统计分析

描述性研究,是用样本观测值来概括描述总体的情况。定类和定序变量多采用单变量频数分布、双变量交互分布等统计量来描述,而众数和异众比率经常被用来描述变量的集中趋势和离散趋势。定序变量的集中趋势有时也可以用中位数来描述。通常用统计表、条形图、饼图等呈现统计结果。对于连续变量(包括定序和定比变量),平均数、中位数及对应的方差、标准差常用来描述变量分布,而除了类别变量采用的图形可用于此等级变量外,直方图、折线图也被广泛使用。具体统计方法及各类统计表、统计图的呈现方式等见本书统计分析章节。

2. 关系性研究的统计分析

大量传播研究的目标在于揭示研究对象总体中变量之间是否存在相关和因果关系。而实际研究中,调查所获得的资料往往是样本资料,即需要用样本资料来检验总体中两变量是否存在关系。常用的检验两个变量之间是否存在关系的方法包括交互分类与卡方检验、Gamma或Spearman等级相关系数检验、T检验与F检验(方差分析)、积矩相关系数(r)与回归系数(b)检验等。不同测量等级的变量需要采用不同的统计分析技术来检验总体中变量之间是否真正存在相关性。自变量的不同测量等级和因变量的不同测量等级之间的相关关系分析方法较为复杂,具体见表10-7。

表10-7 不同测量等级的两变量关系统计分析方法

自变量X / 因变量Y	定类变量	定序变量	定距/定比变量
定类变量	交互分类与卡方检验		
定序变量	交互分类与卡方检验	Gamma或 Spearman等级相关系数	
定距/定比变量	单因素方差分析(One-way Analysis of Variance)、T检验或F检验	Gamma或 Spearman等级相关系数	积矩相关系数(r) 与回归系数(b)检验

在解释性研究中,经常要研究哪些自变量引起了因变量的变化,并且期望知道各自变量的影响程度(自变量对因变量的解释能力)。这类研究结果的分析,根据变量测量等级,可以分为自变量全部为类别变量(定类、定序),自变量全部为连续变量(定距、定比)和自变量是混合变量(有类别变量,有连续变量)三种情况,而因变量分为类别变量与连续变量两种情况。可采用的关系分析方法见表10-8。

表10-8 多个自变量与单个因变量关系分析方法①

单个因变量	多个自变量		
	连续变量	类别变量	混合变量
连续变量	多元回归分析 (Multiple Linear Regression Analysis)	多分类逻辑回归分析 (Multinomial Logistic Regression Analysis)	
类别变量			

以上各种描述性分析及关系性分析的具体方法及对分析结果的解释,见本书的统计分析章节。

练习与作业

1. 请就下列研究主题,分别采用开放式、封闭式两种方式设计问卷可用的问题,尽可能使用不同的测量等级来设计,并思考哪种设计适合你学校所在的城市,哪种设计适合在你的家乡调查。

① 此表根据祝建华教授2019年给深圳大学研究生的统计分析课程的教学内容整理。

(1) 调查被访者的受教育程度。

(2) 调查被访者的年龄。

(3) 调查被访者每天使用微信的频数。

(4) 调查人们接触广告的途径以及对不同形式广告的态度。

2. 请以“影响大学生对课堂教学质量评价的因素”为研究主题，分别设计自填式问卷、一对一面访问卷和电话调查问卷。经过小组讨论确认后，组内每位同学分别用三种方式有效完成五份问卷的试调查。

(1) 小组讨论初稿设计中三种方式分别存在哪些问题。

(2) 对三种方式的问卷初稿进行修订，形成可使用的问卷。

问题与解答

Q1：在不了解要研究的问题的情况下，可否通过问卷调查来确定如何研究问题？

Q2：如何做好问卷设计？

第十章　问题解答

词汇与定义

1. 定类变量。变量选项只有类别属性的区别，没有数量或顺序关系，用数字代表事物的类别属性。

2. 定序变量。变量选项的类别之间具有顺序关系，可以进行大小的比较，但是不能进行数学计算。

3. 定距变量。变量取值各点之间的间距相等，具有数量的关系，可以进行加减计算，但是没有绝对零点，数据具有相对的含义。

4. 定比变量。变量取值之间除具有定距变量的特征外，还具有绝对零点，数据具有绝对的实证含义。

第十章　阅读文献

第十一章

量化资料分析
——数字会说话

学习目标

1. 了解量化资料分析的基本概念。
2. 知晓量化资料的预处理方法。
3. 掌握单变量资料的基本分析方法。
4. 理解推论统计与假设检验的基本概念。
5. 学习双变量资料的基本分析方法。
6. 初窥多变量资料的基本分析方法。
7. 对实际抽样调查资料进行资料分析。

引　言

所有从事量化研究者,必须学会统计分析法。对于量化资料的处理,从依靠纸笔、手持计算器,逐渐发展到应用电子计算机与云计算,所需要的技能、可以处理的数据量与所花费的时间,不可同日而语。时至今日,调查或实验完成后得到的数据、从网络中取得的大量数据,要如何进行分析呢?统计学的学问既广又深,学习者应该掌握哪些基本的量化数据分析方法?本章将通过实际分析抽样调查资料,为你开启这个大门。

新闻传播专业的核心技能是"叙事",就是"说故事",不仅要懂得如何使用文字、图片、声音、影像说故事,也要懂得如何使用数据、资料说故事。因撰写《精确新闻报道:记者应掌握的社会科学研究方法》(*Precision Journalism*:*A Report's Introduction to Social-Science Methods*)一书闻名的美国学者菲利普·迈耶曾经说过,"(未来的)记者必须要成为资料库管理者、资料处理者与资料分析者"。而互联网的发明人之一蒂姆·伯纳斯－李也说,"新闻的未来,在于分析数据(资料)"。在这波数据浪潮推动下,国内一些高校的新闻传播学院开始大力强化学生对数据分析的认识与理解,有些高校甚至单独成立了数据科学与传播学院,标志着数据分析与新闻传播研究的紧密结合。不会数据分析,可以说就无法成为未来的新闻工作者。

本章所选择的统计分析概念,可以让新闻传播专业的本科学习者了解从事量化分析的统计名词、操作方法与运用时机。本章内容包括:变量的测量等级、单变量描述分析、推论统计与假设检验、双变量统计分析(交叉分析与卡方检验、平均数比较与统计检验、双变量相关分析等)以及多变量统计分析(双因素方差分析、线性回归分析、二分类逻辑回归分析等)。

第一节　基础知识

一、个案与变量

在谈量化资料分析之前,我们需要对“资料(数据)”有一些基本认识。一般来说,我们可以把资料分成两大形态,一种是“结构资料”,另一种是“非结构资料”。“结构资料”指的是可以用一种统一的结构来呈现的资料,例如,以二维表格来呈现个人的性别、年龄、受教育程度等。“非结构资料”则无法用一种统一的结构来呈现,例如,一些文字文本、图片、图像、声音、影像等。本章主要对“结构资料”的常用量化分析方法进行概括的介绍。

结构资料的格式如表 11-1 所示。

表 11-1　结构资料举例

		变量 1	变量 2	变量 3	变量 4	变量 5	变量 6
		性别	年龄	受教育程度	婚姻状况	对自己生活的满意度	对网络媒体新闻报道的评价
个案一	赵○○	1:男	2:20~39 岁	5:大学及以上	1:未婚	2:不满意	60
个案二	钱○○	2:女	1:18~29 岁	2:初中	2:已婚	1:非常不满意	40
个案三	孙○○	2:女	5:60 岁及以上	3:高中职	3:同居	4:非常满意	90
个案四	李○○	1:男	4:50~59 岁	4:专科	4:离婚或分居	4 非常满意	70
个案五	王○○	2:女	3:40~49 岁	1:小学以下	5:配偶去世	3 满意	50

在表 11-1 中,赵○○、钱○○、孙○○等,是指某个具体的受访者,是资料描述的主要对象,代表的是“个案”(Case)。个案除了可以用来代表某个具体的受访者之外,也可指涉某个具体的分析单位,例如城市 A、城市 B、城市 C 等。“性别”“年龄”“受教育程度”等用来描述个案的某种特性,称为“变量”,可以用不同类别或数值来描述,常用数字符号 1,2,3 代表不同的类别或数值。

例如,表 11-1 中,赵○○(个案一)的“性别”(变量 1)是男(类别 1),“年龄”(变量 2)是 20~39 岁(类别 2),“受教育程度”(变量 3)是大学及以上(类别 5),“婚姻状况”(变量 4)是未婚(类别 1),“对自己生活的满意度”(变量 5)是不满意(类别 2),“对网络媒体新闻报道的评价”(变量 6)是 60 分(数值 60)。

在量化资料分析中,对“变量”的理解是非常重要的。“变量”指的是针对“某种特征”所进行的“经验测量”。一个人的“婚姻状况”是某种特征,“未婚、已婚、同居、离婚或分居、配偶去世、其他状况”,就是对婚姻状况的经验测量(可观察)。“婚姻状况”是这个变量的“变量名称”,“未婚、已婚、同居、离婚或分居、配偶去世、其他状况”是这个变量的“变量值”;我们可以进一步用“数字代码”予以代表，例如，以数字“1”代表“未婚”、数字“2”代表“已婚”、数字“3”代表“同居”、数字“4”代表“离婚或分居”、数字“5”代表“配偶去世”，数字“88”代表“其他状况”。因此，一个“变量”包括三个部分：变量名称、变量值、数字代码。

二、变量的测量

依据不同的测量等级，一般可将变量分为：定类变量、定序变量、定距变量和定比变量。

定类变量可用不同数值来标明某个“类别名目”的特征，但数值之间不能做大小顺序比较，不能做加减差距比较，也不能做乘除倍数比较。例如，假设以数值 1 代表男性，数值 2 代表女性，则此两数值之间不能相互比大小（我们不能说，女性 2 比男性 1 大），数值之间不能相互加减（我们不能说，女性 2 比男性 1 大，且大了 1 个单位），数值之间不能相互乘除（我们不能说，女性 2 比男性 1 大，大了 1 个单位，且女性比男性大 1 倍）。

定序变量可用不同数值来代表某一特征的“大小顺序”，但数值之间的间距是否相等并不明确。数值可以代表类别名目，可以做大小顺序比较，但不能做加减差距比较，也不能做乘除倍数比较。例如，假设以数值 1 代表受教育程度在小学以下，数值 2 代表初中、数值 3 代表高中职、数值 4 代表专科，数值 5 代表大学及以上，则数值之间可以相互比大小（受教育程度 5>4>3>2>1）、但数值之间不能相互加减（我们不能说，受教育程度为专科 4 的人，比受教育程度为初中 2 的人，大了 2 个单位），数值之间也不能相互做乘除比较（我们不能说，专科 4 的受教育水平，是初中 2 的受教育水平的 2 倍）。定序变量不仅能区分不同类别的差异，也可以告诉我们谁大谁小，所以它比定类变量能给我们更多的信息。

定距变量可用不同数值来代表某一特征的“加减差距”，数值之间的间距相等，但没有绝对零点。数值可以代表类别名目，可以做大小顺序比较，可以做加减差距比较，但不能做乘除倍数比较，例如，假设以数值 0、50、80、100、120 分别代表 5 位成年人的智力测验成绩，则数值之间可以相互比大小（智力测验成绩 120>100>80>50>0），可以做相互加减比较（智力测验为 120 的人，其智力比 100 的人高出 20 分），但数值之间不能相互做乘除比较（我们不能说，智力测验成绩为 100 的人的智力水平，是智力测验成绩为 50 的人的 2 倍，因为智力测验成绩 0 分不代表智力水平等于 0）。定距尺度中的 0 并不是绝对零点，所以这种变量可以做加减差距比较，但不能做乘除倍数比较。定距变量不仅能区分不同类别的差异，也可以告诉我们谁大谁小，也可以告诉我们大多少、小多少，所以它比定类变量、定序变量能给我们更多的信息。

定比变量可用不同数值来代表某一特征的“倍数差距”，数值之间的间距相等，同时有绝对零点。数值可以代表定类名目，可以做大小顺序比较，可以做加减差距比较，也可以做乘除倍数比较。例如，假设以数值 40、50、60、70、90 分别代表 5 位成年人对网络媒体新闻报道的评价分数，则数值之间可以相互比大小（评价分数 90>70>60>50>40），可以相互做加减比较（评价分数 90 分，比评价分数 60 分高出 30 分），也可以相互做乘除比较（评价分数 90 分，是评价分数 60 分的 1.5 倍，因为评价分数 0 分就是代表绝对的 0 分）。定比尺度中的 0 是个绝对零点，所以这种变量可以做乘除倍数比较。定比变量不仅能区分不同类别的差异，也可以告诉我们谁大谁小，告诉我们大多少、小多少，还可以告诉我们高几倍、低几倍，所以它比定类变量、定序变量、定距变量能给我们更多的信息。定比变量是测量等级最高的变量。

一般我们把定类变量与定序变量称为“类别变量”(Categorical Variable),定距变量与定比变量称为“连续变量”(Continuous Variable)。上述四种变量的关系见表 11-2。区别不同性质的测量等级与不同种类的变量是很重要的一件事,因为不同种类的变量(类别变量、连续变量)适用不同的统计分析方法,不能混淆,否则我们就得不到正确的资料分析结果。

表 11-2 不同测量尺度的变量比较

数学关系	类别变量		连续变量	
	定类变量	定序变量	定距变量	定比变量
=;≠	√	√	√	√
≤;≥	×	√	√	√
+;-	×	×	√	√
*;/	×	×	×	√
例子	性别 1:男 2:女	受教育程度 1:小学以下 2:初中 3:高中职 4:专科 5:大学及以上	智力测验成绩 0 80 120 …… 没有绝对零点,数值 0 不代表真正的 0	评价分数 40 60 90 …… 有绝对零点,数值 0 代表真正的 0

量化资料分析经常需要借助统计软件来完成。当前在传播学与社会科学研究学术圈,最被研究者广泛使用的统计软件有三个,分别是 SPSS、Stata 和 R。SPSS 是英文“Statistical Product and Service Solutions”的缩写。1984 年 SPSS 公司推出了第一套在 DOS 系统环境下运作的个人电脑版 SPSS/PC+,1992 年推出了在 Windows 环境下运作的视窗版 SPSS for Windows。2009 年美国 IBM 公司收购了 SPSS 公司,并将其更名为 IBM SPSS Statistics。SPSS 由于历史悠久、操作简单(视窗选单及程序语法两者功能兼备)、功能强大(几乎涵盖统计资料分析的绝大部分功能),所以成为大部分高校在教学与研究中广泛采用的统计软件。

Stata 统计软件也是以统计功能丰富、操作简便而著称。其最大特色是允许研究者自行开发统计分析套件,并整合到 Stata 软件中,使用者可以通过互联网下载这些统计分析套件。因为 Stata 在统计分析套件的开放性方面胜过 SPSS,且价格较 SPSS 低廉,所以广为学术圈研究者所采用。

R 软件在 20 世纪 90 年代正式问世,它因两名主要研发者(Ross Ihaka 和 Robert Gentleman)名字的首字母均为 R 而得名。R 语言的最大特色是共享性,具备使用者免费共享、免费下载统计套件的优势。R 除了具备经典的统计分析方法之外,还拥有较多前沿的统计分析套件与高级统计绘图功能,并可以对社交网络进行数据挖掘和文本分析,因此近年来逐渐被学术圈研究者所青睐。

鉴于 SPSS 在高校本科生中广泛应用,本章以 SPSS 软件所呈现的统计报表作为资料分析的解读基础。如果是研究生,则建议学习者进一步了解 Stata 与 R。

三、数据预处理

传播统计可能拿到的文档数据主要依靠以下几种收集方式:(1)网上挖掘(抓取);(2)结构化观察或考察;(3)实验研究;(4)内容分析;(5)问卷调查。

当我们拿到一组数据后,在开始统计分析前,通常会先做数据预处理。通过数据预处理来解决数据收集与录入的质量问题及变量间的逻辑问题。

前者需要处理数据收集与录入中的错漏填写问题,如"性别"变量的代码选项只有"1"或"2",但统计结果出现其他代码"3"等,显然是录入错误,这类问题需要查找原始调查表进行核对更正。数据收集与录入中常见的错误还包括定距及定比变量的数据分布超出常识或合理取值范畴,例如每天上网时间以小时来记录,在数据分布核查中发现有超过"24"的数据,显然这是超出合理取值的范畴,需要通过核实来予以更正。这类问题在统计软件中可以通过频数分布统计表来检查。

变量间的逻辑问题主要出现在逻辑跳答问题中,如在研究媒介使用情况时,经常设计"是否接触媒介"和"使用媒介的频率"等逻辑递进问题,例如下列 A 与 B 两个问题。

A 您昨天是否使用手机上网?

1. 没有使用(跳过 B 题)
2. 使用了→B 您昨天使用手机上网多长时间?

上述 B 题是基于符合 A 题逻辑的基础上进一步的回答,在数据预处理时需要检查 B 题的回答者是否在 A 题中选择了选项"2"。这类问题通常可以通过统计软件中的交叉分析统计表来检查。

四、样本代表性

如果这组数据是抽样调查资料,我们还可以通过频数分布统计观察样本在一些重要变量上的分布,是否和总体相符?是不是一个可以代表总体的"代表性样本"(Representative Sample)?如果经检查后,样本资料可以代表所欲推论的调查总体,我们就可以进行后续的资料分析,但如果样本不具代表性,此时,我们通常会通过一些事后调整样本(加权)的方式,使样本在基本特征上和总体结构一致。这就是样本代表性的议题。

此处举一个真实的例子,现有浙江省某高校学生想要进行一项调查研究,了解该校网络传播学院本科学生对学校食堂的一些看法。该项调查的"调查总体"(Survey Population)是"全校网络传播学院本科学生","抽样框"(Sampling Frame)是"全校 2018 学年第二学期网络传播学院正式注册的本科生学生名单"共 3 050 人,调查预计成功访问 1 000 份样本。学生们将问卷题目设计好之后,通过"问卷星"系统将问卷制作成线上问卷,并储存在云端。之后,学生们通过 QQ、微信等新媒体通信群组等方式,将线上问卷网址的链接直接传递给该校网络传播学院全体本科学生。自 2019 年 4 月 1 日开始进行为期两周的问卷资料搜集,最后共计完成样本规模为 1 058 份的有效样本。

这 1 058 位受访者的性别分布、年级分布以及学系分布分别如表 11-3—表 11-5 所示。学生们通过"卡方同质性检验"(Chi-Square Test of Homogeneity)发现,受访样本的年级分布大体上与总体一致，但受访样本的性别及学系分布比例与总体结构不一致，样本不具代表性。

表 11-3　样本代表性检验举例：性别（未加权）

性别	样本		总体		检验结果
	人数	百分比	人数	百分比	
男	415	39.2	739	24.2	样本与总体不一致 *Chi-Square*=130.20 *df*=1 *p*=0.000<0.05
女	643	60.8	2 311	75.8	
合计	1 058	100.0	3 050	100.0	

表 11-4　样本代表性检验举例：年级（未加权）

年级	样本		总体		检验结果
	人数	百分比	人数	百分比	
大一大二	542	51.2	1 506	49.4	样本与总体一致（但比例方向不一致） *Chi-Square*=1.415 *df*=1 *p*=0.234>0.05
大三大四	516	48.8	1 544	50.6	
合计	1 058	100.0	3 050	100.0	

表 11-5　样本代表性检验举例：学系（未加权）

学系	样本		总体		检验结果
	人数	百分比	人数	百分比	
新闻系	389	36.8	927	30.4	样本与总体不一致 *Chi-Square*=36.846 *df*=3 *p*=0.000<0.05
传媒系	423	40.0	1 194	39.1	
设计系	215	20.3	852	27.9	
智能媒体系	31	2.9	77	2.5	
合计	1 058	100.0	3 050	100.0	

为了使样本具有代表性以利于后续的资料分析，研究者通常会使用“加权”（Weighting）的方式，根据总体结构调整相对应的样本比例。例如使用“事后分层加权”（Post-stratification Weighting）或是“多变量反复加权比例估计法”（Raking Ratio Estimation）来进行样本的加权调整。本例中，学生们使用多变量反复加权比例估计法来进行加权调整，加权调整后的样本分布显示，样本的性别、年级以及学系的分布，都和总体基本一致（见表 11-6—表 11-8）。此时，样本可以代表总体。

比较一下加权前后的样本中学生对学校食堂的满意度，可以发现，二者主要是在对学校食堂表示“一般”的回答比例上有相对较大的百分比差异（38.8% vs. 39.3%）（见表 11-9、表 11-10）。

表 11-6 样本代表性检验举例：性别（加权后）

性别	样本		总体		检验结果
	人数	百分比	人数	百分比	
男	256	24.2	739	24.2	样本与总体一致 *Chi-Square*=0.000 *df*=1 *p*=0.998>0.05
女	802	75.8	2 311	75.8	
合计	1 058	100.0	3 050	100.0	

表 11-7 样本代表性检验举例：年级（加权后）

年级	样本		总体		检验结果
	人数	百分比	人数	百分比	
大一大二	522	49.4	1 506	49.4	样本与总体一致 *Chi-Square*=0.001 *df*=1 *p*=0.968>0.05
大三大四	536	50.6	1 544	50.6	
合计	1 058	100.0	3 050	100.0	

表 11-8 样本代表性检验举例：学系（加权后）

学系	样本		总体		检验结果
	人数	百分比	人数	百分比	
新闻系	322	30.4	927	30.4	样本与总体一致 *Chi-Square*=0.001 *df*=3 *p*=0.999>0.05
传媒系	414	39.1	1 194	39.1	
设计系	296	27.9	852	27.9	
智能媒体系	27	2.5	77	2.5	
合计	1 058	100.0	3 050	100.0	

表 11-9 分析变量未加权频数分布表举例

总体来说，对于食堂所提供的餐食服务，您满不满意？（未加权）

		Frequency	Percent	Valid Percent	Cumulative Percent
Valid	1. 非常不满意	18	1.7	1.7	1.7
	2. 不太满意	103	9.7	9.7	11.4
	3. 一般	411	38.8	38.8	50.3
	4. 还算满意	473	44.7	44.7	95.0
	5. 非常满意	53	5.0	5.0	100.0
	合计	1 058	100.0	100.0	

表 11-10　分析变量加权后频数分布表举例

总体来说，对于食堂所提供的餐食服务，您满不满意？（加权后）

		Frequency	Percent	Valid Percent	Cumulative Percent
Valid	1. 非常不满意	15	1.4	1.4	1.4
	2. 不太满意	104	9.8	9.8	11.2
	3. 一般	416	39.3	39.3	50.6
	4. 还算满意	472	44.6	44.6	95.2
	5. 非常满意	51	4.8	4.8	100.0
	合计	1 058	100.0	100.0	

表 11-9 和表 11-10 中的“Frequency”（频数）指观察值的出现次数，“Percent”（百分比）指包含「遗漏值 / 缺失值」个案在内所计算的百分比，“Valid Percent”（有效百分比）指排除「遗漏值 / 缺失值」个案之后所计算的百分比，“Cumulative Percent”（累积百分比）指各类别的累积加总百分比。一般我们以“Valid Percent”（有效百分比）作为频数分布表的观察基础。

本例中加权前后的百分比差异并没有很大，但当原始调查样本的分布与总体结构差距很大时，在实际中常会出现加权前后的百分比差距达 2%~3% 的情况。一般来说，即使加权前后的频数分布没有呈现很大的差异，但如果手上的资料是一个抽样调查资料，基于样本代表性的理论要求，我们还是会以加权后的资料来进行统计分析。

样本代表性对于一个抽样调查资料来说相当重要，但常被研究者忽略，实践中常看到许多研究者一拿到问卷调查资料，不问其样本代表性就开始进行分析，这样的做法其实是有欠考虑的，很难说服别人相信其分析结果与研究结论。

在接下来的章节，我们将使用另外一个真实的抽样调查资料，来介绍关于单变量、双变量、多变量的一些基础资料分析方法。此处所使用的资料是某地《传播调查资料库》中的资料（以下简称 TCS2015）。该调查的研究对象为在该地有户籍，年龄在 18 岁及以上者。调查时间自 2015 年 11 月 14 日开始至 2016 年 1 月 15 日止。该调查资料库以门牌地址作为抽样清单，采用分层四阶段 PPS（抽取率与单位大小成比例）抽样法，第一阶段为乡镇市区抽样，第二阶段为村里抽样，第三阶段为门牌号码抽样，第四阶段则为依据年龄进行户中抽样，有效样本规模为 2 002 人。为检验正式调查所完成样本是否有代表性，该调查资料库以该地相关部门所提供的 2015 年 12 月份人口统计资料为准，在资料收集完后，先检查有效样本的“性别”“年龄”及“性别 * 年龄”比例是否与总体人口结构一致。检验结果显示样本的性别与年龄结构与总体不一致。为使有效样本结构具有代表性并符合总体结构，该研究团队进一步使用“事后分层加权”，针对“性别”（二分类）、“年龄”（五分类），两个变量共十个“性别 * 年龄”的交叉分层进行分层加权，检验结果显示，加权后的样本性别与年龄结构与总体一致。

第二节　单变量分析

在单变量的资料分析中，大致可以将单变量分为类别变量与连续变量两大类，然后再以频数分布、分位数、集中趋势、离散趋势、分布形状以及图形等一些描述性统计量来呈现资料的特性(见表 11-11)。

表 11-11 单变量描述统计资料分析方法摘要表

变量性质	类别变量		连续变量
测量等级	定类变量	定序变量	定距 / 定比变量
频数分布(Frequency)	单选题(Single Response) 复选题(Multiple Response)		频数分布
分位数(Position)			四分位数(Quartile) 百分位数(Percentile)
集中趋势(Central Tendency)	众数(Mode)	众数 中位数(Median)	众数 中位数 平均数(Mean,亦称均值)
离散趋势(Dispersion)	异众比率 (Variation Ratio)		全距(Range,亦称极差) 四分位距(Interquartile Range,亦称四分位差) 方差(Variance,亦称变异数) 标准差(Standard Deviation)
分布形状(Distribution)			偏态(Skewness,亦称偏度) 峰态(Kurtosis,亦称峰度)
图形(Figure)	条形图(Bar Chart) 饼图(Pie Chart)		直方图(Histogram)

一、类别变量的描述统计

(一) 频数分布:复选题与单选题

关于复选题的频数分布,例如"以下这些议题,请问你认为哪一项是当前最重要的问题?(复选,最多三项)"复选题频数分布表显示,2 002 位受访民众总共对这个题目反应了 5 597 次,如果以这 2 002 位受访民众为分母,反应次数为分子,则"经济"(59.5%)、"食品安全"(44.5%)以及"教育"(32.5%)是 2015 年当地民众认为最重要的三项议题(见表 11-12)。

关于单选题,例如"整体而言,你对你的生活满不满意?"频数分布表显示,在全部受访的 2 002 位民众中,表示"非常不满意"的比例有 2.8%,"不满意"的比例有 21.0%,"满意"的比例有 70.9%,"非常满意"的比例有 5.3%(见表 11-13)。

(二) 集中趋势:众数与中位数

就类别变量来说,众数与中位数都可以用来测量资料的中心点。所谓"众数",是指资料数值中出现次数最多的那一个数值,当资料中出现最多次数的数值不止一个时,则众数就有多个。如果变量是类别变量,则众数指的是资料数值中出现次数最多的那一个数值所对应的"类目"。

表 11-12 类别单变量频数分布举例:复选题

		Responses		Percent of Cases
		N	Percent	
哪一项是当前最重要的问题?(复选,最多三项)[a]	经济	1 192	21.3%	59.5%
	两岸关系	319	5.7%	15.9%
	教育	650	11.6%	32.5%
	医疗	225	4.0%	11.2%
	治安	381	6.8%	19.0%
	环保	197	3.5%	9.8%
	司法	236	4.2%	11.8%
	社会伦理与价值	272	4.9%	13.6%
	地方建设	94	1.7%	4.7%
	国家认同	168	3.0%	8.4%
	食品安全	891	15.9%	44.5%
	薪资所得	497	8.9%	24.8%
	水土保持	71	1.3%	3.5%
	政党对立	374	6.7%	18.7%
	其他	31	0.6%	1.6%
合计		5 597	100.0%	279.6%

n=2 002

表 11-13 类别单变量频数分布举例:单选题

		Frequency	Percent	Valid Percent	Cumulative Percent
整体而言,你对你的生活满不满意?	非常不满意	55	2.8	2.8	2.8
	不满意	420	21.0	21.0	23.8
	满意	1 420	70.9	70.9	94.7
	非常满意	106	5.3	5.3	100.0
	合计	2 002	100.0	100.0	

n=2 002

所谓“中位数”,是指将资料的数值从小到大排序后,位置处于最中间的那一个数。也就是说,有 50% 的数值小于等于中位数,有 50% 的数值大于等于中位数,简单地说,中位数就是第 50 百分位的对应值。当资料的个数为奇数时,中位数就是最中间的那一个数;当资料个数为偶数时,中位数就是资料最中间的两个数的平均数。另外,如果变量是类别变量,则中位数指的是,第 50 百分位的对应数值所对应的“类目”。

以前述表 11-13 所举的频数分布表而言(对生活的满意度),最多的观察次数是 1 420,所以,众数就是 1 420 所对应的“类目”,就是“满意”(不是 1 420)。另外,第 50 百分位落在累积百分比 94.7% 所在的那一个层级,所对应的类目是“满意”,所以中位数就是“满意”。此例中,众数和中位数是同一个，都是“满意”。

（三）离散趋势：异众比率

“异众比率”也称离异比例，指的是“非众数的次数”在“全部观察值”中所占的比例。异众比率愈小，表示以众数来代表资料中心点的这种做法愈好。就表 11–13 所举的频数分布表而言（对生活的满意度），众数的次数是 1 420，所以异众比 =0.29【(2 002–1 420) ÷ 2 002=0.29】。此值较小，表示以众数来代表该题项的资料中心点较合适。

（四）图形：条形图与饼图

类别变量可以通过“条形图”与“饼图”来呈现其频数分布图形。条形图由数个长条构成，每一长条代表的是该类别出现的相对频数或比例，以长条高度表示各类别的相对差异，这些长条彼此之间是分开的。饼图是以圆形的总面积为百分之百，饼中显示各类别出现的相对频数或比例，以面积大小表示各类别的相对差异。图 11–1 与图 11–2 展现了 SPSS 的频数分布

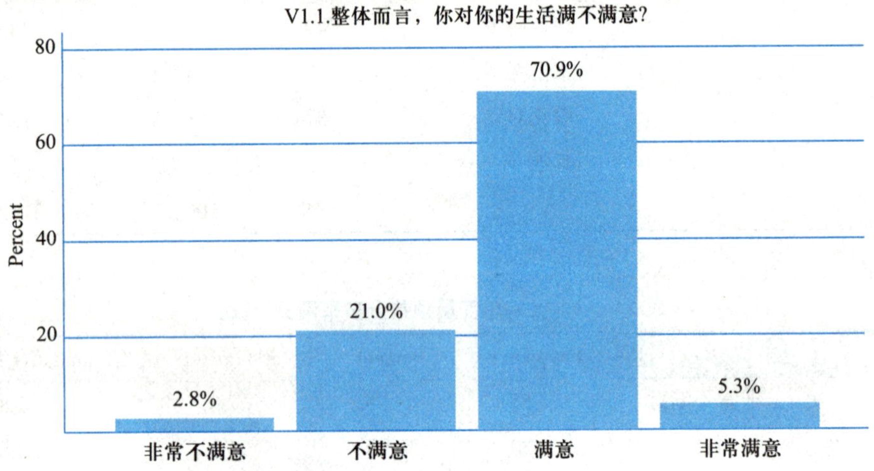

图 11–1 频数分布条形图

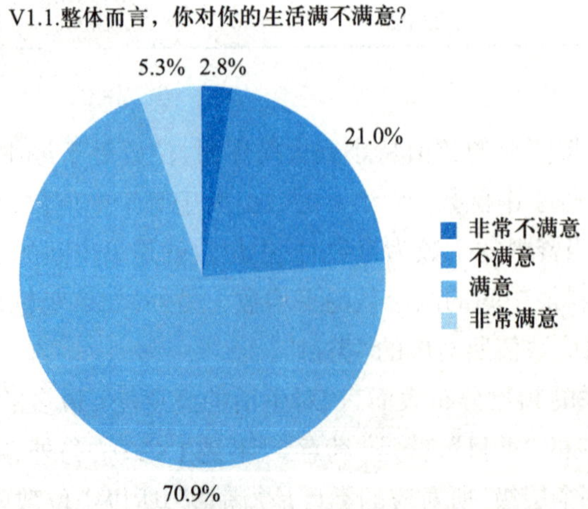

图 11–2 频数分布饼图

条形图与饼图。

二、连续变量的描述统计

(一)频数分布

和类别变量一样,连续变量(例如:一周使用社交媒体的天数)也可以呈现频数分布表。如表 11–14 所示,全部调查对象有 2 002 人,扣除遗漏值之后,共有 1 295 人有效回答了此题,在这 1 295 人中,回答一周有 7 天都在使用社交媒体的有 1 004 人,占有效样本的 77.5%。

表 11–14 连续变量频数分布举例

		Frequency	Percent	Valid Percent	Cumulative Percent
请问你一周大约有几天使用社交媒体?	.5	23	1.1	1.8	1.8
	1.0	47	2.4	3.6	5.4
	1.5	12	.6	1.0	6.4
	2.0	56	2.8	4.3	10.7
	2.5	8	.4	.6	11.3
	3.0	45	2.3	3.5	14.8
	3.5	11	.5	.8	15.7
	4.0	16	.8	1.3	16.9
	4.5	3	.2	.3	17.2
	5.0	46	2.3	3.5	20.7
	5.5	5	.2	.4	21.1
	6.0	12	.6	1.0	22.1
	6.5	5	.3	.4	22.5
	7.0	1 004	50.2	77.5	100.0
	合计	1 295	64.7	100.0	
Missing	System	707	35.3		
合计		2 002	100.0		

(二)分位数:四分位数、百分位数

连续变量通常会用四分位数或百分位数来代表特定资料的“位置”。四分位数指的是用三个点将资料均分成四等分,这三个点分别是:第 1 四分位点取值(Q1,即第 25 百分位的对应值)、第 2 四分位点取值(Q2,即第 50 百分位的对应值)及第 3 四分位点取值(Q3,即第 75 百分位的对应值)。

百分位数指的是用 99 个点将资料均分成 100 等分,这 99 个点可以是第 10 百分位(P10)、第 20 百分位(P20)、第 30 百分位(P30)、第 40 百分位(P40)、第 50 百分位(P50)……第 90 百

分位（P90）的对应值。

（三）集中趋势：众数、中位数、平均数

呈现变量集中趋势时通常会用众数、中位数及平均数来描述资料的中心点。类别变量主要用众数与中位数来呈现，而连续变量大多用平均数或中位数来呈现数据的集中趋势。平均数指的是"所有数值加起来的总和，除以资料个数，所得的商"。传统上我们习惯使用平均数来代表资料的中心点，但由于平均数会受到极端值的影响，使资料的中心往极端值的方向移动，这一特性容易使人误判资料的真实情况。例如，假设有某个大富豪把户口迁往某偏僻小镇，则该小镇家庭平均收入会因为该富豪的迁入而被拉得很高，造成一种该小镇居民都很有钱的（错误）认知。由于中位数不会受到极端值的影响，因此，目前流行的做法是同时呈现资料的中位数与平均数，以更平衡的方式呈现资料的中心点。

（四）离散趋势：全距、四分位距、方差、标准差

连续变量通常会用全距、四分位距、方差及标准差等统计结果来呈现资料的离散程度（趋势）。所谓全距指的是资料的最大值减去最小值所得的结果。所谓四分位距指的是资料中的第3四分位点取值（第75百分位的对应值）与第1四分位点取值（第25百分位的对应值）的差距，也就是变量中间50%的全距。四分位距对于极端值较不敏感，这一点和中位数的特性相同，所以在选择中位数描述资料的中心点时，通常也会考虑以四分位距描述离散程度。

就样本资料而言，方差指的是把所有（观察值与平均数的差距平方）加总后再除以（资料个数-1）所得的商。如果是总体资料，方差指的是把所有（观察值与平均数的差距平方）加总后再除以（资料个数）所得的商。方差的本质是在测量资料中所有观察值到平均数的平均距离，是最常使用的离散测量数。但由于在方差的计算过程中用到了"平方"的计算，与原来使用的单位不一样，所以当资料的测量具有单位时（例如：天数、身高、分数等），会使用标准差来代替方差。标准差就是把方差开平方。一般来说，研究者如果选择平均数来描述资料的中心点，则会选择标准差描述离散程度。

由于方差的计算方式比较复杂，纯粹用文字表述恐较难理解，现以一个例子来说明方差与标准差的计算方法。

一列样本资料（5个数值）：	1　3　5　7　9
中位数：	5
平均数：	5【(1+3+5+7+9)/5=5】
观察值与平均数的差距：	–4　–2　0　2　4 (1–5)　(3–5)　(5–5)　(7–5)　(9–5)
差距的平方：	16　4　0　4　16
差距平方的总和：	40（16+4+0+4+16=40）
资料个数 –1：	4（5–1=4）
方差：	10（40/4=10）

标准差: 3.16($\sqrt{10}=3.16$)

==

标准差的计算公式(样本): $s=\sqrt{\frac{\sum(X-\overline{X})^2}{n-1}}$

标准差的计算公式(总体): $\sigma=\sqrt{\frac{\sum(X-\mu)^2}{N}}$

表 11-14 是"请问你一周大约有几天使用社交媒体?"的频数分布表,而表 11-15 则进一步展示了该题项的一些描述统计测量数(SPSS 报表结果)。我们看到,平均数是 6.067,中位数(第 50 百分位的对应值)是 7,众数也是 7。最大值是 7.0,最小值是 0.5,全距是 6.5(7-0.5=6.5)。第 25 百分位的对应值是 7,第 75 百分位对应的值也是 7,所以四分位距是 0(7-7=0),方差是 3.644,标准差是 1.908。上述数据告诉我们,受访者对该题的回答呈现了一种高度集中(平均数 =6.067,中位数 =7)、离散程度很小(标准差 =1.908,四分位距 =0)的资料分布特性。

表 11-15 连续变量描述统计举例

请问你一周大约有几天使用社交媒体? ______天		
有效个案数 N	Valid	1 295
遗漏值	Missing	707
平均数 Mean		6.067
中位数 Median		7.000
众数 Mode		7.0
标准差 Std. Deviation		1.908
方差 Variance		3.644
偏态 Skewness		-1.815
峰态 Kurtosis		1.718
全距 Range		6.5
最小值 Minimum		.5
最大值 Maximum		7.0
百分位数 Percentiles	10	2.000
	20	5.000
	Q1=25	7.000
	30	7.000
	40	7.000
	Q2=Median=50	7.000
	60	7.000
	70	7.000
	Q3=75	7.000
	80	7.000
	90	7.000

(五) 分布形状:偏态系数、峰态系数

关于资料的分布形状,可以用偏态与峰态来说明。当偏态 >0,资料的分布为“右偏”,即有一个较长的右尾;当偏态 <0,资料的分布为“左偏”,即有一个较长的左尾;如果“偏态”=0,称作正态(常态)分布,则资料的分布左右两边是对称的,既不左偏,也不右偏。另外,就峰态来说,如果峰态 >0,代表高峰态,比正态分布的峰高要高;如果峰态 <0,代表低峰态,比正态分布的峰高要低。

当资料呈正态分布,即资料的分布为对称(Symmetric)分布时,则众数 = 中位数 = 平均数;当资料分布为右偏时,一般情况是众数 < 中位数 < 平均数(见图 11–3),但有时也会出现众数 ≤ 中位数 < 平均数或众数 < 中位数 ≤ 平均数;当资料分布为左偏时,一般情况是平均数 < 中位数 < 众数(见图 11–4),但有时也会出现平均数 ≤ 中位数 < 众数或平均数 < 中位数 ≤ 众数。

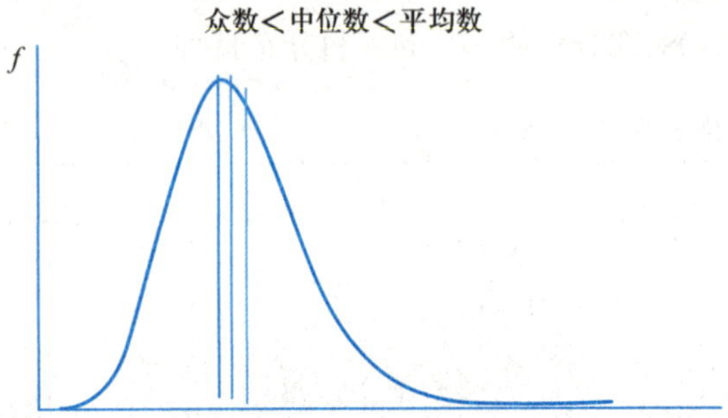

图 11–3 右偏分布时的众数、中位数、平均数

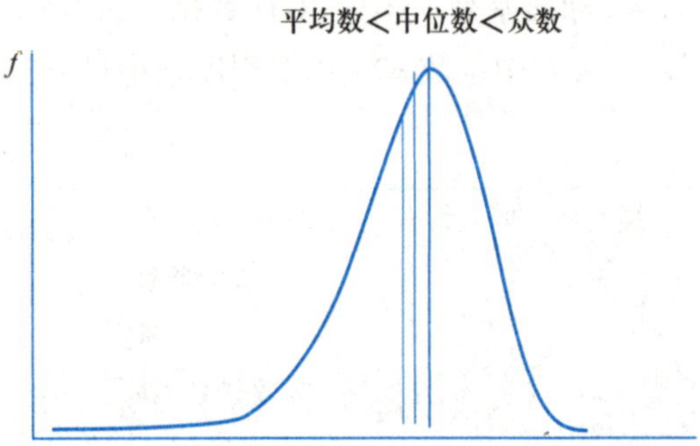

图 11–4 左偏分布时的众数、中位数、平均数

表 11–15“请问你一周大约有几天使用社交媒体?”的偏态为 –1.815<0,代表此题项的资料分布为左偏,有一个较长的左尾;峰态为 +1.718>0,代表此题项的资料分布为高峰态,有一个较高的分布峰高。表 11–15 的中位数 =7,平均数 =6.067,中位数大于平均数,也可知该题项的资料分布为左偏形态,有一个较长的左尾。

(六) 图形:直方图

直方图适用于连续变量,以矩形高度来表示各类别的相对差异。直方图的矩形彼此之间互相连接,其中没有间隔,这是它与条形图最大的不同之处(条形图中的长条彼此之间是有间隔的)。图 11–5 展示了“请问你一周大约有几天使用社交媒体?”的频数分布直方图。从中可看出,资料呈现左偏的分布形态,有一个较长的左尾,有一个较高的峰高。资料的中心点(平均数)集中在 7 这个数值上。

以上我们简单地介绍了类别变量与连续变量的一些描述统计量。在实际研究中,由于研究者所获得的资料很多都是经过抽样调查所得的“样本资料”,而不是“总体资料”,如果要从样本资料来推论总体,就必须考虑“抽样误差”的问题。我们从样本中观察到的变量关系,必须显著超过抽样误差的范围,才能将样本所得结果推论到总体,这就牵涉到推论统计与假设检验议题。

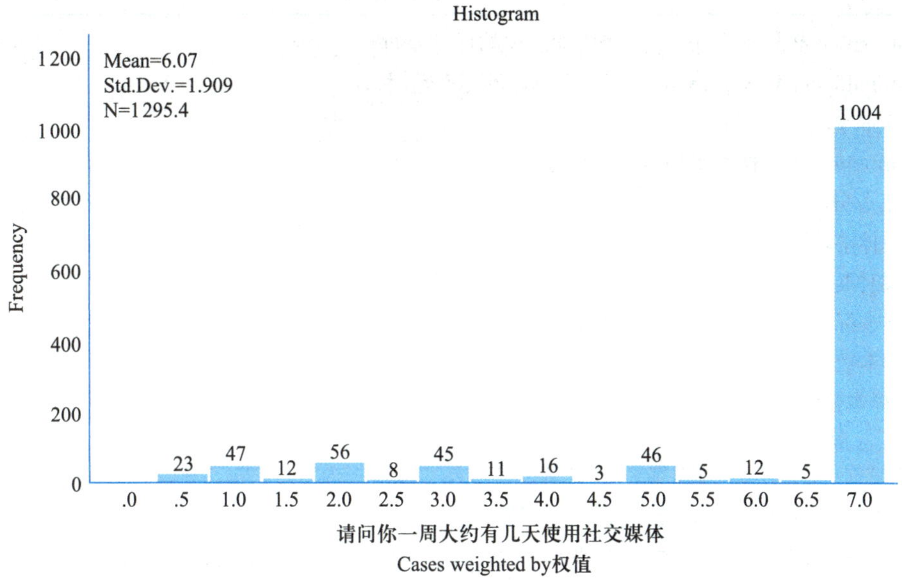

图 11-5 连续变量直方图的例子

三、推论统计的基本概念

如果我们想要了解民众一周使用社交媒体的平均天数,应该怎么做呢?通常要进行一个抽样调查,以概率抽样方法,从调查总体(例如某地年满 18 岁的人口)中,抽取一套样本(例如 1 000 人),然后询问这些受访样本一周使用社交媒体的天数,并计算平均数(例如平均数为 6 天)。然而,通过这套样本所得到的平均天数(6 天)数据,并不会等于总体的实际平均天数,因为只要是抽样,就一定会有"抽样误差"。抽取第 1 套样本得到的平均天数可能是 6 天,第 2 套样本可能是 5 天,第 3 套样本可能是 7 天……每一套样本所得到的平均使用天数可能都不一样,那我们如何推估总体社交媒体真正的平均使用天数呢?

(一) 中心极限定理

统计学中有一个"中心极限定理"(Central Limit Theorem)。这个定理告诉我们,当我们从总体中抽取许多套样本(例如 100 套样本),把每一套样本的平均数按频数排列,当抽样的样本数够多时,这些平均数的抽样分布(Sampling Distribution of the Mean),会趋近于正态分布;这个平均数的抽样分布也还会有个平均数,且等于总体真正的平均数;平均数的抽样分布也一样会有个标准差,且这个抽样分布的标准差会等于总体的标准差除以样本数的平方根。如果不知道总体的标准差,我们可以用样本的标准差替代,此时,平均数抽样分布的标准差就会等于样本的标准差除以样本数的平方根。样本平均数抽样分布的标准差(the Standard Deviation of Sampling Distribution of the Mean),可以称作"标准误"(Standard Error,简称 s.e 或 S.E.)。

我们可以用数学符号把中心极限定理做个表述(见表 11-16)。

表 11-16 中心极限定理的数学符号表示

Distribution of $\bar{X}\sim N(\mu, \sigma/\sqrt{n})$（当已知总体的标准差时）
Distribution of $\bar{X}\sim N(\mu, S/\sqrt{n})$（当不知总体的标准差时）
$\bar{X}$：样本平均数
Distribution of X：样本平均数的抽样分布
N：正态分布
μ：总体平均数
σ：总体标准差
S：样本标准差
n：样本数
$\sqrt{n}$：样本数的平方根
$\sigma/\sqrt{n}$ or $S/\sqrt{n}$：标准误

1. 从样本平均数推估总体的平均数

对于连续变量而言，我们常会求取该变量的平均数，那么，如何从一个样本的平均数去推估总体的平均数呢？统计学告诉我们，在大样本且总体标准差未知的情况下：

【样本平均数 ±1.96 个标准误】这个区间范围，包含母体平均数的概率是 95%；

【样本平均数 ±2.58 个标准误】这个区间范围，包含母体平均数的概率是 99%；

【样本平均数 ±3.29 个标准误】这个区间范围，包含母体平均数的概率是 99.9%。

如果以数学符号表示上述文字，则如表 11-17 所示：

表 11-17 以样本平均数推估母体平均数的区间估计

【$\bar{X}\pm(1.96\times S/\sqrt{n})$】这个区间范围，包含总体平均数（$\mu$）的概率是 95%
【$\bar{X}\pm(2.58\times S/\sqrt{n})$】这个区间范围，包含总体平均数（$\mu$）的概率是 99%
【$\bar{X}\pm(3.29\times S/\sqrt{n})$】这个区间范围，包含总体平均数（$\mu$）的概率是 99.9%
$\bar{X}$：样本平均数
S：样本标准差
n：样本数
$S/\sqrt{n}$：标准误（样本平均数抽样分布的标准差）
μ：总体平均数

对连续变量而言，【$\bar{X}\pm(1.96\times S/\sqrt{n})$】、【$\bar{X}\pm(2.58\times S/\sqrt{n})$】、【$\bar{X}\pm(3.29\times S/\sqrt{n})$】这些区间范围，我们称为“置信区间”（Confidence Interval），95%、99%、99.9% 这些概率，我们称为“置信水平”（Confidence Level）。在进行推论统计时，我们常以 95% 的置信水平作为预设。

例如，从表 11-15 的描述性统计量中我们知道，受访样本每周使用社交媒体天数的平均数 =6.07，标准差 =1.91，有效样本数 =1 295，如果推论到总体，则在 95% 的置信水平下，总体（年满 18 岁的民众）每周使用社交媒体天数的平均值应落在：

$6.07\pm(1.96\times1.91/\sqrt{1\,295})=6.07\pm0.10$，即【5.97~6.07~6.17】之间。

±0.10 是这个例子的抽样误差值。

换句话说，我们有 95% 的信心认为，总体的平均数会落在【5.97~6.07~6.17】之间。表

11-18 给出了 SPSS 统计报表的结果。

表 11-18 样本平均数标准误、置信区间举例

			Statistics	Std. Error
请问你一周大约有几天使用社交媒体?	Mean		6.067	.053 0
	95% Confidence Interval for Mean	Lower Bound	5.963	
		Upper Bound	6.172	
	Std. Deviation		1.908 8	

$(1.96\times S/\sqrt{n})$、$(2.58\times S/\sqrt{n})$、$(3.29\times S/\sqrt{n})$这三个数据,我们称为 95%、99%、99.9% 置信水平下的"抽样误差"。一般我们以 95% 置信水平作为预设,所以$(1.96\times S/\sqrt{n})$就被当作连续变量(以样本平均数估计总体平均数)抽样误差的计算公式。

2. 从样本百分比推估总体的百分比

对于一个类别变量来说,我们常会求取该变量的百分比,那么,如何从一个样本的百分比去推估总体的百分比呢?同样是运用中心极限定理,只不过推估的数据不太一样(见表 11-19)。

表 11-19 以样本百分比推估总体百分比的区间估计

$p\pm1.96\times(\sqrt{p(1-p)}/\sqrt{n})$这个区间范围,包含总体百分比(P)的概率是 95%

$p\pm2.58\times(\sqrt{p(1-p)}/\sqrt{n})$这个区间范围,包含总体百分比(P)的概率是 99%

$p\pm3.29\times(\sqrt{p(1-p)}/\sqrt{n})$这个区间范围,包含总体百分比(P)的概率是 99.9%

p:样本在某一类别的百分比(%)

n:样本数

$\sqrt{p(1-p)}/\sqrt{n}$:标准误(样本百分比抽样分布的标准差)

P:总体百分比(%)

同样的,$p\pm1.96\times(\sqrt{p(1-p)}/\sqrt{n})$、$p\pm2.58\times(\sqrt{p(1-p)}/\sqrt{n})$、$p\pm3.29\times(\sqrt{p(1-p)}/\sqrt{n})$这些区间范围,我们称为置信区间,95%、99%、99.9% 这些概率,我们称为置信水平。在进行推论统计时,我们也常以 95% 置信水平作为预设。

例如,从表 11-13 的描述性统计量,我们知道,受访样本中对自己生活感到"满意"的比例 =70.9%,有效样本 =2 002,如果推论到总体,则在 95% 置信水平下,总体(年满 18 岁以上的民众)对自己生活感到满意的比例应落在:

$70.9\%\pm(1.96\times(\sqrt{70.9\%(1-70.9\%)}/\sqrt{2\,002})$

$=70.9\%\pm(1.96\times(0.45/44.74))$

$=70.9\%\pm(1.96\times0.01)$

$=70.9\%\pm0.019\,9$

$=70.9\%\pm1.99\%$

即【68.9%~70.9%~72.9%】之间。±1.99% 是这个例子的抽样误差值。

换句话说，我们有 95% 的信心推估总体对自己生活感到“满意”的比例会落在【68.9%~70.9%~72.9%】之间。

对于类别变量而言，$1.96\times(\sqrt{p(1-p)}/\sqrt{n})$，$2.58\times(\sqrt{p(1-p)}/\sqrt{n})$，$3.29\times(\sqrt{p(1-p)}/\sqrt{n})$ 这三个数据，我们称为 95%、99%、99.9% 置信水平下的“抽样误差”。一般我们以 95% 置信水平作为预设，所以 $1.96\times(\sqrt{p(1-p)}/\sqrt{n})$ 就常被当作类别变量（以样本百分比推估总体百分比）抽样误差的计算公式。

由于 $\sqrt{p(1-p)}$ 的最大值 =0.5，如果我们用“2”这个数值代替“1.96”，则抽样误差的最大值为 $2\times(0.5/\sqrt{n})=1/\sqrt{n}$。基于这个原因，我们有时会简化地说，在 95% 的置信水平下，最大抽样误差等于 $\pm 1/\sqrt{n}$。也就是说，我们只要知道样本数的多寡，就可以用这个简单的计算公式估计出抽样误差。

考虑到抽样误差与调查执行成本，在实践中，许多调查机构都会把预计完成的成功样本数设定在 1 067 份左右，因为当成功样本等于 1 067 时，其最大抽样误差为 ±3.0% 个百分点。因此，1 067 也就成为执行调查时最常用的样本规模经验标准。

（二）统计显著性与假设检验

除了可以用置信区间的概念从样本统计值（Sample Statistics）推估总体参数（Population Parameter）外，我们也可以从统计显著性（Statistical Significance）的角度切入，来进行统计分析的假设检验。

在做统计分析时，我们常需要做一些检验，比如检验从样本得到的百分比差异（例如男性与女性对自己生活感到满意的比例差异）有没有超过抽样误差允许的范围，有无达到统计上的显著差异，能否推论到总体。又如，检验样本平均数等于总体平均数的概率有多大；再如，检验从样本得到的平均数差距（例如男性与女性每周使用社交媒体平均天数的差距），有没有超过抽样误差允许的范围，有无达到统计上的显著差异，能否推论到总体，等等。诸如此类的统计检验，可以依循统计显著性的思考逻辑，并按照一定流程的假设检验步骤来进行。

运用统计显著性来进行统计推论的思考逻辑是：

(1) 从总体抽取出来的任何一套样本，一定会有随机抽样误差，所以，样本统计值或多或少会和总体参数有一定差异。

(2) 一套样本资料分析结果如果被视为一个具有实质意义的显著结果，研究者就必须要排除“该分析结果是由随机抽样误差所导致”这个因素。

(3) 在做出决策判断前，研究者需先设定决策标准，也就是可以容忍的决策判断发生错误的概率，这个犯错概率称为“显著水平”（Significance Level，又称 Alpha Level），一般会用希腊字母 α 代表，通常设为 5%，即 $\alpha=0.05$；有时也可以设定 $\alpha=0.01$（只容忍犯 1% 的错误）或 $\alpha=0.001$（只容忍犯 0.1% 的错误）。

(4) 为了做出决策判断，研究者必须计算概率，即将某一样本检验值（Testing Value，例如 T-test Value，F-test Value）的得出，归因于随机抽样误差的概率是多少。一般会用 p 值（p Value）来代表概率。换言之，p 值的含义是，将得到的某一检验值（或更极端检验值）归因于随机误差的概率。

(5) 如果得到某一检验值的概率 p 很大,大于研究者所设定的显著水平 α(例如大于 0.05),研究者就不能排除该结果是随机抽样误差造成的,因此研究者就会下结论:这一分析结果并没有超过抽样误差允许的范围,并没有达到统计上的显著差异。

(6) 如果得到某一样本检验值的概率 p 很小,小于研究者所设定的显著水平 α(例如小于 0.05),研究者就可以排除该结果是随机抽样误差造成的,因此研究者就会下结论:这一分析结果已经超过抽样误差允许的范围,达到统计上的显著差异。当我们这样说的时候,犯错的概率小于 5%。

一般来说,运用统计显著性进行假设检验的步骤如下:

步骤一,决定虚无假设与研究假设。

虚无假设(Null Hypothesis,亦称零假设、原假设),指的是我们想要推翻的假设,通常会假设两变量无关、两变量无差异,或两个样本统计值(例如百分比、平均数)彼此相等,常以符号 H_0 代表。例如,虚无假设 H_0 假设男性与女性对自己生活感到满意的比例差距,并未超过抽样误差允许的范围,无显著差异;或虚无假设 H_0 假设男性与女性每周使用社交媒体的平均天数差距,并未超过抽样误差允许的范围,并无显著差异。

研究假设(Research Hypothesis,亦称对立假设),是和虚无假设对立的假设,指的是我们实际上想要验证的假设,通常会假设两变量有关、两变量有显著差异,或两个样本统计值(例如百分比、平均数)互不相等,常以符号 H_1 代表。例如,研究假设 H_1 假设男性与女性对自己生活感到满意的比例差距,超过抽样误差允许的范围,达到统计上的显著差异;或研究假设 H_1 假设男性与女性每周使用社交媒体的平均天数具有显著差异。

步骤二,设定显著水平 α。

显著水平 α 指的是,当虚无假设 H_0 为真而研究者却拒绝 H_0 时犯错的概率,通常设定 $\alpha=0.05$(即如果得到某一检验值归因于随机误差的概率 $p<0.05$,研究者的决策将会是拒绝虚无假设 H_0,此一决策可能犯错的概率小于 5%)。有时为了使研究结果更为精确,也会设定 $\alpha=0.01$ 或 $\alpha=0.001$。

步骤三,选择检验统计量。

通常使用 Z 值或 Chi-Square 值来检验类别变量的两个百分比差距有无达到统计上的显著差异;使用 t 值来检验二分类类别变量的两组平均数差距有无达到统计上的显著差异;使用 F 值来检验三分类(含)以上类别变量的多组平均数差距有无达到统计上的显著差异。

步骤四,计算检验统计量及其对应的 p 值。

在进行假设检验时,此时 p 值的意义是:如果 H_0 成立(如果两变量无关 / 无差异的假设成立),则将得到的某一样本检验值(或更极端检验值)归因于随机误差的概率。通常使用统计软件计算得出 p 值。

步骤五,进行决策判断。

把 p 值与显著水平 α 进行比较,如果检验统计值所对应的 p 值大于我们所设定的显著水平(例如,$\alpha=0.05$),我们就接受 H_0,拒绝研究假设 H_1,即两变量具有显著差异(或显著关系)的研究假设 H_1 不成立。

如果检验统计值所对应的 p 值小于等于我们所设定的显著水平($\alpha=0.05$),我们就拒绝

H_0,进一步接受(或说不否认)研究假设 H_1,即接受(不否认)两变量有显著关系(或者有显著差异)的 H_1 假设(研究假设)。[①]

以上是有关推论统计的概述,以下章节将运用此处所介绍的统计显著性与假设检验步骤,针对双(多)变量之间的关系进行分析解读。

第三节 双变量分析

在传播研究中,我们经常需要探索两个变量之间的“关系”。例如,A 变量的变化会不会与 B 变量的变化有关系?如果有关系,关系强度是否显著?诸如此类的问题,我们都可通过一些统计方法来解答。这些探讨两个变量之间关系的统计方法,会基于不同的变量类型(类别变量或连续变量)或不同的测量等级(定类、定序、定距、定比)而有所不同。

如果自变量与因变量两者皆为类别变量,我们一般通过百分比比较分析(Percentage Comparison),来探索两者之间的关系,最常用的是“交叉分析卡方检验”。

如果自变量为类别变量,因变量为连续变量,我们通常进行平均数比较分析(Mean Comparison);而依照自变量是二分类或多分类,又可分为独立样本 T 检验、配对样本 T 检验、单因子方差分析等几种情况。

其他尚有逻辑回归分析、相关分析、线性回归分析等多种分析方法等,如表 11-20 所示:

表 11-20 基本统计分析方法归类:双变量

		因变量(一个)	
		类别变量	连续变量
自变量(一个)	类别变量	交叉分析卡方检验	(两组)独立样本 T 检验 (两组)配对样本 T 检验 (多组)单因素方差分析
	连续变量	逻辑回归分析:单变量	相关分析 线性回归分析:单变量

如何运用这些方法进行资料分析并解读统计结果呢?本节将以实例介绍。

一、交叉分析与卡方检验

(一) 设定假设

如果我们想要知道“受教育程度”这个因素会不会对民众“快乐感”产生影响,首先可以把上述想法转化成研究问题:“民众的快乐感,会不会因为受教育程度的不同而有差异?”然后,我们提出:

虚无假设(H_0):民众的“快乐感”并不会因为其“受教育程度”的不同而存在显著差异。(注:

① 当 p=0.05,研究者可以拒绝 H_0,也可以接受 H_0。本章作者采用 p=0.05 时,研究者拒绝 H_0 的观点。

在实际研究中，通常不会写明统计学中的虚无假设，而是直接提出研究假设。）

研究假设（H_1）：民众的"快乐感"会因为其"受教育程度"的不同而存在显著差异。

接下来，我们就可以去设计问卷、抽取样本、搜集资料，然后针对搜集到的资料进行统计分析。

（二）解读报表

例如在 2015 年的一项针对某地 18 岁以上民众（n=2 002）的大规模面访调查中，研究者把"快乐感"（分为不快乐、快乐、无法选择）和"受教育程度"（分为小学及以下、初中、高中职、专科、本科及以上）这两个变量做了交叉分析及统计检验，SPSS 统计结果报表如下（见表 11-21）：

表 11-21 教育分类 * 整体来说，你觉得目前的日子过得快不快乐？

交叉表（Crosstabulation）

			整体来说，你觉得目前的日子过得快不快乐？			合计
			不快乐	快乐	无法选择	
教育分类	小学及以下	Count	37	249	4	290
		% within 教育分类	12.8%	85.9%	1.4%	100.0%
		Adjusted Std. Residual	.0	.7	-1.6	
	初中	Count	42	171	6	219
		% within 教育分类	▲19.2%	▼78.1%	2.7%	100.0%
		Adjusted Std. Residual	3.1	-2.8	-.1	
	高中职	Count	69	444	13	526
		% within 教育分类	13.1%	84.4%	2.5%	100.0%
		Adjusted Std. Residual	.4	-.1	-.5	
	专科	Count	30	211	7	248
		% within 教育分类	12.1%	85.1%	2.8%	100.0%
		Adjusted Std. Residual	-.3	.3	.0	
	本科及以上	Count	76	618	26	720
		% within 教育分类	▼10.6%	85.8%	3.6%	100.0%
		Adjusted Std. Residual	-2.1	1.2	1.7	
合计		Count	254	1 693	56	2 003
		% within 教育分类	12.7%	84.5%	2.8%	100.0%

Chi-Square Tests

	Value	df	Asymp. Sig. (2-sided)
Pearson Chi-Square	15.289[a]	8	.054
Likelihood Ratio	14.818	8	.063
Linear-by-Linear Association	3.802	1	.051
N of Valid Cases	2 003		

a. 0 cells (0.0%) have expected count less than 5. The minimum expected count is 6.12.

表 11–21 的交叉表显示，全体受访者中自觉过得“不快乐”的比例有 12.7%，过得“快乐”的比例有 84.5%，“无法选择”的比例有 2.8%（数据显示在表格最底端的合计列）。

细看交叉表内的方格，小学及以下受教育程度者有 290 人，其中自觉“不快乐”的比例为 12.8%（37/290），自觉“快乐”的比例为 85.9%（249/290），“无法选择”的比例为 1.4%（4/290）。依此类推，就“不快乐”这一类目而言，小学及以下受教育程度者自觉不快乐的比例为 12.8%，初中受教育程度者自觉不快乐的比例为 19.2%，高中职为 13.1%，专科为 12.1%，本科及以上为 10.6%。再就“快乐”这一类目而言，小学及以下受教育程度者自觉快乐的比例为 85.9%，初中为 78.1%，高中职为 84.4%，专科为 85.1%，本科及以上为 85.8%。

这里的虚无假设（H_0）是，民众的“快乐感”并不会因为其“受教育程度”的不同而存在显著差异。如果此虚无假设成立，那么在表 11–21 的交叉表中，我们应该看到：(1) 受教育程度不同的受访者，从小学及以下到本科及以上，其自觉“不快乐”的比例应该都贴近全体受访者自觉“不快乐”的比例（12.7%）；(2) 受教育程度不同的受访者自觉“快乐”的比例，应该都贴近全体受访者自觉“快乐”的比例（84.5%）；(3) 受教育程度不同的受访者“无法选择”的比例，应该都贴近全体受访者“无法选择”的比例（2.8%）。

此处，我们看到受教育程度为“初中”者相对于全体受访者，似乎有较高的“不快乐”比例（19.2% vs.12.7%），似乎有较低的“快乐比例”（78.1% vs.84.5%）；而“小学及以下”者似乎有较低的“无法选择”比例（1.4% vs.2.8%），“本科及以上”者似乎有较低的“不快乐”比例（10.6% vs.12.7%）以及较高的“无法选择”比例（3.6% vs.2.8%）。乍看之下，受教育程度不同的受访者，其自觉“不快乐”“快乐”或“无法选择”的比例，“似乎”并非与全体受访者在上述三个类目上的比例完全贴近。因此，原先所设定的虚无假设（H_0），“似乎”是无法成立的，而与虚无假设对立的研究假设（H_1）（即真正想要检验的假设）“似乎”是成立的。

这里说“似乎”，是因为我们所观察到的是“样本”数据，而非真正的“总体”数据。之前说过，只要是抽样调查资料，就一定会有抽样误差，因此如果要从样本推论总体，则一定要进行统计检验，检验我们在样本中所观察到的差异是否超过抽样误差允许的范围，而达到“统计上的显著差异”。如果从样本中观察到的差异只是源于抽样误差，则总体中可能并不存在真实的差异。

为了要检验这一点，我们可以选用“皮尔森卡方检验”（Pearson Chi-Square Test）来做统计检验。

皮尔森卡方检验报表的解读方法如下：

Pearson Chi-Square 的值（Value）所对应的 Sig. 值（Significance 值，又称 p 值）如果≤0.05，则研究者应“拒绝”虚无假设 H_0，进而“不排斥或接受”研究假设 H_1。反之，如果 Sig. 值 >0.05，则研究者应“接受”虚无假设 H_0。

表 11–21 中，Pearson Chi-Square 的值为 15.289，df（Degree of Freedom，自由度）=8，其所对应的 Sig. 值（p 值）为 0.054，可视为等于 0.05，代表我们应该“拒绝虚无假设”，“不排斥或接受研究假设”。因此，皮尔森卡方检验结果显示：民众的“快乐感”会因为其“受教育程度”的不同，而存在显著差异，且这一差异已超过抽样误差允许的范围。

当我们通过皮尔森卡方检验确定两变量间确实存在统计上的显著差异时（A 变量的

变化与 B 变量的变化有显著的相关性)，我们可以进一步通过调整后标准化残差(Adjusted Standardized Residual)这一参数，来观察此差异主要发生在交叉表中的哪些“方格”(Cell)。具体的判断标准如下：

如果方格内的“Adjusted Std. Residual”值的“绝对值”大于 1.96，即该方格为显著差异之所在(方格内的百分比显著高于或低于某一类目全体的比例)。反之，即表示无显著差异(方格内的百分比与某一类目全体的比例接近)。

表 11–21 中受教育程度为“初中”者自觉“不快乐”的比例为 19.2%，所属方格的“Adjusted Std. Residual”值为 +3.1(绝对值大于 1.96)，其代表的意义是：初中教育程度者自觉“不快乐”的比例(19.2%)，显著高于全体自觉“不快乐”的比例(12.7%)，这一差异已达到统计上的显著差异。另外，“本科及以上”者自觉“不快乐”的比例为 10.6%，所属方格的“Adjusted Std. Residual”值为 –2.1(绝对值大于 1.96)，亦达到统计上的显著差异。至于“小学及以下”“高中职”以及“专科”这三类受访者“不快乐”的比例分别为 12.8%、13.1%、12.1%，和全体“不快乐”的比例 12.7% 相较，虽有一些差异，但经统计检验，实际上并未达到统计上的显著差异。因此，如果推论到总体，这三类受教育程度的民众“不快乐”的比例，很可能都是 12.7%，和全体没有太大差异。

同样的分析，也可应用到自觉“快乐”类目。表 11–21 显示，“初中”者自觉“快乐”的比例为 78.1%，其所属方格的“Adjusted Std.Residual”数值为 –2.8(绝对值大于 1.96)，其代表的意义是：受教育程度为初中者自觉“快乐”的比例(78.1%)，显著低于全体自觉“快乐”的比例(84.5%)，这一差异已达到统计上的显著差异。

至于“无法选择”类目，我们发现，受教育程度不同的受访者“无法选择”的百分比，不管是 1.4%、2.7%、2.5%、2.8% 或 3.6%，经统计检验，都没有显著高于或低于全体“无法选择”的 2.8%(因为相对应方格内的 Adjusted Std. Residual 绝对值都没有超过 1.96)。也就是说，受教育程度不同的受访者，“无法选择”的比例和全体相较，并未呈现统计上的显著差异。因此，如果推论到总体，不同受教育程度的民众“无法选择”的比例很可能都是 2.8%，和全体没有太大差异。

因此，我们乍看样本资料时会认为受教育程度为初中者似乎有较高的“不快乐”比例，似乎有较低的“快乐比例”；“小学及以下”者似乎有较低的“无法选择”比例；“本科及以上”者似乎有较低的“不快乐”比例及较高的“无法选择”比例。但通过皮尔森卡方检验以及调整后标准化残差分析，我们发现，真正的显著差异只有：

“初中”者有较高的“不快乐”比例；

“初中”者有较低的“快乐”比例；

“本科及以上”者有较低的“不快乐”比例。

可见，样本的观察值不能直接用于推论总体，研究者如果想要推论总体是否和样本呈现一样的分布(差异)，就必须经过统计检验的程序，才能有较大的说服力。

(三) 分析结论

针对所提出研究假设以及交叉分析卡方检验，研究者归纳出以下几点内容：

研究假设(H_1):民众的"快乐感"会因为其"受教育程度"的不同而存在显著差异。

资料来源:某地传播调查资料库

资料分析:交叉分析

显著水平:$\alpha=0.05$

检验统计量:使用 Pearson Chi-Square Value 及其对应的 p 值进行假设检验;使用交叉表内的 Adjusted Std. Residual 检验百分比差异。

研究结论:

1. 受访民众的"快乐感"会因为其"受教育程度"的不同而存在统计上的显著差异(卡方值为 15.289,p=0.05),研究假设(H_1)成立。

2. 具体来说,与全体自觉"不快乐"的比例(12.7%)相比较,受教育程度为"初中"者自觉"不快乐"的比例(19.2%)较高,"本科及以上"者自觉"不快乐"的比例(10.6%)较低。

3. 与全体自觉"快乐"的比例(84.5%)相比较,受教育程度为"初中"者自觉"快乐"的比例较低(78.1%)。

二、两组平均数比较与统计检验

两组平均数的比较分析与统计检验,又可分为独立样本 T 检验(Independent Samples T Test)与配对样本 T 检验(Paired Samples T Test)两种分析方法。

(一) 独立样本 T 检验

1. 设定假设

在抽样调查资料中,研究者经常需要知道两组不同的人(自变量,两个类别),在某一变量(因变量)的平均数上有没有差异。例如,如果研究者需要知道"男性"与"女性"这两组不同的人在"每天使用社交媒体的时间"上有没有差异,首先可以把上述想法转化成研究问题:"民众每天使用社交媒体的时间,会不会因为其性别的不同而有差异?"然后设定研究假设(H_1):民众"每天使用社交媒体的时间"会因为其"性别"的不同,而存在显著差异。

2. 解读报表

此处我们建构一个新的变量"每天使用社交媒体的分钟数",用来衡量"每天使用社交媒体的时间"这一概念。

首先呈现不同"性别"(男性 vs. 女性)在"每天使用社交媒体的分钟数"上的样本数(n)、平均数(Mean)、标准差(Std. Deviation)等相关统计数据(见表 11-22)。

表 11-22 两组平均数描述统计

	性别	n	Mean	Std. Deviation	Std. Error Mean
每天使用社交媒体的分钟数	男	655	91.124 4	112.748 35	4.404 87
	女	640	104.094 7	110.197 42	4.355 23

从表 11-22 可以看出,样本中 18 岁以上的男性,每天使用社交媒体的时间,平均是 91 分

钟，女性则是 104 分钟，女性比男性约多了 13 分钟。

其次，为了确认这样的差异到底是由抽样误差引起的，还是总体也确实存在着差异，就需要进一步做统计检验，我们通常会使用独立样本 T 检验这个统计方法。独立样本 T 检验报表及其解读方法如下（见表 11–23）：

表 11–23 两组平均数差异检定

		Levene's Test for Equality of Variances		t–test for Equality of Means						
									95% Confidence Interval of the Difference	
		F	Sig.	t	df	Sig. (2–tailed)	Mean Difference	Std. Error Difference	Lower	Upper
每天使用社交媒体的时间（分钟）	Equal variances assumed	2.366	.124	−2.093	1 293	.037	−12.970 34	6.196 06	−25.125 78	−.814 91
	Equal variances not assumed			−2.094	1 293.378	.036	−12.970 34	6.194 43	−25.122 57	−.818 12

首先看 Levene's Test for Equality of Variances（方差等同性检验）中 F 值所对应的 Sig. 值（Significance，显著性），如果这个 Sig. 值，即 $p>0.05$，则代表自变量子群体在因变量的分布上具有相等的方差，即方差相等（Equal variance assumed）。

在方差相等的情况下，研究者可继续看方差相等所在行的 t 值以及相对应的 Sig.（2–tailed）值；如果 t 值所对应的 Sig.（2–tailed）值，即 $p\leqslant 0.05$，则研究者"不排斥或接受"研究假设 H_1（两组平均数有显著差异）。

如果 t 值所对应的 Sig.（2–tailed）值，即 $p>0.05$，则研究者可以判断研究假设 H_1 不成立。

3. 分析结论

针对所提出的研究假设以及独立样本 T 检验的统计分析结果，研究发现如下：

研究假设（H_1）：民众"每天使用社交媒体的时间"会因为其"性别"的不同，而存在显著差异。

资料来源：某地传播调查资料库

资料分析：独立样本 T 检验

显著水平：$\alpha=0.05$

检验统计量：使用 t 值及其对应的 p 值进行假设检验，观察平均数差异。

研究结论：

1. 受访民众"每天使用社交媒体的时间"会因为其"性别"的不同而存在统计上的显著差异（$t=-2.093$，$p=0.037<0.05$），研究假设（H_1）成立。这一说法错误的概率不会大于 5%。

2. 具体来说，受访民众“每天使用社交媒体的时间”，男性平均是 91 分钟，女性平均是 104 分钟。男性每天花在社交媒体上的时间，平均来说比女性少了 12.97 分钟（Mean Difference=-12.97），且这一差异已超过抽样误差允许的范围，达到统计上的显著差异（$p=0.037<0.05$）。

本例中，Levene's Test for Equality of Variances 中 F 值所对应的 Sig.>0.05，代表子群体（男性、女性）受访者在“每天使用社交媒体的时间”这一变量上有相等的方差。但有时候，资料分析结果会呈现 Levene's Test for Equality of Variances 中 F 值所对应的 Sig.≤0.05，这个时候，研究者就应选择表 11-23 中的 Equal variance not assumed（方差不相等）所在行显示的 t 值以及相对应的 Sig.（2-tailed）值，作为假设检验的判定依据，解读方法同上。在这个例子中，Equal variance not assumed 所在行显示的 $t=-2.094$，相对应的 Sig.（2-tailed）值 $=0.036<0.05$，代表该研究假设（两组平均数有显著差异）成立。因此，在这个例子中，不管是在方差相等或方差不相等的情况下，研究者都得到同样的结论，即民众“每天使用社交媒体的时间”会因为其“性别”的不同而存在统计上的显著差异。

（二）配对样本 T 检验

1. 设定假设

当研究者要比较“同一群人”的某特征在“前后两次”调查中平均数上的差异是否达到统计上的显著差异时，就可使用配对样本 T 检验。

例如，在教学成效的研究中，经常需要比较学生们的学习有没有进步，假设某个班有 10 位学生，在第一次考试（前测）时，这 10 个学生的分数分别为：(60，65，70，75，80，85，90，85，80，75)，全班平均分为 76.5 分；在第二次考试（后测）时，这 10 个学生的分数分别为：(65，70，73，78，80，85，88，83，82，77)，全班平均分为 78.1 分。

研究者想要知道的是，第二次考试的平均成绩与第一次考试的平均成绩相比，有没有显著的提高，可以设定研究假设（H_1）如下：

前测平均数（全班第一次考试成绩的平均数），和后测平均数（第二次考试成绩的平均数）相比较，呈现显著差异（前后测两组平均数不相等，$\mu1 \neq \mu2$）。

2. 解读报表

首先呈现前后测成绩的样本数（n）、平均数（Mean）、标准差（Std. Deviation）等相关统计数据（见表 11-24）。

表 11-24　描述性统计

		Mean	n	Std. Deviation	Std. Error Mean
Pair 1	t1	76.500 0	10	9.442 81	2.986 08
	t2	78.100 0	10	7.093 82	2.243 26

从表 11-24 可以看出，前测（t1）的平均数为 76.5 分，后测（t2）的平均数为 78.1 分，两者差距为 1.6 分。

其次,我们使用配对样本 T 检验(Paired Samples T-Test)的统计方法,来检验这个 1.6 分的平均数差距是否超过抽样误差允许的范围,达到统计上的显著差异。配对样本 T 检验的报表及其解读方法如下(见表 11-25):

表 11-25　配对样本 T 检验

		Paired Differences					t	df	Sig. (2-tailed)
		Mean	Std. Deviation	Std. Error Mean	95% Confidence Interval of the Difference				
					Lower	Upper			
Pair 1	t1-t2	-1.600 00	2.547 33	.805 54	-3.422 25	0.222 25	-1.986	9	.078

表 11-25 中前后测两组的平均数差距(t1-t2)为 -1.6,经统计检验(t=-1.986),此差距并未达到统计上的显著差异(Sig.=0.078>0.05),所以,研究假设 H_1(前后测两组平均数有显著差异)不成立,即第二次考试成绩的平均数,与第一次相比,并没有显著的提升。

3. 分析结论

针对所提出的研究假设以及配对样本 T 检验的统计分析结果,研究发现如下:

研究假设(H_1):全班第一次考试成绩的平均数和第二次考试成绩的平均数相比较,呈现显著差异(前后测两组平均数不相等,$\mu1 \neq \mu2$)。

资料来源:某地传播调查资料库

资料分析:配对样本 T 检验

显著水平:$\alpha=0.05$

检验统计量:使用 t 值及其对应的 p 值进行假设检验,观察前后测平均数差异。

研究结论:

1. 前测平均数(第一次考试成绩平均数)和后测平均数(第二次考试成绩平均数),并未呈现统计上的显著差异。(t=-1.98,p=0.078>0.05),研究假设(H_1)不成立。

2. 具体来说,第一次考试成绩平均数为 76.5,第二次考试成绩平均数为 78.1,第二次考试成绩平均来说虽然比第一次多了 1.6 分(Mean Difference=+1.6),但经统计检验,这一样本差距并未超过抽样误差允许的范围,并未达到统计上的显著差异(p=0.078>0.05)。

以上简单地介绍了有关双变量百分比交叉分析与卡方检验,以及两组平均数比较(独立样本 T 检验、配对样本 T 检验)的假设设定、报表解读及分析结论。以下我们介绍多组平均数比较与统计检验。

三、多组平均数比较与统计检验

前面所介绍的两组平均数比较,是检验单个自变量(类别变量,两组)在因变量(连续变量)的平均数上有没有差异。如果我们想要检验单个自变量(类别变量,多组)在某个因变量(连续变量)的平均数上有没有差异,那么就需要进行单因素方差分析(One Way Analysis of Variance,One Way ANOVA)。

（一）设定假设

例如，如果研究者想要知道不同“年龄”的人（分成三组或以上），在“每天使用社交媒体的时间”上有没有差异，可以把上述想法转化成研究问题：“民众每天使用社交媒体的时间，会不会因为其年龄的不同而有差异？”然后设定研究假设（H_1）：民众“每天使用社交媒体的时间”会因为其“年龄”的不同，而存在显著差异。

我们把“年龄”变量分成五组（18~29、30~39、40~49、50~59、60 及以上），因变量是“每天使用社交媒体的时间”（分钟数）。单因素方差分析呈现了如下的统计分析结果（见表 11-26）。

表 11-26 描 述 统 计

每天使用社交媒体的时间（分钟数）

	n	Mean	Std. Deviation	Std. Error	95% Confidence Interval for Mean Lower Bound	95% Confidence Interval for Mean Upper Bound	Minimum	Maximum
18~29	383	137.216 4	134.694 22	6.879 93	123.689 1	150.743 6	5.00	720.00
30~39	374	106.192 9	122.418 41	6.329 48	93.747 0	118.638 8	5.00	776.00
40~49	283	72.707 9	74.576 71	4.431 01	63.985 9	81.430 0	5.00	480.00
50~59	174	54.504 5	56.237 97	4.264 79	46.086 7	62.922 3	5.00	480.00
60 及以上	81	48.886 5	46.096 41	5.126 38	38.684 4	59.088 6	10.00	300.00
合计	1 295	97.534 6	111.640 50	3.101 87	91.449 4	103.619 9	5.00	776.00

（二）解读报表

表 11-26 显示，18~29 岁民众每天使用社交媒体的时间平均是 137 分钟，30~39 岁是 106 分钟，40~49 岁是 73 分钟，50~59 岁是 55 分钟，60 岁及以上是 49 分钟。不同年龄层所花费的时间看起来“似乎”是有差异的，而且随着年龄愈来愈大，使用社交媒体的时间也就愈来愈少。

之所以说“似乎”，是因为我们使用的资料是抽样调查资料，样本呈现的差异很有可能是因为抽样误差引起的，为了了解我们从样本中观察到的差异能否推论到总体，就需要做进一步的统计检验（见表 11-27）。

表 11-27 F 检 验

每天使用社交媒体的时间（分钟数）

	Sum of Squares	df	Mean Square	F	Sig.
Between Groups	1 319 509.804	4	329 877.451	28.727	.000
Within Groups	14 813 095.978	1 290	11 483.020		
合计	16 132 605.782	1 294			

在表 11-27 中，我们目前只要看 F 检验值所对应的 Sig. 值就可以了。如果 Sig.>0.05，代表自变量的不同组别在两两比较之下，平均数差距皆未达到统计上的显著差异，此时研究者

应“接受”虚无假设 H_0（各组平均数无显著差异）。如果 Sig.≤0.05，代表自变量的不同组别中，至少有两组的平均数呈现统计上的显著差异，此时研究者应“拒绝”虚无假设 H_0，进而“不排斥或接受”研究假设 H_1（至少有两组的平均数有显著差异）。

此例中表 11-27 中的 F=28.727，其对应的 Sig.=0.000<0.05，说明民众“每天使用社交媒体的时间”会因为其“年龄”的不同而存在显著差异，研究假设 H_1 成立。

那么，到底是哪两组的平均数呈现显著差异呢？一般来说，我们可以使用两个检验统计量来观察：Scheffe（或 LSD）和 Dunnett T3。如果自变量中的各组在因变量的分布上具有同样的方差（方差相等），研究者一般常用 Scheffe（或 LSD）来进行事后比较分析；如果自变量中的各组在因变量的分布上具有不同的方差（方差不相等），研究者一般常用 Dunnett T3 来进行事后比较分析。通常研究者会用方差等同性检验（Test of Homogeneity of Variances）来确认要使用哪一个检验统计量。

此例中，单因素方差分析的等同性检验显示（见表 11-28），Levene Statistic=31.524，其对应的 Sig.=0.000<0.05，表示方差不相等，此时研究者应选用 Dunnett T3 来进行事后比较分析，以确认到底是哪几组的平均数呈现统计显著差异。

表 11-28　方差等同性检验

每天使用社交媒体的时间（分钟数）			
Levene Statistic	df1	df2	Sig.
31.524	4	1 290	.000

此处列出事后比较分析的检验结果——事后多重比较表（见表 11-29），同时列出 Scheffe 和 Dunnett T3 两种统计检验量的分析结果，以方便对照。

表 11-29　事后多重比较

Dependent Variable：每天使用社交媒体的时间（分钟数）							
	(I) age5 年龄五分类	(J) age5 年龄五分类	Mean Difference (I-J)	Std. Error	Sig.	95% Confidence Interval Lower Bound	95% Confidence Interval Upper Bound
Scheffe	18~29	30~39	31.023 49*	7.788 21	.003	6.999 3	55.047 7
		40~49	64.508 44*	8.396 21	.000	38.608 7	90.408 1
		50~59	82.711 88*	9.797 79	.000	52.488 7	112.935 0
		60 及以上	88.329 84*	13.113 99	.000	47.877 2	128.782 4
	30~39	18~29	-31.023 49*	7.788 21	.003	-55.047 7	-6.999 3
		40~49	33.484 95*	8.440 06	.004	7.450 0	59.519 9
		50~59	51.688 39*	9.835 39	.000	21.349 3	82.027 5
		60 及以上	57.306 35*	13.142 11	.001	16.767 0	97.845 7
	40~49	18~29	-64.508 44*	8.396 21	.000	-90.408 1	-38.608 7
		30~39	-33.484 95*	8.440 06	.004	-59.519 9	-7.450 0
		50~59	18.203 44	10.323 52	.540	-13.641 4	50.048 3
		60 及以上	23.821 40	13.511 30	.540	-17.856 8	65.499 6

续表

Dependent Variable：每天使用社交媒体的时间（分钟数）							
	(I) age5 年龄五分类	(J) age5 年龄五分类	Mean Difference (I-J)	Std. Error	Sig.	95% Confidence Interval	
						Lower Bound	Upper Bound
	50~59	18~29	-82.711 88*	9.797 79	.000	-112.935 0	-52.488 7
		30~39	-51.688 39*	9.835 39	.000	-82.027 5	-21.349 3
		40~49	-18.203 44	10.323 52	.540	-50.048 3	13.641 4
		60 及以上	5.617 97	14.424 13	.997	-38.876 0	50.111 9
	60 及以上	18~29	-88.329 84*	13.113 99	.000	-128.782 4	-47.877 2
		30~39	-57.306 35*	13.142 11	.001	-97.845 7	-16.767 0
		40~49	-23.821 40	13.511 30	.540	-65.499 6	17.856 8
		50~59	-5.617 97	14.424 13	.997	-50.111 9	38.876 0
Dunnett T3	18~29	30~39	31.023 49*	9.348 57	.009	4.777 4	57.269 6
		40~49	64.508 44*	8.183 36	.000	41.520 1	87.496 8
		50~59	82.711 88*	8.094 56	.000	59.963 4	105.460 4
		60 及以上	88.329 84*	8.579 82	.000	64.173 4	112.486 2
	30~39	18~29	-31.023 49*	9.348 57	.009	-57.269 6	-4.777 4
		40~49	33.484 95*	7.726 33	.000	11.781 4	55.188 5
		50~59	51.688 39*	7.632 22	.000	30.238 3	73.138 5
		60 及以上	57.306 35*	8.145 06	.000	34.361 2	80.251 5
	40~49	18~29	-64.508 44*	8.183 36	.000	-87.496 8	-41.520 1
		30~39	-33.484 95*	7.726 33	.000	-55.188 5	-11.781 4
		50~59	18.203 44*	6.149 98	.032	.902 3	35.504 6
		60 及以上	23.821 40*	6.775 96	.005	4.660 0	42.982 8
	50~59	18~29	-82.711 88*	8.094 56	.000	-105.460 4	-59.963 4
		30~39	-51.688 39*	7.632 22	.000	-73.138 5	-30.238 3
		40~49	-18.203 44*	6.149 98	.032	-35.504 6	-.902 3
		60 及以上	5.617 97	6.668 45	.994	-13.263 0	24.498 9
	60 及以上	18~29	-88.329 84*	8.579 82	.000	-112.486 2	-64.173 4
		30~39	-57.306 35*	8.145 06	.000	-80.251 5	-34.361 2
		40~49	-23.821 40*	6.775 96	.005	-42.982 8	-4.660 0
		50~59	-5.617 97	6.668 45	.994	-24.498 9	13.263 0

*. The mean difference is significant at the 0.05 level.

Dunnett T3 显示，18~29 岁的民众每天花在社交媒体上的时间，和 30~39 岁相比，平均来说多了 31 分钟，此平均数差距所对应的显著性 Sig.=0.009<0.05，说明这两组的平均差距（31 分钟）已超过抽样误差允许的范围，达到统计上的显著差异。对于达到统计显著差异的两两比较组别，SPSS 会在其平均数差异的右上角标注“*”。

18~29 岁的民众每天花在社交媒体上的时间，和 40~49 岁、50~59 岁、60 岁及以上相比，平均来说分别多了 65 分钟、83 分钟、88 分钟，这些平均数差距经检验皆超过抽样误差允许的范围(Sig.=0.000)，达到统计上的显著差异。

30~39 岁民众每天花在社交媒体上的时间，和 40~49 岁、50~59 岁、60 岁及以上相比，平均来说分别多了 33 分钟、52 分钟、57 分钟，这些平均数差距经检验皆超过抽样误差允许的范围(Sig.=0.000)，达到统计上的显著差异。

40~49 岁民众每天花在社交媒体上的时间，和 50~59 岁、60 岁及以上相比，平均来说分别多了 18 分钟、24 分钟，这些平均数差距经检验皆超过抽样误差允许的范围(Sig.=0.032<0.05，Sig.=0.005<0.05)，达到统计上的显著差异。

50~59 岁民众每天花在社交媒体上的时间，和 60 岁及以上相比，平均来说多了 6 分钟，但此一平均数差距经检验并未超过抽样误差允许的范围(Sig.=0.994>0.05)，并未达到统计上的显著差异。

本例中，由于分析变量的资料分布未能满足方差相等的要求，所以我们以 Dunnett T3 来进行事后比较分析。如果我们改用 Scheffe 来分析，则会发现，40~49 岁民众每天使用社交媒体的时间，在 50~59 岁和 60 岁及以上这两组的检验比较上，与使用 Dunnett T3 分析的结果略有不同。

40~49 岁民众每天使用社交媒体的时间，平均为 72.7 分钟，相对于 50~59 岁的 54.5 分钟，60 岁及以上的 48.9 分钟，两两比较的平均数差异分别是 18.2 分钟与 23.8 分钟。这一平均数差异使用 Dunnett T3 检验都达到统计上的显著差异，但如果使用 Scheffe 检验则皆未达到统计上的显著差异(Sig.=0.540>0.05)(见表 11-29 中黑框所示)。除了这两处差异外，使用 Scheffe 皆与使用 Dunnett T3 所得到的结果相同。

那么，我们应该采用哪一个分析结果呢？本例中，因为分析变量的资料分布未能满足方差相等的要求，所以应该采用 Dunnett T3 检验所得到的分析结果。如果分析变量的资料满足方差相等的要求，就可以采用 Scheffe(或 LSD)检验所得到的分析结果。事后多重比较的 Scheffe 检验方法比较保守，基本上只要 Scheffe 检验呈现两组的平均数有差异的话，其他的检验方法(如 LSD 检验)也都呈现显著差异。所以当资料满足“方差相等”要求时，研究者会倾向于使用 Scheffe 检验来确认到底是哪几组的平均数有差异，让分析结果更为可靠。

(三) 分析结论

针对此处所提出的研究假设以及单因素方差分析的检验结果，研究发现如下：

研究假设(H_1)：民众“每天使用社交媒体的时间”会因为其“年龄”的不同，而存在显著差异。

资料来源：某地传播调查资料库

资料分析：单因素方差分析

显著水平：α=0.05

检验统计量：使用F值及其对应的p值进行假设检验，并使用事后多重比较Scheffe（或LSD）或Dunnett T3检验哪几组的平均数呈现显著差异。

研究结论：

1. 受访民众中，18~29岁民众每天使用社交媒体的时间平均为137分钟，30~39岁是106分钟，40~49岁是73分钟，50~59岁是55分钟，60岁及以上是49分钟。

2. 经统计检验，民众“每天使用社交媒体的时间”会因为其“年龄”的不同而存在显著差异（$F=28.727$，$p=0.000<0.05$），研究假设（H_1）成立。这一说法错误的概率不会大于5%。

3. 具体而言，18~29岁的民众“每天使用社交媒体的时间”，平均来说比30~39岁多了31分钟，比40~49岁多了65分钟；比50~59岁多了83分钟，比60岁及以上多了88分钟。这些差异已经超过抽样误差允许的范围，达到统计上的显著差异，总体呈现出“年龄愈轻，愈常使用社交媒体”的现象（趋势）。

四、双变量相关分析

相关分析主要是用来探究两个“连续变量”（等距或等比）之间是否相关、相关的方向是正或负，以及相关的强度有多大等方面的议题，常用的相关分析方法为皮尔森双变量相关分析（Pearson’s Bivariate Correlation）。

皮尔森双变量相关分析指的是，研究者使用皮尔森相关系数（Pearson Correlation Coefficient）来衡量两变量之间的线性关系（Linear Correlation），其值范围介于正负1之间。“-1”代表两变量之间呈现完全的线性负相关，“+1”代表两变量之间呈现完全的线性正相关，“0”代表两变量之间并未呈现线性相关关系。

如果研究者需要知道民众“每天使用社交媒体的时间”与其“对网络媒体新闻报道的评价”之间的关系为何，可以把上述想法转化成研究问题：“民众对网络媒体新闻报道的评价，与其每天使用社交媒体的时间多寡有没有关系？如果有关系，两者之间的关系是正相关还是负相关？”然后设定研究假设（H_1）如下：

民众“对网络媒体新闻报道的评价”与其“每天使用社交媒体的时间”，两者之间有显著正相关，即每天使用社交媒体时间愈多，对网络媒体新闻报道的评价也会愈高。

针对这两个变量所进行的描述统计与相关分析，如表11-30和表11-31所示。

表11-30 描述统计（Descriptive Statistics）

	Mean	Std. Deviation	n
请你就下列媒体新闻报道的整体表现给一个分数－网络	60.32	18.178	1 470
每天使用社交媒体的时间（小时数）	1.625 6	1.860 67	1 295

表 11-31 两两相关(Pearson Correlations)

		请你就下列媒体新闻报道的整体表现给一个分数 - 网络	每天使用社交媒体的时间(小时数)
请你就下列媒体新闻报道的整体表现给一个分数 - 网络	Pearson Correlation	1	.062*
	Sig. (2-tailed)		.025
	n	1 470	1 295
每天使用社交媒体的时间(小时数)	Pearson Correlation	.062*	1
	Sig. (2-tailed)	.025	
	n	1 295	1 295

*. Correlation is significant at the 0.05 level (2-tailed).

从以上两个表的分析可以得知:

1. 民众对网络媒体新闻报道的评价,平均分数是 60.32 分,而民众每天使用社交媒体的时间平均是 1.63 小时。

2. 民众“对网络媒体新闻报道的评价”与“每天使用社交媒体的时间”这两个变量之间的皮尔森相关系数是 +0.062,呈现一种微弱的“正相关”关系。即使很微弱,但此一正相关关系已超过抽样误差允许的范围,达到统计上的显著差异(p=0.025<0.05)。

3. 研究结论:民众“对网络媒体新闻报道的评价”与其“每天使用社交媒体的时间”,两者之间呈现微弱的正相关(Pearson Correlation Coeffient=+0.062)。虽然这是一个很微弱的正相关,但检验结果仍达到统计上的显著差异(p=0.025<0.05),所以,研究假设(H_1)成立。此一说法错误的概率不会大于 5%。

另外,也可以呈现多个连续变量两两之间的皮尔森相关系数。表 11-32 显示,民众对“报纸”新闻报道整体表现的评价,和对“电视”新闻报道的评价最相关(皮尔森相关系数为 0.559),其次是“广播”(0.398),再次是“杂志”(0.338),最不相关的是“网络”(0.303)。这些相关系数经统计检验,都达到了统计上的显著差异(Sig.=0.000)。

表 11-32 对不同媒体新闻报道的评价:皮尔森相关分析

		请你就下列媒体新闻报道的整体表现给一个分数 - 报纸	请你就下列媒体新闻报道的整体表现给一个分数 - 杂志	请你就下列媒体新闻报道的整体表现给一个分数 - 广播	请你就下列媒体新闻报道的整体表现给一个分数 - 电视	请你就下列媒体新闻报道的整体表现给一个分数 - 网络
请你就下列媒体新闻报道的整体表现给一个分数 - 报纸	Pearson Correlation	1	.338**	.398**	.559**	.303**
	Sig. (2-tailed)		.000	.000	.000	.000
	n	827	392	385	791	639
请你就下列媒体新闻报道的整体表现给一个分数 - 杂志	Pearson Correlation	.338**	1	.451**	.299**	.270**
	Sig. (2-tailed)	.000		.000	.000	.000
	n	392	658	334	611	583

续表

		请你就下列媒体新闻报道的整体表现给一个分数－报纸	请你就下列媒体新闻报道的整体表现给一个分数－杂志	请你就下列媒体新闻报道的整体表现给一个分数－广播	请你就下列媒体新闻报道的整体表现给一个分数－电视	请你就下列媒体新闻报道的整体表现给一个分数－网络
请你就下列媒体新闻报道的整体表现给一个分数－广播	Pearson Correlation	.398**	.451**	1	.379**	.324**
	Sig.(2-tailed)	.000	.000		.000	.000
	n	385	334	768	722	606
请你就下列媒体新闻报道的整体表现给一个分数－电视	Pearson Correlation	.559**	.299**	.379**	1	.361**
	Sig.(2-tailed)	.000	.000	.000		.000
	n	791	611	722	1 883	1 365
请你就下列媒体新闻报道的整体表现给一个分数－网络	Pearson Correlation	.303**	.270**	.324**	.361**	1
	Sig.(2-tailed)	.000	.000	.000	.000	
	n	639	583	606	1 365	1 470

**. Correlation is significant at the 0.01 level(2-tailed).

以上简单地介绍了有关双变量交叉分析、双变量平均数分析(两组、多组)、双变量相关分析的使用时机、研究假设、统计报表、分析解读及假设检验的结果。下一节我们将介绍多变量资料分析。

第四节　多变量分析

一、双因素方差分析

当研究者想要了解两个“类别变量”(定类或定序)对一个连续变量(定距或定比)的影响时,通常会使用“双因素方差分析”(Two Way Analysis of Variance,Two Way ANOVA)。

双因素方差分析可以协助研究者了解某个自变量(X1)对因变量(Y)有没有影响,另一个自变量(X2)对因变量(Y)有没有影响,以及两个自变量(X1,X2)的交互作用对因变量(Y)有没有影响,等等。所谓交互作用指的是,自变量(X1)对因变量的影响会不会因为另一个自变量(X2)的不同类别水平而有显著的差异。例如,如果研究者想知道“性别”(X1)和“年龄”(X2)这两个自变量对“每天使用社交媒体的时间”(Y)这一因变量有没有影响时,可以提出三个研究问题:(1)不同性别的受访者,其每天使用社交媒体的时间有没有显著差异?(2)不同年龄的受访者,其每天使用社交媒体的时间有没有显著差异?(3)不同年龄的受访者,其每天使用社交媒体的时间,会不会因为性别的不同,而呈现显著差异(或者说,不同性别的受访者,其每天使用社交媒体的时间,会不会因为年龄的不同而呈现显著差异)?

(一)设定假设

我们可以进一步基于上述三个研究问题设定几个研究假设(H_1):

(a 性别)

H_{1a}:不同性别的民众,其每天使用社交媒体时间的平均数有显著差异(性别这一因素对使用社交媒体的时间有影响)。

(b 年龄)

H_{1b}:不同年龄的民众,其每天使用社交媒体时间的平均数有显著差异(年龄这一因素对使用社交媒体的时间有影响)。

(c 性别与年龄的交互作用)

H_{1c}:不同年龄的民众,其每天使用社交媒体时间的平均数,会因为其性别的不同而呈现显著差异。或者说,不同性别的民众,其每天使用社交媒体时间的平均数,会因为其年龄的不同而呈现显著差异(有交互作用存在)。

(二)解读报表

以下我们就来解读相关的 SPSS 统计报表。

第一步,先看双因素方差分析的描述统计(见表 11-33)。全体受访者每天使用社交媒体分钟数的平均值是 94.1。如就不同年龄而论,18~29 岁受访者每天使用社交媒体分钟数的平均值是 137.2,30~39 岁是 106.3,40~49 岁是 73.9,50~59 岁是 54.3,60 岁及以上是 49.3。就不同性别而论,男性受访者每天使用社交媒体的平均分钟数是 89.6,女性受访者是 98.2。

表 11-33 描 述 统 计

Dependent Variable:每天使用社交媒体的时间(分钟数)				
性别	年龄五分类	Mean	Std. Deviation	n
男	18~29	124.282 9	135.898 36	152
	30~39	105.174 1	131.068 09	201
	40~49	62.058 3	57.906 08	120
	50~59	55.662 5	56.395 29	80
	60 及以上	38.936 2	28.645 82	47
	合计	89.601 7	111.507 46	600
女	18~29	151.791 0	130.847 33	134
	30~39	107.223 2	113.268 66	224
	40~49	82.987 2	86.688 39	156
	50~59	53.445 4	56.323 63	119
	60 及以上	61.219 5	60.979 30	41
	合计	98.181 0	105.984 62	674

续表

Dependent Variable:每天使用社交媒体的时间(分钟数)				
性别	年龄五分类	Mean	Std. Deviation	n
合计	18~29	137.171 3	134.029 44	286
	30~39	106.254 1	121.868 86	425
	40~49	73.887 7	76.122 76	276
	50~59	54.336 7	56.220 46	199
	60 及以上	49.318 2	47.628 72	88
	合计	94.140 5	108.662 19	1 274

第二步,再看双因素方差分析的自变量影响效果(见表 11–34)。表 11–34 左侧第一行下各个项目表示变异的来源,其中“Corrected Model”(校正模型)的 F=13.212,Sig.=0.000,表示这一包含两个自变量与交互作用的双因素方差分析模型(年龄、性别,年龄 * 性别)对因变量(每天使用社交媒体的时间),具有一定的影响效果(Sig.=0.000<0.05)。但是,到底是年龄变量具有影响效果,还是性别变量具有影响效果,或是年龄和性别的交互作用变量具有影响效果,此处不可知,必须继续往下观察。“sex”(性别)变量的 F=4.370,Sig.=0.037<0.05,表示“性别”这个自变量对因变量具有影响效果,达到统计上的显著差异。“age5”(年龄)变量的 F=27.766,Sig.=0.000<0.05,表示“年龄”这个自变量对因变量也具有影响效果,达到统计上的显著差异。至于“sex*age5”(年龄与性别交互作用变量)的 F=1.032,Sig.=0.389>0.05,表示“年龄 * 性别”此一交互作用自变量对因变量的影响效果(如果有的话),并未达到统计上的显著差异。

表 11–34 不同自变量影响效果(Tests of Between Subjects Effects)

Dependent Variable 每天使用社交媒体的时间(分钟数)					
Source	Type Ⅲ Sum of Squares	df	Mean Square	F	Sig.
Corrected Model	1 292 377.439[a]	9	143 597.493	13.212	.000
Intercept	6 777 802.846	1	6 777 802.846	623.585	.000
sex	47 498.784	1	47 498.784	4.370	.037
age5	1 207 167.148	4	301 791.787	27.766	.000
sex * age5	44 882.295	4	11 220.574	1.032	.389
Error	13 738 534.411	1 264	10 869.094		
Total	26 321 653.000	1 274			
Corrected Total	15 030 911.850	1 273			

a. R Squared=.086(Adjusted R Squared=.079)

第三步,再看双因素方差分析的事后分组组间比较及检验(见表 11–35)。Scheffe 检验结果显示:

“18~29 岁”受访者每天使用社交媒体的分钟数,与“30~39 岁”相比,平均多了 30.9 分钟,这一差距已达到统计上的显著差异(Sig.=0.005<0.05)。

表 11-35 事后分组组间比较(Multiple Comparisons)

Dependent Variable 每天使用社交媒体的时间(分钟数)

Scheffe

(I) age5 年龄五分类	(J) age5 年龄五分类	Mean Difference (I-J)	Std. Error	Sig.	95% Confidence Interval	
					Lower Bound	Upper Bound
18~29	30~39	30.917 2*	7.973 59	.005	6.320 4	55.514 0
	40~49	63.283 6*	8.796 85	.000	36.147 3	90.420 0
	50~59	82.834 6*	9.624 05	.000	53.146 5	112.522 7
	60 及以上	87.853 1*	12.708 90	.000	48.649 0	127.057 3
30~39	18~29	-30.917 2*	7.973 59	.005	-55.514 0	-6.320 4
	40~49	32.366 4*	8.059 47	.003	7.504 7	57.228 2
	50~59	51.917 4*	8.955 05	.000	24.293 1	79.541 8
	60 及以上	56.935 9*	12.210 11	.000	19.270 4	94.601 5
40~49	18~29	-63.283 6*	8.796 85	.000	-90.420 0	-36.147 3
	30~39	-32.366 4*	8.059 47	.003	-57.228 2	-7.504 7
	50~59	19.551 0	9.695 33	.398	-10.357 0	49.459 0
	60 及以上	24.569 5	12.762 96	.448	14.801 5	63.940 4
50~59	18~29	-82.834 6*	9.624 05	.000	-112.522 7	-53.146 5
	30~39	-51.917 4*	8.955 05	.000	-79.541 8	-24.293 1
	40~49	-19.551 0	9.695 33	.398	-49.459 0	10.357 0
	60 及以上	5.018 5	13.346 57	.998	-36.152 8	46.189 8
60 及以上	18~29	-87.853 1*	12.708 90	.000	-127.057 3	-48.649 0
	30~39	-56.935 9*	12.210 11	.000	-94.601 5	-19.270 4
	40~49	-24.569 5	12.762 96	.448	-63.940 4	14.801 5
	50~59	-5.018 5	13.346 57	.998	-46.189 8	36.152 8

Based on observed means.

The error term is Mean Square (Error)=10 869.094.

*. The mean difference is significant at the .05 level

"18~29 岁"与"40~49 岁"相比,平均多了 63.3 分钟,这一差异已达到统计上的显著差异(Sig.=0.000<0.05)。

"18~29 岁"与"50~59 岁"相比,平均多了 82.8 分钟,这一差异已达到统计上的显著差异(Sig.=0.000<0.05)。

"18~29 岁"与"60 岁及以上"相比,平均多了 87.9 分钟,这一差异已达到统计上的显著差异(Sig.=0.000<0.05)。

"30~39 岁"与"40~49 岁"相比,平均多了 32.4 分钟,这一差异已达到统计上的显著差异(Sig.=0.003<0.05)。

"30~39 岁"与"50~59 岁"相比,平均多了 51.9 分钟,这一差异已达到统计上的显著差异(Sig.=0.000<0.05)。

"30~39 岁"与"60 岁及以上"相比，平均多了 56.9 分钟，这一差异已达到统计上的显著差异（Sig.=0.000<0.05）。

至于"性别"这一自变量的分组组间比较及检验，我们看到的分析结果是，男性受访者每天使用社交媒体的时间平均为 89.6 分钟，女性受访者是 98.2 分钟（见表 11-33）；女性相比男性平均多了 8.6 分钟，这一平均数差距，经检验已达到统计上的显著差异（根据表 11-34，Sig.=0.037<0.05）。

（三）分析结论

因此，研究者的发现是：

研究假设：

H_{1a}. 不同性别的民众，其每天使用社交媒体时间的平均数有显著差异（性别这一因素对使用社交媒体时间有影响）。

H_{1b}. 不同年龄的民众，其每天使用社交媒体时间的平均数有显著差异（年龄这一因素对使用社交媒体时间有影响）。

H_{1c}. 不同年龄的民众，其每天使用社交媒体时间的平均数，会因为其性别的不同而呈现显著差异。或者说，不同性别的民众，其每天使用社交媒体时间的平均数，会因为其年龄的不同，而呈现显著差异（有交互作用存在）。

资料来源：某地传播调查资料库

资料分析：双因素方差分析

显著水平：$\alpha=0.05$

检验统计量：使用 F 值及其对应的 p 值进行假设检验，并使用事后多重比较的 Scheffe 检验，观察哪几组的平均数呈现显著差异。

研究结论：

1. 性别变量对民众每天使用社交媒体时间的多寡有显著影响（$F=4.370$，$p=0.037<0.05$），研究假设 H_{1a} 成立。此一说法错误的概率不会大于 5%。

2. 年龄变量对民众每天使用社交媒体时间的多寡也有显著影响（$F=27.766$，$p=0.000<0.05$），研究假设 H_{1b} 成立。此一说法错误的概率不会大于 5%。

3. 至于性别与年龄交互作用变量对民众每天使用社交媒体时间的影响，并未达到统计上的显著差异（$F=1.032$，$p=0.389>0.05$），所以研究假设 H_{1c} 不成立。也就是说，年龄对民众使用社交媒体时间的影响，并不会因为性别的不同而有差异；性别对民众使用社交媒体时间的影响，也不会因为年龄的不同而有差异。

4. 性别变量对社交媒体使用时间的影响，其具体表现为：女性每天使用社交媒体的时间，平均比男性多了 8.6 分钟，这一差距已达到统计上的显著差异。

5. 年龄变量对社交媒体使用时间的影响，其具体表现为：18~29 岁民众每天使用社交媒体的时间，比 30~39 岁、40~49 岁、50~59 岁、60 岁及以上民众，平均来说分别多了 30.9 分钟、63.3 分钟、82.8 分钟、87.9 分钟，这些差距都已达到统计上的显著差异。

二、线性回归分析

因果关系与相关关系并不相同。因果关系的建立需要确认自变量发生于因变量之前、两变量间没有其他影响因素、两变量有相关性,实验法的前后测、对照组、随机分配等设计是验证因果关系的较佳研究方法。

回归分析建立在相关分析的基础上,在确认了两变量具有相关关系之后,可采用线性回归分析来分析自变量对因变量的线性影响程度。

线性回归分析(Linear Regression)是用来了解变量间“线性关系”的方法,线性回归分析可以清楚呈现自变量与因变量的线性关系,可以帮助研究者辨认哪些自变量对因变量具有显著的影响力(解释力,又称解释程度)。如果有多个自变量皆对因变量有显著影响力,线性回归分析还可以计算这些自变量的相对影响力大小(相对解释力大小)。此外,线性回归分析也可以对因变量进行预测,只要知道某个样本在自变量上的状况,就可以根据线性关系模型,预测该样本在因变量上可能的状况。使用线性回归分析时,因变量必须是连续变量(等距或定比),自变量可以是连续变量,也可是类别变量(定类或定序)。此外,根据自变量是一个或多个,线性回归分析又可以分成简单线性回归与多元线性回归两大类。此处先介绍简单线性回归分析的使用。

(一) 简单线性回归分析

如果我们想要知道民众“每天使用社交媒体的时间”(X)这个自变量对民众“对网络媒体新闻报道的评价”这一因变量的影响,我们可以提出三个研究问题:(1)以“每天使用社交媒体的时间”作为自变量的回归模型,对民众“对网络媒体新闻报道的评价”这一因变量,有没有显著的“模型解释力”(回归模型的解释力显不显著)? (2)如果回归模型有解释力,解释力有多大? (3)“每天使用社交媒体的时间”这一自变量对民众“对网络媒体新闻报道的评价”这一因变量的“个别解释力”有多大? 有无达到统计上的显著差异(自变量的个别解释力显不显著)?

1. 设定假设

简单线性回归分析的研究假设如下:

H_0:简单线性回归方程式中,自变量的回归系数等于0($\beta=0$)。

H_1:简单线性回归方程式中,自变量的回归系数不等于0($\beta\neq0$)。

2. 解读报表

第一步,先看简单线性回归分析的方差分析摘要表(见表11-36)。此处我们只要看表中的F值及其对应的Sig.值即可。此例中,$F=5.047$,$Sig.=0.025<0.05$,表示我们所设定的回归模型具有模型解释力。

第二步,再看模型摘要表中的R Square(以下简称R^2)(见表11-37)。R^2代表线性回归分析中,自变量模型对因变量的整体模型解释力,介于0~1之间,此值愈大代表线性回归模型愈具有解释力。R^2是一个“最小二乘法”(Least Square Method,LSM)估计出来的数值,具有削减误差比例(Proportionate Reduction of Error,PRE)的意义。$R^2=0.004$,表示当研究者使

表 11-36 方差分析摘要表(ANOVA)[a]

Model		Sum of Squares	df	Mean Square	F	Sig.
	Regression	1 617.306	1	1 617.306	5.047	.025[b]
1	Residual	414 454.589	1 293	320.444		
	Total	416 071.895	1 294			

a. Dependent Variable:请你就下列媒体新闻报道的整体表现给一个分数 - 网络

b. Predictors:(Constant),每天使用社交媒体的时间(小时)

用“每天使用社交媒体的时间(小时)”这一自变量(X)去解释民众“对网络媒体新闻报道的评价”(Y)时,自变量可以解释因变量 0.004(0.4%)的变异量。R^2 被称为确定系数(亦称决定系数)(Coefficient of Determination),此值愈大,自变量对回归模型的贡献程度也就愈大。此例中,$R^2=0.004$,代表自变量对回归模型的贡献程度很小,自变量对因变量的解释力很小,影响力很弱。

表 11-37 模型摘要表(Model Summary)

Model	R	R Square	Adjusted R Square	Std. Error of the Estimate
1	.062[a]	.004	.003	17.901

a. Predictors:(Constant),每天使用社交媒体的时间(小时)

第三步,观察回归系数表(见表 11-38)。回归系数(Regression Coefficient),用符号表示是 Beta(或 β),代表某一自变量对因变量的个别解释力。在简单线性回归分析模型中,我们只要观察未标准化回归系数(Unstandardized Coefficients(B),又称非标准化系数)即可,其具体的意义是,“自变量每增加一个单位,因变量的平均数所改变的量”。此例中,自变量(X)“每天使用社交媒体的时间(小时)”所对应的 B 值为 0.601,表示当民众“每天使用社交媒体的时间(小时)”每增加 1 小时(1 个单位),该自变量对民众“对网络媒体新闻报道的评价”(Y)平均会增加 0.601 分(0.601 单位)这一影响效果,经统计检验(t=2.247),已超过抽样误差允许的范围(Sig.=0.025<0.05),达到统计上的显著差异。至于常数项(Constant)的 B=60.069,意指除该自变量外(X=0),其他因素对民众“对网络媒体新闻报道的评价”的影响预测平均分数为 60.069 分。

表 11-38 回归系数表(Coefficients)[a]

Model		Unstandardized Coefficients		Standardized Coefficients		
		B	Std. Error	Beta	t	Sig.
1	(Constant)	60.069	.661		90.938	.000
	X:每天使用社交媒体的时间(小时)	.601	.267	.062	2.247	.025

a. Dependent Variable:请你就下列媒体新闻报道的整体表现给一个分数 - 网络

根据这一未标准化回归系数(B),此线性回归模型方程式如下:

E(Y)=a+b X
E(Y):因变量 Y 的平均数
a:常数项
b:X 变量的未标准化回归系数
X:自变量
========
E(Y)=60.069+0.601 X
E(Y):对网络媒体新闻报道评价的平均数
a:60.069
b:0.601
X:每天使用社交媒体的时间(小时)

3. 分析结论

因此,研究者的发现是:

研究假设:

H_0:简单线性回归方程式中,自变量的回归系数等于 0($\beta=0$)。

H_1:简单线性回归方程式中,自变量的回归系数不等于 0($\beta\neq0$)。

资料来源:某地传播调查资料库

资料分析:Simple Liner Regression(简单线性回归分析)

显著水平:$\alpha=0.05$

检验统计量:使用方差摘要表的 F 值及其对应的 p 值进行假设检验,使用回归系数表的 Unstandardized Coefficients(B),写出回归方程式,并观察自变量对因变量的影响方向及大小,再使用 t 值及其对应的 p 值,检验自变量对因变量的这一影响是否显著。

研究结论:

1. 对于民众而言,“每天使用社交媒体的时间”可以作为“对网络媒体新闻报道评价”的其中一个解释因素($F=5.047$, $p=0.025<0.05$),但解释力很小,只有大约 0.4%($R^2=0.004$)。研究假设 H_1 成立。这一说法错误的概率不会大于 5%。

2. 具体来说,当民众“每天使用社交媒体的时间”每增加 1 个小时,“对网络媒体新闻报道的评价”(Y),平均会增加 0.601 分,这一影响效果,经统计检验($t=2.247$),已超过抽样误差允许的范围,达到统计上的显著差异($p=0.025<0.05$)。

对一个因变量的解释,研究者很少只用一个自变量去做回归分析,通常会将一些理论上认为可能影响因变量的其他相关自变量,一起投入回归模型进行分析,这就是多元回归分析,以下简单介绍。

(二) 多元线性回归分析

多元线性回归分析指的是研究者使用多个自变量去解释一个因变量,并假定多个自变量的线性组合，与因变量呈现一定程度的线性关系。自变量可以是连续变量也可以是类别变量，但因变量一定要是连续变量。当自变量包含类别变量时，我们称之为虚拟变量回归。

在前述的简单线性回归分析中，我们以"每天使用社交媒体的时间(小时)"来解释民众"对网络媒体新闻报道的评价"，如果另外再加上受访者的"性别""年龄""受教育程度"等人口变量，和"每天使用社交媒体的时间(小时)"一起投入线性回归模型，此一回归模型就成为多元线性回归分析模型。就这个例子来说，我们也可以提出几个研究问题：(1)以"每天使用社交媒体的时间""性别""年龄""受教育程度"等多个变量作为自变量的多元线性回归模型，对民众"对网络媒体新闻报道的评价"这一因变量，有没有显著的整体模型解释力？(2)如果这一多元线性回归模型有解释力，解释力有多大？(3)"每天使用社交媒体的时间""性别""年龄""受教育程度"这些不同的自变量对民众"对网络媒体新闻报道的评价"这一因变量的个别解释力中，哪一个自变量的个别解释力比较大？有多大？是否达到统计上的显著差异？

1. 设定假设

多元线性回归分析的研究假设如下：

H_0：多元线性回归方程式中，各个回归系数都等于0($\beta_1=\beta_2=\cdots\cdots=\beta_k=0$)。

H_1：多元线性回归方程式中，至少有一个回归系数不等于0(至少有1个$\beta_j\neq0, j=1,2,\cdots\cdots,k$)。

2. 解读报表

第一步，先看多元线性回归分析的方差分析摘要表(见表11-39)。此处我们只要看表中的F值及其对应的Sig.值即可。此例中，F=2.970，Sig.=0.001<0.05，表示我们所设定的多元线性回归模型具有整体解释力。

表11-39 方差分析摘要表(ANOVA)[a]

Model		Sum of Squares	df	Mean Square	F	Sig.
1	Regression	9 404.562	10	940.456	2.970	.001[b]
	Residual	406 667.333	1 284	316.626		
	Total	416 071.895	1 294			

a. Dependent Variable：请你就下列媒体新闻报道的整体表现给一个分数 – 网络

b. Predictors：(Constant)，每天使用社交媒体的时间(小时)，男性，18~29，30~39，40~49，50~59，小学及以下，初中，高中职，专科。

第二步，再看模型摘要表(见表11-40)。在多元线性回归分析中，关于回归模型整体解释力的大小，应当看Adjusted R Square(以下简称Adj. R^2)这个值(会比较准确)，而不是R^2(在简单线性回归分析中则看R^2)。模型表中的Adj. R^2=0.015，表示当研究者使用"每天使用社交媒体的时间(小时)"这一自变量以及受访者的"性别""年龄""受教育程度"等人口变量去解释民众"对网络媒体新闻报道的评价"时，这些自变量联合起来可以共同解释因变量0.015(1.5%)的变异量。Adj.R^2被称为调整后的确定系数(亦称校正后的决定系数，Adjusted Coefficient of Determination)，此值越大，代表自变量对回归模型的贡献程度也就越大。此例中，Adj.R^2=0.015代表多个自变量的线性组合对整个回归模型的贡献程度很小，解释力很小，影响力很弱。

表 11-40 模型摘要表(Model Summary)

Model	R	R Square	Adjusted R Square	Std. Error of the Estimate
1	.150[a]	.023	.015	17.794

a. Predictors:(Constant),每天使用社交媒体的时间(小时),男性,18~29,30~39,40~49,50~59,小学及以下,初中,高中职,专科。

如果把表 11-40 多元线性回归模型的 Adj.R^2 值(0.015)和前面表 11-37 简单线性回归模型的 R^2 值(0.004)做个比较,可以发现,当研究者把受访者的性别、年龄与受教育程度等人口变量,和受访者每天使用社交媒体的时间(小时)等多个自变量一起投入回归模型时,对因变量(对网络媒体新闻报道的评价)的整体解释力,就从原本的 0.004 提高到 0.015,大约增加了 0.011。虽然增加的幅度不大,但大体可看出,一旦研究者使用多个自变量来解释因变量时,其解释力通常会比只使用一个自变量更高,所以研究者一般会倾向于使用多元线性回归模型来进行资料分析。

多元线性回归分析需要用到两个回归系数,一个是未标准化的回归系数(Unstandardized Coeffients,B),具体的意义是,当模型内其他变量都维持不变(或维持在某一特定数值)的情况下,自变量(X)每增加"一个单位",因变量(Y)的平均数"E(Y)"所改变的量;另一个是标准化的回归系数(Standardized Beta),具体的意义是,当模型内其他变量都维持不变(或维持在某一特定数值)的情况下,自变量(X)每增加"一个标准差单位"(One Standardized Unit),因变量(Y)的平均数"E(Y)"所改变的标准差的量。一般使用未标准化的回归系数来建构回归方程式,用标准化的回归系数将各个自变量的不同衡量单位进行标准化,以比较不同自变量对因变量的相对影响力。

此处需要说明一下虚拟变量(Dummy Variable,又称哑变量)的建构方式。此例中,"性别""年龄"与"受教育程度"等人口变量为类别变量,当投入回归模型时,需以虚拟变量的方式来处理,也就是说,把自变量的某一"类别"当作一个"变量"来处理。例如,"性别"(X2)变量有两类(男性、女性),我们就把性别另外建构成两个变量"男性"(X2_1)和"女性"(X2_2);"年龄"(X3)变量有五类(18~29,30~39,40~49,50~59,60 及以上),我们就把年龄另外建构成五个变量"18~29"(X3_1)、"30~39"(X3_2)、"40~49"(X3_3)、"50~59"(X3_4)和"60 及以上"(X3_5)。"受教育程度"(X4)变量有五类(小学及以下,初中,高中职,专科,本科及以上),我们就把受教育程度另外建构成五个变量"小学及以下"(X4_1)、"初中"(X4_2)、"高中职"(X4_3)、"专科"(X4_4)和"本科及以上"(X4_5)。在把这些虚拟变量投入回归模型时,基于统计上的一些限制,只能投入"类别数 -1"个变量,例如,"年龄"有五个类别,并产生了五个虚拟变量,但我们只能投入四个虚拟变量,另外一个虚拟变量则不投入模型,仅当作"参照类"(Reference Group)之用。

根据表 11-41,此处的回归方程式是:

$$E(Y)=a+b_1X_1+b_2X_2+b_3X_3+\cdots+b_kX_k$$

E(Y):因变量 Y 的平均数

a:常数项

b_1, b_2, b_3, b_k：对应各个自变量（X1，X2，X3…）的未标准化回归系数

X1，X2，X3：自变量

==============

E（Y）=55.711+0.304X1−0.474X2_1+6.676X3_1+8.065X3_2+3.924X3_3+4.598X3_4−3.710X4_1−0.023X4_2−1.287X4_3−1.932X4_4

E（Y）：民众对网络媒体新闻报道评价分数的平均数

X1：民众每天使用社交媒体的时间（小时）

X2_1：男性

X3_1：18~29；X3_2：30~39；X3_3：40~49；X3_4：50~59；

X4_1：小学及以下；X4_2：初中；X4_3：高中职；X4_4：专科

表 11–41 回归系数表（Coefficients）[a]

Model		Unstandardized Coefficients		Standardized Coefficients		
		B	Std. Error	Beta	t	Sig.
1	（Constant）	55.711	2.252		24.734	.000
	X1：每天使用社交媒体的时间（小时）	.304	.278	.032	1.091	.275
	X2_1：男性	−.474	.993	−.013	−.477	.633
	（参照类：X2_2：女性）					
	X3_1：18~29	6.676	2.306	.170	2.895	.004
	X3_2：30~39	8.065	2.256	.204	3.574	.000
	X3_3：40~49	3.924	2.308	.091	1.701	.089
	X3_4：50~59	4.598	2.433	.087	1.890	.059
	（参照类：X3_5：60 及以上）					
	X4_1：小学及以下	−3.710	5.105	−.021	−.727	.468
	X4_2：初中	−.023	2.236	.000	−.010	.992
	X4_3：高中职	−1.287	1.240	−.032	−1.038	.300
	X4_4：专科	−1.932	1.513	−.039	−1.277	.202
（参照类：X4_5：本科及以上）						

a. Dependent Variable：请你就下列媒体新闻报道的整体表现给一个分数 – 网络

常数项为 55.711，其意义为：

当模型内其他自变量都等于 0 时，例如：

X1=0（每天使用社交媒体的时间为 0 小时），X2_1=0（X2_2=1，女性），X3_1=X3_2=X3_3=X3_4=0（X3_5=1，60 及以上），X4_1=X4_2=X4_3=X4_4=0（X4_5=1，本科及以上），此类民众（性别为女性且年龄为 60 及以上且受教育程度为本科及以上）对网络媒体新闻报道的评价，平均是 55.711 分。这一回归系数经统计检验（t=24.734），已达到统计上的显著差异（Sig.=

0.000<0.05)。

X1:每天使用社交媒体的时间,其未标准化回归系数为 0.304,其意义为,当模型内其他自变量都维持在某一特定水准时(例如女性、60 及以上、本科及以上),此类民众每天使用社交媒体的时间每增加 1 小时(一个单位),对网络媒体新闻报道的评价分数,平均会增加 0.304 分,但这一回归系数经统计检验(t=1.091),未达到统计上的显著差异(Sig.=0.275>0.05),表示实际上可能并没有显著的解释力。

X2_1:男性,其未标准化回归系数为 -0.474,其意义为,当模型内其他自变量都维持在某一特定水准时(例如每天使用社交媒体的时间维持在平均数 1.63 小时、年龄为 60 岁及以上、受教育程度为本科及以上),此类男性民众,对网络媒体新闻报道的评价分数,相较于女性(参照类),平均会减少 0.474 分。但这一回归系数经统计检验(t=-0.477),未达到统计上的显著差异(Sig.=0.633>0.05),表示实际上可能并没有显著的解释力。

X3_1:18~29,其未标准化回归系数为 6.676,其意义为,当模型内其他自变量都维持在某一特定水准时(例如每天使用社交媒体的时间维持在平均数 1.63 小时、女性、受教育程度本科及以上),此类 18~29 岁的民众,对网络媒体新闻报道的评价分数,相较于 60 岁及以上(参照类),平均会增加 6.676 分。而且这一回归系数经统计检验(t=2.895),已达统计上的显著差异(Sig.=0.004<0.05),表示确实有显著的解释力。

X3_2:30~39,其未标准化回归系数为 8.065,其意义为,当模型内其他自变量都维持在某一特定水准时(例如每天使用社交媒体的时间维持在平均数 1.63 小时、女性、受教育程度本科及以上),此类 30~39 岁的民众,对网络媒体新闻报道的评价分数,相较于 60 岁及以上(参照类),平均会增加 8.065 分。而且这一回归系数经统计检验(t–3.574),已达统计上的显著差异(Sig.=0.000<0.05),表示确实有显著的解释力。至于 X3_3:40~49 及 X3_4:50~59,其未标准化回归系数的解释,可依此类推。

另外,在受教育程度自变量方面:

X4_1:小学及以下,其未标准化回归系数为 -3.710,其意义为,当模型内其他自变量都维持在某一特定水准时(例如每天使用社交媒体的时间维持在平均数 1.63 小时、女性、年龄为 60 岁及以上),此类小学以下受教育程度的民众,对网络媒体新闻报道的评价分数,相较于受教育程度本科及以上的民众(参照类),平均会减少 3.710 分。但这一回归系数经统计检验(t=-0.727),未达统计上的显著差异(Sig.=0.468>0.05),表示如果推论到总体,实际上可能并没有显著的解释力。X4_2:初中、X4_3:高中职以及 X4_4:专科,其未标准化回归系数的解释,亦可依此类推。

接下来,如果我们想比较各个自变量对因变量的相对解释力(影响力)大小,应观察表 11-41 中的标准化回归系数(Standardized Coefficient)。由于在前述的分析中,我们已经知道只有两个自变量(X3_1:18~29 及 X3_2:30~39)对因变量有一定的显著影响力,所以我们可直接就这两个虚拟自变量的 Beta 值作比较。比较发现,在模型内其他自变量都维持在特定的水准时,"年龄"这个自变量对民众"对网络媒体新闻报道的评价",相较于其他自变量有较大的影响力。具体来说,30~39 岁民众相较于 18~29 岁的民众,有更大的可能会给予网络媒体新闻报道较高的评价($Std.Beta_{(30\sim39)}=0.204 > Std.Beta_{(18\sim29)}=0.170$)。

另外，我们如果将多元线性回归系数表（见表 11-41）和简单线性回归系数表（见表 11-38）做个比较，可以发现，原本在简单线性回归分析中，对因变量有一定影响力的自变量“每天使用社交媒体的时间（小时）”，在多元线性回归分析中，影响力消失了（未达统计上的显著差异）。原因在于，原本的影响力被多元回归分析模型中其他的自变量给消融了、吸纳了。所以，依照表 11-41，我们可以知道，“年龄”这一变量对民众“对网络媒体新闻报道的评价”的影响，大于民众“每天使用社交媒体的时间（小时）”。“年龄”才是比较具有解释力的自变量，而不是“每天使用社交媒体的时间（小时）”。

3. 分析结论

因此，研究者发现：

研究假设：

H_0：多元线性回归方程式中，各个回归系数都等于 0。

H_1：多元线性回归方程式中，至少有一个回归系数不等于 0。

资料来源：某地传播调查资料库

资料分析：多元线性回归分析

显著水平：$\alpha=0.05$

检验统计量：使用方差分析摘要表的 F 值及其对应的 p 值进行假设检验，使用回归系数表的 Unstandardized Coefficients（未标准化回归系数）写出回归方程式，并使用回归系数表的 Standardized Coefficients（标准化回归系数），比较各个自变量对因变量的影响方向及大小，再使用 t 值及其所对应的 p 值，检验各个自变量对因变量的这一影响是否显著。

研究结论：

1. 民众的“每天使用社交媒体时间”“性别”“年龄”“受教育程度”等多个自变量所构成的多元线性回归模型，对民众“对网络媒体新闻报道的评价”具有解释力（即至少有一个回归系数不等于 0）（$F=2.970$，$p=0.001<0.05$），这一模型的整体解释力大约为 1.5%（Adj. $R^2=0.015$）。研究假设 H_1 成立。这一说法错误的概率低于 5%。

2. 和只使用一个自变量（“每天使用社交媒体时间（小时）”）的简单线性回归模型相较，多元线性回归模型对因变量（“对网络媒体新闻报道的评价”）的整体解释力，从原本的 0.004 提高到 0.015，大约增加了 0.011。

3. 比较各个自变量对因变量的相对影响力，发现“年龄”这一自变量对民众“对网络媒体新闻报道的评价”有显著影响力；至于民众“每天使用社交媒体的时间（小时）”“性别”与“受教育程度”等自变量，对民众“对网络媒体新闻报道的评价”的影响，并未达到统计上的显著差异。

4. 具体来说，30~39 岁民众相较于 18~29 岁的民众，有更大的可能会给予网络媒体新闻报道较高的评价（$\text{Standardized Beta}_{(30\sim39)}=0.204 > \text{Standardized Beta}_{(18\sim29)}=0.170$），且这一差异经统计检验（$t_{(30\sim39)}=3.574$，$t_{(18\sim29)}=2.895$），皆已超过抽样误差允许的范围，达到统计上的显著差异（$p_{(30\sim39)}=0.000<0.05$，$p_{(18\sim29)}=0.004<0.05$），可以推论到总体。

以上介绍了简单线性回归分析及多元线性回归分析的使用时机、研究假设、统计报表、分析解读和假设检验的结果。接下来我们进入到逻辑回归分析。

三、二分类逻辑回归分析

当研究者想要了解自变量的不同水准(例如本科学业成绩的高低)对因变量(例如能否被录取为硕士)的影响效果时,通常会使用逻辑回归(Logistic Regression)统计分析方法来进行研究。根据因变量是二分类或多分类,逻辑回归分析又可以分成二分类逻辑回归分析(Binary Logistic Regression)与多分类逻辑回归分析(Multinomial Logistic Regression)两大类。此处我们仅介绍二分类逻辑回归分析的使用。

(一) 单变量

使用二分类逻辑回归分析时,因变量必须是一个二分类的"类别变量"(例如发生某事 vs. 不发生某事),自变量可以是"连续变量"(等距或等比),也可是"类别变量"(定类或定序)。当自变量包含类别变量时,我们称之为"虚拟变量逻辑回归"(Dummy Variable for Logistic Regression)。

举例来说,如果我们想要知道一个连续自变量["请你就下列媒体新闻报道的整体表现给一个分数 - 电视(0~100 分)"]对一个二分类因变量["整体而言,你对你的生活满不满意(满意 vs. 不满意)"]有没有解释力,我们可以先设定研究假设。

1. 设定假设

H_0:单变量二分类逻辑回归方程式中,自变量逻辑回归系数等于 0。

H_1:单变量二分类逻辑回归方程式中,自变量逻辑回归系数不等于 0。

2. 解读报表

第一步,先看单变量二分类逻辑回归分析的模型系数综合检验表(见表 11-42),模型卡方值(Model Chi-Square=3.753)所对应的 Sig.=0.053≤0.05(小数点第三位四舍五入),代表这一逻辑回归模型中的自变量对因变量有一定的解释力。

表 11-42 模型系数综合检验表(Omnibus Tests of Model Coefficients)

		Chi-Square	df	Sig.
Step 1	Step	3.753	1	0.053
	Block	3.753	1	0.053
	Model	3.753	1	0.053

第二步,再看模型摘要表(见表 11-43),此处我们只要看 Nagelkerke R Square(以下简称 Nagelkerke R^2)的数值即可。Nagelkerke R^2 代表逻辑回归自变量模型对因变量的整体解释力,介于 0—1 之间,此值越大代表模型越具有解释力。Nagelkerke R^2 是一个用最大概似法(Maximum Likelihood Estimation, MLE)估计出来的数值,类似于线性回归分析中的 R^2,但不像 R^2 一样具有削减误差比例(Proportionate Reduction of Error, PRE)的意义,一般将其和 Cox & Snell R^2 统称为"类 R^2"或称"伪确定系数"(Pseudo R^2)。此例中,Nagelkerke

R^2=0.003 代表自变量(民众“对电视媒体新闻报道的评价”)对因变量(民众“对自己的生活满不满意”)的解释力是非常小的。

表 11-43 模型摘要表(Model Summary)

Step	-2 Log likelihood	Cox & Snell R Square	Nagelkerke R Square
1	2 054.653[a]	.002	.003

a. Estimation terminated at iteration number 4 because parameter estimates changed by less than .001.

第三步,观察逻辑回归分析中的回归系数表(见表 11-44)。在逻辑回归分析中,有三个指标可以用来检验自变量对因变量的影响。第一个是 B。逻辑回归模型中 B 的意义为,当自变量每变动一个单位,因变量中“发生某一事件的概率”(P)相对于“不发生某一事件的概率”(1-P)的“对数发生比”[Logged Odds=log(P/1-P)]会变化多少个单位。此处的系数 B 一般称为“对数发生比的增减变化”(the Change in Logged Odds)。

表 11-44 逻辑回归系数表(Variables in the Equation)

		B	S.E.	Wald	df	Sig.	Exp(B)
Step 1[a]	对电视媒体新闻报道的评价分数	.006	.003	3.789	1	.052	1.006
	Constant	.756	.220	11.808	1	.001	2.130

a. Variable(s) entered on step 1. 因变量:对自己的生活满不满意(1:满意 vs. 0:不满意)

发生比(Odds,或称为胜算),指的是“发生某一事件的概率”[P|(Y=1)]除以“不发生该事件的概率”[P|(Y=0)],用数学符号表示:

$$\text{Odds}=\frac{P|(Y=1)}{P|(Y=0)} \text{ or } \frac{P}{1-P}$$

对数发生比(Logged Odds),指的是把“发生比”取自然对数(Natural Logarithms),用数学符号表示:

$$\text{Logged Odds}=\log\frac{P|(Y=1)}{P|(Y=0)} \text{ or } \log\frac{P}{1-P} \text{ or } \ln\frac{P}{1-P}$$

本例中,自变量(对电视媒体新闻报道的评价分数)的 B=0.006,代表当民众对电视媒体新闻报道的评价分数每增加 1 个单位(1 分),对自己生活感到“满意”(vs.“不满意”)的对数发生比会增加 0.006。这一影响力经统计检验(Wald=3.789),已超过抽样误差允许的范围,达到统计上的显著差异(Sig.=0.052=0.05)(小数点第三位四舍五入)。

由于“对数发生比的增减变化”过于拗口且不易理解,所以,研究者通常会改用第二种指标:“发生比的倍数变化”(the Factor Change in Odds=Odds Ratio,或称胜算比、优势比、相对风险比)来进行诠释。

在 SPSS 报表中,“发生比的倍数变化”用符号 Exp(B)来代表,其意义为,当自变量每变动一个单位时,因变量中发生某一事件(vs. 不发生该事件)的“发生比”[Odds=P/(1-P)],会是原来的几倍(the Factor Change in Odds)。本例中,自变量(对电视媒体新闻报道的评价分数)的 Exp(B)=1.006,代表当民众对电视媒体新闻报道的评价分数每增加 1 个单位(1 分)时,对自己生活感到"满意"（vs."不满意"）的发生比会是原来的1.006倍。发生比的倍数变化也可以通过简单的数学运算，进一步转化为"发生比的百分比变化"（the % Change in Odds）。此处，Exp（B）=1.006，将此值减去1再乘以100，会得到0.6%，意义为：当民众对电视媒体新闻报道的评价分数每增加1分时，对自己生活感到"满意"（vs."不满意"）的"发生比"，会比原来增加0.6%；我们也可以说，当民众对电视媒体新闻报道的评价分数每增加10分时，对自己生活感到"满意"（vs."不满意"）的发生比，会比原来增加6%。

在"对数发生比的增减变化"和"发生比的倍数变化"之外，研究者又提出了第三种指标，即"预测概率变化"（the Change in Predicted Probability）来诠释逻辑回归模型中自变量对因变量的影响。

根据表11-44我们先列出此例子的单变量二分类逻辑回归方程式：

$$\text{Logged Odds}=\log\frac{P|(Y=1)}{P|(Y=0)}=\text{constant}+b_1\times X$$

$$\text{Logged Odds}=\log\frac{P|(Y=1)}{P|(Y=0)}=0.756+0.006X$$

P|（Y=1）：对自己生活感到"满意"（Y=1）的概率

P|（Y=0）：对自己生活感到"不满意"（Y=0）的概率

X：对电视媒体新闻报道的评价分数（0~100分）

通过一些数学计算，我们也可以得到自变量对因变量的预测概率：

$$\text{Predicted Probability}:P|(Y=1)=\text{Odds}/(1+\text{Odds})$$
$$=e^{\text{constant}+b1\times X}/(1+e^{\text{constant}+b1\times X})$$

（e：指数；constant：常数项；b1：逻辑回归系数；X：自变量）

当X自变量有不同数值时，其在Y变量的预测概率［P|（Y=1）］，如表11-45所示。①

表11-45显示，当民众对电视媒体新闻报道的评价为0分时，对自己生活感到满意的预测概率是0.680：评价为50分时，预测概率是0.746；评价为60分时，预测概率是0.757；评价为70分时，预测概率是0.769；评价为80分时，预测概率是0.780；评价为90分时，预测概率是0.791；评价为100分时，预测概率是0.801。

那么，这一自变量（"对电视媒体新闻报道的评价"）对因变量（"对自己生活感到满意"）的影响效果到底有多大呢？统计学者建议使用"全距效果"（Full Range Effect）进行观察。所谓全距效果指的是，当自变量X从其最小值到最大值时（例如从X=0到X=100），对因变量（Y）发生某一事件的预测概率［P|（Y=1）］的变化幅度。本例中，当自变量为最小值（0分）时，其对因变量发生某一事件的预测概率是0.68；当自变量为最大值（100分）时，其对因变量发生某一事件的预测概率是0.80。因此，我们可以说，民众"对电视媒体新闻报道的评价"这一自变量，对因变量"对自己生活感到满意"的全距影响效果是0.12（0.80−0.68=0.12）。

① "预测概率"为"平均预测概率"的统计学习惯缩略语，指的是当X=某一数值时（例如X=0），此类受访样本（可能有好几个人，例如16人）对因变量（Y=1）预测概率的平均数。SPSS软件无法自动产生这一平均预测概率，需由研究者根据逻辑回归分析的输出结果和预测概率公式，自行撰写语法方程式。

表 11-45 预测概率表

因变量:对自己生活感到满意的预测概率

请你就下列媒体新闻报道的整体表现给一个分数 - 电视	Mean	n	请你就下列媒体新闻报道的整体表现给一个分数 - 电视	Mean	n
0	.680 490 8	16	65	.763 273 4	56
5	.687 386 0	2	66	.764 424 2	9
9	.692 843 3	2	67	.765 571 1	9
17	.703 596 5	2	68	.766 714 2	2
20	.707 572 4	15	69	.767 853 3	9
21	.708 890 7	1	70	.768 988 6	289
25	.714 128 7	2	71	.770 120 0	9
28	.718 019 8	1	72	.771 247 5	6
30	.720 596 0	23	73	.772 371 1	4
31	.721 878 7	1	74	.773 490 8	6
35	.726 973 0	2	75	.774 606 6	78
36	.728 237 4	1	76	.775 718 5	7
39	.732 008 6	2	77	.776 826 4	8
40	.733 258 3	27	78	.777 930 5	2
44	.738 219 8	2	79	.779 030 7	4
45	.739 450 8	1	80	.780 127 0	293
46	.740 678 0	1	81	.781 219 3	8
47	.741 901 5	4	82	.782 307 8	11
49	.744 337 2	1	83	.783 392 3	3
50	.745 549 4	305	84	.784 472 9	4
51	.746 757 7	9	85	.785 549 6	31
52	.747 962 3	3	86	.786 622 4	4
54	.750 360 0	2	87	.787 691 2	4
55	.751 553 2	13	88	.788 756 2	4
56	.752 742 5	4	90	.790 874 3	104
57	.753 928 0	1	91	.791 927 5	2
58	.755 109 6	3	92	.792 976 8	1
59	.756 287 5	13	93	.794 022 2	2
60	.757 461 4	373	95	.796 101 2	11
61	.758 631 5	13	98	.799 190 3	4
62	.759 797 8	7	99	.800 212 2	5
63	.760 960 2	6	100	.801 230 2	30
64	.762 118 7	3	Total	.763 834 0	1 883

我们也可以按照预测概率表绘制图形(如图 11-6):

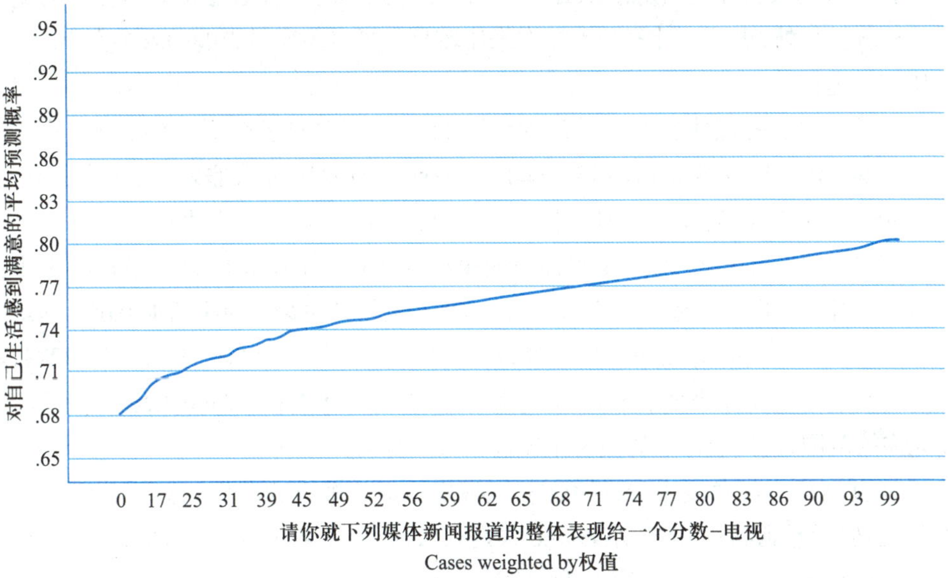

图 11-6 预测概率图

从表 11-45 及图 11-6 中,我们可以看到一个现象,即逻辑回归中自变量对因变量的影响效果,并非像线性回归分析般呈现“线性”的影响关系,而是呈现一种近似“S”形的影响关系。在 S 形的影响关系中,自变量对因变量的影响效果不是一个固定的常数(X 每变动一个单位,对 Y 的预测概率的影响不是一个固定常数),必须视自变量的数值范围而定。例如,当民众“对电视媒体新闻报道的评价”从 0 分增加到 50 分时,“对自己生活感到满意”的预测概率会从 0.680 到 0.746,增加了 0.064;然而,当民众“对电视媒体新闻报道的评价”从 50 分增加到 100 分时,“对自己生活感到满意”预测概率会从 0.746 到 0.801,增加了 0.055。同样是增加 50 分的幅度(0~50,50~100),但所造成的影响效果不是一致的,不是等距变动的(0.064 vs. 0.055),这正是逻辑回归分析中,以“预测概率变化”来评估影响效果时需要特别留意之处。

3. 分析结论

因此,研究者的发现是:

> 研究假设:
>
> H_0:单变量二分类逻辑回归方程式中,自变量逻辑回归系数等于 0。
>
> H_1:单变量二分类逻辑回归方程式中,自变量逻辑回归系数不等于 0。
>
> 资料来源:某地传播调查资料库
>
> 资料分析:二分类逻辑回归分析
>
> 显著水平:$\alpha=0.05$
>
> 检验统计量:使用 Model Chi-Square 值及其对应的 p 值进行假设检验,并使用逻辑回归系数表的 B(对数发生比的增减变化)或 Exp(B)(发生比的倍数变化),比较自变量对因

变量的影响方向及大小，再使用 Wald 值及其对应的 p 值，检验自变量对因变量的这一影响是否显著。另外，也可以计算预测概率来比较自变量对因变量影响的效果大小。

研究结论：

1. 民众“对电视媒体新闻报道的评价”可以作为“对自己生活感到满意”的其中一个解释因素（Model Chi-Square=3.753，p=0.05=0.05）。但此解释力非常小，只有大约 0.3%（Nagelkerke R^2=0.003），研究假设 H_1 成立。这一说法错误的概率不会大于 5%。

2. 具体来说，当民众“对电视媒体新闻报道的评价”每增加 1 分，“对自己生活感到满意（vs. 不满意）”的发生比，会是原来的 1.006 倍，也就是说会比原来增加 0.6%。换言之，当民众“对电视媒体新闻报道的评价”分数每增加 10 分时，“对自己生活感到满意（vs. 不满意）”的发生比会比原来增加 6%。这一影响效果经统计检验（Wald=3.789），已超过抽样误差允许的范围，达到统计上的显著差异（p=0.05=0.05）。

3. 从预测概率的角度来看，民众“对电视媒体新闻报道的评价”这一自变量，对因变量“对自己生活感到满意”的全距影响效果是 0.12，影响效果并不大。因此，我们必须寻找另外更重要的因素去解释民众的生活满意度。

（二）多变量

使用多变量二分类逻辑回归分析时，因变量仍然是一个二分类类别变量（例如满意 vs. 不满意），但模型内纳入多个自变量时，这些自变量可以是连续变量（定距或定比），也可以是类别变量（定类或定序）。此处，我们仍然使用“整体而言，你对你的生活满不满意”作为分析的因变量；我们在原本的自变量“请你就下列媒体新闻报道的整体表现给一个分数 - 电视（0~100 分）”外，再加上受访者的“性别”“年龄”“受教育程度”等人口变量。由于“性别”“年龄”“受教育程度”等自变量都是类别变量，在投入逻辑回归模型时，也都要转换成虚拟变量来处理，因此，我们的多变量二分类逻辑回归模型方程式如下：

$$\text{Logged Odds}=\log\frac{P\mid(Y=1)}{P\mid(Y=0)}=\text{constant}+b_1X_1+b_2X_2+b_3X_3+b_4X_4$$

自变量是：民众对电视媒体新闻报道的评价（X_1）、性别（X_2）、年龄（X_3）、受教育程度（X_4），这一方程式的内涵是：

$$\text{Logged Odds}=\log\frac{P\mid(Y=1)}{P\mid(Y=0)}=\text{常数项}+b_1\times(X_1\text{：对电视媒体新闻报道的评价})+b_2\times(X_2\text{：性别})+b_3\times(X_3\text{：年龄})+b_4\times(X_4\text{：受教育程度})。$$

进一步将性别（X_2）、年龄（X_3）、受教育程度（X_4）转换成虚拟变量，并将女性、60 及以上、本科及以上设为参照类，则我们的模型方程式为：

$$\text{Logged Odds}=\log\frac{P\mid(Y=1)}{P\mid(Y=0)}=\text{常数项}$$

$$+b_1\times(X_1\text{：对电视媒体新闻报道的评价})$$

$+b_2\times(X_{2\_1}$:男性)

$+b_3\times(X_{3\_1}:18\sim29)+b_4\times(X_{3\_2}:30\sim39)+b_5\times(X_{3\_3}:40\sim49)+b_6\times(X_{3\_4}:50\sim59)$

$+b_7\times(X_{4\_1}$: 小学及以下)$+b_8\times(X_{4\_2}$: 初中)$+b_9\times(X_{4\_3}$: 高中职)$+b_{10}\times(X_{4\_4}$:专科)

P|(Y=1):对自己生活感到满意的概率

P|(Y=0):对自己生活感到不满意的概率

$b_1,b_2,b_3,\cdots b_{10}$,逻辑回归系数

X_{2_1}:男性

$X_{3\_1}:18\sim29$;$X_{3\_2}:30\sim39$;$X_{3\_3}:40\sim49$;$X_{3\_4}:50\sim59$

X_{4_1}:小学及以下;X_{4_2}:初中;X_{4_3}:高中职;X_{4_4}:专科

1. 设定假设

研究假设如下:

H_0:多变量二分类逻辑回归方程式中,各个自变量逻辑回归系数都等于0。

H_1:多变量二分类逻辑回归方程式中,至少有一个自变量逻辑回归系数不等于0。

2. 解读报表

第一步,先看多变量二分类逻辑回归分析的模型系数综合检验表(见表11–46),模型卡方值(Model Chi-Square=60.862)所对应的Sig.=0.000<0.05,代表这一逻辑回归模型中的多个自变量对因变量有一定的联合解释力(至少有一个自变量逻辑回归系数不等于0)。

表 11–46 模型系数综合检验表(Omnibus Tests of Model Coefficients)

		Chi-Square	df	Sig.
Step 1	Step	60.862	10	.000
	Block	60.862	10	.000
	Model	60.862	10	.000

第二步,再看模型摘要表(见表11–47)。Nagelkerke R^2=0.048,代表这一多变量逻辑回归模型对因变量(民众对自己的生活满不满意)的解释力大小。如果把表11–47的Nagelkerke R^2(0.048)和表11–43的Nagelkerke R^2(0.003)做一比较,可以发现,纳入多变量之后的逻辑回归模型解释力,比单一变量逻辑回归模型解释力增加了0.045。

表 11–47 模型摘要表(Model Summary)

Step	–2 Log likelihood	Cox & Snell R Square	Nagelkerke R Square
1	1 997.544[a]	.032	.048

a. Estimation terminated at iteration number 4 because parameter estimates changed by less than .001.

第三步,观察多变量二分类逻辑回归分析中的回归系数表(见表11–48)。在多变量回归模型中,不管是线性回归模型还是逻辑回归模型,在诠释自变量对因变量的相对影响时,都要加上一个前提,就是“当模型内其他自变量都维持在某一特定水准时”(此点非常重要)。此处

我们先以“发生比的倍数变化”观察达到统计上的显著差异的变量。

表 11-48 逻辑回归系数表(Variables in the Equation)

		B	S.E.	Wald	df	Sig.	Exp(B)
Step 1[a]	Constant	1.806	.307	34.675	1	.000	6.086
	X_1:对于电视媒体新闻报道的评价(0—100)	.007	.003	3.991	1	.046	1.007
	X_{2_1}:男性	–.465	.112	17.256	1	.000	.628
	(参照类:X_{2_2}:女性)						
	X_{3_1}:18~29	–.327	.231	2.006	1	.157	.721
	X_{3_2}:30~39	–1.017	.209	23.648	1	.000	.362
	X_{3_3}:40~49	–.834	.209	16.015	1	.000	.434
	X_{3_4}:50~59	–.501	.199	6.354	1	.012	.606
	(参照类:X_{3_5}:60 及以上)						
	X_{4_1}:小学及以下	–.711	.231	9.494	1	.002	.491
	X_{4_2}:初中	–.363	.208	3.033	1	.082	.696
	X_{4_3}:高中职	–.393	.152	6.677	1	.010	.675
	X_{4_4}:专科	–.287	.187	2.347	1	.126	.750
	(参照类:X_{4_5}:本科及以上)						

a. Variable(s) entered on step 1. 因变量:对自己的生活满不满意(1:满意 vs. 0:不满意)

X1:就“对电视媒体新闻报道的评价”这一自变量而言,我们发现,当模型内其他自变量都维持在某一特定水准时(例如女性、60 及以上、本科及以上),此类民众对电视媒体新闻报道的评价每增加 1 分,对自己生活感到“满意”(vs.“不满意”)的发生比,会是原本的 1.007 倍【Exp(B)=Odds Ratio=1.007】(或者说,会比原来增加 0.7%),这一差异经统计检验(Wald=3.991),已经超过抽样误差允许的范围,达到统计上的显著差异(Sig.=0.046<0.05)。

X2_1:就“男性”这一自变量而言,当模型内其他自变量都维持在某一特定水准时(例如电视媒体新闻报道的评价维持在平均数 65.93 分、60 及以上、本科及以上),男性民众对自己生活感到“满意”(vs.“不满意”)的发生比,是女性民众的 0.628 倍【Exp(B)=Odds Ratio=0.628】(或说,会比女性减少 37.2%)。这一差异经统计检验(Wald=17.256),已经超过抽样误差允许的范围,达到统计上的显著差异(Sig.=0.000<0.05)。

X3_2:就“30~39 岁”这一自变量而言,当模型内其他自变量都维持在某一特定水准时(例如对电视媒体新闻报道的评价维持在平均数 65.93 分、女性、本科及以上),30~39 岁民众对自己生活感到“满意”(vs.“不满意”)的发生比,是 60 岁及以上民众的 0.362 倍【Exp(B)=Odds Ratio=0.362】(或说,会比 60 岁及以上民众减少 63.8%)。这一差异经统计检验(Wald=23.648),已经超过抽样误差允许的范围,达到统计上的显著差异(Sig.=0.000<0.05)。同理,40~49 岁民众对生活感到“满意”(vs.“不满意”)的发生比,是 60 岁及以上民众的 0.434 倍(或说,会比 60 岁及以上民众减少 56.6%)。50~59 岁民众对生活感到“满意”(vs.“不满意”)的发生比,是 60 岁及以上民众的 0.606 倍(或说,会比 60 岁及以上民众减少 39.4%)。因此,我们可看出一

个基本趋势，即当其他条件都维持不变的情况下，年龄越大的民众，越会有比较高的概率对自己的生活感到满意。

X4_1：就受教育程度“小学及以下”这一自变量而言，当模型内其他自变量都维持在某一特定水准时（例如对电视媒体新闻报道的评价维持在平均数 65.93 分、女性、60 及以上），此类民众对自己生活感到“满意”（vs.“不满意”）的发生比，会是“本科及以上”民众的 0.491 倍【Exp(B)=Odds Ratio=0.491】（或说，会比“本科及以上”民众减少 50.9%）。这一差异经统计检验（Wald=9.494），已经超过抽样误差允许的范围，达到统计上的显著差异（Sig.=0.002<0.05）。同理，受教育程度“高中职”的民众对生活感到“满意”（vs.“不满意”）的发生比，是“本科及以上”民众的 0.675 倍【Exp(B)=Odds Ratio=0.675】（或说，会比“本科及以上”民众减少 32.5%）。因此，我们似乎也可看出一个基本趋势，即当其他条件都维持不变的情况下，受教育程度越高的民众，越会有比较高的概率对自己的生活感到满意。

接下来，我们可使用预测概率变化来观察民众“对电视媒体新闻报道的评价”这一自变量对其“对生活满不满意”的影响。在多变量二分类逻辑回归分析中，自变量对因变量的预测概率估算，会随着模型内其他自变量不同的数值条件而有所不同，此称为条件概率（Conditional Probabilities）。此例中，假设我们想要知道对于“60 及以上、本科及以上”民众而言，“对电视媒体新闻报道的评价”对其“对生活满不满意”的影响，是否有“性别”上的差异，我们可以通过统计分析产生基于男女不同性别的预测概率表（见表 11-49）。

表 11-49　预测概率表

因变量：对自己生活感到满意的预测概率（Predicted Probability for P|(Y=1)）

请你就下列媒体新闻报道的整体表现给一个分数 - 电视	Mean 男性	Mean 女性	请你就下列媒体新闻报道的整体表现给一个分数 - 电视	Mean 男性	Mean 女性
0	.792 7	.858 9	45	.839 7	.892 9
5	.798 3	.863 1	46	.840 6	.893 6
9	.802 8	.866 3	47	.841 6	.894 3
17	.811 5	.872 7	49	.843 4	.895 6
20	.814 7	.875 0	50	.844 4	.896 2
21	.815 8	.875 8	51	.845 3	.896 9
25	.819 9	.878 8	52	.846 2	.897 5
28	.823 0	.881 0	54	.848 0	.898 8
30	.825 1	.882 5	55	.848 9	.899 4
31	.826 1	.883 2	56	.849 8	.900 1
35	.830 1	.886 0	57	.850 7	.900 7
36	.831 0	.886 8	58	.851 6	.901 3
39	.834 0	.888 8	59	.852 5	.901 9
40	.834 9	.889 5	60	.853 3	.902 6
44	.838 8	.892 3	61	.854 2	.903 2

续表

请你就下列媒体新闻报道的整体表现给一个分数 - 电视	Mean 男性	Mean 女性	请你就下列媒体新闻报道的整体表现给一个分数 - 电视	Mean 男性	Mean 女性
62	.855 1	.903 8	80	.870 0	.914 2
63	.855 9	.904 4	81	.870 8	.914 7
64	.856 8	.905 0	82	.871 6	.915 3
65	.857 7	.905 6	83	.872 4	.915 8
66	.858 5	.906 2	84	.873 1	.916 4
67	.859 4	.906 8	85	.873 9	.916 9
68	.860 2	.907 4	86	.874 7	.917 4
69	.861 0	.908 0	87	.875 4	.918 0
70	.861 9	.908 5	88	.876 2	.918 5
71	.862 7	.909 1	90	.877 7	.919 5
72	.863 5	.909 7	91	.878 5	.920 0
73	.864 4	.910 3	92	.879 2	.920 6
74	.865 2	.910 8	93	.880 0	.921 1
75	.866 0	.911 4	95	.881 4	.922 1
76	.866 8	.912 0	98	.883 6	.923 6
77	.867 6	.912 5	99	.884 3	.924 1
78	.868 4	.913 1	100	.885 0	.924 6
79	.869 2	.913 6	Total	.857 9	.905 7

注：控制受访者的受教育程度在本科及以上，年龄在 60 及以上

表 11–49 显示，当男性民众“对电视媒体新闻报道的评价”为 0 分时，“对自己生活感到满意”的预测概率为 0.792；“对电视媒体新闻报道的评价”为 100 分时，“对自己生活感到满意”的预测概率为 0.885，其全距影响效果为 0.092（0.885–0.792=0.093）。也就是说，当男性民众“对电视媒体新闻报道的评价”从 0 分提升到 100 分时，“对自己生活感到满意”的预测概率会从原本的 0.79 上升到 0.88，整体约提升 0.09。

当女性民众“对电视媒体新闻报道的评价”为 0 分时，“对自己生活感到满意”的预测概率为 0.858；“对电视媒体新闻报道的评价”为 100 分时，“对自己生活感到满意”的预测概率为 0.924，其全距影响效果为 0.066（0.924–0.858=0.066）。也就是说，当女性民众“对电视媒体新闻报道的评价”从 0 分提升到 100 分时，“对自己生活感到满意”的预测概率会从原本的 0.85 上升到 0.92，整体约提升 0.07。

通过预测概率图的绘制（图 11–7），我们可以更清楚地看到此种预测概率因不同的性别条件而存在的差异。

3. 分析结论

研究者的结论是：

研究假设：

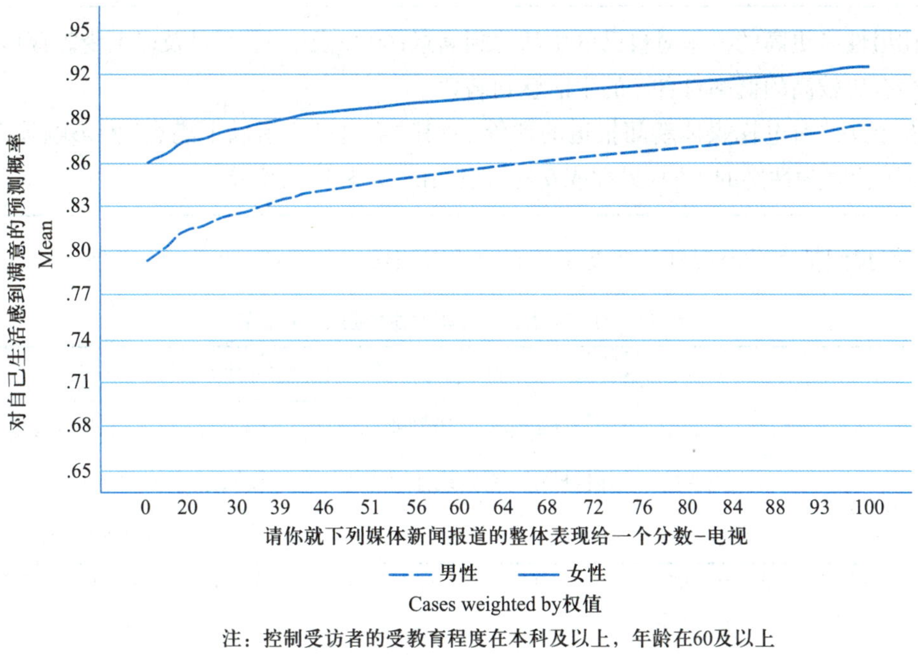

图 11–7　预测概率图

H_0:多变量二分类逻辑回归方程式中,各个自变量逻辑回归系数都等于 0。

H_1:多变量二分类逻辑回归方程式中,至少有一个自变量逻辑回归系数不等于 0。

资料来源:某地传播调查资料库

资料分析:二分类逻辑回归分析

显著水平:α=0.05

检验统计量:使用 Model Chi-Square 值及其对应的 p 值进行假设检验,并使用逻辑回归系数表的 B(Logged Odds,对数发生比的增减变化)或 Exp(B)(Odds Ratio,发生比的倍数变化),比较自变量对因变量的影响方向及大小,再使用 Wald 值及其对应的 p 值,检验自变量对因变量的这一影响是否显著。另外,也可以计算预测概率(Predicted Probability),比较自变量对因变量的影响效果大小。

研究结论:

1. 民众“对电视媒体新闻报道的评价”“性别”“年龄”“受教育程度”等多个自变量所组成的多变量二分类逻辑模型,可以用来解释民众“对自己生活满不满意”(Model Chi-Square=60.862,p=0.000<0.05),整体解释力大约为 4.8%(Nagelkerke R^2=0.048)。研究假设 H_1 成立。这一说法错误的概率不会大于 5%。

2. 具体而言,在模型内其他自变量都维持在某一特定水准时,民众对电视媒体新闻报道的评价每增加 1 分,对自己生活感到“满意”(vs. “不满意”)的发生比(Odds),会是原来的 1.007 倍,也就是说会比原来增加 0.7%。换言之,当民众对电视媒体新闻报道的评价每增加 10 分时,对自己生活感到“满意”(vs. “不满意”)的发生比会比原来增加 7%。此外,女性比男性有更高的概率对自己的生活感到满意;60 岁及以上、本科及以上受教育程度的民众会有比较高的概率对自己的生活感到满意。

3. 民众"对电视媒体新闻报道的评价"对其"对自己生活满不满意"的影响效果(预测概率),会因为性别的不同(男性或女性)而存在一定程度的差异。

最后,我们把本章所提到的多变量资料分析方法做一下整理,如表 11–50 所示。

表 11–50 基本统计分析方法的归类:多变量

		因变量(一个)	
		类别变量	连续变量
自变量(两个及以上)	类别变量	详析模型与对数线性模型(略,本章未介绍)	双因素方差分析
	连续变量	逻辑回归分析:多变量	线性回归分析:多变量

注:逻辑回归与线性回归分析中的自变量,一般都是连续变量,如果是类别变量,则需将类别变量转换成虚拟变量。

本章小结

本章中我们概略地介绍了量化资料的基本分析方法及统计报表解读方法,此处我们总结一下本章的重点。

1. 资料大略可分成两大形态,一种是结构资料,另一种是非结构资料。结构资料指的是可以用一种统一的结构来呈现的资料,例如以二维表格来呈现个人的性别、年龄、受教育程度等。非结构资料则无法用一种统一的结构来呈现,例如一些文字文本、图片、图像、声音、影像等。

2. 对于结构资料而言,个案与变量是两个必须要理解的概念。个案是资料描述的主要对象,可以指涉某个具体的个体,例如受访者 A、受访者 B 等,也可以指某个具体的分析单位,例如城市 A、城市 B 等。变量指的是针对"某种特征"所进行的"经验测量"(An Empirical Measurement of A Characteristic),由变量名称、变量值和数字代码三个部分构成。

3. 对变量的测量,依据不同的测量等级,一般可以分为定类变量、定序变量、定距变量和定比变量。这四种等级变量的数学特性与举例如表 11–51 所示:

表 11–51 不同测量等级的变量比较

数学关系	类别变量		连续变量	
	定类变量	定序变量	定距变量	定比变量
=;≠	√	√	√	√
≤;≥	×	√	√	√
+;-	×	×	√	√
*;/	×	×	×	√

续表

数学关系	类别变量		连续变量	
	定类变量	定序变量	定距变量	定比变量
例子	性别 1:男 2:女	受教育程度 1:小学以下 2:初中 3:高中职 4:专科 5:本科及以上	智力测验成绩 0 80 120 …… 没有绝对零点,数值0不代表真正的0	评价分数 40 60 90 …… 有绝对零点,数值0代表真正的0

4. 针对一项抽样调查资料,在进行资料分析之前,应该先针对该样本的代表性进行样本代表性检验。如果样本不具代表性,研究者应该使用一些加权方式,使样本在基本特征上和总体结构一致。

5. 关于单变量的资料分析,基本上可以将单变量分为类别变量与连续变量两大类,然后以频数分布(Frequency)、分位数(Position)、集中趋势(Central Tendency)、离散趋势(Dispersion)、分布形状(Distribution)以及图形(Figure)等一些描述性统计量来呈现资料的特征,如表11-52所示。

表11-52 单变量描述统计资料分析方法摘要表

变量性质	类别变量		连续变量
测量等级	定类变量	定序变量	定距变量/定比变量
频数分布(Frequency)	单选题(Single Response) 复选题(Multiple Response)		频数分布
分位数(Position)			四分位数(Quartile) 百分位数(Percentile)
集中趋势(Central Tendency)	众数(Mode)	众数 中位数(Median)	众数 中位数 平均数(Mean,亦称均值)
离散趋势(Dispersion)	异众比率 (Variation Ratio)		全距(Range,亦称极差) 四分位距(Interquartile Range,亦称四分位差) 方差(Variance,亦称变异数) 标准差(Standard Deviation)
分布形状(Distribution)			偏态(Skewness,亦称偏度) 峰态(Kurtosis,亦称峰度)
图形(Figure)	条形图(Bar Chart) 饼图(Pie Chart)		直方图(Histogram)

6. 以样本平均数来推估总体平均数可能落在的区间范围,如表11-53所示。

表 11-53 以样本平均数推估总体平均数的区间估计(95%、99%、99.9% 置信水平)

【$\bar{X}\pm(1.96\times S/\sqrt{n})$】这个区间范围,包含总体平均数(μ)的概率是 95%
【$\bar{X}\pm(2.58\times S/\sqrt{n})$】这个区间范围,包含总体平均数(μ)的概率是 99%
【$\bar{X}\pm(3.29\times S/\sqrt{n})$】这个区间范围,包含总体平均数(μ)的概率是 99.9%
$\bar{X}$:样本平均数
S:样本标准差
n:样本数
$S/\sqrt{n}$:标准误(样本平均数抽样分布的标准差)
μ:总体平均数

7. 以样本百分比来推估总体百分比可能落在的区间范围,如表 11-54 所示。

表 11-54 以样本百分比推估总体百分比的区间估计(95%、99%、99.9% 置信水平)

$p\pm1.96\times(\sqrt{p(1-p)}/\sqrt{n})$ 这个区间范围,包含总体百分比(P)的概率是 95%
$p\pm2.58\times(\sqrt{p(1-p)}/\sqrt{n})$ 这个区间范围,包含总体百分比(P)的概率是 99%
$p\pm3.29\times(\sqrt{p(1-p)}/\sqrt{n})$ 这个区间范围,包含总体百分比(P)的概率是 99.9%
p:样本在某一类别的百分比(%)
n:样本数
$(\sqrt{p(1-p)}/\sqrt{n})$:标准误(样本百分比抽样分布的标准差)
P:总体百分比(%)

8. 假设检验的步骤如下:

步骤一,决定虚无假设与研究假设。

虚无假设(Null Hypothesis,亦称零假设、原假设),指的是研究者想要推翻的假设,通常会假设两变量无关、两变量无差异。

研究假设(Research Hypothesis,亦称对立假设),是和虚无假设对立的假设,指的是研究者实际上想要验证的假设,通常会假设两变量有关、两变量有差异。

步骤二,设定显著水平 α。

显著水平 α 指的是,当虚无假设 H_0 为真而研究者却拒绝 H_0 时,犯错的概率,通常设定 $\alpha=0.05$。

步骤三,选择检验统计量。

通常使用 Z 检验值、Chi-Square 值、t 值、F 值等来检验所观察到的样本差异,是否超过抽样误差允许的范围,是否达到统计上的显著差异。

步骤四,计算检验统计量及其对应的 p 值。

p 值的意义是:如果 H_0 成立(如果两变量无关 / 无差异的假设成立),将得到某一样本检验值(或更极端检验值)归因于随机误差的概率。

步骤五,进行决策判断。

把 p 值与显著水平 α 进行比较:

如果检验统计量所对应的 p 值大于研究者所设定的显著水平(例如 $\alpha=0.05$),研究者就接

受 H_0，即接受两变量无关（无差异）的 H_0 假设。也就是说，“变量间存在显著相关性或存在显著差异”的这一研究假设 H_1 不成立。

如果检验统计量所对应的 p 值小于等于研究者所设定的显著水平（α=0.05），研究者就拒绝 H_0，进一步接受（或说不否认）H_1，即接受（不否认）两变量有关（有差异）的 H_1 假设。

9. 有关双变量基本统计分析方法的归类，如表 11–55 所示。

表 11–55 基本统计分析方法的归类：双变量

		因变量（一个）	
		类别变量	连续变量
自变量（一个）	类别变量	交叉分析卡方检验	（两组）独立样本 T 检验 （两组）配对样本 T 检验 （多组）单因素方差分析
	连续变量	逻辑回归分析：单变量	相关分析 线性回归分析：单变量

10. 有关多变量基本统计分析方法的归类，如表 11–56 所示。

表 11–56 基本统计分析方法的归类：多变量

		因变量（一个）	
		类别变量	连续变量
自变量（两个及以上）	类别变量	详析模型与对数线性模型（略，本章未介绍）	双因素方差分析
	连续变量	逻辑回归分析：多变量	线性回归分析：多变量

以上概略地介绍了量化资料分析的一些基本内容，比较详细的统计分析原理与计算公式介绍，以及进一步的相关延伸内容，学习者如有兴趣可参考本章阅读文献。

第十一章 阅读文献

附录：常用统计报表呈现参考范例

练习与作业

练习一：

请判断下列各题所得到的变量属于何种测量等级？（定类、定序、定距、定比）

1. 你的学号？
2. 性别？
3. 你现在是本科几年级？
4. 你目前就读的专业？

5. 你的出生地?

6. 整体而言,你对学校食堂餐饮的服务满不满意?(1. 不满意　2. 满意)

7. 整体而言,你对学校食堂餐饮的服务满不满意?(1. 非常不满意　2. 不太满意　3. 一般　4. 还算满意　5. 非常满意)

8. 如果用 0 分代表非常不满意,10 分代表非常满意,对学校食堂餐饮的服务,你会给几分? ________分

9. 有人说,量化资料分析这门课很难理解,请问你同不同意? (1. 非常不同意　2. 不太同意　3. 一般　4. 还算同意　5. 非常同意)

10. 你上学期的学业总平均分是几分? ________分

练习二:

假设你经由随机抽样得到下列 10 个数据:

40　50　40　30　0　35　25　45　56　40

请问:

1. 这串数据的众数是?

2. 这串数据的中位数是?

3. 这串数据的平均数是?

4. 你所计算出来的中位数和平均数谁大? 为什么?

5. 根据前述三个数值,判断这串数据的分布是呈现左偏分布还是右偏分布?

练习三:

请看如下数据:

6　20　34　42　50　56

1. 假设该串数据是经由抽样过程所得的样本资料,请计算该串数据的全距、方差与标准差。

2. 如果把上述这串数据当作是一个总体资料,而非样本资料,请重新计算该串数据的方差与标准差。

练习四:

当研究者想要从样本资料推论总体时,经常会去看统计表中的 p 值。请用文字写下 p 值的意义。如果 $p \leqslant 0.05$,研究者通常会做什么结论? 如果 $p>0.05$,研究者通常又会做什么结论?

练习五:

有位老师想要知道学生们的学习情况,假设他的班级有 120 位学生,第一次考试时(t1),这 120 位学生的分数分别为:

60,65,70,75,80,85,90,85,80,75,60,65,70,75,80,85,90,85,80,75,

60,65,70,75,80,85,90,85,80,75,60,65,70,75,80,85,90,85,80,75,

60,65,70,75,80,85,90,85,80,75,60,65,70,75,80,85,90,85,80,75,

60,65,70,75,80,85,90,85,80,75,60,65,70,75,80,85,90,85,80,75,

60,65,70,75,80,85,90,85,80,75,60,65,70,75,80,85,90,85,80,75,

60,65,70,75,80,85,90,85,80,75,60,65,70,75,80,85,90,85,80,75

全班分数的平均数为 76.5。

第二次考试时(t2),这 120 位学生的分数分别为:

65,70,73,78,80,85,88,83,82,77,65,70,73,78,80,85,88,83,82,77,
65,70,73,78,80,85,88,83,82,77,65,70,73,78,80,85,88,83,82,77,
65,70,73,78,80,85,88,83,82,77,65,70,73,78,80,85,88,83,82,77,
65,70,73,78,80,85,88,83,82,77,65,70,73,78,80,85,88,83,82,77,
65,70,73,78,80,85,88,83,82,77,65,70,73,78,80,85,88,83,82,77,
65,70,73,78,80,85,88,83,82,77,65,70,73,78,80,85,88,83,82,77

全班分数的平均数为 78.1。

这位老师使用 SPSS 统计软件做了一个配对样本 T 检验的分析,报表如下:

		Paired Differences						
					95% Confidence Interval of the Difference			
	Mean	Std. Deviation	Std. Error Mean	Lower	Upper	t	df	Sig. (2-tailed)
Pair 1 t1-t2	-1.600 00	2.426 74	.221 53	-2.038 65	-1.163 65	-7.222	119	.000

1. 请问这位老师可从中得出什么结论?

2. 和本章中的表 11-25 相较,两个表中前后两次考试的平均数差距(t1-t2)都是 -1.6,为什么一个显示有统计上的显著差异(此处资料中 t=-7.222,Sig.=0.000),另一个却没有达到统计上的显著差异(表 11-25 中 t= 1.986,Sig.-0.078)?

练习六:

以下是一份抽样调查资料的交叉分析与卡方检验 SPSS 输出报表,请据此回答:

1. 民众“觉得目前的生活过得快不快乐”的意见分布,会不会因为其“年龄”的不同而有显著差异?判断根据为何?

2. 相对于全体,哪些年龄层经统计检验后,有比较高的“快乐”比例?

3. 相对于全体,哪些年龄层经统计检验后,有比较高的“不快乐”比例?

			整体来说,你觉得目前的生活过得快不快乐?			合计
			不快乐	快乐	无法选择	
年龄	18~29	Count	41	341	12	394
		% within 年龄	10.4%	86.5%	3.0%	100.0%
		Adjusted Residual	-1.5	1.2	.3	
	30~39	Count	61	333	10	404
		% within 年龄	15.1%	82.4%	2.5%	100.0%
		Adjusted Residual	1.7	-1.3	-.4	
	40~49	Count	61	298	14	373
		% within 年龄	16.4%	79.9%	3.8%	100.0%
		Adjusted Residual	2.4	-2.8	1.2	

续表

		整体来说，你觉得目前的生活过得快不快乐？			合计
		不快乐	快乐	无法选择	
50~59	Count	47	313	12	372
	% within 年龄	12.6%	84.1%	3.2%	100.0%
	Adjusted Residual	.0	–.3	.6	
60 及以上	Count	43	408	8	459
	% within 年龄	9.4%	88.9%	1.7%	100.0%
	Adjusted Residual	–2.4	2.9	–1.6	
合计	Count	253	1 693	56	2 002
	% within 年龄	12.6%	84.6%	2.8%	100.0%

Pearson Chi-Square=17.360, df=8, p=0.027

练习七：

以下是一份抽样调查资料的多元线性回归 SPSS 输出报表，根据此份统计报表，请回答：

Model	Unstandardized Coefficients		Standardized Coefficients	t	Sig.
	B	Std. Error	Beta		
(Constant)	51.349	2.311		22.223	.000
C4a. 你每周有几天会看网络新闻？	.585	.177	.090	3.312	.001
F6. 你每周有几天会看电视新闻？	.043	.231	.005	.188	.851
年龄 18~29	8.235	1.988	.198	4.142	.000
30~39	8.942	1.928	.218	4.637	.000
40~49	3.916	1.941	.091	2.017	.044
50~59	3.794	2.053	.076	1.848	.065
(年龄参照类：60 及以上)					

因变量：H4_5 请你就下列媒体新闻报道的整体表现给一个分数 – 网络(0~100)

F=8.796, p=.000; Adj R^2=.033

1. 常数项(Constant)=？请解释其含义。
2. 自变量 C4a 的未标准化回归系数(B)=？请解释其含义。
3. 30~39 岁这一自变量的未标准化回归系数(B)=？请解释其含义。
4. C4a 与 F6 这两个自变量，哪一个自变量对因变量 H4_5(请你就下列媒体新闻报道的整体表现给一个分数 – 网络)有比较大的解释力？解释力是否达到统计上的显著差异？
5. 就这一模型而言，“18~29”年龄层的民众对网络媒体新闻报道的评价，相对于参照类(60 及以上)民众，平均来说，高出多少分？这一评价差距是否达到统计上的显著差异？
6. 请写出这一多元线性回归分析的方程式。
7. Adj. R^2=？请解释其含义。

练习八：

以下是一份抽样调查资料的多元二分类逻辑回归 SPSS 输出报表，根据此份统计报表，请回答：

	B	S.E.	Wald	df	Sig.	Exp(B)
(Constant)	1.536	.315	23.749	1	.000	4.648
C4a. 你每周有几天会看网络新闻？	.007	.023	.100	1	.752	1.007
F6. 你每周有几天会看电视新闻？	-.029	.031	.883	1	.347	.972
年龄 18~29	.112	.280	.162	1	.687	1.119
30~39	-.613	.261	5.533	1	.019	.542
40~49	-.532	.262	4.112	1	.043	.587
50~59	-.205	.281	.533	1	.466	.815
(年龄参照类:60 及以上)						

因变量：v1.1r 对自己的生活满不满意（1. 满意 vs. 0. 不满意）

1. 常数项(Constant)=？ 请解释其含义。
2. C4a 的逻辑回归系数(B)=？ Exp(B)=？ 请解释其含义。
3. 30~39 岁这一自变量逻辑回归系数(B)=？ Exp(B)=？ 请解释其含义。
4. C4a 与 F6 这两个自变量，哪一个自变量对因变量 v1.1r(对自己的生活满不满意)有比较大的解释力？解释力是否达到统计上的显著差异？
5. 就这一模型而言，"18~29"岁年龄层的民众对自己生活的满意度，是参照类(60 及以上)民众的几倍？这一倍数差距，是否达到统计上的显著差异？
6. 请写出这一多元二分类逻辑回归分析的方程式。
7. Pseudo R^2=？ 请解释其含义。

问题与解答

Q1：问卷调查中，常见到五级量表的态度施测题，例如，"你对学校食堂餐饮的品质满不满意"(1. 非常不满意　2. 不太满意　3. 一般　4. 还算满意　5. 非常满意)。通过这类问卷测量所得到的变量，应该如何看待？应当作定序变量还是定距 / 定比变量？

Q2：进行交叉分析卡方检验时，如何将变量做适当的重组归类？如何呈现正确的百分比数据？有没有一些经验原则？

Q3：在进行推论统计时，"统计显著性"(Statistical Significance)是研究者应该采用的唯一"黄金标准"吗？

Q4：当我们使用样本资料对总体进行假设检验时，我们常会根据样本检验值(例如卡方值、t 值、F 值)或显著性 p 值来拒绝(或接受)虚无假设，当我们做这样的统计判断时，我们的判断一定是正确的吗？

Q5：回归分析中，如果研究者所设定回归模型的整体解释力(例如 R^2、Adj. R^2、Pseudo R^2)不大或很小，但模型内的回归系数有一定的解释力且达到统计上的显著差异，此时该如何处理？应舍弃还是采用这一回归模型呢？

Q6：统计分析可以厘清真实世界的因果关系吗？

第十一章 问题解答

词汇与定义

词汇	英文	定义 / 说明
总体	Population	研究对象的全体。总体的特征称作“参数”（Parameter），一般用大写字母标注。
样本	Sample	按照一定的方式（概率抽样或非概率抽样），从总体中抽取出来的一部分个体。样本的特征称作“统计量”（Statistics），一般用小写字母标注。
变量	Variable	针对各种特征所进行的经验测量，组成结构包括变量名称、变量值以及数字代码。
样本代表性	Sample Representativeness	观察抽样所得的样本，在一些重要变量特征的分布上，是否和总体的结构一致。
加权	Weighting	根据总体结构比例调整相对应的样本比例的一种方法。
众数	Mode	资料数值中出现次数最多的那一个数值（或类别）。
中位数	Median	将资料的数值从小到大排序后，位置处于最中间的那一个数。
平均数（均值）	Mean	将资料的所有数值加总，除以资料个数所得的商。
全距（极差）	Range	资料数值的最大值减去最小值所得的差。
四分位距（四分位差）	Interquartile Range (IQR)	资料数值中的第 3 四分位点取值（第 75 百分位的对应值）与第 1 四分位点取值（第 25 百分位的对应值）的差距。四分位差经常与中位数并用，分别代表资料的离散趋势与集中趋势。
方差（变异数）	Variance	（样本方差）观察值与平均数的差距的平方，加总后再除以（资料个数 -1），所得的商。 （总体方差）观察值与平均数的差距的平方，加总后再除以（资料个数），所得的商。
标准差	Standard Deviation	方差（变异数）的平方根。 标准差经常与平均数并用，分别代表资料的离散趋势与集中趋势。

续表

词汇	英文	定义/说明
正态分布(常态分布)	Normal Distribution	一种对称钟形的频数分布。在正态分布下,平均数上下一个标准差的范围,会包括全部观察值的68%。两个标准差的范围,会包括全部观察值的95%。
中心极限定理	Central Limit Theorem	当从同一个总体中抽出许多套概率样本时,多套样本平均数的抽样分布会接近正态分布,且多套样本平均数抽样分布的平均数,会等于总体的平均数。
标准误	Standard Error	多套样本平均数抽样分布的标准差。
置信区间(信赖区间)	Confidence Interval	以样本统计值推论总体参数的一个区间估计范围。
置信水平(信赖水准/信心水准)	Confidence Level	研究者有多少信心认为所设定的置信区间内包含总体参数。置信水平通常设置在95%、99%、99.9%,以95%为最常见。
抽样误差	Sampling Error	由抽样过程所产生的随机误差,其大小主要由样本的变异程度、样本数目,以及研究者所预设的置信水平决定。
虚无假设(零假设/原假设)	Null Hypothesis	指的是研究者想要推翻的假设。通常会假设两变量无关、两变量无差异,或两个样本统计值(例如百分比、平均数)彼此相等,常以 H_0 标注。
研究假设(对立假设)	Research Hypothesis	和虚无假设对立的假设,指的是研究者实际上想要验证的假设。通常会假设两变量有关、两变量有显著差异,或两个样本统计值(例如百分比、平均数)互不相等,常以符号 H_1 标注。
显著水平(显著水准)	Significance Level	当虚无假设在总体确实为真,但研究者却拒绝虚无假设时所犯的错误的发生概率,以希腊字母 α 标注。一般以 α=0.05 设置此类错误(即I型错误)的概率大小。
显著性	Significance	如果虚无假设成立(即两变量无关/无差异),将得到某一样本检验值(或更极端检验值)归因于随机误差的概率。一般以小写的英文字母p标注。
交叉分析(列联分析)	Crosstab Analysis	针对两个类别变量,呈现变量间不同类别组合频数与百分比差异的一种分析方法。
卡方检验	Chi-Square Test	检验样本中两个类别变量百分比差异,如果推论到总体,是否仍然呈现显著差异的一种检验方法。
平均数比较	Mean Comparison	针对一个类别变量和一个连续变量,呈现组平均数差异的一种分析方法。
T检验	T Test	检验样本中的两组平均数差异,如果推论到总体,是否仍然呈现显著差异的一种检验方法。依照研究设计的不同,又可分为独立样本T检验与配对样本T检验。

续表

词汇	英文	定义 / 说明
单因素方差分析(单因子变异数分析)	One Way ANOVA	检验单个自变量(类别变量,多组)在某个因变量(连续变量)上的平均数有没有差异的一种分析方法。
F 检验	F Test	(单因素方差分析)检验多组平均数差异是否达到显著差异的一种检验方法。 (双因素方差分析)检验自变量对因变量的主要效果及交互效果是否达到显著差异的一种检验方法。
皮尔森双变量相关分析	Pearson's Bivariate Correlation	探究两个连续变量之间是否具备线性相关关系、线性相关的方向是正相关还是负相关,以及线性相关的强度有多大的一种样本统计量,其值介于 -1~+1 之间。
双因素方差分析(双因子变异数分析)	Two Way ANOVA	探究两个类别变量对一个连续变量的影响时使用的一种分析方法,包括自变量对因变量主要效果的估计,也包括自变量对因变量交互效果的估计。
线性回归	Linear Regression	探究自变量对一个连续因变量"平均数"线性影响关系时使用的一种分析方法。自变量可以是类别变量也可以是连续变量。依据自变量投入的多寡(一个或多个),可分为简单线性回归与多元线性回归两种。
二分类逻辑回归	Binary Logistic Regression	探究自变量对一个二分类类别因变量"对数发生比"线性关系时使用的一种分析方法。自变量可以是类别变量也可以是连续变量。依据自变量投入的多寡(一个或多个),可分为单变量二分类逻辑回归与多变量二分类逻辑回归两种。
多分类逻辑回归	Multinominal Logistic Regression	探究自变量对一个多分类类别因变量"对数发生比"线性关系时使用的一种分析方法。自变量可以是类别变量也可以是连续变量。依据自变量投入的多寡(一个或多个),可分为单变量多分类逻辑回归与多变量多分类逻辑回归两种。

第十二章

观　察　法

——感观世界的奇妙旅程

学习目标

1. 了解观察法的内涵及优缺点。
2. 理解田野调查的特质、种类，掌握其操作过程与应用方式。
3. 学习观察法在传播领域的田野调查和网络民族志研究中的应用。
4. 理解网络民族志的特质、应用步骤与局限性。

引　　言

本章是本书讲解质化研究方法的第一章。质化研究方法是具有人类学与社会学传统的研究方法。观察法（Observational Method）源自民族志（Ethnography），为质化研究者广泛使用。顾名思义，观察法是要用眼睛去观察周遭的事物，但不能局限于此。

在我们日常的社交生活中，有大量资料等待我们探索。然而要将日常生活中的物品、感受和事件转变为质化资料进行分析，我们就需要学习不同的技巧和方法。观察法是科学上最原始但也应用最广的方法，从事任何研究都几乎离不开观察法，它是社会科学、传播学资料收集的重要方法。

本章首先介绍观察法的内涵及其关注的重点，接着介绍观察法中最常用的参与式观察（Participant Observation）与田野调查（Fieldwork）两种方式。由于新媒体科技发展迅猛，有效地将观察法运用于互联网及社交媒体研究是新的趋势，通过网络民族志来观察与收集不同类型的资料，也是本章延伸讨论的内容。

第一节　观察法的内涵与特点

一、观察法与民族志传统

观察法源自民族志，在质化研究中居于核心地位。民族志是从人类学的传统发展出来的，马林诺夫斯基与格尔兹是其中最重要的代表性学者。民族志现在已经广泛地被包括传播研究在内的社会科学所运用。民族志主要以观察、访谈或田野调查等方式作为资料搜集的方法。

在民族志方法论的导引下，观察法成为一种较广义的说法，也是研究的基础概念，参与式观察法是观察法中经常被运用的一种方法。“参与”可以分成很多种形式，且有不同定义，后文将做进一步探讨。至于在用词上经常会与之产生混淆的“田野调查”方法，则是研究者实际赴现场进行调研的一种方法，在研究现场往往会运用到参与式观察、调查等方法进行研究。不过，由于质化研究者的田野调查通常只会进行参与式观察，而不一定会同时使用调查法，因此参与式观察法与田野调查法在质化研究中常常会交错使用。

研究者通常要花费较长的时间进行观察，德拉蒙特评述民族志时提到，这种以观察为核心的研究，是从人们正在做什么、想什么，以及说什么的讨论当中，去了解他们如何理解自己的世界。[①] 郭良文定义民族志为一种参与式的研究，它专注于文化共享团体的描述与写实，通常采用观察法、深度访谈法等方式进行，其目的是对一个群体做出详尽的描述、诠释。[②] 阿特金森等学者则提出，民族志是一种对当地社会和人们的生活进行理论化描述的文化研究。[③]

然而，民族志的研究是一项艰难的工作，因为它会导致身体上、情感上和精神上的疲惫。[④] 研究并不是线性的，而是在一系列的循环过程中进行，而且每一步都需要研究人员进行反思，甚至要重新审视之前的步骤，进而做适当的调整。比如，在一次对电视台工作的观察中，一名副导演告诉研究人员：“某位行政人员是一名导演的太太，她分配到的工作特别优惠。”这就引发出一系列研究问题：“优惠的工作如何分配？”“电视台里的流言蜚语是怎么起作用的？”“有哪些关于社会关系的文献可解释？”，等等。这些问题可能没有既定的答案，然而研究人员为了探索这些研究问题，需要不断地翻阅现场记录，甚至有可能要重新拜访相关人员，这样会增加研究工作的负担。在民族志的传统下，观察法要求研究人员必须付出很多的时间与精力。

二、观察法所关注的重点

在社会科学研究中，在实地现场考察时，研究人员运用参与式观察法对研究对象进行了解，并运用科学、系统的方法解释研究对象的行为、情感、生活，及其活动的发生原因与发展情况等。在这一过程中，研究人员应该记录观察中的思考和想法，有系统地实地检验初步的见解。

（一）掌握观察对象与时空情境

良好的研究应侧重于观察不同类型的参与者，因此有系统地抽样选出适合的参与者尤其重要，而且要随时（甚至也许在晚上）、随地（利用所有可能的位置）进行观察。必须尽可能系统

①④ Delamont, S. (2004). Ethnography and participant observation. In Seale, C., Gobo, G., Gubrium, J. F. & Silverman, D. (Eds.), *Qualitative research practice*, pp. 205-217. Thousand Oaks, CA: SAGE.

② 李蕊：《质化研究方法与民族志学－郭良文》，2018 年 6 月 19 日发布于山东大学新闻传播学院网。

③ Atkinson, P., Coffey, A., Delamont, S., Lofland, J., & Lofland, L. (2001). *The Handbook of Ethnography*. London: SAGE.

地进行观察,如不同性别、年龄的参与者或不同的场景。例如,在渔村,不仅要观察捕捞活动,还要观察渔网的修补、渔获的销售、渔船的修理、妇女的日常生活、年老不能出海的男人的日常生活、孩子们的经历,等等。同时不仅要观察大海,还要观察菜园、学校和鱼市等场所。要思考所有可能观察的地方,掌握观察的时间、了解被观察的人,检讨观察的做法是否可行以及是否有效,这些都是好的田野调查需要完成的重要任务。

(二) 观察参与者的行为与互动

在传播学研究中,研究人员必须要同时观察研究对象的社会行为、社会互动和社会规范,了解这些是如何建构与传播的。值得注意的是,观察法的"参与"并不是指要完全模仿那些被观察者的行动,而是在行动中与他们进行不同程度的互动,掌握时机去观察他们的传播行为与互动沟通方式(在观察法中,由于被观察的研究对象不一定会接受访问,所以一般会用"参与者"一词泛指田野中的研究对象,而用受访者特指接受访问的研究对象)。

(三) 分享参与者的感官体验

荷兰莱顿大学视觉人类学家克里斯蒂娜·格拉塞尼认为:"民族志研究中,参与式观察法意味着一种感官分享的欣赏过程,在某种程度上,甚至是欣赏参与者对生活世界的'观看方式'"[①]。社会人类学家莎拉·萍克也提出,研究人员始终在"分享"参与者的感官体验,无论是偶然地,还是有意将其作为研究方法的一部分。因此,过去许多研究人员声称,通过参与式观察,他们在不同程度上提高了对参与者的身份、道德、价值观、信仰等的理解,并且提高了对他们的关注度。由此可见,参与式观察法具有很高的认可度和广泛的应用性。

三、参与式观察法

参与式观察法是观察法中的一种,人类学家莎拉·德拉蒙特把"参与观察法"定义为"观察和访谈的混合研究方法"。她指出:"通过参与式观察的实践,研究人员可以了解他们所研究的文化是如何运作的,即如何理解生活在渔村、寄宿学校或采矿社区的人们的世界。"[②] 顾名思义,参与式观察有别于一般日常生活中的观察,它是有目的性、系统性且有规划性的社会科学研究方法,而非随意的、零散的、无意识的日常生活观察。

值得强调的是,参与式观察法的重点在于研究人员对研究对象进行仔细的观察,从研究对象的工作、生活、娱乐、信仰到喜怒哀乐的感情,甚至他们的交友、恋爱、结婚生子的生活,都可以是观察的项目。通过对研究对象生活的仔细观察与记录,以及与他们日常的随意性交谈,甚至包括非正式的访谈和正式的访谈等方式,收集研究资料,从而理解和分析研究对象乃至当地群体的社会文化。

莎拉·德拉蒙特提醒我们,"参与式观察"一词并不意味着研究人员要真正参与该社会的

---

① Grasseni, C. (2004). Video and ethnographic knowledge: Skilled vision and the practice of breeding. In Pink, S. Kürti, L., & Afonso, A. I. (Eds.), *Working images: Visual research and representation in ethnography*, p.16. London: Routledge.

② Delamont, S. (2004). Ethnography and participant observation. In Seale, C., Gobo, G., Gubrium, J. F. & Silverman, D. (Eds.), *Qualitative research practice*, pp. 205-217. Thousand Oaks, CA: SAGE.

活动:“研究人员通常不会通过捕鱼、上课或挖煤来了解研究对象,而会聚焦在观察这些事情是如何进行的。研究人员当然偶尔也会作出适当的参与,但不必花全部时间去捕鱼、上课或挖煤,因为这将妨碍到研究对象或其他人员,并耽误研究者本身写作、思考的时间。”① 由此,我们可以看出参与式观察法的重心在于研究人员在研究现场的仔细观察,参与程度即代表其观察研究对象的仔细、深入程度:观察得越仔细,收集的资料便会越丰富,从而使研究人员更有效地理解这些现象的社会价值和存在原因。

第二节 田野调查方法及其应用

本节主要介绍人类学方法论指导下的田野调查(亦称田野考察、实地调查)的历史背景、种类以及实践与应用。此外,还将介绍传播学研究人员如何进行田野调查,在进行田野调查时需要注意的问题。

一、田野与田野调查的含义

田野调查指研究人员离开办公室或实验室,“进入现场”的资料收集过程。田野调查所指的“田野”(Field)是隐喻性的概念,它所指涉的是一个可供研究者观察的环境或群体。

人类学家莎拉·德拉蒙特的《民族志与参与观察法》一文这样介绍道:“在传统的人类学田野调查中,人类学学者会前往一个遥远的地方,可能是世界另一边的一个不发达国家,田野调查可能持续两年或更长时间。在社会学研究中,该领域的研究人员则通常每天晚上回到家中。”② 现今的文化研究学者以及传播学的研究人员也会采用田野调查来搜集资料。自 20 世纪 70 年代中期以来,质化方法受到社会学的重视,并在教育、地理、护理研究和其他社会科学中迅速普及。相关的期刊、教科书、手册的编写和学术研讨都得到了蓬勃发展,然而,这种增长并没有将这种方法在社会学和人类学上的应用统一起来。③ 在此,我们将以传播学为讨论重心,并采纳跨学科的方式,介绍田野调查与其观察运用的方法。

二、完全沉浸与部分沉浸

依据研究者的投入程度,田野调查主要分为两大类别:完全沉浸(Total Immersion)和部分沉浸(Partial Immersion)。在人类学和一些社会学领域中,研究人员遵循研究传统,会搬到研究地居住,他们的研究地点可能是农村,也可能是工厂,也可能是商业市场,甚至是夜店等。在这种情况下,研究人员会一天 24 小时完全沉浸在所研究的文化中。④

在传播学、教育学等应用学科中,完全沉浸使用有限。大多数观察法研究都是基于部分沉浸:“研究人员在家里吃饭、睡觉和休闲,但 24 小时的大部分时间都在工厂、医院或学校等研究地中度过。”⑤ 在完全沉浸的田野调查中,研究人员可能会感到非常孤立,非常孤独,甚至迷

①②④ Delamont, S.(2004). Ethnography and participant observation. In Seale, C., Gobo, G., Gubrium, J. F. & Silverman, D.(Eds.), *Qualitative research practice*, pp. 205-217. Thousand Oaks, CA: SAGE.

③ Delamont, S., & Atkinson, P. (1995). *Fighting familiarity*: Essays on education and ethnography. Cresskill, NJ: Hampton Press.

⑤ Behar, R. (1996). *The vulnerable observer*. Boston: Beacon Press.

失方向。而在部分沉浸的田野调查中，类似的研究人员心理问题则相对比较少。①

对于完全沉浸和部分沉浸田野调查，一方面，莎拉·德拉蒙特认为完全融入另一种文化有其必要性。她指出，“田野调查中的开始、中间和结尾都可能有问题。人类学家和社会学家的自传记述表明，许多研究人员在进行田野调查时经历了文化冲击(The Initial Culture Shock)”②。许多有关方法论的文献也侧重于研究人员最初所感受到的文化冲击，然而，这恰恰是田野调查收集资料时特别有成效的阶段。③ 相比之下，部分沉浸的调查可能有所疏漏。

另一方面，研究人员一旦被当地的受访者接受，研究人员就必须避免“本土化”的情况发生，因为这样会导致研究人员放弃自己的研究视角，转为采用场景中主体的观点。④ 甚至在一些情况下，研究人员即使没有探索到进一步的、有用的见解或资料，也不愿离开这个场域，因为他们和田野中的研究对象已经成为朋友，或是他们觉得当地很舒适而留居。⑤ 因此在田野调查中，采取完全沉浸方法的研究人员，更是必须时常反省自己的身份以及与观察对象之间的关系，避免本土化的问题产生。

三、研究人员进入田野的身份

根据戈尔德的分类⑥，研究人员进入田野时，有四种不同的角色身份。

(一) 完全的观察者(Complete Observer)

研究人员不参与所观察社群的活动，并以匿名的方式进行研究，其身份是一位从旁观察的局外人(见图 12–1)。例如，在繁忙的地铁站与车厢里，研究者观察正在等车、乘车的人使用手机或观赏车厢内广告视频的状态。

(二) 完全的参与者(Complete Participant)

研究人员参与社群活动，是社群的一分子，但进行观察时不公开身份，是匿名的内部参与者。例如，在一场重金属音乐会中，一位重金属音乐爱好者也是一位研究者，参与活动时同时匿名观察其他乐迷的行为。

(三) 参与其间的观察者(Observer as Participant)

研究人员不是社群的一分子，但是公开身份参与社群活动，是大家都知道的局外观察者(见图 12–2)。例如，一位学者经过某电视台同意，定期到电视台的编辑室进行观察。这种田野调查的方式在学术研究中是最常见的。

---

①③ Behar, R. (1996). *The vulnerable observer*. Boston: Beacon Press.

② Delamont, S. (2004). Ethnography and participant observation. In Seale, C., Gobo, G., Gubrium, J. F. & Silverman, D. (Eds.), *Qualitative research practice*, p. 211. Thousand Oaks, CA: SAGE.

④ Behar, R. (1996). *The vulnerable observer*. Boston: Beacon Press.; Lareau, A. 2011. *Unequal childhoods: Class, race, and family life* (2nd *ed.*). Berkeley: University of California Press.

⑤ Delamont, S. (2004). Ethnography and participant observation. In Seale, C., Gobo, G., Gubrium, J. F. & Silverman, D. (Eds.), *Qualitative Research Practice*, p. 212. Thousand Oaks, CA: SAGE.

⑥ Gold. R.L. (1958). Roles in Sociological field observations, *Social Forces* 36(3): 217–223.

图 12-1 作者在上海七浦路采用“完全的观察者”身份进行观察

图 12-2 作者在上海人民广场的相亲角采用“参与其间的观察者”身份进行观察

(四) 公开观察的参与者(Participant as Observer)

研究人员是社群的一分子,选择公开身份参与社群活动,研究人员即为内部参与者。例如,某位传播系研究生在一个大学的校园新闻报社担任记者,为了写一份期末报告而访问了其他校园报记者一些研究问题,他就属于公开在团体中观察的参与者。

四、田野调查中的观察步骤

(一) 进出田野与伦理

要开始一项田野调查的研究,必须事前选择好要研究的田野。由于研究者置身陌生的田野进行参与观察,无论是采取完全沉浸还是部分沉浸的方式,都容易因文化或价值观的差异而产生“文化冲击”。同时在研究过程中,研究者也往往会发现一些研究对象的隐私或不宜对外公开的事情,基于研究伦理的考虑,研究者必须很谨慎地面对这些问题,并且需要经常进行反思与调整自身在田野的行为表现。程序如下:①

1. 选择研究田野

依据研究目的,研究者通常会选择具有独特性的田野进行研究,也会考虑田野案例的解释力、故事性以及可学习性。特性鲜明、内涵丰富、现象张力强、安全性无虞、有较高研究价值,以及可提供研究者更多的新知与学习机会的田野,都是好的研究对象。

① 李蕊:《质化研究方法与民族志学－郭良文》,2018 年 6 月 19 日发布于山东大学新闻传播学院网。

2. 进入田野

研究者对所选定的陌生田野必须先进行初步了解，以避免在进入田野时发生失礼、不受欢迎，或被拒绝的情况。特别是在进入一个封闭性强、困难度高的田野（如某电视台或报社、地方庆典活动、某一个乐迷团体）时，更需要设想好如何进入。在进入一个田野进行观察活动之前，通过中间人士介绍或研究者直接联络，寻找到研究田野中有力的引介者或关键人物，是进入田野阻力最小、最有效的策略。

3. 学习规则

"入乡随俗"是一位观察者应该秉持的态度。当地的价值观、行为准则与风俗习惯是首先要学习的功课。研究者要采取"文化相对论"的观点秉持价值中立，尊重当地规范，不侵犯研究对象的生活习惯，以及运用"同理心"去理解当地人的行为立场与观点，这些都是学习当地规则的必要考虑。

4. 维持关系

田野工作顺利与否的其中一个关键就是观察者是否能够取得研究对象的信任。通过诚实、平等、互惠建立起良好的友谊，维持与研究对象的积极关系，是顺利进行观察或访谈的基础。在田野中，尊重当地人，结交朋友并获得支持，是维系关系的必要作为。

5. 离开田野

田野中的参与式观察告一段落之后，必须考虑好如何离开田野，此时研究伦理就显得非常重要。有开始就要有结束，研究人员过去所承诺的事是否做到，离开田野时是否还有一些事情没有完成，以及该交代的事项或该告别的对象等都要提前想清楚。不能"拍拍屁股走人"，留下一堆烂摊子给当地人收拾，从而给他们留下坏印象，这样是违反研究伦理的。如何在离开田野时，保持一个"干净的"退场，是所有田野调查者都需要学习的。

（二）实施步骤与技巧

田野调查的实施步骤包括观察前充分准备、客观观察、详细记录、反思、资料分析、写作、验证观察结果，共七大环节，① 详述如下。

1. 观察前充分准备

进入田野前，必须先明确研究目标与目的，规划观察的地点和对象。莎拉·德拉蒙特特别提到，"在准备民族志田野调查时，新手们发现的最大问题是与方法相关的书籍无法明确地告诉他们要观察什么、如何观察、记录什么，以及如何用适当的语言来描述观察成果"②。因此，在进入田野前，研究人员需要从各类文献入手，进行大量的初步资料搜集工作，以加强对田野情况的掌握和了解。

2. 客观观察

进入田野后，研究人员需要保持客观的态度，深入观察研究对象和他们的生活。在研究

① Delamont, S. (2004). Ethnography and participant observation. In Seale, C., Gobo, G., Gubrium, J. F. & Silverman, D. (Eds.), *Qualitative research practice*, pp. 205–217. Thousand Oaks, CA: SAGE.

② Delamont, S. (2004). Ethnography and participant observation. In Seale, C., Gobo, G., Gubrium, J. F. & Silverman, D. (Eds.), *Qualitative research practice*, p. 213. Thousand Oaks, CA: SAGE.

过程中，重复的观察也必不可少。研究人员需要尽可能观察多个不同对象，并注意在不同时间取样，可采用情境观察法、真相观察法或实验观察法。民族志学者沃尔科特对他在非洲啤酒馆里的人类学研究和在美国教育项目中的一项研究进行了详尽的比较，由此建议研究人员在进行田野调查时，要花时间去扩展、阐述和思考"田野"，不断地去了解那些被观察的人，让他们解释在做什么，为什么要这么做，并搜集所有可用的文件与图片。[①] 由此可见，时时刻刻细心且客观的观察，是研究人员需要培养的研究技巧，而所搜集到的一切田野资料，可供日后研究时作为客观资料使用。

3. 详细记录

在田野调查的观察过程中，研究人员需要进行详细的记录。其目的，如格尔兹所强调，是对环境与身处环境中的角色进行丰富的、深入的描述（Thick Description，亦称厚描）。[②] 详细的记录对田野调查的研究工作尤其重要。莎拉·德拉蒙特认为，研究人员要做的最重要的事情就是记录下他们看到的东西，通常是在现场做笔录，但有时也会记录在电脑、录音笔、磁带或是胶片上，任何没有记录的东西都会丢失。观察事物而不记录它们，或者留下潦草的笔记而不详细说明是没有意义的。[③]

德拉蒙特一再强调没有记录的田野调查是无用的。进行田野调查期间，也有许多民族志学者会写田野笔记和其他一些更具反思性的记录，比如"野外日记"（Out-of-field Diary），来记录新想到的理论观点。研究人员还要善于整理观察记录并妥善保存。但是，访谈内容如果仅仅是记录下来而不进行转录也是没有意义的；如果拍摄照片，则必须冲洗、打印并贴上标签。在所有这些资料搜集的过程中，尽快地创建副本和备份是明智的做法 。在新媒体与移动通信空前发达的时代里，各种记录方式已经变得更容易，研究者也要善用智能手机与各类 App 功能，通过写入、录音、拍照、录像随时进行记录，再运用语音翻译或誊录软件储存资料，以备后续分析。

4. 反思

反思性（Reflexivity，又称反身性）是田野调查和分析过程中最重要的特征，而民族志的核心便是持续而累人的反思过程。反思应该贯穿从资料收集到最终写作的所有研究阶段。莎拉·德拉蒙特提出，田野工作中一个需要运用反思性的重要环节，就是经常被忽视的"离开田野"这个阶段。诸多方法类的书籍使用成千上万的词汇来描述访问和初次接触的技巧、经验等，却往往忽略了研究人员"离开田野"的过程。[④] 就研究伦理而言，研究者在完成研究离开田野时，要向参与者进行必要的交代，包括妥当的致谢与告别，以避免参与者产生超出研究者预期的反应。研究者还要思考在田野研究的过程中是否尚有承诺或义务未达成、将来是否仍有回访的计划、研究的后续进行是否仍需参与者的帮助等。

---

① Wolcott, H. F. (1981). Confessions of a "trained" observer. In Popkewitz ,T.S. & Tabachinick, B.R. (Eds.), *The study of schooling: Field based methodologies in educational research and evaluation*, pp. 247–263. New York: Praeger.

② Geertz, C. (1973). *The interpretation of cultures*. New York: Basic Books.

③ Delamont, S. (2004). Ethnography and participant observation. In Seale, C., Gobo, G., Gubrium, J. F. & Silverman, D. (Eds.), *Qualitative Research Practice*, p. 213. Thousand Oaks, CA: SAGE.

④ Delamont, S. (2004). Ethnography and participant observation. In Seale, C., Gobo, G., Gubrium, J. F. & Silverman, D. (Eds.), *Qualitative research practice* , p. 214. Thousand Oaks, CA: SAGE.

在研究的过程中更要经常反思自身的角色与做法是否违反应该遵守的研究伦理，如是否产生误导、伤害参与者的自尊或做出其他不当行为。在访谈或观察中，研究者还要反思自身的介入方式是否影响到参与者的正常表现，以至于得到不正确的观察结论。当然在研究结束时，研究者必须注重保护参与者的隐私，注意研究结果的公开是否会带来纠纷，是否对参与者产生其他不良后果。这些都需要随时检讨与反思，目的是在与参与者互惠互利的基础上，能够顺利、无后遗症地离开研究场域。

5. 资料分析

社会学研究人员或传播学学者可以用的田野调查的分析策略在一个世纪内基本没有大的改变。研究人员在田野中参加活动、观察事件、进行访谈、搜集相关资料、做记录，接下来就需要整理资料、思考内容，进而解释与分析资料的意义。唯有做好田野资料的分析，才能呈现良好的研究发现。然而，变化在于，质化研究者过去大多使用笔、纸、剪刀与糨糊来整理田野资料。现在进入了计算机时代，各种资料处理工具纷纷涌现，特别是许多文本处理软件的开发(详见第十六章)，已经改变了资料分析的实践方式，为质化资料的分析提供了一种更系统化的方法和可以进行公共讨论的可能性。

6. 写作

对于如何书写在田野调查中观察到的结果，存在着不同的观点。一方面，有些学者认为，传统的民族志专注的是一种去个人化的文献，在这种文献中，民族志学者是一个看不见、但有特权的隐含叙述者，[①] 研究所描绘的社会世界是由民族志作者以旁观中立的主导视角来调查和报道的。

另一方面，有些研究人员会把个人的情感经验记录在他们的研究书写中。研究人员实际上与参与者进行了长时间的互动，因此田野调查中所报告的文化和社会现实依赖于双方共同进行的探索，以及经由双方“联合协商”的结果。现代的民族志研究报告，允许将研究者的主观经验纳入其中，并认可个人化叙述的写作方式。

7. 验证观察结果

最后，为使观察者的分析论点与报告更具有可信度，需要进一步检视整个研究的过程与结果。先将所观察搜集的资料整理分类，再综合分析参与者、活动与事件的关联性，最后对检视后的资料做出正确的解释并提出论点。质化研究者通常会运用“三角测量法”来减少观察者的偏见，也就是在研究时采用多元的角度或观点来审视，同时运用多种方法，选择多个田野与资料来源，或者涵盖更多类型的参与者，以利于资料的交叉比对与检视，增加研究的可靠性与客观性。

五、观察法在田野调查中的优点与局限

田野调查中使用观察法有许多实际的优点，如：

1. 针对参与者进行实地、实时观察，能让研究人员更深刻地体会和感受当地的情况。

---

① Delamont, S. (2004). Ethnography and participant observation. In Seale, C., Gobo, G., Gubrium, J. F. & Silverman, D. (Eds.), *Qualitative research practice*, p. 213. Thousand Oaks, CA: SAGE.

2. 能帮助研究人员获得访谈与直接报道以外的资料。

3. 在没有被参与者发现的情况下,研究人员可以观察到受访对象最真实自然的生活状态。

4. 可以弥补问卷和访谈的不足,特别是了解参与者在日常生活中发生的事情。

观察法也有不少局限性。观察法特别依赖研究人员的观察力、感官感受,以及生理和心理状态。一般而言,研究人员会利用眼睛、耳朵或鼻子等感觉器官去收集田野资料,可是人体的感受能力和记忆力是有限的,因此,研究人员可以利用不同的设备来辅助在田野现场的观察。辅助观察的工具包括照相机、摄像机、录音机、显微录像机等。随着科技的发展,21 世纪的研究人员还会利用无人机遥控记录田野的景观,甚至使用激光扫描仪制作三维影像与虚拟现实的场景。这些新科技产品的使用虽然能辅助研究人员进行更有效的观察与记录,但是民族志研究精髓的掌握,以及所搜集到媒介素材的利用和归纳总结,仍然需要依靠研究人员良好的分析能力和敏锐的洞察能力才能达成。

六、田野调查研究案例

研究者郭建斌等人曾在滇、川、藏“大三角”地区,针对中国农村的电影放映及观影现象进行田野调查,并从人类学仪式分析的视角进行观察,主要探讨农村电影放映工程的面貌及其代表的社会文化意义。[①] 这个研究项目的田野调查时间为 2010 年 6 月至 2015 年 8 月,研究人员前后共 8 次赴云南迪庆、四川甘孜、西藏昌都等地区,每次调查约一个月。除了观察之外,也对电影放映管理部门、原国家广电总局电影局的有关人员进行访谈。

郭建斌等人是以外来研究者、且公开身份的方式进入田野场域进行观察的,研究者的角色是“参与其间的观察者”,这也是学术研究中最常使用的观察法。研究人员通过部分沉浸的参与方式,在电影放映期间进行观察。所关注的现象包括放映点、数字电影放映机及流动电影放映车上的文字、影片(包括内容和语言),以及观看的环境与状况等。主要研究发现是,农村电影放映这样一种仪式化的“视觉政治”,已经成为当代中国国家治理的一种方式(见表 12–1)。

表 12–1 田野调查案例:中国农村电影放映、文化阐释与视觉展演

题目	“视觉展演”:中国农村电影放映实践的文化阐释——基于滇川藏“大三角”地区的田野研究
作者	郭建斌、张静红、张翎、陈静静
出版信息	《新闻与传播研究》2018 年第 4 期
研究重点	基于滇、川、藏“大三角”地区流动电影放映及观影的田野调查,结合对农村电影放映相关机构的访谈及其他相关背景资料,论文从人类学仪式分析的视角对此现象进行考察。
研究问题	“农村电影放映工程”所构成的“媒体景观”,到底隐含着怎样的社会文化意义?根据田野观察资料,哪些东西构成了这一“媒体景观”的意义系统?农村电影放映与当代中国国家治理之间,又是怎样的关系?

① 郭建斌、张静红、张翎、陈静静:《“视觉展演”:中国农村电影放映实践的文化阐释——基于滇川藏“大三角”地区的田野研究》,发表于《新闻与传播研究》2018 年第 4 期。

续表

研究设计与执行	田野调查，观察2010年6月至2015年8月滇、川、藏“大三角”地区农村电影的放映。前后8次赶赴云南迪庆、四川甘孜、西藏昌都，每次调查约一个月。此外，也对电影放映管理部门、原国家广电总局电影局的有关人员进行访谈。
研究者角色与方式	参与其间的观察者、部分沉浸
研究对象与内容	放映点、数字电影放映机及流动电影放映车上的文字、影片（包括内容和语言），以及观看的环境、状况。
主要发现或结论	沿着仪式分析的思路，我们对电影与当代中国国家治理之间的关系进行了讨论，即农村电影放映这样一种仪式化的“视觉政治”已经成为当代中国国家治理的一种方式，同时，这一仪式化的方式其本身就是目的。

第三节　网络民族志的内涵与特点

在信息技术和社交媒体迅速发展的背景下，互联网与新媒体的应用已经成为传播研究的新领域，网络民族志随之兴起。观察法、访谈法、田野调查法是民族志的基本方法，当研究者将这些方法应用于网络现象的研究时，我们就称其为“网络民族志”。本节将介绍互联网对民族志的影响以及网络民族志的特质与应用，通过案例来解说网络民族志的实践方法、步骤与局限性，从而分析网络民族志中的伦理问题和研究价值取向。

一、网络民族志的兴起

（一）新田野的产生背景

民族志的研究以观察法、田野调查法为主要的研究方法，特别是在人类学的传统中，田野蹲点是执行民族志的必要做法。然而，当社会学、传播学、文化研究与其他社会科学领域学者在运用民族志的方法进行研究时，常常采纳的是民族志的特色与精神，而不是传统田野蹲点的做法。所以非人类学学者会弹性地设计研究问题、研究场景与观察方法。

20世纪90年代初，互联网出现而至普及，而今智能手机亦逐渐渗入当代人的生活当中，成为人们不可缺少的随身设备。新技术的发展有利于研究者收集更加丰富、精准的研究资料，亦为质化研究人员带来了崭新的研究机会。伴随着网络与社交媒体的发展，“虚拟田野调查”（Virtual Fieldwork）已经让网络世界成为一种“新田野”，网络上的民族志研究应运而生。将民族志的研究方法应用在计算机中介传播中的文化和社群研究上面，就产生了“网络民族志”（Netnography）、“数字民族志”（Digital Ethnography）或“互联网民族志”（Internet Ethnography）。

民族志注重对人们生活世界的了解，被定义为一种能够深入理解和分析人们生活意义的研究方法，而网络民族志也期待研究者，有足够的能力去分析和理解研究对象在网络上呈现出的社会现象、社会规范、社会问题等。

（二）网络民族志的特性

数字民族志学者霍斯特和米勒把互联网定义为“田野调查的虚拟场地”①，为研究人员提供了崭新的研究方向。拉里萨·霍思等人在他们的研究著作中如此写道：“随着数字技术日益融入人们的日常生活，民族志也逐渐成为一种关键的方法和分析手段，借以了解数字媒体技术如何改变我们的生活、工作和娱乐方式。”②

《劳特利奇的数字民族志研究手册》（*The Routledge Companion to Digital Ethnography*）③一书，汇集了人类学、社会学、媒介学、传播学和文化研究等多个学科的学者论文，试图反思并评估数字民族志的过去、现在和未来。通过对一系列关键议题的探讨，包括人类学数字化和引入计算机的完整历史、在数字化与网络化背景下各类民族志方法的探索、社会网络与传播科技对地方与全球化的影响、从移动科技到数字典藏的各种民族志接口，指出学界在面对日益复杂的数字化日常生活时，数字民族志所起到的跨学科作用是特别值得我们参考和反思的。

网络民族志的特性主要有以下三点：

1. 网络民族志是一种起源于民族志的在线研究方法，通过网络观察与研究理解当代数字通信环境中的社会互动现象。

2. 网络民族志是植根于研究人员参与式观察的特定的研究实践，与民族志的研究步骤一样，涉及资料收集、分析、研究伦理等议题。

3. 网络民族志可以使用“大数据”技术搜集通信网络记录，包括网民的对话与行为轨迹等作为研究资料，分析在网络上自然发展的公共对话与网络所创造的其他现象。

以营销研究为例，和传统民族志相比较，网络民族志在较短时间内就可获得详尽的信息。比起焦点访谈和深度访谈法，网络民族志受到的阻碍比较小，能在非刻意制造的场景中观察网络社群，一窥自然发生的行为，例如观察网络群组中消费者之间的口碑传播，搜寻消费行为轨迹等。除了可以运用大数据技术进行分析之外，网络民族志甚至可以让营销研究人员在特定的线上社群中寻找所需要的受访者与研究对象。④

二、网络民族志的应用步骤

网络民族志也采用多元观点，关注生活如何实现、技术如何融入生活，以及社会结构如何建立。在网络民族志的研究方法中，研究人员面对的是一个虚拟的世界，可以自由地控制何时进入和离开，这种随意进出的特性，为网络民族志研究提供了自由度与弹性。一般而言，当我们开始思考把民族志研究者派往何处，以及他们到达那里后将做什么时，网络民族志与传统民族志似乎并无不同，现在越来越多的人对网络民族志产生研究兴趣，并尝试将民族志的研究方法运用在网络民族志中。研究者可依循以下四个步骤。

---

① Horst, H. A., & Miller, D. (2012). *Digital anthropology*. London: Berg.

②③ Hjorth, L., Horst, H., Anne G., & Genevieve B. (2017). *The Routledge Companion to Digital Ethnography*. New York: Routledge.

④ Kozinets, R.V. (2002). The field behind the screen: Using netnography for marketing research in online communities. *Journal of Marketing Research*, 39(1): 61–72.

（一）选择虚拟田野

确定调查的题目后，选择网上或其他数字虚拟世界的地点进行观察。虚拟田野可以是基于网页、聊天平台、社交媒体，甚至是应用程序（App）形成的各类型社群或团体，例如选择微博的某一偶像账号作为田野来研究，内容可以是对偶像的符号消费行为进行观察。

（二）选择观察对象

选定观察的网络现象或群体，例如对微博上的偶像账号的研究，其对象可以是偶像，也可以是在他/她的账号里留言的粉丝；当然，偶像与粉丝也可以共同成为研究对象。选定观察的网络现象或群体后，可以从旁观察，也可以加入某群组成为群体的一分子进行观察。

（三）搜集网上资料

在选定的虚拟田野进行观察并搜集资料。例如观察并搜集粉丝在偶像微博下的留言，从而进行偶像符号消费学与流行文化的分析。在选定的虚拟田野进行观察时，要多方面搜集资料，注意与人、事、时、地、物相关的资料内容，必要时可以通过在群组讨论当中提问，或安排在线访问的方式进行深度访谈。以大数据工具来抓取、搜集大量的群组对话内容或所张贴的图片，是非常有效率的方式。

（四）进行记录、分析与写作

和传统民族志的执行方式一样，网络民族志要针对观察所得到的各项资料，进行详细的记录、分类、归纳与整理，通过严谨的资料分析提出结论与写作报告。针对资料分析的过程，可以运用三角测量法，从多方面来检视资料的可信度，找出矛盾或缺漏之处，进行充实与补正，力求保证所使用资料的可靠性，以及分析出来的结果具有可信度。

三、网络民族志研究案例

研究者孙信茹以网络民族志的研究方法，对云南省怒江州少数民族与新媒体使用进行了研究，通过观察普米族乡民的微信书写、自我表达和“大羊青年”微信群的交往互动，分析该地少数民族年轻人如何使用微信进行社群互动（见表 12–2）。[①]

研究者考察了在 2015 年底建立的“大羊青年”微信群，成员一共有 37 人。在此之前，研究者曾到该群主要成员所在村落展开过访谈和其他形式的田野考察，所以对研究田野已经相当熟悉，而“大羊青年”微信群的部分成员也是旧识。所搜集的研究资料是 2014 年 1 月到 2016 年 1 月群组成员所发布的微信内容。此外，研究者还在微信群中对不同的成员进行了访谈。通过网络观察与在线成员访谈，研究者对成员的想法与所讨论的内容加以检视，最后综合归纳，对成员的微信社群互动呈现的意义进行分析，并撰写成论文。

① 孙信茹：《微信的“书写”与“勾连”：对一个普米族村民微信群的考察》，发表于《新闻与传播研究》2016 年第 10 期。

表 12-2 网络民族志范例

题目	微信的"书写"与"勾连" ——对一个普米族村民微信群的考察
作者	孙信茹
出版信息	《新闻与传播研究》2016 年第 10 期
研究重点	结合研究者过往在该地的亲临田野调查资料,分析大羊村普米人的微信书写、自我表达和"大羊青年"微信群的交往互动。论文以民族志的方式撰写。
研究问题	对于这些远离中心区域和主流文化辐射范围的少数民族青年而言,微信意味着什么?是微信在"改变"他们,还是他们运用微信在释放自我?是微信开拓了他们表达的空间,还是他们将微信自然随意地运用于自己的生活空间?
研究设计与执行	网络民族志,考察 2015 年底建立的"大羊青年"微信群(共 37 人)。在此之前,研究者已经在这个村进出 5 年多,展开访谈和其他形式的田野考察,结识了包括这个微信群成员在内的很多村民,使其通过微信群再次"入场"。研究者采用观察法考察成员间的互动关系,并在微信群中对不同成员进行访谈。
研究者角色	公开参与的观察者
研究对象与内容	云南省怒江州兰坪县河西乡大羊村"大羊青年"微信群的成员、微信群成员的自我叙说(成员个人在 2014 年 1 月到 2016 年 1 月发布的朋友圈)、微信群成员间的对话和互动表现。
主要发现或结论	大羊村渴望摆脱现实生活困境,或者找不到明确出路的年轻人,在微信中自觉或是不自觉地书写与表达,映射出微信在不同层面的"双重勾连"作用。个体生活空间与网络虚拟空间得以自由转换,乡村个体意识与族群信念得以交织融合,村落内部和村落外部实现了更为紧密和多元的互动。

四、网络民族志的局限性

在网络上进行民族志研究虽然有许多优点,如观察的时间有弹性、所观察田野的地理障碍可以克服、资料储存方便等,但是网络民族志研究也有许多局限性,主要包括以下几点。

(一) 焦点集中于范围狭窄的网络社群[1]

在网络上进行民族志研究,主题与研究对象的选择都受到很多限制。研究者往往只能选择比较特定的范围与主题,超出线上可观察的内容或过于复杂的主题并不适合,因此网络民族志的观察也常聚焦于范围较狭窄的网络社群行为与对话。这样的限制,容易让网络民族志研究欠缺广度,多角度观察的机会不多。

---

① Kozinets, R.V. (2002). The field behind the screen: Using netnography for marketing research in online communities. *Journal of Marketing Research*, 39(1): 61–72.

(二) 线上田野缺乏身份识别,仰赖研究者本身的诠释技巧[①]

网络民族志受限于它的虚拟性:研究人员处在虚拟的情境当中,参与活动的能力是有限的,也难以观察到研究对象的肢体语言(Body Language)和情感反应(Affective Response)。由于缺少研究对象物理特性(Corporeality)的线索,研究者无法确认匿名参与者的真实身份,也难以观察到研究对象之间情感的流露与传递。人类感官的观察受到限制,会影响到网络民族志研究所作出的贡献,限制了研究者得出强有力的结论。[②]

(三) 网络上有许多虚假信息,需要更多求证

网络时代的信息快速在网络世界中流动,虽提供了大量的研究资料,但各种错误的信息或假消息也层出不穷。识别信息的真假、过滤相互矛盾的资料,考验着研究者的判断能力。部分从网络上得到的信息需要更多的求证,以确保观察资料的正确性。网络民族志除了运用观察法,也可以辅以研究对象的成员检查(Member Check)、在线访谈(Online Interview)、焦点团体访谈、问卷调查等不同的方式,或者通过三角测量法对网络观察资料进行交叉验证。

(四) 互联网使用的不平等

互联网的发展也存在使用不平等的问题。中国互联网络信息中心(CNNIC)发布的第47次《中国互联网络发展状况统计报告》显示,虽然网民在性别等结构上的差异已经很小(截至2020年12月,我国网民男女比例为51∶49,与整体人口中男女比例基本一致),但互联网使用仍存在一些潜在的不平等,如截至2020年12月,我国城镇地区互联网普及率为79.8%,农村地区互联网普及率为55.9%。城乡之间、阶层之间与族群之间,仍存在较大的网络设备差异、媒体与信息素养差异,这也是网络民族志在执行上的障碍。

五、传播研究中的观察法

田野调查法和网络民族志是两种不同类别的研究方式,前者亲临实地田野与人们接触,后者从远程进入虚拟田野中观察,两者都各有其优点与局限性。在网络与新媒体时代,研究者既需要学习新的研究方法去理解人们的生活,也要创新运用传统方法。

克里斯汀·海因指出,民族志式的了解是以近距离接触为基础的,所以田野调查最初是建立在这个前提之上的:与人接触、与人交往、与人共处,以及对研究对象的生活方式有第一手的了解,这些都是很重要的。早期民族学家也因此摒弃了依靠道听途说和二级传播得来的信息。当研究对象呈现出许多不同的交流方式与互动时,仅仅依靠一种媒介来理解可能会出现问题,也不利于民族志研究者想要达成的整体、全面性的描述。[③] 因此,对于网络民族志研究者来说,最重要的是对研究对象所参与的各种形式的交流和互动有深刻的体会与感受。

人与人接触,包括研究者和研究对象的接触,正变得多样、多元、多变。在此前提下,研究

① Kozinets, R.V. (2002). The field behind the screen: Using netnography for marketing research in online communities. *Journal of Marketing Research*, 39(1): 61–72.

②③ Hine, C. (2015). *Ethnography for the internet: Embedded, embodied and everyday*, p. 4. London: Bloomsbury Academic.

者必须保持对研究对象完全的尊重和平等的对待，不管是对实地的还是虚拟的群体，都需要遵守研究的道德和规范。为了达到这一目标，库兹奈特建议，运用网络民族志进行研究的学者应依循四项伦理守则：①

1. 研究者必须在进行研究时，向在线社群成员完全坦露自己的在场（Presence）、参与角色与意图。

2. 研究者要确保参与者的保密性与匿名性。

3. 研究者应该主动了解在线研究对象对研究的反馈意见，并将其纳入研究当中。

4. 研究者应该很小心地处理公与私的界限，在研究报告中直接引用特定的讨论群帖子，或是具有知识产权的资料时，应事前联络相关成员并取得“知情同意”。无论是实地或虚拟田野的民族志研究，遵守研究伦理是研究人员必须做到的原则。

练习与作业

1. 选择一个公园并观察一个星期，写一份简短的报告，介绍该公园游客的主要行为模式和活动形态。

2. 选择一个在线论坛并观察一个星期，写一份简短的报告，描述在线参与者在论坛上所讨论的主要内容，说明所看到的文化意涵并分析其特殊之处。

3. 选择一个网络社群并观察一个星期，写一份简短的报告，描述社群成员之间的互动情况，分析成员的主要活动与互动内容的传播过程。

问题与解答

Q1：只凭眼睛去观察事物可以称为观察法吗？

Q2：可以在家里进行观察吗？

Q3：我们可以在应用程序（App）中使用观察法吗？

第十二章　问题解答

词汇与定义

1. 田野调查。或称实地调查，是质化研究中的一种观察方法。研究人员必须离开办公室

① Kozinets, R.V. (2002). The field behind the screen: Using netnography for marketing research in online communities. *Journal of Marketing Research*, 39 (1): 61–72.

或实验室，亲自进入研究现场，通过观察法或访谈法进行资料的收集与分析。

2. 田野。田野调查中所指的“田野”不一定必须是真实的田野，“田野”具有隐喻性，它所指涉的是可供研究者观察的一个环境或群体。

3. 网络民族志。随新科技和互联网的发展产生的一种质化研究方法。研究者运用民族志的方法与精神，在网络虚拟田野中进行观察与调查，针对网络世界中的新兴现象、网民及其行为进行研究。

第十二章　阅读文献

第十三章

访 谈 法

——生活与经验世界的探索

学习目标

1. 学习访谈法的研究设计。
2. 了解深度访谈法的适用时机和情境。
3. 学习深度访谈的操作规则。
4. 掌握主持和控制深度访谈的技巧。
5. 了解焦点小组访谈的适用情境与执行要领。
6. 理解网络访谈与网络焦点访谈的应用方法与局限。

引 言

访谈在质化研究中指的是“深度访谈”(In-depth Interview),而非一般的访问,其运用之广如同量化研究的调查法。这种访谈不是找个话题与别人聊天,也与一般记者的采访不同。访谈法是社会科学研究非常重要的一种方法,看似容易掌握,操作简单,但初学者往往抓不到重点,只能提出一些“常识性”问题,而非深入、需要研究的问题。

有没有找到关键的受访者?受访者能不能(适不适合)回答你的访谈题目?如果受访者顾左右而言他,怎么办?如何“顺藤摸瓜”触及真正的核心问题?考虑好这些问题是访谈的前置作业,必须事前“沙盘推演”,不断模拟修正。而且所拟定的访谈题目要能回应研究主题,如果连这个最基础的前提都做不到,那这个访谈注定失败。

本章介绍质化访谈的类型、访谈的研究对象与环境的选择、深度访谈的执行、焦点小组访谈、网络深度访谈的应用与限制,每一个环节的进行都有学理的基础。因此,访谈法绝不是随随便便就可以开始执行的,必须在访谈前有充分的准备,访谈时也要做到严谨而有规划。

第一节 访谈法的类型

访谈法是了解问题最直接的方法,无论是质化研究还是量化研究,最初往往都要通过初步访谈才能对问题有所理解。要搞清楚特定研究议题适合采用哪些研究方法,也必须通过初步访谈才能确定，可以说，访谈是最基础的研究工具。

访谈并非采访或随意聊天，必须符合基本的规范。访谈一般可以分成结构式访谈、非结构式访谈、半结构式访谈三种类型。

一、结构式访谈（Structured Interview）

访谈人员事先设计好访谈提纲，然后依次向受访者提出问题并得到标准化的回答。这种方式的优点是有高度的可控性，可以完整地得到研究者所需的信息，一般不会被无关紧要的回答干扰，有利于问题分析等后续研究，配合量化研究更具说服力。但也可能因为访谈问题已经设定，而较缺乏应变的灵活性，初学者使用时更难以得到意料之外的发现。

二、非结构式访谈（Non-structured Interview）

又称为开放式访谈，不事先拟定访谈提纲，研究者与受访者依循一个主题进行自由的互动交谈。研究者必须做好时间控制，避免冗长拖延。当然，这样的访谈经过编码、分类后可能仍无法得到标准化的回答，也无法定量分析，造成分析上的困扰，却有引发深入研究、得到意外发现的可能性。因此，非结构性访谈最常用于教育调查与心理学的研究。

三、半结构式访谈（Semi-structured Interview）

通过“半”这一限定可以知道该类型介于结构性访谈和非结构性访谈之间。操作半结构性访谈，同样必须拟定访谈提纲，作为标准化回答的依据，但在访谈过程中，依据研究逻辑和议题特性，有些问题需要采用非结构性的访谈，让受访者可以自由表达观点，此时访问者应当视访谈情况和氛围，调整非结构性访谈的介入时机，并进行必要的追问。半结构性访谈同时具有问题研究的规范性和灵活性的优点，更适合在结构式访谈之后使用，具有补充、延伸、发展访谈议题的功能。

第二节　访谈研究对象、情境与案例选择

访谈法是质化研究最基本和最常用的研究方法，也因为是研究的“基本功”，常被认为是最容易入门的方法，反而使其流于简单的“采访”，一般研究者很容易落入“不知为何而访”“有访无访没差别”的窘境。这种“研究”实在不算是研究，充其量不过是谈话，或是从别人口里得到一些主观的评论意见，对真正的研究并无实质帮助，也就是为了访谈而访谈，忘了研究的目的。诚如美国学者罗伯特所言，访谈是一种技术与方法，用以建立或发现对事件的各种不同视野或观点，而非访问者自己的视野或观点。①

适合访谈法的研究议题，基本上必须先通过与研究对象的基础访谈，了解议题整体脉络，才有可能进一步“拆解”议题的层次，再设计假设或题纲。使用访谈法的研究必须有层次，利

① 转引自 Martin W.Bauer、George Gaskell:《质性资料分析——文本、影像与声音》，罗世宏、蔡欣怡、薛丹琦译，五南图书公司 2008 年版。

用基础访谈搜集初步资料，深度访谈才是研究方法的精髓。而且实施访谈必须有特定主题，形成研究者与受访者之间的“对话”关系，研究者依序深入了解提纲设定问题的重点，以利于事后做编码、分类等分析。

一、选择访谈对象和访谈环境

（一）选择访谈对象

质化研究对象选择的重点在于高质量的前端设计，类似量化研究对“信度”的测量，质化研究者往往检视“可信赖度”，即如果对同样的访谈对象、同样的问题进行重复的询问，研究者能得到稳定、一致和可靠的答案的程度。选择访谈对象还要考虑受访者对于研究议题的重要性与关联性。访谈对象与议题的关联程度可借助相关的辅助材料来判断，必要时可以依据访谈对象与议题的深浅关系进行权重设计。对“关键人”的选择至为重要，选择好关键的访谈对象再进行适当的把控，就比较容易创造出优质的访谈。

选择访谈对象经常会碰到选择哪类角色的对象进行访谈比较合适的问题。举例而言，同样研究新闻生产，面对链条中不同的重要参与者，不同目标的研究需要选择不同生产环节的人作为访谈对象。要研究一则新闻对受众的传播效果，就要思考谁有权力决定采访这则新闻，这是决策问题，属于管理层面；也要想到记者掌握新闻采访技巧，负责报道角度、文字和影像，这是执行问题。如果要用访谈法研究新闻选题对“收视率 / 阅报率”的影响，显然新闻机构主管才是合适的访谈对象；如果研究指定主题的不同新闻作品对受众的刺激，新闻记者显然是较理想的访谈对象。研究主题与内容的拟定要落实到实操层面，以便于选择访谈对象。

另一个选择访谈对象的关键是研究者要自问：“为什么要选择他 / 她？”研究者经常面临的挑战是选择哪些对象构成的样本最适合研究主题，也就是访谈对象代表性的问题。这种思维有如量化研究的样本选择，必须要有具体理由来说明为何选取此样本，以增加研究结果的说服力。

在一篇名为《农民工“融城”心理障碍的消解路径与策略选择——以长沙、株洲、湘潭的访谈记录文本为样本的分析》的论文中[①]，访谈是主要的研究方法，是所有研究素材的核心来源。文中虽有很好的访谈对象编码内容，却少了对受访农民工样本选择的说明，研究者只以“笔者近三年（2005—2007）在长沙、株洲、湘潭三地所作跟踪访谈记录文本为分析样本……”，但是究竟有多少农民工接受访谈？农民工的代表性如何？个别受访农民工的特质是什么？这些都没有说清楚，其研究的结果难免受到质疑，甚至可能产生推论的偏误。这也显示了系统地说明访谈样本的代表性与重要性能强化研究结果的说服力。

另有一篇《儿童英语教师工作压力与因应策略之质性研究——以台南地区为例》[②]的硕士论文，采用访谈法了解儿童英语教师的工作压力。论文介绍了选择受访对象是以“目的性抽

---

① 李昱、倪明胜：《农民工“融城”心理障碍的消解路径与策略选择——以长沙、株洲、湘潭的访谈记录文本为样本的分析》，发表于《武汉科技大学学报（社会科学版）》2008 年第 5 期。

② 李玫玲：《儿童英语教师工作压力与因应策略之质性研究——以台南地区为例》，高雄中山大学人力资源管理研究所 2004 年硕士论文。

样的精神，以滚雪球的方式”，找到四位符合研究设计的儿童英语教师，以半结构式的访谈法搜集内容，并将受访对象基本背景分别编码列表，同时详细记载了访谈时间、地点、次数等资料，在研究方法的工具掌握上显得较为纯熟。

(二) 选择访谈环境

深度访谈应选择在可控制的环境下进行，而一般访谈的操作则可以较为随性，但也必须聚焦于研究主题，而非随意“闲聊”。

哪一种环境或场所较适合访谈？当然是越少受到干扰越好。不过有时访谈的环境也要契合主题情境，比如若要研究传统市场的口语传播现象，研究者总是要身处市场里才能体会人声嘈杂的气氛。

此类人与环境结合的访谈具有某种田野调查的特征，只是多数没有田野调查与环境相融的程度深，且研究主题多是有关集体行为的。在一篇《女子发廊中的杂志阅读行为初探》[①] 的论文中，研究方法除了采用目的性抽样电话调查法外，针对分布在某市不同区域，不同规模、形态的 43 家女子发廊的工作人员进行了实地访谈，这种访谈就是将环境列为重要的情境条件，在自然的氛围中得到真实的访谈内容。

下列案例可了解访谈前选择访谈环境的重要性。《中国大陆山寨文化形成的社会微观：从深圳山寨手机销售网络到社会移民的形成》是一篇讨论 2010 年深圳山寨手机贩卖网络与手机营销传播的论文(见表 13–1)，华强北路的商场是当时深圳山寨手机最主要的集散中心，商场就是买卖活动的具体环境。其中，“明通数码城”是当时一幢复合式的山寨手机贩卖商场，各式山寨手机及相关产品的摊商一应俱全，还包括各国快递服务驻点，是当地最具代表性的商场。研究者经过基本的田野调查初步收集摊商资料，再依照主要经营商品项目对摊商进行分类并访谈，在“山寨手机”买卖的环境中进行访谈，具有场景感染力，对强化访谈成效有很大帮助。

表 13–1 深圳的山寨文化与手机传播

题目	中国大陆山寨文化形成的社会微观：从深圳山寨手机销售网络到社会移民的形成
作者	诸葛俊
出版信息	《国际文化研究》2016 年第 1 期
研究重点	考察创造经济奇迹的城市深圳，研究其中特殊的山寨手机文化。从国家政策和人文因素解读该文化的诞生，结合实地的田野考察，对深圳山寨手机文化现象进行诠释。
研究问题	研究主要由潮汕籍移民来“打造”的深圳“山寨手机王国”兴起的背景因素和主要流通基地中的营销网络和人际关系，针对山寨手机摊商的“区域”“柜位”“商品种类”与“籍贯”四项要素进行调查与分析。
研究设计与执行	田野调查，以山寨手机流通基地华强北路上最具代表性的“明通数码城”商场的摊商为对象，首先做区域的编码，然后按照主要经营商品项目对摊商进行分类，依此编码方式检视各摊商的情况，最后对潮汕籍移民摊商进行访谈。

① 林鹤玲：《女子发廊中的杂志阅读行为初探》，发表于《台湾社会学研究》1999 年第 3 期。

续表

研究者角色	公开参与的观察者、中立客观的访谈者
研究对象与内容	商城区域的贩售产品组成以及贩售摊主的背景和工作经验。
主要发现或结论	深圳山寨手机市场除了建构了山寨文化之外，还涉及非正式经济、亲族关系、技术流动（台湾－大陆）、人口流动（各省外来工往返）、资金流动（省内、省间）、市场流动（省间、国内外）等，这些多重关系所建构的流动形塑了深圳山寨手机市场的独特现象。

二、访谈的抽样方法

如前文所述，找出适合的访谈对象，是访谈法重要的一环。选择符合受访条件的对象才能获得所需信息，以利研究主题的探讨。以下提供几个最常使用的访谈抽样方法。

（一）简单随机抽样

量化研究常用的随机抽样通常不会直接用于质化研究，但质化研究仍然可以借鉴其思路，采用量化概念并进行较为务实可行的“简单随机抽样”（Simple Random Sampling），亦即不需要经过严格的样本定义，依研究议题需求选定抽样的总体，再设定抽样的特征。

虽然简单随机抽样的总体选择存在主观偏向性，但在确定抽样架构时仍必须科学分配样本，使访谈对象被抽中的概率相等，且访谈对象之间无一定的关联性或排斥性，但在结构上有代表性。从功能的角度考虑，所抽取的访谈对象必须符合研究议题的需要，也就是不能纯粹以随机方式决定，而是必须抽出有意义的对象。在考虑每单位抽出样本比例的一致性、样本人口统计变量的一致性（性别、职业、区域等）的基础上，系统地抽取访谈对象，组成有代表性的样本。例如，从 100 人的群体中抽取 1 人进行访谈，每人被抽取的概率是百分之一，即使符合随机抽样原则，还必须考虑被抽中者是否符合访谈需要。如果不符合，要重新抽取，直到抽出符合研究需求的对象。如此既符合随机抽样的原则，又能准确地找到合适的访谈对象。

笔者曾经多次到深圳大芬村进行油画销售行为与移民路径的调研。经初步调查，大芬村 0.4 平方公里，里面有 200 多家画室和 2 000 多名画师，画师多是来自全国各地的年轻人。画室除了大量供应仿制油画，也是年轻画师的训练班。学习采用师徒制，年轻画师在工作中提高油画技艺。以质化访谈法研究大芬村各类型画家，至少要选择 20 名各类画师接受访谈。每位画师经随机抽样被抽中的概率是百分之一，还必须考虑其代表的类型，如不同的画风或专长，如果抽到的不是从事某一种画作类型的人选，即使符合随机性仍然必须另外再找替代对象，调整访谈人选，这样可以同时兼顾样本代表性与功能性需要。

（二）理论抽样

质化研究的抽样特别强调目的性、功能性，按照研究问题来选择访谈对象，作为最恰当的信息来源,达到探讨问题的目的。[1]美国学者巴顿认为访谈抽样的对象需要能提供“最丰富”的信息材料,但质化研究中优先考虑的是信息的功能性,“最丰富”的信息未必合乎研究需求,搜集“最恰当”的信息才是上策。因此功能性与目的性主导访谈对象的选取,从访谈中得到重要的概念,才能有助于研究者提出理论性的解释。提出质化研究“扎根理论”(Grounded Theory)的美国社会学者科宾和斯特劳斯指出:“在理论抽样中,研究者并不是抽取‘人’,而是要抽取能够丰富和完善研究问题的‘概念’。”[2]这种抽样方法被称为“理论抽样”(Theoretical Sampling)。

在研究的过程中,研究者须不断进行判断,检视从研究群体与研究资料中发展出的类别,是否已经完整地体现理论的每一个层面。若研究的现象与类别达到理论的饱和,找不到其他资料可以建立新类别,就可以停止寻找研究对象了。

如何在理论性概念的指导下,准确地选取访谈对象?以一篇研究某地区客家广播媒体组织信息传播科技使用的论文为例[3],这篇论文从计算机中介传播与组织沟通、组织中的信息传播科技、社交媒体与组织传播三项核心理论概念出发,研究客家广播电台对内与对外的沟通如何受到信息传播科技的影响。此研究选定了位于A市的“A客家电台”、B镇的“B广播电台”,以及C市的“新客家电台”三家客家广播电台。理论中的要素、因子是访谈的重要内容,也是选择研究案例和受访者的重要依据。因此,在本例中,只有具有决策权的受访者才有条件成为研究的访谈对象,也就是合格的样本,研究者最终选择了广播电台的管理者作为访谈对象,体现了理论抽样的目的性和功能性。

(三)滚雪球抽样

通过“一个介绍一个”的方式产生样本,可以称为“滚雪球抽样”(Snowball Sampling)。采取“滚雪球抽样”必须要符合一些基本的条件。在研究初期,研究者通常对研究对象的全貌没有深刻的了解,需要通过认识第一批受访者来得到进一步的信息,此时常采取介绍的方式寻找研究对象:第一批受访者介绍第二批、第二批受访者介绍第三批,依此类推,受访对象就有如滚雪球般愈来愈多。

研究者无法得到受访群体的充分信息,也不容易找到合适的受访对象,就会影响访谈前置作业的精确程度,在这种情况下,“滚雪球抽样”是最佳的方法选择。这种情况下,研究者必须制订受访标准(确定受访者类型),以筛选适合的对象。因为当受访对象尚未达到一定规模时,“滚雪球抽样”很容易产生同质性过高的受访者,研究者必须检视这种偏差状况,避免样本集中于一种或少数类型,并做出必要的策略调整或割舍部分受访者。

“滚雪球抽样”较适合用于不为大众所知的,封闭、保守、低调的研究对象,他们一般较不易接触,或较难为外界所了解。如前文提到的深圳山寨手机销售网络与潮汕移民的研究,由于山寨手机“仿冒”的问题,其销售网络非常封闭,尤其是下游销售网络主要掌握在潮汕移民

---

① Patton, M. Q. (1990). *Qualitative evaluation and research methods*, p.169. Newbury Park, CA: SAGE.

② Corbin, J., & Strauss, A. (2008). *Basics of qualitative research: Techniques and procedures for developing grounded theory (3rd ed.)*, p.144. Thousand Oaks, CA: SAGE.

③ 李美华:《台湾客家广播媒体之组织信息传播科技的使用研究》,发表于《全球客家研究》2016年第7期。

手中，问题的成因及其与深圳的都市特性有无特殊关系，都令人产生兴趣。但也由于山寨手机的销售网络非常封闭，内部都以潮汕方言沟通，外人不易介入，对研究的进行形成莫大的阻碍。此类不为大众所知的研究对象适合使用“滚雪球抽样”法，研究者通过销售类型的区分找寻受访对象，再通过介绍获得新的受访对象并逐一进行访谈，最后据此分析与类推山寨手机整体销售网络与潮汕移民的社会关系。

（四）差异性抽样

研究议题的设计有时会考虑到要涵盖不同种类、不同层次的研究对象，性别、年龄、受教育程度、职业、个人收入、居住区域等方面都要具有差异性。例如，新闻媒体组织至少由记者、编辑、主编（领导）三类人员构成，探讨新闻媒体的组织文化与传播时，必须顾及这三类在工作性质上具有差异性的研究对象，如此构成“差异性抽样”（Difference Sampling）的基本样貌。

在操作差异性抽样时，如果需要找到异质性更大、更精确的访谈对象，也可以增加抽样条件进行更复杂的选取。[①] 以新闻媒体研究为例，受访者不但可分为记者、编辑、主编三类，还可以再加入性别、受教育程度或是个人收入的差异等条件，就能更精确地选取合适的受访者。“极大化异质性”的抽样策略强调在研究过程中，要尽量找到各种不同类型、类型间异质性较大的受访者，以呈现完整的受访者群体内部差异特征。

仍以深圳山寨手机销售与潮汕移民的研究为例，受访者依据现场摊位可分成：手机销售、外围配件（电池、充电器、数据线）、手机外壳、手机维修四大类，已经具备基本的差异性；因潮汕移民来自不同地区，可进一步分为潮阳 / 潮南、揭阳普宁、其他地区，再加上性别和年龄条件，抽取受访对象时就从这三层作配对，抽取出适合的受访者，再进行半结构式访谈。这样的研究方式也可以配合针对销售网络的田野调查，构成较完整的研究设计。

三、访谈设计与研究问题

美国教育学者马歇尔和罗斯曼在其《设计定性研究》一书[②]中提到质化的研究设计，要以“What”来建立研究架构，从“How”来思考研究途径。“What”指的是研究者必须清楚要研究什么，研究议题有什么意义；而“How”的作用则是建立议题与方法的关联性：用什么方法能解决或说明研究问题。从研究方法的角度来看，访谈法是回答、解决“How”的核心技巧。任何方法的思考和设计都必须围绕“问题”展开，而串联问题与方法的设计必须从以下三个角度出发：(1) 个人生活经验，(2) 社会与文化的质化特性，(3) 与研究对象的语言一致性和与之沟通的兴趣。[③] 例如前文提到的女子发廊中的杂志阅读行为研究，研究者本身就是女子发廊的消费者，能以观察者的立场发掘问题、建立问题意识，从个人生活经验出发，融合社会与文化背景，契合质化的研究脉络特性，以相同的社群语言激发沟通兴趣，创造最适合的访谈情境，是操作访谈法的上佳范例。

访谈法的操作实际上要基于研究者与受访者之间“共同建构”的沟通情境。在这一过程

---

① Babbie，E.：《社会科学研究方法》，林秀云译，双叶书廊 2016 年版。（Babbie，E.（2016），*The Practice of Social Research*（14th eds.），SG：Cengage Learning）

②③ Marshall C. & Rossman G. B.（1999）. *Designing qualitative research*，London：SAGE.

中，研究者要“再现”受访者陈述的情境，换言之，受访者有如带着研究者进入关于访谈内容的情境中。研究者要注意精准地记录访谈内容以保存一手材料，以便于进一步的分析与诠释，并检验预设理论的信度与效度。研究者对语意情境的掌握和对理论运用的预设，也必须置入“共同建构”的情境予以验证，以避免语境混淆或运用的理论与访谈内容脱节。

无论是采用何种形式的访谈，设定访谈议题一定要有层次感，在主议题之下有数个子议题，子议题之下再分成几个小题，依序分层次进行，环环相扣。

例如，一篇以社会资本为主要理论的《人脉与新闻采集：从社会资本与组织冲突观点检视记者如何建立与消息来源之间的关系》[①] 论文，讨论记者的人脉资源与新闻采集的关联性，记者是主要研究对象，研究方法与设计采用访谈法。由于作者曾经是主跑财经新闻的资深记者，此选题与个人生活经验十分契合，而“社会资本”议题也符合研究场域的社会文化。具体的研究议题包括：(1)最常为记者提供独家或内幕的信息来源通常属于何种职位层级？(2)分处于组织层级光谱不同位置的受访者，在记者采访工作中分别扮演何种角色？(3)记者和主要信息来源之间互动的连带形态为何？何种连带形态对采访内幕或敏感信息较为有利？(4)记者如何主动建立自己的人际网络，形成新闻采访的人脉资源？将以上这四个议题作为研究问题的支柱，再依次安排子议题，以体现访谈议题的层次设计。

四、研究伦理与知情同意

任何一种研究方法都会涉及互信、尊重等研究伦理问题，在做访谈时研究者应先自问：“当你对有如资方与劳方等立场价值互不相同的双方做访谈时，会不会遇到信任的问题？”“你的访谈支付了报酬就可以探知别人的内心世界吗？受访者会不会因报酬而过于强化或扭曲事实？”“当你在未告知受访者的情况下，记录受访者在自然情境中的表现，并影响到结果分析的走向，会不会面临伦理问题？”“刻意制造轻松气氛拉近距离，以博取受访者的信任，探索其内心世界，会不会有骗取信息的伦理问题？”……如果这些问题都令你心生疑虑，那就要好好思考研究伦理问题了。

研究者希望受访者讲出内心想法和行为动机，但这有可能会让受访者暴露在某种痛苦回忆中，产生“二度伤害”，这是研究的灰色地带。早在 30 多年前，心理学者西伯和斯坦利在谈到社会研究时就提出：在研究的各个环节中，如提出研究问题、确定研究设计、执行研究、解释与应用研究发现等，研究者都必须树立伦理意识，重视研究伦理问题。[②] 保护受访者隐私，与受访者建立信任是访谈法的重中之重。

研究者有责任遵守研究伦理规范，执行访谈前有必要充分告知受访者研究的相关内容，并取得受访者的同意，这种做法被称为“知情同意”。告知的内容一般包括：(1)研究目的、基本研究方法和相关背景；(2)受访者要承诺参与研究是自愿的；(3)研究结果可能对受访者产生的正、负面影响；(4)如果受访者对访谈内容有所疑虑，并得不到合理的解释，可以随时退出

① 罗玉洁、张锦华：《人脉与新闻采集：从社会资本与组织冲突观点检视记者如何建立与消息来源之间的关系》，发表于《中华传播学刊》2006 年第 10 期。

② Sieber, J. E. & Stanley, B. (1988). Ethical and professional dimensions of socially sensitive research. *American Psychologist*, 43 (1): 49-55.

研究;(5)访谈资料的使用范围和保存状况。这些条文往往会写在“知情同意书”中,在访谈前由受访者阅读并签字同意,以保障双方权益(特别是受访者的隐私权)。遗憾的是,知情同意的做法目前在国内并不普遍,政府、学校或研究机构尚无要求,研究人员也大多没有这种习惯。

第三节 深度访谈

访谈法具有系统性、规范性,并被普遍应用于各类研究。质化研究常用的深度访谈则是针对特定主题,由研究者事前设定议题走向,一对一地与受访者进行有逻辑性的访谈,是处于访谈法最顶端的方法。通过深度访谈,研究者搜集最适合的受访者对研究主题的看法、感觉、信念和态度,获得经验性的、专业的信息。研究者与受访者各有专业特长,在互动交流中实现具有稳定性、一致性和可靠性的深度访谈。

一、深度访谈的模式

一般而言,深度访谈都会以非结构式(开放式)的方式,在自由、开放,甚至是漫谈的气氛中进行。即便如此,访谈也必须在访谈提纲的引导下进行,兼顾“开放”的气氛,研究者本身的访谈技巧、对问题的敏感度与对访谈法的运用能力决定着访谈取得所需研究资料的效果。因此,学生或初学者通常会使用比较简单可行的半结构式或结构式访谈。

结构式访谈依据事前设定好的访问题目进行,目的明确,只要依据既定问题找答案即可。而半结构式访谈虽然也会在事前依据研究问题拟定部分或系列访谈题目,但是在访谈进行中仍然保持弹性,视实际情况随时提出新的访谈问题,或依据受访者的回答适时进行追问,将问题引向深入。

半结构式或结构式的深度访谈,至少发展出以下两种模式,可以相互切换运用,以增加资料搜集的强度和准确度。

(一) 半结构、导引式访谈

确定好访谈的大主题,并将其划分为若干维度的子题,再根据每个维度子题的内涵与外延设计出一个或若干个具体问题实施访谈。访谈中未必按子题顺序发问,而是依据受访者的回复内容和现场气氛机动调整、决定顺序,必要时还可以依据大主题界定的范围临时追问或增加子题。这种深度访谈模式的优点在于访谈有弹性,能搜集到一般文献未提及,且更有深度的信息。但正因为发问有弹性,访谈者容易挂一漏万,引导不足,使访谈偏离大主题,这是实施半结构式访谈要特别注意的问题。

(二) 结构、标准式访谈

在大主题界定的范围内拟定访谈子题,子题(与题组)及其顺序都在访谈前确定,在访谈进行中不随意更换,所有受访者都依相同的子题顺序接受访问。访谈者也不能随意追问、加题,以免造成操作混乱、增加深度访谈的复杂度而降低效度。在这种深度访谈模式下,研究结果的分析可以很系统化，有点类似于量化研究的“内容分析法”，只是分析的材料以叙述与文本资料为主。这种方式所得到的访谈内容，可以很准确地呈现大的研究主题、直接与研究主题相呼应；但缺点是少有在访谈情境中被激发、创造、牵引出来的额外发现。

二、拟订访谈提纲

对于如何操作深度访谈，有学者强调“尽可能让研究情境像真实世界，（但同时）要认真对待谈话”[①]，提醒访谈者在深度访谈时要提高警惕，避免掉入没有信度的“聊天”情境。

深度访谈是社会科学的质化研究方法之一，任何学术研究方法都是为了在真实世界中说明问题、证明问题或解决问题，试图让问题得到科学的解答。为了帮助访谈者“认真对待谈话”、达成深度访谈的目标，任何访谈的实施都必须紧密地围绕大主题来设计访谈提纲与子题（见图 13–1），这可以说是完成深度访谈任务最重要的前置作业。

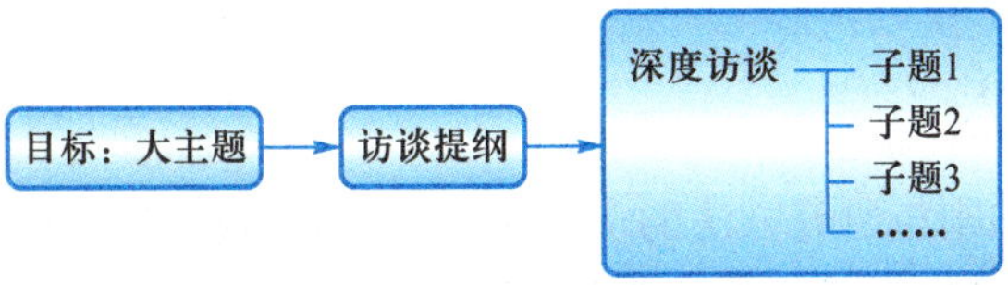

图 13–1 深度访谈大主题、提纲与子题的关联性

界定访谈目标之后就要开始设定访谈提纲，也就是将大主题拆解成几个维度。任何一个研究主题都可根据已有理论和概念来界定清楚与之相关的维度，并将相关维度纳入访谈范畴来设计子题。例如，一个小孩的成长必定会受到家庭教育、学校教育、社会教育三方面的影响，如果研究主题与小孩所受教育有关，研究者就应该建构与这三个维度指标相关联的访谈提纲，再依此拟定访谈子题。

三、子题的拟定及分层原则

拟定子题前必须思考，要采用哪一模式的深度访谈？是结构式，非结构式，还是半结构式？显然，深度访谈不能设定“是”或“否”的二分法题型，既然要有“深度”就要让受访者在子题内畅所欲言。子题要彼此相斥，每个子题之下可以有数个问题，但所包含的问题性质要单一。例如，研究小孩成长中的教育问题，“学校教育”是其中一个维度，在此维度下可能会分出“老师的教学”“老师的风格”“学校的风气”“同学的互动”等子题，再在“老师的教学”子题下设计出“老师的学识”“老师的教学准备”“老师对课文的讲解”等各种不同的问题，数个问题都属于“老师的教学”。如此层次分明才能让受访者将回答聚焦在明确的子题上，既达到深入访谈的目的，也能避免研究者因问题零散而在分析结果时产生困扰。

子题的拟定要能循序渐进地引导受访者进入“深度”的氛围，这有赖于研究者掌握分层原则，包括内容的分层和序列的分层。针对受访者，内容的分层要求研究者先检视提纲，是否涵

① 转引自 Martin W.Bauer、George Gaskell:《质性资料分析——文本、影像与声音》，罗世宏、蔡欣怡、薛丹琦译，五南图书公司 2008 年版。

盖了经验/行为、意见/价值、感受、知识等问题，也应涵盖性别、年龄、职业、受教育程度、居住地等基本背景问题，依此分层次地拟定子题。

序列的分层就是将子题由浅入深地排列，尤其要考虑到受访者的感受，避免其因情绪因素而影响后续的回复与交流。原则上，不具争议性的子题放在前面，可以作为开场之用，例如受访者的基本背景；接下来可以排列有关受访者主观感受的子题，让受访者畅所欲言，制造"以客为尊"的访谈气氛，以取得受访者的信任；接下来将具有争议、对立性和涉及深层事实的子题安排在第三个层次。如果采用半结构式的访谈，此时必须视情况加以追问或插入一些随情境而出现的问题，这个层次才是深度访谈的核心，是得到最有价值信息的关键。

操作深度访谈时，如果涉及事物发展在不同时期的情况，原则上先谈记忆犹新的"现在式"的事情，再连接"现在"谈"过去式"，最后再说明"未来式"，如此较能符合受访者的心理状态。当然，在操作深度访谈时要能理解受访者的专业经验，一定要尊重受访者的知识、态度、经验与感受，这才符合研究伦理。

四、三角测量法

随着社会变迁的加剧与研究方法的多元化发展，运用过于单一的方法已经无法准确地解决研究问题，尤其是单靠访谈所取得的资料，往往有许多局限性。受访者也许记忆不清，也许出于私人目的刻意隐瞒，所提供的回答可能会有偏误。加上研究伦理要求访谈者必须尊重受访者，不能伤害他们的情感或苦苦逼问，使得真相的取得面临更多障碍。

在方法上，若能做双向的验证，就可以增加研究结果的效度与可信度。如劳资纠纷议题，如果劳方和资方都能有接受访谈的机会，就更能厘清纠纷的事实。若双方各执一词，难辨谁是谁非，通常需要有第三方出面论断，形成多方相互验证的效果。这种多角度获取资料的方法，被称为"三角测量法"（Triangulation，也可以称作"三角验证法"），由诺曼·邓津于1978年首次应用在社会科学研究中。有感于单一研究方法在操作过程中可能产生的误差，邓津提出了三角测量法，引用一种以上的方法、理论或资料进行解释、比对或验证，以增加研究的稳定性、一致性和可靠性。将其用于深度访谈，可以减小受访者偏误的影响，减少研究者分析的困扰，并强化研究结果的可信度与客观性。

影响研究成败最重要的要素包括：研究者（在质化研究中主要指调查者）、资料（文献）、理论、方法论。为提高研究的精确度，可以通过四大要素入手实施三角测量法：调查者三角测量、资料三角测量、理论三角测量、方法论三角测量。在一个研究中，多位研究者协力合作或相互咨询，选取多方面的研究资料来源与多样化的受访者类型，运用不同理论观点相互印证，共同运用多种方法与研究工具，是实践三角测量的基本做法。

第四节 焦点小组访谈

一、源起：默顿的焦点访谈

焦点小组访谈（Focus Group Interview）亦称焦点团体访谈、焦点访谈或焦点座谈，20世纪

50 年代由美国社会学家罗伯特·默顿等学者提出。其四个特质包括[①]:(1)受访者共同参与一个"特别的情境",如参加一个实验,一起看电影或听广播节目;(2)研究者已经初步分析过此情境,并针对受访者可能的反应(行为)发展出假设;(3)由这个情境提供访谈方向与主要领域探索的基础,并提供收集访谈资料的相关标准;(4)访谈者运用"主观经验"来确认受访者对其所参与活动的"情境定义"。

默顿的研究是焦点小组访谈的始祖,该方法后来在大众传播、舆论学、营销研究、心理咨询等领域得到了广泛应用。小组成员的讨论有效呈现了受众对特定议题、产品或服务项目的感受和意见,[②] 所以焦点访谈也经常运用于新产品开发时的市场调查,帮助企业组织更准确地了解产品价值和消费者需求。

二、焦点小组访谈的适用情境

焦点访谈是个既方便又经济的研究方法。首先设定议题,将广泛的议题限缩在较容易操作的范围内,借由团体的互动收集成员的想法、意见和态度,再以三角测量法来验证结论。

总体而言,在研究者掌握了议题的大方向,但还不了解议题成因、过程或其他影响因素时,最适合运用焦点访谈法来收集资料,以便进一步做更深入的研究。

适合运用焦点访谈的具体情境包括:(1)研究者针对自身非常陌生的议题,了解特定群体的看法;(2)了解受访者对新颖议题(或创新产品)的不同想法和观点;(3)了解不同领域的受访者对议题的不同看法;(4)了解同领域不同层次的受访者对议题的差异意见;(5)期待受访者彼此的讨论激发出新的信息;(6)为研究某议题进行前期信息收集;(7)针对已经设定好的议题或子议题,了解不同群体的受访者看法;(8)需要用三角测量法协助检验某研究议题结论的可信度。

三、多层次焦点访谈

焦点访谈具有学术研究与市场调查的双重功能,当研究者面临市场渠道、消费者、竞争产品等多方面的影响因素,且已准备好了多元性、开放性与前瞻性的问题时,要了解市场对产品的需求,多层次焦点访谈就是很好的研究工具。

举例而言,某公司想研发一款新的洗发水,锁定的消费群体是年轻女性上班族,年龄层在 25~35 岁之间,这个群体对秀发保养的需求与可能遇到的问题是什么?这是一个非常开放的产品销售议题,涉及洗发水的配方和营销取向,在前期市场调查阶段,最适合运用"多层次焦点访谈"。研究者可先从年龄层的区分开始,如 25~30 岁、31~35 岁两大类;再做大类别的职业分层,如属于服务业、科技业、金融业、自由职业等,然后针对这些不同层次的组合,举办多次焦点访谈。

如果经过多次焦点访谈得知,某个细分群体多是到发廊、美容院打理头发,很少会在家洗头发,那么这些人对洗发水的选用多会受到美发师的影响,因此洗发水公司的销售策略就可

---

① Merton, R., Fiske, M. & Kendall, P.L. (1990). *The focused interview: A manual of problems and procedures*, New York: Simon and Schuster.

② Krueger, R. A. & Casey, M. A. (2008). *Focus groups: A practical guide for applied research* (4th *eds.*), pp.3–4, CA: SAGE.

能需要调整。研究者掌握了分析结果之后，就可以反馈给洗发水公司，并提出有关营销策略的建议。

四、焦点访谈的流程与参与成员

（一）焦点访谈的操作流程

与深度访谈一样，焦点访谈的执行也有其步骤与操作流程（见图 13–2）。研究主题确立后先拟妥提纲，接着邀请适合的受访者（参与者）来参加小组讨论。焦点访谈的成员依研究主题与子题的需要而确定。主持人要了解研究主题，具备主导访谈与互动沟通的能力。由于焦点访谈属于“一对多”的访谈形态，对讨论的收敛与时间的掌控，对主持人都是考验，要经过充分的训练才能有效地操作焦点访谈。

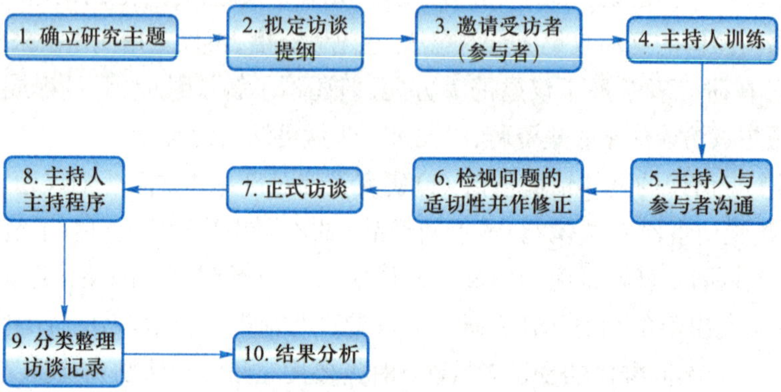

图 13–2 焦点访谈操作流程图

一般而言，一项研究或调查会安排数场焦点访谈，将大主题分成数个子题，原则上每个子题安排一场焦点访谈，每一场焦点访谈拟定一份提纲。主持人在主持焦点访谈时应先将大主题及研究目的告知参与者，再宣读子题内容和问题，让参与者知道访谈进行的方向。在访谈正式开始之前，可以视现场情况，再一次检视问题的适切性并作必要的修正。接着，访谈正式开始，主持人依程序进行小组访谈，基本上依照提纲顺序进行提问，避免访谈流于闲聊。明确的主题导向与主持程序，有利于会后访谈记录的分类整理，也有利于分析研究结果、提出建议与撰写报告。

主持人对参与者的“关心”关系到焦点访谈的质量，尤其是当访谈牵涉到某些较为敏感的问题时。对那些有较为特殊的专长、经验的参与者也要多一分尊重，这是学术伦理的一环，在一般人际互动上也是一种礼貌。另外还要有“同理心”，主持人要站在参与者的立场上，注重倾听，创造和谐的访谈气氛，让整体访谈情境更舒适，让参与者更有安全感、融入感。可以说，主持焦点访谈就是在创造一种集体分享的情境。

具体而言，主持人可以按照以下顺序引导讨论：

(1) 开放性问题：首先概要性地说明研究主题和重点，暂不涉及核心的问题讨论。

(2) 导引式问题：依序引导参与者讨论各子题。

(3) 过渡性问题:帮助参与者理解各子题之间的关系,围绕子题进行补充性质的讨论。

(4) 关键性问题:针对衍生出的新子题,或超出子题、却与整体研究主题有关系的问题展开讨论,在这一阶段往往能得到意想不到的收获。

(5) 结语式问题:对访谈做出总结。

掌握这五个阶段有利于实现焦点访谈的标准化,明确程序能节省不少后期整理资料的时间,有利于研究结果的分析。

(二) 焦点访谈成员的组成

一般说来,每一场焦点访谈维持在 6 至 8 人之间最为恰当,访谈时间大约一个半小时。当遇到议题较难发挥,有些问题容易使人沉默,或是参与者发言较少的情形时,为求达到充分的讨论,参与人数可再增加 2 至 3 人,但不宜过多,以免造成讨论冗长,议题失焦。

在成员组成上,同一场焦点访谈的成员应有较高的同质性,这样才有利于彼此分享意见,避免"鸡同鸭讲",或参与者的经验完全没有交集。在同一场焦点访谈中,因参与者经验不同而出现差异性的看法时,主持人应鼓励参与者分享各自的意见,"同中求异"是焦点访谈很重要的原则。在选择参与者时,研究者可从研究主题的需要来考虑性别、职业、区域、年龄或学历的重要性,进行有针对性的邀访。

五、研究案例

有一项区域性通信传播委员会委办的"广电媒体多元指标"研究项目[①],研究旨在建立一套衡量指标,分析媒体内容是否符合"多元文化传播"的宗旨。委托单位希望通过学术研究建立衡量指标,以用来检验该地广电媒体的传播内容,为制定族群文化传播政策提供参考,保障受众的媒体近用权。何谓多元文化传播?显然,除了文献的记载,多元文化传播有其因地制宜的不同解释,专家、学者的经验可协助委托单位作出明确的定义。该研究具有多元、开放的主题特性,需要广纳意见,非常适合焦点访谈的运用。

在完成"焦点访谈操作流程"步骤 1"确立研究主题"后,进行步骤 2"拟定访谈提纲",包括分层提纲和子题。由于焦点访谈小组的设立必须符合"组内同质性高,组间异质性高"的原则,通常需要以职业、性别或地域区分受访者。在本项多元文化传播的研究中,职业和地域是重要的区分标准,因此研究者研拟了两套有相同主旨但不同内容的提纲。在方法上,先研拟完成访谈提纲草稿,研究团队内部召开小组会议,进行论辩达成共识后,才完成提纲的最终拟定。接下来着手拟定访谈的子题,并提出参与焦点访谈的名单。

在本研究中,依题意"广电媒体多元文化传播指标",受访者应包含媒体与非媒体人士,如媒体主管、传播学者、非营利机构代表等,分层、分场次,在不同区域同一时期展开焦点访谈。在邀访期间,主持人与受访者就焦点访谈的内容和意义先做沟通,并听取受访者对拟定议题的修正意见,有助于双方建立默契。

本研究一共完成了多地区三场焦点访谈,每场 3 至 6 人,由于该议题的受访者具有专家

---

① 郭良文、朱旭中、诸葛俊、许如婷、张大裕 2007年承接的"广电媒体多元文化指标研究案"。

的性质，因此每一场都发言踊跃，大约进行1.5至2小时，在合理时间内完成。对于访谈内容的整理大致可以从媒体内容、信息生产、专业层面三个方面进行。本研究的整体研究方法设计还搭配了深度访谈以及电视节目内容的案例分析，焦点访谈与深度访谈两种访谈法一起使用，加上文本内容分析，产生了互补作用，有利于不同资料来源的交叉比对，做到了“资料三角验证”。

第五节 网络访谈

随着现代通信科技的发展，网络访谈（Network Interview）运用得愈来愈广，突破了研究对象地域上的客观限制。可以说，“网络”访谈只是把访谈的空间放在网络之中，“网络”就是平台，是工具化的表征，将访谈的触角延伸到更远的地方。

网络访谈以计算机中介传播（Computer Mediated Communication，CMC）为主要载体，网络工具包括电子邮箱、即时通信软件、视频会议软件、社交媒体软件等。研究者可以因时因地在网络环境中进行访谈，有学者将这种基于网络空间的研究方法称为“赛博利亚”（Cyberia）。[①] 受访者从“邻居”（Neighborhood）的地缘关系转变成“网居”（Cyberhood）的虚拟互动关系。

一、网络访谈的优缺点

（一）网络访谈的优点

网络访谈可以解决研究者和受访者之间路程遥远和时间无法配合的问题。只要联络成功，在上海可以对深圳、北京、纽约、伦敦、东京的受访者进行访谈，完全打破空间限制，可以节省一大笔交通费用和访谈费用。尤其是需要较多受访者的访谈项目，节省经费和时间成本往往是重要的考虑。

在时间的配合上，网络访谈从“面对面”（Face To Face，FTF）传统访谈模式向“计算机中介传播”模式（CMC）的转化使时间更具弹性。受访者可以在家通过视频接受访谈，也可以随时检视E-mail信箱或其他通信软件信息，深思熟虑之后再回复访谈问题，不再需要舟车劳顿，也不用一定要在特定的时间、地点接受访谈。

随着地球村成为现实，频繁的跨区域交流、国际交流促使网络沟通需求大增，功能日益完备的通信软件和日益进步的传播科技更使网络访谈前景可期。

（二）网络访谈的缺点

网络访谈也有自身的缺点。传统的面对面访谈，访谈者可以根据访谈气氛追问相关议题，这也是非结构式访谈最重要的优势，但网络访谈似乎较难营造出这样的氛围。虽然这个缺点不见得只存在于网络访谈中，面对面的实境访谈中，访问者也不见得有足够的技巧能顺利引导

① 张维安：《文字模式线上访谈的特质及其限制》，发表于《资讯社会研究》2001年第1期。

受访者进入最佳的访谈情境。只是在网络访谈中，访谈技巧的运用更是一种高难度的挑战，① 也可能因为这种限制而无法获得更深层的访谈内容。随着传播科技的进步，网络访谈有望进一步向 FTF 模式靠拢，提高研究效度。

另外还有受访者的抽样问题。若研究者通过邮件列表征集受访者，或是将征集受访者的消息发布于社交媒体，此类通过网络渠道获得的受访者，质量不稳定，愿意受访的不见得都是适合人选。因此研究者必须更加谨慎，或设定更严格、细致的条件来筛选受访者，以找到真正有代表性、多样性的研究对象。

二、网络深度访谈的应用与限制

网络可以克服空间的障碍，如果有一位（几位）非常关键的受访者并不在本地，或是要做跨国研究，网络深度访谈就是一个可能的选择。在程序上，网络深度访谈与传统 FTF 的深度访谈并没有多大差别，也是确定主题后要研拟访谈提纲，并作分层的子议题拟定。重要区别在于受访者的联络与确认，并且选择双方都可以使用的网络工具。例如，E-mail 是一种使用简单、成本低、方便快捷的访谈工具，也有时间弹性的操作优点，可以提供一个相对安全、隐秘的环境，较容易讨论私人或敏感的问题。② 在传播相关议题上，政治传播中受访者的政治倾向、健康传播中的私人隐疾、整合营销传播中的对手策略等，都是 FTF 深度访谈中不容易得到的材料，在具有匿名性的网络空间中有时比较有机会获得，不过这也得视情况而定。

如果使用即时通信软件，或是企业经常采用的钉钉、Zoom 等软件作网络实时性的面对面访谈，除了传统深度访谈的准备要件之外，也要注意访谈者与受访者是否都熟悉、有能力操作选定的软件。此外，为了应对信号临时中断，必须先准备好网络技术方面的救急措施，不顺畅的访谈无法得到真正有价值的访谈内容，也会失去访谈的“深度”意义。

三、网络焦点访谈的应用与限制

焦点访谈是一种集体式访谈，本来就具有面对面集体交流的特性，将这样的形式移至网络中，固然可以解决空间上的不便，但对主持人而言，维持或创造与受访者交流的气氛会是相当大的考验，其研究的内容效度更存在一些争议③。例如：

（1）缺少团体互动机制，难以从互动中聚焦，达成问题的收敛；

（2）互动氛围不足时，研究者更难以感受团体在议题讨论中形成的共识；

（3）即使有很好的视频设备，与 FTF 模式相比，网络中仍不容易展现实非语言信息的交流效果；

（4）每位参与者都需掌握视频技术，可能降低合适的研究对象的参与意愿，也考验主持人

---

① 关于网络访谈营造的气氛，张维安（2001）引述 Walther 的相关研究指出线上也能发展出温暖的关系，在线人际关系中的个体也愿意交换个人信息，这有利于建立有回馈的复杂关系，进一步沟通发展出亲近感，有助于形成良好的访谈气氛。近年来快速发展的视频、通信软件和社交软件都可以作在线互动，确实更方便操作访谈。网络访谈能否达成效度要求，选择软件工具至关重要，网络访谈的参与者虽在不同空间，但视频或直播互动的隐秘性降低，已没有早期在线文字沟通隐匿性高的优点。Walther 的研究成果用于即时通信软件应该要更进一步验证。

② 张维安：《文字模式线上访谈的特质及其限制》，发表于《资讯社会研究》2001 年第 1 期。

③ 苏健华、黄少华：《网路研究方法资料汇整》，发表于《资讯社会研究》第 8 期。

视频主持的能力。

四、网络研究方法的安全与隐私问题

网络研究方法面临着安全和隐私保障问题。例如,你收到一封 E-mail 邀请你去做学术访谈,只要你的专长、经验、空闲时间符合条件,原则上都可以参与。但如何求证这是一封真实的邀请函?为什么对方会知道自己的 E-mail?做完学术访谈后这些访谈资料保存在哪里?会不会外流?会不会移为他用?这一连串问题肯定会影响到你参与网络学术研究的意愿,降低访谈效度与可信度。

网络社群与一般社会群体有相类似的人际网络,但就是看不到人,无法有效确知对方的动机,运用网络研究方法最大的风险在于如何保障参与者(受访者)的隐私,让他们感觉安全可靠。有些专家提出开发安全方面的网络技术,并且立法保障信息安全;也有学者呼吁网络企业组织要自律,并且带动使用者自律,保护自己也保护他人。这些自律或他律确实能增进网络空间的信息安全,却不是在一时之间就会有效果,更何况网络安全问题千变万化,往往处于"计划赶不上变化"的状态。

在研究伦理议题上,"知情同意"仍然是保障受访者权益的一种重要做法。告知受访者研究目的,以及资料利用、信息安全、隐私保护等有关做法,这样不但可以提升研究者的专业形象,也可以减少参与者对信息安全的疑虑。通过网络进行访谈,研究者要针对信息安全问题建立管理机制,将受访者信息与访谈记录分开存档,必要时对档案资料做匿名处理,做到受访者与档案内容"去识别化",并以加密机制预防不相干人员接触计算机,以避免档案外流。

五、小结

网络发展至今已经使社会有了翻天覆地的改变,但对于学术研究的访谈技术而言,网络交流始终是一种远距离、无接触的虚拟交流。即使人们可以通过网络视频对话、讨论和互动,但考虑到各种社会因素和个人使用感受,从心理认知的角度,网络交流仍然不如面对面相互沟通那样深入、有效。尤其是焦点小组访谈,即使没有视频技术和操作上的障碍,主持人要与多位受访者同时互动,甚至把握受访者非语言的情感表达,准确深入地获得信息,这仍是很大的考验。因此,网络访谈的效度一直备受质疑。

2005 年有一篇名为《网络研究方法资料汇整》的文章[①],汇整了欧美地区与互联网研究方法相关的期刊文章、研讨会论文与网络评论。其中介绍了一篇名为《因特网上的焦点团体:一个有趣,但不是很好的想法》(*Focus groups on the internet:An interesting idea but not a good one*)的论文,文中提出:"人们很难相信利用网络进行焦点团体的讨论是个可行的方法",虽然没有全盘否定网络焦点访谈,却也充分质疑了焦点访谈在网络上操作的可行性。经过 15 年的网络发展,科技进步了,网络访谈或网络焦点访谈的效度依然存在很多争议,最主要的还是受访者

---

① 苏健华、黄少华:《网路研究方法资料汇整》,发表于《资讯社会研究》第 8 期。内容可归纳为七大类:网络造成的改变、网络研究综述、网络研究的优缺点、网络调查与传统调查方法的比较、学界对网络研究的质疑、网络调查应用、其他内容,大多介绍量化研究的论文,也收集了一些质化研究论文。

与主持人(或研究者)的沟通缺少效度,影响整体研究的有效性。

网络化已经是当前社会发展的重要特征,正逐渐改变人们对信息的心理认知。网络社群日益成为重要的传播现象,网络视频已被广泛使用,普及率愈来愈高,使得网络访谈研究可以更加贴近面对面的沟通形式,增加跨时空研究的可能性。随着科技的进步,人与网络深度结合,跨地域的各种网络访谈,在成熟的网络社会的大环境下,必然能进一步克服深入程度不足与效度不足的困难,发挥出更大的作用。

练习与作业

1. 拟定一个质化研究主题,确定合适的深度访谈对象,拟定一份至少包含 10 个问题的半结构式访谈提纲。

2. 选定一个与学生生活相关的焦点访谈议题,拟定多层次的访谈提纲,邀请 3~5 位同学参加焦点访谈,大家轮流担任主持人,以角色扮演的方式进行练习。

3. 选定一个研究主题,寻找三位外地的受访者,通过视频进行网络访谈,并撰写一份网络访谈心得。

问题与解答

Q1:运用深度访谈法经常会碰到什么问题?

Q2:进行深度访谈或焦点访谈时要不要付酬金或提供访谈费?

Q3:什么叫作访谈“追问”?

第十三章　问题解答

词汇与定义

1. 滚雪球抽样。研究对象或受访者的获得,是通过介绍而来,即以“一个介绍另一个”的方式产生样本。经过多人、多次的介绍后,受访者有如滚雪球般愈来愈多,此时研究者要依据研究目的和需要,对受访者进行筛选,以取得有价值的研究对象。

2. 三角测量法。也称作“三角验证法”。为了增强研究的解释力,并确保研究的稳定性、一致性和可靠性,质化研究者会使用多种方法、理论或资料来源进行交叉分析与相互验证。在深度访谈中,可以通过增加求证的机制来实施三角测量法,避免受到某些受访者不正确信息的影响。

3. 研究伦理。社会科学研究致力于通过理性和科学的工具探讨人类行为和社会运作的规律，并归纳出具有学术价值的普遍准则，借以作为人类活动的规范，具有在参与者相互尊重的基础上探求新知，创造更优质的人类生活环境的积极意义。所以在进行研究时，必须评估研究是否合乎社会普遍价值的标准，也就是诚信、平等、负责、尊重的道德准则。

第十三章 阅读文献

第十四章

文本与叙事分析
——说故事的魅力

学习目标

1. 了解文本分析的预设与批判思维的特质。
2. 掌握文本定义的范畴。
3. 理解叙事分析的策略。
4. 学习如何判断叙事的合理性。

引　　言

本章所介绍的文本与叙事分析，是质化研究方法的一种，强调学习者要学会说故事。与第七章内容分析法、第八章框架分析法相比，文本与叙事分析虽然也是针对媒介文本，但是分析的角度与方式有根本的差异。

随着传播科技发展，现如今从小说、电影到电玩游戏，说故事的人们拥有了更多丰富的媒介资源，而这些文字与影像都属于广义的“文本”（Text）。要分析这些文本，我们需要系统性的科学研究方法，通过剖析、比较、汇整与类型化整理，一步步趋近文本蕴含的意义。

本章将介绍常用的文本与叙事分析方法。从基本的研究概念开始，说明文本分析的预设与特质，揭示文本分析涉及的议题、态度与目的等。接着引导大家寻找具有社会意义、值得进一步分析的对象，据此提供数种文本定义的范畴。而后从文本踏向叙事，深入说明叙事分析的六个概念。最后，以叙事合理性讨论文本评判的准则。

在正式学习之前，你可以先将研究对象想象成一片碧波浩渺的湖泊，文本分析方法将教你根据问题意识编织出特定的渔网，这个“文本分析之网”可以协助你捞取、捕获研究所需的素材。不同的渔网会捞取到不同的研究素材，不同的研究概念能回答不同层次的研究问题。

第一节　文本分析的预设与特质

文本分析是质化研究取向的一种重要分析方法，它是从与文本意义有关的理论中提炼出来的研究方法。本章介绍的文本与叙事分析，主要源于修辞学（Rhetoric），从古希腊时期的柏拉图与亚里士多德等哲学家的讨论开始，当代众多学者均承此脉络。

一、文本分析的预设

对于质性研究来说，预设(Assumption)[①] 的说明是很重要的起点，这个步骤代表着研究者的自我立场与反思。进行文本与叙事分析时，应持有两个基本预设，才能踏稳研究的第一步。

第一，文本通过意义体系产生影响力。作者创作文本时，试图传递他们支持的意义体系，通过意义体系来影响阅听人，尽管意义不见得正确无误地传送到接收者[②]那端。文本里被鼓励接受的意义，就称为优势意义(Preferred Meaning)。[③] 以“白雪公主”童话为例，天真无邪、美丽单纯的公主被塑造成女主角，凭借她的善良和其他好人的协助而获得幸福结局。阅读了《白雪公主》，就间接接受了童话故事里的世界观以及蕴藏在其间的优势意义。

文本虽然是作者(或作者们[④])的创作，但是文本所产生的意义却不一定由作者掌控。就像情书不一定能够完整地传递感情，文章也不一定能精准传递概念。法国评论家罗兰·巴特提出“作者已死”(The Death of The Author)的论断，他认为追溯文本原意的尝试都是徒劳无效的，文本的意义是开放的，强加固定意义或作者意念在文本上，会限制文本多重意义解读的可能。[⑤]

综上所述，文本通过意义体系锚定意义，据此影响阅听人的思考与行为，但文本意义不一定完全为作者所掌握，解读文本也不需以解释作者原意为目标。这种开放性带出了文本分析的第二个重要预设：文本是意义竞争的场域。

源自德国的法兰克福学派认为，大众流行文化是既得利益者控制大众的手段，流行音乐里的情歌就是靡靡之音，重复大同小异的内容，让人们思想僵化，无法反思社会现实。但是英国的伯明翰学派反对这种说法，认为文本的意义是具有竞争性的，不只是有权势者控制大众的手段，阅听人会根据不同目的采取不同的意义解读方式，参与文本意义的挪用与改造。

同样是“白雪公主”的故事，未必所有阅听人都关注善良公主的幸福结局。父母可能只是将故事视为阅读材料，让学龄前孩童认字；孩子间讨论故事内涵时，也不一定接受这样的公主就是日后完美人生的学习典范。

因此，研究者在进行文本分析时，必须担任起侦查者的角色，本着上述两个重要预设，一

---

① 预设不同于量化研究方法的假设(Hypothesis)。量化研究方法在进行研究前，须先建立假设，通过研究设计来进行验证。预设偏向于研究者的本质论立场，是研究者与理论对话后产生的具有反思性(Reflective)的自我展示。举例来说，在性别研究中，研究者是采取建构主义的观点进行研究，还是生物本质论主义的立场，这即是预设立场。

② 阅听人(Audience)是相对于研究者与研究脉络而生成的研究概念，通常包括读者、观众、接收者等。读者相对于文字或图片等平面媒体而存在，观众相对于电视或电影等动态影片而存在，当代相对于数字游戏而存在的还包括游戏玩家(Player)。接收者，则是应研究概念而存在的，经典代表是 *Shannon & Weaver* (1949)的传播数学模式，将阅听人视为接收者，强调媒体信息内容接收与否。本章将根据不同的概念脉络，使用不同的词汇。

③ Hall, S. (1980). Encoding/decoding. In Hall, S., Hobson, D., Lowe, A., & Willis, P., *Culture, Media, Language*, pp.128–139. London: Hutchinson.

④ 大众传播媒体的作者经常是复数。如电视剧是由编剧、导演、剪辑、演员等共同生产出来的，电玩游戏也是从团体分工、协作中生产出来的。

⑤ Barthes, R. (1972). *Mythologies*. Canada: Farrar, Straus and Giroux.

方面剖析文本生成的意义与影响力，另一方面也要将文本视为意义竞争的场域，尝试展现文本的多重意义。

二、文本分析的基本特质

了解文本分析的预设之后，在进行文本分析时，研究者应该具有下列三个基本特质。[①]

（一）文本分析者应保持批判的态度与方法

批判的态度，是指研究者对于大众传播媒体的文本，应超越媒体消费者的角色，不只是观赏电视或享受电玩游戏。研究者应该拒绝仅从表象诠释文本，要保持怀疑的态度，挖掘隐藏在文本背后的结构意义。初步尝试文本分析的研究者，经常犯的错误是将文本表象以文字的形式再说一次，如复述连续剧里男女主角的设定或故事的发展。这样的解释对文本分析来说是不够的。

批判的态度，是质化研究方法的基础，研究者在研究过程中，应不断反思自己的问题意识与预设立场。此外，由于文本意义是多层次的，如同霍尔提出的“编码（Encoding）/ 解码（Decoding）模式”[②]，意义是来自文本结构与阅听人视野的结合，并非单一端可以决定。

文本意义的组成是复杂多层次的，文本分析应该避免将文本一一拆解为零碎的片段，而是应该把任何符号意义的运作都纳入文本生成的脉络。研究者应该将文本视为整体经验，文本生成的脉络与阅听人解读的情境都包含在其中。

（二）文本分析应该关注隐藏在文本背后的权力

大众媒体说话的对象是广大的社会大众，过去在希腊城邦公共场所中被讨论的社会议题，现在通过电视、电影、电玩游戏等媒介，以流行文化的形式传递给阅听人，由阅听人消化、吸收与挪用为日常生活里的议题。而社会上的普通人，其受教育程度、家庭背景、工作职位等，造就了其说话的能力、底气与影响力，形成在社会上不均等的话语权。古希腊哲学家柏拉图因此提倡，市民为了捍卫自己的权利，就应该训练思维逻辑与表达能力。话语权，是一种说话、传递想法的权力，拥有话语权，就等于拥有发话的权力。

因此，文本分析的第二个特质，是关注隐藏在文本下的权力关系，哪些人具有话语权？权力如何产生、维持与分享？连续剧或流行文化里，经常出现的富人形象（如财阀、富二代、高富帅男主角等），是否展现了资本拥有者对既有世界观与生活形态的巩固？这些权力关系都是文本分析者应该关注的焦点。

---

① Brummett, B. (2011). *Rhetoric in popular culture*. NY: SAGE.

② 编码 / 解码模式，强调符号的意义来自两方。一方是制作文本的制作端，以电视而言，即是电视的听觉与视觉论述系统；另一方则是接收文本的阅听人端，即观众的需求与社会位置。双方的知识框架、生产关系与技术基础等，都会对符号的意义产生影响，而意义就产生于编码与解码双方交错的关键时刻。

（三）文本分析是一种具有批判干预性的研究

文本分析是一种具有批判干预性的研究，社会运作可能因此改变。研究者实际观察文本产生与传播的过程，描述现实生活经验，思考交错在文本之中的权力关系，提出另类的切入视点。这种启发式的解读方式，带着改变与解放的力量，具有赋权既有社会的可能。

举例来说，某地自20世纪80年代起涌入许多东南亚移民，其中多数是由跨国婚姻中介者介绍、嫁入该地家庭的外籍配偶。社会学者夏晓鹃通过分析报纸、电视新闻、杂志等文本建构的“外籍新娘”一词，揭露歧视性话语的运作机制以及背后的权力关系。[①] 此篇文本分析产生了批判干预性，该地社会开始重视“外籍新娘”这一称谓隐藏的歧视。由此可见，文本分析不是仅停留在学术圈内的研究，通过揭露权力关系，研究者还可能影响、改变社会。

第二节 文本定义的范畴

熟悉了文本分析研究应具备的预设与特质，就如同摆好撒网的预备姿势，接下来的问题是，我们怎么判断该对哪些湖撒网，又撒下什么类型的网呢？这一节的目标，就是协助研究者找寻具有社会意义、值得分析诠释的关键性文本作为研究对象，并介绍五种文本定义的范畴，作为开展研究的参考。

文本分析的第一步，是找寻值得分析、具有价值的关键文本，我们将这样的文本称为“批判性案例”。当代大众传播媒体的文本源源不绝，台湾偶像剧滥觞《流星花园》、大陆宫斗剧《延禧攻略》、韩国野兽派偶像代表“2PM”等流行文本，都曾引发广泛关注和讨论。但是流行文本推陈出新，各时期的流行文本转移非常快速，很多文本被炒热都是复合商业化操作的结果，一时的红火不足以成为关键个案的判断标准。如何找到具有社会重要性的关键性文本，这往往是初学者遇到的第一个难题。

首先，可以从与自己生活经验有关的文本着手，例如选择那些对自己的人生观造成冲击的文本，或是与他人的喜好不同的文本阅读经验，不断地进行对话、阅读、分析与诠释。选择这一途径要注意的是，生活中越普遍、流行、为大众所见的文本，往往越难进行分析。流行文本，如红火一时的连续剧，经常隐含着社会集体支持的默识，研究者要有很深厚的分析功力，才能站在一定的高度，使立场脱离文本，对文本进行权力剖析并保持批判态度，因而也更加困难。

第二种找寻关键性文本的途径，是从理论出发。理论是一种将人类经验提炼出意义的抽象论述，找到与理论对话的实际个案，能帮助我们理解人类的普同性、概括化在文本内运作的机制，甚至以实例更新理论、延展出更多对人的认识。

举例来说，性别理论关注性别的差异化与霸权男性气概的运作，不只是在传统媒体文本如电视、电影中，新媒体如电玩游戏等文本中都可以见此机制。张玉佩、邱馨玉的研究以在线游戏作为文本[②]，分析游戏叙事、宣传品与玩家诠释及其互动是如何再现男性气概的。研究结

---

① 夏晓鹃：《“外籍新娘”现象之媒体建构》，发表于《台湾社会研究季刊》第43期。

② 张玉佩、邱馨玉：《游戏媒体文化之男性气概探索：文本结构与玩家诠释》，发表于《传播与社会学刊》2010年第12期。

果指出，故事文本遮掩游戏规则下的数字霸权，合理化游戏里的暴力行为。这个研究，就是从性别理论出发，在现代盛行的新媒体文本中找到普同性的权力运作机制。

无论是从个人经验还是理论观点出发，研究者都应采取“螺旋式研究方法（The Spiraling Research Approach）”①，在个人经验资料搜集与理论观点反思之间，迂回循环地发展问题意识。

当我们找到适当的研究文本之后，接下来应该开始规划分析文本的方式。笔者参考布鲁梅特对流行文化的讨论②，依据文本边界、意义共享的范围、生产脉络、社会相对关系以及意义生产策略，划分出五种文本定义的范畴。但在词汇翻译、概念诠释与案例说明上都做了相当幅度的调整，以方便读者理解。

一、文本边界

第一种文本定义的范畴，是将文本按照其边界特征区分为“具体文本”与“扩散文本”，时空中的边界明显者为具体文本，反之则为扩散文本。

具体（Discrete）文本，是指文本有明显的边界，在同一个时间与空间下可以被明确定义出来，不需要研究者特别标示，人们就可以通过常识了解文本的边界。比如叙事诗《长恨歌》或连续剧《如懿传》，都是具体文本。

扩散（Diffuse）文本，是指没有明显边界的文本，其意义由特殊符号共同聚集而生。比方说，“高跟鞋”作为一个符号，散布在杂志、连续剧、小说等文本中，普遍伴随着性感女性的形象，具有时尚、美丽、现代的意义，是一种扩散在各媒体文本中的符号。研究者在分析文本意义前，要先归纳、讨论并定义文本涵盖的范围。

分析文本时，具体文本与扩散文本不是完全对立的两端，可以视研究者的问题意识进行调整。举例来说，研究者可以将张艺谋的电影《大红灯笼高高挂》视为具体文本，在明确的边界内分析其起承转合；也可以单独将“灯笼”这一符号视为扩散文本，与中国民俗、科技文化与美学等广阔领域相互对照分析。

二、意义共享的范围

第二种文本定义的范畴，是依照文本意义共享的范围，将其分为较广泛的“大众共享”文本与较窄的“小众特有”文本。

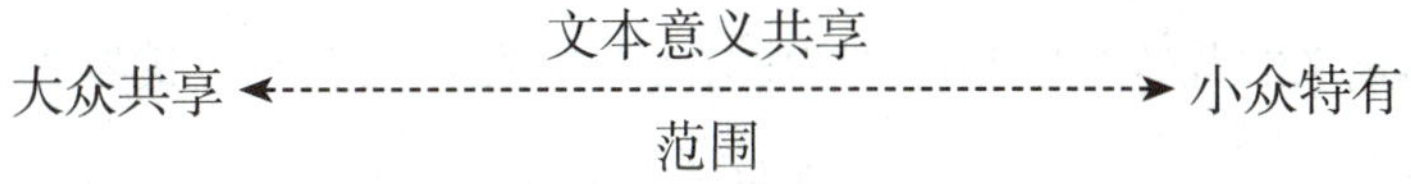

“大众共享”意味着具广泛意义，一般大众都可以理解，为多人共同享有。大众共享的文

① Berg, B. L. (2009). *Qualitative research methods for the social sciences*. Boston, MA: Allyn & Bacon.

② Brummett, B. (2011). *Rhetoric in popular culture*. NY: SAGE.

本，通常是由传统媒体产制出来的作品，处于一般大众可以理解的程度，如新闻报道要求用词遣字通俗易懂，连续剧则要善恶分明、结构简单，让社会大众容易理解。

“小众特有”意味着具有狭窄的意义，要在特定文化脉络中或特定人群才能被理解，因不与大众共享而较难被发现。举例来说，“T”或“坦克”是指在线游戏团队作战时防御力强、血量丰厚、适合站在前线的角色。此文本意义，仅发生在游戏脉络中、为玩家群体所共享。粉丝群体里的“站姐”“手幅”“应援”等文本，也都属于此类。

同样的，文本意义是广泛而大众共享，或是狭窄而小众特有，并不是绝对的两端。当原本少数人独有的文本逐渐累积或扩大影响力，意义分享的范围就会开始扩展。如嘻哈文化源于美国少数黑人的饶舌传唱，随时间演变如今已成为拥有广泛意义、由大众共享的文本。

三、文本的生产脉络

每个文本的出现或建构，都有其独特的时空背景，也都具有被挪用到其他脉络的可能。文本可依生产的脉络分为两种：原生脉络与衍生脉络。[①]

文本生产脉络

原生脉络 ◄--► 衍生脉络

原生脉络，是指生产该文本的特定时空背景。比方说啃老族（英文为 NEET，Not in Employment，Education or Training）这个词汇，虽然已经用来指称宅在家里、不上学也不事生产的人，但其最早出现在 1999 年英国工党政治报告中，政治报告是文本的原生脉络。

衍生脉络，则是指文本由原生脉络挪用到新的脉络，阅听人赋予其另一番意义与功能。以第二次世界大战之后大量出现的“涂鸦”为例，这原本是公共空间的非法展演，在人行道或公园墙面使用喷漆或油漆绘制各式各样的图案。随着时间演变，如今涂鸦已经从反叛文化走入流行文化体系，涂鸦画风成为一种流行美学，随着嘻哈风进入流行服饰市场，成为潮流的代表。

如果研究者重视文本的原生脉络，应该仔细考证历史背景以及当时民众的想法，对研究结果的评判着重于历史脉络中的正确性。例如以原生脉络的视角研究《三国演义》，就应该考究中国元末明初时的社会环境背景。

如果研究者研究文本的衍生脉络，则应着重衍生脉络的意义演变与挪用。如以《三国演义》为背景的电玩游戏，即是《三国演义》的衍生脉络，应该研究其角色与行动如何顺应电玩游戏文本进行修订，如善恶二元对立、强弱排比与数值化呈现等。

四、文本的社会相对关系

第四种文本定义的范畴着眼于文本与社会之间的关系，分为响应式与主动式两类。

文本与社会关系

响应式 ◄--► 主动式

① Brummett（2011）提出的概念，是原生脉络（Original context）与新的脉络（New context）。依据概念在中文语境的理解，在此将“新的脉络”翻译为“衍生脉络”。

响应式文本，是指文本响应当下的社会情境与难题，如新闻报道，目的在于描述社会上发生的重要议题。

主动式文本，是指文本在社会上主动创造出生产者所需要的情境。例如广告或营销，目的在于产品的介绍、推广或销售，甚至创造原本不存在的需求。

主动式文本与响应式文本经常是循环的，为了响应社会既存的状况而主动创造新的文本，而新文本又会对社会产生影响，研究者分析时应重视文本与社会关系的讨论。例如某地报纸根据其所在地高龄化的状况，制作了一系列有关老人长期照护的专题。这一方面是响应式文本，描述传统家庭在现代社会下的崩解、失能的高龄者照护困难的窘境；同时也是主动式文本，报纸运用大众媒体的话语权，呼吁政府与大众关注这一长期被忽略的社会问题。

五、意义生产策略

当人们阅读文本时，可以由浅至深以三种程度解析文本的意义，包括文本最表层的“显性策略”、内部隐含的“隐性策略”，以及组成文本核心的“深层结构”。三种程度互相影响形成连续体，由研究者依据需求选择切入口。

显性 ←------------→ 隐性 ←------------→ 深层

显性策略（Direct Tactics），是文本里直接的诉求。比方说止痛药广告，以药物成分说明药品迅速有效，即是文本运用显性策略所提出的诉求。这是最具信度、人们可以共通辨识的层次，采用内容分析方法对政治报道的正向态度、负向态度等统计编码判断时，通常针对的是显性策略。

隐性策略（Implied Strategies），是文本里将直接诉求转换为暗示的符号系统。仍以止痛药的广告为例，它也可不再直接描述药效，而是改以说故事的方式呈现止痛药的效果，如丈夫在妻子头痛时递上止痛药，舒缓妻子的疼痛，让止痛药与体贴产生关联，让阅听人因为接受这个故事的暗示而买该种止痛药。多数文本在传递价值体系时，会自觉或不自觉地使用暗示表达文本意义。符号系统里的隐性策略可分成三种：

(1) 关联性。伴随着符号一起出现的是什么样的事物呢？万宝路香烟的经典广告以西部牛仔为主要形象，牛仔帽、沙漠、马匹，略显沧桑的男性带着挑衅眼神，嘴里叼着一根香烟或手中拿着抽到一半的香烟。关键性符号“香烟”，通过美国西部牛仔形象，与叛逆、狂放等精神产生关联。

(2) 暗示性。暗示性是指符号与符号之间的引导关系，通过一连串的符号引导，让人们与某个终极符号（如品牌）产生意义联结。我们可以将通过引导关系链接成形的符号意义体系，比拟为一道以石砖紧密排列出的拱形，位于核心巩固整体的关键性符号就称为“基石符号”（Keystone Signs），研究者可以通过分析符号间的导引关系来找到它们。基石符号在文本中处于核心位置，若是移除，整体符号意义体系便会崩解。如香奈儿品牌中，创始人爱好的山茶花就是基石符号，延伸至整个流行体系，珠宝、服饰都可见其踪影。山茶花形象就是香奈儿的标志，香奈儿若少了山茶花便不再是大家熟悉的品牌。

(3) 省略或缺席。这部分是文本分析最困难、也最有趣的地方，研究者不只要找出文本里凸显出来的符号,还要找出哪些符号被消除或排挤。比如,同样是一场战斗,战斗的过程可以由多角度、慢速、剪辑频繁的短镜头构成血腥的画面;也可以省略过程细节,只留下战斗的开始与结束。

研究者可以更进一步探索,哪些符号在文本中是缺席的? 比方说,连续剧里的男性角色经常是律师、医生、财阀、富二代,哪些职业缺席了? 年轻人与中老年人出现的比例有差异吗? 呈现的形象和方式有差异吗? 有时文本中缺席的是被媒体文本忽略的弱势方,往往能够作为分析文本的关键。

深层结构(Struture),是文本的骨架,决定各部位的位置、分布与关联。分析文本的深层结构,就是分析这些被述说的事物内在的形式(Form)与模式(Pattern)。这部分是文本分析的关键,统称为"叙事"(Narrative)分析,由来久、派别多,我们将在下一节详细介绍。

第三节 叙事分析

"说故事"是人类与生俱来的能力。[①] 过去吟游诗人穿梭游历于村落间,传颂古老的神话与事迹,现在则由大众传播媒介扮演吟游诗人的角色,在新兴的电子媒介里复述故事。这些故事保存历史、诠释族群过去的共同经验,并为人生可能的难题提供解决方法,在重重复述、改编与传播之中,社会的价值观与规范被形塑与强化。

说故事并非说书人的特权,而是重要、普遍的人类活动。人们针对某一事件或行动,运用包含场景、角色与行动的故事来沟通,这就是狭义的叙事定义。[②] 广义的叙事则指涉人类所有沟通行动,它们都可被视为叙事者运用象征符号创造的不同故事形态。[③]

换句话说,只要人们运用任何象征符号体系尝试描述某一事件时(包括文学创作、戏剧表演,甚或新闻报道等),就已经开始叙事。无论何种定义,叙事理论的核心关注点都是人类如何运用象征符号体系诠释并建构所经历的世界。

叙事说明了人们如何组织与理解世界,人们通过叙事标明行动的核心与事件的意义。[④] 对叙事进行系统性的分析,可以让我们更理解其映照出的社会与文化。学者将叙事概念初步分为故事与论述两个层级:[⑤]

故事层级,又称为叙事本质分析,包含角色遭遇的事件、采取的行动与产生的结果等,通常可以区分为场景、角色、情节。[⑥]

论述层级,是指角色如何呈现、行动如何表达等叙事方法,又称叙事形式分析,[⑦] 镜头语

---

① Burke, K. (1962). *A grammar of motives and a rhetoric of motives*. Cleveland: The World publishing company; Fisher, W. R. (1987). *Human communication as narration: Toward a philosophy of reason, value, and action*. Columbia, SC: University of South Carolina Press; Foss, S. K. (1989). *Rhetorical criticism: Exploration & practice*. Prospect Heights, IL: Waveland Press.

② Rybacki, K.C., & Rybacki, D.J. (1991). *Communication criticism: Approaches and genres*. Belmont, CL: Wadsworth.

③ Fisher, W. R. (1987). *Human communication as narration: Toward a philosophy of reason, value, and action*. Columbia: University of South Carolina Press.

④⑥⑦ Foss, S. K. (1989). *Rhetorical criticism: Exploration & practice*. Prospect Heights, IL: Waveland Press.

⑤ Chatman, S. (1978). *Story and discourse, narrative structure in fiction and film*. Ithaca, NY: Cornell University Press; Rybacki, K.C., & Rybacki, D. J. (1991). *Communication criticism: Approaches and genres*. Belmont, CL: Wadsworth.

言、叙事线、叙事视角都包含在内。

在叙事分析中，学者会因研究问题的差异，以不同分析角度切入。接下来，我们将以这两大层级为基础，汇整出六个叙事分析的操作方法。读者在推进研究时，可以从中选取适切的概念，对文本进行编码，以便进一步分析与诠释。

一、场景

场景，是指故事发生的时空环境，会对叙事内容的氛围与情调产生影响，依据叙事与现实世界的吻合程度，可分为非虚构场景与虚构场景。场景的虚构与否，并不影响其叙事合理性，只要手法适切，都能让阅听人信服场景中出现的人、事、物。

非虚构场景，是尽可能真实再现现实世界的时空，新闻专题、纪录片、历史剧等所呈现的时空背景都属于此类。在非虚构的场景设定之下，明确的历史证据与事件时序的因果关系，可以带来良好的叙事合理性，让处于现实社会的人们感动、坚定信念或展开行动。

虚构场景，是作者发挥想象力，创造现实世界未必存在的环境，如科幻电影《星球大战》《蜘蛛侠》《美国队长》等。设定虚构场景时，作者创造的细节越真实、结构越完整，越具有说服阅听人的叙事合理性，让人能够轻易地超越当下，进入想象世界。因此，夸张、想象、脱离现实等手法，都不是虚构场景的限制，重点在于虚构场景的元素之间是否具有逻辑性。

除了虚构与非虚构的区分，场景还可以有其他的分类方式。比如同一类型的文本，通常都具有类似的场景设定，我们可以用美国牛仔片、超级英雄片、历史穿越剧、战争片等文本类型来区分场景类型。

二、角色

角色，是指故事里出现的人物、神怪、精灵或拟人化的动植物等。他们是故事的中心，通过故事对角色的描绘，阅听人可以自行认知其中隐含的好坏、善恶等价值观念。角色的定位、人格特质与行为动机，都会深刻影响文本的叙事合理性，这些角色设定无论是内隐性格或外显特质，皆可能让阅听人挪用自己的实际生活经验与想象，进而决定对角色接受与否。

与角色相关的研究非常多，学者们阐述了角色如何在故事中发挥关键性的作用。如俄罗斯学者普洛普曾分析了多个俄国传奇故事，进而指出，不同的传奇故事虽然包含着不同的人物，但是整体可以归纳为 8 种类型：英雄、恶人、协助者、信差、假英雄、救援者、公主、国王。而这些角色类型各自带有特定的推进故事功能，可被视为构成故事的基本要素。①

科兹洛夫以普洛普的角色功能观点分析美国的电视剧②，发现电视剧中每周都有不同恶人出现，也就每周为英雄带来新的挑战；同样的道理，公主也每周更换，让每集故事都能带有新鲜的浪漫色彩。换句话说，研究者从美国电视剧中，找到了与俄国传奇故事相当类似的角色设定，并以角色功能为基础，总结出社会上流行的连续剧情境公式。

---

① Propp，V.（1968）. *Morphology of the folktale*. Austin：University of Texas Press.

② Kozloff，S.（1992）. Narrative theory and television. In Allen，R. C. *Channels of discourse，reassembled：Television and contemporary criticism*，pp.67-100. London：Routledge.

如同上述的例子，在角色分析的过程中，角色功能是关键性的归纳原则。初学者常犯的错误，是直接以显性策略描述剧中角色，只谈到其姓名、身份，而未就其角色功能进行抽象化类型（Typologies）分析。

三、情节

情节，是指故事里发生的一连串问题、冲突、危机及其解决等行动。研究者可以运用不同手法来分析情节、归纳类型。比如浪漫剧、喜剧、西部牛仔片、功夫电影等，情节有既定公式，可以通过类型化加以理解。笔者汇整了三种分析情节的手法：

（一）戏剧三角

经典的戏剧安排，一般以序引开场，接着酝酿事件、问题逐渐浮现，通过一连串曲折复杂的事件，将情节推向高潮。接着急转直下，最后危机被化解，剧中世界达到新平衡。这一连串过程，被学者称为“戏剧三角”（见图 14-1）。[①]

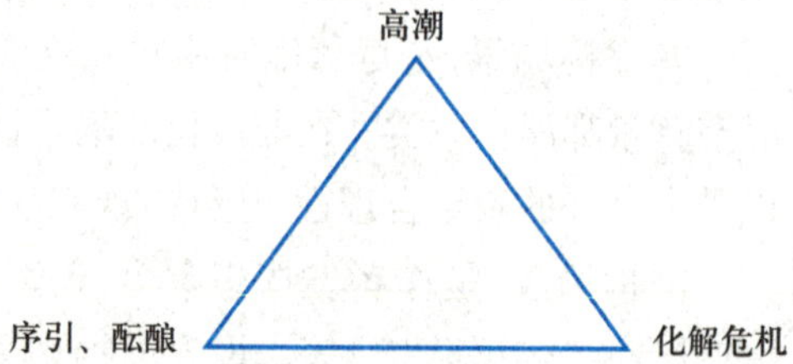

图 14-1 戏剧三角

（二）核心事件与卫星事件

情节可以按照重要性，分为核心事件与卫星事件。[②] 核心事件是故事里的重要情节，决定故事发展的方向，导引戏剧三角的情节发展。

卫星事件则是次要情节，对故事逻辑影响不大，主要功能在于美化故事。虽然核心事件决定故事的发展结构，但是，对特殊卫星事件的描述，如韩剧里常出现的站在女主角背后遮挡烈日阳光的暖男行为，不只是美化故事，也给许多阅听人增添了观赏乐趣。

（三）英雄的历程

英雄故事，是古今中外都受欢迎的传颂主题。美国神话学者约瑟夫·坎贝尔通过对各地神话故事原型的分析，提出英雄战胜自我的三阶段历程。[③] 这三阶段乍看与戏剧三角相似，但坎贝尔提出的英雄历程有更细腻的情节分析。

第一阶段，被称为“起程”。日常生活中的英雄，受到命运般的召唤，因而暂且放下家庭生活，踏上试炼的道路。在这个过程中，英雄经常会遇到意外的事件或人物，进而获得超自然的力量或受其协助（如漫威电影里的绿巨人浩克拥有特殊的能力）。通常在这个阶段，英雄会与女神相遇，历经诱惑，挣脱感官枷锁，进而掌握命运的方向。

第二阶段，被称为“启蒙”。已经迈上命运之路的英雄，会开始经历各式各样的挑战，也会遇到各种诱惑而动摇。在征服挑战的过程中，英雄也会感到恐惧、害怕或退缩，直至慢慢成熟，超越心灵原本的局限，逐渐具有大将之风。

---

① Freytag, G. (1968). *Treytag's technique of the drama: An exposition of dramatic composition and art*. New York: Benjamin Blom.

② Rybacki, K.C., & Rybacki, D.J. (1991). *Communication criticism: Approaches and genres*. Belmont, CL: Wadsworth.

③ Campbell, J. (2008). *The hero with a thousand faces*. Novaro, CA: New World Library.

第三阶段，被称为“回归”。在最后的挑战关卡，英雄经常展现出自我奉献的精神，愿意用自己的生命换取社会的安宁或国家的安全。通常在这个最后阶段，英雄会遇到意想不到的障碍与阻挠，同时也可能获得特殊的外来救援，进而战胜难关，获得最终胜利。获得胜利之后的英雄，会褪去所有的光环，回归到平静的日常生活中。

四、叙事组合：毗邻轴与系谱轴

媒体内容的叙事结构组合可以分为毗邻轴与系谱轴两种。

毗邻轴，是指时间与空间的组合关系，场景（空间）、角色与动作之间按时间串联，组成意义体系。例如白雪公主吃了毒苹果后昏迷，经由王子的亲吻而苏醒，这一连串的角色、动作、物品与结果的组合，即为毗邻轴（见图 14–2）。

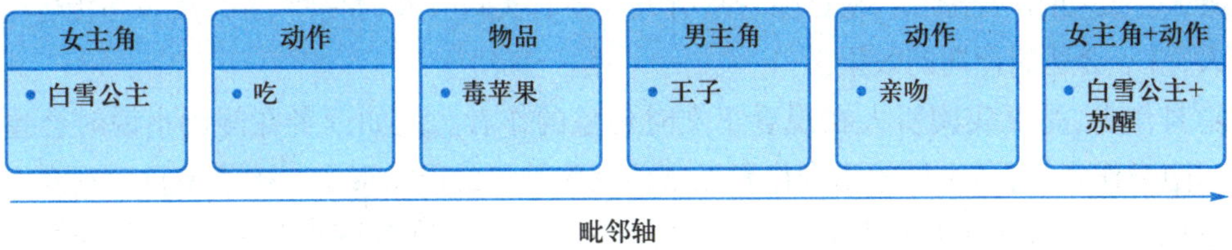

图 14–2 叙事毗邻轴

系谱轴，是指每个叙事单位本身在同一个类别中的可能选择。以上述案例来说，最后一个动作“苏醒”，可以置换为“飞踢”“粉碎”“吐血”等；或者将男主角“王子”，置换为“小矮人”“猎人”等。每个系谱轴的选择结果，都会造成意义的变动，比方说以黑人承担白雪公主的角色，此选择即会带来意义的扭转。

研究者要注意的是，每种叙事组合关系（无论是毗邻轴或系谱轴），都共同影响着文本意义系统。不同版本的白雪公主叙事，均是在相似的毗邻轴下，由不同系谱轴（特别是男女主角）构建的。

五、叙事参与者

第五个分析概念已经进入论述层级，不再讨论故事内容本身，而是讨论故事的形式、诉说的方式。同一个故事的不同说法，会产生不同的意义体系与美感体验。举例来说，南北朝时期流传下来的《木兰辞》与迪士尼拍摄的《花木兰》，虽然有相同的故事结构，但是论述方式不同、媒体体验也不同，其中叙事参与者的身份、关系更是不同。

在说故事时，参与者不只是出现在文本当中的角色(如主角、配角、播报新闻的主播、记者、受访者等)，广义的叙事参与者，还包括创作文本的作者，以及屏幕前的观众等。笔者将文本叙事的参与者，以正文为中心，向阅听人与作者端分别再延伸两个层次（隐身与真实），划分为如下五层（见图 14–3）。①

① 笔者的分类参考了 Kozloff（1992）对文本论述参与者的分类方式。笔者合并了叙事者（Narrator）与听讲者（Narratee），因为在文本分析中，区分叙事者与听讲者的意义不大，无论是电影或游戏，多线叙事是常态，会有多个对话线同时进行。

图 14-3 文本叙事的参与者

正文，是指文本本身，如影片、小说等。这里是指具有边界的具体文本。

隐身阅听人，是指预存在文本当中的阅听人。每个文本都有默认的说话对象，针对这个对象，文本会调整说话的语调、速度、镜头或美学表现等。比如，儿童绘本有丰富的视觉表现，就是将识字率不高、文字理解力有限，但对图像有高度兴趣的儿童视为隐身阅听人。汽车广告通常将隐身阅听人设定为男性、白领阶层，在制作电视广告时，就会为这些隐身阅听人量身定做广告文本的论述方式、设定媒体露出时段。

真实阅听人，是指真正阅读正文的阅听人。创作者预设的隐身阅听人，不见得等同于真实阅听人。成功的广告推播，是让隐身阅听人成为真实阅听人，如果广告无法顺利传达给隐身阅听人，就不会达到预期的效果。

隐身作者，是真实阅听人在观看正文时想象的作者。例如读者在阅读小说时会想象出小说的隐身作者，著名小说的隐身作者经常体现为神秘的偶像形象。电视节目的观众也会根据节目风格在脑海里形成隐身作者的形象，但这样的想象常常不符合现实情况，因为电视节目是一个融合摄像、配乐、灯光、美术等工种的集体创作，这样的复杂模式较难进入观众们的想象。

真实作者，是指文本的实际创作者。现今大众媒体的传播内容经常由集体共同制作，真实作者未必是个人，很多时候是一个工作团队。如电玩游戏制作需要多个领域共同合作，规模较大的在线游戏甚至需要数十人以上的制作团队。

六、叙事线 / 时间轴

现实世界中所有事件的发生、排列，都有既定的顺序与长度，但文本中的事件则不然，叙事的目标、手法的不同会引发时间轴的变化。媒体文本的叙事线，可以分为故事时间与论述时间。故事时间取决于事件发展的始末与前后关系；而论述时间则是说故事的人 / 媒体讲述故事的时间，如倒叙法，先从结果开始讲起，然后再慢慢提到事件发生的原因。因此，故事时间与论述时间不是必然等同的。

在论述时间方面，早期叙事结构分析者查特曼即提出过程陈述与静态陈述的区别。[1] 过程陈述通常由角色对话或动作来呈现，以驱动整体故事发展的进程。但是当遇到想向观众强调的重点时，作者就可能运用配乐、特效或旁白等静态陈述，以特定形式让故事进度慢下来。例如动作片中角色对打时的慢动作、爱情片中恋人亲吻的多镜头剪辑与抒情配乐等。

过程陈述与静态陈述的区别，说明我们可以将文本中的故事时间经由论述手法改变，以镜头、配乐、特效等强化戏剧张力，让观众能在论述时间内，细细感受戏剧高潮或重要转折点时的心境。例如很多电玩游戏在玩家闯关获胜时，会出现闪亮的动画、热闹的配乐、金币掉落的声响等静态陈述，强化玩家获胜的愉悦感。

① Chatman, S. (1978). *Story and discourse, narrative structure in fiction and film*. Ithaca, NY: Cornell University Press.

这种故事时间与论述时间的比较，让我们更了解文本时间轴的重要性，笔者汇整了四种文本时间轴经常使用的手法：

(1) 浓缩或省略。论述时间比故事时间短，或是省略部分故事时间。例如，结婚典礼情节后接上一段空镜头，然后传出婴儿的哭声与妈妈哄孩子的画面，就是在论述时间里省略了怀孕过程的故事时间。

(2) 延长或静止。论述时间比故事时间长，或者是故事时间停止。慢动作是常用的延长法，例如足球比赛时的进球瞬间，是特别吸引观众的部分，导播以慢动作放慢故事时间，从不同角度反复播放进球画面，原本短促的进球瞬间在论述时间内被延长。

(3) 多线叙事。不同的故事时间，通过彼此交错，汇聚成一个整体的论述时间。例如，在2002年改编自小说的电影《时时刻刻》(*The Hours*)中，三个不同时代女性的生命故事交错，电影通过这种多线叙事产生的互文效果，来探讨女性社会角色与性别认同的变迁。

(4) 互动叙事。数字时代的交互式媒体文本邀请阅听人参与互动叙事，为时间轴的运用带来更多可能性，时间轴不再依循既定模式，而由阅听人自己决定故事发展的顺序与方向。创作者安排场景、角色、行动后，就由阅听人参与关键性选择。例如，走在路上遇到“飞车党”抢劫女性钱包，阅听人要不要前往帮忙呢？选择“要”或“不要”，故事将会朝着不同的方向发展。

七、叙事分析案例：游戏媒体文化之男性气概探索

数字游戏(特别是多人在线角色扮演游戏，Massive Multi-player Online Role-playing Game，MMORPG)是当今青少年锻炼与发展男性气概的重要场域，学者张玉佩和邱馨玉进行过一项“从文本结构与玩家诠释角度，探索数字游戏媒体文化下的男性气概运作机制”研究，并合写了《游戏媒体文化之男性气概探索：文本结构与玩家诠释》一文[①](见表14-1)。

表14-1 叙事分析案例

题目	游戏媒体文化之男性气概探索：文本结构与玩家诠释
作者	张玉佩、邱馨玉
出版信息	《传播与社会学刊》2010年第12期
研究重点	男性气概是潜藏在媒体暴力表象下、关键性的社会文化要素。有鉴于数字游戏是当今青少年锻炼与发展男性气概的重要场域，本文试图从文本结构与玩家诠释两端出发，探索游戏文化下的男性气概运作机制。
研究问题	具体的研究问题有二： 第一，游戏蕴藏的文本结构力量的框架为何？本研究以游戏文本与周边的媒体论述为研究对象，以描绘文本端的男性气概运作机制。 第二，游戏玩家如何面对游戏文化蕴含的男性气概？玩家间彼此互动的方式是否影响个体玩家对男性气概的解读？本研究试图从游戏玩家日常生活经验的角度，来解释游戏媒体文化中的男性气概。

① 张玉佩、邱馨玉：《游戏媒体文化之男性气概探索：文本结构与玩家诠释》，发表于《传播与社会学刊》2010年第12期。

续表

研究设计与执行	本研究同时分析媒体文本与玩家阅听人,对媒体文本的研究采用叙事分析方法,对玩家阅听人的研究采用深度访谈法。
研究者角色	站在玩家阅听人的视角上,试图了解青少年玩家如何通过游戏探索男性气概。
研究对象与内容	文本分析的对象是在线游戏《仙境传说》,包括游戏内容、官方刊物和广告片;深度访谈了 20 位游戏玩家。
主要发现或结论	研究结果发现,在游戏的文本结构方面,游戏叙事的文本故事、互动性特质与媒体论述,遮掩了以数值霸权为基底的游戏规则,同时也合理化了游戏行为的暴力系统。再者,在男性气概再现方面,男性身体被遮掩与忽略,转而强调、彰显战斗力等内在能力,而作为主要对立客体的女性则以极度夸张的性欲化形象再度被塑造成媒体凝视的焦点;原本在游戏文本中被淡化的男性情谊,却在玩家的游戏互动过程中得以增强。

具体的研究问题有二:第一,游戏蕴藏的文本结构力量的框架为何?本研究同时分析了游戏文本与周边的媒体论述形象,以厚描的方式描绘文本端的男性气概运作机制。第二,游戏玩家如何面对数字游戏文化蕴含的男性气概?玩家间彼此互动的方式是否影响个体玩家对男性气概的解读?本研究试图从游戏玩家日常生活经验的角度来解释游戏媒体文化中的男性气概。

本文同时采用文本分析与深度访谈作为研究方法。文本叙事分析的对象包括游戏文本、官方刊物与游戏广告,而深度访谈则着力探索玩家经验,试图从文本端与玩家端来探讨游戏文本端的男性气概再现机制。

文本分析的对象是在线游戏《仙境传说》,以及第 1—43 期官方刊物与 5 则某地区历任游戏代言人的广告。在玩家访谈方面,本研究共访谈了 20 位游戏玩家。

第四节 叙事合理性

我们在学习上述的文本与叙事分析后,接下来该如何评断文本呢?真的有客观合理而可供参考的标准吗?虽然文本难以二分地比较优劣好坏,但是在评判时还是有些准则,可以供研究者参考。

叙事的价值,在于阅听人涉入故事的情感(因主角的经历开心大笑或伤心难过),相信并认可故事里的价值体系,进而将故事里的价值观纳入自己的信念(媒体文本叙事里可能存在着一种或多种价值观来提升故事的可接受性)。良好的叙事逻辑可以增添故事的说服力,卡立·里比斯基和东·里比斯基称此为“叙事的合理性”①,他们依此提出真实、美学、结果与伦理四个叙事分析的评判准则。

一、真实判准(The Truth Standard)

真实判准,是指文本里的叙事论点是否能够引起阅听人的共鸣。阅听人若是拥有与文本

① Rybacki, K.C., & Rybacki, D.J. (1991). *Communication criticism: Approaches and genres*. Belmont, CL: Wadsworth.

类似的生命经验或思考观点，通常比较容易认可文本的真实性。举例来说，若是阅听人曾经对女性的性别角色、受到的性别歧视或社会性别分工等有所质疑，那么探讨女性处境的美国电影《时时刻刻》或韩国电影《82 年生的金智英》都可能引起他们的共鸣。换言之，电影文本讲述了与阅听人近似的生活经验，替代性地说出女性共同遭遇的困难处境，符合阅听人的真实判准。

真实判准符合与否与场景的虚构与否没有太大关联。即便是虚构的科幻片，只要能够引起阅听人的经验共鸣或想象共鸣，即可符合真实判准。这也是魔幻小说“哈利波特”系列亦可风靡全球的原因，因为文本里存在的人际冲突或同侪经验是具有普遍性的。

二、美学判准（The Aesthetic Standard）

合适的故事论述方式，是成就好故事的重要一环。好的故事，要有好的论述方式来表现，搭配混乱、不适切的论述方式注定会失败。所谓“好的”论述方式，即是美学上的判准，与阅听人的情绪与涉入度息息相关。

要注意的是，不同媒体介质存在着不同的美学评判标准，这是媒体的能供性（Affordance）存在的基础。比如平面摄影的美学与动态影片的美学完全不同，平面摄影由角度、景深、光圈、快门速度等组成摄影师的美学，动态影片（如电影）则增添了剪辑、时间轴、旁白、配乐、背景音等。

三、结果判准（The Results Standard）

是否顺利且正确地把信息传递给阅听人，是文本的另一个重要判准，即结果判准。以前一节叙事参与者的分类概念来说，文本的叙事结构里默认的隐身阅听人与真实阅听人的吻合程度可以用来评判文本叙事是否能引起阅听人的共鸣。

文本阅听人的反应是结果判准的重点，衡量的方式可分为量化与质化。电视节目的收视率，电影的上映时间、地区、票房等都可以作为量化的结果判准。质化的结果判准包括媒体文本引发的相关评论或舆论讨论等。现今网络媒体盛行，点击率、点赞数、回帖数、转发数等，都可以作为结果判准。

四、伦理判准（The Ethical Standard）

相对于关注阅听人的结果判准，伦理判准是用来衡量作者一方的。衡量的标准在于真实作者是否有意操弄、隐瞒或诱引阅听人，影响他们对文本内容真实性的信任。隐藏真实作者的意图、使用镜头剪辑改变现实、捏造消息伪装新闻等，都属于伦理判准讨论的范围。试图混淆真实作者身份，让阅听人无法区分消息来源真伪的媒体文本，就是不符合伦理判准的文本。

最明显的例子，是置入性营销进入新闻报道——在新闻版面上貌似客观而有条有理地进行报道，实质上却是推销产品的广告。这个行为混淆了隐身作者与真实作者，它让阅听人形构出一个隐身作者——报道真实事物的新闻人，但真实作者却是试图推销与贩卖商品的广告业者。互联网时代越来越多的来路不明且充满“恐吓”信息的“假新闻”（如某某食品致癌等），亦是伦理判准有问题的文本。

练习与作业

在本章中，我们先是提示了撒网的预备姿势，接着提供了很多分析文本与叙事的技能，希望同学们可以善用这些技能编织捞取研究资料的渔网。在编织文本研究之网时，我建议可以制作编码表，反复阅读研究的媒体文本，将你所需要的数据填入编码表内。表 14–2 是张玉佩、邱佳心 (2017)[①] 在分析游戏文本时所使用的编码表，提供给同学们作为参考。

表 14–2 编码表范例

【咎狗之血】角色编码表												
编号	名字	年龄	性别	外形	性格	成长背景	出场次序	角色功能	感情与性态度	暴力行为	结局	研究者分析
1	—	—	男	—	—	—	1	英雄	—	—	—	——

复习本章内容，然后依下列步骤练习文本与叙事分析法。

第一步，选择具影响力、有学术分析意义的关键文本。思考的重点在于该文本蕴藏着值得研究者揭露的权力关系与意义体系，分析它，可以让我们更了解社会结构的运作。社会科学的研究，需要有系统、有逻辑地陈述研究对象，第二节提供了五种文本定义的范畴，你可以借此确定文本的操作型定义。

第二步，根据叙事分析的概念，构建文本分析编码表，对文本进行系统性、逻辑性的探索。本章第三节提供了场景、角色、情节、毗邻轴与系谱轴、叙事参与者、时间轴等多种叙事分析的概念，可以根据你所选择的文本特质与问题意识，设计编码表，以进行分析。

第三步，整合研究的结果，作出具有批判性的研究分析。本章第四节提供了与叙事合理性相关的四种判准，作为评断文本的参考。进行这个步骤时，请回顾第一节提及的文本分析预设与特质，虽然在第二步我们一一拆解了文本内的各个要素，但不要忘记文本分析的预设立场。文本意义体系需要整体性的理解，而我们的研究是希望了解媒体文本中蕴藏的权力关系。进阶的研究有望对社会形成批判性干预，通过剖析社会存在的共识与潜藏的权力运作，达到为人们赋权的目的。

问题与解答

Q1：文本分析是要揣摩作者想要传达的意义吗？

Q2：不同的研究者对同一个文本进行的分析是否会不同？

Q3：对于质化取向的媒体研究，有何信度要求？

Q4：文本分析方法与内容分析方法，差异点在哪里？

Q5：广义的文本分析，包含哪些具体的分析方法？

① 张玉佩、邱佳心：《色情暴动：游走于男性爱游戏的同人迷群》，台湾交通大学出版社 2017 年版。

第十四章　问题解答

词汇与定义

1. 预设。预设不同于量化研究方法的假设。量化研究方法在进行研究前，须先建立假设，再通过研究设计来进行验证。预设偏向于研究者的本质论立场，是研究者与理论对话后形成的、具有反思性的自我揭露。举例来说，在性别研究中，研究者是采取建构论主义的观点进行研究，还是采取生物本质主义，这即是预设立场。

2. 阅听人。阅听人是相对于研究者与研究脉络而生成的研究概念，通常包括读者、观众、接收者等概念。读者相对于文字或图片等平面媒体而存在，观众相对于电视或电影等动态影片而存在，当代相对于数字游戏而存在的，还有游戏玩家。

研究者以阅听人的概念来进行研究，会强调媒体文本的“意义”。意义由阅听人在日常生活中吸收、诠释与阐述而来，以阅听人的主体性为重。

3. 受众。受众亦是在特定的研究脉络下形成的，与媒介效果研究息息相关。经典代表是香农和韦弗的传播数学模式，将阅听人视为受众，强调媒体信息内容是否正确传递到受众脑海中。传播效果理论取向，包括魔弹论、有限效果论、议程设置理论等，都是以受众的概念进行研究的。研究者以受众的概念进行研究，会强调媒体内容对受众的“影响”效果。研究者会站在媒体的视角上，将受众视为研究客体，试图了解影响他们的方式、途径或效果等。

4. 编码/解码模式。编码/解码模式强调符号的意义来自两方。一方是制作文本的制作端，以电视而言，即是电视的听觉与视觉论述系统。另一方，则是接收文本的阅听人端，即观众的需求与社会位置。双方的知识框架、生产关系与技术基础等，都会对符号的意义产生影响。而意义就产生于编码与解码双方交错的关键时刻。

第十四章　阅读文献

第十五章

符号与影像分析
——寻找影像背后的意义

学习目标

1. 了解主要的视觉符号和影像分析方法。
2. 理解各个影像分析方法之间的异同与各自的优缺点。
3. 了解影像分析的步骤与要点。
4. 能够从当代的视觉文化现象中发掘值得关注的议题，并着手进行分析。

引　言

本章与前一章都是从质化研究的角度进行媒介的文本分析，但理论与方法的应用各有不同。本章的内容主要针对影像类的文本，包括图画、照片、小视频、影片等。视觉是人类的重要感官之一，人类的生活世界充满各种视觉符号（Visual Signs）和影像（Images），在事物表达、意义制造、人际沟通中，影像和视觉的运作扮演着非常重要的角色。把事物视觉符号化以进行意义的沟通，正是人类社会的重要特征。

从原始人类的壁画，到 15 世纪的古登堡印刷革命，再到 20 世纪 50 年代给人类世界带来翻天覆地变化的电视传播，乃至 20 世纪 90 年代之后兴起的因特网，与 21 世纪的智能手机与社交媒介，视觉符号毫无疑问越来越成为人类表意的中心媒介。

本章即以视觉符号和影像为对象，介绍和讨论对视觉符号和影像进行分析的理论和方法，呈现这些不同方法之间的异同及其演变衔接的关系。希望学习者不仅从中获得学术知识，也能够借此应对和诠释日常生活中无所不在的视觉文化现象。

第一节　符号与影像分析的基本概念与应用

一、符号与影像分析的基本概念

（一）再现

人们运用语言（包括影像语言）赋予我们周遭的事物以意义，这个过程被学者们称为再现

（Representation）。人们一度认为再现的运作就像镜子一样，是事物的直接反射或反映，16、17世纪盛行的现实主义油画，19 世纪发明的摄影，都是为了要完成“再现”功能。但是晚近的社会科学讨论认为，任何再现都不可能是绝对地或单纯地反映或复制现实。

再现牵涉到特定文化下的解码和编码的循环。[①] 这个循环，是一个复杂的社会建构过程，是人们主观的涉入，而主观涉入又是在各种客观条件下进行的。举例来说，当你设计一张毕业舞会的宣传海报时，你会有自己的创作意念，例如可爱风或成熟风，但你不太可能选择恐怖或阴暗的风格，而同时你在颜色、字体、图案等方面的使用，也要考虑受众能不能理解和接受。这就是所谓的主观与客观的互动过程，属于一种社会建构。

另外必须注意的是，当人类在“看”事物的时候，其实是主动地投入整个环境，而不仅仅是物理性地、反射式地用眼睛“复制”周遭的一切。我们感知视觉信息的过程，同时牵涉到眼睛和脑部的作用，也可以说同时牵涉到影像和语言系统。若只有影像，我们无法理解和记忆；但如果只有语言，我们就难以具象化所感知的事物。

一方面，我们所看到的、聚焦的和注意的，究竟是哪些事物，依赖于我们大脑里既有的语言系统和知识框架，也依赖于我们所身处的特定文化和社会条件。每一次的“看”以及我们所感知的意义，都是生理、心理以及文化脉络的共同结果。有趣的是，每一次“看”，同时也是“没有在看”，因为在我们的视野范围之内的种种，并非全部都被我们“看”（注意）到，即所谓“视而不见”。

另一方面，有“看”就有“被看”，观看牵涉到观看者与观看对象，前者主动，后者被动，在看与被看之间形成了一种权力运作关系，虽然两者关系可能随时互换或重叠。主导性的观看，产生了主导性的权力，我们也可以将这样的观看称为“凝视”（Gaze）。

（二）符号

被称为现代语义学之父的瑞士语言学家索绪尔，认为意义的制造仰赖语言，而语言是一套由符号组成的系统。声音、文字、影像、照片、图画等，都是语言系统中的符号，可以用来进行意念的传达或沟通。索绪尔把符号区分为两个部分：形式（一个字、一张照片、一幅画）与内涵（该形式在我们脑中所联结的概念或意念）。他把前者称为能指（Signifier），后者称为所指（Signified），符号要能够运作，用来表达特定的外在事物，二者缺一不可（见图 15-1）。[②]

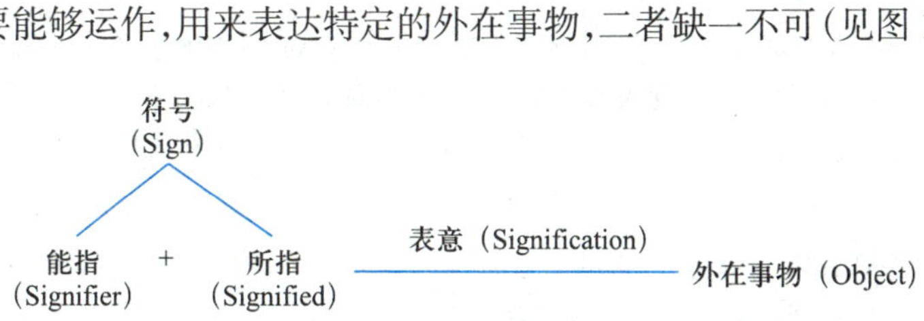

图 15-1　索绪尔提出的符号架构

这套架构的关键在于，能指与所指之间的关系并非先天固定，而是在特定的文化或语言系统中被建立起来的，具有任意性，因此，这组关系是有可能改变的。举例来说，玫瑰花这个图

① Hall, S. (1997). *Representation: Cultural representations and signifying practices*, pp.1–64. London: SAGE.

② Saussure, F. (2002). *Course in general linguistics* (12th ed.). Illinois: Open Court.

案（能指），原本只是用来表达一种植物（所指一），但是现今也被用来代表男女之间浪漫的爱情（所指二）。

索绪尔的符号学理论揭示了符号的组成，也告诉我们符号产生意义的过程是一个与社会与文化有关的过程，而不是发生在封闭的语言系统里面，这对于我们研究符号有非常重要的启发。不过，索绪尔提出的符号架构着重于能指和所指的结构，忽略了特定的能指和所指彼此发生联结的社会过程，甚至是过程中所牵涉的权力关系。因此，我们无法仅仅利用上述架构来进行视觉符号的分析，而必须借助具体的符号分析方法。

二、符号与影像分析方法的优点与局限

（一）优点

符号与影像分析法是一个非常容易取得分析成效的研究方法。一方面，符号和影像就存在于某处，等待你去分析。只要你使用的手段恰当，一定可以解读出一些表面下的意义。另一方面，有些以“人”为资料来源的研究方法，例如访谈法，研究者可能会碰到受访者有意无意地回避、扭曲事实甚至说谎的情况，相对的，文本就可以提供一个更稳固的、不会变来变去的资料来源。当然，就像前面提到的，文本解读的深浅与犀利与否，取决于你对解读对象背后脉络的把握，以及对相关文本和知识的理解，这些对于做出一个好的视觉符号分析来说是很重要且不太容易的事情。

我们在这里提供一个读者应该比较熟悉的影像文本分析范例（见表 15-1）。吴来安的论文针对央视的系列公益广告进行符号分析，结合索绪尔与罗兰·巴特的符号学分析方法，通过对相关文化脉络与元素的敏锐洞察，解读广告如何再现和传达“家”文化及其价值。

表 15-1 央视公益广告的文本解读

题目	融入“家”文化：央视公益广告的文化传播符号分析
作者	吴来安
出版信息	《新闻大学》2018 年第 2 期
研究重点	承担了传承历史文明、传播当下社会主流价值、引领未来文明风尚等重要角色的公益广告，常呈现出文化符号的断裂现象，因而影响其传播效果。论文借由个案分析，以符号学视角探讨公益广告的元素，进而提出弥补当前文化传播的符号断裂问题的建议。
研究问题	如何充分发挥公益广告这个独特载体的优势，进一步优化中国文化传播效果？
研究设计与执行	符号分析，以目标广告的文案及画面为分析单位，解析文案和画面中最核心的符号。以央视两则具备独特性和领域典型性的公益广告《打包篇》和《门》为样本案例，首先对广告进行文本拆解；其次，依据“能指与所指，组合与聚合”的关系，分析整个广告的符号含义；最后，归纳符号的运行规律。
研究者角色	具有主体意识的诠释者
研究对象与内容	央视两则公益广告《打包篇》和《门》，内容包含视频画面和声音的文本符号（文字及声音）。
主要发现或结论	事实证明，这些广告创意非常符合中国的国情及公众心理，能从细微处触动人心，在一定程度上解决了当前多数公益广告简单化、模式化、难普及等问题，有效改善了当前文化符号断裂的局面。

（二）局限

符号与影像分析也有其方法论意义上的局限。由于符号与影像都是该符号或文本生产者已经完成生产过程的结果，生产过程所牵涉到的脉络、动机、意向、面临的限制或其中发生的转变可能非常复杂，也很可能完全无法从文本中解读出来。因此影像的解读很可能过度，也很可能不足，所以对某些研究问题来说，光用符号或影像分析来回答是不够的。此时，便需要考虑多重方法的使用，例如辅以深度访谈法或田野调查法。

第二节　从语言学到符号学

索绪尔提供了一个符号分析的基石，引领许多学者持续探讨符号与意义的主题，其中法国文化理论学者罗兰·巴特将符号分析应用到日常通俗文化之中，把索绪尔的符号理论正式进化为符号学（Semiotics），这是我们在进行视觉符号分析时第一个真正能够运用的方法。

一、符号学方法的进化

巴特的基本立场是，符号无所不在，所有的人类文化现象，包括运动、着装、时尚等，都在利用符号传达意义。他把这些通俗文化现象都看成一个个符号，并组成他所谓的"文本"，而符号分析的目的就是进行文本的解读。在《神话学》这本书中，他分析了许多通俗文化现象，其中一个很有趣的案例是职业摔角。[①] 我们可能会直觉地认定摔角是一项竞技运动，选手之间进行身体对抗最后决定输赢；但巴特说，如果我们把摔角看成一个文本，重点不在输赢，而在摔角选手做出观众所期待的那些动作，那才是摔角传达出来的最重要的意义。他注意到，摔角有某些特定形式和原则，那些夸张的动作、姿势和表情，发挥的是"浮夸"的功能。在摔角文本之中，摔角手展现出来的激情是真是假并不重要，观众看的不是激情本身，而是激情的模样（The Image of Passion）（见图 15-2）。

图 15-2　职业摔角现场

① Barthes, R. (1972). *Mythologies*. Canada: Farrar, Straus and Giroux.

巴特将符号的讨论扩展到广泛的文化事物，也扩展了索绪尔的符号架构。他指出，与某个能指联结的所指，会有两个层次的意义：第一个是描述的层次，他称之为外延义（Denotation），亦即表面的意义；第二个层次牵涉到更广泛的文化社会面向，称之为内涵义（Connotation）。举例来说，牛仔裤作为一个符号，它的外延义是一种特定布料（丹宁布）制作的裤子，但在很多文化里，牛仔裤同时传达出另外一层意义——“休闲”“轻松”“潇洒”，这就是内涵义。巴特将这种在特定文化和社会中，被传达和解读出来的，在表面之下的符号深层的意义称为“迷思”（Myth），意味着一种社会建构出来的文化共识。

在这里，巴特与索绪尔的符号学架构有了明显且复杂的差异，巴特的架构是一个两层的符号学系统（见图 15-3）。阿拉伯数字所示的符号（3）是由一组能指（1）和所指（2）所组成的，它们共同构成了第二层系统的能指（Ⅰ），然后与另一个所指（Ⅱ）组成了第二层的符号（Ⅲ）。第一层即是一般的语言系统，第二层跨越到更广泛的文化意义领域，这便是迷思的运作系统。也可以说，迷思是语言的语言，一种后设语言或元语言（Meta-language）。

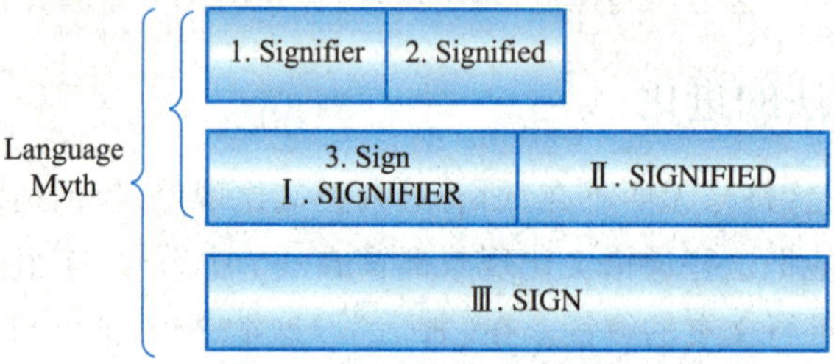

图 15-3 巴特的双层符号系统[①]

二、广告的符号学分析

以下介绍巴特运用这套符号学架构来分析的一个著名案例，可以帮助我们理解这个分析方法。他分析的是一则意大利面的广告（见图 15-4），从这则广告中，他解读出了多层次且丰富的含义[②]。

首先我们要区隔出语言信息（Linguistic Message）和图像信息（Image），两者都同时包含了外延义与内涵义两个层次的意义。在语言信息方面，PANZANI 这几个字母组成的符号，其外延义即是这个商品的品牌名称，而内涵义则是某种意大利风味或意大利性（Italianicity）。

在图像信息部分，其外延便是我们在海报中所看到的所有事物，包括网袋、各类蔬菜、罐头、面条等，但是在内涵的层次上，则包含了非常丰富的意义，据巴特的总结：第一，画面传达出了一种刚刚从超市购物回来的新鲜感；第二，画面中的颜色组成（红绿白）表现出鲜明的意大利风味；第三，画面中的各种食材意味着（不在画面中的）主人将会自己下厨进行料理，这代表了一种特定的生活方式；第四，广告海报有类似静物油画般的美感，传达出一种富足、恬静的生活状态。

把上述所有的信息统合起来，这则商品广告传达出来的意义远超出物品和商品表面的

① Barthes, R. (1972). *Mythologies*. Canada: Farrar, Straus and Giroux.

② Barthes, R. (1977). *Image, music, text.* New York: Hill and Wang.

扫码查看彩图

图 15-4 巴特分析的广告案例

意义，并在人们因为看到这则广告而产生的可能的消费行动与这些丰富的意义之间建立了联系，而这正是当代广告产业所赖以生存的意义生产和接合的手段。另一位英国文化理论家雷蒙·威廉斯将这一意义运作系统称为“神奇的系统”（Magical System）。[1]

［案例分析 1］

广告符号分析的文献相当多，这除了因为广告是当今最重要也最普及的视觉影像之一，还因为广告传达的“意向”是最明确的：“来吧！来买！”当然，成不成功是有关信息效果的问题，但是广告本身的目的是毋庸置疑的，毕竟我们不会看到一个广告的传达目的是“走开，不要买”。

在大量广告符号分析的文献之中，美国学者朱迪斯·威廉森于 1978 年出版的《解码广告：广告中的意识形态与意义》[2] 是最具代表性的经典研究之一。她提供了许多商业广告的符号分析案例，揭示了其中符号运作的逻辑，并借此指出它们试图传达和建立的意识形态。

其中一个例子是英国金融财团哈利法克斯（Halifax）在当时推出的系列房贷广告（见图 15-5）。威廉森首先指出，戒指、新娘、婚纱、男性强壮的手，这些符号代表的是婚姻，以及婚姻所能提供的“承诺、信赖和安全”，也就是广告所标举的口号。用婚姻和阳刚的男性等影像元素来代表这三个概念，可以说是陈词滥调，值得注意的是，该系列广告其实摧毁了这层关系：因为男人和婚姻并不一定能够保证安全和未来，所以你会需要哈利法克斯的帮助。也就是说，广告影像在拆解戒指和男人所代表的承诺、信赖与安全的同时，却在另一层次上充分利用了这三个概念。

① Williams, R. (2006). *Culture and materialism*. London: Verso.

② Williamson, J. (1978). *Decoding advertisements: Ideology and meaning in advertising*. London: Marion Boyars.

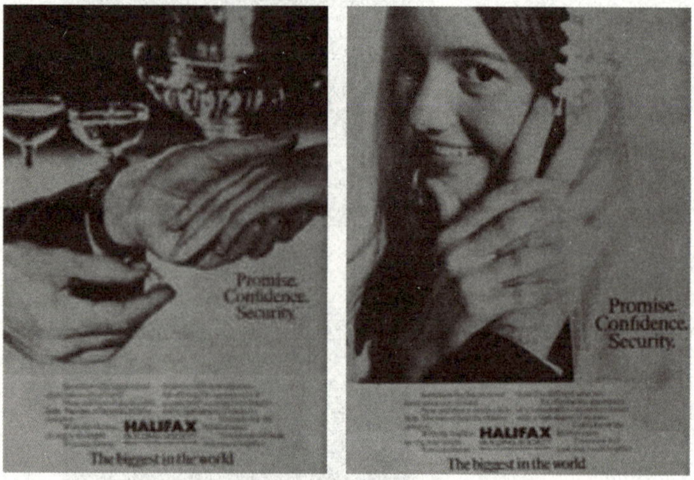

图 15-5　威廉森分析的广告案例

威廉森的分析相当精妙：原本（男性的）手是能指，而安全是它的所指。但是由于安全可能消失，所以此时“安全”变成了能指，而“你需要哈利法克斯”则成了新的所指。接下来，商品（哈利法克斯提供的房贷）出现，成为能指，“安全”再度恢复成所指的状态。

不过，以符号学方法来解读类似广告这样的通俗影像，在实际操作时并没有想象中那么简单。这里牵涉到两种基础知识以及一个分析陷阱。首先，解读牵涉到对分析对象赖以存在的社会与文化脉络的理解，此即霍尔所谓的“文化符码”①。以上面所举巴特的广告分析为例，他能够从颜色和文字符号中解读出“意大利性”，或从购物和料理行为中解读出“生活风格”，但如果研究者没有对西方现代生活的文化符码有所认识，似乎就不大可能完成解读。

其次，研究者要具备运用相关知识和想象的交互文本的能力。仍以巴特的分析为例，在他解读出的最后一项特殊意涵中，巴特发现该幅广告的构图和元素类似十六七世纪的欧洲油画（可以参考约翰·伯格的《观看的方式》一书），并将两者呼应联结，形成了非常精辟的解读。不过，如果研究者对欧洲油画的历史与特征一无所知，这个解读也是不可能做出的。换句话说，要运用符号学来分析影像文本，研究者必须要具备足够的知识广度和厚度，同时具备想象和联结的能力，才能够提升分析质量。

研究者还要注意，广告，特别是商品广告符号存在的分析陷阱。前面提到，商品广告试图传达某些意义，希望消费者将这些意义与商品联结起来，并最终促成消费行为。这是广告主与广告代理商联手，由广告代理商内部的创意人员所创造和主导的意义联结与说服传播过程。如果我们进行广告符号分析，仅仅是将广告创意人员“植入”商品的意义“还原”出来，那就没有分析的意义了。

举个例子，美国运动品牌耐克（Nike）在 20 世纪 90 年代通过一系列广告和口号打造其品牌形象，如“Just Do It”以及篮球明星迈克尔·乔丹所传达的“勇往直前、努力追求”的意义。但

① Hall, S. (1997). *Representation: Cultural representations and signifying practices*, pp. 1–64. London: SAGE.

如果我们分析耐克的广告和商标时，说其传达的意义是“勇往直前、努力追求”，那只是单纯地还原了广告创意所试图建立和联结的意义，这只能证明这个广告创意的传达是准确的，但对于传播学术分析却没有意义。作为一个广告符号分析者，我们可以或应该做的是，找出这些广告和商标是“如何”建构和联结这些意义的。它们运用了哪些元素？用什么形式运用？接着我们可以进一步思考和探讨，为什么一双球鞋一定要联结“勇气”“追求”这些意义和价值，而不是其他意义和价值（例如团结、合作、健康等）？这样的提问与分析角度，才是一个传播/媒体研究的适当立场。

三、从符号学到话语分析

符号学思路的影像分析可以帮助我们解读表象之下的意义，不过这似乎也造成了一种思考的框架：意义就在文本之下等待研究者发掘和解读。这样一来，意义变成了一种静态的存在，与符号互相依赖，缺少了意义传达的过程，也少了意义生产者和接收者的角色。

事实上，巴特对广告的解读和分析看似合情合理，意义就藏在海报表面影像的背后。但仔细思考，我们并不难看出，这些解读是在特定文化和社会脉络中才能得出的，也不能跟特定的行动者（影像的生产者、接收者和解读者）以及他们的目的完全割裂。

这就引出了符号学分析思路的修正问题。其中一个修正的路线，便是强调主体（亦即行动者）与历史（亦即社会与文化脉络）的另一套分析方法——哲学家米歇尔·福柯提出的话语（Discourse）理论。

福柯认为，既然语言总是指导着人们的行动，那么行动（Practice，或翻译成“实践”）才是分析的关键；而此时“符号”这个概念已经显得狭窄，他选择以“论述”取代。话语是一套陈述系统，话语生产出知识，在这套知识框架里，人们知道如何思考、如何行动，以及如何与他人沟通。与此同时，话语也限制了人们，让人们难以做出框架之外的思考和行动。在一个特定的历史时期里，同一个社会中的人采取类似的思考和行动框架，这就是福柯所称的话语形成（Discursive Formation）。

举例来说，福柯研究了疾病、刑罚、性取向等议题的历史，指出这些看似客观存在的范畴，其实都是特定历史脉络与社会文化中的产物，也就是在特定话语之中才得以运作的一套又一套知识。有些我们以为是理所当然的疾病，例如“歇斯底里症”或日常口语所说的“疯子”，其实都是由特定医学知识所定义的；如转换到另一个时空脉络中，正常人和病人之间的界限很可能就会改变。应用福柯的话语理论，我们分析影像时关注的便不是单一的符号，而是发现影像整体所建构出来的话语框架，并从中指出其意义的运作过程。

英国文化研究学者斯图亚特·霍尔就运用了话语分析的方法，探讨媒体文本中的种族/族群问题。他的方法是，面对一个影像，我们可以问三个问题：它在说些什么（What is it saying）？它传达了什么信息（What is its message）？以及它如何说（How does it “say”）？[①] 霍尔以19世纪英国经典商品皮尔斯肥皂（Pears' Soap）广告（见图15-6）为例进行分析。

在此广告影像中，肥皂可以把黑人小孩“洗净/洗白”。霍尔指出，这个广告文本呈现出来

---

① Hall, S. (1997). *Representation: Cultural representations and signifying practices*, p.233. London: SAGE.

的是二元对立的“种族主义化”话语，强调“文明”（白人）与“野蛮”（黑人）的对立。在种族主义的话语中，白人作为一个“种族”，有知识、教养、理性以及各种已开发的制度与事物，与此联结的是“文化”这个概念；而黑人这个“种族”则与动物性直觉、缺乏文明教养与制度有关，与此联结的是“自然”这个概念。这套论述最终归结于种族的“纯洁性”，与“纯洁性”对立的则是种族通婚与混血所产生的“污染”。[①] 这套话语也创造出“他者”，目的是为了维持“我群”（也就是白人）殖民政权的地位。

图 15-6 霍尔分析的广告案例

从这个分析例子中我们可以看出，符号或影像的话语分析与符号学分析的差别：符号学分析针对的是具体、单一的符号文本，解读其能指表面下的所指；但话语分析探讨的是文本背后的整套相关话语和知识体系，这些话语和知识是特定历史与社会脉络下的动态产物，牵涉到主体之间的权力关系，而不仅是绑在符号之下的意义。这样的分析方法，让我们对影像文本的诠释和批判更具有广度和深度。当我们分析的对象不是单一的符号或影像文本，分析的目的也不只是符号表面下的意义时，话语分析就是一个可以考虑使用的方法。

第三节 数字时代的影像符号

影像的分析，除了意义层面的问题，还有真实层面的问题。符号学的传统认定一个符号（影像）是一个具体事物的表意（Signification），也就是一种再现，这意味着如果这个影像所代表的那个事物是真的，这个影像就是真的。这个看似理所当然的观点，其实只是一个预设。从索绪尔到巴特和福柯都专注于意义层面的问题时，法国另一位哲学家让·鲍德里亚却对影像再现真实层面的问题提出重要的探讨和见解。鲍德里亚拒绝“再现”这个概念，而使用“拟象”（Simulation）代之。他指出，再现这个概念意味着符号与（其所代表的）真实（Reality）是等同的，但这显然是不可能的，符号充其量只是个幻象。鲍德里亚认为，我们对影像与事实之间关系的看法历经四个阶段：第一个阶段，影像是对事实单纯的反映；第二阶段，影像掩饰或扭曲了基本事实；第三阶段，影像掩饰的基本事实其实并不存在；到了第四阶段，影像跟任何事实都已经无关，它就是它本身的模拟物（Simulacrum）。[②]

鲍德里亚以迪士尼乐园为例，那些海盗、堡垒或是未来世界等，原本是代表着某些真实事物的缩影。但是，那些事物其实并不存在，而迪士尼世界作为一种想象符号，到最后已经

① Hall, S. (1997). *Representation: Cultural representations and signifying practices*, p. 243. London: SAGE.

② Baudrillard, J. (1988). *Selected writings*, pp.164–184. Stanford: Stanford University Press.

与它是真的或假的无关了，它只是一个带动情绪的机制，让人们重返他们想象的欢乐童年时光；它就是自身的模拟物，它比真实还真实，是一种超真实（Hyper-reality）。大家可以想象一下，我们脑中的某一部分明知道迪士尼的角色和人物，例如米老鼠和唐老鸭，只是虚构的，但是当我们一旦进入迪士尼乐园，亲眼见到米老鼠人偶出现时，我们还是会惊喜大叫：“（那是真的）米老鼠！”这个时候我们感受到的愉悦，与本体论意义上的真实问题已经无关了。

值得一提的是，我们很可能以为鲍德里亚谈论的拟象指涉的是数字虚拟图像的议题，但这是误解。因为鲍德里亚提出这套拟象学说时，计算机科技尚未兴盛普及，事实上他指出的是，任何媒介中介下的符号或影像都可能变成模拟物。不过我们确实可以很容易地将拟象与模拟物的概念应用到当前的数字环境之中。这是因为，在计算机与数字科技的作用下，传统的“照片”或“摄影”与真实事物之间的关系崩解了。不仅任何照片都可以被任意修改，甚至连客观事物本身也可以无中生有，完全由计算机仿真创造出来。“真实”的背后，很可能只是一连串数字，而辨别真伪将不再是一个简单的问题。技术的发展给通俗文化领域带来了重大变化。

2002 年美国电影《虚拟偶像》（*S1m0ne/Simone*）就讲述了一个完全由计算机程序制作出来的虚拟偶像，如何成功吸引大量粉丝的故事。这只是一部虚构的电影。然而到了 2011 年，在日本本地与国际上均极为成功的多人少女偶像团体 AKB48，推出了一位新团员江口爱实，并与其他当红团员一起参加商业广告拍摄。江口甜美的外形立刻获得许多观众的喜爱，但稍后经纪公司承认江口其实是一个虚拟人物，是由计算机将几位当红 AKB48 成员的五官数字化后再重组而成的（见图 15-7）。

图 15-7　日本虚拟偶像江口爱实

数年之间，类似的甚至虚拟程度更高的虚拟偶像，已经在娱乐与媒体产业中陆续出现（参见案例分析 2）。这些完全由人类通过计算机技术制造出来的形象，已经与客观的真假存在无关，它们就是其自身的模拟物。人们对其真假并不以为意，但投注的感情毫无疑问是真实的；而这些形象在商业机制推动下，所牵涉到的组织运作以及庞大利益也是真实的。这类视觉文化的内涵演进至此，显示的更多是一个文化、社会，甚至是哲学问题，而不再是一个符号意义的问题了。

当然，从符号分析的角度来说，不管影像背后的技术与生产过程如何变迁，我们仍可以暂时搁置“鲍德里亚式的”（Baudrillardian）真实问题，将数字影像视作一般的视觉符号进行分析，例如社交媒介上的自拍照片、广告图像、迷因（Meme）图像等。而分析的方法，同样可以根据研究问题和研究目的，选择符号学或论述分析的方法。

[案例分析 2] 虚拟偶像“初音未来”告诉我们的事

初音未来(Hatsune Miku)是当代最具代表性的虚拟歌手和偶像之一。2007 年,一家日本声音制作公司运用计算机合成人声软件推出了一款音乐产品,被命名为“初音未来”。其具体人形原本只是搭配的形象插画,没想到推出后不仅音乐本身销量狂飙,这个形象也因为大受欢迎而转化成一个“真实”的偶像(见图 15-8)。

而后出品公司继续运用计算机虚拟合成技术,扩大初音未来的表演和商品形式,尤其是应用全息投影(Hologram)技术把初音未来的形象投射在舞台上,在世界许多大城市举办了实体演唱会,几乎每一场都是爆满(见图 15-9)。演唱会搭配真人乐队表演,粉丝们高举荧光棒,跟着初音未来的投影形象高歌摇摆,气氛比很多真人演唱会更热烈。

图 15-8 初音未来(Hatsune Miku)

图 15-9 2016 年福冈市初音未来演唱会

“初音未来现象”引发了大量的讨论,尤其是其虚拟性质对偶像文化带来的冲击和意义[(如 McLeod(2016)、Lam(2016)]。初音未来被出品公司设定为 16 岁少女,身型修长,有着大眼睛、小嘴巴、蓝绿色眼珠与长及脚踝的头发。服装造型上,她扎着蓝绿色双马尾,身着水手服和过膝长袜,戴着领带和长手套,都呼应着日本动漫文化中的美少女形象,也召唤着原本就喜欢这种形象的阅听人。当她“真的”唱起极具特色的歌曲,跳着节奏分明的舞步时,粉丝们的幻想“成真”,可以理解他们有多么兴奋和愉悦。这里牵涉到的不只是鲍德里亚式的“真实”问题,初音未来带给我们的视觉符号研究课题也很丰富,例如蓝绿色眼珠与头发的色彩文化意义,或是日本高中女学生制服设计的性幻想成分等。

第四节 影像分析的美学与时间因素

在实际进行视觉符号或影像分析时,除了上述的几个主要理论与方法,要让分析更到位与深入，还有两个方面的因素需要讨论和考量，一是美学，二是时间。

一、影像分析的美学

所有的影像文本，都有美学的面向。美学的作用与前述的符号作用不同，符号用来表意，进行理性的意义传达和沟通；美学用来传情，是感性的感知与体会。美学的元素必然会在影像文本的“编码”过程中被包含进去，并与符号的应用交互影响。尤其是专业的影像文本，例如在广告或影视作品中合理使用的美学元素能与创作者试图传达的意义相得益彰。

美学元素在影像文本的生成中不可或缺，在“解码”时也不可能完全略过美学元素，但是在许多影像文本分析方法的讨论中，美学元素却经常被忽视。一般而言，美学层面有四个要素在影像文本的分析上是有意义的，应该搭配分析：[①②]

第一个要素是景框与构图，也就是一个特定范围内包含了哪些事物，以及这些事物之间的排列与结构关系为何。例如，画面是以水平、垂直或是倾斜（对角线）构图为主，分别传达出稳定平衡、崇高雄伟与动态不安的感受。又如，景框中的物件（人或事物）之间的距离，以及物件与四周框线的距离，都会影响画面的张力传达和物件关系。愈近的距离，带来愈亲近的感觉，反之则愈疏远。物件愈接近景框边线，就愈有逃离或不容于情境的倾向，反之，往中间靠拢，则表示在情境中占据重要的位置。

第二个要素是镜头的角度与大小。镜头从上而下对着被摄者，称为俯角，俯角镜头往往会让被摄者显得卑微无助。若镜头由下而上对着被摄者，称为仰角，仰角镜头则让被摄者显得威严伟大。平视镜头则让拍摄者、被摄者和观看者都处于较平等的地位。镜头大小则是依照镜头中主要物件从小到大区分成大远景、远景、全景、中景、特写和大特写。原则上物件愈小，重要性愈低，镜头用来强调整体时空背景的重要性；物件愈大，尤其是特写镜头，则是用来强调人或事物的重要性以及外在样貌的细微变化。

第三个要素是色彩。不同的颜色运用，传达不同的感受与暗示。不过色彩的含义与文化密切关联，例如红色在西方和在东方的含义就很不一样。此外，颜色也被区分为暖色系和冷色系，暖色系（包括红、橙、黄等类似颜色）带来比较愉悦、热闹、欢乐的感觉；而冷色系（包括蓝、绿、紫等类似颜色），则让人有严肃、冷酷、悲伤等情绪。

第四个要素是光线与明暗。所有专业生产的影像文本，都必然注意照明的问题，这不仅关系到物件和环境的明暗，还可以传达出不一样的氛围，光线带来的阴影尤其会导引出复杂多变的感受。例如，人物脸上如果有大范围的阴影，就会让其显得邪恶或阴沉。电影史上的经典“教父”系列，导演弗朗西斯·柯波拉就非常善用光线和阴影来塑造角色特质和情境氛围，第一部开场段落中主角柯莱昂（马龙·白兰度饰演）的镜头就是典型的例子（见图15-10）。

---

① Deacon, D., Murdock.G., Pickering.M, & Golding.P. (2007). *Researching communications: A practical guide to methods in media and cultural analysis* (2nd *ed.*). London: Bloomsbury.

② Zettl, H. (2014). *Sight, sound, motion: Applied media aesthetics.* Australia: Thomson/Wadsworth.

图 15-10 电影“教父”系列第一部片段

二、影像分析的时间

除了美学因素之外，另一个在分析影像文本时必须考量的因素是时间。这里指的是，当影像文本不是静态影像，而是动态影像，也就加入了时间轴。时间因素的视觉化，也就是影像的运动。

影像主要有三种运动方式：

(1) 影像中的物件的移动（人在跑、车子在行驶等）。

(2) 摄影机的运动（镜头伸缩，摄影机推拉、横移等）。

(3) 运用剪辑。

通过设计不同的影像运动方式，创作者可以传达不同的感受和情境氛围。例如，利用摄影机的快速推拉，加上快节奏剪辑，可以表达人物动作的快捷与情境的紧张。

上述四项美学因素以及动态影像的时间因素，都可以为影像文本分析提供更精准的概念使用和分析向度。当然，这也增加了分析的复杂度和难度，需要更多的练习与尝试。

练习与作业

1. 选择一日常生活中随处可见的视觉符号或静态影像（例如日历的图片、书本的封面、生日卡片等），练习索绪尔式的符号分析。

2. 选择一个你认为做得很好的广告（静态或动态均可），练习用巴特式的符号学分析解读其文化意义和内涵。再利用霍尔的论述分析方法，探讨整个广告所建立与传达的知识框架或论述系统。

3. 选择一个你觉得很有趣的网络迷因图像，尝试用视觉符号分析方法，探讨这个迷因是在强化、扭曲还是重新创造、改写符号的既有意义。

问题与解答

Q1:解读影像或视觉文本时,如何才能深入并具有学术上的可信度?
Q2:视觉文本的分析案例该如何抽样?

第十五章　问题解答

词汇与定义

1. 再现。人们用语言(包括影像语言)赋予周遭的事物以意义的过程。再现不是对既有事物的物理复制,而是牵涉到特定文化下的解码和编码,是一个意义的社会建构过程。

2. 迷思。法国哲学家罗兰·巴特指出符号有两层意义,第一个层次是外延义,即一般常识的、明显的、表面的意义。第二个层次是内涵义,涉及文化价值观,以及传达者和接收者的互动、主观认知和感情。此一层次的内涵义,具有一种符号效果,巴特称之为“迷思”。迷思指的是一种特定文化中思考事物的方式,是社会建构出来的意义,涉及一连串相关的概念。

3. 论述。论述是一套陈述系统。论述生产出知识,在这套知识框架里,人们知道如何思考、如何行动,以及如何与他人沟通。与此同时,论述也限制了人们,让人们难以作出框架之外的思考和行动。

4. 拟象。相对于再现,鲍德里亚认为事物经过媒介中介之后,其影像已经与原来的事物无关,而成为其自身的模拟物,这就是拟象的过程。

第十五章　阅读文献

第十六章

扎根、质化资料与内容分析
——化零散为系统

学习目标

1. 了解质化研究使用的资料类型。
2. 掌握质化资料的分析过程，学会如何进行编码与分类、建立层级、建立关系与提炼主题。
3. 了解扎根理论在资料分析上的基本概念与编码体系。
4. 学习质化内容分析、民族志内容分析的基本方法。
5. 了解质化资料分析软件的基本功能与应用。

引　言

本章是质化研究部分的最后一章，旨在指导学习者针对访谈记录、田野笔记、日记、新闻报道、档案文件、照片、录音与录像、电视节目与广告片，以及网络社交媒体群组的发帖与讨论等内容进行系统的分析。前两章所讨论的质化研究方法（文本与叙事分析、符号与影像分析）通常针对比较少量的资料或例子，依据所采取的理论观点，进行特定而深入的分析。但是大量而复杂的访谈资料或媒介内容，往往要运用扎根理论或质化内容分析等方法。

在社会科学与传播学的研究中，量化研究对收集到的结构化数据的分析有很明确的程序与方法。但是，该怎么分析非数字、无法直接转换成统计数据的研究资料呢？这些资料通常是凌乱而没有系统的，且信息量庞大，对质化研究者而言是一大挑战。

本章主要介绍了处理大量质化资料的方式，包括资料搜集的范围（各种资料类型）、分析的过程与资料处理步骤、扎根理论的方法、质化内容分析法，还介绍了三个强大的质化资料分析软件。

第一节　质化研究的资料类型

质化研究的资料类型非常丰富，既包含非结构化的各类资料，也包含结构化的二手统计数据。资料的收集主要是通过观察法、田野调查、一般访谈、深度访谈、焦点小组访谈，以及民族志访谈的方式获取文本、影音内容或二手统计数据。质化研究者在搜集相关资料时,需要充分发掘和运用直觉(Intuition)与观察能力,高度关注人、事、物之间的关系;还需要有扎实的理论基础,在搜集相关资料时能够迅速将在经验世界中取得的资料与理论概念关联起来。比如,看到自拍现象,研究者能够自然联想和运用自我呈现、美学展演、网络互动等概念对该现象做出理论解释。

质化研究的资料搜集,在强调事实(Facts)重要性的同时,同样关注和收集使“事实”对当事人有“意义”的相关信息,包括个人情感、身份地位、价值观念、感官经验、行动意义认知等。换句话说,凡是能“呈现当事人亲身经验与意义”的资料都属于质化研究资料搜集的范围。质化研究的资料大致可以分成三大类:文本、声音与影像、网络与社群互动。

一、文本类型资料

“文本”是历史最悠久的记录信息的形态,特别是语言和文字诞生之后,人类文明更是离不开大量文本的生产与“再生产”,包括引用、传播、复制等。

广义的文本包括语言与文字、图形与绘图、实体物品(Artifacts)等。这些不同类型的研究内容,需要通过事件与人物的组合,将时空脉络结合在一起进行分析。本书前几章所提到的文本分析、叙事分析、符号分析,以及本章提到的质化内容分析都是广义的文本内容分析。常见的文本资料包括以下几种。

(一) 访谈与观察记录

该类型资料是质化研究最主要的分析素材,是具有高度互动性、介入性(Obtrusive)、原创性的“一手资料”,符合包括民族志在内的大多数质化研究传统的研究取向。在通过访谈记录(重点摘要或全文誊录)、观察记录(包括田野笔记、场景绘制图、拍照记录等)、研究者反思日志、口述历史访谈记录等方法收集一手资料时,研究者需要寻找深刻、有趣味、丰富而具体的素材与经验故事,以便开展具有个性特征的质化研究与分析。

(二) 文件与档案资料

文件与档案资料包括以下几种类型:

1. 档案文献。由官方或机构公布的正式文件、文献(书籍或期刊)、文学作品(包括文化故事、笑话、童话、神话、迷思、仪式等叙事内容)与其他非官方文献。

2. 日记传记。日记、自传、传记以及个人手稿或相关文件。

3. 新闻报道和广告。报纸或杂志的新闻报道、社论或新闻评论、新闻摄影、分类广告与图案等。

4. 统计资料。政府或非政府组织公布的各类统计资料,是二手数据的重要来源。

(三) 实体物品

个人或群体的有价值的或特殊的物品、研究对象在事件或活动中所使用的器具与工具、手工艺产品或创作等,研究者可以通过文本描述、素描描绘、拍照录像、获取实物等方式进行记录。

二、声音与影像类型资料

通过语音和影像记录的信息，也是质化研究的重要信息源。这类资料的搜集需要适合的器材与设备，且在分析之前，往往需要对部分老旧的磁带与录像带内容进行修复与还原。这类资料主要包括以下几种。

（一）录音与广播

录音与广播包括在访谈与田野调查时进行现场录音所获得的内容（如访问、现场声音、演说、歌谣等），以及研究对象所有的具有历史价值的旧录音带。另外，现场同步录制广播内容或搜集广播电台过去播放的内容，都是取得声音资料的方式。

（二）录像与影视

录像与影视包括在访谈与田野调查时进行现场录像所获得的内容（如访问、现场活动记录等），以及研究对象所有的具有历史价值的旧录像带。另外，现场同步录制电视或电影内容，或者搜集旧电影以及电视台过去播放的电视新闻、广告、影片等内容，都是取得影像资料的方式。

三、网络与社群互动类型

这是随着网络等新兴媒体的发展而出现的新类型资料。网络世界网网相连，内容非常丰富，各类网站及其承载的信息爆炸式增长。网络内容与传统的、单一静态的文本和影音内容有很大差异，不仅包括图文、影音，还包括各类多媒体文本和含有超链接的超文本，呈现出资料组合的样态，从而为研究提供了丰富的信息源。

（一）社交媒体互动性资料

社交媒体为研究提供了丰富多样的信息，典型如电子邮件、博客、微博、社交媒体讨论群组，以及各类公众号等都拥有大量的讨论内容、转发的档案、各种表情包（Emoticons）等信息。在社交 / 移动媒体平台上，用户发表的文字、图片、音频、视频等各种内容，用户之间通过多种方式（包括加好友、评论、点赞、转发等）建立的社会联系，都成为质化研究的资料来源。

（二）在线游戏与其他新兴媒体资料

在线游戏方兴未艾，游戏玩家对游戏社群的参与、互动与消费行为，正成为质化研究新的观察内容。智能手机的沟通行为、手机应用程序（APP）对使用者的各种影响，以及网红或主播（如在抖音或快手上）的自我呈现及其与商业营销结合的现象，也都是新兴的研究领域。此外，人机交互（Human Computer Interaction，HCI）行为、虚拟现实（Virtual Reality，VR）与增强现实（Augmented Reality，AR）的游戏体验及其在其他产业的应用，以及未来使用者与“人工智能”（Artificial Intelligence）所创造的人 / 机器人交互新形态传播与沟通模式（Human Artificial

Interaction，HAI），都成为质化分析的新范畴。

第二节　质化资料分析的过程

质化分析的过程，从广泛搜集各种相关资料开始，以归纳方法为核心，将各类型资料中属性相似者归在一起，找出核心主题，建立分析架构或理论观点，以诠释社会现象。整体而言，质化资料的分析过程可以分成三个层级：摘要与组合资料（第一层级），重新组合与加总资料（第二层级），发展与测试命题以建立解释性架构（第三层级）（见图 16–1）。这三个层级的分析要遵循五项原则，它们指导着质化资料分析的五大步骤。

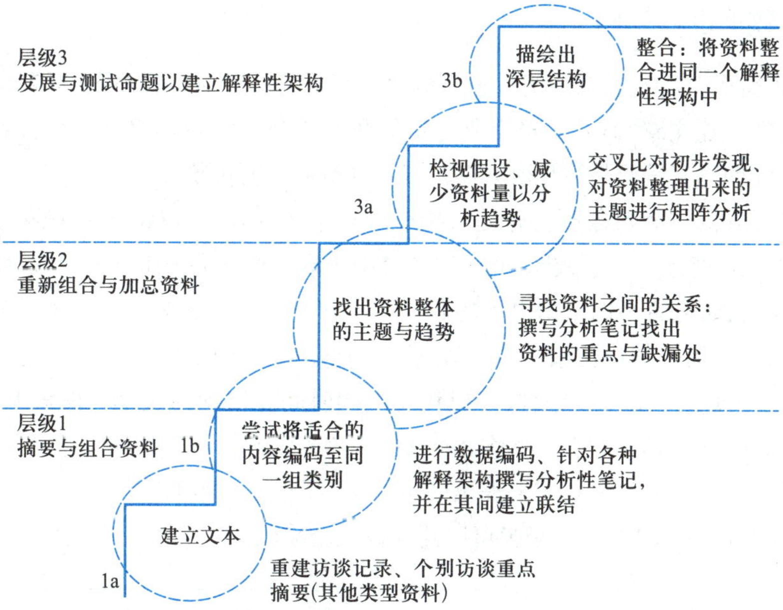

图 16–1　质化研究分析的三个层级[①]

一、层级一：摘要与组合资料

这个层级为质化资料分析奠定重要的基础，有扎实、详尽的文本内容，才能形成后续高质量的分析。

（一）收集资料

对收集到的各类资料进行初步整理，这是建立文本的首要任务。首先要对研究过程中收集到的文本类型、声音与影像类型、网络与社群互动类型的资料，根据研究的需要进行整理提炼。

---

① Carney，T. F.（1990）. *Collaborative inquiry methodology*. Windsor，Ontario：University of Windsor，Division for Instructional Development.

对于通过访谈、观察得到的一手资料，要依研究的需要进行全文记录、重建访谈记录或针对个别访谈进行重点摘要等基础工作，同时也要针对各类资料内容进行建档、存档。收集资料要依循多样性的原则。

> ■ **质化资料分析的第一个步骤：通过“多样性原则”广泛搜集相关资料。**
>
> 为了使研究产生丰富的成果，质化研究搜集的资料类型需要丰富而多元，这就是多样性原则。资料的多样性也有助于进行“三角测量法”。比如，除了对研究对象进行深度访谈之外，也可以分析这些研究对象在网络群组中的讨论内容，或媒体对相关现象的报道，这样就可以增加资料的多样性，强化研究的可信性与客观性。

（二）对数据进行编码

质化研究需要对所收集来的资料进行编码。编码是一种对资料命名、标签化的过程。小到一句话、大到一篇文章，研究者根据所选定的文本或资料的内容和研究的需要赋予其一个或多个“码”，即编码。编码是质化研究进行资料分析的重要步骤。

例如，想要分析研究对象旅游时的自拍照片与录像内容，可以将照片或录像一个一个编码。如某一张照片背景是大学校园的湖畔，照片中出现一位女大学生穿着汉服，做出开心而俏皮的表情。这时，研究者可以编出以下的码：校园、湖畔、汉服、女学生；而“做出开心而俏皮的表情”，则可以编码为心情愉快或青春活泼。一张照片被赋予的码，也可以说是这张照片中提炼出来的重点与摘要。如果是录像，可以依据不同时间点出现的人、事、物来进行编码；如果是一段文字，则可以依据一个句子或整个段落的内容来编码。每一个编码通常由2—6个字组成，不宜过长。至于每一份资料需要编出多少个码，没有统一标准，视研究者的做法与需要而有所不同，比如写一篇学期报告，至少可以建立数十个编码。

> ■ **质化资料分析的第二个步骤：通过资料筛选与编码工作来执行“减少原则”。**
>
> 一般而言，由于研究者在研究初期还不十分清楚资料之间的相关性，广泛收集到的资料很多、很杂，因此，研究者必须依据研究需要将资料去芜存菁。筛选可用的资料，运用简洁、精练的用词进行编码，让资料化繁为简，这是减少原则。但是质化的编码与命名是相对开放、不受限制的，每一个研究者的角度与方法都会有所不同，没有固定格式、没有统一标准，初学者往往不知如何着手，下一节介绍的扎根理论编码体系可用来指导编码方式的学习。

（三）分类：将属性接近的编码归类

编码工作完成后，会产生数十个甚至上百个码，有些性质接近、相关性强，有些则没有关系。此时研究者要对编码进行分类，通过比较与分析，建立起不同的类别（Catego-ries，类目），以便聚焦与进一步分析。

例如，想要分析研究对象旅游时的自拍照片与录像内容，并了解这些内容所呈现出来的主要特质，研究者可以在完成编码后进行整理与分类，亦即将同类型的编码放在同一个类别当中。如照片、录像等编码，可以归类于“媒介内容”类别；而自然景观、人造景致、户外、室内、都市、乡村、5A级景点等编码，可以放在“场景”的类别下；汉服、洋装、西服、运动装等编码放在“服装”类别；浓妆、淡妆、素颜放在“化妆”类别；笑容、沉思、愁容则可以放在“面部表情”的类别。这样就完成了资料分类整理的第一步工作。

■ 质化资料分析的第三个步骤：依“分类原则”将属性接近的编码归类。

对已经建立好的编码进行分类，也就是将属性相同或近似的编码进行归类。研究者必须依据所设定的研究目的与问题，在众多编码中进行比较，找出相似与相异之处，最后形成一些相关的类别。因此，每一个类别下面都会有好几个相关的编码。

二、层级二：重新组合与加总资料

将已建立起来的类别重新组合，将相关性强的类别集合在一起，通过“概念化”创造更高层级的类别，并在不同层级的类别中区分从属关系，即建立一种“层级顺序”，目的在于通过建立有区隔、有层次的分类体系，找出资料整体所呈现的主题（Theme）与趋势。研究者可以通过撰写分析笔记记录资料中相关的重点与可能的缺漏之处，再反复对照与思考笔记内容，进一步厘清编码与分类反映出的问题，以便建立分析架构。

比如，前述的服装、化妆、面部表情三个类别是高度相关的，可以集合在一起创造一个更高层次的类别，通过抽象化、概念化的思考，可用“表意”来统摄。于是，所建立的层级顺序如下：

高层级类别（概念化）	类别（具体）	编码（特定内容）
表意	服装	汉服、洋装、西服、运动装
	化妆	浓妆、淡妆、素颜
	面部表情	笑容、沉思、愁容

研究者如果发现某些类别与类别之间有关联性，如研究对象身穿汉服时总是在自然景观、户外场景中，同时面涂胭脂浓妆，表现出婉约与沉思的脸部表情，据此类推，几种主要特质的类型或许就可以被提炼出来。比如说，一些特质可能被研究者概念化为：“严肃正经型”“俏皮自乐型”“郁闷愁容型”等。到了这一步，质化资料分析就已经完成了大半，因为研究者已经从众多纷乱的照片与录像内容中，经过去芜存菁、类别联结、关系建构而找到了主题。

■ 质化资料分析的第四个步骤：依据“关联原则”进行比较与分析，联结相关类别，建立从属关系与层级顺序。

编码分类完成之后，比较与对照各个类别，探索类别之间的关联性，并依据各类别的特性建立从属关系与层级顺序。通过建立有区隔、有层次的分类体系，找出资料整体所呈现的主题与趋势，建立起资料之间的关联性。

三、层级三:发展与测试命题以建立解释性架构

当恰当的分类体系建立之后,接着要进行质化分析的最后一个步骤,即进一步挖掘资料内容、编码与类别之间的关联性,据以建立主要的分析架构,进行理论性的诠释。这是一个"理论化"的过程,即从所建立的相关类别与概念体系之精髓中,提出具体的理论分析或解释性观点。

(一) 检视命题、减少资料量以分析资料趋势

首先,审视分类体系中所建立类别或资料之间的关联性。为使分析可行,最好只选择其中一些相关性较高的类别或概念,针对整理出来的主题建立一系列命题或假设,再通过资料的交叉比对分析,即类别内容之间的"矩阵"分析,了解不同类别内容的资料分布情形,进而检视所提出的命题,了解资料趋势并得出初步发现。矩阵分析范例见表 16–1:

表 16–1 矩阵范例:照片内容编码的交叉分析

类别	穿着汉服	25 岁以下	女性	大学生
严肃正经型	150	30	50	48
俏皮自乐型	98	211	147	192
郁闷愁容型	37	44	88	45

表中不同的数字是各项目编码总次数(本表中的数字为虚构)。以"俏皮自乐型"为例,矩阵表显示该类以 25 岁以下、女性、大学生为主;穿着汉服时,人物通常呈现严肃正经的姿态,分析可依此类推。

(二) 描绘出深层结构

最后,分析进入整合阶段。通过命题与假设的检视,发现并确认核心主题,厘清相关类别或概念之间的关系,可用线条(虚实或粗细)、箭头(单向或双向)等方式描绘出类别或概念之间的关系特性。虚线所代表的关系比实线要弱,粗线条比细线条有更强的关联,单向箭头通常是说明因果关系,双向箭头则代表相互影响(见图 16–2)。这个阶段要将资料内容中形成的重要类别或概念,统整进一个"解释性架构",以描绘出所研究现象的深层结构。

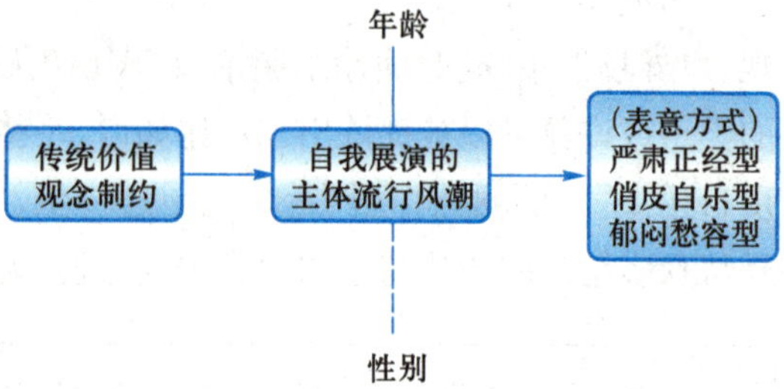

图 16–2 穿汉服自拍的表意方式的解释性架构

比如,从上面的矩阵可以得出,年轻女大学生的自拍照倾向于俏皮自乐的表现,可以概念化为"自我展演的主体流行风潮"。但是当穿着汉服时,绝大多数自拍者以严肃正经的姿态入镜,较少人显现俏皮自乐或郁闷愁容的表情。这或许是因为受到"传统价值观念的制约",自拍者认为穿汉服是一种文化气息浓重、严肃的

事情，不宜太过轻佻。以上都是研究的假设与命题，需要研究者寻求适当的证据与说法（通常来自矩阵数据、访谈记录或文献内容）来建立一个合理的解释。

基于以上范例可假设“传统价值观念的制约”影响着“自我展演的主体流行风潮”，在穿汉服自拍时，不同年龄与性别的研究对象会产生不同的表意方式。研究者要进一步去检视诸如年龄、性别、价值观与自我展演之间的关系是否符合假设。进而讨论与分析价值观、自我展演、主体性、流行文化等概念之间的交互影响，成为理论化、建立解释架构的核心。

■ 质化资料分析的第五个步骤：依据“理论化原则”检视命题与假设、厘清类别或概念之间的关系，建立解释性分析架构。

在质化分析的最后阶段，通过诠释、总结研究发现的主题，形成具有理论意义的分析架构，是为理论化原则。研究者将从资料内容中分析出来的重要类别或概念，整合进一个解释性架构中，以进行系统性的解释，并描绘出研究现象的深层结构。

质化研究分析的资料处理流程与步骤，可以总结为如图 16-3 所示的三角形，呈现下宽上窄的样貌。箭头由下向上，比喻质化的分析是一个由下而上、资料量由多而少，逐渐浓缩至主题的过程。下一节介绍的扎根理论研究方法，也是基于质化资料的这五个分析步骤的，由于扎根理论自成一家之言、有其特殊的概念体系，在质化研究领域中也被广泛运用。

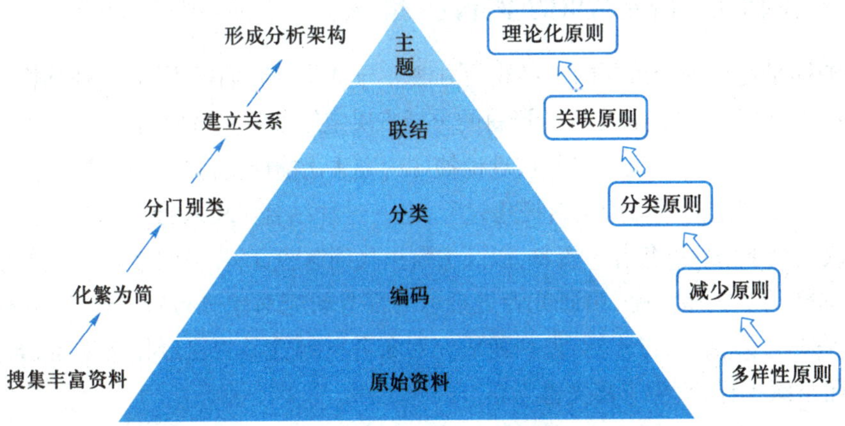

图 16-3　质化资料处理的五项原则与五大步骤

第三节　扎根理论及其编码体系

一、扎根理论的源起

美国学者格拉瑟与斯特劳斯 1967 年出版的《扎根理论的发现：质化研究的策略》一书是扎根理论创始的经典之作，是一本从健康社会学的角度观察医院中的死亡现象而衍生出来的著作。[①]“扎根理论”(Grounded Theory)一词乍听之下容易被误认为是一种理论而非方法,但是它虽名为“理论”,但事实上是一种“一般性的方法论”(A General Methodology),目标是通过对扎实资料的系统性分析,发展出具有解释性的理论,也就是所谓的“从资料到理论”的质化研究方法。

扎根理论起源于20世纪60年代的美国,当时的学术氛围不是在谈论如何建构“宏观理论”(Grand Theory)或“中型理论”(Middle-range Theory),就是热衷于拉扎斯菲尔德式的量化研究。而20至50年代芝加哥学派(Chicago School)所倡导的质化研究,既没有那么严谨,也没有将理论整合进研究当中。因此,格拉瑟与斯特劳斯倡议要缩小理论与研究之间的鸿沟,但不需要量化研究所要求的验证标准,主张理论要植根于社会研究,且源自实际的资料。[②]

时至今日,扎根理论已经被广泛运用在不同的学科和领域,包括心理学、人类学、教育学、传播学、公共卫生与社会工作等。同时,扎根理论的研究也受到当代学术趋势的影响,包括民族志、现象学、女性主义、政治经济学、后现代主义等,都为扎根理论引进了更丰富的概念,除了应用于学术研究之外,也应用于政策制定建议、实务策略研究、实际技术操作等。扎根理论也常常结合其他的质化方法,或与量化方法混合使用,为“混合研究法”(Mixed Methods)提供了良好的基础。

二、扎根理论的研究对象与资料

(一)理论抽样与研究对象的差异性

理论抽样是扎根理论重要的资料收集方法。与量化研究抽样不同,这种抽样方法是在资料收集过程中,根据对已经收集到的资料的分析来决定继续收集资料时要选择的研究对象,而不是在研究开始时就设计好抽样原则,理论抽样的方法让抽样变得“开放并富有弹性”。[③]理论抽样是为了建立理论而进行的资料搜集过程,这一过程结合了资料搜集、编码与分析,可以帮助研究者决定接下来要搜集什么资料,以及去哪里找到这些资料,目的是发展出分析理论。[④]

理论抽样的基本做法是,由研究者先抽取一部分研究对象进行资料搜集,并根据对这部分资料的基本分类、编码与分析,来判断研究对象各种属性是否已经搜集完备,若尚有欠缺,则针对不足继续抽样,直到丰富完善为止。

所选择的研究对象内部已经搜集到资料的群体之间的差异越大越好,因为这样可以更快速、高密度地发现更丰富的类别特质。群体异质性越高、资料类别越具有多样性(Diversity),越有助于达成建立理论的目标。这种群体之间“极大化异质性”(Maximized Diversity)的策略是

---

① Glaser, B. G. & Strauss, A.L. (1967). *The discovery of grounded theory: Strategy for qualitative research*, New Brunswick & London: AldineTransaction.

② Glaser, B.G. & Strauss, A.L. (1967). *The discovery of grounded theory: Strategy for qualitative research*, New Brunswick & London: AldineTransaction.

③ 朱丽叶·M.科宾、安塞尔姆·L.施特劳斯(又译斯特劳斯):《质性研究的基础:形成扎根理论的程序与方法》(第3版),朱光明译,重庆大学出版社2015年版,第154页。

④ Glaser, B. G. & Strauss, A.L. (1967). *The discovery of grounded theory: Strategy for qualitative research*, p.45. New Brunswick & London: AldineTransaction.

理论抽样的理想做法。

以年轻人自拍现象为例,搜集的资料若同时涵盖“都市”与“乡村”的群体,以及“受过高等教育”与“只接受过基础教育”的群体,这种多样性就能强化自拍群体之间的异质性。同时,可以从多个维度进行内容分析,如拍照动机、照片内容特性、社交媒体互动情形,以及媒体与平台渠道等。以上四个群体加上四种维度,能充分发掘研究内容在不同群体之间的多样性和丰富性,有利于更多的比较。

(二) 研究现象与资料

1. 理论饱和

如果从理论的角度来检视研究资料与分析对象,都已经完整而足够,就达到“理论饱和”(Theoretical Saturation)。理论饱和可以作为是否还需要继续寻找研究对象的标准。在研究的过程中,研究者须不断进行判断,检视从分析对象与研究资料中发展出的类别,是否已经完整地体现理论的每一个层面,若已经达到理论饱和,找不到其他资料可以建立新类别,那就可以停止继续寻找研究对象了。

比如,有关年轻群体“自拍动机”这个维度,研究者经过众多资料(包括大量自拍照片与访谈资料)的检视与分析,发展出爱美、炫耀、自恋、个人营销、设备测试、打发时间六种动机类型作为理论解释。如果研究者反复检视照片与访谈资料后,无法再得到不一样的理论解释,就可以说已经达到饱和了,研究者就不需要再去分析更多自拍照片,也不需要再去做访谈。

2. 扎根理论的资料搜集与记录

扎根理论强调要搜集丰富而多元的资料,如果是进行一项田野调查,研究者必须关注个体的行动(Individual Action)与社会互动(Social Interaction)。同时,也要了解不同的状况与脉络所造成的影响。因此,对研究对象的行动与互动的观察与记录十分重要。

扎根理论认为社会现象与社会事实并非一成不变,而是因不同的互动而改变。研究者要进入社会情境里研究,重视对关系的陈述,由情境的当事人去诠释社会现象。同时,要观察事件发生时人、事、时、地、物等状况,进而探索为何会发生、如何发生,以及这些行动与互动创造出什么样的结果,借以了解社会事实。

除了运用拍照、录音与录像等方式进行记录之外,各种笔记的撰写也是重要的,尤其是田野笔记与观察笔记(又译为观察备忘录)。田野笔记是研究者在对研究对象的观察过程中即时记录的具有现场感的笔记,它是研究的最基本素材;观察笔记则具有更长远而完整的思考。研究者在观察过程中,不断深化对事件的认知,如对观察对象进行分类、对属性进行提炼与描述、对事件随着时间与空间变化而发生的变化进行分析等。与田野笔记相比,观察笔记增加了研究者的思考、认知与概念命名等内容,具有更多的分析成分。

扎根理论还强调在观察与分析时,研究者需不断地培养“理论敏感度”(Theoretical Sensitivity)。科宾与斯特劳斯指出这种敏感度是“在搜集与分析过程中有洞见,并且能察觉或联结相关议题、事件与所发生的事情”[①]。研究者对已有理论的理解和把握,能有效提升在当下

① Corbin, J. & Strauss, A. (2008). *Basics of qualitative research: Techniques and procedures for developing grounded theory* (3th *ed.*), Thousand Oaks, CA: SAGE.

研究中结合资料、概念与理论的能力。

三、扎根资料的概念化与理论建构

(一) 概念化与概念密度

当研究者从所分析的资料中形成了众多概念,即将原始资料转换成各种编码或类别时,其实就经历了“概念化”的过程,也就是对资料进行“概念化抽象”的工作。扎根理论强调概念的产生需植根于经验现象,因此概念的形成必须有丰富的资料作为基础。特别是研究所发展出来的一些关键、核心的概念或类别,必须经过严谨的资料考察,而非凭空产生。

核心的概念或类别,要在所观察的社会世界中找到相对应的丰富、多面且完整的资料支撑才具有解释力。让概念得到充分的经验解释,也就能创造出更高的“概念密度”,让概念适用于理论架构。在这里,概念密度是指质化分析时所使用的重要类别或概念,深深地植根于日常生活与经验世界,并有具体现象与资料作为支撑。换句话说,分析所使用的核心概念,确实源自多方面的事实根据,足够用来进行扎根解释。如果所创造的概念或类别缺乏经验与事实的支撑,则将流于空洞、天马行空,最终导致“概念贫乏”,这是扎根研究者必须避免的。

比如,从自拍动机的研究中产生了一个“炫耀”的核心类别,研究者要问:可以在经验世界中找到足够的证明吗?若能从多方面得到充分的资料说明,如在自媒体平台、个人网页、访谈等方面都能有所体现,那么炫耀就可以成为一个概念密度较高的类别,也确认了其在理论建构上的重要性。一项研究中所有的核心概念或类别,都应该具备较好的扎根基础与较高的概念密度。

(二) 理论建构

扎根理论强调研究是一种“从资料到理论”的过程,理论必须要扎根于经验资料,经逻辑思考而成。研究者针对现象,归纳所搜集的资料,并进行系统化的资料分析。研究者要陈述类别/概念之间的合理关系,检视命题与假设,以及概念整合的强度,进而发展一套理论性的解释。

对扎根理论而言,研究的最终目的是为了“建立理论”。然而一般的研究者通常只会运用既有的理论来解释资料,而不懂得如何从资料中形成可以用来解释的理论。既有理论往往无法解释多变、不同的社会情况,因此扎根理论认为,说明现实世界最有效的方法是“发展具有理论性的解释”,也就是发展具有脉络和情境内涵的“实质理论”(Substantive Theory),而不是去套用那些从西方社会情境中衍生出来的、看似放诸四海皆准的“形式理论”(Formal Theory)或宏观理论。要建立实质理论,就要在“特定的领域中”去研究与发展,这对于本土化的研究亦具有重要的意义。

比如,以年轻群体为对象所进行的自拍动机研究(特定的领域),同时在北京、上海、广州与深圳等都市搜集资料,进行城市之间的对比与分析,就是在一种特定脉络和情境下进行的扎根研究。所产生的结论,如价值观、自我展演、主体性、流行文化等对自拍者表意方式产生的影响,则是提出一种“实质理论”的分析架构。

四、扎根理论的编码范式

除了上述建立扎根的形式理论需要用到比较分析之外，扎根理论在编码、类别、概念的建构过程中，也需要进行比较。“经常性比较法”（The Constant Comparative Method）的特色在于不断通过区分、对比等方式进行比较分析，以发现更丰富的类别，进而形成概念并建立完善的类别与概念体系。为了达到这个目的，20 世纪 90 年代初期扎根理论发展出一套编码范式。原则上，这个编码范式的目的，是通过有规则的编码与类别划分逐渐建立起资料之间的关联性。同时，研究者也可以循序渐进地操作，将分析的范围慢慢聚焦，逐步实现资料从具体到抽象。

进行编码时，一种做法是以研究对象的“生活语言或习惯用法”作为编码的名称，这种编码的优点是运用研究对象自然、鲜活的语言，扎根在研究对象的经验世界中，比如，“猫腻”“自嗨”“高大上”等都属于这一类。另一个做法是使用“社会学式编码”，也就是研究者自己诠释内容后给出名称，具有制式或抽象的特点，比如“伦理道德”“成就感”“炫耀”“商品拜物教”等属于此类。

编码的数量没有限制，可多可少，视编码的阶段性策略以及资料内容的丰富程度而定。研究者刚开始在面对数量庞大、种类繁多的原始资料时，必须进行初步的选择，针对有价值的资料进行编码，这样可以事半功倍。扎根理论主要遵循两大类型的三个编码阶段，具体如下。

（一）开放式编码

虽然没有规定研究者要从哪种编码方式开始编码，但多数研究者通常会首先采取“开放式编码”。开放式编码针对主要资料进行密集的分析，将文档资料拆分成较小的段落，找出资料的相似性与差异性，给予相似的内容或段落以相同的编码，或将其归类到更高阶抽象的类别。开放式编码的总体目标是通过检视自己或其他人对所研究现象的预设，以一种自由联想的创意方式设计编码、解释现象，建立起丰富的编码库与类别体系。①

比如，研究者针对搜集到的 300 张自拍照片与 20 位受访者的访谈记录进行开放式编码，会先从多个维度来观察照片，如表情、姿势、场景、服饰等，再将每一个维度划分为不同的类别属性，对每一张照片在各维度上进行类别属性的编码。具有相同类别属性的用同一个编码进行标注。如果是通过访谈或群组讨论搜集的资料，可针对研究对象所讲的内容，将其细分成句子或段落进行编码。如果研究对象提到的内容与照片的编码相关，则可以使用照片的编码来对访谈或讨论内容进行编码标注，这样就可以将访谈、讨论与照片纳入同一个编码或类别当中。如果访谈或讨论的内容与照片已有的编码无关，则可以为访谈与讨论段落增加新的编码，最后就形成了一个有关自拍的编码库 / 类别库。在质化研究中，编码是有弹性的，依需要可以随时增加编码，或整合几个编码成为一个编码。

---

① Vollstedt, M. & Rezat, S. (2019). *An introduction to grounded theory with a special focus on axial coding and the coding paradigm*. In Kaiser G. & Presmeg N. (eds.) *Compendium for earlycareer researchers in mathematics education*. (Part of the ICME-13 Monographs book series) Cham: Springer.

（二）主轴编码与选择性编码

为了发展扎根理论，研究者需要从庞大的、经过基础编码的资料中，一步一步地提炼出更抽象的概念来解释现象，最终产生简洁的、能准确涵盖研究问题，且具有解释力的理论。格拉瑟称此为“理论编码”（Theoretical Coding）。对于提炼“理论编码”的方法，科宾与斯特劳斯提出了两个编码阶段：主轴编码（Axial Coding）与选择性编码（Selective Coding），但是他们也指出两者其实并没太大的差异，主要不同在于后者的抽象化程度更高，[①] 理论建构的层次亦不相同。

1. 主轴编码阶段：概念的抽象化与关系厘定

根据科宾与斯特劳斯的观点，“从开放式编码过程中发展出来的概念与类别之间的关系，需要经主轴编码来加以整合”[②]。由于开放式编码所涵盖的维度广泛，不是所有编码之间都存在关联性，因此要立足既有的编码库，缩小维度范围，进一步群聚与抽象化，以进行更聚焦的分析。编码时要聚焦因果关系、脉络、介入的情形、行动 / 互动策略，以及产生的结果。[③]

比如，前例有关自拍的编码库已经在开放式编码过程中建立，包括自拍的表情、姿势、场景、服饰等分析维度。研究者在此阶段的目标是进行“抽象化”并厘定重要维度之间的关系。如照片或访谈资料中的“场景”维度，可以抽象化为能发挥影响力的“脉络”来分析。而表情、姿势、服饰这三个维度则因为属性相似，可以合而为一，抽象化为“自我展演”这个较高层级的概念。接着，研究者通过分析自拍者的行为与在社交媒体上的互动情形，厘定“脉络”与“自我展演”之间的关联性。

2. 选择性编码阶段：类别整合与建立理论

选择性编码的目的，是进一步将主轴编码阶段所发展、描绘、关联在一起的不同类别整合成一个紧密结合的理论（A Cohesive Theory）。为了达到这个目标，对于主轴编码过程中产生的结论，要提出详细的说明、整合与验证（Validated）。[④] 可见，选择性编码是在主轴编码基础上，继续进行更抽象化、更具体化与更理论化的编码过程。

比如，在主轴编码过程中发现的“脉络”与“自我展演”之间的关联性，在选择性编码时需要进一步说明、论证，并建立一个理论性的解释架构。假设研究者通过详细检视访谈、讨论记录后又发现了以下两点：(1) 某些场景所塑造的氛围对自拍者的“个人行动”，包括所穿着的服饰、表情与姿势产生了较大的影响；(2) 社交媒体群组成员观看照片的反应也对自拍者的表现产生实际的影响。基于以上两点，研究者对“氛围”加以更详细的描绘，使这一概念的密度增强；同时将观看者的“社会互动”反应，抽象化为“他者凝视”的概念进行后续分析。

最后，研究者要整合这些经过“抽象化”之后的重要类别 / 概念，发展出具有理论性的解释，建构出一个“实质理论”，如“特定的脉络中创造出来的氛围以及他者凝视等因素，对年轻

---

①②③④ Vollstedt, M. & Rezat, S. (2019). *An introduction to grounded theory with a special focus on axial coding and the coding paradigm*. In Kaiser G. & Presmeg N. (eds.) *Compendium for earlycareer researchers in mathematics education*. (Part of the ICME-13 Monographs book series). Cham: Springer.

都市自拍者的自我展演产生具体的影响”等类似的理论。

五、扎根研究案例

在“社交媒体用户的平台漂移行为影响因素——基于复媒体理论的扎根研究”① 中，王雪莹、姜薇与李龙飞针对社交媒体用户的漂移行为进行了扎根理论的分析，研究设计如下：

（一）资料收集

1. 选择研究对象

研究者自 2020 年 6 月至 7 月通过目的性抽样的方式对大学生社交媒体用户进行了深度访谈，研究对象的选择按照“极大化异质性”的抽样策略，兼顾性别、学历、专业、常用社交媒体等差异，筛选出受访者 21 人。

2. 进行访谈

在访谈之前口头告知受访者社交媒体的定义，并告知“知情同意书”内容，征得同意后开始录音。依据设计好的半结构式访谈提纲进行访问，每位受访者受访时间为半小时到一个半小时之间。访谈结束后对录音进行转录，为每位受访者建立原始分析文本。研究者研读并分析访谈记录，紧扣研究主题，试图挖掘核心概念，为理论建构做准备。

（二）进行编码

1. 开放式编码

三位研究者共同对访谈资料进行研读编码，对产生分歧的部分重新进行研读、讨论以达成共识，使编码具有一致性。通过逐句编码发掘初始概念后，研究者根据类似、因果等关系将重复频次在 3 次以上的编码聚类成类别。最终，从资料中整理和分析得到 134 个编码，将其归类在 20 个类别中，此阶段编码范例如表 16-2 所示。

表 16-2 开放式编码范例

受访者的原始语句	编码	类别
微信能点外卖我肯定不会用美团。（LZW，2020 年 6 月 7 日）	a1 点外卖	A1 功能可供性
在我使用过程中，是有累积性优势的，比如我在小红书搜集到我需要的信息，就会巩固我的使用习惯，下次再遇到问题我还是会去小红书上搜集。（LSS，2020 年 6 月 4 日）	a4 累积性优势； a5 巩固习惯	A2 累积性优势
微信上可以看到关注的公众号，更正式一点。中国新闻网什么的，每天都更新。QQ 的话，看的热点太杂，太乱，不是很方便找。微信更适合一点。（GJN，2020 年 7 月 3 日）	a17 更适合	A3 相对优势
微信很方便，真的很方便。（CWK，2020 年 7 月 18 日）	a19 方便	A4 便利性

① 王雪莹、姜薇、李龙飞：《社交媒体用户的平台漂移行为影响因素——基于复媒体理论的扎根研究》，上海交通大学 2020 年未出版研究报告。

续表

受访者的原始语句	编码	类别
因为不同的功能，只用一个解决不了，所以使用多个软件，可以进行生活上需要的互动。（WQY，2020 年 7 月 1 日）	a26 多个软件	A5 互补性
没有选择，在同志里面，想要交友就是这个软件。（CWK，2020 年 7 月 18 日）	a29 没有选择	A6 独特性
我觉得微博就是泛娱乐化的。我对它就是那样一个印象，所以就会那么使用。（GKJ，2020 年 6 月 6 日）	a32 印象	A7 感知平台定位

2. 主轴编码

在开放式编码的基础上，研究者继续发掘和建立概念类属之间的各种联系，以表现资料中各个部分之间的有机关联。开放式编码阶段所获的 20 个类别经归纳、抽象化成概念后，最终得到 5 个主题，分别是可供性、平台文化、需求满足、社会交往压力源和习惯，部分内容范例如表 16–3 所示。

表 16–3 主轴编码范例

主题 / 概念化	类别	类别内涵
B1 可供性	A1 功能可供性	特定平台能提供多种多样的功能。
	A2 累积性优势	特定平台能提供多种多样的内容。
	A3 相对优势	特定平台相对其他平台有突出的内容优势。
	A4 便利性	特定平台用起来非常方便。
	A5 互补性	一个平台无法满足所有的需求，平台之间互为补充。
	A6 独特性	不同平台具有独一无二的功能和内容，相当于核心竞争力。
B2 平台文化	A7 感知平台定位	用户对平台定位的印象。
	A8 感知平台印象	用户对平台文化的印象。
B3 需求满足	A9 娱乐	用户使用社交媒体娱乐自己，获得快乐。
	A10 解压	用户使用社交媒体放松，舒缓压力。
	A11 获取信息	用户获得各种有用信息，如时事信息、问题的答案等。
	A12 提升自我	用户接触社交媒体上的“干货”内容帮助自我提升。
	A13 关系管理	用户的关系维护、关系区隔和关系拓展。

3. 选择性编码

进一步探讨主轴编码得到的 5 个主题与社交媒体用户的社群平台漂移现象之间的关联，分析该关联属于“单向影响”还是“互相影响”，并说明关系结构的内涵，部分内容的范例如表 16–4 所示。

表 16–4 选择性编码范例

典型主题间关系	关系结构	关系结构内涵
可供性→社交平台漂移	单向影响	平台功能和内容的可供性、累积性优势、相对优势、便利性、互补性和独特性使得用户在各种平台中漂移，因为一个平台无法满足自己的所有需求。
平台文化→社交平台漂移	单向影响	用户感知到的不同的平台具有不同定位和平台文化，感知到在不同的社交平台应有不同的表现。当某平台不适合做某种行为时，用户开始漂移到另一个平台进行该行为。
需求满足→社交平台漂移	单向影响	需求（关系管理、印象管理等）促使用户在不同的社交平台间漂移，当漂移满足了用户需求，反过来会加强社交平台漂移行为。
社交平台漂移⇌社会交往压力源	互相影响	社交平台漂移行为带来了社交压力、社会比较（尤其是上行社会比较）焦虑、错失焦虑、信息过载压力及失控的痛苦等负面心理影响。

（三）理论建构

研究者接下来通过探索核心类别及其与其他类别之间的关系，描绘整个结构的“故事线”——将所有类别进行系统性联结，呈现主题与关系结构层级，建立解释性框架（见图 16–4）。

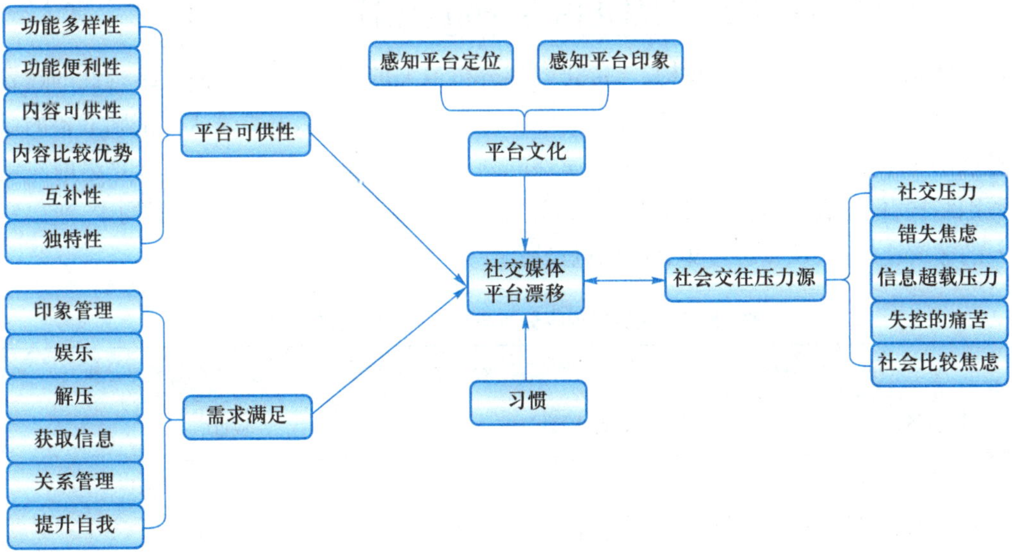

图 16–4 理论框架 / 分析架构图

（四）研究发现与结论

通过扎根理论的分析，本研究回答了“社交平台漂移因素如何影响用户社交媒体实践及这一过程背后的文化意义”这一问题。最后总结出六项研究发现。

1. 可供性，技术可供性和内容可供性共同作为平台漂移的基础。

2. 平台文化，平台与受众的相互驯化。
3. 需求满足，平台漂移的使用与满足。
4. 社会交往压力，平台漂移的负面影响。
5. 习惯，平台漂移本身就是目的。
6. 双向驯化，复媒体环境下社交平台漂移的文化意义。

第四节 质化取向的内容分析法

质化取向的内容分析方法可以大致分成结构质化内容分析与民族志内容分析。结构质化内容分析与量化研究的结合度更高，而民族志内容分析更倾向于传统的质化研究，不过近年来两者的相似性、重叠性渐高，往往都与量化研究方法有许多交集，或者共同创造“混合研究方法”。在质化的传播研究领域当中，质化取向的内容分析方法适用于叙事文本、新闻报道、影视与广告、广播和社交媒体等方面的内容分析。

“无论是哪一种类型的内容分析，重点永远都跟分析维度与类别属性（编码）的处理，以及以这些为基础的‘编码架构’（Coding Frame）有关”[①]，学者尤库茨在其1952年首次出版的经典之作《传播研究的内容分析》一书中所说明的原则，至今仍然适用。分析维度的建立与运用的好坏，是内容分析成败的关键。

一、民族志内容分析与量化内容分析的比较

民族志内容分析的维度建构，与量化内容分析最大的不同，在于弹性或结构性的建置方式。相对于量化内容分析，民族志内容分析强调分析维度 / 概念主要是从对基础资料的研究中提炼出来的，所以分析维度及各维度属性的划分必须有弹性，可以有一部分是事前决定好的类别结构，但是在研究过程中，随时可以让新发现的维度或属性加入编码架构中，所以资料输入的频率比较高，从资料搜集到解释也经历了一个循环的过程（见表16-5）。

表16-5 民族志内容分析与量化内容分析的比较[②]

项目	民族志内容分析	量化内容分析
研究目标	发现、验证	验证
反身性研究设计	经常	很少
从数据搜集到解释	反身性的[③]、循环的	序列的

① Kuckartz, U. (2019). *Qualitative text analysis: A systematic approach*. (Part of the ICME-13 Monographs book series), p.183. Cham: Springer.

② Altheide, D.L. (1987). Ethnographic content analysis, *Qualitative Sociology*, 10 (1): 65-77.

③ 根据黄华新、唐礼勇的《社会科学知识的“反身性”——兼与自然科学知识反身性的比较》一文，社会科学的反身性包括意识思考和行为参与两个层面，它是在思考和行为的活动中实现的。意识思考既包含对过去行为的反思，也涉及对未来情景的预期，而正是当下的行为才使反思和预期能够介入情景，并最终影响和塑造情景。因此，由反身性连接的过去—当下—未来的整体情景处于开放的构成中，这使得反身性活动表现为一个历史过程。

续表

项目	民族志内容分析	量化内容分析
抽样	按研究目的与理论判断	随机、分层、等距等
事前决定好的结构	一部分	所有
资料类型	数字、文本、音视频	数字
资料输入频率	边搜集边修订和输入，多次	按标准设计一次输入
叙事的描述与评论	经常采用	很少采用
研究中提炼出来的概念	经常采用	很少有
资料分析	文本分析、统计结果	统计结果
资料呈现	图表、文字	图表

二、质化取向内容分析案例

塞缪尔·维可维克等学者针对美国报纸媒体如何报道监狱的惩教人员进行研究，发现媒体中所呈现的惩教人员形象，往往都是不准确的。这项研究的两个问题包括：惩教人员在报纸媒体中如何被描述？对惩教人员与他们工作的描述，有哪些特别的主题？研究主要是通过质化内容分析法进行分类与诠释，并辅以量化抽样原则以及编码的信度测试与研究人员的三角测量法，即采用混合研究法（见表 16–6）。

表 16–6　质化内容分析案例 ①

题目	描述报纸媒体中的惩教人员：一个民族志的内容分析
作者	塞缪尔·维可维克等
出版信息	《犯罪正义研究》（*Criminal Justice Studies*）2013 年第 4 期
研究重点	报纸媒体中所呈现的惩教人员形象往往都是不准确的，高达八成的美国印刷媒体对惩教人员的报道都是负面的。本研究指出了六种负面类型，对惩教人员产生了很大的心理压力，降低了他们对工作的满意度。
研究问题	（1）惩教人员在报纸媒体中如何被描述？（2）对惩教人员与他们工作的描述，有哪些特别的主题？
研究对象与资料搜集	对全美国报纸媒体进行系统随机抽样，时间跨度从 2009 年 1 月至 2011 年底共 3 年。使用矫正、惩教人员、惩教警卫、看守所人员、看守所警卫、狱卒、监狱管理员等关键词选择研究内容，取得 490 篇初步符合条件的报道，来自 19 家报纸。
研究设计	主要通过质化研究进行分类与诠释，辅以量化研究，采用混合研究法。

① Vickovic, S.G., Griffin, M.L. & Fradella, H.F. (2013). Depictions of correctional officers in newspaper media: An ethnographic content analysis, *Criminal Justice Studies*, 26(4): 455–477.

续表

内容分析	方法执行四阶段： (1) 筛选适合的样本。 (2) 进行结构质化内容分析。 (3) 进行民族志内容分析。 (4) 研究人员进行三角测量。
主要发现或结论	有 246 篇报道(79.6%)对惩教人员作出负面描述，42 篇报道(13.6%)持中立态度，只有 21 篇(6.8%)报道作出正面描述。六种负面类型归纳为：性骚扰与歧视、与工作无关的罪行、惩教预算问题、对受刑人施暴、与工作相关的不当行为、其他。

(一) 筛选适合的样本

主要研究者根据内容的相关性对 490 篇报纸新闻报道进行筛选，删除了 181 篇(37%)与研究主题不相关的报道。

(二) 进行结构质化内容分析

针对其余的 309 篇相关报道进行“正面”“负面”“中立”三选一编码。研究者也对这三种编码的归类提出了明确的标准。

(三) 进行民族志内容分析

在没有事前设定好编码体系和类别属性结构的情况下，主要研究者对 309 篇相关报道进行比较与对照，以找出报道中“浮现”出来的中心主题。

(四) 研究人员进行三角测量

除主要研究者外，另外两位研究者针对随机抽样选出的 50 篇新闻报道，进行以上三阶段的交叉检验，包括相关性、正负向性与浮现主题的分类。总共有 100 篇报道经过三位研究者的编码，且达到极高的一致性。

最后，研究结论指出，有 246 篇报道(79.6%)对惩教人员作出负面描述，42 篇报道(13.6%)持中立态度，只有 21 篇(6.8%)报道作出正面描述。六种负面类型归纳为：性骚扰与歧视、与工作无关的罪行、惩教预算问题、对受刑人施暴、与工作相关的不当行为、其他。这些可以说是这篇质化内容分析进行“主题分析”的结论。

第五节 质化资料分析软件

自从计算机出现之后，协助处理文本或质化资料的软件纷纷出炉，功能从简易的文本检索、文本管理、编码与检索到基于编码的理论建立、概念网络建立等不一而足，到 20 世纪 90 年代此类软件已经多达十余种。这种用来处理质化资料的计算机软件被统称为“计算机辅助的质化资料分析软件”(Computer Assisted Qualitative Data Analysis Software，CAQDAS)，可简称为

"质化资料分析软件"。

虽然这些分析软件拥有强大的文字、档案与影音资料的处理能力,但绝对无法取代研究者的专业分析能力与技能。不过,计算机的辅助可以让繁重的分析工作变得更有效率。质化研究者最怕处理大量繁杂的文字资料,传统的方法容易有疏漏且旷日持久。质化研究者整理资料的方法正经历从手工剪贴到文档编辑,再到数据库应用的变革。由软件协助编码与建立类别,得以让资料量减少,加速分析流程,也可以建立属于个人的知识与文献库。

一、质化资料分析软件的基本功能

早在21世纪初,学者詹历坚就提到过电子计算机在质化研究上的广泛应用,各种不同功能软件的开发,大大方便了质化资料的记录、检索与分析,可以运用在质化研究的各个阶段①,包括:

1. 撰写或誊录田野笔记,编辑、校正、扩充或修订田野笔记。
2. 标示关键词或文本的部分段落,将资料存储于有组织的数据库,以支持后续的检索。
3. 寻找与检索相关的文本段落。
4. 联结一些相关的文本段落,形成信息网络。
5. 针对部分资料撰写反思评论,便于更深入的分析。
6. 进行内容分析,将资料呈现在有组织的表格里,如矩阵(资料交叉表)、列连表。
7. 协助研究者解释资料,并测试或确认研究发现。同时从研究发现中发展出系统性、一致性的概念解释,并进行假设检验。
8. 针对研究发现或理论制作图表,辅助最后的报告写作。

二、NVivo, ATLAS.ti 与 MAXQDA 分析软件

(一) NVivo

NVivo 软件自1981年始由澳大利亚的两位学者共同开发,最初只能处理纯文本数据,名称为"NUD*IST",即非数字(Non-numerical)、无结构(Unstructured)、资料(Data)、编码索引(Indexing)、检索(Searching)、理论化(Theorizing)的英文首字母,旨在处理访谈记录等质化资料。

该软件从1998年始发展为可以处理 Word 与 PDF 等内容的新软件,称为 NVivo,意思是 NUD*IST 与"鲜活"(Vivo)的结合版本。后来更新的版本陆续可以处理声音、图片、影像、网页图文、社交媒体讨论资料,也可以兼容其他软件(见图16-5)。NVivo 是第一个"基于编码的理论建立"类型的质化分析软件,也是目前全球使用最广泛的质化软件。

(二) MAXQDA

MAXQDA 质化分析软件推出于1989年,由德国柏林的一家软件开发公司研发。"MAXQDA"的命名与社会科学研究方法有关,MAX 是知名社会学家马克斯·韦伯的名,加上

---

① 詹历坚:*Introduction to computer usage for qualitative research*,发表于《资讯传播与图书馆学》第7卷第4期。

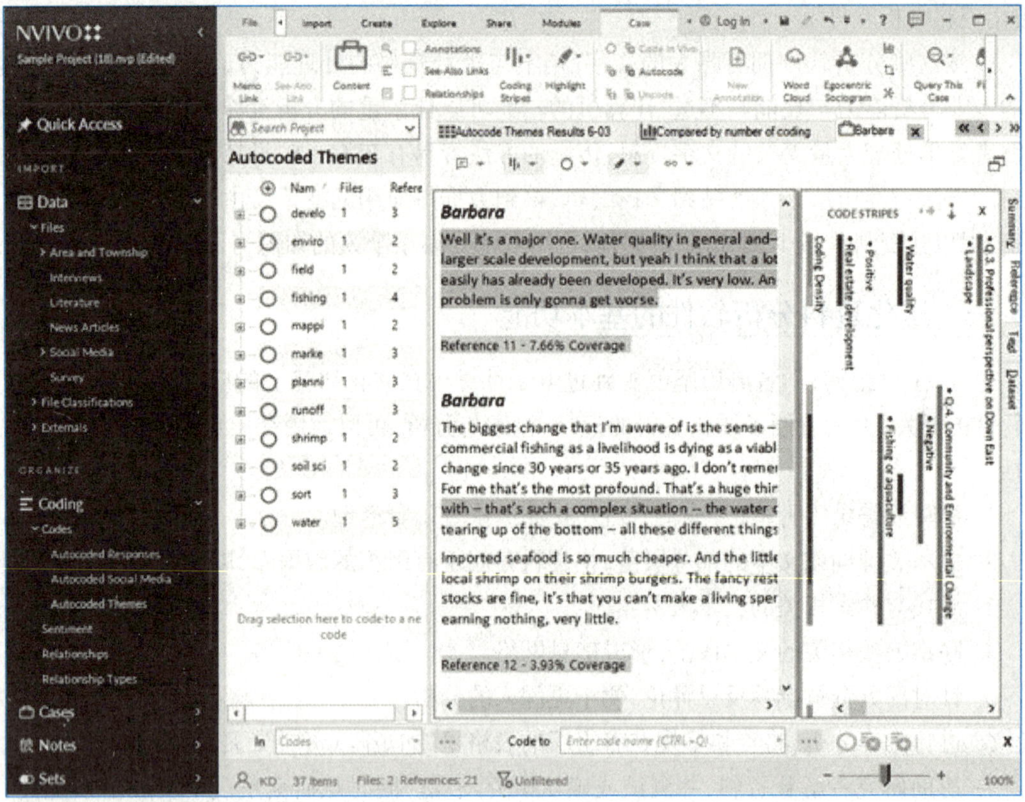

图 16-5 NVivo 的编码与显示示意图

质化资料分析（Qualitative Data Analysis）的英文缩写“QDA”。MAXQDA 软件特别设计了针对“推特”内容的功能，同时提供良好的“焦点小组分析”与混合方法的整合分析功能（见图 16-6）。

（三）ATLAS.ti

ATLAS.ti 是 1993 年由德国柏林技术大学开发的软件，主要基于扎根理论、内容分析、知识撷取（Elicitation）等方法论。学界和业界均广泛使用 ATLAS.ti 作为档案与数据的处理软件。人类学、犯罪学、医学等领域长期以来广泛运用它来进行质化数据分析。虽然这个软件开发较晚，但它是第一个可以对声音与视频进行编码与分析的开创性软件，在数字化影像的处理方面积累了许多经验。此外，ATLAS.ti 也可以提供研究者与资料之间的一种“特殊直觉式的互动方法”，这是此软件的特别之处（见图 16-7）。

（四）三种主要软件的功能

这三种软件虽各有强项与弱点，但功能大同小异，都有许多的用户。它们是目前市面上功能最强大、最受研究者欢迎的质化资料分析软件。由于技术的发展极为快速，这些软件也必须跟上时代，因此竞相结合如网络、多设备导入、资料撷取、信息图表以及人工智能等新技术，以提升软件的功能，增强竞争力。这三种软件共同具备的功能大致包括以下几项：

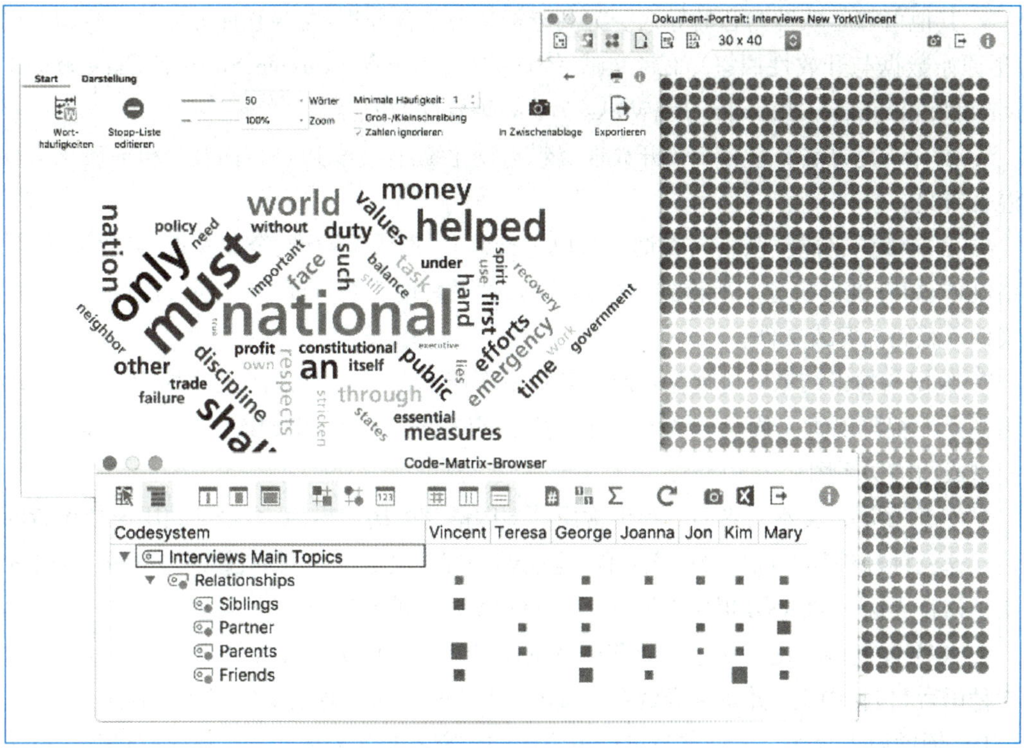

图 16-6　MAXQDA 的访谈文件系统

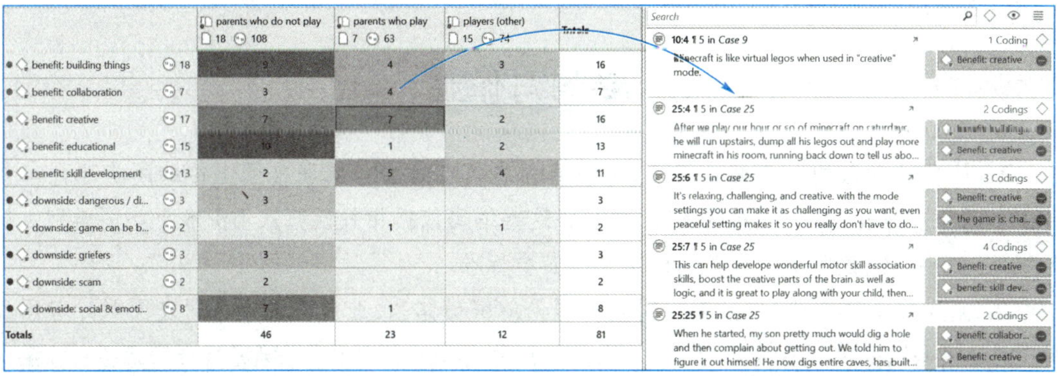

图 16-7　ATLAS.ti 的矩阵与编码内容

1. 多类型、大数量的资料处理能力。包括文字、图形、声音与视频数据等，一般常用的文件格式大多都可以导入软件进行处理。以 NVivo 为例，最多可以输入一百万个档案。

2. 自动编码功能。通过语意学和人工智能等技术，将文本的内容与意义进行重组、编排，进而自动形成编码体系，供研究者参考使用。目前对英文的自动编码发展得比较成熟，中文的自动编码功能由于中文语意结构与英文不同，还需要进一步完善才能有效使用。

3. 抓取网页信息、社交媒体图片与讨论推文、帖子。可以通过软件设计的程序抓取网页信息。如 NVivo 可以撷取网页文字、照片等信息，也可以在脸书与推特等社交媒体上，将个人主页或公众号的讨论数据与发布的照片完整地下载、输入软件中进行分析。

4. 其他可兼容软件内容的导入。为利于资料的整合分析，这些软件可导入一些调查结果(包括原始数据与开放性回答)、书目文献、统计数据，如来自 Evernote, SurveyMonkey, Quatrics, Excel, SPSS, Endnote, Mendeley, RefWorks, Zotero 等软件的内容。

5. 混合研究方法。整合质化开放性资料与量化统计数据，以进行内容分析或质化与量化的混合研究。

6. 资料编码、分类、联结与查询。可以进行编码、形成关键词、全文检索、字数统计、数据表格制作、矩阵的分析等。所得到的检索数据，除了呈现次数与百分比之外，还可以超链接的形式插入编码内容或文件。

7. 数据与检索结果的可视化。通过各种平面与三维图形、信息图表、网络关系图，以动态的可视化样貌再现研究数据与结果。研究者亦可依据软件所提供的绘图功能制作概念图、解释模型或网络关系图。

8. 处理多语言文本与界面。提供常用的多国语言的用户界面，增强不同国家使用者的方便性。这三种软件都可以选择中文界面，也能够处理中文数据的阅读、修改与分析。NVivo 提供 7 种语言界面，ATLAS.ti 提供 5 种，而 MAXQDA 则提供超过 10 种语言界面。

9. 将声音资料转化成文字。有些软件的附带程序可以进行此类转化。如 NVivo 可以处理 7 种语言(包括中文)，并将声音资料直接转化为 NVivo 可处理的文字格式内容。

10. 辅助协力合作。大型项目可以由不同的研究者共同完成。各个质化软件都开发了团队合作的相关技术支持，包括分享编码、检视数据内容，以及将分工处理的结果整合进同一个项目中。

练习与作业

1. 从自己加入的一个微信群中，下载群内成员在过去一周朋友圈上传的所有照片与图片。然后至少编出 30 个不同的编码，并且将这些编码依据相关性归入至少 5 个不同类别。最后撰写一份报告，说明每一个类别的定义与归类标准。

2. 完成第 1 项作业后，接着运用扎根理论的编码体系，进行群内成员朋友圈照片与图片的“主轴编码”，具体任务是分析“朋友圈上传照片与图片的动机”。研究报告需涵盖：(1) 至少 3 个经“概念化抽象”而产生的重要类别；(2) 说明这些类别与群成员行为的关系；(3) 分析这些类别之间如何产生关联性。

问题与解答

Q1：如何理解“扎根”的意义？

Q2：什么样的资料内容是质化研究分析的对象？

Q3：质化内容分析与量化内容分析有何异同之处？

Q4：运用质化资料分析软件最大的优点与缺点是什么？

第十六章 问题解答

词汇与定义

1. 编码。编码是对特定范围的资料进行命名、标签化的过程。研究者根据资料的含义和研究需要,赋予其一个或多个"码",最后将相关的"码"集中到更高层级的类别中。质化研究者面对大量、复杂的资料,通过编码来提炼资料重点,减少数据量,这是质化资料分析的首要步骤。

2. 类别(Categories)。类别是属性相同的编码的集合,是一个相对抽象化的集合体,故也可称为概念。研究者通过比较的方式,对尚未确立关系的众多编码进行"归类"而形成许多类别/概念。在内容分析研究中,完善的编码架构与类别体系是成功的关键。类别有很多种,至少包括通过表面与物理特征就可以进行区辨的"事实类别"、可以用日常生活语言表述的"自然类别"、经研究者诠释所使用的"理论类别",以及可以评估不同等级的"评估性类别"等。

3. 开放式编码。开放式编码是扎根理论进行资料分类的基础步骤,将资料分成较小的段落进行密集分析。通过相似性与差异性的比较,给相似的段落赋予同一个编码,或将其放入更高阶的类别里。开放式编码的总体目标是通过检视自己或其他人对现象的预设,以一种自由联想的创意方式发展编码、解释现象,以建立丰富的编码库与类别体系。

4. 主轴编码、选择性编码。从开放式编码过程中发展出来的类别与概念之间的关系,需要经主轴编码来加以检视。由于不是所有编码之间都存在关联性,因此要立足既有的编码库,缩小维度范围,进一步群聚与抽象化,以进行更聚焦的分析。接着,选择性编码进一步针对主轴编码所发展、描绘、关联在一起的类别,探讨其交互影响与关系,并整合成一个逻辑严谨的理论架构。

5. 理论抽样。理论抽样是一种为了建立理论性的解释而进行的"目的性抽样"。扎根研究者结合资料搜集、编码与分析过程,通过理论抽样的方式选择研究对象与观察内容,目的是从分析的过程中发展出浮现的理论。研究对象与资料的选择着重理论关联性的考虑,以方便从理论的标准来进行资料间的多元比较。

6. 民族志内容分析(Ethnographic Content Analysis)。民族志内容分析强调许多概念与类别是从研究中逐渐浮现出来的,无法在数据分析前得知,所以编码必须要有弹性。执行分析时,可以有一部分类别在事前规划好,在研究进行的过程中,随时可以让新发现的类别加入编码架构。同时,民族志内容分析往往需要进行具有意义解读性的高诠释性编码,从资料搜集到解释会经历一个循环的过程。

第十六章 阅读文献

第十七章

新媒体数据采集

——大数据一把抓

学习目标

1. 了解新媒体数据采集的意义及其在传播学中的应用。
2. 完成新媒体数据采集工具——Python 的下载与安装。
3. 学习 Python 的语法及基本语句。
4. 了解爬虫的基本原理和逻辑。
5. 通过具体案例,学会静态网页的采集方法。
6. 在实际操作中掌握对普通网页、新浪微博及微信公众平台数据的采集。

引　言

本书已经介绍了传播研究方法的整体情况,以及量化与质化研究的几种重要方法。本书的最后一部分,则针对新闻内容与传播信息研究的最新工具——大数据,介绍新媒体的数据采集与大数据的分析及呈现方法。

谈及新媒体数据采集技术,很多人一头雾水,甚至有种深深的无力感,原因之一是掌握数据采集的工具需要经过长时间的专业训练;原因之二是新媒体数据采集技术日新月异,反采集的技术也在不断发展,即便是熟练掌握了某一类数据采集的方式,也会因为技术的革新而很快落伍。那么,如何学习和理解新媒体大数据的采集方法是一个值得思考的问题。

其实,生活中很多现象与新媒体大数据采集相似,比如"鱼鹰捕鱼"的过程,渔夫给每只鱼鹰的脖子上系了一根细细的线绳,防止鱼鹰把鱼吞下,然后放它们入水,鱼鹰将鱼吞到口中,再飞回渔船,渔夫把鱼鹰嘴里的鱼放到鱼篓,反复多次,鱼篓的鱼越来越多,渔夫满载而归。在这里,鱼相当于新媒体数据,渔夫相当于开发采集机器人的程序员,鱼鹰相当于数据采集机器人,鱼篓相当于数据库。

日常生活中,数据离我们很近:打开微信公众号,我们的访问能为一篇文章增加阅读量;打开微博,点赞、转发、评论构成的三组数据,直观地告诉我们这条信息的传播广度与深度。从另一角度讲,数据又离我们很远:我们可以快速得到一条或者几条信息的传播数据,但如果没有工具的加持,我们就无法窥见社会化传播进程在数据上的表达。因此,成熟的数据采集技术和工具,对我们研究社会化媒体有很大的帮助。

大量成熟的、可供研究者使用的数据藏匿在社会化媒体中,存储在不同字段间,等待采集、挖掘。要实现“可见即可得”,就必须了解代码编写的逻辑与规则。

从技术的角度来讲,数据采集的正确思路是什么?采集工具应该如何选用?不同平台数据采集的区别是什么?本章将给你答案。

第一节 数据采集机器人:爬虫

一、Python

Python 是一种高级编程语言,它最大的优势在于简洁易懂,具有极高的可读性和简洁性,让开发者能够用最少最简单的代码表达想法、实现需求。Python 的对象很广泛,小到字符串、数字、函数,大到模块,都是 Python 的对象。正是 Python 简单易学的特性,使其成为非理工类学生编程入门的最好选择之一。

(一) Python 的下载与安装

可以根据自己电脑的操作系统和配置在 Python 官方网站下载对应的版本(见图 17-1)。

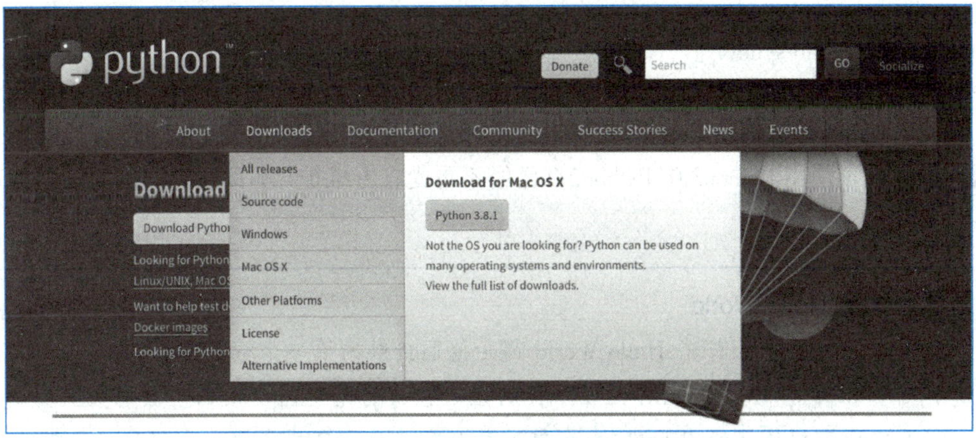

图 17-1 Python 官方网站截图

> **小贴士:选择与操作系统匹配的 Python 版本**
>
> 关注设备的操作系统。如你使用的是 Windows 系统,可点击“我的电脑”或者“此电脑”,右键查看属性,在“系统类型”处会显示设备的操作系统是 64 位或 32 位。Mac 系统则点击工具栏左上角的苹果标志,在“系统信息”一栏中查看“应用程序”,如“64 位(Intel)”一栏中显示“是”,则该设备为 64 位操作系统。

目前 Python 有 Python2.0 和 Python3.0 两种版本,从语法上来看,最显著的差异在于 print。print 是 python 中最基本的语法,可以从字面上理解它的含义——“输出”,即能够输出某一个对象的具体内容。Python2.0 中，print 是一个语句，而 Python3.0 则直接将其作为一个函数。

我们以输出 Hello World 来举例。在 Python2.0 中，以下三种表达方式的作用是一样的：

```
print "Hello World"
print("Hello World")  #print 后面没有空格
print  ("Hello World")  #print 后面有一个空格
```

在 Python3.0 中则不同，我们必须使用 print( )这个函数来表达，此时程序返回的是 Hello World 这个词汇：

```
>>> print("Hello World")  # 括号和引号均为英文字符
Hello World
```

当我们采用 Python2.0 中其他两种方法在 Python3.0 中输入时，程序会报错：

```
>>>print "Hello World"
    File "<stdin>",line 1
        print "Hello World"
              ^

SyntaxError: invalid syntax
```

总体来说，两种版本的 Python 在语法上略有些差异，对一些第三方库的支持程度也有所不同。推荐大家使用 Python3.0(Python2.0 已经不再受官方维护)，本章所有案例与描述均基于 Python3.0。

课外链接：Hello World

对于每一位程序员来说，Hello World 都是他们接触的第一个编程内容，这几乎已经成为一种传统和情怀，Hello World 在程序员的眼中也具有比这两个词的字面意义更高的意义。它不仅代表程序已经安装成功，也象征着初学者自己完成了第一个程序。① 渐渐地，Hello World 甚至成为一种流行文化，例如世界上首张完全由人工智能创作的专辑就被命名为 Hello World。②

(二) Anaconda 的下载与安装

如需正常使用 Python，环境变量的配置是必要条件。未配置环境变量或配置失误会导致 Python 不可用。另外，编程语言的编辑器也会影响编程工作的体验和效率。基于此，本章将着

① Silva, M. *Introduction to Microcontrollers-Hello World*, Embedded RELATED. 2013-09-11.

② Marshall, A. *Is this the World's first good robot alblum*, BBC-Culture. 2018-01-12.

重介绍 Anaconda 的下载与安装。当成功下载、安装 Anaconda 后,Python 本身的下载、环境变量的配置、编辑器的选择等问题均会迎刃而解。

在 Anaconda 官方网站上,用户可以根据自己电脑的操作系统和配置下载对应的版本,具体操作与 Python 一致。一般来说,对于个体的从业人员、研究者和学生,Anaconda 个人版(Individual Edition)即可满足需求。

下载完成后,打开压缩包进行 Anaconda 的安装。在安装环境中,我们就可以一键配置环境变量。

在“Advanced Installation Options”中勾选“Add Anaconda to my PATH environment variable”(见图 17-2),Anaconda 将会被直接添加至用户的环境变量,这时 Python 运行需要的环境变量也随之配置完成。这种一键操作对初学者而言十分友好,但此举也有可能会对电脑其他程序的使用造成影响。在勾选此项时,用户应充分了解自己电脑的相关设置。

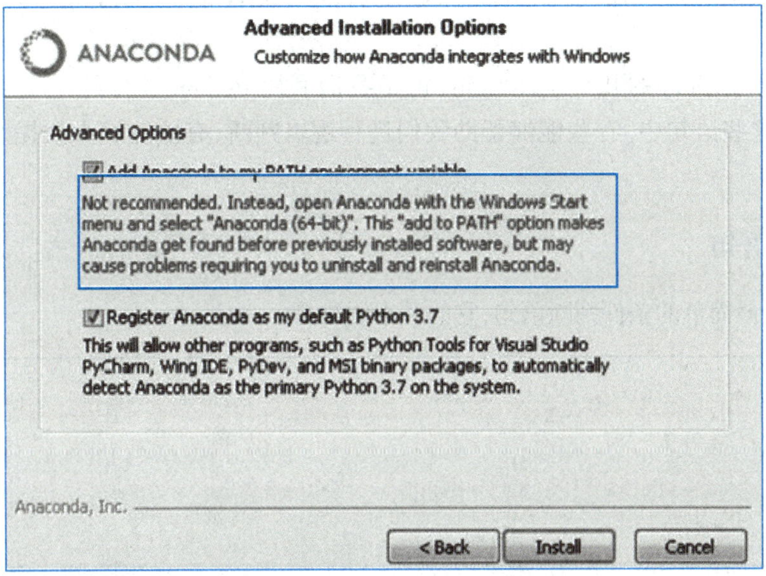

图 17-2 Anaconda 添加环境路径界面

另外,Anaconda 下载、安装完成后,同时还会为计算机安装好一个十分小巧、便捷的编辑器 Spyder(见图 17-3),用户可以选择在该编辑器中进行相关操作,本章所示案例均在 Spyder

图 17-3 Spyder 编辑器启动界面

编辑器中运行。

二、指挥爬虫工作的命令:Python 的基本语句

对于非理工科的学习者来说,初次接触编程很可能一头雾水,因此本章将从最基础的Python语法知识讲起。一方面,让学习者能够对Python语言有最基本的了解和认识;另一方面,可以消除对编程的畏惧,编程也可以很简单有趣。

Python 的语法非常简单,接近自然语言。这是由于 Python 设计的目的之一就是让语言具有较高的可读性。在开始学习编程之前,学习者需要明确的一点是,编程最重要的是梳理自己的逻辑。首先,从整体层面上,对自己要做的事情有一个宏观的认识,明确自己的目标和实现路径;其次,需要对方法有一个大致的规划,例如实现目标有几个步骤?这几个步骤之间的逻辑关系是并列还是嵌套?最后,大胆去写。很多学习者会发现,看懂一段代码和自己能写出一段代码之间有天壤之别,这正是印证了"纸上得来终觉浅,绝知此事要躬行"。

这里介绍 Python 的几个基本语句,也是我们利用 Python 进行网络爬虫的过程中常用的语句。这些语句中,有些能够帮助我们进行逻辑判断,有些能够大大提升我们的编程效率。

(一) if 语句

if 语句是最简单的条件判断语句,它的基本语法是:

```
if 条件,
        执行语句 1
else
        执行语句 2
```

例如:成绩 60 分及 60 分以上输出"及格",60 分以下输出"不及格"。

```
if score < 60:   # 在实际的编程过程中,需要先定义 score
    print(" 不及格 ")   # 执行语句需要缩进
else:
    print(" 及格 ")
```

如果有三个或三个以上判断条件,需要用"if-elif-else"的语法,除第一个和最后一个条件分别是if和else之外,其他条件均用elif。例如:成绩90及90分以上输出"优秀",80~89输出"良好",60~79 输出"及格",60 分以下输出"不及格"。

```
if score >= 90:
    print(" 优秀 ")
elif score >= 80:
    print(" 良好 ")
elif score>= 60:
    print(" 及格 ")
else:
    print(" 不及格 ")
```

（二）for 循环语句

for 循环语句是一种非常简洁的语句，它的基本语法如下：

```
for...in...:
  执行语句
```

for 循环语句相对 if 来说比较抽象，要理解它首先需要理解一个概念——遍历，从字面上理解就是从头到尾看一遍。实际上 for 循环语句实现的也是这样的功能，就是把给定范围中的所有元素都执行一遍。例如一个列表中有 1、2、3、4、5、6、7、8 几个数字，要求给每个数字 +1，需要执行以下语句：

```
list = [1,2,3,4,5,6,7,8,9]  # 列表用方括号 [] 表示，定义列表名为 list
for i in list:  # i 表示列表中的每一个元素
    i=i+1  # 对每一个 i 都进行 +1 的操作
    print(i)  # 对每一个 i 都进行 print 的操作
```

最后输出的结果为：

```
2
3
4
5
6
7
8
9
```

如果要将结果输出为列表的格式则需要进行如下编程：

```
list = [1,2,3,4,5,6,7,8,9]
list_2 = []  #新建一个空的列表以存储+1之后的数字
for i in list:
    i=i+1
    list_2.append(i)  #通过append函数给列表中添加元素
print(list_2)
```

输出的结果为:[2,3,4,5,6,7,8,9,10]。

(三) import 语句

Python 中通过 import 语句导入一个模块或一个包。基本语句为:

```
import 模块名   或 from 模块 import 模块名
```

Python 的另一个广受欢迎的原因就在于可以直接导入第三方库,而众多的第三方库提供了丰富的功能,让开发者不需要再手输代码,而是可以利用已经开发好的库和相应的模块实现自己的需求。

从网络爬虫的角度来说,最常用的第三方库是 Beautiful Soup、requests、urllib 等。Beautiful Soup 的导入方法是:

```
from bs4 import BeautifulSoup
```

requests 和 urllib 都可以直接使用 import 导入:

```
import requests
import urllib
```

也可以连同需要使用的具体模块名一起导入,例如:

```
import urllib.request  #表示使用urllib库中的request模块
```

课外链接:Python 的缩进规则

Python 新手常常在报错时找不到原因,反复检查都觉得自己的代码没有问题,这时候有可能是因为没有搞清楚 Python 的缩进规则。

Python 的缩进规则非常严格,上文中举例的 if 语句、for 循环语句都涉及缩进的问题。总体而言,在 Python 中,对于类定义、函数定义、流程控制语句、异常处理语句等,需要在一行的最后加冒号,并在下一行缩进,[①] 缩进量为 4 个空格键或 1 个 tab 键。

---

① 《Python 缩进规则(包含快捷键)》,C 语言中文网。

第二节　页面结构与解析：爬虫的原理

一、页面结构

学习网络爬虫，首先要了解网页的结构。明确了网页是如何布局的，才能清晰定位需要爬取的内容存在于何处，然后精准地通过代码抓取。学习网页的结构，最重要的是了解页面是怎样构成的。对于网页来说，用户见到的所有内容，包括文字、图片、超链接，以及这些元素的布局都是由 HTML 代码搭成的，因此了解 HTML 代码的基本知识及其规律是学习页面结构的必要条件。

（一）HTML 语言简介

HTML 是超文本标记语言 Hyper Text Markup Language 的简称。它的作用是通过这种浏览器可以“看得懂”的语言，让浏览器呈现用户看到的页面。作为一种标记语言，HTML 主要由标签和文本构成，而文本包含在标签之中。

（二）HTML 标签

HTML 标签是由尖括号 <> 构成的，例如 <head>，并且这些标签通常是成对出现的，一对标签中的前一个被称为开始标签，后一个被称为结束标签，并且结束标签需要在尖括号内加一个斜杠符号“/”。一对标签之内的部分，则是这对标签所包含的内容，例如 <p> 文字 </p>。

尖括号中的内容表示不同的含义，并且在页面设计时也有一套通用的规范。在使用网络爬虫的过程中，通常需要关注以下常用标签：

1. <div>

div 标签是一种表示网页区域的标签，网页设计者通过多个 div 标签将一个页面划分为不同的区域，然后在每一个区域内添加相应的内容。由于 div 是一个区域的标识，因此 div 标签的特点之一是自动换行，即每一个 div 标签之后的内容都是另起一行的。

由于一个页面通常会被分成很多区域，因此一个页面中通常会有很多个 div 标签，这就需要对不同的 div 标签进行区分。区分的方法是为 div 标签添加属性，通常有 class 或 id 等属性。

2. <h1>—<h6>

<h1>—<h6> 标签表示标题，从 1—6 分别表示一级标题至六级标题，其中一级是最大的标题，六级是最小的标题，而标签之间的文字部分则是标题的具体内容。

3. <p>

段落标签用 <p> 来定义，标签中的内容即一段文字，也是通常一篇文章中正文的内容。浏览器会自动在 p 标签的前后添加空行，因此每一段文字都需要一个 p 标签。

4. <a>

超链接文本的链接通常存在于 a 标签中，a 标签中的链接在网页上是一个可点击的内容，点击后可跳转至新的页面或该页面的其他部分。a 标签通常的格式是：<a href=" 链接地址 ">

链接文本 </a>。其中 href 表示 a 标签的属性，链接地址是一个 url，链接文本则是在网页中可以点击的元素。

二、从 URL 到解析器：一个简单爬虫的基本流程

简单来说，爬虫的架构和运行流程是寻找待爬取的 URL，向网页服务器发出请求，获得响应后下载 HTML 文档，最后通过解析器解析出新的 URL 或者我们需要的有价值的内容。但是由于爬虫实现的是对多个 URL 的自动抓取，因此需要 URL 管理器来存储 URL，并对其中的 URL 进行遍历，构成了"下载—解析—提取数据"的循环。

（一）URL 和 URL 管理器

互联网的本质是无数相互链接的 URL，它们之间存在单向链接或双向链接。爬虫的本质就是将 URL 存储在 URL 管理器中，并且逐个爬取其中的内容。

URL 由三个部分组成：协议 + 服务器的域名系统或 IP 地址 + 文件名，例如 Python 的官方下载地址 https://www.python.org/downloads/。其中 https 是协议，www.python.org 是服务器域名，其余部分是具体的目录和文件名，用单斜杠来分割。

URL 管理器用于管理待抓取和已抓取的 URL 的集合，它的作用是保证所有 URL 无遗漏且不重复地被抓取。对于个人用户来说，比较小型的网络爬虫只需要用内存作为 URL 管理器即可，而对于较为大型的企业来说，需要使用数据库（例如 MySQL）或缓存（例如 Redis）来管理 URL。

（二）给页面做"X 光"：解析器

通俗地说，解析器就是从网页的 HTML 字符串中解析出用户看得懂且有价值的自然语言或者新的 URL。解析的方法有正则表达式法或者使用第三方库。由于正则表达式的方法难度较大，因此本章将重点介绍使用第三方库 Beautiful Soup 进行解析的方法。

1. Beautiful Soup 简介

Beautiful Soup 是一个 Python 包。在利用爬虫采集数据的过程中，它能够将 HTML 代码解析成树状结构，使得页面的层级和结构非常清晰明确，便于用户抓取有价值的数据。

安装 Beautiful Soup 的方法是：

```
pip install BeautifulSoup4
```

需要特别说明的是，这一语句无须在 Spyder 编辑器中编写。对于所有第三方库的下载，都应遵循以下原则：

Windows 用户应该通过"win 键 +R"打开"运行"对话框，并输入"cmd"，打开 cmd 命令行，这时再输入"pip install + 需要安装的第三方库名"。

Mac 用户则应该启动"终端（terminal）"，键入"pip install + 需要安装的第三方库名"。

下载完成后，在 Spyder 上导入 Beautiful Soup 的方法是：

```
from bs4 import BeautifulSoup
```

2. Beautiful Soup 基本语法

使用 Beautiful Soup 进行解析，首先要创建 Beautiful Soup 对象。在获取网页 HTML 之后，可使用 Beautiful Soup 函数来创建对象，该函数中需要包含的参数是 HTML 和解析器：

```
BeautifulSoup = BeautifulSoup(html,' 解析器 ')  # 解析器有 html.parser、lxml 等
```

接下来需要搜索节点，即定位用户需要的内容所在的 HTML 标签。需要使用 find_all 函数，具体方法是：

```
BeautifulSoup.find_all(' 标签 ', 属性 )
```

其中标签指的是 div、a 等 HTML 标签的名称，属性是指该标签的具体属性，例如：

```
BeautifulSoup.find_all('div',{'class':'content'})  # 返回值为所有属性为 class=content 的 div 标签
```

需要注意的是，find_all 函数的返回值是列表而非字符串，因此提取其中的具体内容时还需要定位列表中具体的元素，或者对整个列表进行遍历。

找到具体的节点之后，就可以提取该节点中的有价值的信息，通常有以下几种方法：

```
node.name  # 返回节点标签名称
node['href']  # 返回 a 标签的 href 属性，通常是新的 URL
node.text  # 返回节点中包含的文字
```

具体的解析结果，可参看后续章节的案例展示。

第三节　爬虫实操：采集网页、微博与微信公众号

一、静态新闻网页采集

（一）静态网页采集原理

纯粹 HTML 格式的网页被称为静态网页。爬取静态网页的流程分为四步：(1) 发送请求；(2) 获得响应；(3) 解析内容；(4) 存储数据。

（二）采集原理与流程

1. 发送请求

通过 HTTP 库向目标站点发出请求。请求内容包含：(1) 请求方式，主要有 GET、POST 两种类型；(2) 请求 URL，即文档、图片、视频的唯一定位符；(3) 请求头，可包含额外的 Headers 信

息，例如 User-Agent、Host、Cookies 等；(4) 请求体，请求时额外包含的数据。

如前文所述，第三方库使得利用 Python 进行网络爬虫简单易行。在静态网页的抓取中，requests 库可轻松获取某个网页的内容。第三方库 requests 的安装方法与前述的 Beautiful Soup 库一致，即在 Windows 操作系统的 cmd 或 Mac 系统的终端键入“pip install requests”。requests 的功能为发送请求，获取页面内容，基本的语法如下(以获取人民网网页中的某则新闻为例)：

```
import requests    # 需要爬取的 url
url = 'http://m.people.cn/n4/2018/0921/c676-11648324.html'    # 通过 requests 发送请求
response = requests.get(url)    # 返回一个 response 响应对象，存储响应内容。
```

2. 获得响应

响应包含：(1) 响应状态。存在多种响应状态，例如 200 代表成功，301 代表跳转，404 代表无法找到该页面，502 代表服务器错误。例如键入 print(" 响应状态 :",response.encoding) 可获得结果。(2) 响应头。如类型、长度、服务器信息等。(3) 响应体。包含请求的内容，例如 HTML 及二进制数据等。

在得到响应之后，需获取浏览器返回的请求内容，即：

```
ret = response.content
```

3. 解析内容

Beautiful Soup 可以从 HTML 中提取数据，支持 Python 标准库中的 HTML 解析器。本章使用的 lxml 解析器也是一个第三方库，需要进行安装，具体方法与上述 Beautiful Soup、requests 库相同。安装完成后，编写如下语句可以将获取到的响应内容转化为 soup 对象，即：

```
html = BeautifulSoup(ret,'lxml')
```

转化成 soup 对象后，可使用 soup 库的功能。HTML 网页为树状结构，bs4 的遍历方法基于树状结构。首先在搜索节点部分使用 find_all 函数，将所需获取的页面包裹于该标签下。

利用 Chrome 浏览器或 Firefox 浏览器的“检查 / 查看元素”功能(右键或 F12 均可实现)，我们可以发现标题与正文都被储存在名为“wb_content”的 div 标签下(见图 17-4)。具体语句为：

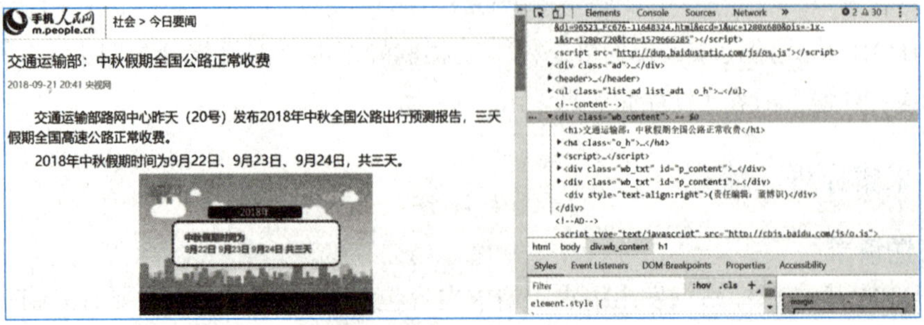

图 17-4

```
content = html.find_all('div',{'class':'wb_content'})[0] # 通过 find_all 搜索标签并取第一个值
```

在定位列表中具体的元素时，首先搜索标题，其标签为 <h1>，具体语句为：

```
title = content.find('h1').text   # 搜索文章标题，并获取文本内容
```

寻找新闻内容时，发现其均在标签 <p> 下（见图 17-5），具体语句为：

```
news_text = title   # 用于累加新闻变量
news = content.find_all('p')   # 搜索新闻主体内容，返回的是列表
for i in news:   # 通过循环 news，获取到每个 p 标签的文本内容，并相加
    news_text = news_text + '\n' + i.text
print(news_text)
```

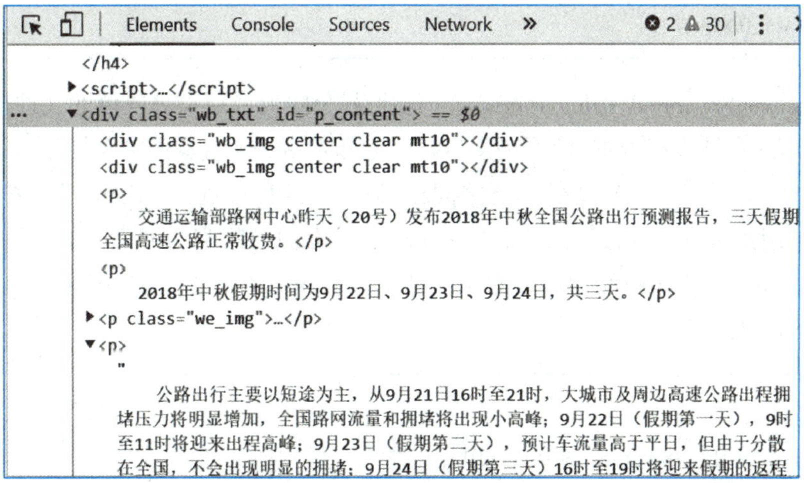

图 17-5

4. 存储数据

当网页完成爬取后，需把数据存储下来，可存储为文件，如 TXT 文件或 CSV 文件，或存储于数据库中，如 MySQL 数据库和 MongoDB 数据库。本节介绍较为简单的、存储为文件的方法。把数据存储为 TXT 文件仅需几行代码：

```
content = 'This is an example.'
with open('D:\\ 爬虫 \\example.txt','a+') as f:
    f.write(content)
    f.close
```

在代码中，with open('D:\\ 爬虫 \\example.txt','a+')as f 中的 'a+' 为文件的读写模式，表示将

对文件附加读写方式打开，若文件不存在，则在指定路径创建一个新文件。除 a+ 以外，还有几种打开文件的方式（见表 17–1）：

表 17–1 打开文件的不同方式

模式	可进行操作	若文件不存在	写入方式
r	读取	报错	不能写入
r+	读取 / 写入	报错	覆盖写入
w	写入	自动创建新文件	覆盖写入
w+	读取 / 写入	自动创建新文件	覆盖写入
a	写入	自动创建新文件	追加写入
a+	读取 / 写入	自动创建新文件	追加写入

在上述人民网新闻的案例中，将内容写入 TXT 文件的具体代码为：

```
with open('D:\\ 爬虫 \\rmw.txt','w')as f:
    f.write(news_text)
```

CSV（Comma Separated Values，CSV）是一种逗号分隔值或字符分隔值的文件格式，其文件通过纯文本形式存储表格数据（数据和文本），常使用 WordPad 或是记事本打开，或先另存为新文档后用 EXCEL 开启。CSV 文件的行之间用换行符分隔，即利用 writerow( ) 方法可写入一行数据。列与列之间默认用逗号分隔，传入 delimiter 参数可将列与列之间的分隔符由默认的逗号改为其他符号，若在初始化写入对象时传入 delimiter 参数为空格，则输出的每一列均以空格进行分隔。具体代码为：

```
import csv
with open('D:\\ 爬虫 \\data.csv','w')as csvfile:
    w = csv.writer(csvfile,delimiter = ' ')
    w.writerow(['name','age','gender'])
    w.writerow(['Jack',20,'male'])
    w.writerow(['Lucy',22,'female'])
    w.writerow(['Jim',18,'male'])
```

也可使用 writerows( ) 方法写入多行，参数为列表形式，代码为：

```
import csv
with open('D:\\ 爬虫 \\data.csv','w') as csvfile:
    w = csv.writer(csvfile,delimiter = ' ')
    w.writerows([['name','age','gender'],['Jack',20,'male'],['Lucy',22,'female'],['Jim',18,'male']])
```

通常情况下，爬虫获取的数据为结构化数据，以字典表示。CSV 提供了字典的写入方式，代码为：

```
import csv
with open('D:\\ 爬虫 \\data.csv','w')as csvfile:
    fieldnames = ['name', 'age', 'gender']
    w = csv.Dictwriter (csvfile,fieldnames = fieldnames)
    w.writeheader()
    w.writerow({'name': 'Jack', 'age': 20, 'gender': 'male'})
    w.writerow({'name': 'Lucy', 'age': 22, 'gender': 'female'})
    w.writerow({'name': 'Jim', 'age': 18, 'gender': 'male'})
```

得到的存储结果如图 17–6 所示：

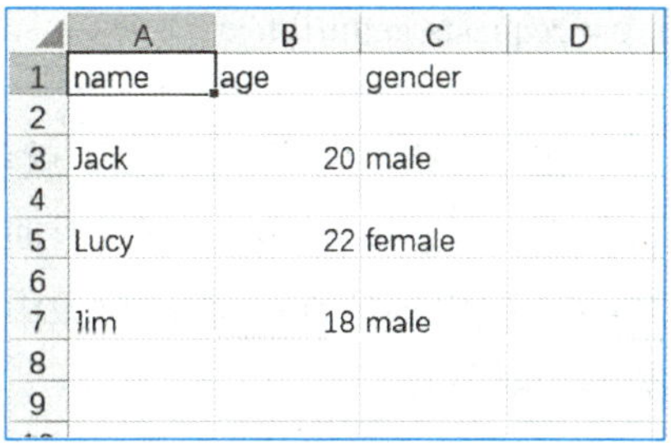

	A	B	C	D
1	name	age	gender	
2				
3	Jack	20	male	
4				
5	Lucy	22	female	
6				
7	Jim	18	male	
8				
9				

图 17–6

（三）静态新闻网页采集案例

本节以爬取上海交通大学官方网站中文主页“媒体聚焦”栏目的标题、摘要和链接为例（见图 17–7），介绍如何爬取静态网页数据。

工具：Python3.0

系统：Windows

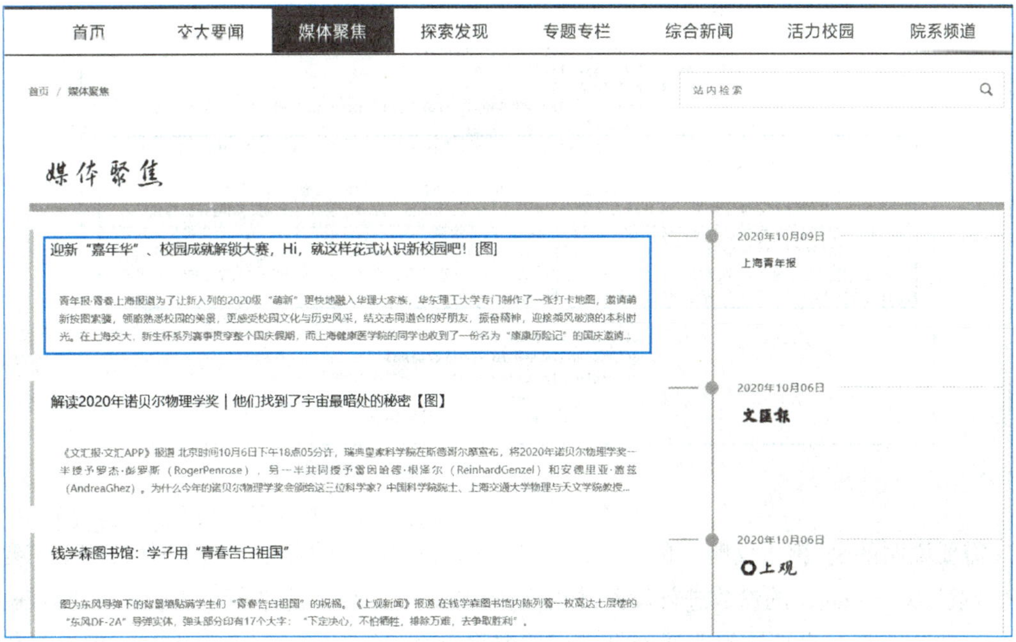

图 17–7

步骤 1：导入需要的 requests 库和 Beautiful Soup 库

```
import requests
from bs4 import BeautifulSoup
```

requests 是 Python 的第三方库，它的主要功能是发送网络请求，如果调用需要提前下载。一般用 pip install requests 即可完成下载。

Beatuiful Soup 库在之前的章节已经有所介绍。如果把 requests 比作“搬运工”，Beautiful Soup 就是“搜查员”，可以从 HTML 文件中获取特定的数据。

步骤 2：获取相应内容

```
url='https://news.sjtu.edu.cn/mtjj/index.html'
r = requests.get(url).text
```

在导入相应的库与模块后，就可以开始进行初步的采集。首先，我们通过 requests 获取网页数据，通过 r=requests.get( ) 返回一个名为 r 的响应对象。我们将这个响应对象输出，如图 17–8 中框内部分所示，响应对象中包含所需的文章标题及文章链接（由于页面限制仅展示部分响应对象）。

```
                <!-- 媒体聚焦 -->
                <img class="svg" src="/resource/assets/img/svg/title/mtjj.svg" alt="">
                <img class="svg-compatible" src="/resource/assets/img/svg-compatible/
title/mtjj.png" alt="">
                <span class="sr-only">媒体聚焦</span>
            </h2>
        </div>
        <div class="list-card-v" data-view-change>
            <ul class="list list-11 item-4">
                <li class="item">
                    <a href="/mtjj/20201009/132039.html" target="_blank" class="card">
                        <div class="info">
                            <p class="dot">迎新“嘉年华”、校园成就解锁大赛，Hi，就这样花式
认识新校园吧！[图]</p>
                            <div class="des dot">青年报·青春上海报道为了让新入列的2020
级“萌新”更快地融入华理大家族，华东理工大学专门制作了一张打卡地图，邀请萌新按图索骥，领略熟悉校园的美
景，更感受校园文化与历史风采，结交志同道合的好朋友，振奋精神，迎接乘风破浪的本科时光。在上海交大，新生
杯系列赛事贯穿整个国庆假期，而上海健康医学院的同学也收到了一份名为“康康历险记”的国庆邀请函。华东理工
大学此次推出迎新嘉年华游园打卡，涉及华理印记、华理色彩、华理元素、华理声音、华理味道等共10站，创意有
趣的全程打卡后，还能获得“学在锦鲤”定制版盲盒等礼品...</div>
                        </div>
                        <div class="time">
                            <span>2020年10月09日</span>
                            <div class="source">
                                <img src="" alt="">
                                <p class="img">上海青年报</p>
```

图 17–8

需要说明的是，出于反爬[①] 的需要，有些网页会识别简单的爬虫。这个时候，爬虫需要有所“伪装”，对 requests 的参数进行设置，如定制请求头等，这样才能进一步抓取需要的数据。

虽然针对高校主页这类普通网页进行数据采集时，我们不需要定制请求头，但这里仍简

① 反爬，即反爬虫。很多网站为了保护自己的数据安全，会设置反爬虫措施。

单介绍一下请求头的定制过程,以应对更丰富的采集场景。

打开上海交大新闻网的网页,鼠标右击页面的任意位置,点击“检查”命令(注:不同浏览器对于这一命令有不同的命名,如在火狐浏览器中为“查看元素”,但这一命令对应的快捷键均为 F12)。在页面右侧弹出的窗口中,选中 Network。在该窗口的左侧找到待请求的网页,点击需要请求的网页(见图 17–9)。值得注意的是,这些网页和 URL 不一定一致,如交大主页“媒体聚焦”模块在 Network 窗口中就简化为“index”。在 Headers 中,我们可以看到 Requests Headers 的详细信息,这当中最重要的就是 User–Agent 字段。反爬机制较为健全的网页,一般会谢绝普通爬虫的请求,而响应 User–Agent 的请求。故可以提取 Requests Headers 中的这一字段,补充代码,完成“伪装”。

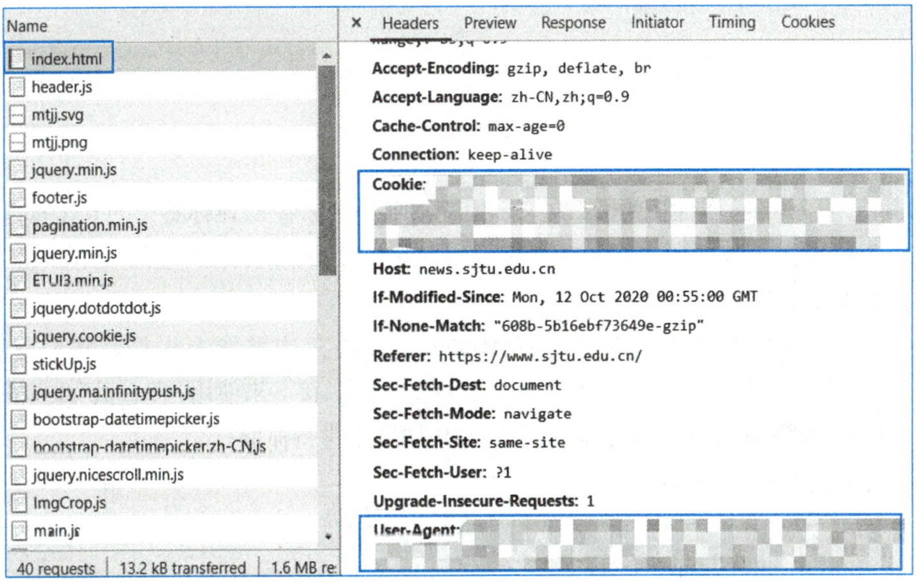

图 17–9

这一操作在后面的采集中有所运用,故在此不赘述。

步骤 3:解析网页

对于网页的解析,我们可以继续使用 Chrome 浏览器的“检查”功能(见图 17–10),也可以从之前输出的响应对象(见图 17–8)中寻找规律与标识符。相对而言,第一种方法运用更为普遍、便捷。

根据从个别到一般的规律,“迎新‘嘉年华’、校园成就解锁大赛,Hi,就这样花式认识新校园吧! [图]”标题是一个 p 标签对应的内容,其上一级是一个 class 属性值为 info 的 div 标签,div 标签的上一级是一个 a 标签,再上一级则是一个 li 标签,li 标签之上还有一个 ul 标签。通过对其余的新闻标题的分析,新闻标题信息均在 p 标签下,这些 li 标签都在 class 属性值为 info 的 div 标签下,而 class 属性值为 info 的 div 标签仅此一个。

循此规律,我们可以发现,这个标题对应网页的 URL 同样被“包裹”在这个 a 标签之下。

因此,采集的思路转变为:找到 ul 标签后,运用 for 语句对这个标签下的每个 li 标签进行

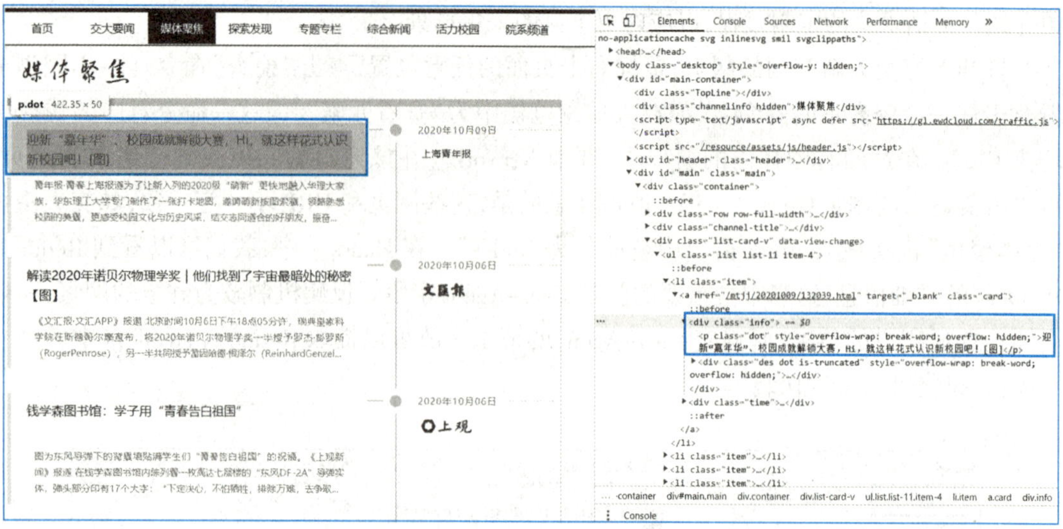

图 17-10

遍历，获取每一个 class 属性值为 info 的 div 标签下唯一的标签 a，该标签中的 text 属性指向网站中的新闻标题文本和摘要。而 href 属性则指向超链接目标，抓取对应的文本和超链接，即得到了我们需要的数据。

Beautiful Soup 库和 Python 内置的 HTMLParser 模块在这里派上用场。我们首先利用 HTMLParser 模块，分析出一段 HTML 代码中的标签、数据，接下来使用“搜查员”Beautiful Soup 的 select 方法，遵循 ul>li>a 的标签排列顺序，对标题文本进行抓取。

这一部分的具体代码为：

```
soup = BeautifulSoup(r,'html.parser')
news = soup.select('ul>li>a')
```

步骤 4：输出结果

将解析的内容 print 即可得到结果。为表达清晰，我们可以构造一个名为 data 的字典，最后再输出这一字典。完整代码见图 17-11，输出结果见图 17-12。

除静态网页外，还有另外一种的网页——动态网页。动态网页数据采集通常使用两种方法，一种是通过调用 Selenium 这样的自动化工具来模拟浏览器启动，从而执行 JavaScript 代码以加载所有的网页内容。Selenium 可以启动浏览器，并自动进行浏览、点击等操作，从而获得动态的响应数据，并进行解析。另一种是通过使用 Chrome 或者 Firexfox 等浏览器具备的“检查元素”功能，逆向分析网页加载的方式，这要求采集人员对 JavaScript 以及 AJAX 有一定程度的了解，即通过页面中的 Network 进行刷新，显示浏览器从网页中得到的所有文件，在其中寻找真实地址，并进行解析。

对于初学者来说，动态网页的采集难度较高，相关设置也比较复杂，故在本章节不介绍动态网页的数据采集。

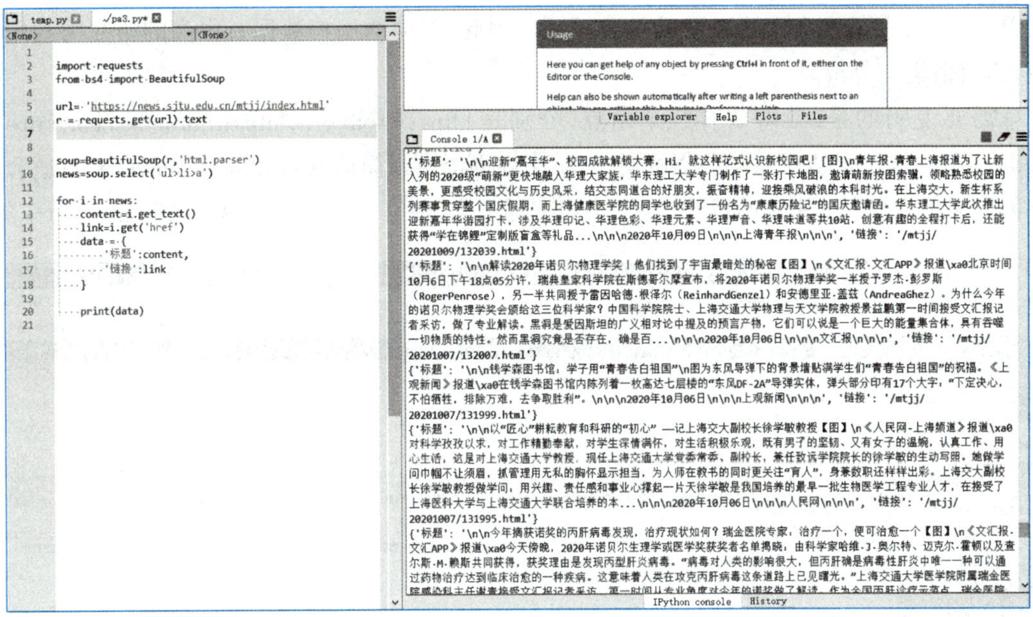

图 17-11

```
{'标题': '\n\n迎新"嘉年华"、校园成就解锁大赛，Hi，就这样花式认识新校园吧！[图]\n青年报·青春上海报道为了让新入列的2020级"萌新"更快地融入华理大家族，华东理工大学专门制作了一张打卡地图，邀请萌新按图索骥，领略熟悉校园的美景，更感受校园文化与历史风采，结交志同道合的好朋友，振奋精神，迎接乘风破浪的本科时光。在上海交大，新生杯系列赛事贯穿整个国庆假期，而上海健康医学院的同学也收到了一份名为"康康历险记"的国庆邀请函。华东理工大学此次推出迎新嘉年华游园打卡，涉及华理印记、华理色彩、华理元素、华理声音、华理味道等共10站，创意有趣的全程打卡后，还能获得"学在锦鲤"定制版盲盒等礼品...\n\n\n2020年10月09日\n\n\n上海青年报\n\n\n', '链接': '/mtjj/20201009/132039.html'}
{'标题': '\n\n解读2020年诺贝尔物理学奖丨他们找到了宇宙最暗处的秘密【图】\n《文汇报·文汇APP》报道\xa0北京时间10月6日下午18点05分许，瑞典皇家科学院在斯德哥尔摩宣布，将2020年诺贝尔物理学奖一半授予罗杰·彭罗斯（RogerPenrose），另一半共同授予雷因哈德·根泽尔（ReinhardGenzel）和安德里亚·盖兹（AndreaGhez）。为什么今年的诺贝尔物理学奖会颁给这三位科学家？中国科学院院士、上海交通大学物理与天文学院教授景益鹏第一时间接受文汇报记者采访，做了专业解读。黑洞是爱因斯坦的广义相对论中提及的预言产物，它们可以说是一个巨大的能量集合体，具有吞噬一切物质的特性。然而黑洞究竟是否存在，确是白...\n\n\n2020年10月06日\n\n\n文汇报\n\n\n', '链接': '/mtjj/20201007/132007.html'}
{'标题': '\n\n钱学森图书馆：学子用"青春告白祖国"\n图为东风导弹下的背景墙贴满学生们"青春告白祖国"的祝福。《上观新闻》报道\xa0在钱学森图书馆内陈列着一枚高达七层楼的"东风DF-2A"导弹实体，弹头部分印有17个大字："下定决心，不怕牺牲，排除万难，去争取胜利"。\n\n\n2020年10月06日\n\n\n上观新闻\n\n\n', '链接': '/mtjj/20201007/131999.html'}
{'标题': '\n\n以"匠心"耕耘教育和科研的"初心" —记上海交大副校长徐学敏教授【图】\n《人民网-上海频道》报道\xa0对科学孜孜以求，对工作精勤奉献，对学生深情满怀，对生活积极乐观，既有男子的坚韧、又有女子的温婉，认真工作、用心生活，这是对上海交通大学教授，现任上海交通大学党委常委、副校长，兼任致远学院院长的徐学敏的生动写照。她做学问巾帼不让须眉，抓管理用无私的胸怀显示担当，为人师在教书的同时更关注"育人"，身兼数职还样样出彩。上海交大副校长徐学敏教授做学问：用兴趣、责任感和事业心撑起一片天徐学敏是我国培养的最早一批生物医学工程专业人才，在接受了上海医科大学与上海交通大学联合培养的本...\n\n\n2020年10月06日\n\n\n人民网\n\n\n', '链接': '/mtjj/20201007/131995.html'}
{'标题': '\n\n今年摘获诺奖的丙肝病毒发现，治疗现状如何？瑞金医院专家：治疗一个，便可治愈一个【图】\n《文汇报·文汇APP》报道\xa0今天傍晚，2020年诺贝尔生理学或医学奖获奖者名单揭晓：由科学家哈维·J·奥尔特、迈克尔·霍顿以及查尔斯·M·赖斯共同获得，获奖理由是发现丙型肝炎病毒。"病毒对人类的影响很大，但丙肝确是病毒性肝炎中唯一一种可以通过药物治疗达到临床治愈的一种疾病。这意味着人类在攻克丙肝病毒这条道路上已见曙光。"上海交通大学医学院附属瑞金医院感染科主任谢青接受文汇报记者采访，第一时间从专业角度对今年的诺奖做了解读。作为全国丙肝诊疗示范点，瑞金医院一年要收治400至500例患者，占了全市近半数。那么，...\n\n\n2020年10月05日\n\n\n文汇报\n\n\n', '链接': '/mtjj/20201007/132003.html'}
{'标题': '\n\n钱馆与中学合建德育高地 "同心抗疫教卫行动"临展亮相【图】\n《上海热线》报道\xa0\xa0在教育界纷纷探索如何实现德育教育"大中小一体化"的大背景下，昨天（10月4日），钱学森图书馆携手上海华育中学特别举办"打造\'大中小教育\'闭环，钱馆华育合建德育高地"活动。当天完成了钱学森图书馆分别与上海市民办华育中学及内蒙古集宁一中的"大中小教育一体化"合作签约，并由小学生、初中生及交通大学学生讲解队向集宁一中的教师群体讲解钱学森图书馆常设展览及上海市教卫的临展"同心抗疫教卫行动"。据了解，此次与上海交通大学钱学森图书馆签订"大中小德育教育一体
```

图 17-12

二、微博采集案例

微博是国内最大的广播式社交媒体。根据微博发布的 2020 年第三季度财报，2020 年第三季度，微博的月活跃用户达到 5.11 亿，而日活跃用户为 2.24 亿。[①] 作为一个用户数达亿万级的社交媒体，微博沉淀下来的数据是海量的。由于其广播式的特质，微博成为很多网民爆料

① 《微博发布 2020 年第三季度财报》，2020 年 12 月 28 日发布于新浪财经。

的首选平台，也是社会舆论发酵的重要场所。因此，微博的用户数据有很高的研究与利用价值，值得采集与分析。

需要说明的是，微博共有三个站点，分别是 https://weibo.cn，https://m.weibo.com，https://weibo.com。这三个站点的复杂程度不一，其中界面语言最简单的是 https://weibo.cn，更适合进行数据采集。本章选用该站点并选取“上海交通大学”的官方微博账号(见图 17-13)进行采集。

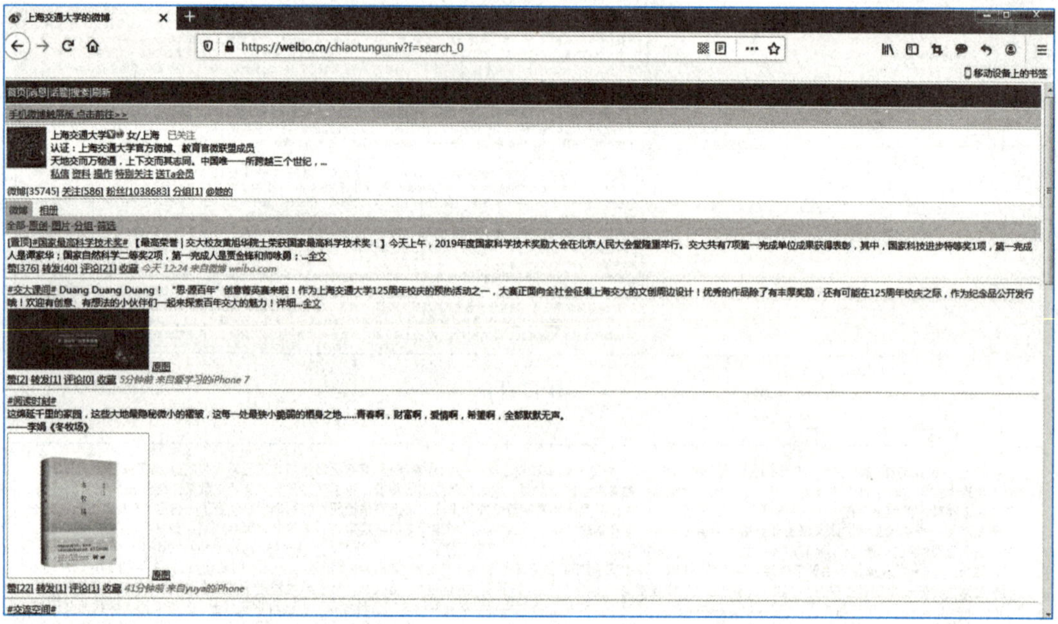

图 17-13

工具：Python3.0

系统：Windows

步骤 1：导入需要的模块

```
import requests
from bs4 import BeautifulSoup
import time
```

requests 和 Beautiful Soupe 已在上文重点介绍，在针对微博的采集中，这两个库仍分别发挥着“搬运工”与“搜查员”的功能。

time 库也是 Python 的第三方库，主要用于处理与时间相关的问题。在针对微博的采集中，我们主要调用 time.sleep( )函数，实现程序的周期性短暂停顿。这主要是为了避免程序因集中、快速的采集被反爬机制识别出来。

步骤 2：分析界面语言特点

爬取一页微博的数据显然是不够的。我们需要寻找微博不同页 URL 之间的差异与联系。通过图 17-14 中的 URL 对比，我们可以发现，在 www.weibo.cn 这个站点中，不同页面的 URL

区别仅在于后缀 page 的赋值上。

图 17–14

根据这一特点，我们可以从采集的需求出发设计代码。如需采集指定微博的前 5 页，我们可以利用 if 语句遍历实现 URL 的传递，实现代码为：

```
for i in range(5):
    url = 'https://weibo.cn/chiaotunguniv?page='+str(i)
```

步骤 3：构造请求头与参数传递

微博的很多操作需要用户登录账号后方可实现。因此，和之前列举的网页采集不同，采集微博数据需要构造请求头，且构造的请求头除了包括 User–Agent 等常见字段外，还特别需要 Cookie，它是模拟登录最关键的字段。我们仍然通过 F12 快捷键一键查看这些参数（见图 17–15）。

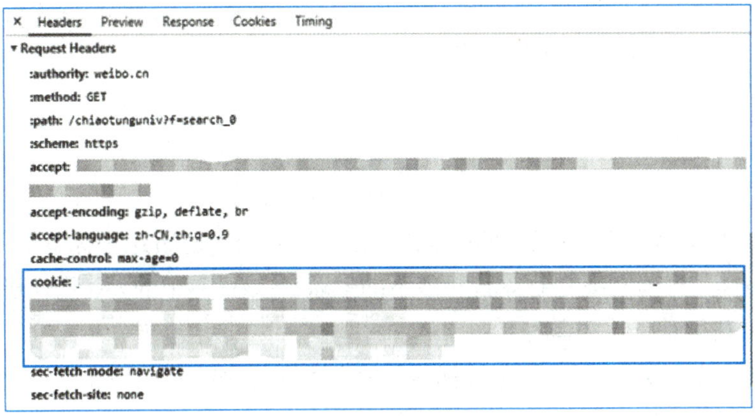

图 17–15

构造请求头之后，我们还需要传递 URL 和 Headers 的全体参数，实现利用 Cookie 模拟登录，并为后续的逐页采集做准备。

以上步骤的代码见图 17–16。

图 17–16

步骤 4：分析数据类型

本章我们主要面向的是微博内容中的短文本数据。参考之前的思路，根据从个别到一般的规律分析数据层级与类型：“# 交·资讯 # 发布了头条文章：《我国第一代核潜艇总设计师黄旭华的"校园故事"走进母校上海交大》"标题是一个 a 标签对应的内容,其上一级为一个 class 属性值为 ctt 的 span 标签,span 标签的上一级是一个 div 标签。通过对其余的微博正文短文本分析,正文信息均符合上述规律(见图 17-17)。

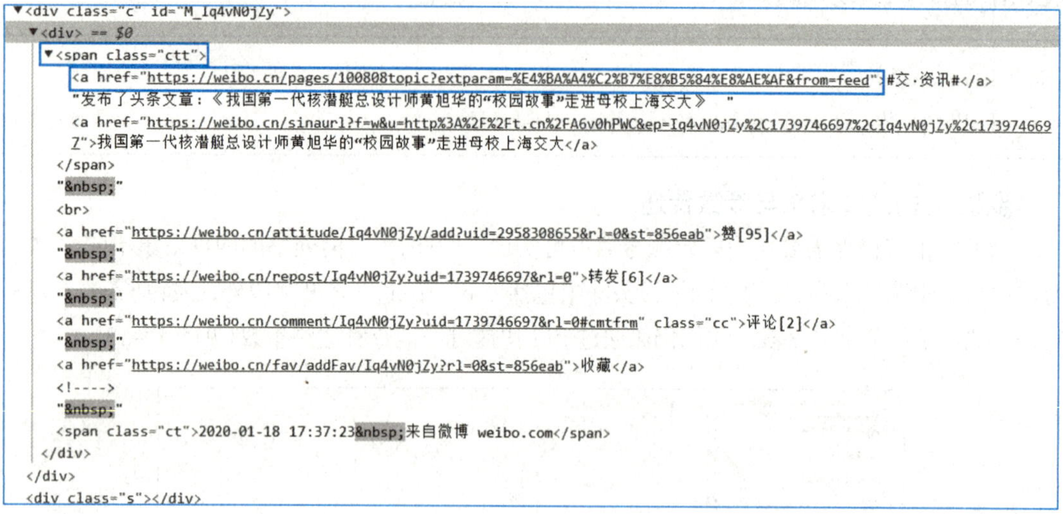

图 17-17

因此,采集的思路转变为:找到 div 标签后,运用 for 循环遍历这一标签下每个 class 属性值为 ctt 的 span 标签,爬取每一个 span 标签下的 a 标签,该标签中的 text 属性指向微博正文中的短文本,即可获得对应的文本内容。

但经过检查和实践后,我们发现,a 标签与短文本内容之间并不是唯一对应的关系。这意味着以 a 标签为最终指向进行爬取,我们会获得很多不相关的数据。在这样的情况下,我们只能退而求其次,将 span 标签作为最终指向。但微博界面语言本身的特点,决定了我们即使用 span 标签进行爬取,所获的数据依然是不干净的、需要清洗的,但数据清洗的难度要小于前一种方法。

具体代码为:

```
soup = BeautifulSoup(r.content,'html.parser')
weibo = soup.select('div>div>span>a')

for m in weibo:
    content1 = m.get_text()
    data = {
            ' 正文 ':content1
            }
```

步骤 5:将采集数据存入 TXT/CSV 文件

因为采集的是短文本,数据相对较多,将爬取的内容存入 TXT/CSV 文件将便于后续的数据清洗与分析。

本章展示的是如何将采集得到的数据存入 TXT 文件。具体实现代码为：

```
result = str(data)
with open('test1.txt','a',encoding='utf-8')   as fp:
    fp.write(result)
```

部分结果见图 17-18。

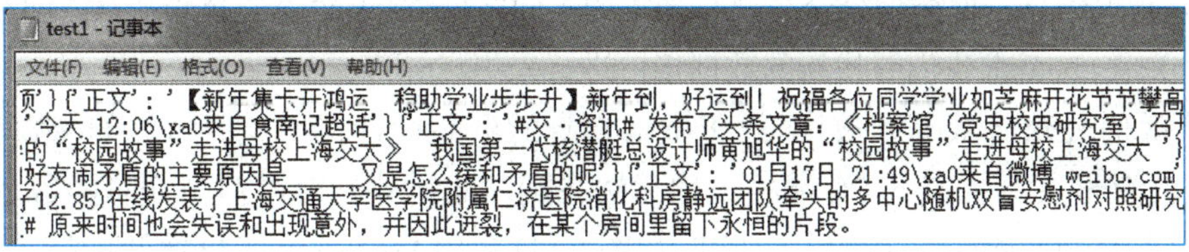

图 17-18

步骤 6：设置休眠

为了尽可能地防止被反爬机制识别，每采集完一页后，调用 time 库的 time.sleep( ) 函数，实现 10 秒的休眠。

```
time.sleep(10)
```

全部代码见图 17-19。

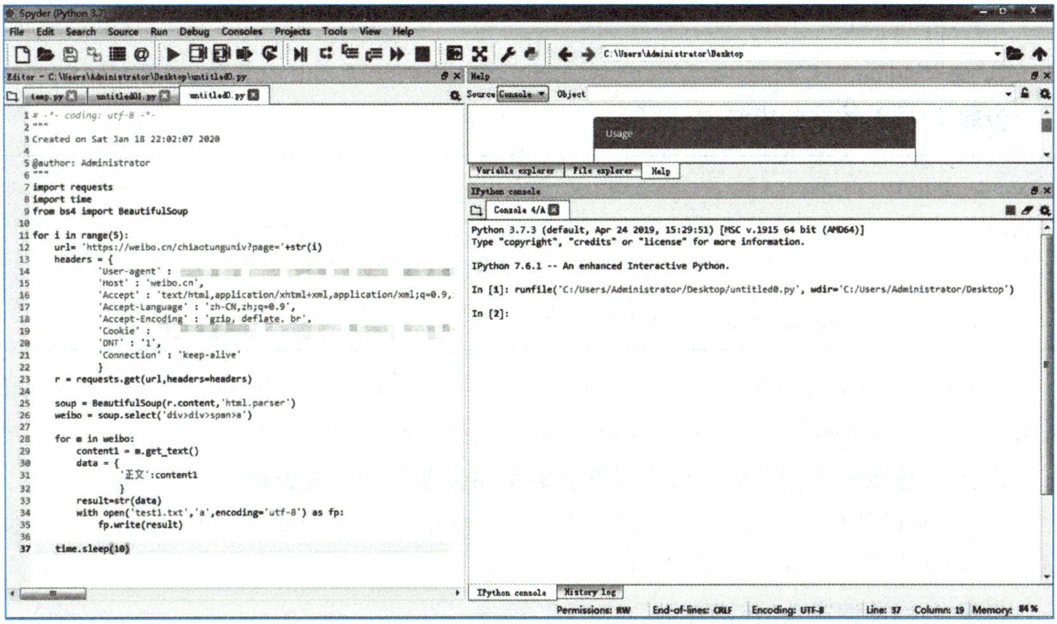

图 17-19

三、微信公众平台采集

(一) 采集原理

微信是现在中国最大的社交媒体,超过10亿的月活用户数使得微信拥有大量数据沉淀。与微信群聊、朋友圈不同,微信公众号是一个数据开放的空间,类型多样的公众号和各式各样的公众号推送文章也具有很高的学术研究价值。

针对微信公众平台的采集思路,与前述的两个采集案例基本类似,即遍历采集目标的URL,获取有关信息。但微信公众号文章采集的不同之处,在于两篇公众号文章之间在地址上没有明显关联,这要求我们寻找新的数据接口进行采集。

虽然微信公众号数据开放,但由于微信自身的产品设计,除个别接口(如"搜狗微信搜索")外,公众号文章在其他PC端接口均无法找到。故目前针对微信公众号的数据采集方法主要有三种:(1)借助搜狗微信搜索建立接口;(2)利用Fiddler等抓包软件进行App抓包;(3)调用微信公众平台后台引用接口。

在过去,搜狗微信搜索能显示一个公众号最近发布的10篇文章,故整个采集可转化为一个动态网页的采集,难度相对较小,有采集的价值和可行性。但最近搜狗微信搜索做出了调整,仅显示一个公众号最近发布的一篇文章,提高了反爬力度,验证码出现的频次提升,故方法一的难度上升,不可取。而方法二涉及Anyproxy代理的配置和Web框架的搭建,上手难度较大。故本节主要展示方法三的采集原理。

(二) 微信公众平台采集案例

以下我们以上海交通大学官方微信公众号为例进行采集,主要采集推送文章的标题及URL。

工具:Python3.0

系统:Windows

步骤1:导入需要的模块

```
import requests
import time
import random
from bs4 import BeautifulSoup
```

调用random库,与调用time库的目的一样,也是为了防止被反爬机制识别。微信的反爬机制较为健全,random库可以模拟人工翻页的不确定性,进一步降低反爬识别的可能。

步骤2:登录一个创建好的公众号并获取引用文章时的主要数据

因为采集的接口位于公众平台后台,故使用这种方法,就需要建立一个新的公众号并使用"公众号文章链接"功能(见图17-20)。

步骤3:构造请求头、传递参数

与微博社区的使用规则一样,微信公众平台也需要用户登录账号。在使用上述功能并搜

图 17-20

索计划采集的公众号、向服务器发送请求时，我们会获得一系列响应数据，这其中包括我们需要获取的 Cookie。区别于微博采集，针对微信的采集还有几个重要的参数，如微信公共开发的关键参数 token（令牌，也是微信反爬的重要识别参数）、对微信公众号的用户个人身份认证 fakeid 等关键参数（见图 17-21）。

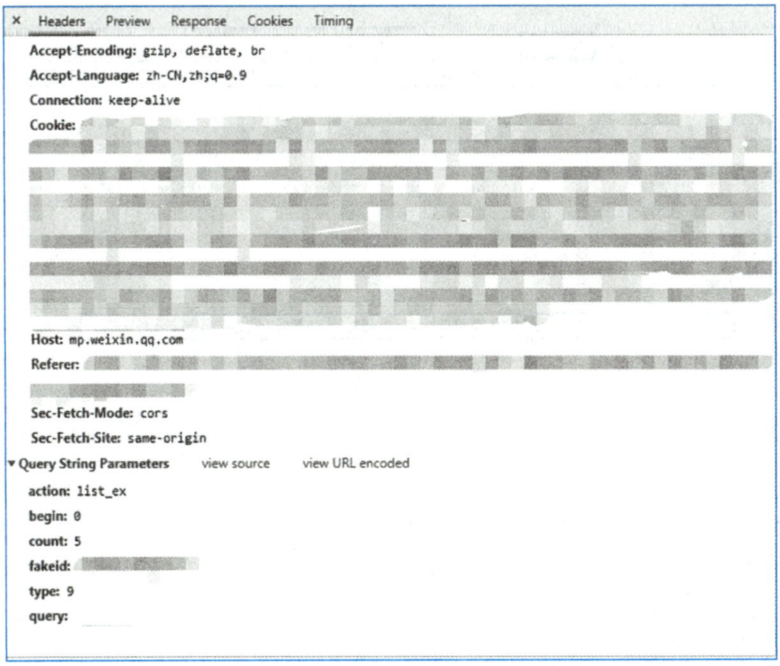

图 17-21

根据获取的 User-Agent 及 Cookie 字段构造请求头，并使用 params 方式传递所获的 fakeid 等参数，实现代码（见图 17-22）。

图 17-22

步骤 4：分析数据结构

与之前网页、微博的数据采集不同，针对微信公众号相关数据的采集，不是基于页面结构中的相关字段，而是基于响应得到的相关字段。响应得到的字段里（见图 17-23）不仅含有微信公众号文章的标题（title）、链接（link），还包括摘要（digest）、创建时间（create_time）、红包打赏开通情况（has_red_packet_cover）等。在响应得到的相关字段中，我们可以得到更集中、清晰、多元的数据，由于数据都集中在响应得到的字段中，进一步采集的难度也相对较低。

图 17-23

具体代码为：

```
for item in content_json["app_msg_list"]:
    items = []
    items.append(item ["title"])
    items.append(item ["link"])
    items.append(item ["create_time"])
    content_list.append(items)
```

步骤 5:设置休眠

微信的反爬机制非常机敏且健全,所以需要调用 time 和 random 两个库,为爬虫设置一个随机的、较长的休眠时间。代码为:

```
    time.sleep(random.randint(60,90))
else:
    time.sleep(random.randint(15,25))
```

步骤 6:得到结果并存入 TXT/CSV 文件

使用这一接口爬取到的数据是所有微信文章的标题以及每一篇文章的 URL,故集中存放在 TXT/CSV 文件中会更方便后续的数据分析。由于上文已经展示了如何存入 TXT 文件,这里将展示如何存入 CSV 文件。

因代码较长,不便于全部展现,部分核心代码见图 17-24,具体的采集结果(部分)见图 17-25。

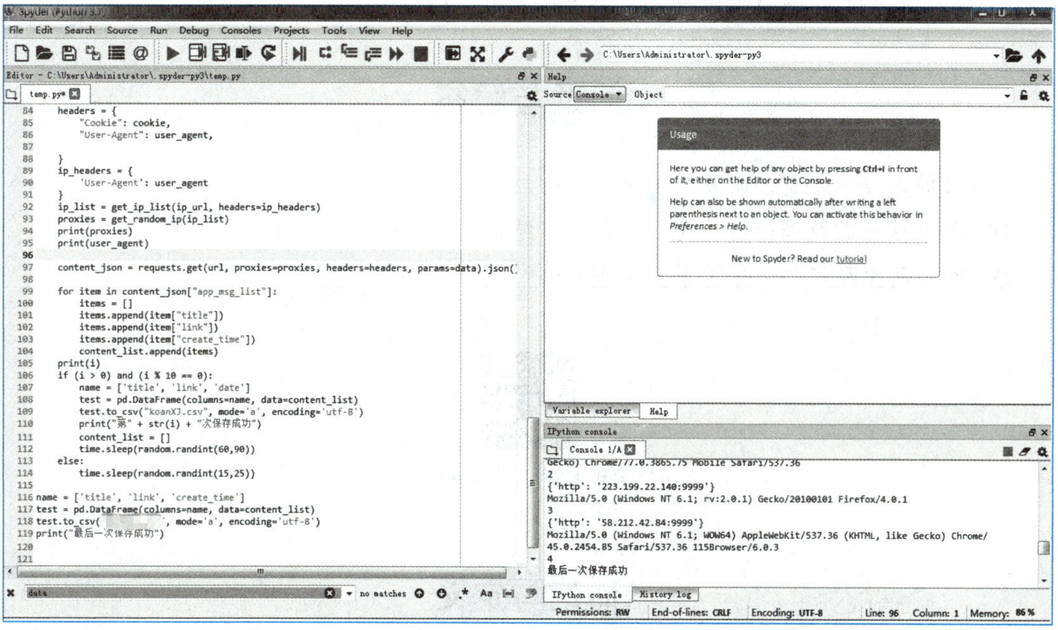

图 17-24

```
,title,link,create_time
0,最高荣誉 | 交大荣获2019年度国家科技进步特等奖！校友黄旭华院士荣获国家最高科技奖！,
1,群星闪耀！在交大，身边总有这样一群TA，真的很美....,http://mp.weixin.qq.com/s?__b
2,交大密码 | 001020304050607080900010……,http://mp.weixin.qq.com/s?__biz=MjM5MDI
3,创课达人，10万+掌门，支教30000小时……交大98年的追梦姑娘，用实力诠释美！,http://mp.
4,"暖心姐姐，教学能手！交大""小燕子""老师实力""出道""，真可！",http://mp.weixin.qq
5,【权威发布】上海交大2019年度就业报告出炉！,http://mp.weixin.qq.com/s?__biz=MjM5
6,签了！上海交大@湖南长沙，新年开启新征程！,http://mp.weixin.qq.com/s?__biz=MjM5M
7,全球交大人唱响《我的祖国》！2020开年大片登上《新闻联播》！,http://mp.weixin.qq.c
8,新年暖心礼物！交大这个有温度的计划，定了几件大事……,http://mp.weixin.qq.com/s?__b
9,上海交大二〇二〇年新年贺词：不忘初心牢记使命，坚定自信迈向一流！,http://mp.weixin
10,上海交大二〇二〇年新年贺词：不忘初心牢记使命，坚定自信迈向一流！,http://mp.weixi
11,回首这一年，感恩常相伴！2019，交大和你一起走过……,http://mp.weixin.qq.com/s?__bi
12,运动达人、文艺青年注意了！交大2020年高水平艺术团和高水平运动队招生简章发布！,http
13,打羽毛球，吹萨克斯……他是交大十项全能的优秀青年老师！,http://mp.weixin.qq.com/s?
14,强！首次拿下行业杰出人物奖，交大这位“云中的男子”太帅了！,http://mp.weixin.qq.com
15,脑洞大开！高科技+真实用，交大学子的课程作业长这样！,http://mp.weixin.qq.com/s?_
16,66本送福利！交大2020新年便签台历，感恩一路相伴！,http://mp.weixin.qq.com/s?__bi
17,专业第一、硬核成绩满绩，这个会弹吉他、爱长跑的学霸小哥超帅！,http://mp.weixin.qq
18,对不起！交大，我只能给你打99分！,http://mp.weixin.qq.com/s?__biz=MjM5MDIyMDQyM
19,今天的C位，留给交大这位集才华与风度于一身的男子！,http://mp.weixin.qq.com/s?__b
```

图 17-25

练习与作业

1. 相较于传统的数据采集方式(例如问卷、访谈等),使用网络爬虫进行数据采集的优势与劣势分别是什么?

2. 大数据时代,网络爬虫技术日益成熟,如何看待数据被爬取的现象?这是否侵犯了网民的隐私权?

3. 尝试用 Python 自动输出斐波那契数列的前 100 项。

4. 运用所学知识,自行设计开发一个豆瓣电影排行榜的爬虫。

问题与解答

Q1:数据采集是不是面向互联网上所有的数据?

Q2:爬虫获得的数据是结构化数据还是非结构化数据?

Q3:网络爬虫获取的数据可以直接使用吗?

第十七章 问题解答

词汇与定义

1. 遍历。这是一个与数据结构相关的概念,指沿着某条路径,对特定范畴内所有的节点或元素依次进行访问。在 Python 中,常用 for 循环语句来对字符串、列表等对象进行遍历。

2. 静态网页。纯粹用 HTML 格式的网页。静态网页一旦做成,不会因为打开它的用户、时间等因素而改变。

3. 动态网页。网页中不仅包含 HTML,还包括具有特定功能的程序代码,网页显示的内容能够根据时间、数据库操作而改变。

4. 接口。本章节中的接口,通常指系统对外的接口,即从其他网站或服务器上获取数据的方法。外部网站和服务器不会向我们共享数据,但会提供一个获取数据的方法供我们调用数据。

第十七章　阅读文献

第十八章

大数据分析与可视化

——用图表勾勒网络关系

学习目标

1. 理解大数据的特点及其给传播学研究带来的机遇与挑战。
2. 了解大数据的时间信息的特点及其在传播学研究中的价值与应用。
3. 理解文本大数据的特点。
4. 了解处理文本大数据的基本步骤和方法及其在传播学研究中的应用。
5. 理解关系大数据的特点和网络分析的基本概念。
6. 了解关系大数据在传播学研究中的应用。
7. 理解数据可视化和可视分析的基本概念和原理。
8. 了解数据可视化和可视分析在传播学研究中的应用。

引　　言

本章与前章内容息息相关,都是探讨大数据分析的方法。前章的内容以新媒体的数据采集为核心,是本章所述的进一步处理文本数据以及数据可视化和可视分析的基础。

生活中无时无刻都有新鲜事发生,有新的产品出现,无论是媒体、广告主还是政府,都会关注一个问题:大众是如何看待某一事件/产品的?传统的研究会通过打电话,向样本户询问,或者邀请少数有代表性的个体集中进行访谈。而社交网站作为无数普通大众发声的平台,其中蕴含着海量的“观点”。因为数量大和实时的特性,这些帖子比传统研究的样本更能捕捉大众观点的微妙变化。那如何才能从浩如烟海的社交网站帖子中提炼出大众的观点与态度呢?文本挖掘正是要解答这个问题。

而如果我们想要在这样的社交网站中将特定信息传达给目标受众,应该如何找到关键用户帮忙转发?关键用户有什么特质?以往相同类型信息的传播路径为何?回答这些问题就需要运用社会网络的视角。此外,对海量信息的汇总与分析,则离不开大数据的可视化与可视分析。

本章第一节将介绍大数据的几个特点及其给传播学研究带来的机遇与挑战。第二节分析大数据里的时间信息所具备的各种意义。第三节探讨大数据里的文本及其分析方式。第四节介绍网络结构及其拓扑学表征。最后一节，呈现大数据的可视化和可视分析，并且展示几个经典的可视化视图。

第一节　大数据的特点及其带来的机遇与挑战

随着社交媒体和移动媒体的日益普及，我们日常生活中越来越多的行为，包括人际交流、日常消费、休闲娱乐、交通出行等，都以数字痕迹的形式被记录在各个媒介平台上，且绝大部分的数字痕迹在不断地累积与更新。无论是在数据规模、数据类型还是在数据本质上，这些数据痕迹都与传统的社会科学研究的数据有着显著的不同，为传播学者观测、理解和预测人们的认知、态度、情感和行为等提供了新的机遇，与此同时，数字痕迹的数据复杂性也对传播学研究提出了新的挑战。

一、大数据的特点

传播学者要充分利用大数据理解传播现象，就要对大数据的特点有正确的理解。大众媒体在谈论大数据的特点的时候，最经常提到的就是 IBM 提出的“4V”（Volume，Variety，Veracity，Velocity，即海量、多样、真实、高速）或者“5V”（加上 Values，即高价值）。这些“V”更多的是从技术的角度来描述大数据的特点。如果将这些“V”和社会科学研究挂钩，我们认为大数据最重要的特点可以概括为海量、用户自发、事后发现。

首先，大数据最广为人知的特点就是囊括了海量的信息和用户。一个社交媒体平台，动辄就可以有百万级的用户，这些用户在媒体平台上的所有行为都被实时地记录下来。大数据不仅囊括了海量的信息和用户，还具有比传统的实证研究数据更加丰富的数据类型。在社交媒体平台上，用户可以发表文字、图片、音频、视频等各种形式的内容，用户之间可以通过多种方式（包括加好友、评论、点赞、转发等）建立社会联系，所有的行为和内容都带有精准的时间戳，这些多种形式的海量数据为我们观察和解释人类传播行为提供了丰富的信息来源。

其次，大数据中的绝大部分记录都来自用户自发的态度或行为，而不是传统的社会科学研究中由某种测量工具或实验刺激所引发的态度或行为。这种用户自发的数据很大程度上解决了传统的社会科学研究中的测量侵入性的问题，让研究者可以在研究对象没有受到额外干扰的情况下观察他们“自然”的反应与行为，这无疑能够提高实证测量的效度。

最后，绝大部分的大数据都不是针对某个研究问题或研究领域“事先订制”的数据（Made Data），而是被研究者“事后发现”的数据（Found Data）①。从某种意义上来说，除了在社交平台上实施的现场试验（Field Experiment）中收集的数据以外，其他绝大部分的大数据都是“事后发现”的数据。因此，研究人员应该仔细评估大数据的质量，甄别噪声、特异值、缺失值等，同时谨慎评估从“事后发现”的大数据中得出的结果的可靠性和有效性。

① Atteveldt, W., & Peng, T. Q. (2018). When communication meets computation: Opportunities, challenges, and pitfalls in computational communication science. *Communication Methods and Measures*, 12(2-3): 81-92.

二、大数据给传播学研究带来的机遇

大数据的上述特点给传播学研究带来了巨大的机遇。它不仅允许我们以更快的速度、更大的规模来追踪和理解人类社会的传播现象,还为传播学研究带来了新的研究范式。大数据至少从以下四个方面改变着传播学研究。

(一) 大数据为观察、测量传播现象提供了新的工具

大数据丰富的数据类型和用户自发的数据本质,能够激发研究者的想象力,为研究者的理论变量操作化提供了更广阔的空间。用户自创的文本内容可以用来测量用户的态度与情感,[①] 用户在互联网上的搜索行为可以用来测量用户的注意力,[②] 用户在社交网站上发布的图片可以用来"解锁"用户的地理位置信息,用户的社交行为可以用来建构他们所处的社会网络以及解析他们在社会网络中的地位。[③]

(二) 大数据为传播学研究提供了新的平台

社交和移动媒体的勃兴极大地促进和便利了实验研究的设计和实施。首先,社交媒体的众包功能降低了研究对象招募的难度。在经典的实验设计中,研究人员只能考虑招募规模较小或中等的大学生样本作为实验对象。如今,从众包平台(例如 Amazon Mechanical Turk)上招募成千上万个实验对象,以低廉的成本进行实验研究变得不再困难。与此同时,社交或移动媒体本身已经成为一个"行为实验室"。在某些研究中,研究者不再需要构建人工的实验室场景来模拟现实环境,而是可以在社交或移动媒体平台上对用户进行无干扰的观察并实施各种实验控制,这样可以有效地改善经典实验研究的外部效度问题。

(三) 大数据推动传播学者采用新的分析方法来理解传播现象

大数据中的时间戳[④]、文本数据、关系数据等形式的数据,需要传播学者采用前沿的分析方法,才能准确、充分地挖掘大数据中的信息。大数据的时间戳里蕴含了丰富的时间信息,能够帮助研究者理解传播现象背后的动力机制。为了充分挖掘这些时间信息,各种时间序列分析的方法和手段被广泛地引入大数据研究中。[⑤⑥] 传统的内容分析方法已经无法满足高

---

① Peng, T. Q., Sun, G., D, & Wu, Y. C. (2017). Interplay between public attention and public emotion toward multiple social issues on Twitter. *Plos One*, 12(1): e0167896.

② Qin, J., & Peng, T. Q. (2016). Googling environmental issues: Web search queries as a measurement of public attention on environmental issues. *Internet Research*, 26(1): 57–73.

③ Peng, T. Q., Liu, M.c., Wu, Y. C., & Liu, S. X. (2016). Follower-followee network, communication networks, and vote agreement of the US members of congress. *Communication Research*, 43(7): 996–1024.

④ 时间戳是使用数字签名技术产生的数据,签名的对象包括了原始文件信息、签名参数、签名时间等信息。

⑤ Xu, P. P., Wu, Y. C., Wei, E. X., Peng, T. Q., et al. (2013). Visual analysis of topic competition on social media. *IEEE Transactions on Visualization and Computer Graphics*, 19(12): 2012–2021.

⑥ Lu, J. H., Xie, X., Lan, J., Peng, T. Q., et al. (2019). BeXplorer: Visual analytics of dynamic interplay between communication and purchase behaviors in MMORPGs. *Visual Informatics*, 3(2): 87–101.

效处理海量文本数据的需求，主题模型、情感分析等文本挖掘和分析的方法在传播学研究中被日益广泛地应用。为了能够对社交网络中的结构进行描述和解释，网络科学中的各种指标（比如聚集系数 Clustering Coefficient，模块化 Modularity）和建模方法（比如指数随机图模型 Exponential Random Graph Modeling）在传播学研究中也被日益广泛地采纳。

（四）大数据研究需要传播学者采用新的工作模式

当前，大多数传播学的实证研究都是个人“单兵作战”或以小团体合作的形式进行的。由于大数据的规模和复杂程度都是传统传播学研究的数据无法企及的，很多研究项目需要对多学科的理论知识、资源和技能进行整合。传播学者需要跨越学科的藩篱，更加主动和积极地进行跨学科的团队合作。与此同时，大数据的普及和计算方法的运用使得数据和代码的共享和重复使用变得更加容易和必要。因此，在大数据分析中，跨学科合作和开放科学将成为日益主流的工作模式。

三、大数据给社会科学研究带来的挑战

大数据中蕴含的丰富信息能够激发传播学者的创造力，使其以崭新的视角审视人类社会的各种传播现象。尽管机遇无限，但大数据的本质在方法论层面上也给传播学者带来了巨大挑战。

（一）数据驱动与理论驱动的争论

随着大数据涌入社会科学研究，人们对理论的作用提出了质疑。有学者认为，在大数据时代，我们只要对变量之间的关系进行相关分析就足够了，可以不用关注因果关系。[①] 这一论点在早期的大数据研究中颇为盛行，而且引发了大数据分析中理论驱动研究范式与数据驱动研究范式之间的争论。

当下的主流观点认为，在大数据分析中，因果关系仍然应该是社会科学研究的核心。[②] 发现相关性远远不足以解决社会科学的核心关切，理论驱动的因果关系检验可以使实证结果更加清晰明了和可解释。例如，基于数据的机器学习算法在某些时候能够很好地预测复杂的人类行为，但是很难告诉我们影响这种行为的潜在因果机制。同样，由于样本量大，在大数据分析中比较容易获得在统计上显著的相关关系，但是如何检验这种相关关系的真伪，如何排除第三者变量的干扰，仍然是传播学者需要面对的挑战。

如果不探究因果关系，大数据可能会告诉我们一个仅在特定时空情况下或在特定人群中才会存在的相关关系，利用大数据的传播学者应避免陷入这种陷阱。相反，在大数据分析中，应该更加大力鼓励和提倡理论驱动的研究，这样才能更大程度地、更高效地挖掘大数据的潜力。

数据的海量并不能保证数据的质量。相反，随着数据规模的增加，质量问题可能变得更

① Anderson, C. (2008). The end of theory: The data deluge makes the scientific method obsolete. *Wired*. 2008-06-23.

② Boyd, D., & Crawford, K. (2012). Critical questions for big data: Provocations for a cultural, technological, and scholarly phenomenon. *Information, Communication & Society*, 15(5): 662-679.

加严重，如果选用的大数据有质量问题，会比小数据导致更严重的推理偏向。[①] 此外，大数据可能包含难以与有意义的数据分开的噪声。2018年的一项研究表明，推特上的账户中有三分之一是机器人，而推文中的25%是由这些机器人发布的。[②] 因为这些机器人在某种程度上表现得像人类，如何区分人类账户（即有意义的数据）和机器人（即噪音）是传播学者需要面对的又一个挑战。此外，海量数据并不等同于有代表性的数据。传播学者不仅要关心数据规模，而且还要知道大数据是怎么产生和获得的。

（二）交叉验证的必要性

交叉验证（Cross-validation）是在大数据分析中日益重要的研究方式。[③] 交叉验证的主要目的是增强研究结果的稳健性。在大数据分析中，研究者应该充分利用海量的数据进行交叉验证，如将数据分为几个子样本，测试模型在子样本之间的稳健性。在机器学习中，交叉验证已被广泛采用，以确保当使用不同的训练和测试数据集时，机器学习产生一致的结果。交叉验证还可用于评估不同度量和不同算法之间的一致性。就像调查测量一样，在大数据分析中，存在多种可用于测量同一概念的测量程序或算法。当不同的测量程序或算法旨在描述同一概念时，我们应该观察到不同程序或算法之间的结果的强相关性。

尽管大数据分析有很多的优势，但仍会给数据收集、数据清洗、数据整合、数据分析、数据解读和可视化等方面带来许多挑战。

传播学者应该积极投入大数据的浪潮中，主动利用传播学研究中既有的理论和方法优势，推进大数据在传播学研究中的应用。传播学者要充分利用大数据的特点和优势，避免大数据的陷阱，引入新颖的研究设计和严格的分析方法，以面对大数据的挑战。本章接下来的部分将会具体介绍如何处理和分析三种大数据：时间、文本和关系，以及如何对大数据进行可视化和可视分析。

第二节 大数据里的时间

时间是人类传播行为的重要载体，任何传播行为都要在特定的时间维度上完成。[④] 时间是传播学研究中重要的原生概念（Primitive Concepts），[⑤] 传播学里的很多概念都是从时间概念中衍生出来或与时间概念密切相关的，比如注意力、兴趣、媒体使用、公众参与、习惯、响应潜伏期等。社交和移动媒体上的大数据通常都带有非常精细的时间戳，带有时间戳的数据能够让我

---

① Meng, X. L. (2018). Statistical paradises and paradoxes in big data (I): Law of large populations, big data paradox, and the 2016 US presidential election. *Annals of Applied Statistics*, 12(2): 685–726.

② Stella, M., Ferrara, E., & Domenico, M. (2018). Bots increase exposure to negative and inflammatory content in online social systems. *PNAS*, 115(49): 12435–12440.

③ Peng, T. Q., Liang, H., & Zhu, J. J. H. (2019). Introducing computational social science for Asia-Pacific communication research. *Asian Journal of Communication*, 29(3): 205–216.

④ Peng, T. Q., & Zhu, J. J. H. (2020). Mobile phone use as sequential processes: From discrete behaviors to sessions of behaviors and trajectories of sessions. *Journal of Computer-Mediated Communication*, 25(2): 129–146.

⑤ Chaffee, S. H. (1991). *Communication concepts 1: Explication*. Newbury Park, CA: SAGE.

们重新审视时间在各种传播现象中的作用,使之从后台走向前台。[①]笔者通过梳理近年来发表在传播学主要期刊上的社会媒体研究,发现大数据里的时间信息在实证研究中主要有两种作用。

一、大数据里的时间信息被作为理论变量的测量工具

因为大数据能够实时地记录用户的各种行为,所以大数据里带有时间戳的信息比传统的自我报告数据能更准确地测量理论概念。比如用户在搜索引擎上使用的搜索词反映了用户对不同议题的兴趣或者注意力,这些具有实时性的搜索词展现的搜索趋势被用来测量和追踪公众注意力的演化。秦洁和彭泰权[②]基于 Google 搜索趋势的数据和盖洛普民意调查的数据,分析和讨论了网络搜索词作为公众注意力的测量工具的效度问题,他们发现网络搜索词可以作为民意调查数据的补充,但是不能取代民意调查。另一个典型的例子就是媒体使用的测量。在传统的媒体使用研究中,最常用的测量方式就是让用户自我报告他们在媒体平台上花费的时间,但由于各种因素的影响(包括社会期待、记忆误差等),用户在自我报告的时候容易出现偏差。随着社交和移动媒体的兴起,用户在各个媒体平台上的使用习惯被精准地记录在服务器上,这些服务器日志数据为研究媒体使用提供了准确的信息。有研究者通过比较用户自我报告的调查数据和服务器日志数据发现,自我报告的数据在测量手机使用上缺乏标准效度。[③]

这些带有精细时间戳的数据还为研究者提供了崭新的视角来重新理解媒体使用的规律和特点。

祝建华等人[④]认为传统的媒体使用的测量都是"等长"测量(Equal-length Measures),这种"等长"测量无法反映用户在媒体使用中除总时长外的其他时间特点。他们基于手机 APP 的使用数据,提出了一种"异长"测量的方式,即移动媒体使用进程。作为一个进程,它包含了用户在移动媒体上连续的使用行为,有起始、转折和结束等。祝建华等人利用一个开源的数据库,展示了在实证研究中如何利用带有时间戳的数据建构媒体使用进程,并且使用"媒体使用进程"来解决传播学中的理论问题(比如时间的碎片化)。彭泰权和祝建华[⑤]还提出了媒体使用的序列化(Sequence),他们认为媒体使用本身就是一个过程,各种媒体的使用之间不是完全孤立的,应该采用一种序列化的视角来审视媒体使用,这种新的视角需要把媒体使用放到时间维度上,并且充分考虑每个媒体使用之间的关联。大数据里精细的时间信息,能够让我们对媒体使用背后的序列规律进行分析和挖掘,可以加深我们对媒体使用规律的理解,更好地洞察媒体使用是如何嵌入用户的日常生活的。

---

① Ancona, D., Okhuysen, G. A., & Perlow, L. A. (2001). Taking time to integrate temporal research. *The Academy of Management Review*, 26(4): 512–529.

② Qin, J., & Peng, T. Q. (2016). Googling environmental issues Web search queries as a measurement of public attention on environmental issues. *Internet Research*, 26(1): 57–73.

③ Boase, J., & Ling, R. (2013). Measuring mobile phone use: Self-report versus log data. *Journal of Computer-Mediated Communication*, 18(4): 508–519.

④ Zhu, J. J. H., Chen, H. X., Peng, T. Q., Liu, X. F., & Dai, H. (2018). How to measure sessions of mobile phone use? Quantification, evaluation, and applications. *Mobile Media & Communication*, 6(2): 215–232.

⑤ Peng, T. Q., & Zhu, J. J. (2020). Mobile Phone Use as Sequential Processes: From Discrete Behaviors to Sessions of Behaviors and Trajectories of Sessions. *Journal of Computer-Mediated Communication*, 25(2): 129–146.

二、大数据里的时间信息是解析传播现象背后动力机制的重要工具

基于大数据里的时间戳在理论建构和研究设计上的重要性，传播学者利用时间变量，对经典的传播理论（比如议程设置理论）背后的动力机制进行实证检验。一些研究者[①②]通过挖掘推特上的海量数据，在社交媒体平台上检验议程设置理论的零和机制，同时还进一步提出和验证了社会议题之间的竞合机制。彭泰权等人[③]也利用推特上的海量文本数据，挖掘用户对不同议题的注意力波动和对不同议题的情感起伏，分析了公众注意力和公众情感之间的复杂互动机制。谭辰浩等人[④]利用 Reddit 平台的论坛数据，分析了用户之间的互动对传播信息的说服效果的影响。在这些研究中，各种时间序列的分析模型，从最小二乘回归模型（Ordinary Least Square Regression Model），到整合移动平均自回归模型（Autoregressive Integrated Moving Average Model）、向量自回归模型（Vector Auto-Regression Model）以及联立方程模型（Simultaneous Equation Modeling），都得到了广泛的应用。

大数据里的时间信息还为传播学者探索传播领域中未知的动力演化机制提供了新的契机。最具代表性的就是个体轨迹（Individual Trajectory）研究的兴起。社交和移动媒体上的大数据是实时更新的，能够让研究者在足够长的观察窗口内追踪大量用户。追踪研究用户个体层面的行为和认知演变已经成为传播学研究的新趋势。个体轨迹研究需要研究者既考虑个体之间的差异，也考虑个体本身的演变。因此，混合模型在大数据分析中的作用日益突出。张伦等人[⑤]通过追踪近 18 万用户在手机新闻 App 上的历史浏览记录，发现用户新闻消费的多样性随着时间而衰减，这为我们日常所说的“信息茧房”（Information Chamber）提供了实证支持。与此同时，他们还发现个体新闻消费的多样性与整体的新闻供给的多样性呈正相关，女性用户新闻消费多样性的衰减程度要高于男性用户。

第三节 大数据里的文本

一、文本挖掘简介

文本挖掘（Text Mining）指的是对大规模文本数据进行的计算辅助式分析，以便从中加

---

① Sun, G. D., Wu, Y. C., Liu, S. X., Peng, T. Q., Zhu, J. J. H., &Liang, R. F. (2014). EvoRiver: Visual analysis of topic coopetition on social media. *IEEE Transactions on Visualization and Computer Graphics*, 20: 1753–1762.

② Xu, P. P., Wu, Y. C., Wei, E. X., Peng, T. Q., Liu, S. X., Zhu, J. J. H., & Qu, H. M. (2013). Visual analysis of topic competition on social media. *IEEE Transactions on Visualization and Computer Graphics*, 19: 2012–2021.

③ Peng, T. Q., Sun, G. D., & Wu, Y. C. (2017). Interplay between public attention and public emotion toward multiple social issues on Twitter. *PLoS ONE*, 12(1): e0167896.

④ Tan, C. H., Niculae, V., Danescu-Niculescu-Mizil, C., & Lee, L. (2016). *Winning arguments: Interaction dynamics and persuasion strategies in good-faith online discussions.* In Proceedings of the 25th international conference on world wide web, pp. 613–624. 2016-04.

⑤ Zhang, L., Zheng, L., & Peng, T. Q. (2017). Structurally embedded news consumption on mobile news applications. *Information Processing & Management*, 53(5): 1242–1253.

工出高质量的信息。文本挖掘是传统文本分析的一种延伸,它有助于质化与量化的分析。在质化的分析过程中,在提供少数有标记的数据后,文本挖掘可以对大体量文本进行自动标注(即有监督的文本挖掘或文本分类)。它也可以用来对文本聚类,提供理解语言表达的新角度(即无监督的文本挖掘)。在量化的分析过程中,文本挖掘可以将文本转变为标准化的数据(比如标记文本积极情感的程度,或文本库中某个词语被提及的次数),以供后续的分析。需要注意的是,文本挖掘作为一种研究方法,与其他的研究方法一样不能直接取代理论与假设。研究不存在唯一的最佳方法,在使用文本挖掘法时也需要对其信效度进行考量。从技术手段来看,文本挖掘可以分为文本分类、文本聚类、情感分析、信息抽取和知识图谱等类型。

二、文本预处理与词汇分析

(一) 文本挖掘的方法

文本挖掘的基础是将文本变成可供测量比较的单元的集合,这个过程被称为词汇提取或者文本预处理。无论是做基本的词频统计还是复杂的主题模型,都需要对文本进行结构化处理,其基本步骤与实例如表 18-1 所示。

表 18-1　文本预处理的步骤

步骤	解释	实例
1. 除去非文本部分	非文本部分包括标点符号、数字、字母等。	“《金翅雀》是美国作家唐娜·塔特所著的一部小说,出版于 2013 年,是塔特的第三部长篇小说。”→“金翅雀是美国作家唐娜塔特所著的一部小说出版于年是塔特的第三部长篇小说”
2. 分词	针对中文等没有自然边界的词句,在连续的文字中划分出词、句的边界。	“金翅雀是美国作家唐娜塔特所著的一部小说出版于年是塔特的第三部长篇小说”→“金翅雀是美国作家唐娜塔特所著的一部小说出版于年是塔特的第三部长篇小说”
3. 去除停用词	去除文本中没有实际含义的功能词(如“的”“是”、the、of)和运用比较广泛的实词(如“我们”“今天”),以减少冗余信息,降低后续分析的复杂度。 需要注意的是,有时这些词汇也具有分析的意义,如用“我们”的词频高低和变化来探索个体在群体中的社会卷入水平。因此,需依据研究问题考虑是否去除。	“金翅雀是美国作家唐娜塔特所著的一部小说出版于年是塔特的第三部长篇小说”→“金翅雀美国作家唐娜塔特小说出版塔特第三部长篇小说”
4. 词干提取	提取词汇的主干部分,通常解决单复数等问题。	fishing/fished/fishes/fisher → fish wolves → wolf

续表

步骤	解释	实例
5. 词形还原	将词汇还原成一般形式,通常解决时态、阴阳性等问题。	ate → eat
6. 词语标注	给每个词标注词性(如名词、动词)和实体属性(如人物、地点、时间)等。	"金翅雀美国作家唐娜塔特小说出版塔特第三部长篇小说"→"金翅雀 n 美国作家 l 唐娜塔特 nrt 小说 n 出版 v 塔特 nrt 第三部 m 长篇小说 l"(n:名词;l:习用语;nrt:人名;v:动词;m:数词)

(二) 词汇分析

词汇可以用来描述特定群体的特征。在宏观社会层次上,流行词汇的变化可以反映整个社会的变迁。谷歌 Ngram 是一个基于纸质书的数据库项目,扫描识别了近 500 年来上百万种纸质书,并将其中出现的单词和短语组建成数据库。用户可以输入一系列词语,比较其在不同年份被提及次数的变化,以观察文化的变迁。比如有学者为了研究经济的发展是否影响了中国人的文化价值观,筛选了 16 个在集体主义与个人主义意义上相对立的词语:经济优先权("竞争"vs"分配"、"选择"vs"义务"),个人财产("获取"vs"付出"、"私家"vs"公家"),个人发展("自主"vs"服从"、"天赋"vs"刻苦"),理想社会("创新"vs"帮助"、"公平"vs"牺牲")(见图 18–1)。谷歌 Ngram 的搜索结果显示,代表个体主义价值观的词被提及的频率从 1970 年到 2008 年不断增长,代表集体主义价值观的词在同一时期内被提及的频率缓慢下降,这样的趋势也与社会经济指标存在显著相关。这表明中国人的文化价值观随着经济发展的确发生了变化。①

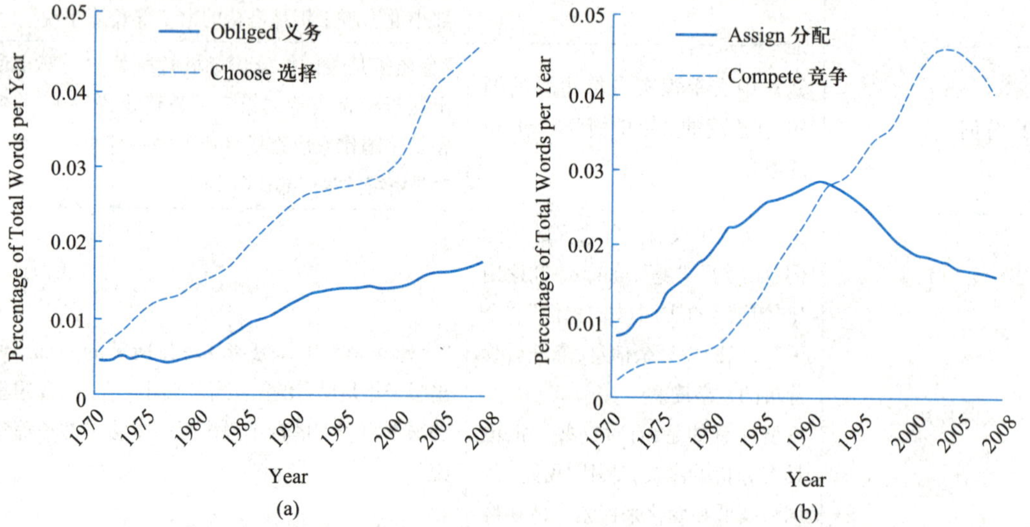

图 18–1 词汇出现的概率与年代的关系

① Zeng, R., & Greenfield, P. M. (2015). Cultural evolution over the last 40 years in China: Using the Google Ngram Viewer to study implications of social and political change for cultural values. *International Journal of Psychology*, 50(1): 47–55.

词汇也可以反映个体差异。施瓦茨等人探索了个体人格及其在社交网站上发帖内容的关系。他们首先让被试填答人格问卷,然后对这些人在社交网站上的发帖词汇进行提取。两者相比较可以发现,外向者更可能提到"派对""爱你"和"女士"之类的社交词汇,而内向者更可能提到"计算机""互联网""阅读"等与独立活动相关的词汇(见图 18–2)。随后,作者据此对社交网站帖子进行有监督式的机器学习,所建立的模型对社交网站用户人格预测的准确率最高可以达到 91.9%。①

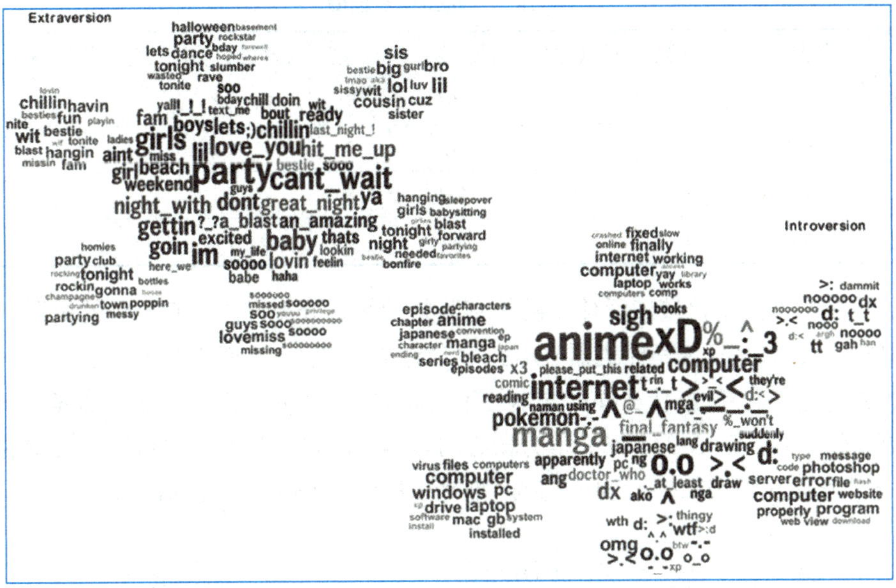

图 18–2 外向(左上)与内向(右下)者的词云

在图 18–2 中,字与词在词云的中心位置,边缘的词团为主题模型聚类出的主题。词汇分析的优势在于可以建立语义与词汇的直接关联;其劣势在于词汇与语义之间并非一一对应的关系,仅专注于词汇无法避免一词多义的情形,也不能排除否定用法的可能性,比如"开心"与"不开心"都提及了"开心"这一词汇。此外,语义可能会超越词汇本身,比如"你做得真好"可能存在讽刺的意思。

三、文本分类与情感分析

情感分析,也称意见挖掘,旨在识别文本中的意见、情感、态度,其任务包括情感分类、主观度分类、意见总结、意见提取等。情感分析的方法主要分为两大类,一是基于词汇的方法,二是机器学习的方法。

基于词汇的方法关注每个词汇对应的情感,通过使用已有的词典或者语料库来对词汇进行编码。词典是预设的词汇与语义关系的集合(如表 18–2 是由大连理工大学信息检索研究

① Schwartz, H. A., Eichstaedt, J. C., Kern, M. L., et al. (2013). Personality, gender, and age in the language of social media: The open-vocabulary approach. *PloS one*, 8 (9): e73791

室编制的情感字典[①])。词典可以直接将文本转化为数字化的语义或情感编码。广泛使用的词典有情感词典、语言探索与字词计数(Linguistic Inquiry and Word Count,LIWC)等。词典的缺点在于不能对特殊语境和特殊领域的文本进行有效的识别,而语料库旨在弥补这一缺陷。语料库是经过整理的真实文本的集合(如时代周刊新闻集、中文实体情感知识库等)内容的语境或领域,通常较统一且带有特定的标注。使用语料库时需要自行对库内文本进行加工才能用于后续的研究。

表 18-2 情感字典样例

词语	词性种类	词义数	词义序号	情感分类	强度	极性	辅助情感分类	强度	极性
无所畏惧	idiom	1	1	PH	7	1			
手头紧	idiom	1	1	NE	7	0			
周到	adj	1	1	PH	5	1			
言过其实	idiom	1	1	NN	5	2			

机器学习的方法中比较广泛使用的是有监督的情感分类方法。有监督的机器学习是机器学习中的一大类,其任务是让机器"学习"已经建立的"输入—期望输出"关系的范例(比如什么样的文本属于假新闻,什么样的文本属于真新闻),并依此去推测新输入的案例所对应的输出结果是什么(见图 18-3)。以文本为核心的有监督的机器学习不但可以对文本的情感进行分类,还能在筛选垃圾邮件、识别假新闻、推测用户性格等情境中发挥作用。

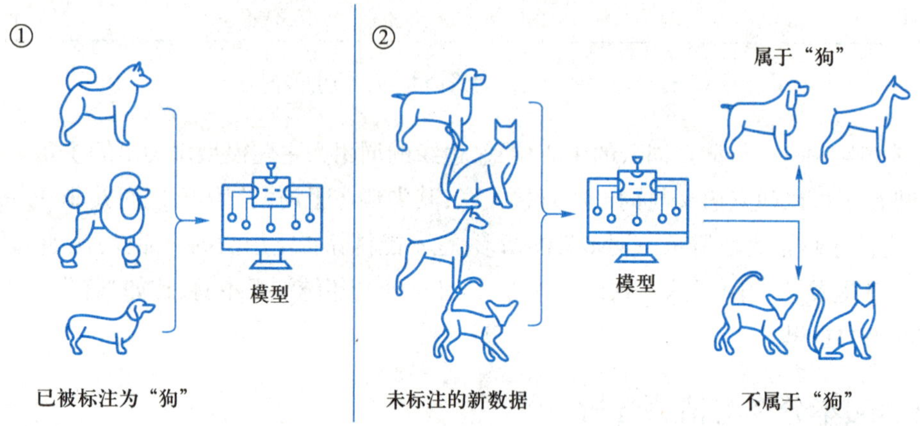

图 18-3 典型的有监督的机器学习方法

(1) 给模型提供已分类或标注过的数据用于学习 (2) 输入未标注的数据,模型输出其对应的标签

(图标由 Flaticon 的 Freepik 设计)

四、文本聚类与主题模型

传播学的核心问题是"What"和"How",即人们"说了什么"以及"怎么说",要想回答这类

① 陈建美:《中文情感词汇本体的构建及其应用》,大连理工大学 2008 年硕士论文。在此词典内,词性种类指词汇的语法属性,包括成语(idiom)、形容词(adj)等;情感分类包含快乐(PA)、赞扬(PH)、烦闷(NE)、贬责(NN)等 20 种情感类别;强度指包含某一情感的程度等级;极性指褒贬程度。

问题就要找出特定文本中重复出现的表达模式，这个目标可以通过主题模型的方法来实现。"主题"在这里指的是经常同时出现的词汇的集合。主题模型不关注句法、语义，只关注不同词语同时出现的概率。主题模型可以发现经常共同出现的词汇集合，并且关联具有相似模式的文档，而不同的词汇使用模式反映了文档潜在的主题与语义。

和基于词汇的分析相比，主题模型的优势在于：(1) 一个主题含有多个词汇，可以防止单一词汇解释力较弱和较片面的问题。(2) 不同词汇（如"空间""工程"）在同一主题（如"科技"）下权重不同，可以防止不同词汇在同一主题下解释力均一的问题。例如，在科技主题的文本中，"工程"一词比"空间"一词出现的概率更高，那么在判定科技主题时，"工程"一词就被赋予更高的权重。(3) 主题模型可以帮助区分一词多义的情况。同一词汇在不同语境下可能会表达不同的含义，如"空间"一词可能出现在"科技"和"艺术"等不同主题的语境中。在主题模型算法中，同一词汇对各个主题的贡献会分别进行计算（即该词汇有多大概率属于某个主题），进而区分它的不同语义。主题模型的缺点在于无监督的机器学习方法需要考量合理的主题数，并且需要对生成的主题进行人工解释。

主题模型属于无监督的机器学习，其任务是不给定训练范例，让机器自动构建模型，将输入的数据分群。这样的方法可以用于用户兴趣挖掘、行为特征探索等。典型流程见图 18-4。

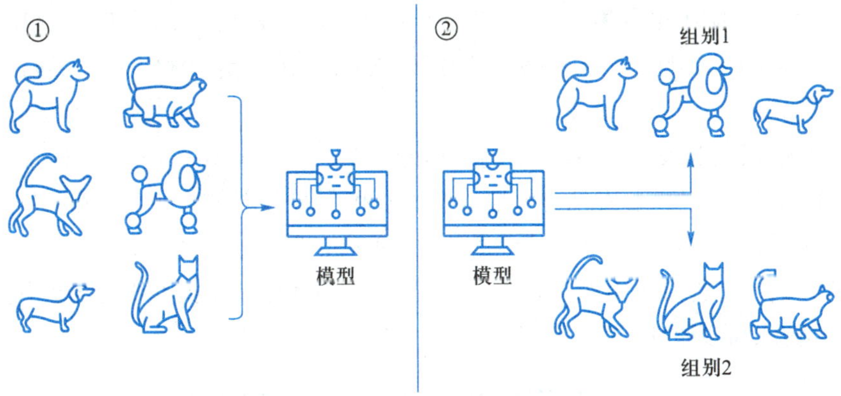

图 18-4 典型的无监督的机器学习方法

(1) 给模型提供未分类的数据 (2) 模型分出内部相似的群组。（图标由 Flaticon 的 Freepik 设计）

五、情感分析案例

情感分析有助于我们理解已经发生的事件。2012 年伦敦奥运会期间，澳大利亚等地的学者分析了伦敦居民与游客是如何在社交媒体上评价伦敦这个城市的。他们抓取了社交媒体中包含"伦敦 2012"话题的帖子，统计帖子中的积极和消极词汇，并使用主题模型的方法挖掘帖子所描述的具体地点。通过对照文本情感与地理位置，他们发现游客与居民关注的地点与评价存在差异，而游客对奥林匹克公园有更多的关注（见图 18-5）。①

彩色热度对照图

① Kovacs-Gyori, A., Ristea, A., Havas, C., Resch, B., & Cabrera-Barona, P. (2018). # London2012: Towards citizen-contributed urban planning through sentiment analysis of Twitter data. *Urban Planning*, 3 (1): 75–99.

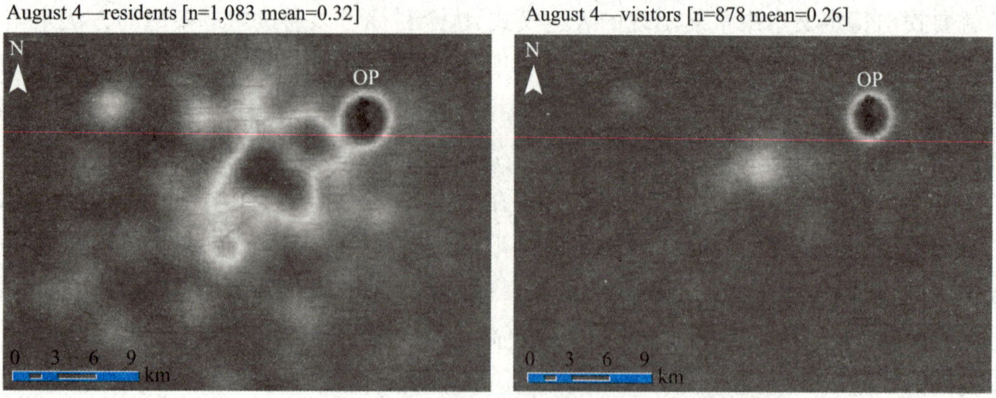

图 18-5 积极性帖子与地理位置热度对照图

OP 代表奥林匹克公园，左图为伦敦居民对全城地点积极评价的分布，右图为游客的评价分布。

情感分析还可以帮助我们观察“线上社会”的情绪变化，探索其发生的机制。为了探寻个体的情绪是否会在群体中传播，有研究者在社交网站上减少个体所能阅读到的朋友情感性帖子的数量，并且观察在这样的操作下，个体自己发布帖子的情感变化。他们通过提取帖子中的情感性词语来评定与筛选帖子的情感性。结果发现当个体减少阅读朋友带积极情感的帖子时，自己发布的积极帖子也会相应减少；当个体减少阅读朋友消极的帖子时，也相应发布更少的消极帖子。这表明，的确存在情绪传染，即使只感知他人的情绪体验人们也可以产生相应的情感体验。[①]

另有学者依据主题模型，将脸书上的文本分为 25 类（见表 18-3）。他们发现男性与女性所发布内容的主题存在不同，女性更多地谈及关系和个人体验，如父亲节、家庭娱乐、生日、期待等。而男性更有可能发布体育、政治、思考和宗教等话题。他们的研究进一步发现，爱情和宗教这样的话题可以得到更多的点赞但更少的评论；当女性发布男性更常讨论的主题时（如运动、旅行、俚语），可以收获更多的评论。[②]

表 18-3 脸书上文本的主题模型分类结果示例

主题	示例词汇
家庭娱乐	美好的一天，一起度过，孩子，游泳，表弟，晚上
期待	等待，庆祝，等不及，直到，耶
政治	国家，民族，总统，投票，法律
思考	想法，成功，人类，创造，标志，目标，宇宙

① Kramer, A. D. I., Guillory, J. E., & Hancock, J. T. (2014). Experimental evidence of massive-scale emotional contagion through social networks. *In Proceedings of the National Academy of Sciences*, 111 (24), 8788–8790.

② Wang, Y. C., Burke, M., & Kraut, R. (2013, April). Gender, topic, and audience response: An analysis of user-generated content on Facebook. In *Proceedings of the SIGCHI Conference on Human Factors in Computing Systems*. 2013-04-27.

第四节　大数据里的关系

一、什么是社会网络分析

社会网络分析是结合人类学、社会学、管理学、数学等学科发展出来的研究范式。它将关系抽象成节点（实体、个体行动者）与连接节点的边（关系、联结）的组合结构，由此去描述关系的结构，解释关系变化的原因以及理解关系结构可能造成的影响。

（一）社会网络可以从三个层次进行观察

第一是宏观层次，观察整个社群的结构特性及其影响。例如，比较微博上热门与非热门新闻的传播网络有什么区别，扁平化与非扁平化机构的工作效率有什么区别。第二是区域层次，观察子社群。比如寻找社交网站上的传销网络，观察大的社会关系网络是如何分裂成小的组群的。第三是节点层次，描述个体在这种社群中所承担的角色。比如谁让话题传播得更广，谁的离开会使关系网络分崩离析。

（二）社会网络分析为解释社会现象提供独特的视角

个体所处的关系网络能够给予个体以社会支持，提供给个体社会参与和获取资源的机会，同时也使得个体暴露在某一信息、观点或行为之下的可能性增加。同时，关系网络内存在着特定的态度与行为的规范，这会推动身处其中的个体依据规范做出特定的行为。因此，以社会网络视角观察个体与群体的特征具有重要意义。

（三）社会网络分析为行为的干预提供指导

比如寻找在社交媒体上影响力大的节点，在营销中与之合作，使产品在潜在受众中得到更多的曝光；比如改变组织的架构，提高沟通的效率；比如监测个体、社群与整体网络是否存在一些异常或者脆弱的结构，防范潜在风险。

课外链接："强大的弱连接"：强关系　弱关系

弱关系理论由马克·格兰诺维特①提出。他将人际关系分为强关系与弱关系，强关系指的是与个体交往甚密的人，如家人和密友；弱关系指朋友中的点头之交。密切的联系让强关系圈内的人有比较高的相似性，而强关系朋友的圈子也会有很高的重合度，这会使圈子内个体获取到的信息的重复度很高。而弱关系往往存在于不同类型的社会群体间，它更能给个体带来新信息与新视角，给个体带来意想不到的好处。这也解释了为什么西方人在找工作时，弱关系朋友起到的作用更大。

① Granovetter, M. S. (1973). The strength of weak ties. *American Journal of Sociology*, 78 (6): 1360–1380.

二、网络拓扑学结构表征

社会网络分析的前提是将网络抽象为拓扑学表征，即把具体的事物抽象成点线关系。社会网络最基本的元素是节点与边。节点是网络中的实体，边代表节点与节点之间的联系。依据节点与边的不同属性，我们可以构造不同类型的网络（见表 18–4）。

表 18–4 常见的网络及其解释（示例）

节点 1	边	节点 2	解释
用户 1	关注	用户 2	关系网络
用户 1	订阅	电视频道 1	订阅网络
用户 1	发布内容的相似性	用户 2	共识网络
用户 1	转发	用户 2（发布的状态）	信息扩散网络
词汇 1	同时出现的次数	词汇 2	语义网络

在基础的点线之外，网络可以具有一些其他元素，如点的属性、边的权重等，进而组成样式更复杂的网络（见表 18–5）。

表 18–5 网络中的其他元素及示例

元素	举例	包含该元素的网络的名称	示意图
点的属性	性别、年龄、收入		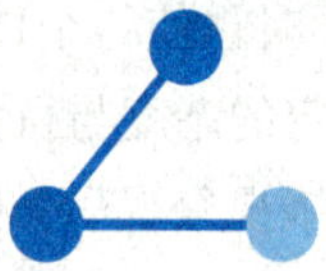
边的权重	交流频次、交易额、关系亲密度、相似性高低	加权 / 无权网络	
边的有向性	关注 / 被关注、卖家 / 买家、呼入 / 呼出、领导 / 被领导	有向 / 无向网络	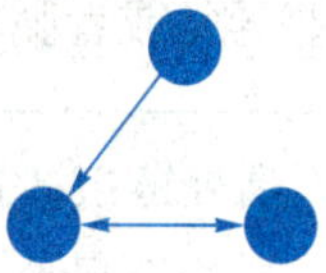
点的异质性	个体 – 订阅 – 频道、应聘者 – 投简历 – 公司（网络存在两种类别的点，边只存在于不同类别的点之间，同种类别的点之间不存在边）	二模 / 一模网络	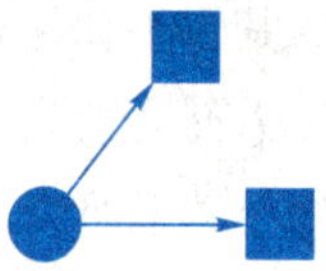

三、网络拓扑学结构统计量

网络拓扑学结构统计量有助于我们描述网络的结构，同时它也具有社会意义，会对个体的认知、情感与行为产生影响。

(一) 度和度分布

度(Degree)指的是一个节点一共拥有多少条边,它是节点层面的计量指标。在有向网络中,度可以进一步分为入度(Indegree)与出度(Outdegree)。入度指的是一个节点有多少条边指向自己,人际网络中的入度可代表一个个体的受欢迎程度;出度指的是一个节点有多少条边指向其他节点。在宏观网络层次,我们关注度的平均值以及度分布。

度会如何影响信息的传播?有学者调查了新浪微博上一个业主委员会社群。他们发现一个用户的入度与其帖子被转发的可能性高度相关,即一个用户被更多的人关注,则其帖子会被更多地转发。[①] 同时另有学者发现,那些在社交网站上传播假新闻的机器人(非人的账户),正是通过在传播的早期提及入度高的用户,诱使这些影响力较大的用户转发,使假新闻得到更广泛的曝光与传播。[②]

(二) 密度

密度(Density)指的是网络所有可能的边中,有多大比例是真实存在的,它用来衡量宏观网络的密集程度(见图 18-6)。密度会对群组的沟通效率产生影响。有研究者分析了组织中成员工作外的社交网络。他们发现工作外社交网络的密度与工作效率存在曲线关系,过于紧密的联结以及过于稀松的社交关系都不利于组织绩效。

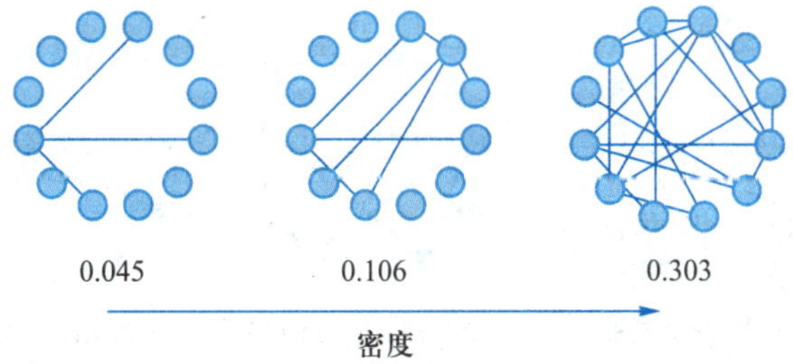

图 18-6 不同密度的网络

(三) 距离与平均路径长度

网络中两个节点的距离是连接两个节点最短路线的长度(见图 18-7)。在宏观网络层次,

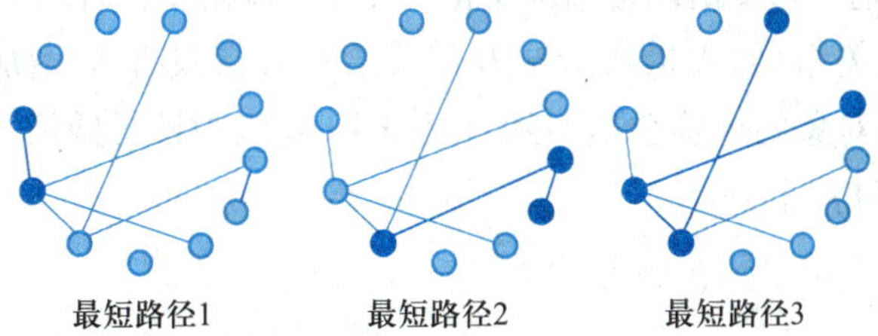

图 18-7 不同节点之间的路径长度

---

① Huang, R. G., & Sun, X. Y. (2014). Weibo network, information diffusion and implications for collective action in China. *Information, Communication & Society*, 17(1): 86-104.

② Shao, C. C., Ciampaglia, G. L., Varol, O.et al. (2017). The spread of fake news by social bots. arXiv: 1707.07592v1.

我们关注平均路径长度,它是网络中所有节点之间距离的平均值。

课外链接:"小世界":六度分隔

20世纪60年代,米尔格兰姆教授[1]开展了一项自然实验。他要求参与者以住在某一特定地址的陌生人为目标,寻找身边最有可能与目标地址或目标对象产生联系的朋友,把米尔格兰姆的信传递给他们,并请朋友以同样的目标和要求寄出信件。结果发现在少数成功的传递中,信平均会经手6个传递人。于是便有了"六度分隔"的说法,即任意两个陌生人之间所间隔的人数不会超过6个,也即"小世界"。这个理论在网络研究中得到了验证和发展。1998年邓肯·瓦茨和斯蒂文·斯特罗加兹[2]将其解释为复杂网络的一种属性。"小世界"指的是具有高聚集度和低平均最短路径长度特征的网络,而基于人类人口总数和个体可能的认识朋友数来计算,可以求得人类社会的平均最短路径长度为6。

(四) 聚集系数

聚集系数(Clustering Coefficient)描述的是节点与其相邻节点相互连接的程度,它是衡量整体网络结构的重要指标之一。在人际网络中,聚集系数关注的是一个人的任意两个朋友也是朋友的可能性的高低(见图18-8)。

图18-8 聚集系数的计算方法(此图中A点的聚集系数为2/3)

三元关系同样是网络中不可忽视的现象,俗语"敌人的敌人是朋友"暗含着带有关系属性的三元组合。而它更能对网络的危险状况进行预警。有研究者构建了2008年金融危机前不同银行之间的借贷关系网络。[3] 他们发现,早在金融危机爆发之前,网络结构就剧烈地变化,预示风险的增加。而这一重要的网络结构变化不在于宏观角度,而在于二元、三元的互惠关系中。当非互惠的三角关系(如A借钱给B,B借钱给C,C借钱给A)增加时,所涉及的三家银行都无法意识到交易对象的风险会返回到自己身上,正因为银行低估了这样的外部风险,整体金融网络的脆弱性陡然上升。

---

① Milgram, S. (1967). The small world problem. *Psychology Today*, 2(1): 60–67.

② Watts, D. J., & Strogatz, S. H. (1998). Collective dynamics of 'small world' networks. *Nature*, 393: 440–442.

③ Squartini, T., Lelyveld, I., & Garlaschelli, D. (2013). Early-warning signals of topological collapse in interbank networks. *Scientific Reports*, 3: 3357.

（五）中心度

中心度（Centrality）是一个节点层面的指标，它用来衡量一个节点在整个网络中的位置。依据对中心不同的定义，中心度有不同的衡量方法（见表 18-6 和图 18-9）。一个节点的中心度越高，它在网络中越处于核心位置。

表 18-6　不同的中心度衡量方法

元素	关注问题	元素	关注问题
度中心度	你与多少节点相连接	接近中心度	你与其他节点平均距离有多短
中介中心度	有多少最短路径需要经过你	特征向量中心度	你与重要的节点有多接近

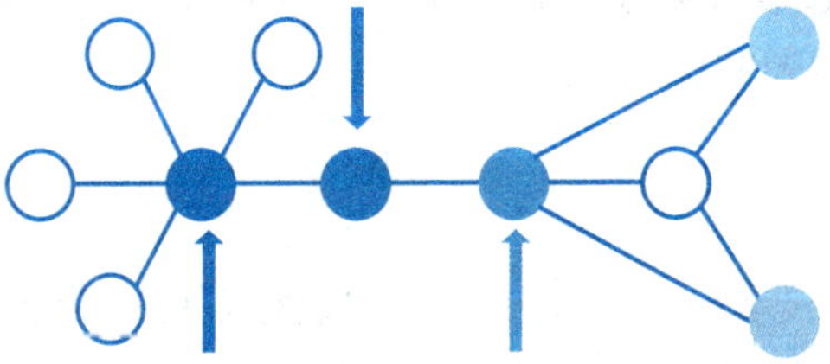

图 18-9　不同网络指标图例

有什么样特质的人有更高的概率处在网络的核心位置？调查发现这类人同时具有亲社会性和反社会性的行为特征，包括被所有人喜爱，拥有很多朋友，是团队的带头人；同时他们也更容易嘲笑他人，脾气暴躁，喜爱炫耀。[①]

（六）模块化

模块化（Modularity）描述的是一个网络内不同组群的分割状态。一个模块化的网络意味着其不同组群内部联系紧密而组群间联系稀疏。这一指标可以用来衡量社群挖掘（即寻找相互独立又内部联系紧密的组群）的好坏。社会网络模块化，尤其是它所反映出来的社会态度、价值观的分裂是传播学者关心的话题之一。康诺弗等人分析了美国选举时期推特上由转发和提及构成的传播网络，他们以模块化为衡量基准对网络进行社群挖掘，结果发现所分出来的群组与个体的政治倾向高度相关。转发网络还表现出极化的网络结构（见二维码），这意味着用户更愿意只和与自己持相似观点的个体交流。[②]

推特上的转发网络

① Gest, S. D., Graham-Bermann, S. A., & Hartup, W. W. (2001). Peer experience: Common and unique features of number of friendships, social network centrality, and sociometric status. *Social development*, 10(1): 23–40.

② Conover, M. D., Ratkiewicz, J., Francisco, M., et al. (2011). Political polarization on twitter. In *Fifth international AAAI conference on weblogs and social media*.

第五节 大数据的可视化和可视分析

可视化是什么？初次接触到这个概念的人都会产生这个疑问。多半是因为可视化是一个在直觉层面容易理解，而在理性层面很难说清的概念。从产品的角度说，可视化是一张数据图作品，比如一张文字云或者一张叠加流图。从科学的角度说，可视化也可以是一套图形感知理论，研究将数据映射成怎样的图能够让人容易理解。从服务于大数据分析或者传播学研究的角度说，可视化是一种方法，帮助我们从数据中获取洞见。本节从方法的角度出发分，分别回答可视化的基本原理，大数据的可视化，以及大数据的可视分析。

一、可视化的基本原理

此部分回答使用可视化进行数据分析的基本原理是什么。了解这些原理会让我们对使用可视化的过程有系统而清晰的认识。

（一）对图形的感知

我们知道，人读图的速度要快于读文字。人的视觉系统有着通往大脑的高带宽通道，可以充分利用大脑平行处理大量信息的能力；不至于像读文字的时候那样只能按照顺序一点点读。那么可视化方法是如何运用这种读图能力来辅助数据分析的呢？那就是使用视觉通道编码数据中的变量。《可视分析与设计》一书①指出，视觉通道分为连续通道和类别通道，分别编码连续变量和类别变量。视觉通道还可以进一步根据有效性（比如感知速度和准确率）进行排序。在编码连续变量的通道当中，位置、长度、角度、面积表现突出；在编码类别变量的通道当中，区域、色相表现突出（见表 18-7）。最经典的统计图，比如折线图、柱状图、饼状图等，几乎都采用了最前列的这些通道来进行数据的编码。

表 18-7 编码连续变量和类别变量的主要视觉通道及效果排名

效果排序（降序）	编码连续变量的视觉通道	编码类别变量的视觉通道
1	位置（起点对齐的长度）	区域（空间区域）
2	长度	颜色（色相）
3	角度 / 斜率	形状
4	面积	纹理
5	颜色（明度、饱和度）	

除了对基础的视觉通道感知有差别，人对模式和非模式的感知也是有很大差别的。比如，根据格式塔原则，人对编码数据的图中陡峭上升的趋势、与众不同的点、有规律的变化，是特别敏感的。

人在感知可视化数据的过程，就是靠平行的视觉通道迅速觉知这些编码多个数据变量值

① Munzner, T. (2014). *Visualization Analysis and Design*. NY: A K Peters/CRC Press.

的视觉通道，过滤出主要模式，进一步在大脑中把主要模式转化为数据信息。

（二）对图形的问询

人在理解可视化数据的过程中，不仅仅是在感知，即通过视觉系统对视觉通道和它们组成的模式自然而然地觉知和理解信息，还包含主动地进行问询。生活中也有这样的经历，比如当我们在欣赏美丽景色的时候，是在自然而然地感知。而突然身边的游客惊呼“看，那里有一只美丽的梅花鹿”的时候，我们就会通过视觉问询，主动地去寻找梅花鹿。我们在使用可视化图的时候也是这样，常常带着问题去看图，或者看完图后产生疑问再去看图。视觉感知是自下而上的获取信息的方式，即觉知到视觉通道，过滤出主要模式，然后获得理解。视觉问询则是自上而下的过程，即形成问题，把问题转化为视觉检索任务，然后有目的地检索和获取信息。

那么可视化中的视觉问询和生活中的有什么不同？有哪些基本的类别？可视化的图是用数据映射而成的，可视化作为一个方法是服务于数据分析这个目标的，那么可视化中的视觉问询，主要就是为了完成数据分析中的任务。关于与可视化对应的分析任务，很多研究者给出了各种各样的分类，[①] 这里罗列一些基本的类别：(1) 获取一个变量值的大小；(2) 获取数据分布的特征，比如极值、异常点、范围、分布形态等；(3) 获取趋势或者关联信息；(4) 获取组别或者类簇信息；(5) 获取相似性和差异性（比较）（见表 18–8）。这些任务是使用可视化图能够完成的基本任务，可以通过识别适合人的视觉系统的识别的模式来完成。

表 18–8　可视化常见的数据分析任务和对应的视图

可视化常见的数据分析任务	适用的常见可视化视图举例
获取一个变量值的大小	饼状图中一个扇形表示的百分比大小
获取数据分布的特征	条形图中多个值的极值、范围、分布
获取趋势或者关联信息	折线图中因变量随自变量变化的趋势
获取组别或者类簇信息	散点图中点根据距离形成的类簇
获取相似性和差异性（比较）	条形图中不同值大小，复合折线图中两根折线的高低、趋势比较

（三）与图形的交互

很多时候，由于数据的复杂性和数据分析任务的多样性，一张静态的可视化图已经无法满足分析需求了，交互式可视化被采用以丰富可视化的表达。交互技术与我们的生活密不可分。当我们远远看见阳光下一个亮晶晶的点藏在草丛中，我们会产生好奇而走近这个点仔细看看，发现原来是一块玻璃片。这在交互技术中叫放大，是从整体视图到局部细节的一个非常自然而实用的交互。交互技术的应用是非常普遍的，我们在使用计算机的过程中就充满了交互行为，比如使用鼠标点击某个按钮，滑动页面，或者拖动某个物体。可视化中的交互基本上复用了计算机上原有的交互技术，用它们来辅助分析。

---

① Saket, B., Endert, A., & Demiralp, Ç. (2018). Task-based effectiveness of basic visualizations. *IEEE transactions on visualization and computer graphics*, 25 (7): 2505–2512.

计算机上的交互操作运用到可视化中主要有哪些表现呢？许多综述文章和书籍对此进行了总结。① 这里罗列一些常用而重要的交互操作（见表 18-9）：(1) 放大 / 缩小。一个常用的场景就是基于地图的可视化，当我们看到地图上某一片区域的颜色（假定编码为销售额）非常深（明度低），那么我们会选择放大这个区域来看看具体是什么城市的销售额非常高。(2) 选择 / 过滤。选择和过滤事实上在使用可视化图的一开始就已经发生了。我们可能选择一部分数据来进行可视化，而舍弃了另一部分；或者我们尽管使用了所有的数据，但是没有展示所有的变量。这是在绘制可视化图时的选择 / 过滤，这既是由于可视化的目标只需要部分数据就可实现，也是由于可视化的传达能力有限。在使用可视化图的过程中同样也有丰富的过滤操作。比如我们常看到的下拉菜单或者按钮，使用者通过点选某个条件筛选数据，视图就会自动过滤，淡化其他元素，从而方便使用者对相关部分进行专门分析。(3) 展开详细视图。详细视图给使用者提供了进一步分析理解局部的可能。我们常见到的悬停功能（即把鼠标放到一个按钮或者图标上面，马上就会有个信息框弹出来解释它的含义）就是最简单的也是能快速查看的详细视图。如果需要稳定地查看，则可使用点击操作获得详细信息。详细视图的应用也非常广泛。比如在放大 / 缩小的例子中，我们在地图上放大，过滤发现城市 A 是销售额很高的一个城市，如果我们继续点击这个城市，然后在一个详细视窗里看到这个城市的人口、需求、成本、公司选址等，就可能找出城市 A 销售额高的原因。(4) 多视图联动。当有多个视图展示同一个或者相互联系的多个数据集时，在一个视图上的交互操作会引发另一个视图上相关信息的实时更新，从而很好地帮助使用者理解数据变量之间的内在联系，这就是多视图联动。

表 18-9 可视化常见的数据交互技术

可视化的常见交互操作	功能	对应的具体操作
放大 / 缩小	辅助从整体到局部的自然探索	滑动鼠标滚轮或者点击放大 / 缩小按钮
选择 / 过滤	辅助对感兴趣部分的单独分析	点击下拉菜单或按钮，点击或刷选视图中某个元素
展开详细视图	辅助对感兴趣的点详细信息的查阅	点击视图中某个点，一个对应的信息窗口会显示出来
多视图联动	辅助同时从多个角度探索信息	以上均可

二、大数据的可视化

这部分以实例回答了如何利用静态可视化技术来分析数据。在以下对可视化视图的介绍中，我们假定待分析的数据集是一个实体集（一个实体即一个分析单元，可以是人、组织、国家、物体等），实体集中待分析的变量分为定类、定序和定距变量。在实体集中，某个变量的某个值被观测到的频数（即有多少个实体在该变量的某一值上被观测到）称为值频数，频数占实体总数的比例称为值频率。

① Yi, J. S., Kang, Y., & Stasko, J. Jacko, J. A. (2007). Toward a deeper understanding of the role of interaction in information visualization. *IEEE transactions on visualization and computer graphics*, 13 (6): 1224–1231.

(一) 经典的可视化视图——统计图

统计图是为大众熟知的可视化图。常见的统计图包括直方图、折线图、条形图(柱状图)、饼图和散点图(Scatterplot)。折线图和条形图还可以进一步添加信息得到叠加流图(Streamgraph)和叠加条形图(Stacked Bar Chart)(见表 18-10)。在社会科学中,我们常常用统计图来做单变量和双变量的分析,下面我们从这两个角度介绍七个统计图所对应的数据类型、视觉通道和分析任务。

表 18-10　经典的可视化视图及适用场景

经典的可视化视图	编码变量	适用数据分析任务	常见问题
单变量分析			
饼图 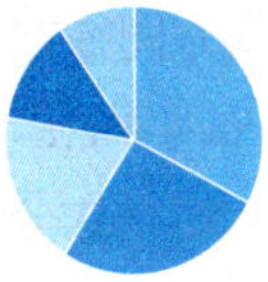	定类或定序变量(颜色和区域),频率(面积和角度)	展示定类或定序变量的各个值频率	不易比较不同值频率
直方图 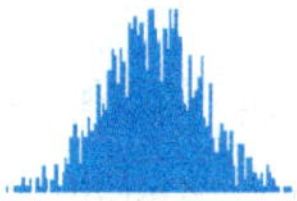	定距变量(横轴),频数(纵轴)	纵览定距变量在不同值区间上的频数分布	
条形图 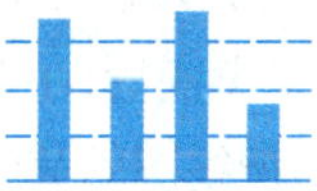	定类或定序变量(横轴),频数(纵轴)	比较定类或定序变量不同值频数大小	纵轴起始不从 0 开始
折线图 	定序变量(横轴),频数(纵轴)	展示定序变量值频数的变化趋势	折线图的横轴编码定类变量
双变量分析			
叠加条形图 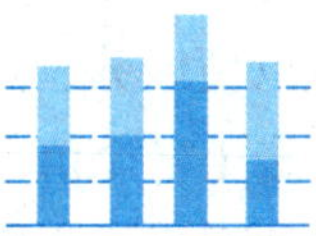	定类或定序变量 1(横轴),频数(纵轴),定类变量 2(颜色或纹理)	展示各组内不同子组频数占组频数的比例	直接比较不同组的子组频数
叠加流图 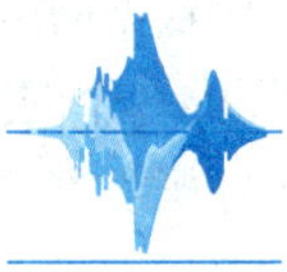	定序变量 1(横轴),频数(纵轴),定类变量 2(颜色或纹理)	展示各个时间点不同子组频数占组频数的比例	直接比较不同时间点的子组频数
散点图 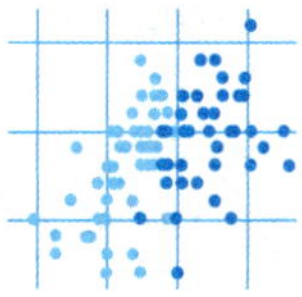	定距变量 1(横轴),定距变量 2(纵轴)	展示两个定距变量的相关性,展示聚类模式和异常点	编码了太多的点

1. 饼图

饼图常常被用作单变量(定类变量或者定序变量)分析,主要用于展示在实体集中该变量不同值的值频率。在饼图中,整个饼图根据这个定类或者定序变量的不同值分成多个扇形,扇形的角度和面积编码值频率。饼图的优势在于可以显示部分与整体的比例,而缺陷在于不易比较不同扇形的大小。当我们根据扇形的角度和面积视觉通道来判断每个扇形所表示的频率时,饼图不如条形图中的长度或位置通道那么精确。因此,如果我们希望比较不同值频率的大小,则条形图是更好的选择;如果我们只希望了解不同值的值频率,则饼图是更好的选择。

2. 直方图、条形图和折线图

直方图、条形图和折线图也常常被用作单变量分析。其中直方图被用作定距变量的分析,条形图被用作定类或者定序变量的分析,折线图被用作定序变量(往往是在时间中的变化)的分析。在直方图中,横轴使用位置编码定距变量,纵轴使用位置编码该变量不同值区间的频数。换言之,直方图中的不同柱子表示待分析变量不同值区间的频数。直方图往往被用来表示一个定距变量在不同值区间上的频数分布(比如一个国家人口的年龄分布)。而在条形图中,横轴使用区域编码定类或者定序变量,纵轴使用位置编码该变量不同值上的频数分布。换言之,条形图中不同柱子表示待分析变量不同值的频数。条形图通常用于比较定类或者定序变量在不同值上的频数大小(比如比较男女的人口数,比较不同国家的人口数)。

在折线图中,横轴使用区域编码定序变量,纵轴使用位置编码该变量在不同值上的频数分布。换言之,折线图中不同的点表示待分析变量的不同值的频数,其中不同点之间的连线表示这个频数在值序上的变化趋势。折线图通常用于展示定序变量在其有序的值上的频数变化趋势(比如人口数量随着年份的变化)。一个常见的问题是在折线图的横轴上编码定类变量,在这种情况下,折线图暗示了不存在的趋势。[①] 使用折线图的另一个问题是纵横比,即折线图的宽度和长度之比。有研究提出折线图的平均斜率应为 45 度,[②] 原理是我们在线条角度为 45 度时对线条的角度变化感知最准确。通过额外添加一个定类变量,条形图或折线图可以扩展为叠加条形图或叠加流图。

3. 叠加条形图和叠加流图

与条形图相比,叠加的条形图增加了一个定类变量,并根据新的定类变量将条形图中的每个柱子划分为叠加的子块。通常,子块会根据新的定类变量进行着色以便区分。前面说到条形图的柱子表示横轴变量(变量 1)不同值的频数,这里子块则表示变量 1 各个值上实体在新增的定类变量(变量 2)上的各个值上的频数。为了方便描述,我们称柱子表示不同组实体的频数,而子块表示不同子组实体的频数。因此,叠加的条形图不仅允许比较不同组的频数,而且还允许检查每个组内每个子组频数占组频数的比例。使用叠加条形图的一个问题是不易比较两个不同柱子中的子块。由于大多数子块起点不对齐,因此如果两个柱子长度差别不大,直接比较各个柱子中的子块容易得到不准确的结果。

与折线图相比,叠加流图增加了一个定类变量,并根据新的定类变量将折线和横轴之间

---

① Zacks, J., & Tversky, B. (1999). Bars and lines: A study of graphic communication. *Memory & Cognition*, 27 (6): 1073–1079.

② Cleveland, W. S., McGill, M. E., & McGill, R. (1988). The shape parameter of a two-variable graph. *Journal of the American Statistical Association*, 83 (402): 289–300.

的区域(称为流)划分为子流。通常,不同子流会根据新的定类变量进行着色以便区分。前面说到折线图的点表示横轴变量(变量 1)的不同值的频数,这里子流则表示变量 1 各个值上实体在新增定类变量(变量 2)上的各个值上的频数。为了方便描述,我们称不同时间点流的总宽度表示不同组实体的频数,而子流宽度表示不同子组实体的频数。以这种方式,叠加流图在原来折线图可以呈现总频数趋势的基础上,还可以展示每个时间点上每个子组的频数占总频数的比例。使用叠加流图的一个问题是比较不同时间点上的子流的宽度,由于大多数子流在时间轴上的摆动受到其他子流的影响,因此不同时间点处的子流宽度的差异并不准确反映两者的相对频数差异。

4. 散点图

散点图常用于双变量分析,其纵轴和横轴分别用位置编码一个定距变量。换言之,散点图中每个点的横轴、纵轴坐标表示一个实体在两个定距变量上的值。散点图可有效提供数据概览,呈现数据分布并检测异常值。散点图的一个问题是制图者编码了太多的点,通常,应保证点之间可彼此区分,当需要编码很多点时,可以先对点进行采样后再进行展示。

(二) 新兴可视化技术

随着数据分析的需求越来越多样和复杂,在经典统计图的基础上,可视化领域又产生了一系列新的视图。比较常见的有桑基流图(展示不同时间点定类变量值频数的变化)、平行坐标和散点图矩阵(展示实体集在多个变量上的值分布,以及多个变量两两之间的关系)、树图(展示实体之间的层次结构)、力导向图(展示网络中实体之间的关系)、文字云(词云,展示文本中的高频词)、矩阵热力图(展示两个定类变量之间的关系),等等。下面我们对比介绍平行坐标和散点图矩阵。

平行坐标和散点图矩阵都是用来表达实体集在多个变量上的值分布,以及多个变量两两之间关系的可视化图。顾名思义,平行坐标就是把二维坐标系中本来相互垂直的坐标轴变成平行的坐标轴,将坐标系中的一个实体变成平行坐标轴间的一根线。这根线连接每一个平行的坐标轴上的坐标。如图 18-10(a)所示,该平行坐标同时展示了实体集中的一个实体在四个变量上的值。图中一根连接四个轴的线代表了一个实体,该线与四个轴的交点表示该实体在四个变量上的值,由此可以看到所有实体在四个变量上的值。从变量的角度来看,这个视图展示了相邻两个变量之间的关系。当加上交互操作的时候,使用者可以在某个轴上刷选一个区间。线条(代表实体)会相应地被过滤,只留下对应变量在这一取值范围的线条,留下的线条显示了该实体在其他轴上的分布。这个交互可以帮助使用者看到不同轴上取值范围的关联。同时,坐标轴之间的顺序可以互换,由此该视图还可以展示多个变量两两之间的关系。

散点图矩阵是对散点图的扩展,也是基于散点图思考如何表达多变量两两之间关系的直接的想法。散点图是表达两个定距变量关系的可视化图,而 n 个定距变量可以拆解为 $n(n-1)/2$ 个两两变量的组合。散点图矩阵就是通过穷尽这种组合来表达多变量关系。如图 18-10(b)所示,一共要表达 4 个变量,那么有 $4(4-1)/2=6$ 种组合,故而散点图矩阵左上方有 6 个小散点图,右下方是左上方的 x-y 对调的变换,对角线上标明了变量的名字。

相比而言,平行坐标更能提供实体在所有变量上的值的概览,适合对实体集进行总的比

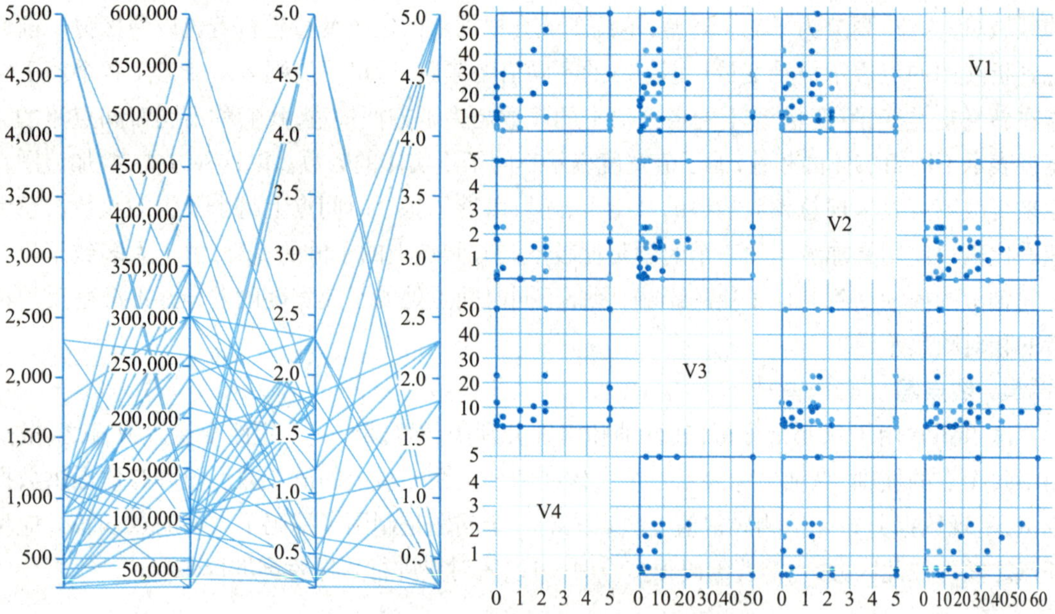

(a) (b)

图 18-10 平行坐标轴与散点图矩阵

较和分类；散点图矩阵更能展示两两变量上的实体的分布情况，适合寻找对数据有最好区分效果的两个变量。

如上所述，静态可视化图可以为分析者提供数据的分布、趋势、相关性、类别、相似性和差异性等概括性信息。一方面，和描述性统计指标，如平均数、方差、相关系数等不同，可视化图因为可以并行使用视觉通道，传达了更为丰富和更具有解释力的信息。另一方面，静态可视化图和描述性统计指标一样，都更适用于对数据进行初步的探索。成熟的静态可视化图具有广泛适用性，即对于适配的一类数据都可以用这些可视化图来展示和探索。静态可视化图的绘制有很多可用的工具，实现成本较低，熟练掌握一种以后，就可以像描述性统计一样，用更多的静态可视化图来探索数据获得启发。

三、大数据的可视分析

本部分将介绍如何通过交互式可视分析系统分析数据。随着数据分析过程本身的复杂化，可视化技术的使用也变得复杂。很多数据分析过程不再只是一个可视化过程对应一步数据探索，而是以数据分析的逻辑串起多个相关的可视化过程，完成系统的数据分析任务。这个过程称为可视分析，多个由逻辑相连的可视化图可以组成可视分析系统。

（一）可视分析系统中的主要元素

1. 可视分析系统的视图布局

从界面上看，可视分析系统包含多个视图，这些视图分为概览视图、主视图和详细视图，其中包含的可视分析交互逻辑为先看概览视图，通过放大和过滤定位到重要部分（主视图），查看重要部分中信息点的详细视图。[1]

(1)概览视图一般放在分析的最开始处。分析者往往要先获取一些概括性的信息来帮助选择探索的对象。比如我们要分析一个城市街道的流量,首先要有一个概览视图来观察整个城市各个街道的流量,从而决定放大哪部分街道进一步观察车流量、人流量。(2)主视图是分析的主要部分。分析者往往在主视图中结合多样的数据信息完成多个数据分析任务,找出数据中的主要模式。比如刚刚提到的街道流量分析,主视图可能同时展示重点关注街道的车流量、人流量、兴趣点(POI)、平均车速,区域内拨号的情况、发送的社交媒体信息等。分析者可以在精心设计的主视图中有效地同时分析多种信息。(3)详细视图。在主视图中发现的某些模式,是可以使用进一步的详细信息来确认和解释的。在刚刚的例子中,假如分析者发现某个兴趣点,比如一家商铺的收入很高,周边人流量很大,就可以查看它的详细信息,比如商铺名称、实景图等。

除了概览视图、主视图、详细视图的划分外,还可以根据每个视图主要的排布方式分类,比如以时间布局、以空间(地图)布局、以树层次结构布局、以网络结构布局等。

2. 可视分析系统的算法模型

算法和模型借由数学严谨的推理和计算机强大的计算力,已成为大数据分析必不可少的引擎。一方面,很多经典有效的模型算法,比如回归模型、时间序列模型、降维与因子分解、主题模型等提供了强大的数据分析和解释能力。另一方面,热门的机器学习算法,比如决策树、支持向量机、条件随机场、神经网络等提供了强大的数据学习和预测能力。可视分析系统已经不再仅仅是直接展示原始数据,而是可以展示经由模型处理得到的数据。模型强大的数据处理能力与可视化强大的信息表达能力结合,能够帮助使用者综合地分析数据。

(二)可视分析系统应用实例

下面介绍一个应用可视分析系统分析游戏数据的实例。

1. 背景与动机

大型多人在线角色扮演游戏(MMORPG)是一类发展迅速、占据极大市场份额的游戏种类。在这类游戏的后台,运营商可以从玩家的游戏活动中获取大量的细粒度数据。这些数据为研究玩家行为的互相影响并调查构成这种交互作用基础的各种社交结构提供了可能。但是,要对玩家的动态结构和行为以及二者之间的关联进行系统准确的分析,就需要结合游戏本身的实际情况同时分析多种变量的时序变化,这就要求分析者能够同时处理大量信息,并有一定的游戏数据知识背景。为此设计的可视分析系统要能通过后台的统计回归得到玩家关系结构对行为的影响力,并将时序变化的结构、行为、影响力通过时序布局的可视化技术呈现出来,使系统分析和理解成为可能。

2. 分析任务

对于可视分析系统而言,大的目标要先拆解成小的任务,再一个个地实现。本例中的可

---

① Shneiderman, B. (1996). The eyes have it: A task by data type taxonomy for information visualizations. In *Proceedings 1996 IEEE symposium on visual languages*, pp. 336–343.

视分析系统主要有以下分析任务:(1)展示玩家的消费、交流行为分别是怎么在时间上变化的;(2)玩家的交流行为如何影响消费行为,这个影响在时间上如何变化;(3)比较不同组的玩家的时序行为、消费和二者之间的关联;(4)比较在不同种类商品上的消费受到时序行为的影响;(5)针对以上任务制作进一步的详细视图。

3. 数据描述

(1) 基本属性,包括玩家的虚拟性别、门派、在线时间、等级、VIP 等级、经验、核心度(由多个属性加合得到);(2)交流属性,包括玩家个体交流频数,不同门派玩家之间的交流频数、平均核心度的差异、共同好友的数量;(3)消费属性,购买各类商品的记录。

4. 数据模型

在这个系统中的数据模型主要是回归模型,即通过回归模型得到玩家社交结构对消费行为的影响系数。

5. 视图介绍

如图 18-11 所示,该系统不包含概览视图,只包含主视图(左上方)和多个详细视图(右方和下方)。主视图是以时间布局的,展示了四条灰色流,在灰色流之上是蓝色、红色、绿色的彩带(彩图见二维码)。四条灰色流和上面彩带共用统一的时间轴,展示不同玩家组时序的消费行为,以及相互之间的交流对消费的时序影响。其中每一条灰色流和上面的彩带共同表示一个玩家组的相关时序信息。灰色流的宽度编码该时刻消费额度的大小,上面蓝、红、绿三色彩带的宽度编码其他组玩家与这组玩家之间的社交结构(包括交流频数、三元闭包个数、核心度差异)对这组玩家消费的影响。彩带上散点的疏密编码三个社交结构指标归一化后值的大小变化。由此,主视图以玩家组为分析单位,以时间为主要布局,复合了多组流、宽度、颜色、疏密等视觉通道,展示玩家组消费、三种社交结构指标和它们对消费行为的影响在时间上的

分析系统界面彩色截图

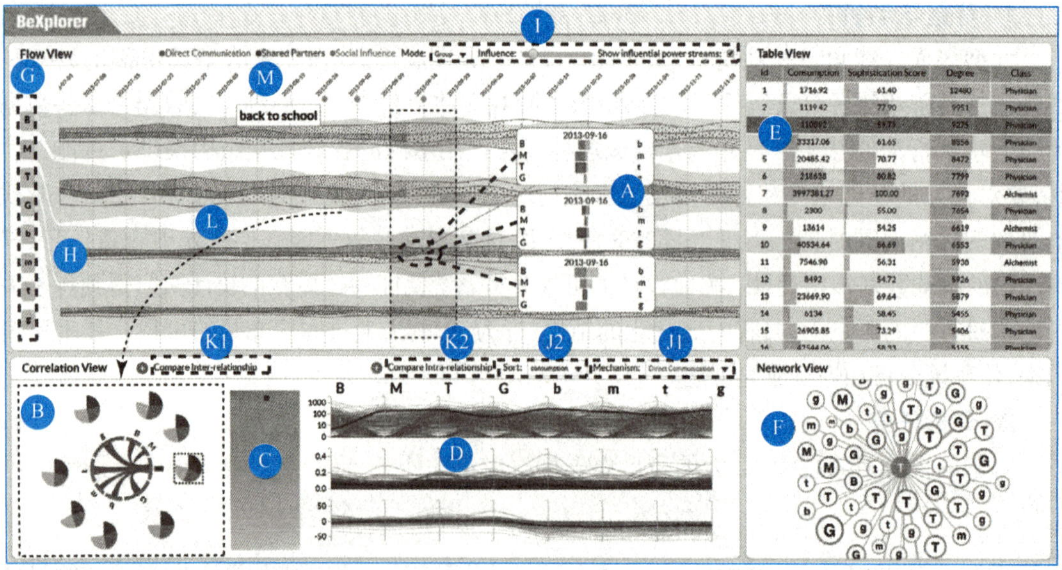

图 18-11 游戏玩家行为可视分析系统界面截图

共变现象,有助于有该游戏相关知识背景的分析者结合游戏实际情况理解分析可能出现的模式。详细视图是对主视图的进一步解释,有兴趣者可以参阅相关论文。[1]

附　　录

文本分析工具介绍

1. 中文文本词汇分析软件或平台

(1) 中国科学院心理研究所“文心”中文心理分析系统

(2) DiVoMiner® 文本大数据挖掘分析平台

2. 编程软件与相关包

	Python	R
文本预处理	jieba,nltk	jiebaR,tm
机器学习	scikit-learn	caret,MLR

3. 网络分析的常用软件与功能比较

软件	可视化	指标计算	统计分析	社群挖掘	源码	软件
UCINET	√	√	√	√	×	√
NodeXL	√	√	√	×	×	√
Gephi	√	√	√	×	×	√
NetworkX	√	√	√	-	√	×
iGraph	√	√	√	-	√	×

4. 可视化工具介绍

可视化工具一般来说可按两个标准来评价,一个是学习成本,一个是灵活性,两者正相关。基本的统计软件,比如 Excel 和 SPSS,是学习成本较低且灵活性也低的工具。使用它们可以一键绘制基本统计图表,但是不支持更多的可视化类型。一些实用的编程语言,比如 Python 和 R,都有较多的可视化库,直接调用 API 就可以绘制基本统计图表和部分更为复杂的静态可视化图。相比于统计软件,它们的灵活性更高,但是学习这两门语言和相关的库需要较高的时间成本。业界的可视化软件,比如 Tableau 和 Power BI,支持完全基于图形界面的灵活多样的可视化图设计。相比于统计软件、Python 和 R,它们不仅支持更多类型的可视化图模板,同时允许用户自由组合视觉通道对数据变量进行编码,有较高的灵活性,要熟练运用它们也需要较高的时间成本。Javascript(JS)是用于浏览器的脚本语言,该编程语言拥有最为丰富和专业的可视化库,比如 D3 和 Vega-Lite 等。当前业界和学术界一流的可视化作品都是由 JS 语言编写的。相

① Lu,J. H.,Xie,X.,Lan,J.,Peng,T. Q.,Wu,Y.,& Chen,W.(2019). BeXplorer:Visual analytics of dynamic interplay between communication and purchase behaviors in MMORPGs. *Visual Informatics*,3(2):87-101.

应地，要学习使用 JS 的可视化库，实现可视化图或者系统的制作需要更高的时间成本。

练习与作业

1. “事后发现”的数据与“事先订制”的数据各自的优势和局限是什么？在实证研究中，这两种类型的数据如何结合在一起来解决传播学研究的理论问题？

2. 选择一个传播学理论（比如议程设置理论），讨论时间、文本和关系大数据如何帮助我们检验该理论或者发现该理论背后新的机制。

第十八章 阅读文献

质化研究方法视频教程

作者简介：

郭良文，上海交通大学媒体与传播学院光启特聘教授、博士生导师，在质化研究相关课程中有20余年丰富的教学经验，所从事的研究多以访谈法、参与观察法、话语分析、扎根理论以及现象学为主要方法，成果丰硕。本视频教程是郭良文教授为研究生系统讲授质化研究方法时录制的。

内容简介：

质化研究方法是传播学各领域研究中使用广泛、行之有效的研究方法。对于缺少系统的统计分析训练的学生及研究者而言，质化研究方法提供了更容易掌握的科学研究路径，能极大地提高对研究主题的洞察和分析能力。本视频教程系统介绍了质化研究方法的基本概念、质化研究的特色与精神、质化研究的理论范式与知识基础、质化研究主题与样本选择、质化研究计划书写作、质化资料分析过程等。具体执行的方法则包括参与观察法、深度访谈法、焦点小组访谈法以及扎根理论研究法等。本视频教程配合本书中质化研究的主要章节，可供教师授课或研究者自学使用。

视频列表：

- 质化研究方法介绍（对应本书第一章）
- 质化研究的范式与哲学基础（对应本书第一章）
- 质化研究取向的计划书写作（对应本书第四章）
- 参与观察与民族志研究（对应本书第十二章）
- 深度访谈法（对应本书第十三章）
- 焦点小组访谈法（对应本书第十三章）
- 扎根理论研究法（对应本书第十六章）
- 质化资料分析（对应本书第十六章）

质化研究方法视频教程

DiVoMiner® 文本大数据挖掘与分析平台简介和视频教程

DiVoMiner® 平台简介：

DiVoMiner® 平台是一个助力研究和教学的量化内容分析与文本挖掘云平台，运用自然语言处理、机器学习等技术，以内容分析法为设计核心，在线完成对文本内容的分类、编码、语义判断及形成可量化数据的全部流程，内置多个文本大数据挖掘算法模型，提供灵活而强大的研究执行及团队协作管理功能。

DiVoMiner® 平台结合传统内容分析研究方法和基于大数据技术的创新执行，只需 20% 的时间就可完成过去占据 80% 时间的劳务性工作（数据处理和编码）。即使研究者不懂编程，也能进行文本内容分析，产出高质量的论文，达到“数据进，价值出”（data in，value out）的目标。

目前，已有很多研究者在平台的协助下写作并发表了权威期刊论文，更有众多大学及科研用户订购平台作为教学和研究工具。

作者简介：

张荣显，澳门互联网研究学会会长，港澳地区的互联网及大数据研究先锋之一，亚太地区互联网研究联盟（APIRA）现任主席。专长于互联网研究、民意研究、网络挖掘、内容分析及数字化转型研究。任教于澳门大学传播系十多年后，于 2009 年创办澳门易研研究咨询及信息科技公司，其后在珠海横琴创立博易数据技术公司，研发 DiVoMiner® 文本大数据挖掘与分析平台。

视频教程列表：

一、平台使用视频教程

- 第一弹——寻求帮助篇
- 第二弹——上传数据篇
- 第三弹——抽样篇
- 第四弹——类目篇（上）
- 第五弹——类目篇（下）
- 第六弹——信度篇
- 第七弹——统计分析篇

平台使用视频教程

二、文本内容分析训练营视频

- 基础原理篇——张荣显博士
- 案例分享篇——丁奕博士
- 工具实操篇——开始使用 DiVoMiner®
- 工具实操篇——数据管理、探索
- 工具实操篇——类目
- 工具实操篇——内容编码
- 工具实操篇——质量监控、统计分析

文本内容分析训练营视频

人名译名对照表

人名译名对照表

《传播学研究方法高级教程》新书预热

由本书作者团队编写的《传播学研究方法高级教程》即将推出！
各分册情况如下：

《调查研究》	王晓华
《抽样原则与方法》	王晓华
《实验研究法》	林淑芳、吴泰毅
《内容分析新路径：传统方法与创新执行》	张荣显、曹文鸳
《量化研究数据分析方法》	刘念夏
《观察法》	叶子婷、王帅帅
《访谈法：理论与实务案例的探讨》	诸葛俊
《扎根理论与质化分析方法》	郭良文
《大数据与传播学研究：数据的采集、分析与可视化》	周奕欣、兰吉、彭泰权